刑 法

［第4版］

木村光江［著］

東京大学出版会

Criminal Law
(4th Edition)
Mitsue KIMURA
University of Tokyo Press, 2018
ISBN 978-4-13-032380-2

はしがき

　今回の改訂でもっとも重視したのは，「学習者の目線に立った記述」である．昨年上梓した拙著『演習刑法（第2版）』執筆の際，学習者の立場となって実際に答案を書いてみたが，自らの教科書のどこが使えて，どこが使えないかを洗い直した．その作業で気づかされたのは，重要な部分を端的に示すことの必要性であった．法曹を目指す法学部生，法科大学院生にとって，学ぶべき領域は膨大であり，何よりも時間が大切である．そのことを痛感し，今回の改訂では，以下の3つのコンセプトの下に内容を根底から改め，頁数も大幅に削減した．

　(1)法曹を目指す学生の多くは，まず予備試験を受験する傾向が顕著となった．本書はそのことを踏まえ，予備試験，司法試験に必要かつ十分な知識を盛り込んだ．初学者も読者として想定されることから，択一試験に出題されることの多い論点も，網羅した．

　(2)これまで以上に，判例の考え方を中心に読みやすく整理することに徹し，学説の対立は最小限にとどめた．特に新判例については，最新のものまで取り入れた．

　もちろん，学説の整理の上に判例の体系化を行っているが，学説の個別的な紹介は可能な限り減らした．ただし，論文試験で思考力が問われる素材に関する学説の対立は漏れなく記載し，法曹として発展していくための骨太な思考力も身に付けてもらえるよう工夫した．

　(3)特別法の記述を思い切って削った．刑事司法全体における特別法の重要性は否定できないが，試験を目指す学生の便宜という観点から，自動車運転処罰法など最小限の記載にとどめた．

　(4)巻末に，主要な論点に関して，上記『演習刑法（第2版）』の各講と

の対応関係を一覧として示した．本書で触れた論点について，具体的にどのように論述すればよいかを『演習刑法』で確認していただければ幸いである．

ただし，初版以来の次のような特色は，今回の改訂でも活かした．第1に，総論と各論を完全に一体化し，議論の重複を避け，また両者の有機的結合をはかった．第2に，コンパクトではあるが，大学学部，法科大学院での単位取得はもとより，公務員試験をはじめ国家試験に対応しうる情報量を確保した．そして第3に，「生きた法」としての判例を重視し，判例の記述部分には特に色網掛けを施すことにより明示した．

なお，第3版刊行以降の刑法改正（平成23年の不正指令電磁的記録に関する罪新設，強制執行妨害関係の罪の改正，平成25年の自動車運転処罰法制定，平成29年の強制性交等罪新設等）も盛り込んだ．また，校正に当たっては，首都大学東京・山科麻衣准教授，角田弥生元助教の多大な協力を得た．

法科大学院制度は変化し，法曹を目指す皆さんのニーズも変化しているが，社会における法曹の必要性・重要性はますます大きくなっている．本書が，志を持った多くの皆さんにとって，法曹を目指す手助けとなればと心より願っている．

本書の刊行に当たっても，東京大学出版会の山田秀樹さんにたいへんお世話になった．心より御礼申し上げる．

2017年11月

木 村 光 江

目　次

はしがき ……………………………………………………………………………i

参照教科書一覧 ………………………………………………………………xi

第1編　犯罪総論

1 刑法と刑罰と犯罪 ……………………………………………………3

1-1 犯罪と刑事司法システム ………………………………………3

刑法の意義(3)　刑法の役割(4)

1-2 刑罰論 ………………………………………………………………5

応報刑論(5)　目的刑論(6)　相対的応報刑論(7)

1-3 犯罪論の骨格 ………………………………………………………7

犯罪の客観面と主観面(7)

2 罪刑法定主義と犯罪論 …………………………………………10

2-1 罪刑法定主義と刑法解釈 ………………………………………10

罪刑法定主義(10)　罪刑法定主義の実質化と刑法解釈(13)
刑法の場所的・人的効力(14)

2-2 犯罪理論体系の概観 ……………………………………………16

犯罪の実質(1)──違法性(16)
犯罪の実質(2)──有責性(18)
犯罪論体系の発展(19)　現代の犯罪論体系(21)

3 客観的構成要件 …………………………………………………24

3-1 客観的構成要件の構造 …………………………………………24

iv 目 次

構成要件と違法性(24) 構成要件の種類と構成要素(25)

3-2 実行行為と結果 ……………………………………………27

構成要件的結果(27) 実行行為(29) 間接正犯(31)

3-3 不作為犯 ………………………………………………………34

不作為犯の構造(34) 作為義務(35)

3-4 未 遂 …………………………………………………………38

未遂処罰(38) 実行の着手(40) 不能犯と危険性(42)
中止犯(45)

3-5 因果関係………………………………………………………48

条件関係(48) 条件説と原因説(49) 相当因果関係説と客
観的帰属(50) 判例における因果関係の判断(51)

4 主観的構成要件 ………………………………………………56

4-1 故 意 …………………………………………………………56

総説(56) 故意の成立に必要な事実の認識(58)
故意と錯誤と違法性の意識(62) 故意と法律の錯誤(63)
具体的事実の錯誤(67) 抽象的事実の錯誤(70)

4-2 過 失 …………………………………………………………73

総説(73) 過失犯の客観的構成要件と違法性(76)
過失犯の責任要素(78) 監督過失(82)

5 犯罪の成立を阻却する事由 ………………………………84

5-1 違法阻却事由 …………………………………………………84

違法性阻却の基本原理(84) 正当業務行為(85)
法令による行為(85) 業務行為(87)
その他の正当行為(89) 被害者の同意(90)

5-2 正当防衛………………………………………………………91

正当化根拠(91) 急迫性(92) 不正の侵害(96)
防衛の意思(97) やむを得ずにした行為(98)

5-3 緊急避難 ……………………………………………………102

緊急避難の正当化根拠(103) 緊急避難の要件(104)
正当防衛と緊急避難の限界(107)

5-4 責任能力と責任阻却事由 …………………………………108

故意と非難可能性——誤想防衛と誤想過剰防衛(108)

目　次　v

責任能力(111)　責任無能力・限定責任能力(113)
原因において自由な行為(*actio libera in causa*)(114)
期待可能性(118)

6　共　犯 ･･ 120

6-1　共犯と正犯 ･･ 120

共犯処罰の意義(120)　共犯の従属性 ―― 従属性の多義性
(121)　共同正犯の本質 ―― 行為共同と罪名従属性(123)
共犯と要素従属性・罪名従属性(125)

6-2　共同正犯 ･･ 127

共同正犯の意義(127)　共謀共同正犯(129)
承継的共同正犯(131)　過失の共同正犯(133)

6-3　狭義の共犯 ･･ 136

教唆犯(136)　幇助犯(従犯)(138)

6-4　共犯の諸問題 ･･ 141

共犯と身分(141)　不作為と共犯(144)　共犯と錯誤(共謀の
射程)(146)　共犯の中止・離脱(149)

7　罪数論 ･･ 153

7-1　罪数論の意義 ･･ 153
7-2　単純一罪と評価上一罪 ･･････････････････････････････ 154
7-3　包括一罪 ･･ 155
7-4　科刑上一罪 ･･ 158
7-5　併合罪 ･･ 161

8　刑罰論 ･･ 164

刑罰の種類(164)　刑の適用(165)　刑罰の執行(168)

第 2 編　犯罪各論

1　生命・身体に対する罪 ･･･････････････････････････････････ 175

1-1　殺人の罪 ･･ 175

人の意義(175)　殺人罪(177)　殺人予備罪(178)
自殺関与・同意殺人罪(179)

vi 目 次

1-2 傷害の罪 …………………………………………………182

傷害罪(182) 傷害致死罪(184) 現場助勢罪(185) 同時傷害の特例(185) 暴行罪(186) 凶器準備集合罪(187)

1-3 過失傷害の罪 ………………………………………………188

過失致死傷罪(188) 業務上過失致死傷罪, 重過失致死傷罪(188)

1-4 自動車運転処罰法 ……………………………………………190

危険運転致死傷罪(190) 準危険運転致死傷罪(192) 過失運転致死傷アルコール等影響発覚免脱罪(193) 過失運転致死傷罪(193)

1-5 堕胎の罪 …………………………………………………194

堕胎(194) 自己堕胎罪(194) 同意堕胎罪(195) 業務上堕胎罪(195) 不同意堕胎罪(195)

1-6 遺棄の罪 …………………………………………………196

遺棄罪の客体──扶助を必要とする者(196) 遺棄の意義──実行行為(197) 保護責任者遺棄罪(198) 遺棄致死傷罪(199)

2 自由に対する罪 ………………………………………………201

2-1 逮捕及び監禁の罪 ……………………………………………201

概説(201) 「人」の意義──行為の客体(202) 逮捕・監禁行為(203) 逮捕・監禁致死傷罪(204)

2-2 脅迫の罪 …………………………………………………205

脅迫罪(205) 強要罪(207)

2-3 略取・誘拐及び人身売買の罪 ………………………………210

略取と誘拐(210) 未成年者略取・誘拐罪(211) 営利・わいせつ等目的略取・誘拐罪(211) 身の代金目的略取・誘拐罪(212) 被略取・誘拐者引渡し等の罪(215) 人身売買罪(216)

2-4 性的自由に対する罪………………………………………218

強制わいせつ罪(218) 強制性交等罪(219) 準強制わいせつ・準強制性交等罪(221) 監護者わいせつ及び監護者性交等罪(222) 強制わいせつ等致死傷罪(223)

2-5 住居侵入罪 ………………………………………………225

目 次 vii

　　　住居侵入罪(225)　不退去罪(230)

　2-6 秘密を侵す罪 …………………………………………………230
　　　信書開封罪(230)　秘密漏示罪(231)

3 名誉・信用に対する罪 …………………………………………233

　3-1 名誉に対する罪 ………………………………………………233
　　　名誉毀損罪(233)　事実証明(236)　侮辱罪(239)

　3-2 信用・業務に対する罪 ………………………………………239
　　　信用毀損罪(239)　業務妨害罪(240)　電子計算機損壊等業
　　　務妨害罪(245)

4 財産に対する罪 …………………………………………………247

　4-1 財産犯総論 ……………………………………………………247
　　　領得罪と毀棄罪(247)　財産犯の客体(248)　財産犯の保護
　　　法益(250)　不法領得の意思(252)

　4-2 窃盗罪 …………………………………………………………256
　　　占有の意義(256)　窃取(261)　不動産侵奪罪(263)
　　　親族相盗例(265)

　4-3 強盗罪 …………………………………………………………266
　　　強盗罪(266)　利益強盗罪(270)　事後強盗罪(272)
　　　昏酔強盗罪(275)　強盗致死傷罪(275)　強盗・強制性交等
　　　及び同致死罪(277)　強盗予備罪(279)

　4-4 詐欺罪 …………………………………………………………280
　　　欺く行為(280)　処分行為(284)　財物・財産上の利益の移
　　　転(287)　財産上の損害(288)　準詐欺罪(290)　電子計算機
　　　使用詐欺罪(291)

　4-5 恐喝罪 …………………………………………………………292
　　　恐喝罪(292)

　4-6 横領罪 …………………………………………………………294
　　　委託物横領罪(294)　業務上横領罪(301)　遺失物等横領罪
　　　(占有離脱物横領罪)(301)

　4-7 背任罪 …………………………………………………………302
　　　背任罪(302)　横領と背任の区別(306)

　4-8 盗品等に関する罪 ……………………………………………308

viii　目　次

　　　盗品等に関する罪(308)　親族間の特例(312)

　　4-9　毀棄・隠匿の罪　……………………………………………………313

　　　文書毀棄罪(313)　建造物損壊罪(314)　器物損壊罪(315)
　　　境界損壊罪(316)　信書隠匿罪(317)

5　公共の安全に対する罪 ……………………………………………319

　　5-1　騒乱罪　…………………………………………………………319

　　　騒乱罪(319)　多衆不解散罪(320)

　　5-2　放火及び失火の罪　……………………………………………321

　　　放火と公共の危険(321)　放火行為(322)　現住建造物放火
　　　罪(324)　非現住建造物放火罪(327)　建造物等以外放火罪
　　　(328)　延焼罪(329)　消火妨害罪(329)　失火罪(330)　激発
　　　物破裂罪(331)　ガス等漏出罪(331)

　　5-3　出水・水利に関する罪 ………………………………………332

　　　現住・非現住建造物等浸害罪(出水罪)(332)
　　　水利妨害・出水危険罪(333)

　　5-4　往来を妨害する罪　……………………………………………333

　　　往来妨害罪(333)　往来危険罪(335)　汽車転覆等及び同
　　　致死罪(336)　往来危険による汽車転覆等の罪(337)　過失
　　　往来危険罪(338)

　　5-5　国民の健康に対する罪 ………………………………………339

　　　あへん煙に関する罪(339)　飲料水に関する罪(340)

6　偽造の罪 …………………………………………………………343

　　6-1　通貨偽造の罪　…………………………………………………343

　　　通貨偽造罪(343)　偽造通貨行使罪(345)　外国通貨偽造罪
　　　等(346)　偽造通貨収得罪(346)　偽造通貨収得後知情行使
　　　罪(347)　通貨偽造準備罪(347)

　　6-2　有価証券偽造の罪　……………………………………………348

　　　有価証券偽造罪(348)　有価証券虚偽記入罪(350)
　　　偽造有価証券行使罪(350)

　　6-3　支払用カード電磁的記録に関する罪 ………………………351

　　　支払用カード電磁的記録不正作出等罪(351)　不正電磁的
　　　記録カード所持罪(353)　支払用カード電磁的記録不正作
　　　出準備罪(354)

目 次 ix

6-4 文書偽造の罪 ……………………………………… 356

保護法益(356) 文書の意義(356) 偽造行為(358) 公文書
偽造罪(362) 虚偽公文書作成罪(363) 公正証書原本不実
記載罪・免状等不実記載罪(364) 偽造公文書・虚偽公文
書行使罪(366) 私文書偽造罪(367) 虚偽診断書等作成罪
(370) 偽造私文書・虚偽診断書等行使罪(371) 電磁的記
録不正作出罪(371)

6-5 印章偽造の罪 ……………………………………… 373

公印等偽造・不正使用罪(373) 公記号等偽造・不正使用
罪(374) 私印等偽造・不正使用罪(375)

6-6 不正電磁的記録に関する罪 ……………………… 375

不正指令電磁的記録作成等罪(375) 不正指令電磁的記録
取得等罪(377)

7 風俗秩序に対する罪 ……………………………………… 378

7-1 わいせつの罪 ……………………………………… 378

わいせつ概念(378) 公然わいせつ罪(379) わいせつ物頒
布等罪(379) 淫行勧誘罪(382) 重婚罪(382)

7-2 賭博及び富くじに関する罪 ……………………… 383

賭博罪(383) 富くじ罪(385)

7-3 宗教感情に関する罪 ……………………………… 386

礼拝所不敬・説教等妨害罪(386) 墳墓発掘罪(387)
死体等損壊罪(387) 変死者密葬罪(388)

8 国家法益に対する罪 ……………………………………… 389

8-1 内乱・外患の罪 …………………………………… 389

内乱の罪(389) 外患の罪(391)

8-2 公務の執行を妨害する罪 ………………………… 391

公務員(391) 公務執行妨害罪(392) 職務強要罪(397)
封印破棄罪(397) 強制執行妨害目的財産損壊等罪(399)
強制執行行為妨害等罪(401) 強制執行関係売却妨害罪
(402) 公契約関係競売等妨害罪(402)

8-3 逃走の罪 …………………………………………… 404

単純逃走罪(404) 加重逃走罪(404) 被拘禁者奪取罪(405)
逃走援助罪(406) 看守者逃走援助罪(406)

x 目 次

8-4 犯人蔵匿及び証拠隠滅の罪 ･････････････････････････････････407

犯人蔵匿罪(407) 証拠隠滅罪(410) 親族についての特例
(413) 証人威迫罪(414)

8-5 偽証の罪 ･･･415

偽証罪(415) 虚偽鑑定・通訳罪(418)

8-6 虚偽告訴の罪 ･･･418

虚偽告訴罪(418)

8-7 職権濫用の罪 ･･･420

公務員職権濫用罪(420) 特別公務員職権濫用罪(421)
特別公務員暴行陵虐罪(422)

8-8 賄賂の罪 ･･･423

収賄罪(423) 事前収賄罪(429) 第三者供賄罪(429)
加重収賄罪(430) 事後収賄罪(431) あっせん収賄罪(431)
贈賄罪(432)

8-9 国交に関する罪 ･･･435

外国国章損壊罪(435) 私戦予備・陰謀罪(436)
局外中立命令違背罪(437)

論点目次 ･･･439

事項索引 ･･･445

判例索引 ･･･460

参照教科書一覧

本書の総論部分の引用は【総論】に挙げた教科書，各論部分の引用は【各論】に挙げた教科書による．参照に際しては，著者名の略記によって示した．

【総論】

阿部純二『刑法総論』1997
板倉宏『刑法総論』（補訂版）2007
井田良『講義刑法学・総論』2008
伊東研祐『刑法総論講義』2010
井上正治＝江藤孝『新訂刑法学総則』1996
植松正『再訂刑法概論総論』1974
植松正＝日高義博『新刑法教室 I 』1999
内田文昭『改訂刑法』（補正版）1997
大塚仁『刑法概説総論』（第 4 版）2008
大谷實『刑法講義総論』（新版第 4 版）2012
岡野光雄『刑法要説総論』（第 2 版）2009
小野清一郎『新訂刑法講義総論』1950
香川達夫『刑法講義総論』（第 3 版）1995
柏木千秋『刑法総論』1982
川端博『刑法総論講義』（第 3 版）2013
木村亀二『刑法総論』1959
江家義男『刑法講義総則編』（改訂版）1947
斉藤信宰『刑法講義総論』（新版）2007
斎藤信治『刑法総論』（第 6 版）2008
齋野彦弥『刑法総論』2007
佐伯千仭『四訂刑法講義総論』1981
佐久間修『刑法総論』2009
沢登俊雄『刑法概論』1976
荘子邦雄『刑法総論』（新版）1981
曽根威彦『刑法総論』（第 4 版）2008
高橋則夫『刑法総論』（第 3 版）2016
団藤重光『刑法綱要総論』（第 3 版）1990
内藤謙『刑法講義総論上・中・下 I ・ II 』
　1983，86，91，2002
中義勝『講述犯罪総論』1980
中野次雄『刑法総論概要』（第 3 版）1992
中山研一『刑法総論』1982
西田典之『刑法総論』（第 2 版）2010
西原春夫『刑法総論』1977
野村稔『刑法総論』（補訂版）1998
橋本正博『刑法総論』2015
林幹人『刑法総論』（第 2 版）2008

日高義博『刑法総論』2015
平野龍一『刑法総論 I ・ II 』1972，75
平場安治『刑法総論講義』1952
福田平『全訂刑法総論』（第 4 版）2004
藤木英雄『刑法講義総論』1975
堀内捷三『刑法総論』（第 2 版）2004
前田雅英『刑法総論講義』（第 6 版）2015
牧野英一『刑法総論上・下巻』1958，59
町野朔『刑法総論講義案 I 』（第 2 版）1995
松原芳博『刑法総論』2013
松宮孝明『刑法総論講義』（第 4 版）2009
山口厚『刑法総論』（第 3 版）2016
山中敬一『刑法総論』（第 3 版）2015

【各論】

井田良『講義刑法学・各論』2016
伊東研祐『刑法各論講義』2011
井上正治＝江藤孝『新訂刑法学各則』1994
内田文昭『刑法各論』（第 3 版）1996
植松正『再訂刑法概論各論』1975
植松正＝日高義博『新刑法教室 II 』2001
大塚仁『刑法概説各論』（第 3 版増補版）
　2005
大谷實『刑法講義各論』（新版第 4 版補訂版）
　2015
小野清一郎『新訂刑法講義各論』（第 3 版）
　1950
岡野光雄『刑法要説各論』（第 5 版）2009
香川達夫『刑法講義各論』（第 3 版）1996
柏木千秋『刑法各論』（再版）1965
川端博『刑法各論講義』（第 2 版）2013
木村亀二『刑法各論』1959
江家義男『刑法各論』（増補版）1963
斉藤信宰『新版刑法講義各論』2007
斎藤信治『刑法各論』（第 4 版）2014
佐伯千仭『刑法各論訂正版』1981
佐久間修『刑法各論』（第 2 版）2012
沢登俊雄『刑法概論』1976

xii　参照教科書一覧

曽根威彦『刑法各論』（第 5 版）2012
高橋則夫『刑法各論』（第 2 版）2014
団藤重光『刑法綱要各論』（第 3 版）1990
中義勝『刑法各論』1975
中谷瑾子『刑法講義各論上』1983
中村勉『刑法各論要義 I 』1998
中森喜彦『刑法各論』（第 3 版）2011
中山研一『刑法各論』1984
西田典之『刑法各論』（第 6 版補正版）2012
西原春夫『犯罪各論』（第 2 版）1983
橋本正博『刑法各論』2017
林幹人『刑法各論』（第 2 版）2007
日高義博『刑法各論講義ノート』1987
平川宗信『刑法各論』1995
平野龍一『刑法概説』1977

福田平『全訂刑法各論』（第 3 版増補）2002
藤木英雄『刑法講義各論』1977
堀内捷三『刑法各論』2003
前田雅英『刑法各論講義』（第 6 版）2015
牧野英一『刑法各論上・下巻』1950, 51
町野朔『犯罪各論の現在』1996
松宮孝明『刑法各論講義』（第 3 版）2012
山口厚『刑法各論』（第 2 版）2010
山中敬一『刑法各論』（第 3 版）2015
条解　前田雅英編集代表『条解刑法』（第 3
　版）2013
大コンメ 1〜13　大塚＝河上＝佐藤＝古田編
　『大コンメンタール刑法 1〜13 巻』（第 3
　版）2013〜2016（第 5, 10, 12, 13 巻＝第
　2 版）

なお，【法令】【判例集】【雑誌】の略記は通常の例による．

第 1 編　犯罪総論

1

刑法と刑罰と犯罪

1-1 犯罪と刑事司法システム

1-1-1 刑法の意義

犯罪と刑罰 　刑法とは，刑罰に関する法であり，刑罰を科すべきであると法が定めた行為が**犯罪**である．犯罪と刑罰は，法律により定められていなければならない（罪刑法定主義⇨10頁）．現在の日本における刑罰とは，死刑と有期・無期の懲役・禁錮と拘留，罰金と科料である．死刑は生命を，懲役・禁錮・拘留は自由を，罰金・科料は財産を国民（犯罪行為者）から強制的に奪う行為である．生命・自由・財産という利益を害することが許されるのは，その不利益以上の利益を国民全体が得るからである．刑罰を用いてまでも禁止すべき「国民に害を与える行為」が犯罪である．

刑法典 　犯罪を規定した法律の中心が**刑法典**である（明治41（1908）年施行）．日本の刑法典の条文数は，比較法的に見て少ない（当初は264か条で，その後の改正により若干増加）．その結果，犯罪類型が包括的で，法定刑の幅も広い．このことは，法解釈における裁判官の裁量の幅が広いことを意味する．

【**刑法典の改正**】　明治13（1880）年の旧刑法が改正され明治40（1907）年に現行刑法が公布されたが，それ以降，刑法典の全面改正はなされていない．第二次大戦後の憲法改正に伴い，不敬罪，姦通罪などの条文の廃止を中心とした刑法の一部改正が行われたにとどまる．昭和30年代から40年代にかけて，全面改正の動きが高まったが，その内容に批判もあり，大幅

4　1　刑法と刑罰と犯罪

な改正作業は進展していない．ただ，用語が難解なため，平成 7（1995）
年に文言が平易化（口語訳化）された．

【特別刑法】　刑法典のことを**一般刑法**（普通刑法）と呼び，それ以外の刑罰
を定めた規定を**特別刑法**と呼ぶ（特別刑法のうち軽犯罪法，破壊活動防止法，暴
力行為等処罰に関する法律，爆発物取締罰則，人の健康に係る公害犯罪の処罰に関
する法律など，自然犯・刑事犯的色彩の明瞭な刑罰法規を狭義の特別刑法と称する
ことがある）．

【自然犯・法定犯】　犯罪は，反道義性・反社会性が国民一般に認識されて
いる**自然犯**（刑事犯）と，その法規に違反することにより犯罪性・反道義性
が生ずる**法定犯**（行政犯）に大別される．一般刑法犯と狭義の特別刑法犯が
自然犯で，法定犯はその他の特別刑法犯（覚せい剤取締法違反，道路交通法違
反など）を指すとされることが多い．

1-1-2　刑法の役割

刑法の機能　　刑法の目的は，広い意味で犯罪を防止し，刑罰を科すこと
により社会秩序を維持し，国民全体の利益を守ることにあ
る．犯罪の防止は，①**犯罪の予防**と同時に，②犯罪者が再び犯罪を犯さな
いようにすること（**再社会化**）も含む（一般予防，特別予防⇨6 頁）．犯罪防止
には，刑罰制度以外のさまざまな制度（例えば社会政策，倫理・道徳）が重
要な役割を果たす．刑罰は，それ自体が国民の利益を侵害する側面を持ち，
さらに犯罪を見つけだす手続としての刑事訴訟の段階でも国民の人権を侵
す危険を孕む．このため，刑罰は必要最小限度にとどめなければならない
（**刑罰謙抑主義**）．

犯罪論と刑罰論　　犯罪は，その国，その時代の国民の生活・意識・価値観
と無関係ではあり得ない．何が犯罪かを，具体的に特定
する作業を**犯罪論**と呼ぶ．これに対し，犯罪に対する効果としていかなる
刑罰を科すべきかを論ずるのが**刑罰論**である．

1-2 刑罰論

1-2-1 応報刑論

応報刑と目的刑　重大な害悪である刑罰を科すことがなぜ許されるのかを問題とする**刑罰論**では，応報刑論と目的刑論が対立する．**応報刑論**は，刑罰を「犯罪に対する公的応報」と考え，犯罪防止効果がなくとも正義としての刑罰は科されなければならないとする．ここでの「応報」は厳罰を意味するわけではなく，**同害報復**の範囲内でのみ刑罰を科すと考えるため，刑罰の上限を画する機能を持つことになる．これに対し「刑罰は広い意味での犯罪防止目的のために科される」とする**目的刑論**は，「犯罪が起こったから刑を科す」応報刑論に対し，「犯罪が起こらないように刑を科す」と考える．

旧派刑法学と応報刑論　西欧近代刑法理論の基礎を形成したのが**カント**（1724-1804）である．カントは，犯罪を理性に基づく**自由意思**により犯されるものと考えた．そして，国家（法）は個人の権利を保護するもので，個人の内面について干渉すべきではないとした（**法と倫理の峻別**）．また，個人を手段として扱ってはならないとし，刑罰も犯罪防止というような「目的」を持ってはならず，純粋に犯罪に対する応報であると主張した（**絶対的応報刑論**）．ハンムラビ法典（紀元前18世紀）に淵源を持つ「眼には眼を，歯には歯を」という**同害報復**の原則も，純粋な応報として説明される．カントの刑罰論は，それまでの死刑と身体刑が中心で，非常に残虐なものであった刑罰の**苛酷性**を，改善するという意味も持つことになった．

> **【旧派刑法学と応報刑・目的刑】**　フォイエルバッハ（1775-1833）はカントの「法と倫理の峻別」の考え方を受け継ぎ，権利侵害のみが犯罪であるとして干渉性を批判した（**権利侵害説**）．ただ，刑罰論においては，観念的な絶対的応報刑論を採らず，**心理強制説**を展開した．これは，人間は合理的に判断してより大きな利益を選択するものであるという前提から，犯罪を犯すことによって得られる快楽より大きな不快が刑罰として科されることが

6　1　刑法と刑罰と犯罪

予め明示されていれば，心理的な強制により犯罪を防止できるとする**目的刑論**である．

1-2-2 **目的刑論**

一般予防・特別予防　目的刑論のうち，見せしめ刑や心理強制説に代表される**一般予防論**は，刑罰の持つ威嚇力により一般人が犯罪に陥ることを防止しようとする（公開処刑など）．

特別予防論は，刑罰により犯罪者自身が再び犯罪に陥ることを防止しようとする．例えば，犯罪者を**改善・教育**するために刑罰を科すと説明する．犯罪者を治療するというリハビリテーションという考え方も同様のものといえよう．

【新派刑法学と改善・教育刑論】　目的刑論には，犯罪防止効果のない刑罰を否定するという意味で処罰範囲を限定する側面があるが（重大犯罪を犯しても，再犯可能性がなければ刑罰を科す意味がなくなる），効果があるなら強い威嚇を長く継続するべきだということになり易い．特に特別予防論では，応報刑論や一般予防論が受刑者にとって害悪であると考えてきた刑罰を，受刑者のための「教育」であると理解することにより，人格にまで国家権力が介入するおそれが生ずることに注意しなければならない．

　19世紀末には，産業革命の進行により，都市への人口集中と，それに伴う犯罪の量的・質的変化が生じた．貧困に基づく財産犯罪の増大，アルコール中毒者や少年による犯罪が増加し，また犯罪が常習犯化し，累犯が増加する現象も起こった．このような，いわば社会状況から起こるべくして起こる犯罪に対し，旧派の応報刑論が説く「自由意思に基づく犯罪」，「法の否定としての犯罪」という考え方は，次第に支持を失う．そして，そもそも自由意思は科学的に証明されたとはいえず，また犯罪は単に個人の自由意思の所産ではなく，**原因**があるもので，その犯罪原因の解明と除去の施策（刑罰だけではなく社会政策も含む）こそが重要だと考えられるようになった（**新派（近代派）刑法学**）．また，刑法を「犯罪から社会を防衛する手段」と位置づけ（**社会防衛論**），刑罰は社会にとって危険な性格を有する犯罪者に対する社会防衛処分であるとする．このような考え方を徹底していくと，刑罰と保安処分（⇨164頁）は一体化する（**一元主義**——旧派は，刑罰と保安処分の**二元主義**）．旧派においては，自由意思に基づく行為に対す

る非難が刑事責任の基本であったが，新派は，社会にとって危険な性格を有する者は刑事処分を甘受しなければならないと考える（**性格責任論**）．

1-2-3 相対的応報刑論

20世紀初頭の学派の対立　　新派刑法理論に対抗するため，旧派も発展する．この時期の旧派理論の特色は，応報刑を主張し，道義的責任を強調する．一般に，新派刑法学に比較し，罪刑法定主義を重視し，形式的・客観主義的犯罪理論を採用する．この旧派と新派との激しい論争が，明治以降の日本の刑法学界に持ち込まれることとなった．

2つの相対的応報刑論　　しかし，現在のわが国では，犯罪防止目的を一切考えない純粋の応報刑論（**絶対的応報刑論**）は見られない．応報刑論を基調としつつも，予防効果（特に一般予防効果）も重視する**相対的応報刑論**が多数説である（大谷42-43頁）．

　相対的応報刑論はその内部で，「正義としての応報」を基本とする**応報型相対的応報刑論**と，刑罰は犯罪防止手段の1つであると位置づける**抑止型相対的応報刑論**とが対立する．応報刑型は，倫理的・道徳的な規範の維持を目指す考え方に結びつきやすく，国家が社会倫理（国家的道義）を刑罰により国民に強制することになるという批判が向けられる（曽根9頁参照）．それに対し抑止刑型は，目的刑論（抑止刑論）を基盤としつつ，犯罪の軽重に応じた刑罰だけを正当化すると解するが（町野16頁），道義的・倫理的「応報」概念を採用しない点に特色がある．

1-3 犯罪論の骨格

1-3-1 犯罪の客観面と主観面

行為主義と行為者主義　　刑罰を科す対象につき，犯罪を犯した行為者とするのか，客観的に生じた行為とするのかの対立がある．新派刑法学（改善・教育刑論）は，社会防衛論を採り，罰せられるべきは危険な行為者であるとして**行為者主義**を主張する．これに対し旧派刑法学は，自由な意思に基づいて行動する行為者自身ではなく，その者の現実

8　1　刑法と刑罰と犯罪

に行った（結果も含めた意味での）行為に対して刑を科すと説明する（**行為主義**）．そこでは，平等で没個性的な人間像が想定され，「悪いのは行為者ではなくて行為」であると考えられた．

相対的応報刑論は，目的刑論のうち一般予防の観点を重視する（いかなる「行為」が犯罪かを明示することを重視する）ため，行為主義を採用する．たしかに，刑罰論としては特別予防も重要であるが，いかなる行為を犯罪とするかという立法段階や，当該行為を犯罪と評価すべきかという裁判段階では，客観的な行為を基礎とせざるを得ない．

客観主義と主観主義　犯罪論（その行為が犯罪であるか否かの判定）に限定すると，行為主義・行為者主義の対立より，**客観主義**と**主観主義**のいずれに立脚すべきかが激しく争われる．前者は，犯罪の成否にとって客観的に生じた結果が重要で，結果から遡って考えるべきであるとするのに対し，後者は犯人の内心こそが重要であると考え，主観面を中心に犯罪論を組み立てる．前者が旧派刑法学，後者が新派刑法学に対応する．

行為と結果　刑罰が広い意味での国民の利益を保護するものである以上，まず客観的に「処罰に値する害（結果）」が生じたか否かが重要である．そして客観的な結果の有無は，誰にとっても判断しやすい．しかし結果が発生すればすべて処罰するとすれば，処罰範囲の不当な拡大につながる．非難できる行為であることは必須の条件であり，この非難の概念は行為者の主観面と無関係には論じられない．犯罪論を形成する2つの側面，すなわち結果発生と非難に値する主観的事情を，それぞれ**違法性**と**責任**と呼ぶ．

さらに犯罪として処罰するには，そもそも刑罰法規に明確に定められた行為でなければならない．この条文に定められた犯罪類型を，**構成要件**と呼ぶ．その内容は3章で検討する（⇨24頁）．

戦後日本の刑法学　戦後の刑法理論は，戦前の国家主義的・権威主義的刑法理論への反省から，罪刑法定主義を重視し，国家的道義や恣意性を持ち込みやすい主観的要件を排除しようとした．そこで，形式的・客観的犯罪論が主流を占めることとなった（旧派理論の優勢）．し

かし，特に刑罰論の領域における新派理論の影響は大きく，両派を発展的に統合するために，人格形成責任論（団藤 261 頁）等の試みがなされた．団藤重光（1913-2012）の刑法理論は，戦前の反省から形成された形式的犯罪論の代表として，戦後長い期間，強い影響力を持った．

2 罪刑法定主義と犯罪論

2-1 罪刑法定主義と刑法解釈

2-1-1 罪刑法定主義

民主主義・自由主義 　罪刑法定主義とは，犯罪と刑罰が法律で定められていることをいう．①いかなる行為が犯罪であるかは国民自身がその代表を通じて決定しなければならないという**法律主義**（**民主主義的要請**）と，②犯罪は，国民の権利・行動の自由を守るために前もって成文法により明示されなければならないという**事後法の禁止**（**自由主義的要請**）が含まれる．派生原理として，慣習刑法の否定，刑法の不遡及，絶対的不定期刑の禁止，類推解釈の禁止（⇨14頁）がある．

法律主義 　刑法典には罪刑法定主義の定めはないが，憲法31条は「何人も，法律の定める手続によらなければ……刑罰を科せられない」と規定し，この「手続」の中に実体法としての刑法も含むと解されている．広義の法律は，狭義の法律（国会が制定），政令（内閣が制定する命令），省令（各省大臣が定める命令）と条例（地方議会が制定）からなる．そして憲法73条6号は，原則として政令は罰則を設けることができないが，特に具体的な法律による委任がある場合には例外を認めると定めている（同様に省令についても，国家行政組織法12条3項は，法律の特定委任を条件に罰則規定を置くことを認めている）．

【条例】　条例は政令より下位の法規範であるが，罰則規定を含むものが多数ある（公安条例，青少年保護育成条例など）．そして，地方自治法14条3項は「条例に違反した者に対し，2年以下の懲役若しくは禁錮，100万円以

下の罰金……を科する旨の規定を設けることができる.」と定めている. 条例は地方議会により制定されるため, 民主主義的要請には反しないし, 地方自治法 2 条 3 項は条例への委任事項をかなり具体的に限定し, 14 条も罰則の範囲を限定していることから, 合憲と考えられる (最大判昭 37・5・30 刑集 16・5・577－昭和 25 年大阪市条例第 68 号「街路等における売春勧誘行為等の取締条例」の合憲性, 最判昭 60・10・23 刑集 39・6・413－福岡県青少年保護育成条例の淫行処罰の合憲性). ただ, 条例は「法律の範囲内」でのみ制定することが可能であるから (憲法 94 条), 法律が既に刑罰を科している行為につき, 条例でより厳しく処罰したり, より広い範囲につき処罰することが許されるかという問題が生じる (法律と条例の抵触).

【白地刑罰法規】 刑罰が科される行為の具体的内容を下位の法規・行政処分に譲っているものをいう. 犯罪行為の内容を完全に行政庁の判断に委ねてしまうと罪刑法定主義に反する. **猿払事件判決** (最大判昭 49・11・6 刑集 28・9・393) は,「人事院規則で定める政治的行為をしてはならない」とし, その違反に刑罰を科す規定 (国公法 102 条 1 項, 110 条 1 項 19 号) について, 禁止が合理的範囲にとどまるものであるとして合憲とした.

6 条 犯罪後の法律によって刑の変更があったときは, その軽いものによる.

事後法の禁止
と刑法 6 条

憲法 39 条は「何人も, 実行の時に適法であつた行為又は既に無罪とされた行為については, 刑事上の責任を問はれない.」と規定する. 同条は, 事後的な法律で刑が重く変更されても, 実行行為時に定められた刑より重く処罰されることはない, という趣旨も含むと解されている (**事後法の禁止**). さらに, 事後法の禁止の原則から論理必然的に導かれるわけではないが, **刑法 6 条**は犯罪後の法律で刑罰が軽く変更された場合は軽く処罰されるとする. 実行行為時の重い刑罰で処断しても罪刑法定主義に反することはないが, 軽く変更した場合の事後法の適用を, 政策的に認めたものである.

刑法 6 条の適用に当たり, 法律の新旧は公布時期ではなく施行時期による.「犯罪後」とは実行行為の終了後を意味する (結果的加重犯は基本犯の実行行為を基準とする).「刑の変更」の刑とは, 主刑, 付加刑の双方を含むと解されている (没収の範囲の変更や裁量的没収から必要的没収への変更, 追徴

12　2 罪刑法定主義と犯罪論

や労役場留置に関する変更も含まれる）．刑の軽重の判断基準は刑法 10 条による．

【判例の不遡及変更】 判例の法源としての機能を強調し，処罰化（重罰化）への判例変更は将来に向かって宣言的意味を持つに過ぎず，具体的な事案には適用すべきでないとする主張が見られる（曽根 17 頁）．だが，このような事情は，先例が確定していた程度，それに対する一般人・被告人の認識等を基礎に，個々の事案における故意論等の判断や量刑において考慮すべきであろう（地公法のあおり罪に関連し最判平 8・11・18 刑集 50・10・745－岩手県教組事件）．

刑の廃止と限時法　行為後に刑が廃止された場合は免訴となる（刑訴 337 条 2 号）．理論的には 6 条の刑の変更の一態様であるが，いかなる変更が「刑の廃止」となるかの判断は微妙である．法規の中には，犯罪行為の一部を下位規範に委ね，事情に応じて変更するものも多い（白地刑罰法規⇨11 頁）．法規範の細かな変更，下位の法令の変更のすべてを「刑の変更」に当たるとすべきではなく，構成要件の非重要部分の変更や，単に事実関係の変化に過ぎない場合（例えば，駐車禁止規定の禁止区域の変更）は，処罰することが可能である．

【判例－刑の変更・廃止】 大蔵省令により外国とみなされていた奄美大島へ貨物を密輸出したが，同省令が改正され外国とみなされなくなった場合（最大判昭 32・10・9 刑集 11・10・2497）につき刑の廃止とされ，実母に暴行を加えて死亡させた後，平成 7 年に尊属傷害致死（205 条 2 項）が削除された場合（最決平 8・11・28 刑集 50・10・828）につき，刑の変更とされた．刑の変更に当たらないとしたものとして，第 2 種原付自転車の 2 人乗り行為を禁止する公安委員会の規則が廃止された場合（最大判昭 37・4・4 刑集 16・4・345．本件違反行為の可罰性に変更はないとした）がある．また，平成 25 年に刑の一部執行猶予（⇨168 頁）の規定が新設されたが，これは刑の変更には当たらない（最決平 28・7・27 刑集 70・6・571）．

【限時法】 限時法とは，存続期限を定めた時限立法や臨時的に設けられた刑罰法規をいう．廃止期日が近づけば，裁判時には法は失効していて処罰されないと予想されるため，事実上遵守されなくなるという問題を避けるため，「廃止前の行為に対する罰則の適用については，なお従前の例によ

る.」といった経過規定を置くことが多いが，それがない場合に，この規定と同様の効果（限時法効果）を解釈により認めようとするのが**限時法の理論**である．特に，構成要件が省令や告示に委ねられ，それらの変更があった場合に問題となるが，法的見解に大きな変更がない限り，刑の廃止には当たらないとされる.

2-1-2 罪刑法定主義の実質化と刑法解釈

明確性の理論と合憲的限定解釈

罪刑法定主義が国民に何が犯罪かを事前に示すことを要請するものである以上，国民から見て不明確な文言を含む刑罰規定は，憲法 31 条に違反し無効である（**明確性の理論**）．最高裁も同理論を認める（最大判昭 50・9・10 刑集 29・8・489－徳島市公安条例事件判決）．ただし，①条文の明確性により保護される国民の行動の自由，刑罰権の濫用防止による利益と，②当罰性の高い行為を処罰することにより得られる国民の利益とを比較衡量して判断される.

また，不合理な（特に，犯罪に比べて著しく均衡を失する重い刑罰を規定している，あるいは不当な処罰内容を含むなど）法規を憲法に合致するように限定解釈する**合憲的限定解釈**が用いられることが多い．具体的には，構成要件の実質的解釈の中に解消される（あんま師等法の「医業類似行為」の解釈につき健康に害のある行為に限定すべきだとした最大判昭 35・1・27 刑集 14・1・33，青少年保護育成条例の「淫行」の解釈につき欺罔，威迫による場合等に限定すべきだとした最判昭 60・10・23 刑集 39・6・413，医師法の「医行為」の解釈につき身体に対する重大な危険性を持つ行為に限定すべきであるとしつつ，コンタクトレンズ処方のための検眼等がこれに当たるとした最決平 9・9・30 刑集 51・8・671（⇨142 頁），広島市暴走族追放条例 16 条 1 項 1 号にいう「集会」は，暴走行為を目的として結成された集団である本来的な意味における暴走族の外，服装，旗，言動などにおいてこのような暴走族に類似し社会通念上これと同視することができる集団によって行われるものに限定されると解され，このように解釈すれば憲法 21 条 1 項，31 条に違反しないとした最決平 19・9・18 刑集 61・6・601，観賞ないしは記念のための品として作成された家系図は，行政書士法 1 条の 2 第 1 項にいう「事実証明に関する文書」に当たらないとした最決平 22・12・20 刑集 64・8・1291 等がある）.

14　2　罪刑法定主義と犯罪論

**類推解釈と
拡張解釈**
　　刑罰法規の適用に際し，法規を超えた事実について他の規定から類推して犯罪の成立を認めることは許されない（**類推解釈の禁止**）．いかに法文を明確に定めても，解釈によりその枠を超えてしまっては無意味だからである．だが，刑罰法規も，具体的適用に際して裁判官の目的的・合理的解釈による補充が当然必要となる．そこで，現在の通説は，「類推解釈は禁じられるが，拡張解釈は許容される」とし，許容される拡張解釈の限界を，「語義の可能な意味の範囲」，「国民の予測可能性の範囲」を基準に判断する．

2-1-3 刑法の場所的・人的効力

属地主義
　　刑法1条1項は，日本国内で行われた犯罪（国内犯）につき，何人に対しても刑法の適用があるとする（**属地主義**）．日本国内とは，日本の領土・領海（基線からその外側12海里までの海域）・領空をいう．日本船舶及び日本航空機内で行われた犯罪についても，何人であっても，国内犯として刑法を適用する（1条2項）．外国船舶・航空機についてはその属する国家がその中での犯罪についての管轄権を行使する（**旗国主義**）が，それらが日本の領内にあるときは，1条1項が適用される．

【犯罪地】　「犯罪地が国内である」ためには犯罪構成要件の一部が日本国内で生ずれば足りる（**偏在説**．例えば，賄賂の申込を国内で行い，賄賂を国外で手渡した場合，全体を包括して国内犯と解する）が，予備的行為のみをわが国で行った場合には，国内犯でない（予備処罰があれば予備罪が適用される）．狭義の共犯については，教唆・幇助行為が国内で行われた場合のほか，正犯行為が国内で行われた場合に，共犯者全員にわが国の刑法が適用される（幇助行為が国外で，正犯行為が国内でなされた場合につき，最決平6・12・9刑集48・8・576）．離隔犯（⇨41頁）の場合，外国から毒物を郵送し日本国内で殺害結果が生じた場合も，その逆の場合もわが国の刑法で処罰される．インターネットのわいせつ画像に関しても，日本向けのサイトのサーバが外国にあったとしても，わが国の刑法が適用される（最決平26・11・25刑集68・9・1053⇨381頁）．

国外犯
　　犯人が自国民である限り，犯罪地の内外を問わず刑法の適用を認める立場を**属人主義**という．刑法3条は，放火罪，強制性交

罪，殺人罪，強盗・窃盗罪などの比較的重い犯罪について，日本国民の国外犯につき刑法の適用があるとする（**日本人の国外犯**）．また，刑法4条は，職権濫用罪，賄賂罪などの公務員犯罪につき，日本の公務員の国外犯を処罰する（**公務員の国外犯**）．

自国または自国民の法益を侵害する犯罪に対しては，犯人・犯罪地の如何を問わずすべての犯人について刑法の適用を認める原則を**保護主義**という．刑法2条は，内乱罪・外患罪・通貨偽造などの重大犯罪につき，この原則を認める（**すべての者の国外犯**）．また，平成15年に刑法3条の2が新設され，日本国外において日本国民に対し殺人等を犯した日本国民以外の者に，刑法が適用されることとなった．

国際社会が共同して対処しなければならない行為について，何人がどの地域で犯したか，また自国の利益の侵害を伴うか否かにかかわらず，自国の刑法を適用する原則が**世界主義**である．世界主義による国外犯の処罰は，行為地の刑法により可罰的か否かを問わない点に特色がある（ハイジャック行為，外国に滞在する国家元首や外交官などに対するテロ行為等，種々のものが問題となる．また，薬物犯罪でも，麻薬特例法10条等により，世界主義が採用されている）．

従来，現行の刑法典には厳密な意味での世界主義を表明した規定は存在しないと解されていたが，昭和62年の刑法一部改正により刑法典に4条の2が追加され，2条〜4条が適用されない場合でも，条約で義務づけられた範囲で，すべての者の国外犯を処罰することとなった．現時点で具体的には，国家代表等保護条約で定められた，外交官等を被害者とする行為につき国外犯が処罰される．

【**外国判決の効力**】　外国において確定裁判を受けた者でも，同一の行為につきさらに処罰することができる（5条）．ただし，犯人が既に外国において言い渡された刑の全部又は一部の執行を受けたときは，刑の執行を必要的に減軽又は免除する．

刑法の人的効力　　日本の刑法は，時間的・場所的効力が及ぶ限り，原則として何人の犯罪にも適用される．しかし，①天皇，②国会議員の院内活動（憲法51条，大臣につき同75条），③外国の元首，外交官，

16　2　罪刑法定主義と犯罪論

使節とその家族，および承認を得て日本の領土内にある外国の軍隊・軍艦には適用されない（日米安保条約に基づくいわゆる米軍の地位協定17条参照）．①②は，厳密には刑法の適用が認められるが，人的に刑罰が阻却される場合と解されている．

2-2　犯罪理論体系の概観

2-2-1　犯罪の実質 (1) —— 違法性

犯罪の実質的要件　犯罪は，法律に「刑罰を科す」と定められた行為である（罪刑法定主義⇨10頁）．より実質的には，①客観的に処罰に値するだけの害悪が存在し（**違法性**），②主観的に，行為者に，その行為につき非難が可能であること（**責任**⇨18頁）が必要である．

違法性の意義　犯罪は，まず，刑罰を用いてまで禁圧する必要のある（つまり処罰に値する）「悪い行為」でなければならない．この行為の「悪さ」を違法性と呼ぶ．違法行為は，害悪を生じさせる行為であり，より厳密には「法益（刑法により保護すべき利益）の侵害およびその危険（一定程度以上の侵害の可能性）を生じさせる行為」と定義できる（**法益侵害説**）．

　これに対し，**法規範違反説**は，違法性を「法規範（法秩序）違反」であるとする．法規範（法秩序）違反とは，道義秩序に違反し，社会的相当性を欠くこと，つまり倫理的逸脱と考えてよい．

　　【刑法と倫理】　刑法は倫理・道徳と無関係ではない．刑罰に関し倫理・道義を強調しすぎると，国家が一定の価値観を国民に押しつけることになる危険があることに注意しなければならない．

客観的違法論　法益侵害説は，利益が客観的に侵害されたかを重視するので，違法性は，原則として客観的に決まる．それに対して法規範違反説は，倫理・道徳を重視する結果，犯人の主観的事情も，違法性に影響すると考えやすい．

　法規範という国家の命令に反することが違法であるから，命令を理解できない者に対しては違法性は問題となり得ず，例えば，精神障害者のよう

な責任無能力者には違法行為は認められないとする説もあった（**主観的違法論**）．しかし，現在のわが国では，一般に違法性と責任とは分けて考えるべきで，客観的に法に反する行為は誰が行っても違法であるとする（**客観的違法論**）．

【客観的と主観的】 「主観的」と「客観的」という対概念は多義的である．まず，①心の中の問題（主観的）か，外部に現れたこと（客観的）なのかという対立と，②本人（主観的）を基準に考えるのか，一般国民を基準に考えるのか（客観的）という対立の存在を意識しておく必要がある．

	主観的	客観的
判断対象	内 心	外部的行為・結果
判断基準	本 人	一般人

客観的違法論によれば，客観的・外部的な対象についての評価が違法性で，主観的・内心的（個別的）事情についての判断が責任となる．ところが，現在のわが国の客観的違法論の中には「違法評価の基準は客観的だが，評価の対象は客観・主観の両面を含む」とし，主観的（内心的）事情も違法性に影響するとする見解も有力である（大谷234頁，佐久間166頁）．

【裁判規範と行為規範】 刑法は生じた犯罪を裁くための基準だと考えれば（裁判規範），結果から遡って考察していくことになりやすく，違法性判断も客観化する．それに対し，刑法は国民に行動の規範を示すものであると考えれば（行為規範），内心に働きかけることが重要で，判断は主観化する．刑法は，この両面を有するが，法解釈学としての刑法学（特に犯罪論）は，主として裁判の場での法適用を問題にするので，裁判規範性が正面に出ざるを得ない．

結果無価値・行為無価値　「侵害結果の発生」を違法性の根拠とし，結果の無価値（悪いこと）が違法であるとする立場を**結果無価値論**と呼ぶ．刑法の裁判規範性を重視し，結果発生の時点から遡って違法性を判断する考え方で，客観的違法論と結びつく．これに対し，違法性判断においても倫理・道徳を重視すると，「悪い行為，悪い内心が違法性の根拠である」という**行為無価値論**に至る．しかも同説では，「行為」以上に，故意などの主観面が違法性判断に重要な意味を持つと考える．ただ，わが国では行為無価値論といっても，行為無価値・結果無価値の両方が必

18　2 罪刑法定主義と犯罪論

要だとする二元説が圧倒的に多い（川端 303 頁，野村 70 頁）．

2-2-2　犯罪の実質(2)——有責性

責任主義の原則　いかに重要な法益を侵害しても，責任がなければ刑罰を科すことはできない（**責任主義**）．日本では，性格責任論は劣勢で，責任は道義的責任を中心に説明される（⇨7 頁）．

【厳格責任】　英米法系では厳格責任（strict liability）ないし，絶対責任（absolute liability）という形で，無過失処罰が認められてきた．しかし，英米でも責任主義の観点から批判が強く，それらの具体例は減少している．

規範的責任論　かつて，責任主義の内容は，「故意，過失という心理的事情がなければ処罰しない」として，**結果責任主義**（結果が発生すればそれだけで処罰する考え方）を否定するものであった（**心理的責任論**）．しかし，「認識した」という事実よりも，「認識したにもかかわらず，反対動機を形成して思いとどまらなかった」ことに対する非難が重要であると考えられるようになった．このように，「〜すべきであったのにしなかった」という「評価」を中心に刑事責任を考える新しい立場を**規範的責任論**という．

現在，責任の実質である**非難可能性**とは，「他行為可能性」，すなわち行為者に「適法な行為を決意する可能性が存在したこと」と説明される（大谷 311 頁）．

【期待可能性】　規範的責任論は，適法行為をすべきであったのに違法行為を行ったことに非難の根拠を求める．そこで，不可能を要求することはできないから，非難の前提として，その者に適法行為を期待することができなければならない．これが**期待可能性**（⇨118 頁）で，規範的責任論と期待可能性論は表裏の関係に立つ．

非難の内実　一般人に肯定されるような道義的非難が伴ってはじめて，その行為者に対する処罰を一般人が納得し，刑罰による社会秩序維持機能が働く．また，「非難に値する行為さえしなければ処罰されない」という安心感は，刑罰制度の信頼の基礎である．そして，非難の視点を考慮せずに処罰すると，行為者は「運悪く罰せられた」と思うに過

ぎない（前田 153 頁）．そこで，①非難可能なときにのみ刑を科すという責任主義の原則と，②非難に応じた刑を科すという罪刑の均衡の原則が必要とされるのである．

責任論では，現代において刑罰を科すに値する非難可能性の具体的内容を，**責任能力，故意・過失，期待可能性**として論ずる．

主観的事情　非難可能か否かの判断は，当該行為者の個別的・主観的事情を基にするからこそ可能となる．行為者自身が認識していないのに，「一般人なら認識できたはずだ」として責任を認めることに対しては，国民の納得が得られない．現在の「非難可能性」判断は，あくまで「その行為者」の主観的事情を基に行われているといえよう．

ただ，責任の有無の評価は，一般人を基準にせざるを得ない（**客観説**）．伝統的な考え方には「本人にとって不可能なことについて非難できない」とするものが多かった（**主観説**）．しかし，犯人が「私にはそうせざるを得なかった」と主張する場合のすべてを無罪とするわけにはいかない．それでは，刑罰制度の目標である犯罪防止と社会秩序の維持は達成し得ない．刑法上の責任論では，国民一般を基準とした「非難可能性」を問題にすることになる．このような認定基準の客観化の問題と，評価の対象としての行為者の主観を客観化することとは，明確に区別されなければならない．

2-2-3 犯罪論体系の発展

犯罪論体系　犯罪とは，違法で有責性の認められる行為である．しかし，その行為は刑法（特別刑法も含む）の各条文に当てはまるものでなければならない．そこで，犯罪とは**構成要件に該当し，違法で有責な行為**と定義されるのである．犯罪の理論は，構成要件と違法性と責任の関係をどのように理解するかが中心であった．

現在の犯罪論体系の土台はドイツにおいて，20世紀初頭に完成されたと説明されることが多い．**三分説**と呼ばれ，**構成要件，違法性，責任**の三者は相互に切り離された別個の要件とされた（この体系を完成させたのがベーリング（1866-1932）である）．そして，罪刑法定主義を重視し，刑罰法規の示す「犯罪類型」，「定型」を構成要件と呼び，それは，国民一般からみて明確

でなければならず，法律的価値評価から独立した客観的，記述的，没価値的類型でなければならないとされたため，解釈の余地の生ずる規範的要素，主観的要素は構成要件から排除された．そして，構成要件と違法性とは峻別され，ある行為が構成要件に該当しても，必ずしも違法であるとは限らないとされた．構成要件は，責任とも明確に区別され，さらに違法性と責任も，その判断対象が客観的なものか主観的なものかにより峻別された．

構成要件の実質化

しかし，構成要件と違法性を完全に切り離すことは，実際には非常に難しい．まず，わいせつ物に関する罪を想定すればわかるように，裁判官の評価を加えなければその意味を確定できない**規範的構成要件要素**が存在することは，認めざるを得ない．そして，目的犯の目的のように，主観的事情が構成要件に含まれていることも否定できない．そこで，構成要件に該当する行為（例えば人を殺す行為）は，違法性と無関係ではあり得ないという議論が強まる．構成要件に該当すれば，違法性を推定させると説明され，さらには，正当防衛のような違法性阻却事由がない限り，構成要件該当行為は違法であるとする説明が有力となる．現在では，構成要件に該当すれば，原則として行為は違法であると考えられている（**違法類型としての構成要件**）．

【**主観的超過要素**】 原則として違法性は客観的，責任は主観的なものであるが，目的犯（⇨22頁）の場合，その犯罪類型に必要な目的（主観的事情）がなければ構成要件該当性判断ができない．また，未遂犯における故意も，それを考慮しなければ何罪に当たるか（例えば殺人か傷害か）が判定できない．そこで，客観的犯罪事実が存在し，それに対応する認識がある場合には，主観面が違法性に影響することはないが，客観的事実が存在せず主

観的事情のみが犯罪要件とされている場合（目的や未遂の故意のような, 客観的事情を超えた**主観的超過要素**）には, その主観的超過部分に違法性の根拠を求めざるを得ないとする見解が有力となった. そして, 超過要素だけでなく（既遂犯の場合も含めた）故意等の主観的事情一般が違法性に影響を及ぼす違法要素であるとする主張までも登場してくることにもなる（行為者の人的事情こそが違法性判断において重要であるとした**人的違法論**）.

2-2-4 現代の犯罪論体系

客観的構成要件と違法性　犯罪は, 構成要件に該当し, 違法性が阻却されず, 責任が阻却されない行為である.

　客観的構成要件は違法行為の類型である. 現在でも, 構成要件の罪刑法定主義機能（どの行為が処罰されるかを明示する機能）を重視し, 違法性判断と切り離された客観的で記述的な行為の型と考える説もあるが, 構成要件該当性判断により「犯罪行為」であることに関し, 一定の判別を行うことが必要である（**犯罪個別化機能**）. 例えば,「砂一粒盗んでも窃盗罪の構成要件に該当する」というような形式的構成要件該当性判断を行えば, これを不処罰とするためには,「一粒では窃盗罪として処罰に値する違法性がない」という実質的違法性判断を別個に行わなくてはならない. しかし,「砂一粒は窃盗罪の『財物』には当たらず, 窃盗罪の構成要件該当性がない」という構成要件判断を, 1回行う方が合理的である.

　構成要件に該当しても, 例外的に正当化（違法性阻却）される余地はある（⇨84頁）. その典型例が, 正当防衛である.「人を殺したといえるか」と「正当防衛で殺したといえるか」は, 別個の判断で, 原則（構成要件該当性）と例外（違法性阻却）の関係に立つ.

主観的構成要件要素と主観的違法要素　客観的事情を対象にした違法性（客観的構成要件）に対し, 行為者の主観的事情を扱うのが責任（主観的構成要件）である.

　例えば, 目的犯で目的を考慮せずに構成要件該当性を判断することは許されない（⇨22頁）. また, 未遂犯は故意の有無の判断が決定的に重要である. 目的や未遂犯の故意は, 主観的違法要素ではないが, 責任を基礎づ

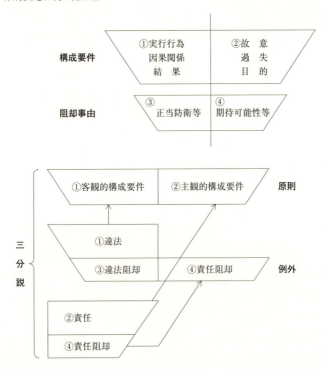

ける要素として主観的構成要件要素を構成する．構成要件は「違法で有責な行為の類型」だからである．

さらに，既遂犯における「故意」も，犯罪類型を個別化・特定するものとして，構成要件要素である．行為者の主観を問題にしなければ，何罪の構成要件に該当するかが判別できないからである（殺人罪と過失致死罪は，客観面は同一でも，構成要件は異なる）．このように，主観的構成要件要素は犯罪の成立に不可欠である．しかし，重要なのはこれらの主観的事情が，違法要素でなく，責任要素であるという点である．主観のいかんにより，法益侵害性（違法性）に差が生ずることはないからである．

【主観的構成要件要素－具体例】　通貨偽造罪（148条1項）は，偽貨を作成するという認識に加え，通貨として使用する目的が必要である（⇨343頁）．このように，行為者が客観的な構成要件の認識を超過した一定の目的を有するときに限り処罰する犯罪類型を**目的犯**という（内乱罪，身の代金目的略

取・誘拐罪等）.

傾向犯とは，行為者の主観的傾向の発現と見られる行為が犯罪となるもので，そのような傾向がない限り処罰されない．例えば強制わいせつ罪（176条）につき，判例は，行為者の性的衝動を刺激し，または満足させるという主観的傾向の現れと見られる場合に限って処罰するとしてきたが，判例変更された（⇨219頁）．また，行為者の内部的・心理的過程または状態が行為として現れるものを**表現犯**という．例えば偽証罪（169条）における「虚偽の陳述」を，自己の記憶に反する陳述であると解せば「自己の記憶に反するという心理状態」の表出として陳述がなされた場合に限り処罰することになる（⇨416頁）.

**例外として
の阻却事由**　犯罪の成否を判断するには，まず，構成要件に当てはまるか否かを検討しなければならない．ただ，構成要件という原則類型に該当したとしても，前述のように例外的に処罰を否定すべき特別な場合がある．例えば，殺人は類型的に悪い行為であるが，襲われたのでやむを得ず防衛した場合は処罰すべきでない．そしてこのような例外事情も，①違法性と②責任それぞれが否定される場合が考えられる．違法性の否定が，客観面における違法性阻却事由（③）であり，責任の否定が，主観面における違法性阻却事由の認識と期待可能性および責任能力（④）である．実際の刑事裁判においても，このような順序で判断される．

3
客観的構成要件

3-1 客観的構成要件の構造

3-1-1 構成要件と違法性

違法有責行為の類型

構成要件は,「処罰に値する違法な行為を類型化したもの」であり,「処罰に値する責任非難の向けられる事情を備えた行為の類型」でもある(構成要件該当性判断には,「処罰に値する程度の有無」という規範的評価が必要で,その意味では実質的解釈を必要とする.本章では,犯罪の客観的側面である客観的構成要件について述べる).

構成要件に該当する行為は,正当防衛等の違法阻却事由が存在しない限り,違法である.客観的構成要件の役割は,実質的に処罰に値するだけの法益侵害の存否の判定であり,違法性阻却は,そのような法益侵害が存在するにもかかわらず,例外的に許容される場合である.

	違法性(客観面)	**責任**(主観面)
構成要件 (原則)	Ⅰ 構成要件的結果 実行行為・因果関係	Ⅱ 構成要件的故意 構成要件的過失
阻却事由 (例外)	Ⅲ 正当防衛・緊急避難 法令・業務行為等	Ⅳ 違法阻却事由の認識 期待可能性等

刑法的違法性

違法を「法規範・法秩序に違反すること」と理解する立場によれば,違法性は全法秩序・法領域において一元的でなければならない(**違法一元論**).しかし,犯罪論上の違法性は「刑が科され

る行為」を意味するものであり，「処罰が必要な程度の法益侵害」であるから，違法性は法領域ごとに相対的なものと捉えるべきである（**違法多元論**）．各法領域で法の目的・効果は異なり，それぞれの効果を導く「要件としての違法性」に差があるのは当然である（最大判昭41・10・26刑集20・8・901）．

> 【**可罰的違法性**】「処罰に値する違法性」のことを**可罰的違法性**と呼ぶが，その内容は多岐にわたる．形式的には刑法上の構成要件に該当し正当化事由がない場合でも，違法性が軽微だから不可罰にすべき場合を（狭義の）可罰的違法性が欠けるという．狭義の可罰的違法性は，**絶対的軽微**と**相対的軽微**に分類される（⇨27頁）．

3-1-2 構成要件の種類と構成要素

結果と実行行為　客観的構成要件の最も重要な構成要素は，結果と実行行為である．**危険犯**（⇨28頁）や**未遂犯**（⇨38頁）であっても，危険性という「結果」が要求される．また行為は，あらゆる行為を指すのではなく，各構成要件が要求する実行行為でなければならない（⇨29頁）．

　人を殺すこと，財物を奪取することのように，行為と結果の発生を明示的に要求する犯罪類型（**結果犯**）が多いが，行為だけで成立するように見える例外的な構成要件を，**挙動犯**ないしは**単純行為犯**と呼ぶ（例えば偽証罪）．ただ，挙動犯でも，保護法益の侵害（偽証であれば国家の審判作用の侵害⇨415頁）は認められる．

> 【**実質犯・形式犯**】　法益侵害またはその危険を発生させる犯罪を**実質犯**と呼び，法益侵害の危険すらなく，形式的に法規に違反するだけで成立する犯罪を**形式犯**と呼ぶ（例えば道交法上の免許証不携帯の罪）．実質犯には，法益が現実に侵害されることを要する**侵害犯**と，法益侵害の危険の発生で足りる**危険犯**がある．しかし，法益侵害性が全くない行為は犯罪とはいえず，形式犯も，およそ危険発生がなければ処罰できない．
>
> 【**結果と犯罪の態様**】　一定の法益侵害及び危険の発生によってただちに犯罪が完成し，法益侵害状態も終了する殺人罪や放火罪を**即成犯**と呼び，一定の法益侵害の発生によって犯罪は終了するが，それ以降も犯罪事実を構

成しない法益侵害状態は継続する窃盗罪や傷害罪を**状態犯**，一定の法益侵害の状態が継続する間，犯罪の継続が認められる監禁罪等を**継続犯**という．継続犯は，犯罪が続いている限りそれに途中から関与した者にも共犯が成立し，公訴時効（刑訴 253 条）も進行しない．

主体　通常，犯罪の主体は「人」一般であるが，主体に一定の限定を加えた犯罪類型を**身分犯**という．一定の身分がある者のみを処罰する**真正身分犯**（例えば賄賂罪や秘密漏示罪）と，一定の身分者を重く（例外的に軽く）処罰する**不真正身分犯**（例えば業務上過失致死傷罪）に分かれる（共犯と身分⇨141 頁）．

　刑法典には**法人処罰**につき特別の定めはなく，刑法各則により規定された行為の主体に法人は含まないが，行政刑法には事業主（＝法人を含む）に罰金を科す規定も多い（所得税法 244 条，外為法 72 条 1 項等参照）．現在認められている法人処罰は，個人としての従業員が業務に関し処罰され得る場合（ただし，責任無能力などで現に処罰されない場合も含む）に，併せて事業主にも罰金を科すという**両罰規定**である．あくまで個人責任の原則を前提とした法人処罰である（さらに，従業員，事業主の他，法人の代表者も処罰する**三罰規定**もある（独禁法 95 条，95 条の 2 など））．

　かつては法人処罰の理由付けとして，法人には行為はないので，自然人（従業員）の行為が法律上政策的に法人に帰属し，企業は無過失で処罰されると理解されてきた．①法人には意思に基づく身体の動静がなく，②主体的・倫理的自己決定がない以上，倫理的な責任非難ができず，③現行刑法の中心である生命刑・自由刑を法人に適用することはできず，さらに④法人には刑罰感受能力が欠けていると考えられてきたからである．

　しかし，最判昭 40・3・26（刑集 19・2・83−入場税法違反に関する事業主処罰）等を契機に，法人の犯罪能力を認め，法人には犯罪行為を行った従業員について選任監督上の過失責任があるとして，法人処罰を肯定する見解が多数説を占めるに至った．法人は，①自然人と同様の意思に基づく身体の動静はなくとも，犯罪の主体とはなり得るし，②刑罰における非難は倫理的なものとは限らず，③現行刑法典には罰金刑も存在し，④罰金刑による効果も期待できる．行政刑法だけでなく，一般刑法についても理論的には法

人処罰は十分可能である（林86頁参照）.

客体　　行為の向けられる対象を**客体**という．殺人罪の客体は「人」で，窃盗罪の客体は「他人の財物」である．客体と保護法益は一致することが多いが，例えば，公務執行妨害罪（95条1項）は，暴行・脅迫の対象（客体）は「公務員」であるが，保護法益は公務員が行う公務（国家法益）である．

3-2 実行行為と結果

3-2-1 構成要件的結果

結果と実行行為　　客観的構成要件の最も重要な要素が，法益侵害結果と実行行為である．広義の結果とは，法益侵害の現実的結果のみならず法益侵害（結果発生）の危険性を含む．未遂犯や危険犯の「結果」とは，結果発生の一定程度の危険性を指す．一方，結果と対置される実行行為も，少なくとも結果発生の可能性のある行為でなければならない．その意味で実行行為と結果とは相互に関連している．

処罰に値する程度の結果　　法益侵害があまりに軽微で処罰に値しない場合，構成要件該当性を欠く（**軽微犯**－絶対的軽微という）．判例も，たばこの葉一厘分（3グラム）の無断使用のように軽微な事案は，構成要件該当性を欠くとする（大判明43・10・11刑録16・1620－一厘事件）．絶対的軽微が構成要件該当性の問題であるのに対し，違法阻却事由の存在により違法性が処罰に値しない程度に減少する場合（これも，一般に可罰的違法性と呼ばれる）を相対的軽微という．

> **【判例－絶対的軽微】**　窃盗罪の客体である財物は，一定程度以上の価値のあるものに限る（最判昭26・3・15刑集5・4・512）．メモ用紙（大阪高判昭43・3・4下刑集10・3・225），ちり紙13枚（東京高判昭45・4・6東高刑時報21・4・152），はずれ馬券1枚（札幌簡判昭51・12・6刑月8・11=12・525）等は価値が軽微なため財物に当たらない．この他，30枚程度のビラ貼りは建造物損壊罪の「損壊」に当たらず（⇒315頁），軽微なケガは「傷害」でない（⇒182頁）．

28 3 客観的構成要件

危険犯　結果発生の蓋然性（一定程度以上の危険性）という意味での危険の発生を要求する犯罪を**危険犯**（危殆犯）と呼ぶ．未遂も，単に故意があるだけではなく，客観的に一定の結果発生の蓋然性が要求されるので，一種の危険犯である．

　危険犯は，条文上危険の発生を要件とする**具体的危険犯**（例えば非現住建造物等放火罪の一部（109条2項））と，そのような要件のない**抽象的危険犯**（例えば現住建造物等放火罪（108条））に大別される．しかし，最近は，抽象的危険犯であってもおよそ危険の発生しない場合は処罰すべきでないとする見解が有力である．そして，条文上の形式的な区別ではなく，実質的観点から，法益侵害の現実的・具体的な危険発生を要するのが具体的危険犯，法益侵害の抽象的危険の発生で足りるのが抽象的危険犯と区別することが多い（林106頁）．

結果的加重犯　故意の内容を超過した重い結果を発生させた場合を，本来の故意犯より重く処罰する犯罪類型群を**結果的加重犯**という．例えば傷害致死罪（205条）のように，傷害の故意しかないが死の結果が発生した場合がこれに当たり，傷害罪（204条）と過失致死罪（210条）との観念的競合よりも重く処罰される．

　結果的加重犯の重い結果につき，過失（ないしは予見可能性）は不要である．重い結果に関して無過失の場合に重く処罰するのは，責任のない行為につき処罰することとなり責任主義に反するとの批判もあるが（斎藤99頁），基本となる故意犯を犯している場合であるから，単純な過失と同一視することは妥当でないものの，およそ予想できない結果についてまで帰責することにはならない．

【客観的処罰条件と処罰阻却事由】　事前収賄罪における「公務員になった」こと（197条2項）や，詐欺破産罪における「破産手続開始の決定が確定した」こと（破産法265条）のように，処罰のための条件でありながら，当該犯罪の成否から独立した事情を**客観的処罰条件**という．これらの条件は政策的なもので犯罪成否から独立しているので，一般に，その点についての故意・過失は必要ない．同様に，親族相盗例の親族関係（244条1項⇒265頁）のように犯罪の成否から独立しているが，処罰を否定する事情を**処罰**

阻却事由と呼び，これらの事情についても政策的な要件であるから故意・過失は不要とされる．

3-2-2 実行行為

実行行為の意義　行為とは「人の，意思に基づく身体の動（作為）・静（不作為）」であるが，結果犯の成立には，各犯罪類型ごとに定められた**結果を発生させる現実的危険性を持った行為**が認定されなければならない（最判平 26・11・7 刑集 68・9・963 ─関税法上の無許可輸出罪）．これを**実行行為**という．例えば殺人罪の「殺す」行為とは，たまたま死の結果を生じさせた行為のすべてを含むのではなく，類型的に人の死を導くような行為でなければならない．呪術で人を殺そうとしても「殺す行為」とはいえない（不能犯⇨42 頁）．刑法典上に規定された個々の構成要件ごとに，その予定する実行行為がある場合に限り，処罰される（犯罪の類型化機能）．結果から見た危険性とは別個の類型的な判断であるため，法益侵害の危険性の大小とは必ずしも一致しない．

【**目的的行為論**】　行為を目的的意思に基づく作為（不作為は含まない）に限定する理論．人間の行為はまず目的を設定し，その目的を達成するのに必要な手段を選択し，これをその目的の実現に向かって統制するところに特色があり，「目的的な意思」に基づかない動作は行為でないとする（福田 60 頁）．犯罪論全体において主観的事情・行為無価値を重視する点に特色がある．
　　しかし，目的的に結果を惹起する場合ではない過失犯や，不作為犯につき困難が生ずる（山中 149 頁参照）．また，人間の行為を，常に冷静な目的的なものと捉えること自体，近時の心理学などと矛盾し，現在わが国での支持は少ない．

実行行為と正犯　実行行為を行うのが**正犯**であり，実行することをそそのかしたり手助けすることが**共犯**である（⇨120 頁）．正犯と共犯を区別することが，実行行為概念の重要な役割とされてきた（⇨120 頁）．

　実行行為の開始を**実行の着手**と呼ぶ．刑法 43 条は，未遂を「犯罪の実行に着手してこれを遂げなかった」場合と定義するからである．実行行為性が欠ける場合は，実行の着手がなく，未遂ともならない．もっとも，実行

30　3 客観的構成要件

の着手は形式的な行為の開始時点ではなく，未遂処罰に値する危険性の生じた時点である．これは，上述の類型的に「殺す」行為といえるかという意味での実行行為性の判断とは，微妙に異なる（実行行為の終了につき中止犯参照⇨47 頁）．

実行行為の一個性　複数の行為が行われていても，当初から「犯意」が認定でき，それが継続している場合には，実質的に「一個の行為」と見るべき場合がある．クロロホルムを吸引させて失神させ（第 1 行為），自動車ごと海中に転落させて溺死させる（第 2 行為）計画の場合，両行為は一体と解され，第 1 行為の時点で実行行為が開始されたとされた（最決平 16・3・22 刑集 58・3・187⇨40 頁．①第 1 行為は第 2 行為を確実かつ容易に行うために必要不可欠なもので，②第 1 行為に成功すれば，計画を遂行する上で障害となる特段の事情が存せず，③第 1 行為と第 2 行為との間の時間的場所的近接性が認められれば，第 1 行為は第 2 行為に密接な行為であるとされた）．

　殺害しようと首を絞めたところ（第 1 行為），ぐったりしたので，死体のつもりで川に投げ込んだところ（第 2 行為），実は生きていて溺死したような場合も，両者を分けるべきでなく，一個の殺害行為と解し，自己の第 2 行為が介在した点は，因果関係の問題として処理すべきである（因果関係論・行為者の行為の介在⇨55 頁）．

実行行為と因果関係　実行行為と結果との結びつきを判断するのが**因果関係論**（⇨47 頁）である．因果関係は，単なる裸の行為ではなく，「実行行為」と結果との結びつきを問題とする．当該構成要件が予定する程度の危険性を有する行為が存在せず，実行行為性がない場合，例えば事故を利用して人を殺そうとして新幹線に乗せ，たまたま事故が発生して被害者が死亡した場合，殺人既遂の責任はもとより，殺人未遂の責任も問えない．ただ，因果関係の判断においても，結果発生の危険性が問題とされることが多く（⇨51 頁），実行行為性の有無に関する危険性判断との関係は複雑である．

3-2-3 間接正犯

間接正犯　　　実行行為は，他人を使って行われることもある．事情を知らない者に毒薬を運ばせ被害者を殺害する行為は，殺人の実行行為である．このように第三者を道具として犯罪を実行する場合を**間接正犯**と呼ぶ．**正犯者意思を持って，直接正犯と同視し得る結果発生の危険性を有する行為を行うことである．**被利用者は利用者の道具に過ぎないから，**利用者に実行行為が認められる．**被利用者の行為を利用者が支配していると説明する**行為支配説によっても，**どのような場合に「支配」といえるのかという判断が必要となる．

【処罰の間隙を埋めるもの】　間接正犯は，実践的には，教唆犯（⇨136頁）が不成立の場合に，処罰の間隙を埋めるものとして考えられてきた．教唆犯の理論により間接正犯の成立する範囲が決まると考えられてきたのである．しかし，消極的に「共犯でない」ことではなく，積極的に「正犯性」，「実行行為性」が認められる場合が，（間接）正犯なのである（⇨120-121頁）．

【事情を知らない者の利用】　自殺がどのようなものかを理解せずしかも命ずることには何でも服従する児童に，首を吊る方法を教えて実行するよう命じ，児童が窒息死した場合，殺人罪が成立する．事情を知らない新聞社の従業員に依頼して，新聞紙上に，Vに無断でV名義の事実証明に関する広告文を掲載させれば，私文書偽造罪の間接正犯となる．また，V所有の材木を自己の所有物であると偽って情を知らないAに売却し，Aが材木を搬出した場合，情を知らないことにつきAに過失があっても窃盗罪の正犯となる．

【自殺させる行為と実行行為性】　真冬の深夜，Vに激しい暴行を加え堤防際まで追い詰め，逃げ場を失ったVが堤防から下の川に飛び込んで溺死した場合，溺死するかもしれないがそれでも構わないと考えて行えば殺人罪が成立する．暴行・脅迫を加えて，厳冬期に漁港の岸壁から自動車ごと海中に転落して自殺する以外の行為を選択することができない精神状態に陥らせた上自殺するよう指示し，Vに自殺を決意させ溺死させれば殺人罪の間接正犯となる（最決平16・1・20⇨181頁）．直後に追死する旨嘘をついて自殺を決意させ服毒により死亡させた場合，自殺教唆罪ではなく殺人罪の正犯となる（最判昭33・11・21⇨180頁）．

32　3　客観的構成要件

【自手犯】　行為者自身の直接の実行が必要で，間接正犯の形態では犯し得ない犯罪類型をいう．重婚罪や道交法の無免許運転罪がその典型とされる.

【間接正犯の実行の着手時期】　⇨41 頁

責任無能力者の利用　意思能力，是非善悪の判断能力を欠く者を利用して犯罪行為を行わせた場合も，間接正犯となる．もっとも，被利用者が責任能力を欠き，「犯罪」をそそのかしたこと（教唆）にならないことを理由に間接正犯とする立場（⇨125 頁参照）は妥当でない．刑事未成年といっても，年齢による差が大きいからである．畏怖させるなどの事情がなければ，13 歳の少年に窃盗をそそのかす行為に，窃盗の実行行為性を認めるのは困難であるが，3 歳の幼児を利用した場合には通常，間接正犯性を認めざるを得ない．直接手を下した者に責任（能力）があるか否かで，教唆の成否を決め，「教唆に当たらないから間接正犯とする」とするのは妥当ではない．間接正犯性は，未成年であることに加えて，**直接正犯と同視し得る結果発生の危険性を有する行為か**，道具となっているか，によって判断される.

【判例－間接正犯】　最決昭 58・9・21（刑集 37・7・1070）は，12 歳の養女にタバコの火を押しつけるなどして窃盗行為をさせた父親を間接正犯にしたが，間接正犯性を認めた根拠は「**畏怖・抑圧されている者の利用**」という点にあり，被利用者が未成年であった点が決定的であったわけではない．また，大阪高判平 7・11・9（高刑集 48・3・177）も，「畏怖し，意思を抑圧されている」ことを理由に，10 歳の少年を利用した窃盗行為につき間接正犯を認めた．間接正犯の成立範囲は，実質的にみて，「被利用者がどの程度行動の自由を奪われていたか」，「利用者がどれだけ被利用者を支配していたか」により判断されることになる．なお，刑事未成年者の息子に強盗をさせた母親につき，母親の指示は息子の意思を抑圧するものではなかったとして，息子との共同正犯を認めた判例がある（最決平 13・10・25 ⇨128 頁参照）.

故意を欠く者の利用　医師が患者を殺害しようとして，看護師に毒薬入りの注射器を渡し，看護師が不注意で毒であると気づかずに患者に注射して患者を死亡させた場合も，医師が殺人の正犯となる．看護師も業務上過失致死罪という犯罪を犯しているのであるから**規範**

的障害（事情を知ることにより犯罪を行わない可能性）があり，医師は教唆ではないかという議論もあり得るが，事情を知らない者（無過失）を使い，被害者に毒を与える例と比較し，被利用者の過失の有無により結果発生の蓋然性に絶対的な差があるとはいえない．

> 【**異なる故意犯の利用**】 Y が A 女を殺害する意図で，X に「A 女にこの堕胎薬を飲ませろ」と言って青酸カリを渡す行為は，殺人罪の間接正犯となる．被利用者 X には堕胎罪の故意があるので，規範的障害が認められ，Y には正犯性がないとする批判があるが，結果発生の蓋然性の観点からは，中間に介在するのが，情を知らない者か過失犯か故意犯かで決定的な相違はない．正犯性にとって重要なのは，被利用者の認識の有無という形式論ではなく，A の死という最終結果を実質的に支配している者は誰かという点である．

故意ある道具 　行使の目的を隠して，「教材」として偽札を作成させたような場合，その被利用者を**目的なき故意ある道具**という．作成者は「行使の目的」を欠き構成要件に該当せず（⇨343 頁），利用者が通貨偽造罪の間接正犯となる．

公務員 Y が家族 X に賄賂を受け取らせた場合，X を**身分なき故意ある道具**という．非公務員 X は収賄罪に該当せず，Y が収賄罪の間接正犯，X はその幇助となるとするのが多数説であった（団藤 159 頁）．ただ，Y が一方的に支配した場合には Y の間接正犯と X の幇助を認めるべきであるが，両者が協力した態様の場合には共同正犯を認めるべきである（西原 313 頁参照）．

この他に，**故意ある幇助的道具**と呼ばれる類型がある．闇米運搬に関する最判昭 25・7・6（刑集 4・7・1178）は，実際に運搬した運転手は道具に過ぎないとして，命じた運送会社社長を正犯とした．また，Y が A に対する覚せい剤売却を X に依頼した行為につき，Y を正犯，X を幇助とした判例がある（横浜地裁川崎支判昭 51・11・25 判時 842・127）．形式的には X 自身の売買のように見えるが，代金や支払方法をすべて Y が指示したことを根拠に，実質的に Y が売買の主体であると評価された．仮に，X もその売買により相当の利益を得ているような場合には，共謀共同正犯が成立する

34　3　客観的構成要件

（東京地判平 10・8・19 ⇨141 頁参照）．

　　【適法行為の利用】　Y が A をそそのかして X を攻撃させ，X の正当防衛
　行為を利用して X に A を殺させる場合のように，適法行為を利用した間
　接正犯が成立するかにつき争いがある．しかし，Y に間接正犯とするだ
　けの正犯性が認められる事例は，事実上考えにくい．医師でない X が，
　妊婦からの依頼を受けて堕胎手術を開始したが，その最中に妊婦の生命が
　危険な状態に陥ったため，医師 A に依頼し，胎児を母体外に排出させた
　場合，A の堕胎行為は緊急避難として正当化されるが，X に同意堕胎罪
　の間接正犯が成立する．

　　【判例－コントロールド・デリバリー】　麻薬等特例法 4 条は，麻薬・覚せい
　剤等の規制薬物につき，貨物内に隠匿されていることが判明した場合，検
　察・警察の要請により税関長が通関を認め，警察の監視下で配送業者が配
　達することを認めた．これをコントロールド・デリバリーという．関税法上
　の禁制品輸入は，税関線を突破して初めて既遂となる．そこで，通関前に
　禁制品輸入が発覚した場合，その後コントロールド・デリバリーにより実
　際に配達されたとしても，輸入罪は未遂に過ぎないのではないかとの疑問
　が生ずる．最決平 9・10・30（刑集 51・9・816）は，このような配達も，もとも
　と被告人からの依頼に基づく運送契約によりなされていることを理由に，
　第三者（配送業者）の行為を自己の犯罪実現のための道具として利用した
　と評価して，禁制品輸入罪の既遂犯が成立するとした．

3-3　不作為犯

3-3-1　不作為犯の構造

　　　　　　　　　　犯罪は法益侵害の危険を含んだ作為を原則とするが，例
不真正不作為犯　　外的に，行為者に法益侵害の結果を防止する措置を行わ
ない者を不作為犯として処罰する．
　刑罰法規が明文で不作為の形式を採用するものを真正不作為犯といい
（107 条の不解散罪，130 条後段の不退去罪，218 条後段の保護責任者不保護罪等），
「解散せよ」，「退去せよ」という命令に従わないことが犯罪となる（**命令規
範違反**）．これに対し，作為の形式で規定された通常の構成要件が不作為に

より実現される場合を，**不真正不作為犯**と呼ぶ．例えば，親が食事を与えないことによって幼児を死亡させる不作為の殺人の場合，「殺すな」という禁止規範に不作為により違反することになる（**禁止規範違反**）．現実にも理論的にも，争われるのは不真正不作為犯である．不真正不作為犯は，殺人罪や放火罪に加え，詐欺罪などの財産犯についても成立し得る．

行為性・因果性　かつては，不作為は行為ではないとする議論もあったが（目的的行為論⇨29頁参照），作為と刑法上同価値の不作為は日常的にも十分考えられるので，現在では身体の動「静（＝不作為)」を行為とする点でほぼ争いがない（⇨29頁）．

　さらに，無から有は生じない，つまり不作為には結果との因果性は認められないという議論もあった．しかし，不作為は「絶対的な無為」ではなく**一定の期待された作為をしないこと**と解されるから，因果性を肯定する点でも争いはない．「その者に当該期待された行為がなされたならば，結果が生じなかったであろうことが，合理的な疑いを超える程度に確実であった」という関係が認められれば，因果関係がある（最決平1・12・15刑集43・13・879は，救急医療を要請していれば，十中八，九救命が可能な場合に因果関係を肯定した⇨49, 199頁）．これに対し，被告人が執るべき救命措置を講じたとしても，被害者が死亡した可能性がある場合には，因果関係は認められない（夫が瀕死の妻の救命措置を執らなかった行為につき保護責任者遺棄致死罪の成立を否定した事案として，札幌地判平15・11・27判タ1159・292．ただし，夫が妻を発見したときに存命であった以上，遺棄罪の救命可能性はゼロではなく，保護責任者遺棄罪の実行行為性はあるとした⇨199頁）．

3-3-2 **作為義務**

実行行為性　不作為犯の実行行為は，**作為義務を有する者が，作為が可能かつ容易であるにもかかわらず作為義務を怠ったことが，作為により積極的に殺害したと同視し得る場合**に認められる．

　形式的に結果と因果関係の認められる不作為をすべて処罰すると，不真正不作為犯の処罰範囲はかなり広がる（例えば，溺れている人を放置した者は，すべて殺人罪に該当することになる）．そこで，不作為犯では，「危険を積極

的に生じさせた場合（作為犯の場合）と同視できる場合（作為と等（同）価値の不作為）」に限り，実行行為性が認められ，構成要件該当性があるとすべきである．

　具体的には，(1)結果発生を防止しなければならない理由，例えば危険発生の原因を与えたり，結果発生を防止すべき立場にある者であること（**作為義務者**）及び，(2)結果防止が可能であること（**結果回避可能性**，多くの場合防止が容易であることを必要とする）等が必要である．

作為義務　　溺れている人を助けない行為は，道義的には非難されるであろうが，刑法上の作為義務違反があるわけではない．また，他の法領域で課される「法的」義務も，それが刑法の作為義務を基礎づけるとは限らない（法領域の相対性⇨25頁）．当該構成要件を構成する作為と同視し得る程度の事情が必要となる（道交法上の義務違反と不作為の遺棄罪につき⇨199頁）．

　従来，作為義務の発生根拠としては，㋐**法令**（親の義務（民820条），夫婦間の義務（民752条）等），㋑**契約**（介護契約等），**事務管理**（東京地八王子支判昭57・12・22⇨37頁参照）等，㋒**慣習・条理**，特に**先行行為**（不作為に先立つ自己の行為により結果発生の危険を発生させた者には，それを防止する義務が生ずる）が挙げられてきた．ただ，これらが常に作為義務を生じさせるわけではない．あくまで作為（積極的に殺す行為等）と同視できる事情が必要である．

　具体的には，①**先行行為の有無**（結果発生の危険に重大な原因を与えたか），②**引受け行為等により排他的支配が及んでいたか**，③**行為者と被害者との関係**等を総合的に考慮して，各犯罪類型ごとに，作為義務の内容が設定されなければならない．作為義務の根拠となる事実の錯誤（例えば他人の子だと誤信）は故意を欠く（⇨62頁）．

　　【先行行為・事実上の引受行為】　狭義の作為義務の成立根拠につき，(a)
　　先行行為を中心に据える見解（日高・不真正不作為犯の理論107頁以下），(b)
　　事実上の引受行為により説明する見解（堀内58頁）が有力に主張されている．これらは，単なる先行行為，引受行為の存在のみで不作為犯の成立を認めるものではなく，不作為の行為者と被害者との関係や不作為者の役割を重視するものである（堀内58頁，日高151頁参照）．

3-3 不作為犯　37

**轢き逃げと
作為義務**

いわゆる轢き逃げによる負傷者を，路上に放置する行為については遺棄罪（⇨199頁）の成否が問題となる．判例は，自車で轢き重傷を負わせた被害者をいったん車に乗せたものの，その後車道上に放置した行為につき，道交法上の救護義務違反（現行道交法72条1項）を認め，保護責任者遺棄罪（218条）の成立を肯定した（最判昭34・7・24刑集13・8・1163）．道交法上の義務が，そのまま刑法218条の保護義務に当たるとする理由付けには疑問があるが（両法はその目的が異なる），自ら轢いて負傷させたという**先行行為**に加え，「車に一度乗せた」という**引受行為**があるため，218条の成立を認めた結論は妥当である（親の子に対する義務も民法上の扶養義務（民820条）から形式的に発生するのではなく，従来から継続的に食物を与え続けてきたこと等の事実から作為義務が発生する）．

> **【判例－不作為の殺人】** 最決平17・7・4（刑集59・6・403）は，治療を施す特別の能力を持つなどとして信奉者を集めていたXが，信者である被害者の親族からの依頼を受けて，重篤な患者であった被害者を退院させて，その生命に具体的な危険を生じさせた事案について，①Xが患者の点滴等の治療を中止させていること，②Xは患者の手当を全面的に委ねられており，③他の者が干渉できない状況であったこと，さらに④医療措置を受けさせることは十分可能であったことなどから，未必的な殺意をもって，医療措置を受けさせないまま放置して死亡させた不作為による殺人罪が成立するとした．
>
> 　轢き逃げで被害者が死亡した場合，轢き逃げ行為に保護責任者遺棄罪の成立を認めると，遺棄致死罪（219条）に該当することになり，さらに死につき故意があれば殺人罪となり得る．しかし，未必的にでも殺意のある場合のすべてが不作為の殺人罪に当たるわけではない．人を積極的に殺す行為と同視できる程度の実行行為性がなければならない．
>
> 　判例は，車で轢き重傷を負わせた被害者を自車に乗せ，車内で死亡させた行為（東京地判昭40・9・30下刑集7・9・1828），住込み従業員に暴行を加え重傷を負わせたまま自宅内で死亡させた行為（東京地八王子支判昭57・12・22判タ494・142）につき，不作為の殺人罪を認めた．

3-4 未　遂

3-4-1 未遂処罰

43条　犯罪の実行に着手してこれを遂げなかった者は，その刑を減軽することができる．ただし，自己の意思により犯罪を中止したときは，その刑を減軽し，又は免除する．

44条　未遂を罰する場合は，各本条で定める．

実行行為の開始　実行行為を開始することを**実行の着手**と呼ぶ．構成要件の始まりの時点であり，故意犯の存否もその時点を基準に判断される．しかし，最も重要なのは，実行行為が開始されれば，未遂として処罰される可能性が生ずるということである．

　その罪の実行行為がいつ開始されたかは，客観的な行為に加えて故意（主観面）を考慮しなければ判断できない（⇨21-22頁）．たしかに，未遂犯における故意が行為の客観的な危険性を高めるわけではない（殺意をもって引金を引こうとした場合と，脅迫の意図で威嚇射撃しようとした場合とで，特定の時点における死の結果発生の危険性に差はない）．しかし，殺人罪と傷害致死罪と過失致死罪とで実行行為と呼べる死の危険性は異なり得るし，3つの犯罪は主として主観的に「殺意がある場合」「暴行の故意がある場合」「それらを欠く場合」で区別されることになる．

【実行行為の終了時期】　（⇨47頁）

未遂犯の処罰　刑法43条は，未遂犯を，「犯罪の実行に着手してこれを遂げなかった者」と定義し，条文に未遂罪が定められた犯罪については，未遂を処罰する（その刑を減軽することができる）．積極的要素として実行の着手，消極的要素として犯罪の未完成が必要である（44条は，未遂処罰の例外性を明示している）．

【未遂の種類】　未遂には，射殺しようと引金に指を掛けたが弾丸を発射するに至らなかった場合のように，実行行為自体が終了しない**着手（未終了）未遂**と，弾丸は発射されたが命中しなかった場合のように，実行行為は終了したが，結果が生じなかった場合を指す**実行（終了）未遂**がある．さらに，刑法43条ただし書は自己の意思でやめた場合である**中止未遂（中止犯）**

を規定し，それ以外の通常の未遂犯は**障害未遂**と呼ばれる．

処罰根拠　　　主観的犯罪論・行為無価値論を徹底すれば，人を殺す意図で拳銃を発射した以上，未遂も既遂と同じく処罰すべきことになる．主観的犯罪論は，**危険な意思**に未遂の処罰根拠を求めるからである．しかし，刑法典は未遂処罰を例外的なものと扱っており，行為無価値論は徹底できない．また，43条は未遂の場合に「刑を減軽することができる」とし，現実の裁判例でも量刑上これが反映されている．

　逆に，客観的な犯罪論を徹底し，純粋に結果無価値のみで犯罪を説明するとすると，法益侵害結果が発生していない未遂は処罰すべきでないことになる．しかし，未遂処罰規定が存在する以上，客観的犯罪論も徹底できない．そこで，純粋の結果発生ではなく，**法益侵害結果発生の危険性**が違法性の要素（結果無価値）として要求される．いかに，不当な心情を持っていても，法益侵害の危険性の全くない行為まで処罰すべきではない（未遂にも，故意が必要であることはいうまでもない）．

　【予備・陰謀】　実行着手以前の**準備行為**を予備という．内乱罪や外患罪，放火罪，殺人罪，強盗罪等の極めて重大な犯罪について，ごく例外的に予備罪処罰が規定されている．原則として，自らが当該犯罪を実現する目的で（目的犯）準備することが必要である（**自己予備**）が，他人に犯罪を実現させる目的での準備（**他人予備**）も含む（⇒178-179頁参照）．

　予備以前の，複数間の犯罪の合意を**陰謀**といい，内乱罪や外患罪，私戦の罪につき処罰される（78条，88条，93条）．また，公務員等の争議行為に関し，あおり行為と並んで「企てる」行為を処罰し（国公法110条1項17号，111条，地公法61条4号，62条等），これには予備，陰謀以前の犯罪準備行為まで含むと理解されている．わが国では，違法な行為ないし適法行為の違法手段による実現についての合意一般を処罰する，英米法上の共謀罪（コンスピラシー）のような犯罪類型は存在しない．

　なお，平成29年7月11日施行の組織犯罪処罰法の改正により，同法第6条の2に，テロリズム集団その他の組織的犯罪集団の団体の活動として，当該行為を実行するための組織により行われるものの遂行を2人以上で計画した者は，その計画をした者のいずれかによりその犯罪を実行するための準備行為が行われたときに処罰する構成要件が設けられた．

40　3　客観的構成要件

3-4-2 **実行の着手**

　　　　　　　実行の着手には，**結果発生の現実的危険の発生**が必要である．実
現実的危　行の着手に関しては，主観説と客観説が対立する．**主観説は，**
険の発生　　新派の主観主義刑法学を基盤とし，実行の着手を犯意の明確
化に求める（例えば「犯意の飛躍的表動」を着手とする．宮本英脩・刑法大綱
78-79頁）．犯罪意思が外部的に明らかになれば足りるので，窃盗目的で他
人の家に侵入すれば窃盗の未遂が成立することとなり，未遂罪の成立範囲
が拡大する．

　これに対し，**客観説**は，殺す行為や盗む行為といった**構成要件行為の開始**を
着手とする（形式（的行為）説）．しかし，例えば，物に直接触らない限り
窃盗の着手がないとするのは狭すぎる．また，30分後に点火する時限発
火装置を設置すれば，その時点で放火の実行の着手がある（着手を「構成
要件行為およびこれに接着する行為」の開始と修正する見解もある）．

　そこで，「既遂結果発生の一定程度の危険性の発生時」を着手と捉える
実質的客観説が有力となった．ただ，現実的危険の発生を要求するものの，
「実行の着手」である以上，行為者の手を離れた時点に「着手」はあり得
ないとして，「法益侵害の現実的危険性を含む行為の開始時点」との主張
がある（**実質的行為説**，佐久間70頁参照）．

　しかし実質的客観説を徹底すれば，犯罪者の手を離れた後であっても危
険性が発生した時点に実行の着手を認めることができる（**結果説**．前田104
頁）．各構成要件ごとに，未遂犯として処罰すべき範囲を具体的に類型化
する作業が重要である．

　　【実行行為の開始時期−具体例】　クロロホルムを吸引させて失神させた上
　　で（第1行為），自動車ごと海中に転落させて溺死させること（第2行為）
　　を意図し実行した場合，第1行為の開始時に，殺人罪の現実的危険は認め
　　得る（最決平16・3・22⇨30頁）．第1行為は第2行為を行うために必要不可
　　欠なもので，第2行為の実行の障害となる事情は存在せず，両行為が時間
　　的場所的に近接していれば，両者は**密接な行為**であり，第1行為を開始し
　　た時点で結果発生の客観的な危険性が認められるからである（第1行為自

体によって死亡する可能性があるとの認識がなくても，殺人計画を企図して一連の殺人行為に着手しているので故意に欠けるところはないとした（⇒故意 58 頁）．

　自動車を衝突させ転倒させて動きを止めた上刃物で刺し殺すとの計画を立てていた場合，たとえ刺し殺す行為を行っていなくとも，自動車を A に衝突させた時点で殺人の実行の着手は認められる（名古屋高判平 19・2・16 判タ 1247・342）．

　夜間 1 人で道路を通行中の A 女を強制性交しようと企て，共犯者とともに，抵抗する A をダンプカーの運転席に引きずり込み，約 6 キロメートル離れた場所に至り，運転席で強制性交した場合，ダンプカーの運転席に引きずり込もうとした時点において強制性交罪の実行の着手がある（最決昭 45・7・28 刑集 24・7・585）．

主観面の影響　　何罪の未遂かは，故意（主観面）を考慮しなければ判断できない（⇒22 頁）．しかし，故意を考慮すべきだとしても，未遂犯における故意が行為の危険性を高めると解することにはならない．殺意をもって引金を引こうとした場合と，脅迫の意図で威嚇射撃しようとした場合とは，外形的に同じ行為であれば死の結果発生の危険性に差はないからである．主観的構成要件の違いが両罪を分けることになる．

【間接正犯の着手時期】　間接正犯（⇒31 頁）では，利用者の行為時に実行の着手を認める**利用者基準説**と，被利用者の行為により実質的危険性が生じた時点であるとする**被利用者基準説**が対立する．主観説は利用者基準説を採るが，客観説でもこの立場を採用する見解が有力である（**実質的行為説**，佐久間 75 頁以下参照）．しかし，「物を盗んでこい」と命じただけで窃盗罪の未遂として処罰すべきではない．実質的客観説からは，利用者の行為の時点で現実的危険が発生していない以上，着手は認められない．利用者にとって偶然の事情で実行の着手時期を決することになるようにみえるが，利用者の行為に起因して生じた現実的危険の発生を待って未遂処罰することは不合理ではない．窃盗未遂として処罰に値するだけの実行行為の類型性と，具体的な結果発生の危険性を認定する必要がある．

【離隔犯】　行為地と結果発生地が離れる場合を**離隔犯**と呼ぶ．例えば爆発物を郵送して殺害するような場合で，判例は，発送時ではなく到着時に着手を認める（大判大 7・11・16 刑録 24・1352）（犯罪地⇒14 頁）．この結論は，「間接正犯の被利用者の行為時に実行の着手を認めること」と整合性を有する．

42　3 客観的構成要件

3-4-3 不能犯と危険性

不能犯　　形式的にみて実行の着手があるように見えても，当該行為の危険性が極端に低いため，未遂として処罰に値しない場合を**不能犯（不能未遂）**という（人を殺そうとして藁人形に五寸釘を打ち込む行為は，殺人未遂とはならない）．実行行為性を欠くと説明される場合も多い．不能犯には，**方法の不能**（藁人形の場合や小麦粉を飲ませて殺そうとする行為），**客体の不能（客体の欠缺）**（既に死亡している者を殺そうとする行為），**主体の不能（主体の欠缺）**（公務員の身分のない者が身分があると誤信して賄賂を受け取る行為）の3種類がある．

主観説　　未遂犯と不能犯を区別する基準に関し，行為者の主観の危険性を判断すべきだとする**主観説**も主張された．主観説のうち（a）**純粋主観説**は，未遂の本質を「意思の危険性」に求め，①本人の認識した事情を基礎に，②本人を基準に危険性を判断する．本人が危険な行為だと思えば未遂となる．（b）**抽象的危険説**は，①行為者の認識した事情を基礎に，②一般人を基準に危険性を判断する．客観的危険性がおよそない場合でも，行為者の主観的計画の危険性を根拠に未遂の成立を認める．しかし，現在，これらの主観説への支持は少ない．

客観説　　現在のわが国の多数説は（c）**具体的危険説**を採る（大谷 376 頁，佐久間 328 頁）．①行為時に，一般人が認識し得た事情及び行為者が特に認識していた事情を基礎に，②一般人を基準に具体的危険性の有無を判断する立場である．例えば，一般人でも生存していると考えるような死体であれば殺人未遂であるが，通常死体と認識できる場合には不能犯になるとする．「一般人からみて結果が生ずる可能性があるか否か」により未遂の処罰範囲を確定する（相当因果関係説の折衷説と類似する⇨50 頁）．具体的危険説は，例えば，非常に重度の糖尿病患者を砂糖で殺害しようとした場合，一般人は被害者の糖尿病を知り得ないから不能犯とすべきであるが，行為者自身が特にそのことを知っていた場合にはそれを基礎に判断し，未遂犯として処罰すべきであると考える．

　　これに対し，（d）**客観的危険説**は，危険性を①行為時に存在した全事情

を基礎に，②客観的に判断する．行為後の事情まで含め，事後的・純科学的に考えるべきだという**純粋客観説**もあるが，すべての未遂犯が，事後的に見れば（結果が発生していないのだから）不能犯となってしまうので妥当でない．そこで現在では，危険性は行為時（ないし未遂結果発生時）に一般人を基準に判断すべきであるという**狭義の客観的危険説**が有力化している（野村343頁参照）．

> **【絶対不能・相対不能】** 客観説の一種で，行為時の全事情を基礎に行為を事後的に観察し，その客体または手段の性質からみて結果の発生が絶対的に起こり得ない場合（例えば殺害しようとして硫黄を飲ませる行為⇒44頁）を不能犯とし，結果発生が相対的に不能である場合（致死量に満たない空気を静脈注射する行為⇒44頁）は未遂犯とする立場である．判例は特に方法の不能につきこの見解を採るとされてきた．

不能犯の判断資料・基準・時点　現在，①危険性判断の基礎事情は，一般人の認識し得る事情，客観的全事情の2説が対立する．ただ，具体的危険説は「行為者が特に知っていた事情」を入れるが，全く同じ状況下で同じ行為をしながら，行為者の認識の有無により危険性に差が生ずるのはあまりにも不自然である．未遂の危険性は，原則として客観的事情を基礎に判断すべきである．

②判断時点，③判断基準については，純粋客観説のように，行為時に行為後の事情も含めて科学的・客観的に判断するのは妥当でない．現行法を前提とする限り採用できず，危険性判断は行為時基準とせざるを得ない．そこで，危険性の有無は，①客観的全事情を基礎に，②行為時を基準に，③裁判官が一般人の視点で科学的・合理的に判断するべきである（(d) 客観的危険説）（曽根221頁以下参照）．結果発生の「確率」がどの程度の場合までを未遂犯として処罰するかは，国民の意識を基に裁判官が決定することとなる．

客体の不能　実行時の客観的事情を基礎に判断すると，実行時の客観的・類型的事情から客体が存在する可能性の有無を，科学的・合理的に判断することになる．行為時にたまたま客体が存在しなくとも，客観的に客体が存在し得る可能性が一定程度以上あれば（例えば，ス

44　3 客観的構成要件

リがポケットから物を窃取しようとしたがたまたま何も入っていなかった場合），未遂となる（山口 288 頁参照）．また，死体を殺害しようとする行為は，殺人結果発生の確率はゼロであるから不能犯となる（もっとも，生死の限界は一定の幅があり「死につつある状態」もあり得る．広島高判昭 36・7・10 高刑集 14・5・310 参照）．

方法の不能　　方法の不能の場合も，行為時を基準に，処罰に値する結果発生の確率の程度を評価する．その意味では，一般人を基準にするのと似た判断を行うが，具体的危険説のように，「客観的に確率がゼロでも，一般人からみて危険発生のおそれがあれば処罰すべきだ」とすることはできない（いかに本物に見えるモデルガンであっても，それで人を殺そうとする行為まで殺人未遂罪とする必要はない）．

> 【判例－方法の不能】　一般人が不安に感ずるであろう硫黄を飲ませる行為（大判大 6・9・10 刑録 23・999）も，無毒の天然ガスで中毒死させようとする行為（大阪高判昭 57・6・29 判時 1051・159）も未遂は成立しない（もっとも天然ガスの事案は殺人予備の成立を認め，類似したガス自殺未遂の事案についても，中毒死しなくとも爆発による死の危険性を根拠に未遂の成立を認めた岐阜地判昭 62・10・15 判タ 654・261 がある）．これに対し，毒物ストリキニーネを食物に混入する行為（最判昭 26・7・17 刑集 5・8・1448），致死量に満たない空気を静脈に注射する行為（最判昭 37・3・23 刑集 16・3・305）は殺人未遂罪に該当する．
>
> なお，警察官のピストルを奪って殺害に用いたところ，弾丸が装塡されていなかったため目的を遂げなかった場合は，不能犯ではない（福岡高判昭 28・11・10 高判特 26・58）．勤務中の警察官の銃には，通常弾丸が込められているからである．

【主体の不能】　例えば，背任罪の主体である事務処理者（⇨303 頁）に該当しない者が，該当すると誤信して任務違背行為をした場合，溺れている他人の子を自分の子だと誤認しつつ殺意をもって放置する行為などが考えられるが，現実にはほとんど問題とならない．客観的危険説からは，客観的な身分などが存在しない以上未遂となり得ない．

3-4-4 中止犯

政策説と法律説　自己の意思で止めた**中止未遂（中止犯）**は，**刑の必要的減免**が認められている（43条ただし書）．減免の根拠については，犯罪は成立するが政策的に減免されるとする (a)**政策説**と，犯罪成立要件である違法性ないし責任が減少するとする**法律説**（(b)**違法減少説**，(c)**責任減少説**）とに大別される．

政策説は，実行に着手している犯行現場において結果発生を防止するためには，犯人に中止するよう働きかける必要があると説明する．ただ，中止しても完全に不処罰となるわけではないわが国では説得性が弱いと批判され（ドイツでは必要的免除），法律説が優勢である．

違法減少説は，「自己の意思による中止」という主観的な事情が違法性を減少させるとするが（大谷384頁参照），既に生じている客観的危険性に主観面が影響を与えるとは考えられない．やはり，「自己の意思で思いとどまった」ことは責任非難に影響すると解すべきであろう（責任減少説）．さらに，共犯の場合，一人の中止は他の関与者には影響しないとされている点も，違法減少説からは説明しにくい（⇨152頁）．ただ，思いとどまった行為者へ褒賞を与えることにより，結果発生防止を意図した政策的規定の側面も否定し得ない．減免根拠は，政策説と責任減少説の両要素が含まれると解される．

任意性　「自己の意思により」中止したといえるか（**任意性**）は，主観的要件である以上，行為者が認識した内容を基礎とするが，当該状況におかれた一般人を基準に，一般人でも犯罪の完成が不可能だと考える場合が障害未遂，一般人なら完成できた場合が中止未遂である（**客観説**）．通常，結果の妨害となる事情（一般人なら思いとどまる事情）とは何かを具体化することが必要である（最判昭24・7・9刑集3・7・1174）．

これに対し，行為者本人にとって犯罪完成を欲したができなかった場合を障害未遂，できるとしても欲しなかった場合を中止犯とするのが**主観説**（フランクの公式説）である．さらに，中止に当たり**広義の悔悟**（改悛，同情，憐憫など）が必要だとする**規範的主観説（限定主観説）**もある．

46　3　客観的構成要件

【広義の悔悟】 客観説からは，中止の理由が悔悟であれ恐怖・驚愕であれ，一般人なら中止しない事情といえるはずである．しかし，客観説を採用するとされる判例は，一方で悔悟の念を必要とするものが多い．母親をバットで殴打した後，出血を見て驚愕しそれ以上の殴打を止めた事案につき，悔悟の念からではないとして中止犯の成立を否定した（最決昭 32・9・10 刑集 11・9・2202）．しかし，これも実行未遂につき結果防止努力が認められない事案であり，仮に任意性があったと認められても中止犯に当たらないのは当然であった．客観説を採用する立場からは，理論的には悔悟の念は不要であるが，悔悟の念から中止したといえる場合は「一般人なら中止しないであろう」と考えられる場合が多いであろうから，事実上任意性を認めやすい．

【判例－任意の中止】 ナイフで刺したが，大量出血を見て，驚愕と同時に大変なことをしたと思い止血した場合（福岡高判昭 61・3・6 高刑集 39・1・1，東京高判昭 62・7・16 判時 1247・140 参照），相手の表情を見て愛情の念を生じた場合（名古屋高判平 2・1・25 判タ 739・243），呻き声を聞いてかわいそうになった場合（名古屋高判平 2・7・17 判タ 739・245），哀願されて強姦を断念した場合（浦和地判平 4・2・27 判タ 795・263），出血を見て驚愕するとともに悔悟し救命措置を依頼した場合（東京地判平 8・3・28 判時 1596・125），妊娠させることがかわいそうになって強姦を断念した場合（大阪地判平 9・6・18 判時 1610・155），長男を包丁で刺したが出血で驚愕するとともに犯意を喪失した場合（横浜地判平 10・3・30 判時 1649・176）につき，任意性が認められ，中止未遂とされた．

結果防止努力 中止犯は，「中止した」こと，つまり結果防止が必要である．着手未遂は，実行行為を中止すれば足りる（ピストルの引金を引くのを止めればよい）が，**実行未遂の場合には**，既に実行行為は完了してしまっているので，**結果発生防止の努力**が必要となる（実行未遂の場合，この努力があれば事実上任意性も肯定できる場合が多い）．

【判例－結果防止努力】 刺した被害者を病院に搬送したが，凶器を隠滅したなどの事情があった事例（大阪高判昭 44・10・17 判タ 244・290），無理心中で放火した後，被害者を救助しようと屋外に連れ出したが，通行人の通報で救助された事例（東京地判平 7・10・24 判時 1596・125）は，**結果発生を自ら防**

止したと同視するに足りる積極的な行為を行ったとはいえないとされた.

【実行行為の終了時期】 刀で1回斬りつけたが,とどめを刺すことを思い
とどまった場合,実行未遂なのか着手未遂なのかは微妙である.東京高判
昭 62・7・16(判時 1247・140)は,同様の事案につき,実行未遂として中止を
認めなかった原審を破棄し,着手未遂として中止犯を認めた.実行未遂・
着手未遂の区別を実行行為概念から形式的に導くことは困難であるが,実
質的には当該構成要件の結果発生の危険性がより高度な場合,つまりは結
果防止努力が要請されるような場合が実行未遂に当たるとせざるを得ない.
行為者の当初の計画を考慮する(例えば5回斬りつけるつもりだったが1回し
か斬りつけなかった)とする見解もあるが,いかに5分の1しか実行してい
なくとも,死の危険性のある行為であれば実行未遂となる(首を絞めつけ被
害者がぐったりした後にそれ以上絞めるのを止めたとしても,実行行為は終了して
おり,結果防止行為がなければ障害未遂に過ぎない.福岡高判平 11・9・7 判時 1691・
156).

　結果防止努力との関係で特に問題となるのが,①防止努力と結果不発生
の間の因果性が欠ける場合と,②努力したにもかかわらず結果が発生して
しまった場合である.①は,毒が致死量に達していなかったため,防止努
力をしなくとも結果が発生しないような場合であるが,少なくとも責任減
少が認められ,政策的にも褒賞を与えてよい事例であるから,中止効果を
認めるべきである.むしろ,毒の量が多く防止努力が功を奏する場合にの
み中止を認めるのは,均衡を失する.第三者の行為と併せて結果が防止さ
れた場合(例えば放火した後,第三者の助力もあって消火できた場合)も,同様
に中止効果を認めてよい.

　②の結果発生の場合には,たしかに責任減少は認められるが,43 条が
未遂に限った規定であり,実質的にも政策的な褒賞を与えることのできな
い場合であるから,中止したとはいえない.

【予備と中止犯】 予備行為後,実行着手前に自ら思いとどまった場合,中
止犯規定の減免効果が準用されるのかにつき,肯定説・否定説の対立があ
るが,判例は否定する(⇨280 頁参照).

48 3 客観的構成要件

3-5 因果関係

客観的帰責　実行行為と結果との間には，因果関係，すなわち，刑法上，生じた結果をその行為に帰責させる関係（実行行為の危険性が結果に現実化したこと）が必要である（客観的帰責）．因果関係が認められない場合は，未遂罪の成否が問題となるのみである（結果的加重犯の場合には基本犯のみの罪責を負う）．刑法上の因果関係は，既遂処罰に値するか否かの価値判断を含むため，自然科学における「因果関係」とはもちろん，民法における因果関係（民法416条，709条参照）とも同一ではない．

3-5-1 条件関係

事実的因果　当該行為が存在しなければ当該結果が発生しなかったであろうという関係を条件関係と呼ぶ．事実的なあれなくばこれなしの関係を指す（条件関係の公式）．例えば，殴って傷害を負わせた被害者が，収容先の病院で火災により死亡した場合でも，行為者が殴らなければ被害者は入院することはなく，火災で死ぬこともなかったのであるから，「殴る」ことと「死」との間の条件関係はある．因果関係論には，種々の学説があるが，各説ともに条件関係の存在を前提としてきた．

条件関係は実行行為と現に生じた結果との関係である．ライフルの誤射により1時間後に死亡するような重傷を負わせ，苦しむ被害者を故意に撃ち即死させた場合（類似の事案につき最決昭53・3・22⇨55頁），問題とすべき結果は現に生じた「即死」であり，1時間後の死ではない．

【択一的競合】　XとYが意思の連絡なしに（連絡があれば共同正犯となる⇨127頁），同時にAを銃撃し，2人の銃弾がともにAの心臓に命中して即死した場合（択一的競合），X，Yの行為はどちらかが欠けても結果発生はあるので，いずれの行為も死との条件関係が欠けることになってしまうが，この結論の相違は不合理なので，「あれなくばこれなし」という条件関係を修正し，「いくつかの条件の内，いずれかを除去しても結果は発生するが，すべての条件を除けば結果が発生しない場合，すべての条件につき条件関係を認める」という見解が有力である．

【仮定的因果経過】　死刑執行人Yが死刑執行ボタンを押そうとした瞬間に，

XがYを押しのけてボタンを押す場合のように，「Yの行為」という仮定的な条件を付加して考えれば条件関係はない．このように仮定的条件を付加すれば当該行為がなくとも結果が生ずる場合を**仮定的因果経過（仮定的因果関係）**という．条件公式を形式的に当てはめれば「Xの行為」がなくとも「Yの行為」があったのだから，条件関係はないようにも見える．しかし，現に生じた結果から遡れば，Xの行為以外にはたどり着かないのであって，現実化していない条件（Yの行為）を付加すべきではない．

不作為の因果関係 不作為の条件関係は，「期待された作為がなされたなら結果が発生しなかった」であろう関係があれば肯定される．しかし，「100％発生が防止できた」という立証は困難である．最決平1・12・15（刑集43・13・879）は，被害者に覚せい剤を注射した行為者が，錯乱状態に陥った被害者を放置し立ち去ったため被害者が死亡した事案につき，「被告人が救急医療を要請していれば『十中八，九』救命が可能だった」ことを根拠に，因果関係を認めた（「十中八，九」とは必ずしも80ないし90％の確率を意味するものではない）．救命可能性がわずかでもあれば因果関係が認められるというわけではない．

【結果回避可能性】 最決平1・12・15で問題となった「治療したら救命できたか」という判断は，それが否定される場合には，因果関係の判断以前に，結果回避可能性がなかったことになり，作為義務が欠ける，つまり不作為の実行行為性も否定される可能性が生ずる（⇨35頁）．ただし，実行行為性に要求される救命可能性と，因果関係に要求される救命可能性は，必ずしも一致しない．前者の方がより小さな可能性でも，実行行為性が認められるからである．保護責任者遺棄致死罪について，救命可能性がほとんど認められないことを理由に因果関係を否定しつつ，保護責任者遺棄罪の実行行為は認めたものとして，札幌地判平15・11・27（⇨35頁）がある．

3-5-2 条件説と原因説

条件説 条件関係があれば刑法上の因果関係を認める説を**条件説**という．ただ，条件関係を厳密にたどっていくと，論理的には無限に広がる可能性があるため（殺人結果は殺人者の出生に原因があるとまでされかねない），因果の過程で自然的事実や他人の故意行為が介在した場合，因果

50　3　客観的構成要件

関係が中断されるとする**中断論**が登場する．しかし，いかなる事情が介在した場合に中断を認めるか自体が問題で，有力な支持を得られなかった．また，結果に繋がる条件のうち，原因と呼べるものに限って因果関係を認める**原因説**も登場したが，原因とする基準を明確に説明できなかった．

3-5-3　相当因果関係説と客観的帰属

行為時から見た相当性　そこで，一般人の社会生活上の経験に照らして通常その行為からその結果が発生することが相当と認められる場合に刑法上の因果関係を認める**相当因果関係説**が有力となった．およそ起こることが希有な場合に処罰しても犯罪抑止効果がないので，条件関係の認められる範囲から不相当なものを排除するための理論である．そのため，行為時を基準に，一般人の視点から相当性が認められる結果についてのみ因果関係を認める．

　一般人を基準に相当性を判断するが，いかなる事情を基礎に相当性を判断するかにつき，行為時に発生した全事情と，予見可能な行為後の事情を基礎に相当性を判断する**客観説**，行為者が行為時に認識した，または認識し得た事情を基礎に相当性を判断する**主観説**，行為時に一般人が知り得た事実および行為者が特に知っていた（「知り得た」ではないことに注意）事情を基礎とする**折衷説**が対立する．

因果関係の客観性　客観説は，一般人ですら知り得ない特殊な事情を基礎に因果関係を認めることになり，行為者に酷であると批判される（例えば，外見上からはわからない脳梅毒患者の頭部に暴行を加えたところ，脳組織が弱っていたため死亡した場合，客観説では「脳梅毒患者」であることを基礎に死の結果の相当性を判断するため，相当性が肯定されることになる．最判昭25・3・31⇨52頁参照）．また，主観説は，一般人から見れば当然認識できる事情であっても，行為者自身に認識できない限り除外して判断するため，相当性の範囲が狭すぎると批判される．

　これに対し，折衷説によれば，一般人からわからない疾病であれば相当因果関係は否定される．ただし，行為者が特にその事情を知っていた場合には，疾病があることを基礎に判断するため，相当性は認められる．この

ような結論が支持され，多くの学説が折衷説を採用する（大谷223頁）.

相当性の判断構造 問題は，相当性の判断基準であり，最も問題となる「行為後に特殊な事情が介在する事例」では，上記3説で差異は存在しない（ほぼ，一般人が予測可能な介在事情か否かで判断される）. さらに脳梅毒事件のような，「行為時の特殊な併発事情」についても，相当性説は当該事情を判断基礎とするか否かの二者択一の処理をするため，脳梅毒の者に対し，鉄パイプで殴打した場合と平手で殴打した場合で同じ結論になってしまい，妥当な結論を導き得ない.

因果関係は，㋐実行行為に存在する結果発生の確率が大きければ因果関係は認められやすく，㋑介在事情の異常性，㋒介在事情の結果への寄与が大きければ因果関係は否定されやすい（前田139頁，曽根72頁参照）. この基準により，実行行為の危険性が，結果と結びついた（結果に現実化した）といえるかが問題である（客観的帰属）. 従来の相当性説（客観説）が主張するような「介在事情が行為時に予測可能か否か」のみで判断すべきではない. その意味で，行為後に客観的に判断されるのである.

3-5-4 判例における因果関係の判断

特殊事情と相まって 相当因果関係説的な判例（最決昭42・10・24⇨53頁）もないわけではないが，実行行為が，行為時の特殊事情・行為後の介在事情と相まって結果を生じさせたか（結果に現実化したか）により判断している（前掲・最判昭25・3・31）.

実質的には，㋐同じ併発・介在事情の場合，実行行為が重大であればあるほど帰責が認められやすく，㋑併発・介在事情の発生が，実行行為と必然的な関係にあったり，実行行為に誘発された場合には帰責されやすい（介在事情そのものの特殊性も考慮される）. ㋒併発・介在事情の結果への寄与度が低い場合（例えば，瀕死の状態に介在行為が加わり死期がわずかに早まったに過ぎない場合）は帰責されるが，逆に，「故意の射殺」のような事情が介在した場合には，実行行為と死との因果関係は否定されることが多い. 実行行為が唯一または直接の原因である必要はない（仙台地判平20・6・3裁判所Web）.

52　3　客観的構成要件

行為時の特殊な併発事情　行為時に特殊事情があっても，広く因果関係を認める判例が多いことから，判例は条件説を採用したものと評価されることが多いが，併発事情によっては，血友病に罹患していたことで，受傷後の処置が適切でなかったため出血死した事案について因果関係を否定した例がある（岐阜地判昭45・10・15判タ255・229）．ただ，実行行為の危険性は重大ではなかった事案であり，刀で切り付けて切り口30センチメートルの創傷を負わせたような場合には，「血友病が原因で死期が相当早まった」としても，切り付け行為と早まった死との因果関係は否定し得ない．

【判例－因果関係肯定】　①脳梅毒患者の顔面を，目の周りに6センチメートルの痣が10日間残る程強く蹴ったところ死亡した場合（最判昭25・3・31刑集4・3・469），②路上に突き飛ばしたところ，被害者の心臓疾患から心筋梗塞のため死亡した場合（最決昭36・11・21刑集15・10・1731），③暴行を加えたところ被害者に心臓疾患が存したため急性心臓死した場合（最判昭46・6・17刑集25・4・567）に因果関係を認めている．

第三者の行為の介在　介在事情が最も問題になる類型で，特に医療過誤が介在した事案が目立つ．医師の過誤が介在する場合は，実行行為から治療行為が必然的に導かれる場合が多く（51頁⑦の問題），因果性は否定されにくい．

【判例－因果関係肯定】①医師の過誤による死亡（最決昭35・4・15刑集14・5・591，最決昭49・7・5刑集28・5・194），②注射液につき看護師の過誤が介在して死亡（最判昭28・12・22刑集7・13・2608），③頭蓋骨骨折等を負わせ脳震とう症を起こさせたが，他者が被害者の面部を下にして浅い川に投げ込んだため溺死（大判昭5・10・25刑集9・761），④自動車で轢いたが，後続車に轢かれた後死亡（大阪高判昭52・11・22刑月9・11=12・806），⑤頭部を多数回殴打し意識を失わせた後，港の資材置場に放置したところ，何者かが被害者の頭部を角材で殴打したため若干死期が早まり翌日死亡（最決平2・11・20刑集44・8・837），小腸穿孔の傷害を負わせたところ，医師の措置が不十分で死亡（大阪地判平8・10・11判タ979・248），道路上で停車中の普通乗用自動車後部のトランク内に被害者を監禁したところ，同車に後方から走行してきた自動車

が追突して被害者が死亡（最決平 18・3・27 刑集 60・3・382）した場合．また，放火罪につき，消火活動中の消防士がガソリン入りのポリタンクを誤って蹴ったため焼損した場合も，焼損と放火行為の因果関係を認めた（大阪高判平 9・10・16 判時 1634・152）．

【判例－因果関係否定】 衝突した歩行者を自車の屋根にはね上げた状態で走行中，助手席の同乗者が被害者を逆さまに引きずり降ろし路上に転落させ死亡させた事案に関し，このような同乗者の行為は「経験上，普通，予想しうることではなく……死の結果の発生することが，われわれの経験則上当然予想しえられるところであるとは到底いえない」と判示した（最決昭 42・10・24 刑集 21・8・1116）．介在した故意行為の結果寄与度から妥当な結論とも考えられるが，歩行者がはねられたことにより，放置すれば死亡する危険のある頭蓋内出血の傷害を負っていた場合には，因果性は否定され得る．

被害者の行
為の介在 この類型も，傷害致死罪などの結果的加重犯が問題となることが多い．被害者が暴行を避けるために自ら水中に飛び込んで死亡した場合や，傷害の被害者自らの不適切な処置により悪化，あるいは死亡した場合にも因果関係を認める．逃げるための被害者の行為は，行為者の侵害行為から必然的に導かれたとされやすいが，被害者の処置が介在した場合については，被害者の行為の異常性の程度などにより因果関係が否定される余地はある．

【判例－因果関係肯定】 ①被害者が暴行を避けるために水中に飛び込み死亡（大判昭 2・9・9 刑集 6・343，最判昭 25・11・9 刑集 4・11・2239，最決昭 46・9・22 刑集 25・6・769，東京高判昭 55・10・7 刑月 12・10・1101），②被告人等の暴行に耐えかねて，逃亡しようとして池に落ち，露出した岩石に頭部を打ちつけたため死亡（最決昭 59・7・6 刑集 38・8・2793），③被害者が自ら信仰する宗教の「神水」を塗ったため傷が悪化（大判大 12・7・14 刑集 2・658），④医師資格のない柔道整復師が風邪気味の者に，水をとらず熱を高めること等を指示し，被害者がこれを遵守したため肺炎を併発して死亡（最決昭 63・5・11 刑集 42・5・807），⑤視界の悪い海中での夜間潜水訓練中の指導員が，不用意に移動して訓練生らを見失ったが，訓練生自らが水中移動という無謀な行動をとったため死亡（最決平 4・12・17 刑集 46・9・683），⑥数名が被害者に対し，公園に

54　3 客観的構成要件

おいて深夜約2時間，引き続きマンション居室において約45分間，断続的に激しい暴行を加えたところ，被害者がマンション居室から靴下履きのまま逃走し，約10分後，極度の恐怖感から追跡を逃れるためマンションから約800メートル離れた高速道路に進入し，疾走してきた自動車に衝突され，後続の自動車に轢過されて死亡（最決平15・7・16・刑集57・7・950），⑦被害者の頭部を殴打したり足蹴にしたりするなどの暴行を加えた上，割れたビール瓶で後頸部等を突き刺すなどし多量の出血を生じたが，被害者が受傷後直ちに病院に赴いて治療を受け，良好に経過すれば約3週間の加療との見通しであったところ，被害者が無断退院しようとして，体から治療用の管を抜くなどして暴れたこと等から治療の効果を減殺した可能性があり，容体が急変し5日後に死亡（最決平16・2・17刑集58・2・169），⑧高速道路上でA車とB車がトラブルを起こし，AがB車を追越車線上に停止させた上，Bに対し暴行を加えた後にA車は走り去ったが，その後B車が約5分間その場に留まったため，後続のC車がこれに追突し，Cが死亡（最決平16・10・19刑集58・7・645）した場合がある．

【どのような場合に因果性が否定されるのか】　上記のように，判例で因果関係が否定される例は少ない．実行行為の危険性が大きい場合には，因果性が否定されることはほとんどないが（最決平2・11・20⇨52頁参照），①致死量の毒薬を飲ませたが，その毒薬が効く前に事情を知らない第三者に出刃包丁で腹部を刺されて失血死した場合，結果は帰責されない．実行行為の危険性は大きいが，介在事情は実行行為に誘発されたものではなく，寄与度も大きいからである．②殴って転倒させ死亡する危険のある頭蓋内出血の傷害を負わせた被害者が，病院で治療を受け快方に向かったが，何者かがその病院に放火しこれにより焼死した場合も，実行行為の危険性は小さくはないが放火介在の異常性・寄与度の大きさから因果性が否定される．③顔面を殴打したところ転倒して脳震とうを起こして一時的に意識を失った被害者を放置して逃走した後，被害者に恨みを持っていた第三者がその腹部を多数回足で蹴り，被害者は内臓出血により死亡した場合，介在行為の異常性が大きく寄与度も高いので，実行行為の危険性は②ほど大きくはないものの，結果が帰責される．④被害者の頭部を平手で1回殴打したところ家から出て行ったので謝ろうと追従したところ，被害者は話をしたくなかったので敢えて遮断機が下りていた踏切に入り列車に轢かれ死亡した場合も，死との因果性は否定される．実行行為の危険性はかなり小さいもの

であり，自己の意思による踏切立入り（誘発といえないことはないが）の異常性が大きく，結果への寄与度も高いからである.

行為者の行為の介在 　行為者自身の行為が介在する場合は，殺人罪が問題となることが多い．やはり他の類型と同様の実質的基準により因果関係が判断される.

【判例－因果関係肯定】 ①殺意をもって崖から突き落としたところ，被害者が崖の途中の木にひっかかったので，後日の弁解のため救助を装おうとしたところ，自らも転落しそうになり手を放し被害者が死亡（大判大 12·3·23 刑集 2·254），②殺意をもって首を絞めたところ被害者がぐったりしたため死亡したと誤信し，犯行発覚を防ぐため砂浜に捨てたところ，生存していた被害者が首を絞められたことと砂末を吸い込んだことにより死亡（大判大 12·4·30 刑集 2·378）した場合がある.

【判例－因果関係否定】 ライフルの誤射により被害者に重傷を負わせた者が，苦しむ被害者を射殺した場合，「誤射」と「死」との因果関係はない（業務上過失致傷罪と殺人罪の併合罪－最決昭 53·3·22 刑集 32·2·381）.

【遅すぎた構成要件実現・ヴェーバーの概括的故意】 上掲・大判大 12·3·23 や大判大 12·4·30 のように，行為者が第 1 の行為で結果を発生させたと誤信したが，実は第 2 の過失行為により結果が生じた事案を，ヴェーバーの概括的故意の問題と呼ぶことがある（山中 368 頁以下参照）．このような事例に関しては因果関係の錯誤（⇨69 頁）とする見解が有力であるが（川端 260 頁），主観面である錯誤を論ずる以前に，介在事情（第 2 行為）がある場合の客観的な因果関係として論ずべきである（大谷 161 頁）.

4
主観的構成要件

4-1 故　意

4-1-1 総　説

主観面と客観面　客観的に実行行為と構成要件的結果が存在し，その間に因果関係が認定されただけでは，犯罪は成立しない．その罪の予定する**故意・過失**等の主観的構成要件要素が必要である（⇨21-22頁）．猟銃を発射した結果被害者が死亡した場合，その者を殺害する意図であれば，殺人罪に該当し，「腕を傷つけよう」とか「脅かそう」というつもりであれば傷害致死に該当する．熊だと思って発砲したのであれば，過失致死罪にしかならない（⇨22頁）．故意とは，**客観的な犯罪事実の認識・認容**（⇨58頁）であり，過失とはそのような認識は欠くが注意すれば認識できた場合である（⇨99頁）．故意・過失は実行行為時に必要である．

　　【故意処罰の原則】　刑法38条1項は，「罪を犯す意思がない行為は，罰しない.」と規定する（故意処罰の原則）．過失犯は，特別の定めのある場合に例外として処罰される（38条1項ただし書）．「罪を犯す意思」が**故意**である．

故意の実質的内容　故意には**犯罪類型の認識**が必要である．罪刑法定主義の原則から，法が犯罪と定めた行為の認識がなければ故意とはいえない（犯罪類型の認識）．そして，本来は責任要素である故意には，**故意非難が可能な程度の認識**，具体的には，**一般人ならばその罪の違法性の意識を持ち得る犯罪事実の認識**が必要である（前田157頁）．

　故意の成立を，事実認識の有無を中心に考える立場を**認識説（表象説）**と呼び，事実の認識に加え，犯罪事実実現の意思・意欲といった積極的内心

事情が必要とする立場を**意思説**という．これに対し，**動機説**はその中間的な考え方であり，結果の実現の積極的意欲は不要だが，認識が自己の行為の動機となったことを要求する（大谷158頁，曽根166頁）．

故意の種類　　故意は，結果の発生を確実なものとして認識した**確定的故意**と，結果を不確定なものとして予見した**不確定的故意**に大別される．

【不確定的故意】　①**概括的故意**とは，列車内の誰でもよいから殺害しようという意図で，列車に爆弾を投げ込む行為のように，結果の発生は確定的だが結果の個数や具体的客体が不確定な場合をいう（東京地判平11・9・30判タ1029・138－地下鉄サリン事件参照．ヴェーバーの概括的故意とは異なる⇒55頁）．②**択一的故意**は，複数の結果のうちいずれかが発生することは確実であるが，いずれの結果が発生するかは不確定な場合を指す．③**未必の故意**は，結果の発生自体は不確実であるが，蓋然的（一定程度以上の可能性）な程度に発生すると認識している場合（ないしは，意思説の説明によれば，結果を認容する場合）をいう．覚せい剤を手荷物に隠匿して輸入しても，被告人はそれがサフランであると説明されており，そう信ずることに合理的理由が認められれば，覚せい剤輸入罪の未必の故意も認めることができない（千葉地判平17・7・19判タ1206・280）．

【未必の故意と認識ある過失】　**蓋然性説**は，認識説から主張される見解で，単に結果発生の可能性があると思ったに過ぎない場合が認識ある過失で，結果発生の蓋然性を認識した場合が未必の故意であるとする．これに対し**認容説**は，結果発生を認容した場合（結果が発生してもかまわないと思って敢えて行為した場合）に未必の故意が認められるとし，意思説と結びつく．動機説は，動機づけるだけの事情，すなわち結果発生を認識しつつ，それを否定しないという消極的認容が存在すれば故意を認めるので，認容説に近い．

　いかに結果発生を（消極的にせよ）認容しなくとも，それが一定程度以上の確率で（蓋然的に）発生すると認識していれば故意は否定できず，逆に結果発生を強く望んでいても，その確率が極めて低いと認識している場合には，客観的な実行行為性の認識を欠き故意非難を向ける必要はない（⇒29頁，新幹線の例を参照）．故意の中心は，認識である（堀内89頁，林244頁）．

【条件付故意】　もし相手が抵抗して，喧嘩になったときには殺害しようと決意している場合のように，犯罪遂行を一定の条件にかからせているが，

58　4　主観的構成要件

犯罪遂行意思そのものは確定的である場合をいい，故意の成立に欠けるところはない（最決昭 56・12・21 刑集 35・9・911 ─ もし喧嘩になれば相手を殺害するとの共謀に基づき，実際に殺害した場合や，最判昭 59・3・6 刑集 38・5・1961 ─ 相手の対応次第では殺害するとの共謀に基づき，実際に殺害した場合は，故意が認められる）．

4-1-2　故意の成立に必要な事実の認識

結果と行為の認識　一般人が規範に直面する（その罪の違法性を意識する）には，結果の認識が必要であるが，それは，抽象的な構成要件的結果の認識で足りる．爆弾テロ行為などは，人数はもちろん，客体がおよそ不特定であっても，殺意は認められる．「およそ人を殺す」認識があれば殺人罪の故意非難は可能である．

　実行行為性の認識は，犯罪類型を個別化するためにも，必須である．法益によっては，すべての侵害を犯罪とするのでなく，特定の行為態様による場合に限るからである（例えば，利益は窃盗罪の形態では犯すことができない⇨249-250 頁）．

　【**一連の行為の認識**】　最決平 16・3・22（刑集 58・3・187）は，クロロホルムを吸引させて失神させ（第 1 行為），自動車ごと海中に転落させて溺死させる（第 2 行為）つもりで実行したところ，死亡する可能性がないと思っていた第 1 行為により死亡結果が生じたとしても，殺人罪の故意は認められるとした．失神させた上自動車ごと海中に転落させるという密接に結びついた一連の殺人行為の認識があり，しかも「非常に危険なクロロホルムを嗅がせる行為を遂行すること」の認識が明確にある以上，殺人の故意に欠けるところはないとしたのである（⇨40 頁参照）．

　【**因果関係の認識**】　多数説は，因果関係の基本的（重要）部分の認識が必要であるとする（佐久間 137 頁，井田 183 頁参照）．しかし，人を殺す行為を行っているという実行行為性の認識と，死という結果の認識があれば，突飛な因果経過をたどったためにその経過の認識がなかったとしても，故意非難は可能である（大谷 155 頁，前田 175 頁）．逆に，突飛な因果経過を想い描いて犯行に及んでも，実行行為性と結果の認識があれば故意犯は成立する．さらに，因果関係の認識が必要だとすると，「意外な因果の流れをたどった場合」に故意が欠け，未遂の成立が認められなくなり不当である（⇨69 頁参照）．

規範的構成要件要素の認識　裁判官の評価的判断による補充を必要とする構成要件要素を規範的構成要件要素という．これについては，行為者に専門家的な認識を要求することは不可能であるから，**素人的な認識があれば故意は認められる**．客観的にはわいせつな文書を，その意味内容を理解して販売すれば，「刑法上のわいせつな文書に該当しない」と考えていてもわいせつ物頒布罪の故意は認められる（最判昭 32・3・13 刑集 11・3・997）．

【規範的構成要件要素】　①財物の他人性（窃盗罪等），公務員の職務の適法性（要保護性）（公務執行妨害罪）等の**法的概念**，②わいせつ（わいせつ物頒布罪等）等の**価値的概念**，③危険犯（放火罪等）における危険性等の**事実的評価の難しい概念**等がこれに当たる．

　規範的構成要件要素につき故意犯を認めるには，違法性の認識まで必要だとする見解もある．しかし，「社会的意味（＝一般人の認識）としてはわいせつだろうが，自分は違法でないと思う」と主張する行為者につき，故意が欠けるとするのは不合理である．わいせつの社会的意味の認識があれば，一般人ならば違法だと思うような事実を認識しているわけで，そのような認識があれば故意非難は可能である（わいせつ性の認識の問題を法律の錯誤（⇨62頁）の問題として扱う学説も多い．しかし，上記のように故意の成立にわいせつの意味の認識を必要とすれば，違法性の意識の可能性の判断は，原則として不要となる．⇨66頁）．これに対し，「自分も含め，何人もこれをわいせつとは考えない」と認識していたとすれば，社会的意味の認識はなく，故意はない．

行政刑罰法規の認識　行政刑罰法規は，その制定により初めて何が禁止行為かが明確となる側面が強く，規範的構成要件要素と並び故意の有無の判断が難しい．例えば，追越し禁止区域での追越しの場合，「車を追い越した」という認識だけでは足りず，一般人が「追越し禁止違反の罪」の違法性を意識するだけの認識，すなわち「追越し禁止区間で追い越した」ことの認識が必要である（東京高判昭 30・4・18 高刑集 8・3・325．さらに銃猟禁止区域であることの認識が必要であるとした東京高判昭 35・5・24 高刑集 13・4・335 参照）．また，自動車の保管場所の確保等に関する法律

60　4　主観的構成要件

11条2項2号に違反する罪が成立するには，夜間に道路上の同一の場所に引き続き8時間以上駐車することの認識が必要だとされた（最判平15・11・21刑集17・10・1043）．

ただ，行政刑罰法規に関しても，法規の詳細な内容の認識までは不要で，素人的意味の認識で足りる．例えば，6人分の座席が取り外されて現実に存する席が10人分以下となったマイクロバスでも，乗車定員の変更につき国土交通大臣が行う自動車検査証の記入を受けていないときは，当該自動車はなお道路交通法上の大型自動車（定員11人以上）に当たり，それを普通自動車免許で運転することが許されると思い込んで運転した場合，大型自動車に関する無免許運転の故意が認められる．車の大きさ，座席の状況などの認識があれば，「大型」であることの認識は否定されない（最決平18・2・27刑集60・2・253）．

【判例－素人的意味の認識】　狩猟法は，「たぬき」や「むささび」の捕獲を禁止していたが，大判大14・6・9（刑集4・378）は，たぬきを「むじな」だと思って捕獲した事案を無罪とし，大判大13・4・25（刑集3・364）は，むささびをその俗称である「もま」だと思って捕獲した行為を有罪とした．ここで必要とされた認識内容は，いずれも「禁猟獣」の捕獲であるが，大正14年判決では「むじな」の認識では禁猟獣である「たぬき」の素人的認識はなく，大正13年判決では「もま」の認識があれば禁猟獣である「むささび」の素人的認識があるとされたわけである．その当時，もまは単なる俗称で，もまの他にむささびがいるとは考えられていなかったからである（たぬきとむじなとは別のものと考えられていたことになる）．

さらに，販売を禁じられていたメタノールをその俗称「メチル」と思って販売しても故意はあるが（最大判昭23・7・14刑集2・8・889），「飲用すると身体に有害かも知れない」と思って販売しても故意はない（最判昭24・2・22刑集3・2・206）．国土交通省から指定を受け車検業務を行う会社（いわゆる民間車検場）の代表取締役（みなし公務員）に対し，車検の際の不正行為に対する報酬として利益を供与した場合，みなし公務員であることを知らなかったとしても，「民間車検場の職員が陸運局と同様の法的効果を生ずる検査を行っていることを認識していた」以上，「車検を受けるための自動車の検査について，民間車検場の職員等は陸運局の職員と同様の立場にあるこ

とを認識していたものにほかならない」から，賄賂罪の故意は認められる（東京地判平 14・12・16 判時 1841・158）．

【違法阻却事由の認識】 ⇨違法阻却事由に関する錯誤（108 頁）

薬物の認識と概括的故意　故意の認定が最も激しく争われるのは，覚せい罪等の違法薬物の認識である．素人的な意味の認識は必要で，「覚せい剤とは高価な化粧品のことである」と認識していたと認定されたような場合には，故意はない．ただ，規制条文の存在，正式名称はもとより「覚せい剤である」という明確な認識がなくても，**厳格な法規制の対象になっており，依存性の薬理作用を有する心身に有害な薬物の認識**」が認められれば（「何か違法なもの」という認識では足りない），故意が認められる（最決昭 54・3・27 刑集 33・2・140）．有害薬物の中のいずれの一種であるか不確定で，特定した薬物として認識することはなくても，覚せい剤かもしれないという認識はある以上（**概括的認識**），故意が認められる（最決平 2・2・9 判時 1341・157）．しかし，「覚せい剤ではない」との認識（**認識内容から覚せい剤を除外する特段の事情**）があれば，故意は認められない（前掲・最決昭 54・3・27）．麻薬のような他の違法薬物と誤信したため覚せい剤ではないと認識していた場合は，抽象的事実の錯誤（⇨67 頁参照）に当たり，法定刑の軽い罪の範囲内で「薬物犯罪」の故意犯が認められる．「覚せい剤である」と思ったものの，日本に持ち込むことは法律上禁止されていないと思った場合は法律の錯誤に過ぎず（⇨63 頁），故意はある．

薬物の認識に関し，トルエンを含まないシンナー（毒物及び劇物取締法の規制対象外）であろうと誤信してトルエン含有のシンナーを吸引目的で所持した場合，故意はない（東京地判平 3・12・19 判タ 795・269）．シンナーについても，一般には「身体に有毒なシンナーの類」の認識があれば故意非難が可能であるようにみえるが，構成要件が「トルエン含有」のものに限定されている以上，「類」の認識を否定するような事情があれば故意は認められない．

4-1-3 故意と錯誤と違法性の意識

錯誤の意義　　行為時に一定の認識（認容）が存在しても，客観的に生じた事象がそれとくい違ったり，それを超えたりする場合がある．このように，主観的認識と客観的に生じた事実の不一致を錯誤という．錯誤は通常，①犯罪事実に関する**事実の錯誤**と，②行為が法的に許されているか否かに関する**法律の錯誤**（違法性の錯誤）に大別され，前者は，離齟が同一構成要件内である⑦**具体的事実の錯誤**と，主観・客観が異なる構成要件にまたがる④**抽象的事実の錯誤**に分かれる．

> 【あてはめの錯誤】　一般には，刑罰法規の存在は知っているが，自己の行為がその法規にあてはまらないと誤信している場合をいい，故意は阻却されない．条文へのあてはめに関する錯誤が故意を阻却しないのは当然であるが，社会的意味へのあてはめ（当該文書が「わいせつ物」であること等）の錯誤や，法的意味へのあてはめのうち，非刑罰法規へのあてはめ（「物の他人性」や「職務の適法性」へのあてはめ）の錯誤は，故意が否定される（堀内201頁参照）．それに対し，「履歴書は刑法上の『文書』ではないと思った」というような刑罰法規へのあてはめの錯誤は，故意を阻却しない．ただし，非刑罰法規と刑罰法規の区別は微妙である（犯人蔵匿罪（103条）の「罰金以上の刑に当たる罪を犯した者」という認識は故意の成立に必要とされる）．

事実の錯誤・法律の錯誤　　事実の錯誤は，違法評価の「対象」となる事実に関する錯誤であり，犯罪事実の認識を欠くため故意が否定される．

一方，法律の錯誤は，法律に関する「評価」を誤ったもので，犯罪事実の認識があるので一応故意は認められる（伝統的な**法の不知は恕せず**の法諺はこれを指す）ものの，法的に許されると誤信した以上，自己の行為の違法性についての意識を欠くことになる．そこで，法律の錯誤は，違法性の意識の処理の問題と同視されることになる（⇨63頁）．事実の錯誤と法律の錯誤の区別により，故意犯の成立範囲を画することになる．

一方，学説は，法律の錯誤の一部は，故意が否定されるとする．例えば，わいせつ物を，「わいせつでないので許される」と思って販売した場合，自己の行為が許されると思ったことに着目すれば，法律の錯誤の問題であり，その中に故意が認められる場合と認められない場合とが含まれている

とされる．ただ，事実の錯誤と法律の錯誤は，「事実の認識の誤りか，その評価の誤りか」という形で形式的に区別することはできない．

【構成要件の錯誤，禁止の錯誤】　客観的構成要件事実に関する錯誤を構成要件の錯誤，それ以外の行為の違法性に関する錯誤を禁止の錯誤（違法性の錯誤）と呼ぶ見解もある（佐久間 122 頁参照）．前者がほぼ事実の錯誤に，後者が法律の錯誤に対応するが，違法性阻却事由に関する錯誤は構成要件事実の錯誤でないとして，禁止の錯誤とする（故意を阻却しない）点に特色がある（厳格責任説⇒65 頁）．

【判例－故意を否定する錯誤】　犯罪事実の一部につき認識が欠けても，常に故意非難が不可能なわけではないから，「故意を否定する事実の錯誤」とは，犯罪事実に関する錯誤のうちでも重要な部分に関する錯誤に限られる．そこで，故意は形式的に「犯罪事実の認識」とするのではなく，「故意非難を可能とするだけの犯罪事実の認識」と理解されることになる．この点に関し，最判平 1・7・18（刑集 43・7・752）は，許可を要する公衆浴場営業を，正式の許可は下りていないものの事実上許可があったものと認識して営業を続けた事案につき，**無許可営業罪の事実に関する錯誤**であるとして故意を否定した．従来の学説からは，正式の許可がないことを認識している以上無許可営業の認識はあり，禁止された無許可営業を「許されている」と誤信した**法律の錯誤**として説明することになろう．しかし最高裁がこれを**事実の錯誤**だとしたことは，故意は自然的な事実の認識の有無により，形式的に決定することはできないことを示したことになる（林 272 頁参照）．

4-1-4 故意と法律の錯誤

法律の錯誤と違法性の意識　　法律の錯誤とは，自己の行為を法的に許されたものと誤認し，違法性の意識が欠ける場合をいう．法律の錯誤は，**許されると思った**場合に故意非難が可能かの問題であり，刑法 38 条 3 項は，「法律を知らなかったとしても，そのことによって，罪を犯す意思がなかったとすることはできない．ただし，情状により，その刑を減軽することができる．」と規定する．判例は，この「法律」とは「違法性」を意味し，違法性の意識を欠いても故意がないとはいえないという趣旨を

定めたものと理解している．事実の認識（社会的意味の認識⇒59頁）があれば，自己の行為が違法であると認識しなくとも，故意非難は可能だからである．ただし書は，違法性の意識を欠いた場合に，責任の減少があれば，刑の減軽を認める趣旨である（⇒66頁参照）．

ただし，同条項の解釈に関しては，学説上，(a)違法性の意識がなければ故意がないとする**厳格故意説**，(b)故意に違法性の意識は不要だが，その可能性は必要である（ないしは違法性の意識のないことに過失があれば故意犯として処罰する）とする**制限故意説**，そして（c)違法性の意識がなくても故意は認められるが，違法性の意識の可能性が欠ければ（故意ではなく）責任が阻却されるとする**責任説**が主張され，故意があれば原則として可罰的であるとする判例の考え方と対立してきた．

> **【故意説と責任説】** 違法性の意識の欠如を故意の有無の問題とする見解を**故意説**と呼び，違法性の意識の欠如を故意とは別個の責任阻却の問題として処理する立場を**責任説**という．責任説は，責任非難には故意ないし過失の他に，別個の責任要件として**違法性の意識の可能性**が必要だとする．これは，「犯罪事実の認識があれば故意の成立には十分である」とする限りで判例と類似するが，実質的な判断基準は，故意の中身として違法性の意識の可能性を問題にする制限故意説に近い．違法性の意識の可能性を故意の内容として判断するか，その他の責任要素として判断するかという相違に過ぎないからである．

厳格故意説　道義的責任論は，違法であると思ったのに，行為を思いとどまるという（犯罪行為に対する）反対動機を乗り越えて敢えて実行するからこそ，故意犯として重く処罰できると考え，厳格故意説を当然のものと考える（小野154頁）．

しかし，同説では，違法性の意識が犯罪を重ねるごとに鈍摩していく常習犯人を重く処罰することや，正しいと信じて行為する確信犯を処罰することが困難となる．また，38条3項の「法律」を「違法性」と解することができないため，「条文」を意味するとするが，当然処罰すべき条文の不知につきわざわざ規定したと理解するのは不自然である．

制限故意説　制限故意説は，**違法性の意識は不要だが，違法性の意識の可能性は必要である**とする（団藤317頁）．ただ，違法性の可

能性があれば「非難できる」というのならば理解できるが,「可能性」があれば「故意がある」とする点については疑問がある. 故意は事実の認識であり, それは「あるかないか」の判断で,「可能性」の問題ではないはずだからである.

また, 38条3項の解釈に関しては,「条文を知らなくても故意がある旨を定めた規定」と理解し, ただし書は, 違法性の意識の可能性があってもそれを意識することが困難なため違法性の意識を欠いた場合に責任が軽いから減軽するとするが (佐久間298頁参照), 厳格故意説に対するのとほぼ同様の批判が可能となる.

責任説 責任説とは, 違法性の意識の可能性を故意・過失とは独立の責任要素と位置づけ, それが欠ける場合には不可罰とする理論で, 構成要件に関する錯誤以外はすべて法律 (禁止) の錯誤とする**厳格責任説**と, 違法阻却事由の錯誤を構成要件 (事実) の錯誤とする**制限責任説**とに大別される.

【責任説と制限故意説】 実質的に「違法性の意識の可能性」により処罰範囲を決定するという意味では, 責任説も制限故意説も変わらない. ただ, 制限故意説では, 違法性の意識の可能性がなければ故意犯は成立しないが, 過失犯の可能性は残る. これに対し責任説では, 違法性の意識の可能性の欠如は, 故意犯・過失犯に共通する責任阻却事由であるから, 過失犯成立の余地もなくなる.

責任説には, 違法性の意識の「可能性」を根拠に故意を認めるといった矛盾はない. ただ, 責任説も, 故意は「構成要件事実の認識」として形式的に処理する点に問題がある.

【責任説と38条3項】 責任説は故意の成立に違法性の意識の可能性を必要としないため, 38条3項の「法律」を違法性と読み,「違法性の意識が欠けても故意は認められる」と解する. ただ, 同項ただし書は「違法性の意識が欠けた場合には事情により刑を減軽し得る」という趣旨になり, 違法性の意識の可能性が欠けたために違法性を意識しなかった場合も, 刑の減軽にとどまり不可罰とはならない. そこで, 違法性の意識の可能性欠如による超法規的責任阻却事由ということになる (林310頁).

判例の立場　判例の多くは，「事実の認識があれば故意責任を問い得る」とし，違法性の意識が欠けても責任に影響しないとしてきた（最判昭23・7・14刑集2・8・889－メタノールの認識，最決昭62・7・16刑集41・5・237－百円紙幣の模造の認識⇨67頁，最判平1・7・18（⇨63頁）．なお，制限故意説的な立場の判例として，東京高判昭44・9・17高刑集22・4・595－黒い雪事件判決，東京高判昭51・6・1高刑集29・2・301－羽田空港事件判決）．この見解は，38条3項の条文解釈からいっても自然である．ただ，同項ただし書は，違法性の意識を欠くことにつきやむを得ない事情がある場合（違法性の意識の可能性のない場合）に，責任減少を認める趣旨だが，故意は否定されない．例外的に，違法性の意識の可能性が欠け「不処罰」とすべき場合は，38条3項以外の超法規的責任阻却事由と解することになる（下記【違法性の意識と期待可能性】参照）．

　故意が成立するためには，単なる形式的な「犯罪事実の認識」ではなく，「一般人ならば違法性の意識を持ち得るだけの事実の認識」が必要であり（⇨56頁），これを前提とする限り，判例の考え方も不合理ではない．むしろ，このような事実の認識がないのに故意責任を認めることこそ，不当である．

【判例－法令の認識】　判例は法令の発布を知ることができなかった場合でも故意責任を認め（大判大13・8・5刑録3・611－震災時に出された暴利を禁ずる勅令違反の認識，最判昭26・1・30刑集5・2・374－麻薬取締規則の認識），学説からの批判が強い．たしかに，法令を知り得なかったことにより，違法性の意識を持ち得るだけの事実の認識が欠ければ，故意を認めるべきではない．しかし，具体的な法律を知らなくてもその他の事情から当該犯罪類型の違法性を意識できる場合には，故意が認められる（僻地なので官報が届かなかったため，にしんの卸売価格を知り得なかったとしても，統制令違反の故意はある．札幌高函館支判昭25・9・8判タ13・53）．

【違法性の意識と期待可能性】　当該犯罪類型の具体的事実の認識を超えた特殊な事情により，故意はあるが非難できない場合が全くないわけではない．その場合は38条3項の問題ではなく，例外的な責任阻却とすべきで，具体的には期待可能性論の問題として処理すべきである（⇨118頁．違法性

の意識と期待可能性は質的に異なるとする見解として，林 310 頁）．例えば，当該行為が一般に犯罪に該当するとされていることの認識はあったが，監督官庁に問い合わせたところ「現時点では正当な行為である」との回答があり，それを信じたような場合だが，極めて例外的であろう．警察官の態度から，模造罪の模造紙幣に当たらないと軽信した事案も「違法性の意識を欠く相当の理由」は認められない（最決昭 62・7・16 刑集 41・5・237）．さらに，レーザー脱毛機器の輸入販売業者から，医師法に違反しないとの説明を受けていたという事実があったとしても，説明冊子類や業者のホームページの記載内容に照らし，医行為に該当することを基礎づける事実の認識はあり，「違法性の意識を欠いていたことについて相当な理由があったということはできない」（東京地判平 14・10・30 判時 1816・164）．

4-1-5 具体的事実の錯誤

事実の錯誤の種類　客観的犯罪事実の重要部分にその認識との離齬があれば，故意非難を基礎づけるだけの認識が欠けるので，故意犯は成立しない．この「離齬の重要性」を判断するのが事実の錯誤論である．

　事実の錯誤は，主観と客観の離齬が同じ構成要件の範囲内で生じた**具体的事実の錯誤**と，離齬が異なる構成要件にまたがる**抽象的事実の錯誤**に大別される．さらに，事実の錯誤は，錯誤の態様により，客体の錯誤，方法（打撃）の錯誤，因果関係の錯誤に分かれる．**客体の錯誤**は，A だと思って殺したところ実は B だったような場合，**方法の錯誤**は，A を狙って銃を撃ったところ隣の B を殺してしまった場合，そして**因果関係の錯誤**は，狙った客体に認識通りの結果が発生したが，結果発生に至る因果の経過が認識と異なる場合で，例えば A を溺死させようと川に突き落としたところ，途中の岩で頭を打ち死亡したような場合である（客体の錯誤，方法の錯誤は，具体的事実の錯誤だけでなく，抽象的事実の錯誤についても生ずる）．理論的にはともかく，現実に因果関係の錯誤について故意犯の成立を否定する見解はほとんどないが，因果関係の認識を故意の対象とする見解からは，この結論は一貫性を欠く（⇨69 頁）．

68 4 主観的構成要件

重要性の判断基準 齟齬の重要性の判断基準に関し，3つの学説が対立している．**具体的符合説**は，認識と事実が具体的に一致していなければ故意は認められないとする見解で，**法定的符合説**は，両者が構成要件の範囲内で一致していれば故意を認めるとする見解である．そして，**抽象的符合説**は，両者が構成要件を異にしている場合でも，少なくとも軽い罪の限度で故意犯の成立を認める見解であるが，同説は抽象的事実の錯誤の場面において初めて独自の意味を持つ（⇨70頁）．

法定的符合説 判例は，XがAを殺害しようとしてA・B2人を殺した場合，A・B2人に対する殺人既遂罪を認める（最判昭53・7・28刑集32・5・1068）．1人を殺そうとしていたのであり，故意の内容以上の二個の殺人罪を認めることとなり，妥当ではないとの批判があるが，故意非難に値する程度の認識である故意としては，「人」を殺すことの認識で十分である（⇨56頁）．人を殺そうとして2人を殺した以上，法益の重要性から，二個の殺人罪を認めるべきである（処断刑も不当な結論にはならない⇨69頁【罪数】参照）．方法の錯誤の典型例であるXがAを殺害しようとしてBのみ殺害した場合も，Bに対する殺人既遂罪に加え，Aに対する殺人未遂罪が成立する（ただし，具体的な危険の発生が必要である）．

> **【一故意説】** 法定的符合説を採用しつつ故意の個数を問題にし，一個の殺意で2人を殺害した場合は，Aに対する殺人既遂罪とBに対する過失致死罪の成立を認める見解が一故意説である（佐久間129頁）．Aに対しての殺害目的を達したのだから，Bの死は「過剰結果」であり，故意非難はできないと説明する．しかし，狙ったAに重傷を負わせさらにBを殺害した場合，狙ったAに対して過失傷害を認めることになり，重傷だったAがその後死亡した場合には，改めてAに対する殺人既遂とBに対する過失致死を認めることになろうが，故意の内容がこのように変動することも妥当でない．

具体的符合説 これに対し，具体的符合説を徹底すると，すべての（具体的）事実の錯誤は重要だということになるが，現実に主張されている具体的符合説は，客体の錯誤は重要ではないとして故意犯の成立を認め，方法の錯誤についてのみ故意犯の成立を否定する．Aを殺そうとして誤って隣に立っていたBを殺害した場合，具体的符合説はAに

対する殺人未遂罪と，Bに対する過失致死罪（両者は観念的競合）を認める．

しかし，電車内の乗客を殺害する目的で毒物を撒いたところ，到着駅でそれを片付けた駅員が死亡した場合に，殺人罪が意図した客体にしか成立しないのでは不合理である（当該駅員に対する未必の故意は認めにくい）．またAの飼犬を殺そうとして傍にいたAの飼猫を殺した場合，具体的符合説では，犬についての器物損壊罪（261条）の未遂，猫についての過失器物損壊罪を問題にすることになるが，両者ともに現行刑法では不可罰である．さらに，故意の限界を画する**方法の錯誤**と**客体の錯誤の区別が**曖昧である．乳児を背負っていることを知らないで，母親1人を射殺しようとして2人を殺害した場合，乳児につき方法の錯誤で過失致死とすると，今度は乳児のみが死亡した場合も，その場にいる人ではあるが「方法の錯誤」として過失致死罪となるはずで，この結論に疑問が生ずる（共犯が関係する場合にはその点がより顕著となる⇨146頁以下参照）．

【罪数】 1人を殺害する意図で2人を殺害した場合，法定的符合説では，2つの殺人罪を認めても，一個の行為である以上，観念的競合となり殺人罪の法定刑の範囲で処断される．2人を殺したことは，当然量刑の際に考慮されることになる．

因果関係の錯誤 　因果関係の錯誤も事実の錯誤の一種とされ，その離齬が重大であれば故意が阻却されるとする見解が有力である．離齬が重大か否かは，「相当因果関係の範囲内か否か」を基準に判断されるとされる．しかし，相当因果関係説を採用する限り，客観的な因果関係の判断と因果関係の錯誤の判断とは実質的には同一のもので，重ねて論ずる意義はほとんどない（大谷155頁）．

因果関係という主要な構成要件要素に関して重大な離齬がある以上，故意の成立を否定すべきだということになりそうだが，現に生じた因果経過の重要部分そのものを認識していなくても故意非難が可能な場合が多い．そして，殺害行為と死の結果の間に不相当な事情が介在した場合に，そもそも殺意が否定され，未遂も成立しないという不当な結論に至らざるを得ない（⇨58頁，前田176頁）．

70　4 主観的構成要件

4-1-6 抽象的事実の錯誤

38条2項　　　XがAを殺そうとしたところ，Aの連れていた飼犬を殺してしまった場合のように，行為者の主観（殺人罪）と結果（動物傷害罪）の齟齬が異なる構成要件にまたがる**抽象的事実の錯誤**に関しては，刑法38条2項が「重い罪に当たるべき行為をしたのに，行為の時にその重い罪に当たることとなる事実を知らなかった者は，その重い罪によって処断することはできない.」と規定する．つまり，軽い犯罪事実の認識で重い犯罪を実現した場合，重い犯罪の刑を適用することはできない．

　しかしこの規定は，主観面が軽い犯罪事実で，客観面が重い罪の場合のみを規定しており，**重い犯罪事実の認識で軽い犯罪事実を生じさせた**場合の処理は不明である．さらに，そもそも「重い犯罪の刑を適用してはならない」としているが，軽い犯罪の刑は科さなければならないのか，それとも無罪なのかも明らかではなく，解釈に委ねられている．

　　【罪名と科刑の関係】　38条2項の「重い罪によって処断することはできない」の「処断」の意義に関し，例えば，占有離脱物横領罪の故意で窃盗罪を犯した場合，(a)窃盗罪は成立せず，占有離脱物横領罪が成立するという趣旨か，(b)窃盗罪が成立し，刑は占有離脱物横領罪の範囲内で科す趣旨かの対立がある．故意犯が成立するためには，「その罪」の故意が必要なのであり，重い罪の故意を認めることはできないため，(a)説が妥当である（⇨56頁．さらに共犯の場合につき124頁，146-147頁参照）．

抽象的符合説　　　抽象的事実の錯誤においては，認識した構成要件を超えた事実についての故意犯の成立を否定する**法定的符合説**（⇨68頁）と，主観面と客観面が異なる構成要件に当てはまるとしても，「およそ犯罪となる事実を認識して行為し，犯罪となる結果を生じさせた」以上，38条2項の範囲内で故意既遂犯の成立を認め，妥当な結論を導こうとする**抽象的符合説**が対立する（日高320頁以下参照）．

　しかし，何らかの犯罪的意図で犯罪的結果を生じさせれば，それだけで故意犯処罰が可能となるわけではない．故意犯の成立には，「その罪」を成り立たせるだけの認識（当該犯罪構成要件の主要部分の認識）が必要である

4-1 故 意 71

(⇨56頁). 抽象的符合説では, 事実上, その故意内容とは関係なく, 生じた結果に対応して, 故意犯が認められることになりかねない.

法定的符合説 法定的符合説を徹底すると, 抽象的事実の錯誤が構成要件を超えた錯誤である以上, 故意犯の成立はいっさい認められないことになる. しかし同説も, 結論の妥当性を勘案し, 構成要件が異なる場合も, 両者が保護法益や行為態様の観点から**同質的なもので重なり合う場合**には, その限度で軽い罪の故意犯の成立を認める (大谷176-177頁参照).

【法定的符合説への批判】 例えば, ①飼犬を狙って人を殺した事案と, ②飼犬を狙って実際に飼犬を殺した事案を比較した場合, 法定的符合説では, ①は器物損壊罪の未遂 (不可罰) と過失致死罪 (罰金) となり, ②については器物損壊罪の既遂 (3年以下の懲役又は罰金) が成立するが, 犬を殺した②と比較し, 人を死亡させた①の刑が著しく軽く不当であるとする批判がある. だが, 飼犬だと思って人を殺した場合の結論が不合理だと感じられるのは, 過失致死罪の刑が軽すぎることによるといえよう.

故意犯の成立範囲 構成要件の重なり合いの判断につき, まず**軽い罪を犯す意思で重い犯罪結果が生じたとき**は, 軽い故意内容に応じた犯罪事実の存否を検討する (構成要件の客観的な重なり合いの有無の判断). 生じた重い罪の客観面の中に, 意図した軽い罪の客観面が発生したと評価できる場合には, 軽い罪の故意犯が成立する (上の例では, 生じた人の死の中に意図した動物傷害が発生したといえない). 逆に**認識より軽い罪を犯した場合ないし両者が等しい場合**は, 客観的犯罪事実に対応する故意があるといえるかを検討する. 客観的に生じた犯罪 (故意犯) の成立を認めるためには, その犯罪の故意非難を向け得るだけの認識があったといえなければならない (主観的な重なり合いの有無の判断). 重い罪の認識があれば, 一般人ならば軽い罪の違法性を意識することができるといえる場合には, 軽い罪の故意犯の成立が認められる.

【意図した重い罪の未遂の成否】 なお, 重い罪を行う意思で, 重なり合う軽い罪を実現した場合, 既に重い罪の実行に着手していればその未遂罪が成立する (軽い罪の既遂は重い罪の未遂罪に吸収される). 例えば, 殺そうとして傷害を負わせた場合, 傷害の既遂犯を認めるのではなく, 殺人未遂と評価する. 意図した罪の未遂の成否の判断は, 客観的に重い罪の実行行為を

認定できるか否かによる.

判例や学説の多くはかなり広い範囲について実質的重なり合いを認める. 一般に, 殺人罪と同意殺・傷害罪との重なりや窃盗と占有離脱物横領・強盗罪の重なり合いは認められている. 窃盗罪と横領罪の重なり合いも認められよう (自己に占有があるのに, 被害者が業務上占有していると誤信した場合, 軽い窃盗罪が成立する). 現住建造物放火罪の故意で非現住建造物放火罪を犯した場合は, 後者の罪が成立する. さらに, 公文書偽造罪と虚偽公文書作成罪の重なり合いも認められている (最判昭 23・10・23 刑集 2・11・1386). ただし, 殺人罪と器物損壊 (動物傷害) 罪, 死体損壊罪と傷害罪や遺棄罪の間には, 重なり合いは認められない.

【判例−薬物犯罪と抽象的事実の錯誤】 最決昭 54・3・27 (刑集 33・2・140) は, 覚せい剤輸入の故意で麻薬を輸入した行為につき (両罪の法定刑は同一), 麻薬と覚せい剤が, 個人および社会に重大な害悪をもたらすおそれのある薬物であり外観も類似したものが多いなどの理由から「実質的には同一の法律による規制に服しているとみうるような類似性」を認め,「両罪の構成要件は実質的に全く重なり合っている」(強調引用者) ので,「麻薬を覚せい剤と誤認した錯誤は, 生じた結果である麻薬輸入の罪についての故意を阻却するものではない」と判示した (61 頁参照). 他方, 軽い麻薬所持の故意で, 重い覚せい剤所持を犯した最決昭 61・6・9 (刑集 40・4・269) は, 両罪の構成要件が軽い麻薬所持の限度で重なり合っており, しかも被告人には重い罪についての認識がないとして, 客観的に発生していない麻薬所持罪の成立を認めた.

　関税法 111 条の貨物 (ダイヤモンド原石) の無許可輸入罪の意思で, 関税法 109 条の禁制品 (覚せい剤) 輸入罪を犯した場合, 犯罪構成要件は前者の限度で重なり合っているから, 無許可輸入罪 (未遂) が成立する (東京高判平 25・8・28 高刑集 66・3・13).

4-2 過　失

4-2-1 総　説

定義　刑法38条1項は故意処罰を原則とし，過失犯は特別に規定のある場合に限り処罰する旨を定めている（116条，117条2項，117条の2，122条，129条，210，211条等．わが国の現行の過失犯は，すべて結果犯である）．そして，過失犯とは**不注意**，すなわち**注意義務違反**と理解されてきた．

【行政刑罰法規】　行政刑罰法規に関し，判例は，当該法規の趣旨・目的から明文がなくとも過失行為を処罰する趣旨が包含されていると認められるときには，同法条が刑法38条1項ただし書に規定される特別の規定となり，過失による行為を処罰することが可能であるとする（最判昭37・5・4刑集16・5・510－古物営業法における帳簿の記載）．

注意義務違反とは，意識を集中していれば結果が予見でき，それに基づいて結果の発生を回避できたのに，集中を欠いたため結果予見義務を果たさず，結果を回避できなかったことをいう．すなわち，過失の注意義務は，**結果予見義務**と**結果回避義務**の2つからなる．そして義務を課すには，遵守が可能であったことが前提となるため，結果予見義務・結果回避義務はそれぞれ，結果予見可能性・結果回避可能性と表裏をなす．

注意義務の判断基準に関し，行為者の注意能力を標準とする**主観説**と，抽象的な一般人の注意能力を標準とする**客観説**が対立し，前者が有力であったが，判例は，客観説を採用する（最判昭27・6・24裁判集刑65・321－失火及び過失致死の事案）．たしかに，一般人に予見可能な場合は刑法上の予見可能性があると考えるべきであろう．ただし，行為者の年齢や職業その他の認識能力・行為能力などの具体的事情は考慮されなければならない．

過失の種類　行為者が犯罪事実の認識を欠く場合を**認識なき過失**と呼び，結果発生の可能性の認識はあるが，それを超えた蓋然性の認識まではない（故意がない）場合を**認識ある過失**という．過失犯処罰と不処罰の限界が問題となるのは認識なき過失である．

【業務上の注意義務】　刑法は，業務上の注意義務違反の場合，刑を加重し

ている（117条の2，129条2項，211条1項前段）．**業務**とは，各人が社会生活
上の地位に基づき反復継続して（反復継続して行う意思をもって）行う事務を
いう．211条の場合には，他人の生命・身体等に危害を加えるおそれがあ
るものをいう．業務上の過失が通常の過失より重大な結果を引き起こすこ
とが多いから重く処罰するわけではない．重く処罰する根拠に関し，業務
者には特に**重い注意義務**が政策的に課されるとする説が有力であるが，課
される注意義務の程度は同じであり，**業務者は注意能力が高い（予見可能性が
高い）**ので，同一の注意義務に違反しても逸脱の程度が大きいという面も
ある．なお，危険運転による死傷事故については，過失犯ではなく暴行の
結果的加重犯として重罰化された（危険運転致死傷罪⇨190頁）．

【**重過失**】　わずかな注意を払えば結果発生を予見でき，結果の発生を回避
できた，注意義務違反の程度が重大なものをいい，発生結果が重大なもの
をいうわけではない．通常の過失より重く罰する（117条の2後段，211条後
段）．例えば，自招の酩酊による殺害行為等は，重過失致死罪（211条後段）
となり，特に原因において自由な行為が問題となる事例に重過失が多い．

**旧過失論・
新過失論**　　故意犯と過失犯とは構成要件と違法性のレベルでは基本的
に差異はなく，客観的に結果が発生し，因果関係が認めら
れれば，責任要素としての過失の有無を論ずるとするのが，
伝統的な過失論である．この見解は，過失の実質として，注意義務違反の
うちの結果予見義務（およびその前提となる**結果予見可能性**）を重視する（旧過
失論）．

　これに対し，第二次世界大戦後，**新過失論**が有力化する．新過失論の特
色は，①責任要素とされてきた**過失を違法要素**と捉え直し，②従来の結果予
見可能性中心の過失概念を**結果回避義務（客観的注意義務）**中心に変更する
（予見可能性中心の旧過失論では，結果との因果関係が存在しそれに加えて予見可
能性が認められればすべて処罰されることになり，処罰範囲が広すぎると批判し
た）．そして，③その結果回避義務を緩やかに適用することにより，自動
車運転行為等の有用性を重視し，過失の処罰範囲を限定した．

【**許された危険**】　新過失論の発展の基礎となった法理で，炭坑，トンネ
ル・ダム工事，鉄道・自動車運転，医療などの行為につき，死傷事故が発
生する危険性があっても，**社会的有用性**を根拠に一定の範囲で許容する考
え方をいう．たとえ結果発生の予見が可能であっても，一定の結果回避義

務を果たせば過失責任はないとする新過失論の考え方と合致する.

【信頼の原則】 被害者ないし第三者が適切な行動をとることを信頼するのが相当な場合には，たとえそれらの者の不適切な行動により犯罪結果が生じても，行為者はその結果に対し過失責任を問わないとする理論をいう．例えば，交差点を右折しようとして停車している自動車運転者は，後続の直進車が自車の右側を通過して追い越そうとしたために後続車の運転者が死亡した事故についてまで，過失責任を問われない（最判昭42·10·13刑集21·8·1097．後続の者がそのような行動はとらないと信頼してよい）．判例も信頼の原則を採用するが（最判昭41·12·20刑集20·10·1212－交差点の右折時の事故，前掲·最判昭42·10·13），例えば，交差点に時差式信号機が設置されていたが，時差式であることの認識がなかった者が，交差点の信号が赤色表示に変わったことから，対向車線の信号も赤色表示に変わり，対向車線上の相手車両がこれに従って停止するものと信頼して右折進行することは許されないとしている（最決平16·7·13刑集58·5·476）．信頼の原則の適用領域は，交通事故だけでなく，企業活動や医療活動にまで及ぶが（手術における医師と看護師の信頼の原則につき，札幌高判昭51·3·18高刑集29·1·78），交通事故における信頼の原則は，基本的に車対車の場合に限るべきで，車対人（特に老人や幼児）の場合にこれを適用するには，特別の事情が必要であろう．

チーム医療においても，信頼は一定の範囲でのみ許容される．大学医学部附属病院において患者を取り違えて手術したという業務上過失致傷の事案で，手術に関与する医師，看護師等の関係者は，「他の関係者が上記確認を行っていると信頼し，自ら上記確認をする必要がないと判断することは許されず，各人の職責や持ち場に応じ，重畳的に，それぞれが責任を持って患者の同一性を確認する義務があ」るとし，麻酔医についても過失責任を認めた（最決平19·3·26刑集61·2·131）．

新新過失論　　昭和40年代に入り，公害犯罪などが多発したことを背景に，従来の新過失論とは逆に過失処罰を拡大する動きが生じ，新新過失論（**不安感説**⇒79頁，危惧感説）が登場する．

新新過失論は，①新過失論同様，結果回避義務中心の過失犯論であるが，②被害の重大性から重い結果回避義務を課す（それにより処罰範囲を拡大する）点で，新過失論とは逆の方向性を持ち，③結果回避義務を課す前提として，具体的結果の予見可能性は不要で，行為に何らかの不安感（危惧感）が伴えば足りるとする理論である．しかし，不安感説は多数説とはならず，

76　4　主観的構成要件

実務にも定着しなかった.

4-2-2　過失犯の客観的構成要件と違法性

過失犯の
実行行為

過失犯においても，客観的・主観的構成要件，正当化事由，責任阻却事由が検討される．過失犯の実行行為（＝**客観的注意義務違反行為**）は，構成要件的結果が発生する実質的危険性のある行為である．

【**客観的注意義務**】　不作為型の場合には，作為による場合と同視し得るだけの作為義務が必要である．最決平28・5・25刑集70・5・117は，6名の死傷者を出した温泉施設の爆発事故に関し，全体のガス爆発に至る機序の全体を把握し得る立場にあった施設の設計者に，爆発事故が発生することを防止すべき業務上の注意義務を認めたが，その際には，①施工担当者に対しても設計上の留意事項を伝達すべき立場にあり，②システムの改変を行い新たな重要管理事項を生じさせたという先行行為が存在し，しかも③伝達を的確かつ容易に行うことができたことが認定されている.

飲酒運転でスピード違反を犯し，その上前方不注意で人を轢き殺したような場合，形式的には複数の過失の実行行為が存在し得る．かつての判例は，可能なすべてについて過失行為と認める見解（**過失併存説**）を採ったが，生じた結果から因果の経過を遡って原因となる一個の過失実行行為を求める考え方（**過失段階説**）が有力となる（最判昭38・11・12刑集17・11・2399）．ただ，結果に直近の行為一個を実行行為とすべきではなく，いくつかの危険な行為を全体として把握した上で，主要な，実質的危険性を持った一個の過失行為として認定すべきである（なお，危険運転致死傷罪⇨190頁）.

【**結果回避義務と予見可能性**】　快速列車の運転士が制限速度を大幅に超過し，転覆限界速度をも超える速度で同列車を曲線に進入させたことにより同列車が脱線転覆し，多数の乗客が死傷した鉄道事故について，当該箇所にATSが整備されていれば結果は防止できたとして，社長等に整備義務が認められるかが争われたが，管内に2000か所以上も存在する同種曲線の中から本件曲線が特に危険性が高いとして認識できたとは認められないこと等の理由から（大半の鉄道事業者は曲線にATSを整備していなかったという事情もあった），社長等には，ATSを本件曲線に整備するよう指示すべき業務上の注意義務は認められないとされた（最決平29・6・12刑集71・5・

315).

過失犯の因果関係 過失犯も結果犯であり，行為が持つ実質的危険が結果に現実化して完成する．理論的には未遂も考えられないわけではないが，処罰規定は置かれていない．過失犯の因果関係においても，①実行行為の危険性の程度，②介在事情の異常性，③介在事情の寄与度を衡量して判断される（最決平 22・10・26 刑集 64・7・1019）

【過失実行行為と因果関係の判断】 過失の実行行為としての「実質的危険性」は，「一般人からみて発生結果が相当か否か」を問題にする因果関係の判断と，事実上かなり重なる．ただし，因果関係の判断は，主として行為時の特殊事情，あるいは行為後に異常な介在事情が発生した場合の帰責を問題とする（⇨51 頁）．

　因果関係の相当性判断は，過失犯の責任要素である予見可能性判断（⇨78 頁）とも類似する．ただ，因果関係判断は，行為後に生じた具体的な因果経過をも視野に入れて客観的に判断されるもので，介在事情によっては，政策的に第三者（介在行為を行った者）に結果を帰責すべき場合もある．それに対し，責任要素としての予見可能性判断は，行為者の主観的な認識内容も考慮に入れて行為時における責任非難の可否を問う．

【結果回避可能性と因果関係】 結果回避可能性を欠く場合は，「義務を果たしても結果が生じた場合」という意味で，条件関係が欠けるともいえる．前方注視義務違反が問題となった大判昭 4・4・11（新聞 3006・15－京踏切事件）は，列車が見通しの悪い踏切で幼児を轢死させた事案につき，仮に警笛を鳴らし非常制動を行っても結果を回避し得なかった以上，前方注視義務違反と死の結果との因果関係が欠けるとした．一方，同様に前方注視義務違反についての最判平 4・7・10（判時 1430・145）は，夜間，無灯火で逆行して走ってきた対向車に正面衝突し，相手方を死亡させた行為につき，注視義務違反がなかったとしても事故を回避できなかったとして，前方不注視の過失はなかったとした．

　過失の相当因果関係判断には，「義務を尽くしたとしても結果は起こったのだから原因とは評価できないのではないか」という仮定的判断，「被害者等他の併発・介在事情が原因で生じたのではないか」等の考量を行う必要性が高い．また，前方注意義務に反し，非常制動を行わなかったような不作為の過失の場合は，そもそも因果関係以前に結果回避義務（作為義

78　4　主観的構成要件

務）が欠けると解すべきかを検討しなければならない（前掲・最判平4・7・10
参照）.

正当化事由　　　過失犯の場合にも，要件を満たせば正当防衛や緊急避難が
認められる．防衛の意思・避難の認識（⇨97, 105頁）が認
められるかが問題となり得るが，少なくとも緊急状態にあることの認識は
認める余地があろう（前田293頁）.

【**過失犯と「同意」**】　過失犯は，予想外の結果が発生する場合であるから，
発生した結果そのものにつき明確な同意が存在することは考えにくい．例
えば，危険運転することを認識しながら友人の運転する自動車に同乗し，
事故で死亡した場合でも，死について同意があるわけではなく，「危険な
行為」への同意があるに過ぎない（これを**危険の引受け**という．山口183頁参
照．千葉地判平7・12・13判時1565・144－ダートトライアル事故）．故意犯の場合
に比べ，同意の内容は抽象的なものとならざるを得ず，結果発生の高度の
蓋然性を認識した上での承諾がなければ法益性は否定されないため，構成
要件該当性が否定される場合はほとんどあり得ない．しかも，死の結果が
生じた場合には，故意犯の場合と同様，同意のみで正当化することは許さ
れず（⇨90, 177-178頁），危険の引受けによる違法減少を前提とした実質
的違法性阻却が問題となる.

4-2-3　過失犯の責任要素

予見可能性　　　過失犯の成立には，客観的実行行為（実質的危険行為），結
果，行為と結果との因果関係に加え，過失，すなわち行為
者に結果の予見義務・可能性，回避義務・可能性が必要である.

　ただ，違法性段階での客観的結果予見義務と，責任段階での主観的結果
予見義務とを分けて論ずべきではない（大谷197頁参照）．客観的注意義務
違反（主観的構成要件要素）は，過失の実行行為性に対する行為者の不注意
の有無であり，行為者の主観と別個に判断されるものではない．また，主
観的構成要件（責任）要素としての過失は，行為者個人が認識した事情を
基礎に，一般人を基準に判断されなければならない（⇨73頁．**一般人標準
説**）．もっとも，行為者の年齢・性別，経験，視力・聴力等々の事情が考
慮されるのは当然である．行為者が特に知識・経験が豊富なため，高い予

見能力を有する場合は，その経験を基準に判断される（林 293 頁参照）．

具体的予見可能性　昭和 40 年代に入り，森永ヒ素ミルク事件を契機に，「結果の予見可能性は不要である」とする**不安感説**が有力化する．

同説の中核は，**不安感**が存在すれば過失責任を問い得るとする点にあった．しかし，その支持は拡がらず，現在でも，結果と因果経過の重要部分の予見可能性が必要だとする**具体的予見可能性説**が通説であるといってよい．

> **【判例－森永ヒ素ミルク事件】**　粉ミルクの添加物として納入業者から購入した薬品にヒ素が含まれていたため，それを添加した粉乳を製造し，その結果多数の乳児を死傷させた事件で，ミルク製造工場の工場長らが業務上過失致死傷罪で立件された．高松高判昭 41・3・31（高刑集 19・2・136）はヒ素を含んだ薬品が出回ることは予見不可能であると認めた上で，しかし商取引においては，注文と異なる商品が納入されることがあり得ることを 1 つの根拠とし，「食品に添加する場合において，右薬品を使用するものは一抹の不安を感ずる筈である」として，過失責任を認めた．

判例でも，森永ヒ素ミルク事件判決以外に，不安感説を積極的に採用したものは見あたらない（札幌高判昭 51・3・18 高刑集 29・1・78 －北大電気メス事件．電気メスケーブルの誤接続による患者の熱傷に関し，詳細な理化学的原因が予見可能性の範囲外であっても，誤接続による傷害発生の予見可能性はあるとしたが，あくまで具体的な傷害結果の予見可能性が必要であるとしている．中間項の理論⇨ 80 頁参照）．

予見可能性の対象　具体的結果についての予見可能性が必要であるといっても，例えば，特定の被害者の死亡日時までの予見は不要である．

また，結果の個数も重視すべきでなく，複数人を死亡させたが 1 人の死しか予見可能でなかったとして，1 人に対する過失致死罪のみが成立すると解すべきではない（法定的符合説⇨68 頁参照）．

> **【判例－予見可能性の対象】**　最決平 1・3・14（刑集 43・3・262）は，無謀運転により，知らない間に荷台に乗り込み身を潜めていた A を死亡させたトラック運転者につき，「人の死傷を伴ういかなる事故を惹起するかも知れないこと」の認識可能性を根拠に，業務上過失致死罪の成立を認めた．たし

かに，現に生じた A の死についての予見可能性は不要であるから，その者の存在の認識可能性がなくとも過失致死罪は成立する．ただ，およそ通行人もいない場所で事故を起こし，荷台に隠れていた者が死亡した場合には，「人の死」の予見可能性もなく，過失致死罪は成立しない．

実際に生じた因果経過を具体的に予見することが不可能であった場合でも，過失犯は成立する．その意味で，**因果関係の予見可能性**は不要である．結果の予見が可能であれば責任非難は可能だからである．逆に，結果は予見可能だったが現に生じた因果経過を予見できなかった場合にまで過失責任を否定することは不合理である．水俣病が「有機水銀により」発症することの予見可能性はなくとも，業務上過失致死傷罪の成立は認められる（福岡高判昭 57・9・6 高刑集 35・2・85）．事後的にみてあまりに突飛な因果経過は，予見可能性判断の前に，そもそも客観的な因果関係自体が否定される．

判例は，**因果経過の基本的部分の予見可能性**を重視しているようにみえる．しかし，判例のいう因果経過の基本部分とは，それを認識すれば一般人ならば構成要件的結果を予見し得るだけの中間項を意味している．中間項の予見可能性は，最終結果の予見可能性の有無を判断するための道具に過ぎない．予見の対象は，あくまで最終結果である（中間項の理論．前田 221 頁）．

【判例－中間項の理論】 トンネル内の電力ケーブル工事で，アースの接地銅板の取付けを怠り，電流がケーブル接続器内部に漏洩し，徐々に過熱，炭化させ，工事から約半年後に火災を発生させ，トンネル内に進入した列車の乗客 1 名を死亡させ，24 名に傷害を負わせた事案につき，事故発生に至る詳細なプロセスの予見可能性は不要でも，アースの接地を怠ったことにより異常な電流が流れること（中間項）の予見可能性があれば，人の死の予見可能性があるとした（最決平 12・12・20 刑集 54・9・1095－近鉄生駒トンネル火災事故）．

花火大会が実施された公園と最寄り駅とを結ぶ歩道橋で多数の参集者が折り重なって転倒して死傷者が発生した事故について，雑踏警備の責任者である警察官，警備会社支社長は，「花火大会終了時に歩道橋内において双方向に向かう参集者の流れがぶつかり雑踏事故が発生すること」（中間

項）は容易に予見し得たとして，客観的注意義務・死傷結果の予見可能性を認めた（最決平 22・5・31 刑集 64・4・447）．

　走行中のトラックのハブが破断したためタイヤが脱落して歩行者らを死傷させた事案に関し，トラック製造会社の品質保証業務担当者は，同種ハブを装着した車両につきリコール等の改善措置の実施のために必要な措置を採るべき業務上の注意義務を怠ったとされた．過去のハブ輪切り破損事故の事故態様の危険性等も踏まえれば，「ハブに強度不足のおそれがあること」（中間項）を十分認識していたと認められるので，リコール等の措置を講じることなく放置すればハブの輪切り破損による人身事故は容易に予測し得たとした（最決平 24・2・8 刑集 66・4・200）．

　人工の砂浜の砂が，防砂板破損のため徐々に海に吸い出され砂層内に空洞が発生し，その上を移動中の被害者が陥没孔に転落し埋没して死亡した事故に関し，砂浜等の管理者は，少し離れた砂浜において繰り返し発生していた陥没を認識し，「その原因が防砂板の破損による砂の吸い出し」（中間項）であると考えて対策を講じており，一般人ならば結果の予見が可能だとした（最決平 21・12・7 刑集 63・11・2641−明石砂浜陥没事故．さらに，最決平 26・7・22 刑集 68・6・775 参照）．

**予見可能
性の程度**　　　結果発生の確率が極めて低い場合，ないしは結果発生の認識が非常に困難な場合には，責任非難はできない．判例も，これまでに情報・知識の蓄積の全くない事故は，予見不可能であるとしている（大阪高判昭 51・5・25 刑月 8・4=5・253−ハイドロプレーニング現象事故，東京地判昭 54・6・25 判時 941・6−新四つ木橋事故）．

　さらに，既に同様の事故が発生している場合であっても，国民が過失非難を納得し得る程度の「結果発生の認識可能性」が必要である．それは，結果発生の客観的確率の高さとは一致しない．ホテルやデパート火災，航空機事故のように，実際の発生件数は多くなくとも，過去の大事故の存在から，一般に予見可能なものもある（前掲・最決平 21・12・7 は，他の場所での陥没を認識していた管理者に予見可能性を認めている）．

82   4 主観的構成要件

4-2-4 監督過失

監督過失 とは，過失による法益侵害結果を直接発生させた者
監督過失 （直接行為者）を監督すべき義務を有する者の過失責任をいう
（間接的な防止義務）．監督過失を認めるには，直接行為者に構成要件的結果
発生の予見可能性があることに加え，監督者にもその予見可能性が必要で
ある．最近は，火災事故の領域で，「防火管理者らに対し，避難計画を立
て，その訓練を実施させる監督義務」が問題とされることも多い（直接的
な防止義務）．これらはいずれも，直接行為者や防火管理者という「人」に
対する監督義務が問題となる．これに対し，厳密には監督過失とは異なる
が，スプリンクラー等の設置義務（物的安全施設に関する義務）が，火災事
故における過失として論じられる（**管理過失**ともいう）．実際の火災事故で
は，防火管理者を指揮監督する義務に反し，また安全設備の設置義務にも
反することが，業務上過失致死傷罪を基礎づける過失と解されている（最
判平 3・11・14 刑集 45・8・221－大洋デパート火災事件，最決平 5・11・25 刑集 47・9・
242－ホテル・ニュージャパン火災事件）．

監督過失は，監督者自身の行為でなく第三者である被監督者の行為によ
り結果が生じるため，その予見可能性判断が困難である点にも特色がある．
たしかに，ホテル火災の発生する確率は高いとはいえない．しかし，現実
に多くのホテル火災やデパート火災が発生していることを前提とすれば，
予見可能性がないとはいえない（林 301 頁参照）．

監督過失行為は，不作為として構成しやすい．例えば，スプリンクラー
を設置しなかったために焼死者が出たような事案，そのような危険な場所
に客を招き入れた作為ではなく，装置を設置しなかった不作為が過失行為
であると構成する方が自然である．そこで，故意の不作為犯と同様に，重
大な危険発生のおそれがあることを前提に，①結果回避可能性があり，②
当該行為者が結果発生を防止すべき理由があれば，注意義務違反が認めら
れる（⇨36 頁）．

　【進言義務】 例えば，スプリンクラー不設置のホテル火災の場合，防火義
　務を負う管理者（支配人等）には経営者に設置を進言する義務（進言義務）

があるが，いかに予見が可能であっても，施設管理とは無関係な人事部長のような立場の者にはそのような作為義務はない（前掲・最判平3・11・14参照）。

【監督過失と作為義務】 薬害エイズ事件の行政の不作為の過失責任について，薬務行政に直接の責任を負っていた当時の厚生省薬務局生物製剤課長は，同省における非加熱製剤に係るエイズ対策に関して中心的な立場にあり，厚生大臣を補佐して薬品による危害防止という薬務行政を一体的に遂行すべき立場にあったから，必要に応じて他の部局等と協議して所要の措置をとることを促すことを含め，薬務行政上必要かつ十分な対応を図るべき義務があったもので，これを怠って同製剤の販売・投与等を漫然放任した被告人には業務上過失致死罪が成立するとした（最決平20・3・3刑集62・4・567）。

5
犯罪の成立を阻却する事由

5-1 違法阻却事由

5-1-1 違法性阻却の基本原理

構成要件該当性と違法阻却　構成要件該当行為は原則として違法性があり，例外的に違法阻却事由（＝正当化事由）があれば違法性が阻却される（遡ってはじめから違法でなくなる）．犯罪とは，形式的に実定法規に違反するだけでなく，実質的に処罰に値する違法な行為でなければならない（**実質的違法論**）．実質的違法論の実践的な意義は，正当防衛などの法律に規定された違法性阻却事由を超えて，条文の直接の根拠がなくとも**超法規的（実質的）違法阻却事由**を認める点にあった．最高裁も，「当該行為の具体的状況その他諸般の事情を考慮に入れ，それが法秩序全体の見地から許容されるべきものであるか否か」という実質的違法阻却判断を認めている（最判昭50・8・27刑集29・7・442－労働組合役員の他組合員に対する暴行・逮捕行為を有罪としたもの，等）．

実質的違法阻却の一般原理　実質的違法阻却の一般原理に関する**法益衡量説**（優越的利益説）は，違法性に関する法益侵害説（⇨16頁）と結びつくもので，構成要件に該当する法益侵害を上回る（ないしは等しい）利益が，行為に存在する場合に，正当化されるとする．これに対し**目的説**は，正当な目的のための相当な手段であれば正当化されるとする（判例は基本的にこの立場を採用する）．そして，**社会的相当性説**は，歴史的に形成された倫理秩序の枠内の行為であるから正当化されるという考え方で，「文化規範や道義秩序に反しない限りで正当化される」とするのとほぼ同

様である.

5-1-2 正当業務行為

35条 法令又は正当な業務による行為は，罰しない.

一般的正当化事由 刑法35条は，法令行為と正当業務行為を規定するが，実際には，この規定が実質的違法阻却の根拠となる一般規定と解されている.「業務」より「正当な」行為であることに意味があり（例えば業務としての医師の手術や弁護士の訴訟活動であっても，正当であって初めて違法性が阻却される），この条文は正当な行為を許す一般規定だと説明される. そのため，形式的な「法令行為」・「業務行為」に限定せず，自救行為などの広範な内容を含むことになる.

その結果，超法規的違法阻却事由あるいは実質的違法阻却事由も，事実上，本条により正当化されるといえる. そこで35条は，**法令行為**と**業務行為**とその他の正当行為に分けられる.

なお，被害者の同意は，違法阻却であるとする見解が有力であるが，同意により保護すべき法益がなくなったと解すべきで，構成要件該当性の問題となる.

【優越的利益】 35条の一般的正当行為は，36条（正当防衛）および37条（緊急避難）のように，2つの法益が二者択一的に衝突し，そのいずれを優越させるかという緊急行為の場合とは異なり，優越的利益の原理では説明できないとされる. しかし緊急行為でなくとも，やはり法益侵害を上回る利益があるからこそ正当化される. 例えば逮捕行為のような法令行為も，単に法令に基づくから違法でなくなるわけではなく，人身の自由の侵害と刑事司法制度上の利益とを比較し，後者に優越的利益が認められることが類型的に認められていると理解すべきである.

5-1-3 法令による行為

法令による行為 法律，命令により権利又は義務として行われた行為は，形式的には構成要件に該当しても正当化される. 法益を侵害しても許されることを，国家が予め明示したものである. その意味で，形式的・類型的判断であるが，当該法令の趣旨と違法性の一般原理に照ら

した実質的判断は必要である（法令による懲戒行為や逮捕行為も，どの程度までの実力行使が許されるかは，個別的・実質的に判定される）．

具体例　法令行為の典型例が，**公務員の職務行為**で，**死刑執行行為**，捜査機関の**逮捕・捜索・勾留**等がこれにあたる．例えば逮捕行為としてどこまで正当化されるかは，現実には被逮捕者が抵抗した場合の公務執行妨害罪の成否の判断において，「職務行為の適法性」として論じられることが多い（⇨393頁）．**教員**などによる**懲戒行為**も，法令による職務行為（学校教育法11条，少年院法8条）とされる（体罰を加え致死に至るような事案は正当化されないが，教諭が軽く握ったこぶしで生徒の頭部を軽く殴打した行為は正当な懲戒にあたるとされた－東京高判昭56・4・1刑月13・4=5・341）．

私人の**現行犯逮捕**（刑訴法213条）も，一般的に法令行為に位置づけられる（東京高判平10・3・11判時1660・155．逃走しようとした犯人を棒で殴った逮捕行為につき正当行為とした）．

その他の法令行為として，精神障害者に対する**措置入院**（精神保健福祉法29条）や，堕胎罪を正当化する**人工妊娠中絶**がある（母体保護法14条⇨194頁）．さらに，競馬の馬券や競輪の車券，またサッカーくじ等を発売する行為は富くじ罪（187条）に該当するが，財政政策などの考慮から法令により正当化されている（競馬法1条の2，自転車競技法1条，スポーツ振興投票の実施等に関する法律3条）．

私人の**権利行為**として，民法を根拠とする**親権者の懲戒行為**（民法822条）等がある（親による未成年の子の監禁に関し東京地判平8・1・17判時1563・152（積極）⇨201頁）．もっとも，たとえ教育目的であっても重大な傷害結果が生じた場合には，必要性・緊急性等の事情がない限り正当化されない（名古屋高判平9・3・12判時1603・3－戸塚ヨットスクール事件，広島高判平9・7・15判時1624・145－風の子学園事件）．

【児童虐待防止法】　平成12年に児童虐待の防止等に関する法律が成立し，懲戒行為との限界づけが困難であった児童虐待につき，法的規制が加えられることとなった．身体的・精神的傷害，わいせつ行為，監護を怠ることを児童虐待と定義して禁止し，これらの行為を受けた（あるいはこれらの行為を受けたと思われる－平成16年改正）児童を教職員や医療関係者らが発見し

5-1 違法阻却事由　87

た場合，児童相談所へ通告することを義務づけた．そして，傷害罪などの刑法犯に当たる場合は，親権者であることを理由に処罰を免れることを許さないとする規定が盛り込まれ（同法14条2項），懲戒行為としての違法阻却は認められないことが明記された．さらに，平成19年改正で立入調査権の強化等が図られ，平成28年には，児童虐待発生予防施策と，虐待発生時の迅速・的確な対応が盛り込まれた．

労働争議行為　憲法28条は勤労者の団結権を保障し，労組法1条2項は，労働組合の団体交渉等，労働者の地位向上，労働条件の交渉の代表者を選出し自主的に労働組合を組織すること等の目的を達成するためにした正当な争議行為に，刑法35条が適用されると規定する．「正当」な争議行為か否かは，目的と手段との衡量で判断される．

【**暴力の行使**】　労組法1条2項ただし書は一切の**暴力の行使**は違法であると規定するが，一切の有形力の行使を違法とすると，労働者の権利を保護した労組法1条の趣旨が没却される．そこで，判例は，「当該行為の具体的状況その他諸般の事情を考慮に入れ，それが法秩序全体の見地から許容されるべきものであるか否か」により判断する（最大判昭48・4・25刑集27・3・418－国労久留米駅事件）．①目的の正当性，②手段の相当性，③必要性を中心とした実質的違法性判断を行っている．

5-1-4 **業務行為**

業務行為　業務とは社会生活上の地位に基づいて反復・継続される行為をいい，経済的な意味での「営業」に限らない．業務として社会的に確立していれば一般に社会通念上許され，正当化されるとする見解もあるが，優越的利益がある場合に限り正当化されると理解すべきである．業務行為には，実質的には被害者の同意（⇨90頁）により正当化されるものも多い．

治療（医療）行為　手術などの治療行為は，形式的には傷害罪に該当するが，業務行為として正当化されると説明される．正当化の要件としては，㋐治療目的，㋑医学上の法（準）則の遵守，㋒患者の同意の3点が挙げられてきた．正当な目的（㋐）の相当な手段（㋑）で，かつ被害者の同意（㋒）が存在すれば正当化されるとするもので，目的説と被害

者の同意を組み合わせた説明である.

　医療行為にとって決定的に重要なのは⑦の患者の同意であり，これがなければ，基本的に違法阻却の余地はない. 逆に，インフォームド・コンセントに基づく同意を得た医療行為であれば，そもそも構成要件該当性が否定されるとすべきである（被害者の同意⇨90頁）.

　【患者の同意－インフォームド・コンセント】 ⑦治療目的や④医学上の法則の遵守も，⑦同意の有無と無関係ではない. 客観的に適切な治療目的をもった，医学水準に基づいた治療行為であるからこそ，患者は「同意」するのである. 治療に関する適切な情報（どういう効果に対しどれだけの危険性があるかなど）が与えられた上での同意（インフォームド・コンセント）が必要である. 同意と異なる内容の治療を行えば，同意なしに行為したこととなる（宗教上の理由から輸血を拒否していた手術患者に対し，緊急の必要から輸血した医師の行為につき，損害賠償責任が認められた民事判例として，最判平12・2・29民集54・2・582）.

　スポーツ行為　暴行・傷害を伴う相撲やボクシング等も，正当業務行為とされる. 一般に，⑦スポーツの目的で，かつ④ルールを守って行われ，⑦相手の同意がある範囲で正当化されると説明される（目的説と同意を組み合わせた説明）. しかし，相手の完全な同意があれば，暴行罪や傷害罪の構成要件には該当しないはずである. ルールに反した行為で傷を負わせた場合には，インフォームド・コンセントのない治療行為と同様，そのような行為に対する被害者の同意が欠けることになる.

　【スポーツと死の結果】 スポーツ行為が同意により正当化されるといっても，せいぜい暴行や傷害についての同意であって，死ぬことについてまで同意があるとはいえない. 実際にスポーツに関して訴追された事案は，死亡結果が発生した場合が多い（ダートトライアルでの事故に関する千葉地判平7・12・13判時1565・144参照. 危険の引受け⇨78頁）. 死についてまでの同意がないことを前提に，目的の正当性・手段の相当性から違法阻却の可否が判断される.

　取材・報道活動　報道機関の取材活動や報道活動の正当化については，優越的利益の存否（取材・報道と，名誉や国家機密の対立）の問題が最も顕著に現れる. 最決昭53・5・31（刑集32・3・457）は，外務省職

員をそそのかして秘密文書を漏示させた新聞記者の行為につき，一般論として「真に報道の目的から出たものであり，その手段・方法が法秩序全体の精神に照らし相当なものとして社会通念上是認されるものである」場合には正当化されるとした（具体的事案については，情交関係を利用して情報入手した点を捉え，手段が不相当だとして正当化を否定した）．

> **【弁護活動】** この他，弁護士の**弁護活動**や牧師の**牧会活動**なども業務行為であるが，それらがすべて正当化されるのではなく，実質的違法性判断が必要である（被告人の弁護のために他の人間を真犯人だと指摘した行為に関し，名誉毀損罪の実質的違法阻却を否定したものとして，最決昭 51・3・23 刑集 30・2・229－丸正名誉毀損事件）．

5-1-5 その他の正当行為

自救行為と権利行使　**自救行為**とは，正当防衛を認めるだけの侵害の急迫性（⇨92頁）はないが，国家機関の救済を待っていては失われた法益（権利）の回復が困難になる場合に，被侵害者が侵害者に対し自ら実力により救済を図る行為をいう（民事法では自力救済と呼ぶ）．一般に 35 条の一部ないしは実質的違法性阻却事由とされる（さらに，「権利行使と恐喝罪」（⇨294 頁）や，刑法 242 条の解釈として処理される「自己の財物の取戻し」の問題（⇨250 頁）も自救行為の一種である）．

　自救行為・権利行使の違法性は，①回復しようとする権利の正当性と，②回復手段の相当性，③回復の必要性・緊急性に，④相手側の態度を勘案して判断される（拙著・財産犯論の研究 515 頁以下参照）．判例は自救行為に厳しい態度をとるとされるが，権利行使の事案も含めれば，実質的に違法性を阻却した判例もかなりある（大判大 2・12・23 刑録 19・1502－欺罔による水増請求，福岡高判昭 45・2・14 高刑集 23・1・156－賃借人による自救行為，東京高判昭 57・6・28 刑月 14・5=6・324－ユーザー・ユニオン事件，大阪地判平 17・5・25 判タ1202・285－解雇に対する糾弾行為につき恐喝罪の違法性を阻却）．また，最決平21・3・26（判時 2042・143）は，小型の催涙スプレー 1 本を専ら防御用として隠して携帯する行為を，軽犯罪法 1 条 2 号の「正当な理由」によるものであるとした．

5-1-6 被害者の同意

利益の欠缺　被害者の同意（承諾）は，違法性阻却事由（正当化事由）として，優越的利益の原則と並ぶ**利益欠缺の原理**により説明されてきた．

ただし，同意による正当化が認められるのは個人法益に対する罪に限られている（ただし，放火罪⇨322 頁，虚偽告訴罪⇨418 頁参照）．しかも，個人法益に対する罪の場合でも，最も重要な生命に関しては，同意殺人罪（202 条）があるため正当化されない．他方，自由・名誉・財産などに関する犯罪類型では，被害者が侵害を承諾している限り構成要件該当性が欠けると解されるため，事実上被害者の同意が問題となるのは，身体に対する罪（特に傷害罪）に限られることに注意を要する．

【錯誤に基づく同意】　同意が錯誤・畏怖などにより真意に基づかない場合には，正当化されない．しかし，いかなる事情についてのどの程度の畏怖・錯誤があった場合に同意を否定するかは，困難な問題である（自殺関与罪，監禁罪などで問題となる⇨180, 202 頁）．

同意傷害　判例は，保険金騙取目的での自動車事故による傷害への同意のような「違法な目的に利用するために得られた違法なもの」であれば，違法性を阻却しないとしている（最決昭 55・11・13 刑集 34・6・396）．また，やくざの指詰め（仙台地石巻支判昭 62・2・18 判タ 632・254），無資格の医師による劣悪な設備での美容整形手術（東京高判平 9・8・4 高刑集 50・2・130）について，被害者の手術に対する同意は社会的相当性を欠いたものであり，傷害（致死）罪が成立するとした．傷害に関しては，同意がある以上不処罰であるとする見解や，同意殺人罪（202 条）のような減軽規定がない以上，同意傷害も通常の傷害罪で処罰すべきであるとする考え方もある．しかし，最も有力なのは，その中間の，社会的に相当な（善良な風俗に反しない）同意傷害のみを正当化する見解である（やくざの指詰めは違法だが，凍傷の治療としての切断は正当となる）．さらに，202 条の存在と関連させ，生命に関わるような重大な傷害に限り違法阻却しないとする見解もある（西田 189 頁）．

推定的同意　　例えば意識不明の者の手術をする等，一般人がその際の事情を正しく認識したならば同意したであろうような状況下での行為を，**推定的同意（承諾）** による行為という．事後的に，当該患者が手術を望まなかったことが判明するなど，現実の同意が得られなかった場合の処理が問題となる．

　推定的同意も同意の問題であるとする**同意説**は，現実に同意があった場合と同様に正当化する（現実の同意が得られなくとも違法性を否定する）．ただし，手術のような重大な法益侵害を正当化するためには，緊急避難と同様の要件が必要であろう（①治療等の正当目的，②その目的に相当な行為，③被害者の同意を待つ余裕がない緊急性・必要性等）．

　【許された危険】　許された危険（⇨74頁）の法理を用い，行為の有用性を根拠に推定的承諾の事例を正当化する見解も有力である．当該被害者が同意するか否かを，事前的に客観的・合理的に推定し，それが認められれば，仮に事後的な同意が得られなくとも正当化すると解する（林168頁）．特に，推定的同意があれば構成要件該当性が欠けるとする見解を採ると（同167頁），推定的同意さえあれば，他の違法阻却の要素（緊急性など）のない手術についてまで不処罰とされてしまう．同意を重視する立場からは，あくまで厳格・真摯な同意が要求され，推定的同意はそれが存在しない場合の例外的な処理と理解すべきである．

5-2　正当防衛

36条1項　急迫不正の侵害に対して，自己又は他人の権利を防衛するため，やむを得ずにした行為は，罰しない．

　　2項　防衛の程度を超えた行為は，情状により，その刑を減軽し，又は免除することができる．

5-2-1　正当化根拠

意義　　正当防衛とは，**急迫不正の侵害に対し自己又は他人の権利を防衛するためにやむを得ずにした行為**である．緊急避難と並んで，**緊急行為**（緊急状態で権利を守る行為）である．

　近代以降の法治国家においては，私人の実力行使は禁止されるが，例外

92　5　犯罪の成立を阻却する事由

的に，緊急の場合には一定の範囲で許容される．その範囲は，時代，地域により異なり，日本では欧米に比べ，緊急状態であってもできる限り国家権力の発動を待つべきだとする規範意識が強い（拙著・財産犯論の研究393，476頁．なお後述，相当性に関する判例⇨99-100頁）．

【正当化根拠】　正当防衛行為がなぜ正当化されるのかという点に関しては，ドイツの議論に倣って，個人の権利としての**自己保存の利益**と，不法な侵害に対し正義を示し，法の正しさを確証させるために防衛が許されるという**法確証の原理**とから説明されることが多い（曽根99-100頁，山中480頁参照）．このような説明は，権利・正義の実現を重視して，正当防衛の成立範囲を拡大する．しかし，少なくとも現代の日本では，財産を防衛するために不正な攻撃者の生命・身体を侵害することは，原則として正当化されないであろう（ただし，最決平21・7・16⇨100頁）．正当防衛といえども一定程度の法益の権衡と必要性は，当然必要である（個人の利益も，社会全体の利益という観点から規制を受けるという意味で，**正当防衛の社会化**という）．ただ，正当防衛の利益衡量においては，不正のために減少した侵害者の利益と，防衛者の利益が衡量されるのであって，法益の均衡までは必要とされない（⇨99頁）．

【国家についての正当防衛】　自己の権利の他，他人の権利防衛も含まれ，個人としての第三者だけでなく，一般論としては国家の利益のための正当防衛も認められる（ゼネスト指令を出した労組指揮者に対する防衛として最判昭24・8・18刑集3・9・1465（ただし正当防衛不成立））．もっとも，国家・社会の利益は個人の生命・身体・財産などと比較して内容が曖昧である．国家の危機か否かは，原則として，公的機関の判断に委ねられるべきであろう．

5-2-2 **急迫性**

意義　急迫とは，**法益の侵害が現に存在しているか，または間近に押し迫っている**ことをいう（最判昭46・11・16刑集25・8・996－言い争ったしばらく後，さらに手拳で殴打されたのに対し，くり小刀で刺突して死亡させた事案）．緊急避難における現在性も同義である（⇨104頁）．過去及び将来の侵害に対する正当防衛は認められない．過去の侵害に対しては原状回復のための自救行為のみが認められる（正当防衛より要件が厳しい⇨89頁）．将来の侵害も，まだ現実の侵害が間近に押し迫っていない以上，それに対して機先を制する

行為は防衛行為といえない.

【忍び返し】 防衛のための設備(忍び返し,自発銃,高圧電線等)を設置する
行為は,防衛の効果が発生するのは急迫時であるから許されるとされる.
ただ,侵害排除のために必要・相当な方法に限られるため,たとえ盗犯に
対しても,その生命を危険にする自発銃のような装置は許されない.

予期・積極的加害意思と急迫性 急迫の侵害とは,予期しない不意の攻撃を意味するのが通常であるが,攻撃をあらかじめ**予期**した上で,侵害発生時に防衛行為を行った場合も正当防衛となり得る場合がある(前掲・最判昭 46・11・16).強盗が頻発する地域だと分かっていても,現に強盗に襲われれば急迫だからである.

ただ,最決昭 52・7・21(刑集 31・4・747)は「当然又はほとんど確実に侵害が予期された」だけで急迫性は失われないが,「その機会を利用し積極的に相手に対し加害行為をする意思」で侵害に臨めば急迫でないとした.たしかに,積極的な加害行為であれば,防衛行為とはいえない.判例は,侵害終了直後につき,なお過剰防衛の余地を認めるなど(量的過剰⇒100頁),急迫性を実質的に捉える傾向がある.

急迫性の実質的判断基準 最決平 29・4・26(刑集 71・4・275)は,行為者が侵害を予期した上で対抗行為に及んだ場合の急迫性の要件の判断基準を,①行為者と相手方との従前の関係,②予期された侵害の重大性と侵害発生の蓋然性,③侵害回避の容易性,④反撃行為を行う(侵害場所に出向く,ないし侵害場所にとどまる)必要性,⑤対抗行為の準備の状況(武器等),⑥反撃の際の状況・意思内容,⑦予期された侵害と実際の侵害との異同等を総合的に考量して判断すべきだとし,急迫性を否定した.この判示は,「積極的加害意思に基づく場合」という基準を精密化したとともに,不正の侵害に対抗する行為について,「退避義務」が認められる場合があることを認めた.

挑発行為 積極的加害意思と急迫性の問題とが重なり合う論点として,客観的に侵害を招く行為(挑発など)がある場合(**自招防衛**という)が検討されてきた.最終的な防衛行為は,実質的には権利の濫用であり(ないしは,法確証の利益が失われるので)違法性を有するとする見解,

94　5　犯罪の成立を阻却する事由

　自ら違法に惹起した挑発行為の違法性により，最終的な防衛行為も違法となるとする見解も有力であるが，挑発し侵害を自ら招いた者が，それに対し反撃した場合でも，正当防衛が成立する場合は考えられる．

　正当防衛の成立範囲は，前掲・最決平 29・4・26 の示した 7 要件を中心とした総合衡量によって判断される．挑発行為の存在は，事実上，最高裁の示した①〜⑦の要件のほとんどと関連することとなる（なお，最決昭 52・7・21⇨93 頁参照．香城・判解昭 52・247，安廣・判解昭 61・149 参照）．

【判例－急迫性の具体的判断】　東京高判平 21・10・8（判タ 1388・370）は，被害者の暴行の高い可能性を予期しかつ正当な利益を損なうことなく容易に当該暴行を避けることができたにもかかわらず，被害者の暴行があれば準備した果物ナイフを用いて反撃する意思で被害者方マンションを訪れ，予想された範囲・程度にとどまる被害者の暴行を受けて被害者の左前胸部を果物ナイフで突き刺して傷害を負わせた殺人未遂の行為について，正当防衛・過剰防衛の成立を否定した．

　東京高判平 25・2・19（東高刑時報 64・55）では，被害者の挑戦的な態度に呼応し，殴り合いのけんかになることを十分に予期し，かつ，その機会を利用して反撃を加えようとしていたとして，積極的加害意思が肯定され正当防衛の成立が否定された．

　東京高判平 27・6・5（判時 2297・137）は，暴力団員の被害者らを挑発し被害者らが被告人方に来る事態を招き，被害者らが暴行を加えてくる可能性がかなり高いと認識しながら，そのような事態を解消する対応をとらず，反撃するつもりで殺傷能力の高いシースナイフを準備して対応するなどし，被害者らから暴行を受けるや反撃し刺突行為に及んでいることなどから，被害者を刺突して死亡させた行為は正当急迫性を欠くとした．

　もっとも，故意の挑発行為により一連の行為が開始されたと評価できる場合には，そもそも 36 条の「防衛するため」の行為には当たらないといえば足りる．挑発行為と不可分に結びついた防衛行為は，客観的に単なる加害行為だからである（前田 258 頁．東京高判平 8・2・7 判時 1568・145 は，混雑時の駅での喧嘩につき，行為の一連性を根拠に正当防衛を否定した）．

【反撃行為に出ることが正当とされる状況における行為】　ごみ捨てに関するいざこざから，X がいきなり A の左頬を手拳で 1 回殴打し走り去った．

Aが自転車でXを追い掛けて約90メートルのところで追い付き，後方からXの背中の上部又は首付近を強く殴打したためXは路上に倒れたが，起き上がって護身用に携帯していた特殊警棒を衣服から取り出し，Aの顔面や左手を数回殴打し，加療約3週間の傷害を負わせたという事案について，判例は，「Xは，Aから攻撃されるに先立ち，Aに対して暴行を加えているのであって，Aの攻撃は，Xの暴行に触発された，その直後における近接した場所での一連，一体の事態ということができ，Xは不正の行為により自ら侵害を招いたものといえるから，Aの攻撃がXの前記暴行の程度を大きく超えるものでないなどの本件の事実関係の下においては，Xの本件傷害行為は，Xにおいて何らかの**反撃行為に出ることが正当とされる状況における行為とはいえない**というべきである．」として正当防衛の成立を否定した（最決平20·5·20刑集62·5·1786）．最高裁が，あえて「急迫性の要件」を用いなかったのは，既にAの頬を殴打したところからXの侵害行為が始まっており，防衛のための行為とはいえないと判断したともいえよう（⇨97頁）．

【判例－喧嘩と正当防衛】 判例は，喧嘩両成敗の原則を採用し，36条の成立範囲を不当に制限していると批判される．しかし，喧嘩の場合には相互に挑発行為があるので，一方にのみ防衛を認めるのは不合理である場合も多い．そのような場合には，客観的に見ても「防衛するため」の行為とはいえない．もっとも，一方の攻撃がそれまでの経過からみて，新たな別個の侵害の開始と認められる場合，あるいは攻撃が質的に急激に重大化した（例えば素手から刀に変化した）場合などは，正当防衛の成立の余地がでてくる．少なくとも戦後の判例は，喧嘩の事案でも場合によっては正当防衛が成立する余地を認めている（最判昭32·1·22刑集11·1·31．喧嘩が中断したのになお攻撃を仕掛けるような行為は，急迫不正の侵害に当たるとした）．

【急迫不正状態の継続】 急迫不正の侵害に対して行った行為が，やむを得ずにした行為でなければ正当防衛にはならない．Aに突然背後から鉄パイプで頭部を殴打されたので鉄パイプを取り上げようとしてもみ合いになり，一旦逃げ出したところ，追って来たAが，アパート2階通路端の転落防止用手すりの外側に，勢い余って上半身を前のめりに乗り出した姿勢になったが，Aがなおも鉄パイプを手に握っているのを見て，Xは，Aの左足を持ち上げて同人を手すりから約4メートル下のコンクリート道路上に転落させた行為について，転落させたXの行為が正当防衛に当たる

96　5　犯罪の成立を阻却する事由

かが問題となった事案につき，最判平 9·6·16（刑集 51·5·435）は，原審が既に急迫不正の侵害は終了していたとしたのに対し，転落させなければ，Aは間もなく態勢を立て直した上，再度の攻撃に及ぶことが可能であったのであり，急迫不正の侵害は，Xが右行為に及んだ当時もなお継続していたとした（ただ，防衛のためのやむを得ない程度（⇨98 頁）を超えたものとして過剰防衛を認めた）．①攻撃が中断するに至った経緯，②攻撃者と防衛者の力関係，③中断前に行った防衛行為と中断後に行った「防衛行為」の侵害の重大性などを慎重に勘案して判断される（⇨100 頁参照）．

5-2-3 不正の侵害

不正の意義　不正とは違法の意味であるが，処罰の要件としての刑法上の違法性とは異なる．そこで，不正な侵害は犯罪行為とは限らない．また，過失による「不正の侵害」もあり得る．ただ，正当防衛が成立する行為は「不正の侵害」ではないので，それに対し正当防衛が成立する余地はない．急迫不正の侵害がないのにあると誤信して反撃行為を行った場合には，客観的には違法な行為なので正当防衛は成立し得ない（誤想防衛⇨109 頁）．

対物防衛　自然や動物は処罰し得ず，動物が構成要件該当の違法行為を行うわけではないが，例えば，急に襲いかかってきた飼犬を，自己の生命身体を守るために傷つける行為を正当防衛と解することは可能である（曽根 101 頁，川端 361 頁）．対物防衛否定説は，犬の所有者に故意・過失が存在する範囲で所有者に対する防衛が可能だと説明するが，飼主が無過失の場合に防衛できず，緊急避難しか許されないのは不合理である．他人の飼犬に足首付近をかみつかれそうになり，逃げ場がなかったことから，犬を足で蹴って怪我をさせた場合，正当防衛となる．

【判例－不作為の侵害】　最決昭 57·5·26（刑集 36·5·609）は，「労使紛争において団体交渉に応じない」という単なる不作為は急迫不正の侵害とはいえず，それに対する正当防衛はできないとした．ただ，不作為に対する正当防衛一般を否定したものではなく，不作為であっても，絶えず法益に対する積極的な侵害ないし脅威を及ぼすものであれば，正当防衛が可能である

（監禁犯人に対する防衛など）．

5-2-4 防衛の意思

防衛のための行為　　正当防衛は「防衛するため」の行為であることを要件とする．判例は，これを**防衛の意思**をもって行為することと理解する（最判昭46・11・16⇨92頁）が，違法性は客観的な事情を基に判断されるべきであるとする**防衛の意思不要説**も有力である（山口129頁参照）．不要説は，36条の「防衛するため」を，客観的に防衛に向けられたものであることと解する．

「認識」と「意図」　　防衛の意思には，行為の動機・目的が専ら防衛のためであったという意味での**防衛の目的（意図）**と，急迫不正の侵害の存在と自己の行為が防衛に向けられていることの認識を意味する**防衛の認識**という2つの理解がある．防衛の意思必要説は一般に，防衛の認識で足りるとしてきた．正当防衛は多くの場合，興奮・逆上してなされ，防衛の「目的・意図」を認めるのは困難だが，そのような場合にも正当防衛とする必要があるからである（前掲・最判昭46・11・16）．

積極的加害意思と防衛の意思　　ただ，最判昭46・11・16は，「攻撃を受けたのに乗じ積極的な加害行為に出たなどの特別な事情」があれば防衛の意思が欠けるとする．攻撃に乗じ積極的に加害する行為（**口実防衛**）については，学説も「防衛の意思を欠く」として可罰性を認めてきた（大谷282頁）．たしかに，加害目的で行為する場合には，防衛の「意図」は欠如するかもしれない．しかし，判例・通説が前提とする防衛の「認識」は，攻撃意図が強くともなくなることはないはずである（最判昭50・11・28刑集29・10・983，東京地判平10・10・27判タ1019・297は，攻撃意思が併存していても防衛の意思は欠けないとする）．

そこで，①防衛の認識と②防衛の意図の中間に，③攻撃に「対応する意思」という意的要素，より具体的には，**侵害の事実を認識しつつ，侵害を排除して権利を防衛することを少なくとも反撃の理由の1つとする意思，あるいは侵害に対抗して権利を防衛するために出たという性質を行為に付与するような内心の状態と**

いうものを考え，それは積極的加害意思があれば否定されることになると説明されている（安廣・曹時 41・3・306）。

急迫性と防衛の意思　判例は，一方で，積極的加害意思が存在した事案につき急迫性が欠けるとするが（最決昭 52・7・21 刑集 31・4・747 ⇨ 93 頁），他方で，防衛行為時に専ら攻撃の意思に出たと認定されるような場合には，防衛の意思が欠けるとする（最判昭 60・9・12 刑集 39・6・275）。すなわち，(1) 防衛（反撃）行為実行時の意思内容は防衛意思の問題とし，(2) 不正の侵害を予期した，防衛（反撃）行為に及ぶ以前（反撃行為の予備ないし準備段階）における積極的加害意思は，急迫性の問題であるとしているといえよう。

【偶然防衛】　客観的には正当防衛であるが，行為者に防衛の認識が欠ける場合を**偶然防衛**と呼ぶ。例えば，X が Y を殺そうとピストルを発射したところ，たまたま Y がまさに X を殺そうとして爆弾のスイッチに指をかけたところであり，X の弾丸が一瞬早く Y に命中したような場合をいう。防衛の意思必要説からは，単なる殺人罪だということになる（下表（ア））。なお，防衛意思はないが，結果は正当化されるとする未遂説も主張されている－下表（イ））。不要説からは，正当防衛が認められるが，未遂にとどまるという見解もある（下表）。

```
偶然防衛：客観的には正当防衛だが防衛の認識が欠ける場合
  (a) 防衛の意思必要説　→　(ア) 既遂犯(行為無価値あり)
                      ↘　(イ) 未遂犯(結果無価値なし)
                      ↗　(ウ) 未遂犯(法益侵害の危険はある)
  (b) 防衛の意思不要説　→　(エ) 無　罪(法益侵害の危険もなし)
```

5-2-5 やむを得ずにした行為

相当性　判例は，「やむを得ずにした」か否かを，「自己又は他人の権利を防衛する手段として必要最小限度のものであること，すなわち反撃行為が，急迫不正の侵害に対する防衛手段として相当性を有すること」としている（最判昭 44・12・4 刑集 23・12・1573）。近時の判例は，「必要最小限度の手段性」を相当性と呼ぶことが多い。反撃行為が防衛手段として相当性を有する以上，その反撃行為により生じた結果がたまたま侵害されようとした法益より大であっても，その反撃行為が正当防衛でなくなるも

のではない.

相当性とは，まず第一に守るべき法益に比べ防衛行為がもたらした侵害が著しく不均衡ではないという結果の相当性を意味する（相対的法益権衡－法益の権衡までは不要）．一方，相当性は防衛行為と侵害（攻撃）行為の危険性の均衡という，手段の相当性をも含む.

【必要性】「やむを得ずにした」とは，必要性の要件と呼ばれることが多かった．そして，権利を守るのに不必要な行為以外は必要性が認められた．正当防衛を法確証の原理で説明したり，「義務」と解する立場は，このような広い必要性概念に結びつく．しかし我が国では，必要性を，反撃行為が権利を防衛する手段として必要最小限度の行為であるとする理解が有力となった.

実際の判断構造　まず，①防衛と無関係ないし不要な行為は排除されるが（必要性判断），これは事実上，客観的な「防衛するため」といえるか否かの判断と重なる．実質的に重要なのは相当性判断で，②相対的法益権衡（侵害法益と守るべき利益との均衡）と，③行為の相当性判断（侵害行為の危険性と攻撃行為の危険性の衡量）および，④行為の必要最小限度性（他の軽微な防衛手段を採用する容易性）の判断からなる．さらに，それを補うものとして，⑤攻撃者の不正の度合いや，防衛者が侵害を十分に予見できる状況にあったかなども考慮される．すなわち，守るべき利益を上回る重大な侵害結果の場合には，他の手段がかなり困難である場合にのみ相当性が認められる．したがって，侵害を十分予見できた場合は，より軽微な防衛方法の選択が容易だったことになる.

【判例－相当性肯定】　素手による暴行に対し素手で防衛したところ，侵害者が転倒して重傷を負った事案（最判昭 44・12・4 刑集 23・12・1573），暴走族に襲撃された者が防衛のためナイフで殺傷した事案（東京高判平 1・9・18 高刑集 42・3・151），屈強な侵害者の素手による暴行に対し，ナイフを構えて脅迫して防衛した事案（最判平 1・11・13 刑集 43・10・823），腹部を蹴られたのに対し手拳で顔面を殴り，路面で頭部を強打させ重傷を負わせた事案（東京高判平 8・12・4 判タ 950・241），胸ぐらをつかまれたのに対し，顔面を殴打し転倒させ死亡させた事案（千葉地判平 9・12・2 判時 1636・160）につき，相当性が認められた．また，36 条にいう「権利」には，生命・身体のみならず名誉

や財産といった法益も含まれるので，建物の賃借権や業務，名誉の侵害に対し，相手に暴行を加える行為についても相当性が認められる場合がある（最決平 21・7・16 裁判所時報 1487・23）．

過剰防衛　36 条 2 項は，「防衛の程度を超えた行為」につき，過剰防衛として**任意的減免**を認める．やむを得ない程度を超えるとは，①手段・結果に著しい不均衡がある場合と，②他に容易に採り得る軽微な防衛手段があった場合である．これらの，防衛手段そのものの過剰を**質的過剰**という（素手や棒などの攻撃に対し凶器を用いて防衛する場合がその典型である．大判大 9・6・26 刑録 26・405，大判昭 8・6・21 刑集 12・834―下駄での殴打に対し匕首で刺し死亡させた―参照）．それに対し，侵害者が攻撃を停止した後も反撃を続けたり，逃走した侵害者を追撃する行為を**量的過剰**という．量的過剰は，「やむを得ずにした」の要件を欠き過剰防衛になる．質的過剰性が極端な場合には，防衛のための行為といえなくなり，また量的過剰が甚だしければ一連の防衛行為といえず，急迫性を欠く単なる侵害行為となろう．

【判例―量的過剰】　急迫不正の侵害が完全に終了した後は量的過剰にも当たらないが，終了したことの判断は必ずしも容易ではない．攻撃者がひるんだ後も追撃した行為（最判昭 34・2・5 刑集 13・1・1），つかみ合いの喧嘩で侵害者に馬乗りになった後も，さらに首を絞めて殺害した行為（東京高判平 6・5・31 東高刑時報 45・1=12・36），ナイフによる侵害行為が止んだ後，動かなくなった侵害者に暴行を加え失血死させた行為（東京地判平 9・9・5 判タ 982・298），侵害者の攻撃が止んだ後，共犯者の 1 人が止めを刺した行為（富山地判平 11・11・25 判タ 1050・278）は，過剰防衛とされ，包丁で刺した相手がぐったりした後，さらに首を絞め続けた行為については過剰防衛にもならないとされた（津地判平 5・4・28 判タ 819・201）．防衛行為が一連のものといえる場合に限り，防衛行為として認められることになる．

防衛行為として一連のものといえるか否かが問題となった例として，最判平 9・6・16（⇨96 頁）があるが，さらに，最決平 21・2・24（刑集 63・2・1）は，拘置所内の居室において，同室の A が X に向けて折り畳み机を押し倒してきたため，X が同机を押し返し（第 1 暴行）たが，A は同机に当たって押し倒され，反撃や抵抗が困難な状態になったところ，X がその顔面を手けんで数回殴打した（第 2 暴行）という事案に関し，両暴行は，「急迫不

正の侵害に対する一連一体のものであり，同一の防衛の意思に基づく1個の行為と認めることができるから，全体的に考察して1個の過剰防衛としての傷害罪の成立を認めるのが相当」であるとした．それに対し，最決平20・6・25（刑集62・6・1859）は，口論になったAがその場にあったアルミ製の大きな灰皿をXに向けて投げ付けたので，XがAの顔面を右手で殴打しその場に転倒させ（第1暴行），後頭部を地面に打ち付けたAは意識を失ったように動かなくなったところ，Xは，憤激の余り，なおも暴行（第2暴行）を加え，Aに肋骨骨折等の傷害を負わせ，6時間余り後に頭部打撲に伴うくも膜下出血によって死亡させた（死因は第1暴行であることが判明した）事案につき，「急迫不正の侵害に対して反撃を継続するうちに，その反撃が量的に過剰になったものとは認められない」とし，正当防衛に当たる第1暴行については罪に問うことはできないが，第2暴行については，正当防衛はもとより過剰防衛を論ずる余地もないとした．

なお，共犯者のうちの1人が単独で追撃行為をした場合，追撃以前の正当防衛行為を共同した者は，追撃行為については帰責されない（最判平6・12・6刑集48・8・509．正当防衛と共犯の過剰⇨148頁）．

被害者に背後から首を絞められ顔面等を拳で殴打された被告人が，同被害者の顔面を拳で1回殴打した後その頭部を足で踏み付け，被害者に外傷性くも膜下出血等の傷害を負わせて死亡させたという事案に関し，踏み付け行為が過剰だとする原審の判断を覆し，同踏み付け行為は，被害者の攻撃が更に予想される状況下で，自己の身体の安全を守るため顔面殴打行為と一連一体の行為として行われたものでその程度も強くはなかったから，被告人の各行為は正当防衛に当たるとされた（東京高判平27・7・15判時2301・137）．

違法・責任減少説　刑の減軽・免除の根拠に関しては，過剰防衛は正当防衛ではなく違法だが，緊急状態下なので行き過ぎがあっても強く非難できないと説明する**責任減少説**と，不正な侵害に向けられた防衛行為ではある以上，違法性が減少していると考える**違法減少説**が対立する（両説の差は，特に誤想過剰防衛において問題となる⇨145頁）．

法益の権衡（相当性）を欠く質的過剰防衛は，違法性の減少で説明しやすい．また，責任減少説を徹底すると，客観的に急迫・不正の侵害が存在しなくても，主観的に存在すると信じた以上刑の減免が認められることに

102　5　犯罪の成立を阻却する事由

なってしまう．さらに，過剰結果を積極的に意図した場合には，責任の減少は認められず過剰防衛にならないことになるが，このような結論は妥当でなく，基本的には違法減少説が合理的である．

　ただ，36条2項は「情状」により減免できるとしており，責任に関する事情も含まれざるを得ない．急迫不正の侵害が欠ければおよそ防衛行為といえないという意味で，違法性減少は過剰防衛の成否にとって主要な要件ではあるが，刑の減免には責任の減少が大きく影響する．なお，免除が認められる例は極めて少ない（大阪高判平9・8・29判時1627・155は殺人につき過剰防衛として免除を認めた原審を，量刑不当として破棄した）．

　　【盗犯等防止法と正当防衛】　同法は昭和5年に，当時増加傾向にあった窃盗・強盗犯に対応するために施行され，第1条は盗犯などの住居侵入者に対する正当防衛の特則を定める．同法**1条1項**は，侵入窃盗犯，持凶器侵入犯等に対し，自己の生命・身体・貞操に対する現在の危険を排除するために犯人を殺傷した場合には，やむを得ずしたといえなくとも正当防衛に当たると規定する．ただ，条文上相当性の要件が必要とされていないとはいえ，著しく不相当な行為は正当化されない（最決平6・6・30刑集48・4・21は，強盗犯人のメリケンサックでの殴打に対しナイフで殺害した行為につき，相当性を欠くとした）．

　　1条2項は，1項とほぼ同様の犯人に対し，現在の危険が存在しなくとも，行為者が恐怖・驚愕・興奮・狼狽により犯人を殺傷した場合を処罰しないと規定する．恐怖心等により，急迫不正の侵害があると誤信して行為した場合につき責任阻却を定めた規定である．急迫不正の侵害と無関係の，単なる興奮などによる殺傷は含まれない（最決昭42・5・26刑集21・4・710）．ただ，この規定がなくとも，急迫不正の侵害についての誤信は誤想防衛として故意が否定されることから，本条項の趣旨は，誤想防衛の認定を緩めることにある．さらに，誤信した不正の侵害に対し，それに対応する程度を超えた過剰な反撃を行った場合も処罰されないと解される（誤想過剰防衛⇨109頁参照）．

5-3　緊急避難

37条1項　自己又は他人の生命，身体，自由又は財産に対する現在の危難を避けるため，やむを得ずにした行為は，これによって生じた害が避け

ようとした害の程度を超えなかった場合に限り，罰しない．ただし，その程度を超えた行為は，情状により，その刑を減軽し，又は免除することができる．

2項　前項の規定は，業務上特別の義務がある者には，適用しない．

5-3-1 緊急避難の正当化根拠

正対正　　緊急避難は正当防衛と異なり，急迫「不正」の侵害でなく，現在の危難に対する行為である．例えば，飛び出してきた対向車（現在の危難）を避けようとしてハンドルを切り，並行して走行中のオートバイに衝突し，オートバイ運転者に傷害を負わせるような場合がこれに当たる．正当防衛が「正（防衛者）」対「不正（侵害者）」であるのに対し，緊急避難は「正（避難者）」対「正（第三者－オートバイ運転者）」である．そのため緊急避難では，法益の権衡が要求され（生じた害が避けようとした害を超えてはならない），その程度を超えた行為は過剰避難となる（情状により刑の裁量的減免が認められる．37条1項ただし書）．正当防衛に対する緊急避難も成立し得る．

> **【民法の緊急避難】**　民法の緊急避難（720条2項）は，「物」についてのみ認められ（洪水を避けるために堤防を壊す行為等），人についての緊急避難は民法上違法である．その結果，民法上は違法だが刑法上は正当な緊急避難行為が存在することになる．ただし，民法上の緊急避難は，法益の権衡が不要である．

不処罰根拠　　緊急避難は，行為を正当化するという**違法性阻却事由説**が有力であるが，第三者の「正」の法益を侵害する行為は正当とはいえず，避難行為に出ない期待可能性がないに過ぎないとする**責任阻却事由説**（日高379頁）が対立する（この見解からは，緊急避難に対する正当防衛が可能となる）．

たしかに，避難される被害者の側からは，「避難という名の侵害」を，正当なものと認めなければならないのは不合理にも見える．しかし，優越的利益説からは，法益衝突状況で，同等ないしより小さな利益を否定する行為は，違法とはいえない．緊急状況で他に方法がない避難者にとっては，仮に法益の権衡を欠いたとしても責任減少は認められるはずで，37条が

特に法益権衡を要求しているのは，単なる責任減少ではなく違法阻却を認める趣旨だと理解すべきである．また，刑法は第三者のための避難も認めており，それを期待可能性の減少・欠如で説明するのは困難である．

二分説　また，**場合により違法阻却，責任阻却の両方があり得る**とする二分説も主張されている．その第1の見解は，**法益同等の場合**をそれ以外と区別して責任阻却事由とする（山中555頁）．避難者の利益が優越する場合は正当化され得るが，法益同価値の場合は正当とはいえず，期待可能性（可罰的責任）が欠けるにとどまるとする．ただ，同価値の法益のいずれかが犠牲にならざるを得なかったのであるから，積極的に正当と評価することが難しいとしても，違法な行為とまではいえない．

第2の考え方は，基本的には違法性阻却事由説を土台とし，**生命対生命，身体対身体**の衝突につき，これらを比較することは許されず，責任阻却事由とするものである（木村270頁）．そもそも生命や身体は比較すべきではないとの主張である．しかし，多数の命を救うために少数の生命を犠牲にすることは，それ以外に全く方法がなければ処罰すべき違法性を有するとはいえない．

5-3-2 緊急避難の要件

現在の危難　危難の**現在性**とは，法益に対する侵害ないしその差し迫った危険をいい，36条の急迫性と同義である．

「危難」は人の行為，事故，自然現象などを広く含むが，避難者が侵害を受忍すべき義務があるものは含まない．例えば，外国での処罰は危難に当たらず，そのための不法入国は処罰される（福岡高判昭38・7・5下刑集5・7=8・647．さらに，中国の一子政策下で堕胎される恐れがあるとして妊婦が密入国する行為につき，広島高松江支判平13・10・17判時1766・152参照）．

自殺しようとする者を救助する行為を避難行為に当たるとした判例がある（東京地判平9・12・12判時1632・152．誤想過剰避難の例）．自殺を違法でないと考えれば，自殺者に危難はないようにもみえるが，危難は違法・不法であることは不要で，「正しいこと」でも危難となり得る．

避難行為　避難行為は「危難を避けるため」の行為でなければならない．判例は避難の意思を必要だとするが，防衛の意思（⇨97頁）と同様，避難の認識があれば足りる．ただ，判例の中には，過失犯に緊急避難を認めたものも多く（大阪高判昭45・5・1高刑集23・2・367─対向車を避けるために後続車と衝突した行為），避難の意思を厳格に要求することは現実的ではない．

「やむを得ずにした行為」という要件は，同じ文言の正当防衛の場合より厳格に解されている．不正の侵害者でない者に向けられた，重大な法益侵害行為をも正当化するのであるから，他に避ける方法がない唯一の方法に限るとされる（補充性）．

しかし，厳密に「唯一の方法」に限定すると緊急避難の余地はほとんどなくなってしまう（例外的に，第三者を殺害する以外に避難する行為がなかったとされたものとして，東京地判平8・6・26判時1578・39─オウム真理教リンチ殺人事件（ただし過剰避難））．現実には，「やむを得ずにした」の要件には，補充性の他に**必要性（手段の相当性）**の要件が含まれると考えられ（曽根115頁，山中562頁），補充性と必要性とを総合的に判断して，「やむを得ない」避難行為か否かが判断される．その結果，厳密な意味での補充性が欠ける場合でも，手段として相当性があれば，少なくとも過剰避難の成立は認められる．

大阪高判平7・12・22（判タ926・256）は，自動車同士のトラブルで身の危険を感じた者が急発進で右折したため，対向車線を直進してきたオートバイの運転者を死亡させた行為につき，「補充性・相当性を欠く」として過剰避難にも当たらないとした．避難行為を否定する根拠として，形式的には補充性を欠くとすれば足りるはずであるが，判決が敢えて相当性の要件にも言及した理由は，右折以外の手段の可能性（補充性）と，一旦停止すべきだったか等の避難行為の相当性（必要性）とは分けることが可能で，前者が欠けても総合判断により過剰避難の余地があるからであろう．

東京高判平24・12・18（判時2212・123）は，覚せい剤を使用してその影響下にある者から，けん銃をこめかみに突き付けられ，目の前にある覚せい剤を注射するよう迫られたため，覚せい剤を自己の身体に摂取した事案に

106　5　犯罪の成立を阻却する事由

関し，覚せい剤使用行為は緊急避難に該当するとして無罪を言い渡している．

　法益の権衡が認められる（生じた害が守ろうとした害を超えない）限りで正当化される．前述のように，法益が同価値の場合も違法ではない．法益の権衡を欠く場合には過剰避難となる．

過剰避難　法益の権衡を欠く場合が典型であり（前掲・東京地判平 8・6・26. 身体の自由を守るために殺害），それに限るとする見解も有力である（大阪高判平 10・6・24 高刑集 51・2・116）．しかし，補充性・必要性が欠ける場合にも過剰避難を認める余地はある（前掲・大阪高判平 7・12・22 参照）．過剰防衛と同様，任意的減免である．

> **【判例—過剰避難】**　補充性が欠けた場合に，およそ避難行為にあたらないとするのか，それとも補充性が完全でなくとも過剰避難の余地を認めるのかについては判例上争いがある．補充性の過剰を認める判例として，松江地判平 10・7・22（判時 1653・156）は，法益の権衡（胎児の生命侵害＞密入国）はあるが，密入国という方法がやむを得ない程度を超えるとして過剰避難とし（ただし，前掲・広島高松江支判平 13・10・17 ⇨104 頁参照），東京地判平 9・12・12（⇨104 頁）も法益の権衡（自殺者の生命＝本人の生命）は認めつつ，補充性が欠けるとして（誤想）過剰避難を認めた．これに対し，大阪高判平 10・6・24（高刑集 51・2・116）は，監禁状態から逃れるために監禁場所を放火した行為につき，補充性を欠く以上避難行為の余地はないとして過剰避難を認めた原審を破棄し，大阪高判平 7・12・22（⇨105 頁）も，生命を守るために生命を侵害した過失の避難行為につき，過剰避難を認めた原審を破棄し，およそ避難行為とはいえないとした．

【自招危難と相当性】　大判大 13・12・12（刑集 3・867）は，自動車の運転手が前方不注意により，飛び出してきた少年を避けようとして急ハンドルを切り被害者をはねて死亡させた事案につき，自ら招いた危難であるから，避難行為は許されないとした（さらに，東京高判昭 47・11・30 刑月 4・11・1807 参照）．ただ，不注意で少年を轢きそうになった行為とハンドルを切って被害者を轢いたことを切り離し，後者についての緊急避難を論じる必要はなく，一連の過失行為と解し，過失犯を認めるべきである．

【37 条 2 項】　警察官，消防職員，医師等，その業務の性質上危難に身をさ

らすべき義務のある者には，緊急避難の規定は適用されない．ただし，第三者の利益のための緊急避難が許されるのはもちろん，自己の安全についても通常よりは限定されるものの，緊急避難は許される（消火作業中，待避のためやむを得ず隣家の塀を壊す行為など）．

5-3-3 正当防衛と緊急避難の限界

第三者の所有物の利用　①防衛者が他人の財物を利用して防衛行為を行う場合（X が殴りかかってきた Y に対する防衛のため，たまたま持っていた第三者 A の所有物である傘で反撃した場合）や，②他人の財物を利用した侵害行為に対して反撃する場合（Y が X に向かって第三者 A の所有物である花瓶を投げつけ，X が防衛のためこれを壊した場合）が問題となる．①では，Y に対しては正当防衛となるが，A の傘の損壊については緊急避難の問題となる．②については，A に不正はないので損壊行為は正当防衛にはあたらず，緊急避難にとどまるとする見解がある．しかし，投げつけられた花瓶も Y の侵害行為の一部である以上，不正の侵害といえる．所有者 A に物の管理につき過失があった場合にのみ，A に対する正当防衛が可能だと考えるべきではない．

　さらに，③Y が X に向かって第三者 A を突き飛ばした場合，A は行為を行っていないのだからそれに対して正当防衛はできず，緊急避難のみが可能だという見解もあるが，②と同様に，この場合の A は Y による不正の侵害の一部に他ならず，正当防衛を認めるべきである．

第三者に防衛結果が発生した場合　A の急迫不正の侵害に反撃して X が石を投げたところ，A の背後にいた B に命中し傷害を負わせてしまった場合はどうか（法定的符合説を前提とする⇨71 頁）．行為時を基準に評価すれば，防衛のための相当な行為である以上，完全な正当防衛行為だということになろう．そして，**行為が適法化される以上，結果が第三者に発生しても不可罰である**と考える見解もある（川端 365 頁）．しかし，不正の侵害を全く行っていない B に対する侵害は，客観的に正当だとはいえない．

　そこで，**B に対する緊急避難である**とする学説も有力である（大谷 279 頁）が，たまたま意外な B に命中してしまった場合を，「現在の危難を避ける

ため，やむを得ずにした行為」とするのは困難であろう．Bに石を投げる行為は，客観的に避難に向けられた行為ではなく，緊急行為性を欠く（ただし，Bに命中した行為が，たまたま補充性・相当性を充たす場合には，緊急避難となるが，事実上あり得ないであろう．また，避難の意思必要説からは，防衛の意思と避難の意思の重なり合いを認め得るかという問題も生ずる．佐久間219頁参照）．

ただ，第三者Bに生じた防衛結果が客観的に正当防衛，緊急避難に当たらないとしても，Xは主観的に急迫不正の侵害があると認識し，それに対して防衛する意思で相当な行為を行うことを認識している．そこで，主観的には完全に正当防衛のつもりで行為していることとなり，故意非難を向けることはできない（一種の誤想防衛⇨109頁参照）．

5-4 責任能力と責任阻却事由

責任の阻却 　客観的構成要件に該当し違法阻却事由が存在しなくても，例外的に行為者を責任非難することができない事由があれば，処罰することはできない．故意・過失が認定できても，**責任能力**（⇨111頁）が欠けたり**期待可能性**（⇨118頁）がない場合のように，例外的に非難ができない場合が存在する．

さらに，客観的構成要件事実の認識に欠けることはなくても，正当防衛であると思って行為した場合には，責任非難を向け得ない．その場合には「故意が欠ける」と説明することが可能であるが，構成要件的故意とは分けて，**責任故意**として論じることが有用であろう．

5-4-1 故意と非難可能性——誤想防衛と誤想過剰防衛

違法阻却事由の認識 　正当防衛などの違法阻却事由の認識も非難可能性の判断に影響する．もっとも，違法阻却事由の法的評価の誤り（例えば，不正の侵害であれば急迫でなくとも正当防衛が可能である等の誤信）は法律の錯誤であるが，**違法阻却を基礎づける事実に関する錯誤**（急迫不正の侵害が存在する等の誤信）は故意非難を基礎づける認識が欠けるという意味で，事実の錯誤（⇨62頁）である．

【規範への直面】 構成要件事実ではない違法阻却事由は故意の対象ではあり得ず，構成要件事実を認識している以上，規範の問題に直面しており，法律の錯誤（⇨63頁）であるとするが，例えば，急迫不正の侵害がないのに，あると信じて防衛行為を行う場合（**誤想防衛**）は，一般人なら違法性の意識を持ち得る事実の認識はなく，規範に関する問題は与えられない．

　実際の犯罪認定の順序は，①客観的構成要件要素に該当する事実と，客観的構成要件要素についての認識（構成要件的故意）が存在することを前提に，②客観的違法阻却判断が加えられ，その後に，③違法阻却事由の認識（責任故意）の有無（誤想防衛の誤想の有無等）が検討される（⇨22頁図参照）．その意味で，一旦存在した構成要件的故意が，責任故意の不存在により阻却されると考える方が分かりやすい．ただし，「違法性の意識を持ち得る認識」としての故意という意味では，構成要件故意と責任故意とは一体のものである．

【第三者に対する防衛結果】 防衛行為として物を投げたところ，侵害者Aではなく，傍にいたBに命中し傷害を負わせた場合，正当防衛・緊急避難を認めることは困難である（⇨107頁）．ただ，客観的に正当防衛，緊急避難には該当しないとしても，防衛者は主観的には完全に正当防衛の認識をもって行為しているため，故意非難を向けるだけの主観的事情はなく，誤想防衛と解すべきである．ただし，Bの存在を認識していた場合には，「Bに対する正当防衛ではない侵害行為」の認識があるので，誤想防衛ではない．Bを犠牲にするかもしれないが自己を守るためにやむを得ないと誤信して投げたとすると，誤想避難の成否が問題となる．

誤想過剰防衛　通常，誤想過剰防衛とは，急迫不正の侵害が存在しないのに（客観面），存在すると誤信し（主観面），しかも相当性の程度を超えた場合をいう．ただ，相当な防衛行為を行う認識の場合（次頁表①）は，主観的には急迫不正の侵害が存在し，それに対し相当な防衛行為を行っていると思っており，行為者の主観面に着目すれば完全に正当防衛の認識で実行している．このような場合に，行為者に故意非難を向けることはできない（大阪地判平23・7・22判タ1359・251）．行為が相当であると誤信したことにつき過失があれば，過失犯の成立が認められるに過ぎない．

　急迫不正の侵害が存在すると誤信しつつ，相当性を欠く防衛行為である

と認識していた場合（②）には，被告人の主観を基準としても過剰防衛にしかならない．違法性が阻却される正当防衛であるとの認識はない以上，故意犯の成立は否定できない．

	急迫不正の侵害		相当性（腕を撃つ）	
	客観面	主観面	客観面	主観面
誤　想　防　衛	不存在	存　在	腕を撃つ	腕を撃つ
誤想過剰防衛①	不存在	存　在	頭を撃つ	腕を撃つ
誤想過剰防衛②	不存在	存　在	頭を撃つ	頭を撃つ

【判例－誤想過剰防衛】　最決昭 62・3・26（刑集 41・2・182）は，空手三段の X が，酩酊した A 女をなだめていた B 男を，A 女に暴行を加えているものと誤信し，自己および A 女の身体を防衛するため，B 男の顔面付近に回し蹴りを加えて B 男を路上に転倒させ，後日死亡させた行為につき，誤信した急迫不正の侵害に対する防衛手段として相当性を逸脱し，誤想過剰防衛に当たるとし刑の減軽を認めた．最決昭 41・7・7（刑集 20・6・554－長男が一方的に攻撃を受けていると誤信し，猟銃で防衛した事案），東京地判平 5・1・11（判時 1462・159－喧嘩した後，相手がさらに殴ろうとしたものと誤信し，包丁で刺突した事案），東京地判平 10・3・2（判タ 984・284－顔面に手を触れた相手を，いきなり投げ倒し重傷を負わせた事案）も，②の類型につき誤想過剰防衛とした．ただし，後二者は 36 条 2 項による刑の減免を認めなかった．

【誤想防衛説・過剰防衛説】　誤想過剰防衛の扱いにつき，従来の学説では，**誤想防衛説**と**過剰防衛説**が対立した．前者は，急迫性に関する誤想こそが重要であるとして誤想防衛の一種と位置づける（過失犯の余地のみ残る）のに対し，後者は，過剰な防衛行為がある以上過剰防衛の一種であり，故意犯の成立は否定できないとする（36 条 2 項の減免の余地はある）．判例は後説に立つと解されてきた．誤想防衛を法律の錯誤と解する立場も，故意犯の成立を認めるので，結果的に過剰防衛説となる（大谷 293 頁．ただし，誤想防衛でもあるので 36 条 2 項の適用はないとする）．

　しかし，過剰防衛（故意犯）と誤想防衛（過失犯）は必ずしも対立せず，故意犯が否定されて過失犯が成立する場合にも過剰防衛として刑の減免の余地はある．故意犯の成否の問題と，36 条 2 項の減免効果の可否の問題とは次元が異なるもので，別個に論じる必要がある．

なお，急迫不正の侵害は存在しているが相当性の程度を超え，しかも超えていることの認識を欠く（相当だと思っている）場合も，誤想過剰防衛の一種とされることがある．相当性の程度を超えていることの認識があれば過剰防衛となるが，その点に誤想があるためである．過剰行為の認識が欠ければ，誤想防衛となる．

> 【判例－過剰性の認識】　最判昭 24・4・5（刑集 3・4・421）は，老人 A が攻撃してきたので，そばにあった斧を，それと気づかずに棒のようなものと思って手にして反撃し A を殺害した事案につき，「斧だけの重量があること」の認識があったとして過剰性の認識を認定し過剰防衛とした．ただ「単なる棒の認識であった」との認識が認定されれば誤想防衛となる．

36 条 2 項の適用　　誤想過剰防衛の事例の中でも，いかなる場合に刑の減免を認めるべきかは，36 条 2 項の理解による．責任減少説によれば，主観的に急迫であると思ってあわてて行為した以上，責任は軽くなる．これに対し，違法減少説を徹底すると，侵害に対する防衛行為であるからこそ違法性は減少するのであって，客観的に急迫不正の侵害が存在しない場合には刑の減免は認められないことになる．

36 条 2 項の減免根拠を違法性・責任両方の減少によると解すると（⇨102 頁），①②共に客観的に違法性の減少が全くない以上，刑の免除まで認めるべきではない．ただ，責任の減少が存在することも否定できない以上，刑の減軽を認める余地は残すべきである．

5-4-2 責任能力

> **39 条 1 項**　心神喪失者の行為は，罰しない．
> 　　　 **2 項**　心神耗弱者の行為は，その刑を減軽する．
> **41 条**　14 歳に満たない者の行為は，罰しない．

定義　　**責任能力**とは，有責に行為する能力，具体的には**事物（事理）の是非・善悪を弁別し（識別能力），かつそれに従って行動する能力（制御能力）**と解されている．実行行為時に，物事を評価・判定する能力と，その判断に従って自らの行動を制御する能力のいずれか一方でも欠ければ，非難できない．現行刑法は，39 条に心神喪失・心神耗弱，41 条に刑事未成年と

いう形で，責任能力を欠く場合を規定している（40条に聴覚・言語両機能を欠く者の責任無能力規定があったが，平成7年に削除された）.

責任能力の内容　責任能力の定め方につき，**生物学的方法**は，行為者の生物学的・医学的な精神障害の有無を中心に判定し，**心理学的方法**は，自由な意思決定能力の有無，さらにはそのような意思に従って行為する能力を中心に判定する．これに対し，**混合的方法**は，両者を合わせて考え，**精神の障害（生物学的障害）により是非善悪弁別能力または行動制御能力のいずれかを欠くこととする**（通説・判例）．精神の障害がなければ，心神喪失は認められないが，犯行当時重度の精神疾患があっても，そのことだけで直ちに心神喪失の状態にあったと判断されるわけではない．ある人が同じ精神の障害の状態にありながら，ある行為については完全な責任能力が認められ，他の行為については完全な責任能力が認められないことがある．

　精神の障害の典型例は，**統合失調症**に代表される精神病である．かつては，鑑定医が行為時に統合失調症であったと判断すると，判決においてもほぼ無条件で心神喪失とされてきた．しかし，医師が統合失調症で心神喪失であると主張しているにもかかわらず，裁判所が犯行当時の病状，犯行前の生活状態，犯行の動機・態様などを総合して，心神喪失ではないと認定する例が目立つようになっていく．

　もちろん，判例・学説は，このような責任能力は法律判断であり，裁判官は鑑定書の意見に拘束されないとしてきた（最決昭33・1・11刑集12・2・168）．ただ，実際には精神医学者の判断が尊重されてきた面があったといえよう．しかし，その後最高裁は，責任能力が専ら裁判所に委ねられるべき問題で，その前提となる生物学的，心理学的要素についても，究極的には裁判所の評価に委ねられるべきであると確認した（最決昭58・9・13判時1100・156，最決昭59・7・3刑集38・8・2783）．なお，被害者や遺族の処罰感情等といった行為者以外の事情は考慮されない．

5-4-3 責任無能力・限定責任能力

**心神喪失・
心神耗弱**

心神喪失とは精神の障害により事物（事理）の是非・善悪を弁別する能力，ないしそれに従って行動する能力を欠くことをいう．心神喪失者の行為は，処罰されない（責任無能力－39条1項．ただし，精神保健福祉法29条の**措置入院**として，事実上強制的な自由の拘束が課されることが多い．さらに，平成15年の心神喪失者等医療観察法（心神喪失等の状態で重大な犯罪行為を行った者の医療及び観察等に関する法律）により，殺人，放火などの重大な他害行為を行った者で，心神喪失等を理由に不起訴あるいは無罪となった者について，検察官による申立てに基づき裁判所が審判し，入院ないし通院の決定を行う制度が発足した）．

心神耗弱とは，精神の障害により事物（事理）の是非・善悪を弁別する能力，またはそれに従って行動する能力が著しく減退した場合をいう．心神耗弱者の行為は，刑が減軽される（限定責任能力－39条2項）．行為者が，事物の是非善悪を弁識する能力が減退した状態で罪を犯した場合であっても，行動制御能力を欠けば，心神耗弱ではなく心神喪失となる．行為時に行為者が心神耗弱状態にあった場合，必ず刑が減軽されるが，免除されることはない．

心神喪失・心神耗弱ともに医学・心理学上の知見を基礎に判断されるが，最終的には裁判官が規範的評価を加えて判断することになる（⇨112頁）．

精神の障害は，①狭義の精神病（統合失調症・躁うつ病，アルコール・覚せい剤中毒など），②意識障害（精神の一時的異常），③その他の障害に分けられるが（大谷320頁），心神喪失の典型例は，**統合失調症，躁うつ病**などの①狭義の精神病である．③その他の精神病として，性格異常のため社会への適応能力を欠く精神病質が問題とされ（精神保健福祉法5条は精神障害とする），精神医学者の間でこの概念をめぐり争いがあったが，近時は精神病に含めない見解が有力である（大谷320頁）．この他，先天的，ないしは幼児期から知能の発達が停滞している知的障害も，責任無能力となる場合がある．

②意識障害では，酩酊や激情が問題となり，心神耗弱となる可能性があ

114　5　犯罪の成立を阻却する事由

る．ただ，通常の「酔っぱらい（＝**単純酩酊**）」の程度であれば，精神の障害には含まれない．行為者にもともと病的要素があり，飲酒により急激な異常を生じる**病的酩酊**，さらに単純酩酊の程度の高い**複雑酩酊**の場合に責任能力が問題となる（東京高判昭 51・12・23 高刑集 29・4・676－傷害致死について病的酩酊として心神喪失が認められた事例，東京高判昭 59・1・25 判時 1125・166－強姦致死について病的酩酊として心神喪失が認められた事例等）．アルコールによって一時的な精神の障害が生じた場合にも心神喪失となり得る．

刑事未成年　満 14 歳未満の者は処罰されない（41 条）．年齢により画一的に責任無能力となる．年少者の可塑性を考慮し，政策的に刑罰を科すことを控えたものである．14 歳未満であれば，事物の理非善悪を弁識する能力及びその弁識に従って行動する能力が備わっていても，責任能力が認められることはない．逆に，14 歳未満でなければ犯行時の知能程度が 12 歳程度であっても刑法 41 条が準用されることはない．基準は犯行時であり，公訴提起時に 14 歳に達していても，刑事責任能力は認められない．

> 【少年法との関係】　20 歳未満の者の行為は原則として少年法の対象となり，事件は通常の刑事裁判とは異なる**少年審判**として家庭裁判所で取り扱われ，刑罰は科されない（保護観察処分などに付される）．しかし，平成 12 年の**少年法改正**で，①16 歳以上とされていた刑事罰対象年齢を 14 歳以上に引き下げ，②16 歳以上の少年が故意の犯罪行為で被害者を死亡させた場合，原則として検察官送致（逆送）とし，③家裁の判断で少年審判への検察官の立ち会いを認め，④18 歳未満の少年の罪が成人の無期刑に相当する場合には減刑しないことができる，などの大幅な変更がなされた．さらに，平成 19 年には，刑事未成年者の触法行為について，警察・家庭裁判所の関与が拡大された．ただし，13 歳の少年が人を殺害した場合，少年法の規定に基づく手続を経ても刑罰は科し得ない．なお，平成 29 年現在，法制審議会で少年法の少年年齢を 18 歳に引き下げる検討がなされている．

5-4-4　原因において自由な行為（*actio libera in causa*）

同時存在の原則　原因において**自由な行為の理論**とは，自らを責任無能力（ないしは限定責任能力）状態に陥れて犯罪結果を生ぜしめた

場合に，原因行為を根拠に可罰性を認める理論である．例えば，責任無能力で無罪となることを利用して相手を殺害しようとし，自ら覚せい剤を注射し（原因行為），心神喪失状態に陥った後に殺害した（結果行為）ような場合に，刑事処罰を認める理論である．責任主義の観点からは，責任能力が犯罪の実行行為時に存在しなければならない（**行為と責任の同時存在の原則**）．しかし，自らの故意・過失により，責任無能力状態を創出して犯行に及ぶ場合まで不可罰とすることは，一般人の法感情に反する．そこで主張されたのが，原因において自由な行為の理論である．

間接正犯論の準用　処罰の理由づけとして，まず，責任無能力状態の自分を道具として利用し，犯罪を実行したものと評価する**道具理論（間接正犯類似説）**がある（佐久間 266 頁参照）．間接正犯において「利用する行為」に実行行為性を認めるのと同様，原因において自由な行為の場合も，責任能力のある「原因行為」に実行行為性を認め，同時存在の原則を堅持しようとする．

　しかし，この見解に対しては，①責任無能力状態を利用して殺害行為を行うつもりで酒を飲んだが，飲み過ぎて眠ってしまっても，殺人未遂罪が成立し，着手時期が早すぎると批判される．さらに，②限定責任能力の場合，一部でも責任能力があれば「道具として利用した」と評価することは困難なため同理論を適用できず，限定責任能力状態で犯罪行為を行った場合の方が，道具理論の適用のある無能力の場合より，軽く処罰されることになってしまうと批判される．そのため，間接正犯類似説は，原因において自由な行為論の適用を，事実上，過失犯・不作為犯等に限定することになる．

同時存在の原則の緩和　そこで最近は，「同時存在の原則」を緩和することにより，実行の着手は結果行為時に求めつつ，原因において自由な行為の可罰性を説明する見解が有力である．原因行為と結果行為との結びつきが密接で，結果行為を支配している場合には，責任能力と離れた時点に実行行為を認めてもよいとする．この中には，原因行為時の決意を重視し，違法行為を行う最終的な「意思決定」がなされた時点に責任能力があれば，実行行為を含む行為全体に対し責任を問い得るとす

116　5　犯罪の成立を阻却する事由

る見解もある（大谷 326-327 頁，斎藤 222 頁参照）．ただ，決意に加え，むしろ原因行為が結果行為を「客観的に」支配していることが不可欠であろう．実際には，原因行為から結果行為が発生する確率（飲酒すればほぼ確実に暴行に及ぶなど）が主たる基準となる．

責任能力の存在時期　同時存在の原則といっても，実行の着手から結果発生までの実行行為全体がすべて責任能力に裏打ちされているわけではない．暴行の途中から，飲酒の影響で錯乱状態に陥り被害者を死亡させた場合も傷害致死罪は認められる（長崎地判平 4・1・14 判時 1415・142 は，自宅で飲酒しながら長時間にわたり妻に暴行を加え，死亡させた事案につき，途中から心神耗弱の状態となっても刑法 39 条 2 項を適用すべきでないとした）．

　責任非難にとって重要なのは，「自己の是非弁別能力と行動制御能力に基づいて結果を発生させた」ことである．つまり，責任能力に基づいて結果を発生させたと評価できるかは，責任能力存在時点で結果の発生に向けられた行為が開始されたといえる場合だということになる．

　そこで，「無能力の状態における結果行為と一連のものとしての原因行為」が，責任能力の存在する時点で既に開始された場合は，結果についての責任非難が可能である．主観的な認識も含め，原因行為がその後の結果行為を「支配している」といい得る場合である（東京地判平 9・7・15 判時 1641・156 参照．てんかん発作中の傷害行為でも，その直前の凶器を手に取る行為と一連のものと評価できれば，完全な責任能力が認められる）．具体的には，原因行為と結果行為との主観的・客観的関連性の大小が，判断基準として重要である（前田 311 頁）．

【**判例－中断型と連続型**】　凶暴になることを認識しつつ覚せい剤を注射し，家族を死亡させた行為を傷害致死罪とした名古屋高判昭 31・4・19（高刑集 9・5・411，殺人罪は否定），飲酒すると暴力を振るうことを認識しつつ酩酊してタクシー運転手から金を奪おうとした行為を暴行・脅迫罪とした大阪地判昭 51・3・4（判時 822・109，強盗未遂罪は否定）では，それぞれ，注射と暴行，飲酒と暴行との間には連続性があり（連続型），その限度では完全な責任能力を認め得るが，注射と殺人，飲酒と強盗との間にはそのような関係はな

く（中断型），殺人罪，強盗罪の成立は否定された．殴り込みに行く前に勢いをつけるために飲酒するような行為は連続型の典型である．

【二重の故意】　原因において自由な行為で故意犯の成立を認めるためには，原因行為設定時に①結果についての故意の存在に加え，②責任無能力状態に陥ることの認識が必要であるとする見解をいう（林333頁）．ただ，自己の責任能力が失われる（低下する）ことにつき厳密な認識を要求するのは現実的でない．覚せい剤注射等の原因設定行為の意味を認識していれば，②の認識を欠いても結果についての責任非難が可能な場合はあり得る（その意味で原因設定行為の危険性の認識は必要だということになる．林333頁参照）．

限定責任能力　間接正犯類似説は，限定責任能力の場合に同法理の適用を認めない（⇨115頁）．しかし，心神喪失の場合に完全責任能力を認め，より強い責任非難をすべき耗弱の場合に刑を減軽するのは，均衡を失する．

　同時存在の原則を緩和する立場からは，心神喪失の場合と心神耗弱の場合を区別する必要はない．心身喪失でも耗弱でも，原因行為と結果行為との関連性が大きければ完全な責任能力に基づく犯罪行為といえるからである．

【判例－限定責任能力】　最決昭43・2・27（刑集22・2・67）は，飲酒後心神耗弱状態で自動車を運転した行為が，酒酔い運転の罪に問われた事案につき，はじめから運転して帰る意思で飲酒したとして39条2項の適用を否定した．また，覚せい剤使用，所持等につき，大阪高判昭56・9・30（高刑集34・3・385），東京高判平6・7・12（判時1518・148）は，所持品検査時点で心神喪失ないし耗弱であっても39条の適用はないとした．いずれも原因行為と結果行為との客観的関連性に加え，責任能力時の犯意がそのまま実現した事例で，主観的関連性も大きい．なお，アルコールの影響により正常な運転が困難な状態で自動車を走行させて人を負傷させた危険運転致傷事件の行為者については，この類型の危険運転致傷罪が運転者の飲酒酩酊を前提としているにもかかわらず，責任能力が否定されることがある．

5-4-5 **期待可能性**

定義 **期待可能性**とは，行為時の具体的事情の下で，行為者が違法行為ではなく，**適法行為を行うことを期待できる可能性**を意味する．適法行為を期待できない（違法行為を行ってもやむを得ない）場合には，その行為を非難することができない．責任能力，故意・過失が認められても，例外的に，責任非難を向けることができないことになる．**規範的責任論**（⇨18頁）と表裏一体の形で発展してきた．

実体刑罰法規 **と期待可能性** 期待可能性は一般的な責任阻却事由であるが，実定法上も，盗犯等防止法1条2項の不処罰根拠は期待可能性で説明され，過剰防衛（36条2項）や過剰避難（37条ただし書）も，期待可能性の減少を考慮して刑の減軽を認めている．さらに，犯人蔵匿・証拠隠滅の親族間における特例（105条），親族間における盗品等の罪の特例（257条）における刑の免除の根拠，偽造通貨収得後の知情行使罪（152条），自己堕胎罪（212条）の軽い法定刑も期待可能性で説明されることが多い．

【判例－近時の動向】 第二次大戦直後の混乱期には，経済統制法規違反事件や労働争議事件を中心に，期待可能性の欠如による無罪判決が相当数登場した．しかし，最高裁は当該理論に慎重で（最判昭33・7・10刑集12・11・2471－事業主が失業保険料を支払わなかった行為につき，戦後の経済混乱のために支払える状況になかったとして無罪としたが，必ずしも期待可能性の欠如を理由とするものではないとした），戦後の特殊事情を背景とした事件の減少とともに，昭和30年代以降，期待可能性を欠くとする無罪判例はほとんど見られない．命令に従わなければ自己の身体に重大な侵害が加えられるおそれがあった場合に，命じられて他人を殺害する行為であっても，期待可能性はある（東京地判平8・6・26判時1578・39－オウム真理教リンチ殺害事件⇨105頁）．

判断基準 期待可能性の判断の基準・標準に関し，伝統的な道義的責任論の立場は，当該行為者にとって他の適法行為を行い得る可能性を問題にし，**行為者標準説**を主張する（大谷355頁，曽根161頁，さらに山口270頁参照）．これに対して，**一般人（平均人）標準説**は，通常人・平均人が行為の際に行為者の地位にあったとして，その一般人が他の適法行為を

行い得る可能性の有無を論じるべきだとする（堀内 210 頁，前田 298 頁，さらに林 338 頁参照）．さらに，期待する側，すなわち国家の法秩序の具体的要求により判断すべきだとする**国家標準説**も有力である（佐伯 290 頁，平野 II 278 頁）．

　行為者標準説に対しては，行為者のすべてを理解することは，すべてを許すことになり法秩序が弛緩するとの批判がなされ，一般人標準説は，本人にとって不可能なことを期待するのでは，期待可能性を論じる意味がなくなるし，「平均人」という概念は不明確であると批判される．そして，国家標準説に対しては，「如何なる場合に法は期待するのか」の問いに「国家が期待するとき」というのでは答えたことにならないとされる．

責任非難　責任評価の対象は，主観的・個人的事情を含むが，評価の基準は一般人を想定せざるを得ない．本人を基準にすれば，すべての行為は「そうせざるを得なかった」ことになりかねないからである．現在の国民の規範意識を基礎に「どの程度の可能性があれば責任非難が可能となるか」を判断せざるを得ない（具体的判断として，前掲・東京地判平 8・6・26 参照）．

　　【期待可能性に関する錯誤】　例えば，違法行為を行えとの命令がないのにあると誤信した場合のように，期待可能性の欠如を導くような客観的事情の存否に関する誤信をいう．そのような錯誤の下でも「行為者に例外的に責任非難を向けることができないか否か」という，期待可能性判断そのものの一部として処理されることになる．

6
共　犯

6-1 共犯と正犯

6-1-1 共犯処罰の意義

共同正犯と共犯　　　共犯論では，犯罪主体が複数の場合を扱う．刑法典は 2 人以上が共同して犯罪を実行する**共同正犯**（60条），人を教唆して犯罪を実行させる**教唆犯**（61条），そして，正犯を幇助する**従犯**（＝**幇助犯**，62条）を定める．後二者を**狭義の共犯**（加担犯）と呼ぶ．

　共同正犯は，自ら犯罪のすべてを実行しないにもかかわらず，その犯罪全体について処罰される（**一部行為の全部責任**）．日本では，共同正犯が共犯全体（有罪人員）の 95% 以上を占め，理論的にも圧倒的に重要である．

　教唆は正犯の法定刑の範囲内で処罰されることになっているが，実際には正犯の処罰と同一に扱うわけではない（また，教唆犯規定は，ほとんど適用になることはない）．幇助は，法律上の刑の減軽が認められる（63条）．また，侮辱罪（231条）のように拘留又は科料のみが規定された軽微な犯罪類型に関しては，特別の規定（軽犯罪法 3 条等）がない限り教唆犯・幇助犯を処罰しない（64条）．

正犯と共犯の区別　　　正犯者の意思で行った者が正犯であり，加担者の意思で行った者が共犯であるとする**主観説**と，正犯性を客観的に論じ，例えば相当因果関係のある者が正犯であるとする**客観説**が対立した時代もあった．しかし，いずれの見解もそれを徹底することは困難で，現在は，**実行行為を行った者が正犯**であるとする説明が有力である．61条は「実行させた」者を教唆犯とし，正犯が「実行する」者であることを

示している．ただ，実行行為は形式的に自らの手で実行行為を行うことに限らず，より実質的に，行為者自身が一定程度以上，結果発生を支配することと解することも可能である（**行為支配説**）．

いずれにせよ，実質的にみて，主たる地位を占め，結果発生に重要な役割を演じた者が正犯者となる．具体的には，被告人の関与が不可欠といえるか，分配利益の有無・大小の他，関与者相互の人的関係も重要な判断要素である（林397頁以下参照）．さらに，主観面として「正犯者としての故意」があることが必要である．

必要的共犯　内乱罪や騒乱罪のように，もともと複数の関与者を予定している犯罪類型を**必要的共犯**と呼ぶ．これに対し，1人の行為者を前提とした犯罪類型に複数人が関与した場合を**任意的共犯**という．

必要的共犯には，「向かい合う両当事者」が必要な**対向犯**（わいせつ物頒布罪の売り手と買い手，賄賂罪の収賄者と贈賄者等）と，「同一方向に向かう多数の関与者」が必要な**集団犯**（内乱罪，騒乱罪等）がある．任意的共犯の場合には刑法総則の共犯規定の適用があるが，必要的共犯の場合にはもともと複数人が関与することが予定されており，共犯規定の適用はない．

【**解釈論上の意味**】　対向犯において，条文上一方のみを処罰している場合，当然予想される他方は処罰されない（例えば，わいせつ物頒布罪（175条）では，購入行為により頒布行為を助けることになっても，頒布罪の幇助犯に当たらない）．立法者が対向する行為の存在を当然認識したのに，敢えて構成要件を設けなかったのだから，他方につき処罰しない法の意図が明らかだからである（最判昭43・12・24刑集22・13・1625）．必要的共犯の不処罰根拠を違法性ないし責任の欠如で説明する説も有力であるが，政策的・立法的考慮も含まれる．

6-1-2 共犯の従属性——従属性の多義性

実行従属性　共同正犯を含む全共犯現象を整理する最も基本的な対立として，正犯とは独立に共犯自体の犯罪性を根拠に処罰する**共犯独立性説**と，共犯の処罰は何らかの意味で正犯行為を前提とするという**共犯従属性説**が対立してきた．

両説の対立の中核は，正犯者が実行に着手しなければ共犯処罰は認められないのかという実行従属性の問題（下記①）であった．**独立性説**は，教唆・幇助行為そのものの着手が共犯としての「実行の着手」であると考える．そのため，正犯者が犯行を拒否しても，共犯行為がなされれば未遂犯として処罰する（**教唆の未遂**）．これに対し，**従属性説**は，正犯の「実行の着手」があった時点で共犯者の未遂が成立するとし，それ以前の段階（教唆の未遂）は不可罰と考える．

【予備の共犯】 殺人罪の教唆をしたところ，正犯Ｘがピストルを準備した段階（殺人予備罪）で捕まった場合，従属性説を形式的に適用すると，Ｘが「実行」に着手していない以上，教唆者は共犯の責任を負わないことになる．しかし，教唆により殺人予備罪を基礎づけるだけの生命に対する危険性を惹起したことは否定できず，予備罪を「実行」させる教唆も，61条の「教唆して犯罪を実行させた」と評価することができる．ただ，予備の共犯の成立範囲は限定的に認めるべきで，特に「予備の幇助」まで認めると，処罰範囲が不当に拡大するおそれがある．判例は，予備の共同正犯については，成立を認めている（⇨179頁参照．最決昭37・11・8刑集16・11・1522—殺人のための毒薬の入手方を依頼された者が，入手して手交した行為）．

従属性の意味 従属性説が通説となり，争点は**従属性の内容・程度**へと移った．すなわち，①共犯処罰には，正犯者の実行行為を必要とするか（**実行従属性**），②正犯と共犯とは成立する罪名が同一でなければならないか（**罪名従属性**），③共犯が成立するためには正犯者がどこまで犯罪を完成する必要があるのか（**要素従属性**）である（平野Ⅱ345頁）．

【共犯原理と共同正犯の原理】 ①実行従属性，③要素従属性については，主として狭義の共犯に関して論じられ，共同正犯の場合にはほとんど問題とされてこなかった．すなわち，①に関しては，共同正犯者のうちの1人の実行の着手を待って処罰することは当然と考えられ，③についても，構成要件を共同するか否かが問題で，それ以上に違法性や有責性の共同はあまり問題とならなかった．ところが判例で，共同正犯者の一方が正当防衛で実行した場合をいかに処断するのかという形で，③要素従属性と共同正犯の問題も顕在化した（最決平4・6・5⇨126頁．さらに，共同正犯者の一方が責任無能力者の場合につき，最決平13・10・25⇨128頁）．

【処罰根拠論】 ドイツで結果無価値論・行為無価値論の対立に対応して，

教唆・幇助につきその処罰根拠が論じられた．共犯者が教唆・幇助により正犯者を堕落させて有責で処罰される状態に陥れた点に共犯の処罰根拠を求める**責任共犯論**と，正犯の実現した犯罪結果を共に惹起した点に共犯の処罰根拠を求める**惹起説（因果的共犯論）**とが対立した．我が国では，共犯者は，正犯者に物理的・心理的に働きかけて犯罪を実行させ，法益侵害を発生させるからこそ処罰されると解すべきだとする点は，ほぼ争いなく認められる（惹起説）．もっとも，共同正犯が重要な我が国では，処罰根拠論の意義は小さい．

6-1-3 共同正犯の本質 ── 行為共同と罪名従属性

犯罪共同・行為共同の対立　我が国の刑法解釈においては，狭義の共犯に関する従属性の議論より，共同正犯の本質に関する議論が重要な意味を有する．共同正犯の理解に関しては，複数の関与者が1つの犯罪を共同実行すると考える**犯罪共同説**と，複数の罪に該当するとしても行為を共同すれば共同正犯となり得る**行為共同説**が対立するとされてきた．

　共同正犯を認める最大の意味は，自ら実行しなかった部分についても帰責されるという点にある（⇨127頁）．**犯罪共同説**は，そのような効果を認めるには一個の犯罪を複数人が共同して実行すること（**数人一罪**）が必要だと考える．これに対し，**行為共同説**とは，構成要件を離れた「行為」を複数の者が共同で行うことが共犯であると理解し（**数人数罪**），異なる罪名についても共同正犯（ないし狭義の共犯）の成立を認める．犯罪共同説は，異なる罪名の共同正犯が成立し得ないという意味での罪名従属性説であり，行為共同説は罪名独立性説といえよう．

行為共同説の妥当性　最決昭54・4・13（刑集33・3・179）は，傷害の共謀をしたところ1人が殺意をもって犯罪を行った場合につき，「殺意のなかった被告人Xら6名については，殺人罪の共同正犯と傷害致死罪の共同正犯の構成要件が重なり合う限度で軽い傷害致死罪の共同正犯が成立する」と判示した．殺意のない者に傷害致死罪の共同正犯，殺意のある者に殺人罪の共同正犯の成立を認めたと読むのが自然であ

るが（行為共同説に近い），殺意のある者についての具体的な判断がなされ
たものではなかった．部分的犯罪共同説からは，Xには傷害致死罪の共
同正犯の他に殺人罪の単独犯を認めることになろうが，両罪の関係の説明
は困難である．

　この問題につき，最決平17・7・4（刑集59・6・403⇨37頁）は，一方が殺意
を持ち，他方が保護責任者遺棄の故意で共同実行した事案につき，「被告
人には，不作為による**殺人罪が成立し**，殺意のない患者の親族との間では**保
護責任者遺棄致死罪の限度で共同正犯となる**」と判示した．ここで重要なのは，
「殺意ある者にも保護責任者遺棄致死罪の共同正犯が成立する」とはしな
かった点であり，共同正犯の間で成立する罪名が異なることを当然の前提
とした上で，共同関係を基礎づける部分を「限度で」という形で明示した
ものと見るべきである．

　　【行為共同説の意味】　行為共同説といっても，共同正犯である以上，各自が
　　それぞれの犯罪を「共同して実行した」と認められなければならない．他
　　人の行為との共同関係が，成立する犯罪類型の重要部分を占めていなけれ
　　ば，一部行為の全部責任（⇨127頁）の効果は認められないと考えられる
　　からである．構成要件の重要部分を共同することが必要で，例えば，X
　　が殺意を有し，Yが傷害の故意でAに加害を加えて死亡させた場合，両
　　罪の重要部分につき共同しているといえ，どちらの行為が原因で死亡した
　　か不明でも，XとYには殺人罪と傷害致死罪の共同正犯が成立する．こ
　　れに対し，殺人罪の故意と放火罪の故意でA宅に放火した場合，構成要
　　件の重要部分を共同しているとはいえない．

　　【部分的犯罪共同説】　犯罪共同説も，正犯と共犯の構成要件が異なる場合で
　　あっても，両者が**同質的で重なり合う範囲**で共犯の成立を認める考え方が有
　　力である（**部分的犯罪共同説**，大谷402頁，佐久間399頁）．Xが殺人，Yが傷
　　害の故意の場合，かつての犯罪共同説はX・Yに殺人罪の共同正犯が成
　　立し，Yは傷害致死の範囲で科刑されると解していたが，犯罪の成立と
　　科刑の分離にも批判が強く，そこで現在では，重なり合う軽い罪（傷害致
　　死罪）の範囲で，一個の共同正犯が成立すると説明することになった（福
　　田267頁）．

　　　この部分的犯罪共同説と上記の行為共同説はほぼ重なるが，行為共同説
　　は異なる罪名（例えば傷害罪と殺人罪）の共同正犯を認めるのに対し，部分

的犯罪共同説はそれを認めない点が異なる.

6-1-4 共犯と要素従属性・罪名従属性

要素従属性　　共犯における**要素従属性**は，正犯者が犯罪成立要件のどの部分まで完成していれば共犯処罰を認めるかをめぐる問題である．刑法61条は，教唆して「犯罪」を実行させることを処罰するが，例えば，正犯者が責任無能力であったり，正当防衛として実行行為を行った場合でも，教唆が成立するのかについては対立がある．

　　　【共同正犯と違法・有責の共同】　共同正犯の場合にも，一方に違法性や有責性が欠けた場合の他方への影響は問題となる（⇨下記・**制限従属性説**参照）．ただ，従来は，犯罪（構成要件）の共同に議論が集中し（⇨123頁），違法性や責任の共同について論じられることは少なかった（正当防衛と共犯⇨126頁，責任無能力者と共犯⇨128頁参照）．

　要素従属性に関しては，正犯は，構成要件に該当する行為を行えば足りるとする**最小限従属性説**，構成要件に該当し違法な行為でなければならないとする**制限従属性説**，さらに有責性まで要求する**極端従属性説**が対立し，事実上，極端従属性説と制限従属性説のいずれが妥当かが争われてきた．

制限従属性説　　犯罪とは「構成要件に該当する違法で有責な行為」とされるため，多数説・判例は極端従属性説を採用してきた．しかし，違法性は客観的で正犯者・共犯者に共通であるが，責任の存否は個人ごとに判断すべきであるとして，制限従属性説が次第に有力化した（林422頁，山口327頁）．

　しかし現在の判例は，極端従属性説・制限従属性説のいずれからも説明できない．刑事未成年者に命じて窃盗を行わせる行為につき，「暴力を加え自己の意のままに支配していた」ことを根拠として，間接正犯を肯定している（最決昭58・9・21，大阪高判平7・11・9⇨32頁）からである．極端従属性説からは，支配の有無にかかわらず，刑事未成年であることのみで間接正犯の成立が認められるはずであるし，制限従属性説からは，未成年者の行為が違法である以上，教唆に当たるはずである．さらに，刑事未成年者との強盗の共同正犯も認められ（最決平13・10・25⇨128頁），形式的な従属

性の程度は，犯罪の成否において，機能していない（間接正犯⇨31頁）.

　そもそも，未成年者に犯罪を命じた者の刑事責任は，罪責の重い順に，
①間接正犯，②共同正犯の成否が吟味されなければならず，その後③教
唆・幇助に該当するかが検討される.

【判例−正当防衛と共犯】　殺人を教唆あるいは幇助したところ，正犯者の
殺害行為が正当防衛となった場合も，形式的に正犯の違法阻却が共犯にも
及ぶといえるわけではない.　教唆犯・幇助犯の当罰性は実質的に考える必
要がある.　正当防衛を利用した間接正犯の場合は（⇨34頁参照），被利用者
にとって正当な結果も，正犯者（利用者）にとっては違法となり得る.
　共同正犯者の1人について過剰防衛が成立したとしても，その結果当然
に他の共同正犯者についても過剰防衛が成立するわけではない.　最決平
4・6・5（刑集46・4・245）は，殺人の共同正犯者X・Yのうち，急迫不正の侵
害に対し過剰に防衛したXにつき過剰防衛を認め，その場にいなかった
Yには，急迫性がない以上過剰防衛を認めることはできないとした.　X
についての違法減少がYに及ぶとは解されていない.　判例は，構成要件
も共同正犯者ごとに異なり得ると考え，正当防衛といえるか否かも，各行
為者ごとに考えているといえよう.
　同様の状況はXが正当防衛だった場合にも起こり得る.　Yにとっても
処罰に値するだけの違法結果が生じたとはいえないとする見解もあるが，
正当防衛の成否は共同正犯者ごとに考えるべきであり，Yが防衛状況に
あるといえない限り，正当防衛には当たらない.

罪名従属性　　　　共犯者間で罪名が異なってもよいのかという罪名従属性は，
　　　　　　　　　　主として共同正犯で問題とされてきた（犯罪共同・行為共同
⇨123頁）.　しかし，教唆の錯誤をめぐっても，正犯と共犯との間の犯罪の
一致が議論されてきた.　部分的犯罪共同説（罪名従属性説的な考え方）（⇨
124頁）は，被教唆者が教唆者の認識よりも軽い限度で実行したときは，
教唆者はその実行の限度で教唆犯が成立し，認識を超えて実行したときは，
教唆犯はその認識の範囲内で認められると説明する（大谷463頁参照）.

　ただ，部分的犯罪共同説も正犯と共犯の罪名の一致を要求するのであれ
ば，その理論を維持することは困難である.　例えば，YがXに窃盗の教
唆をしたところ，Xが強盗を行った場合，正犯Xは強盗罪に該当するが，

Y は窃盗罪の教唆となる（佐久間 399 頁）．狭義の共犯の領域においては，正犯と共犯の罪名が異なる場合を認めざるを得ないのである．

> 【実行行為への従属】 正犯の罪名と異なる共犯を認め，行為共同説（罪名独立性説的な考え方）を採用するとしても，共犯は正犯の構成要件行為に「従属」することは必要である．正犯が強盗罪で共犯が窃盗の教唆の場合でも，教唆者は「（強盗に内包される）窃盗行為を教唆したと評価できるだけの教唆行為」を行ったからこそ窃盗教唆として処罰されるのである．

6-2 共同正犯

6-2-1 共同正犯の意義

60 条 2 人以上共同して犯罪を実行した者は，すべて正犯とする．

一部行為の全部責任の原則 共同正犯とは，2 人以上が共同して犯罪を実行することで，いずれかの共同者の行為により生じた結果は全員に帰責される．広義の共犯の有罪人員のうち 97〜98% を共同正犯が占め，実務上圧倒的な重要性を持つ．2 人以上の者が，意思の連絡なしに同一の客体に対し同一の犯罪を同時に実行することを**同時犯**といい，各自が自己の行為についてのみ責任を負う（X と Y が A を殺害しようと同時にピストルを発射し A を殺害したが，X・Y いずれの弾丸が命中したかが不明であれば，因果関係が認められない以上 X・Y ともに未遂の責任のみを負う）．しかし，X・Y 間に共同実行の意思があり共同正犯となれば，いずれの弾丸が命中したか不明であっても，さらに一方の弾丸が当たらなかったことが明らかであっても，両者ともに殺人既遂罪となる（**一部行為（実行）の全部責任の原則**）．

共同正犯者に一部実行の全部責任の効果が生じるのは，**物理的共同**とともに，共同正犯者相互に教唆ないし心理的幇助を行って**心理的影響**を及ぼし合い，結果発生の蓋然性を高めるからであるが，その因果性は，必ずしも具体的に設定する必要はない．

共同実行 共同正犯の「構成要件行為」である**共同実行**には，㋐客観的な**実行行為の分担**および，㋑共同正犯者間の**意思の連絡**（共同実

行の意思）の存在が必要である．たしかに実行行為の分担があれば，特に物理的因果性が強まる．しかし，共同正犯の全員が構成要件行為の一部分を必ず行うとは限らない．実行の分担は共同正犯の必須の要件ではなく，「共同して実行した」とは，実行行為が共同のものと評価し得ることを意味する（共謀共同正犯の共同実行⇨130頁）．

ただ，共同「正犯」である以上，自己の犯罪として実行したと評価し得る事情，すなわち，自己の犯罪として行う意思が認められ，計画を立てたり重要な役割を果たすことなどが必要である．犯罪によって得た利益をどの程度享受したかも，共同正犯性を判断する上では重要な意味を持つ．

また，60条の「犯罪」には教唆犯・従犯も含まれる．

【判例－間接正犯と共同正犯と教唆】　母親XがA女から金品を強取しようと，長男Y（当時12歳10か月）に対し，覆面をしエアーガンを突き付けて脅迫するなどの方法により同女から金品を奪い取ってくるよう指示命令し，Yは指示に従った上，自己の判断により，同店のシャッターを下ろしたり，Aをトイレに閉じ込めたりするなどして金員を強取した事案について，Yは自らの意思により本件強盗の実行を決意し臨機応変に対処して強盗を完遂したことなどからすると強盗の間接正犯は成立しないが，Xが計画し犯行方法を教示し，実行を指示命令した上，金品をすべて自ら領得したことなどから，Xに本件強盗の教唆犯ではなく（共謀）共同正犯が成立するとした（最決平13・10・25刑集55・6・519⇨32頁参照．Yは刑事未成年であるため，犯罪は成立しない）．

いかに，客観的に「共同実行」が存在しても，意思の連絡を欠けば同時犯に過ぎない．その意味で，共同実行の核心部分は意思の連絡にある．意思の連絡を欠く片面的共同正犯は刑法60条の共同正犯とは認められない（片面的幇助⇨138頁，片面的教唆⇨136頁）．共同実行に加え，単独正犯における故意に相当する共同正犯の認識（責任要素）が必要である．

逆に，殺害についての意思の連絡をした上で，毒薬の入手（殺人の準備行為）を行った者には，計画が変更され包丁で刺殺した場合でも，殺人予備罪の共同正犯（⇨122，179頁）が成立する．また，教唆犯（最判昭23・10・23刑集2・11・1386参照），幇助犯の共同正犯も成立し得る．

6-2-2 共謀共同正犯

判例理論　刑法典の採用した西欧型の共犯概念を形式的に適用すれば，「実行行為」を全く行わない者は共同「正犯」となり得ない．しかし，我が国の判例は，客観的な実行行為を全く分担しないが，事前の共謀に加わった者の一部につき，共同正犯の成立を認める**共謀共同正犯**を発展させてきた．当初は詐欺罪などの知能犯に限られていたが，次第に実力犯（粗暴犯）にまで拡大し，全犯罪類型に妥当する一般的なものとなった．犯罪の中心的関与者を正犯として扱うという，実務の発想を理論化したものである．

> **【伝統的共犯概念】** 我が国の伝統的な共犯概念では，犯罪意思を形成する際に重要な役割を果たした者（造意者）を中心に処罰する考え方が有力であった．例えば，新律綱領（1870 年）39 条は「凡共に罪を犯す者は造意一人を以て首と為し随従者は従と為し一等を減す」と定めていた．

練馬事件判決　判例の理論的説明としては，共謀により，**同心一体的共同意思主体**が形成され，その構成員の一部の実行は「共同意思主体」の活動と評価され，その共同意思主体に対する責任が各個人に分配されるとする**共同意思主体説**（西原 325 頁）も存在したが，刑法の個人責任の原則に反するとして厳しい批判を浴びた．

判例の共謀共同正犯論は，**共謀に参加した者は，直接実行行為に関与しなくとも，他人の行為をいわば自己の手段として犯罪を行った**という意味で共同正犯性を有するとした**練馬事件判決**（最判昭 33・5・28 刑集 12・8・1718）により確立する．

そして，裁判の現場で共犯の過半を占める共謀共同正犯は，昭和 50 年代後半，否定論の中心であった団藤博士の改説もあり（最決昭 57・7・16 刑集 36・6・695 の団藤意見），学説の支持も拡げていった．

共謀共同正犯の必要性　直接正犯ですら，常に現場で実行行為の全部を実行するとは限らないし，間接正犯は自己の手で実行行為を行わないものを正犯とする．まして，正犯の処罰範囲を拡張する共同正犯の場合に，常に共同実行行為が客観的に必要だとするのは不合理である．また，暴力団の幹部が配下の者に命じて実行させる場合など，教

唆・幇助のみでは評価し尽くせない「共謀」が多く見られる.

60条の「共同して犯罪を実行した」とは，共同意思に基づいて実行したことを意味し，実行行為が「共同のもの」と評価できればよい．共謀共同正犯論とは，共謀という強い心理的因果性を要求することにより，形式的な「共同実行」を不要とする共同正犯を認める理論である．

共謀共同正犯の成立要件　共謀共同正犯の成立には，①客観的に，共謀参加者の実行の着手が必要で，②「共同実行」と評価できるだけの共謀関係が認定されなければならない．現実の実行を分担しない以上，単なる意思の連絡や共同犯行の認識では足りず，「他人の行為をいわば自己の手段として犯罪を実現」(前掲・練馬事件判決)するだけの共謀が必要である．暴力団の親分・子分のような「支配型」だけでなく，相互に心理的因果性を与える「対等型」といった類型がある (具体的には謀議の際の発言，組織内での地位，犯行資金の調達・分担，利益分配の有無などから客観的に判断される．最決平19・11・14刑集61・8・757は，廃棄物の処理を委託した者が，未必の故意による不法投棄罪の共謀共同正犯の責任を負うとした)．また，③共同正犯の主観的成立要件として，正犯(者)意思が認定されなければならない．正犯意思がない限り，意思の連絡があっても幇助にとどまることはあり得る (共同正犯と幇助の区別⇨140頁)．

【判例－共謀共同正犯の成否】　共謀共同正犯が成立するためには，実行行為を行わない者に実行行為者に対する指揮命令権限が必要であるわけではないが，組織内での地位・関係は共謀関係の判断上，重要である．黙示的な共謀もあり得るが，「意思の連絡」といえるだけの内容が必要である (最決平15・5・1刑集57・5・5072－暴力団のボディーガードが自発的に警護のためのけん銃を所持していることを，暴力団組長が確定的に認識していれば共謀共同正犯となる．最決平21・10・19判タ1311・82参照)．ただ，いかに組長がボディーガードのけん銃等の所持を認識・認容していても，ボディーガードが「拳銃所持に組長が気付いていない」と思っていた場合は，組長には共謀共同正犯が成立しない．

　また，虚偽記載半期報告書提出罪及び虚偽記載有価証券報告書提出罪につき，虚偽記載の内容につき相談を受けながら，これを是正せずに適正等との監査意見を付した公認会計士には，会社代表取締役らとの共同正犯が

成立する（最決平22・5・31判タ1385・126）.

6-2-3 承継的共同正犯

意義　承継的共犯とは，先行行為者が，既に実行行為の一部を終了した後，後行行為者が関与する形態の共犯で，共同実行の意思を持って実行に参加する**承継的共同正犯**が中心で，加担の意思で関与する**承継的幇助**もある（承継的共犯は，先行行為者が既に犯意を持って実行行為を開始している場合であるから「承継的教唆」はあり得ない）．承継という以上，「実行行為の途中」から関与したことが必要である（事後強盗罪で暴行・脅迫のみを行う者は，実行行為のはじめから関与したことになり，非身分者と共犯の問題となる⇨142頁）．承継的共犯論の実質的争点は，後行行為者が，関与以前の先行行為者の行為（ないしそれに基づく結果）について責任を負うか否かにある.

> **【学説の対立】**　かつての積極説（承継を認める立場）は，共同正犯者が同一の犯罪一罪を共同して行うことを要求する**犯罪共同説**と結びつき，承継的共犯の場合にも関与者すべてに同一の犯罪が成立すると主張した．これに対し消極説は，各自異なった犯罪行為について共犯の成立を認める**行為共同説**と結びつき，後行行為者は自己の行為の範囲で帰責されるとした．ただ，犯罪共同説・行為共同説の対立はかなり変化している（⇨123頁）．しかも，一罪といっても強盗罪のような結合犯は，暴行・脅迫と財物奪取に分けて評価できるため，犯罪共同説からも承継を否定する場合がある.

傷害結果の承継　関与以前に発生し，物理的にも心理的にも因果性を欠く事情については，原則として承継は認められない.

そこで，関与前に他の共犯者が傷害を負わせていた場合，そのことを認識しつつ加わった後行者でも，因果関係を有しない傷害の結果を帰責させることはできないし（最決平24・11・6刑集66・11・1281），暴行の途中から関与した者には，関与前の傷害結果については承継しない（大阪高判昭62・7・10高刑集40・3・720）．同様に，傷害が関与後に発生したか，それ以前に既に生じていたか不明の場合にも，傷害罪の承継的共同正犯は成立しない.

> **【判例－傷害の承継と刑法207条】**　ただし，207条（同時傷害の特例）は意思の連絡のない場合（共犯でない場合）に限るものの，複数名が同一機会に暴

行を加えて傷害結果が発生した場合を，共同正犯として扱うと規定する．
そこで，Ｘが暴行を加えていたところ，後から意思を通じて加わったＹ
も暴行を加えた場合，一連の暴行の際に生じた１個の傷害が，Ｙの加担
前に生じたか否か不明な場合，Ｙに傷害罪の承継的共同正犯は成立しな
いが，ＸとＹが意思の連絡なく暴行を加えた場合との均衡上，同時傷害
の特例が適用され，Ｙも傷害結果について責任を負う（最決平 28・3・24 刑集
70・3・1．さらに大阪地判平 9・8・20 判タ 995・286⇨186 頁）．Ｘは一連の暴行にす
べて関与しており，傷害罪が成立することは明らかであるが，刑法 207 条
は，責任を負う者が誰もいなくなる不都合を回避するための規定ではない
（前掲・最決平 28・3・24）．

強盗罪　　承継的共同正犯が最も激しく争われたのは，強盗罪であった．
暴行・脅迫行為と財物奪取行為とから成り立つ強盗罪について
は，後から財物奪取行為のみに関与した者にも承継を認め，強盗罪の共同
正犯とする立場が有力である．強盗罪のような結合犯は，各部分に分けて
構成要件該当性を論じられないとする説明もあるが（大塚 295 頁），先行行
為者が発生させた死や傷害の結果は承継しないが，暴行・脅迫によって生
じた反抗抑圧状態は効果を持ち続けているので，先行行為者の暴行等は承
継するという説明もある（平野Ⅱ 383 頁）．たしかに，後行行為者が先行行
為者による反抗抑圧状態を，**自己の犯罪遂行の手段として積極的に利用**したと評
価できる場合には，強取行為を共同実行したといえる場合があろう．

　もっとも，抑圧状態の利用関係を強調すると，反抗抑圧状況の発生を物
陰から見ていた第三者が，被害者の財物を持ち去る行為や，Ｘにより重
傷を負わされ全く動けない被害者のところに，後から加担したＹが，財
物を取りに行く任務を分担した場合にまで強盗となりかねないが，これら
は強盗の実行行為とはいえない（最決平 24・11・6（⇨131 頁）も既に生じた状
態の積極的利用のみでは，承継的共同正犯は成立しないとする）．

【判例－240 条と承継】　大判昭 13・11・18（刑集 17・839）は，Ｘが被害者を殺
害した後，事情を認識しつつ被害者からの金員奪取のみに関与（幇助）し
たＹにつき，関与前の殺害の点も含めて強盗殺人罪の幇助犯とした．前
掲・最決平 24・11・6 は，補足意見ではあるが，強盗罪の承継的共同正犯を

6-2 共同正犯　133

認めている．

　なお，後行行為者に，関与前の傷害についても承継を認め，強盗致傷罪
の共同正犯とする裁判例もあるが（札幌高判昭 28・6・30 高刑集 6・7・859），反
抗抑圧状態の利用を超えて，被害者の傷害や致死の結果についてまで積極
的に利用したとはいえないので，強盗罪の限度で承継を認めると解すべき
であろう（東京地判平 7・10・9 ⇨275 頁参照）．

**詐欺・恐喝
罪の場合**
　強盗以上に，詐欺罪・恐喝罪等の途中からの関与は共同正
犯が認められやすい．例えば，先行行為者が恐喝目的で
A を脅迫し畏怖させた後，後行行為者が意思を通じてさ
らに脅迫して金員を交付させた場合，既に被害者が畏怖している（詐欺罪
であれば錯誤に陥っている）ため，後行行為者は軽度の威迫的（偽計的）行為
を用いただけで恐喝罪（詐欺罪）の実行行為を共同したことになる（恐喝罪
の承継につき名古屋高判昭 58・1・13 判時 1084・144 参照．既に存在する客観的事情
により，後行行為者の行為の危険性は異なり得る）．しかし，脅迫行為に全く関
与せず，金員の交付を受けただけの後行行為者は，恐喝罪の中心部分であ
る脅迫行為が完全に終了した後の関与に過ぎず，幇助にとどまると解すべ
きである（横浜地判昭 56・7・17 判時 1011・142．実行行為の一部である金員受領行
為を分担した者でも，幇助にとどまるとした）．振り込め詐欺で，欺罔行為終
了後に「受け子」となることを共謀して加わった者は，被害者が騙された
ことに気づき，警察と協力して行った「だまされたふり作戦」で空の荷物
をその者に届けたとしても，共謀の上「詐欺を完遂する上で本件欺罔と一
体のものとして予定されていた受領行為に関与している」以上，「だまさ
れたふり作戦の開始のいかんにかかわらず」詐欺未遂罪の共同正犯となる
（最決平 29・12・11 裁判所 Web．さらに，コントロールド・デリバリー（⇨34 頁）
参照）．

6-2-4 過失の共同正犯

過失の共同共犯
　共同して危険な行為を行い（例えば，複数人で分担してト
ンネルを掘削する等），人を死亡させたが，どの行為者の
作業が死亡の原因となったか判明しなかったような場合をいう．過失の共

134　6 共　犯

同正犯否定説によれば，過失の同時犯と解することになり，因果関係が不明である以上，各自に死の結果を帰責することができない（過失犯に未遂処罰はないから不処罰となる）．過失の共同正犯肯定説からは，関与者全員に過失致死罪が成立する（肯定説によれば，いずれの行為から結果が発生したかが明らかな場合でも，共同実行者全員に結果が帰責される）．

　判例は，過失の共同正犯を認め，**共同の業務上の注意義務に共同して違反した**こととする（最決平 28・7・12 刑集 70・6・411 参照－明石花火大会事故における警察副署長の刑事責任．ただし具体的事案では共同の業務上の注意義務が認められないとされた）．

> 【判例－過失の共同正犯】　最判昭 28・1・23（刑集 7・1・30）は，共同して飲食店を経営していた 2 名が，メタノールを含む液体を何ら検査せず販売した事案につき，過失によるメタノール含有飲料販売の罪の共同正犯を認めた．その後，下級審で否定説の判例も登場するが，近時は肯定する判例も目立つ．例えば，名古屋高判昭 61・9・30（高刑集 39・4・371）は，一方が溶接する間，他方が監視する方法で交代して溶接作業を行った際に失火したが，いずれの溶接行為の火花が原因かは特定できなかった事案に関し，両名に過失の共同正犯を認めた．そして，東京地判平 4・1・23（判時 1419・133）は，地下洞内でランプを用いて作業に従事していた 2 人が，洞外に退出するに当たりランプ消火を相互に確認せずに立ち去り，火災を発生させた事案につき，過失行為を共同して行ったものとした．さらに，医師の業務上の共同注意義務違反を認めたものとして奈良地判平 24・6・22（判タ 1406・363）がある．

【過失の共犯】　不注意により他人に犯罪行為を決意させたり，不注意により他人の犯罪行為を助けたりすることはあり得るが，過失による教唆犯，幇助犯は認められない（大谷 436 頁，442 頁）．刑法 38 条 1 項の故意犯処罰の原則から，「教唆」「幇助」の語は故意になされた場合に限られるという理由もあるが，特に過失の幇助を認めると，処罰範囲が不当に拡大するおそれが大きい．

共同実行　　過失犯の中心を，旧過失論（⇨74 頁）のように，不注意により結果を発生させたという無意識的なものであり，危険行為そのものではないと解すると，無意識を共同することはできないから，過

失の共同実行はあり得ないことになる．しかし，注意義務違反という過失の実行行為（例えば，工事などの危険行為）を共同することはあり得る．

そして，過失犯は単独正犯でも結果の認識は不要であるから，過失共同正犯においても「結果についての意思の連絡」を要求する必要はない．ただし，相互に相手の行為を認識しながら行為したというだけでは，不十分で，一方の関与が他方の「不注意」を強めたり，危険性を高めるという形での因果的影響が必要である．

過失単独正犯との関係 一方が他方についてまで注意義務を負う「共同義務の共同違反」が認められるとされる事案（例えば東京地判平4・1・23 ⇨134頁）は，過失の共同正犯を用いなくとも，各関与者自身の監督義務・監視義務違反により過失責任を問い得る場合でもある．これに対し，共同の注意義務が認められにくい場合（例えば，2人で狩猟中，両名が発砲して誤って人を死亡させたが，いずれの弾が当たったか不明な場合）には，過失の共同正犯を認める必要があるとされる（林401-405頁）．しかし，過失の共同正犯を基礎づける「共同義務」と，個人について考えられる「客観的注意義務」とは，事実上重なる場合が多いであろう．理論的には過失の共同正犯も認められないわけではないが，各自の関与形態に合わせた，予見可能性判断を中心に処理すれば，ほとんどの事例には対処できると解される．逆に，共同義務の共同違反が認められない場合にまで過失の共同正犯を認めることは，妥当でない（最決平28・7・12（⇨134頁）参照）．

結果的加重犯の共同正犯 結果的加重犯の共同正犯については，基本となる犯罪行為に関して故意があるので，通常の過失犯とは別個に理解することが可能である．基本となる犯罪について意思の連絡があれば，それと因果関係のある範囲内の結果が共同正犯者に帰責される．そこで，結果的加重犯に対する教唆も認めることができる．たしかに，全く予見不可能な結果につき処罰することは責任主義に反するが，基本犯の認識があるにもかかわらず加重結果について予見可能性が欠ける場合は通常は考えられない（⇨184頁）．

判例は，強盗を共謀したところ1人が被害者を死亡させた場合につき，共同正犯者全員を強盗致傷罪（240条）とし，加重結果についての共同正

136　6 共　犯

犯を認める（最判昭 26・3・27 刑集 5・4・686 参照）．判例は，重い結果につき過失を要求しないため，より容易に共同正犯が認められる．

6-3　狭義の共犯

6-3-1　教唆犯

61条1項　人を教唆して犯罪を実行させた者には，正犯の刑を科する．
　　2項　教唆者を教唆した者についても，前項と同様とする．

教唆の意義　　**教唆**とは，人に犯罪を実行する決意を生じさせることをいう．教唆犯の成立には，犯罪が特定されていること，および正犯がその犯罪を実行することが必要である（実行従属性⇨121 頁）．教唆の処罰根拠は，正犯者を介して結果を惹起することにあるからである（⇨123 頁）．

　教唆の方法は明示・黙示を問わないし，甘言・哀願・利益の供与などを含む．欺罔，脅迫を伴う働きかけも教唆であるが，その程度が，実行行為者を支配し，働きかけた行為が具体的危険性を発生させる場合には間接正犯となる（⇨31 頁）．既に犯意の生じた人間の決意を強める行為は，教唆ではなく幇助である（ただし，既に犯行の具体的方法を認識している者に対する教唆もあり得る．最決平 18・11・21 ⇨412 頁）．共同正犯と異なり，被教唆者は教唆されたことを認識する必要はないから，**片面的教唆**もあり得る．

　61条1項の「正犯の刑を科する」とは，正犯と同様に処断できることを意味する（ただし，実際の量刑が正犯と同様というわけではない）．なお，64条により，拘留・科料しか処罰規定がない罪については，特別の規定がなければ教唆を処罰しない（幇助も同様である）．

　　【間接教唆】　61 条 2 項は「教唆者を教唆した者」（**間接教唆**）も教唆犯であると規定する．間接教唆犯をさらに教唆する**再間接教唆**も，教唆に当たる（大判大 11・3・1 刑集 1・99―職務強要罪につき再間接教唆を認めた）．また 62 条 2 項は，幇助犯を教唆した場合を幇助の教唆としている．

　　【過失と教唆】　過失による教唆は認められない（⇨134 頁）．また，過失犯に対する教唆は，肯定説も有力であるが（山口 328 頁），正犯が過失の場合も，「犯意を生じさせた」といえるかは疑問である．過失犯を利用した間

接正犯 (⇨32-33頁) とすれば足りる (前田372頁).

教唆の未遂・未遂の教唆　教唆行為は行われたが, 正犯者が実行の着手に至らなかった場合を**教唆の未遂**という. 共犯における違法性 (客観面) が欠け, 教唆として処罰されない. それに対し, 正犯者が実行に着手したが, 結果発生に至らなかった場合を**未遂の教唆**と呼び, 未遂犯として処罰される. ただ, 一般に**未遂の教唆**という用語を用いる場合, はじめから未遂に終わらせる意図での教唆を指すことが多い. 例えば, 既に警察官が張り込んでいることを知った上で, 銀行に窃盗に入ることを教唆するような場合である.

【実行従属性との関係】　共犯従属性説は教唆を実行行為を生じさせることと解するので, 教唆の故意はその認識, つまり「被教唆者に犯罪を実行する決意を生じさせる意思」で足りるとし, 未遂の教唆も処罰することができるとした (団藤406頁). それに対し, **共犯独立性説**は教唆自体を「実行行為」であると考えることから, 教唆の故意には基本的構成要件の結果発生の認識が必要だとされてきた (木村415頁). しかし, 従属性説は結果発生の危険性を重視する見解のはずで, 未遂発生の認識では, 教唆の故意に当たらないといえる. 逆に, 独立性説は正犯の実行の着手がなくても共犯を未遂として処罰できるとする立場であり (⇨122頁), 教唆犯の故意についても,「結果」発生の認識がなくても「犯罪行為に引き込む認識」があればよいとも考えられる.

未遂の教唆の可罰性　まず, ①客観的に未遂処罰に必要な実質的危険性が必要である. 結果発生が不可能な内容 (砂糖を飲ませて殺すよう唆す行為など) を唆しても, 可罰性は生じない. ②主観的には, 教唆の故意として, 結果発生の一定程度以上の可能性 (①) を基礎づける事情の認識が必要である. ただ,「結果は起こらない」と考えていたとしても, (①の認識がある以上) 教唆の故意が認められる場合はあり得る (なお, 林421頁参照).

【判例－教唆と共同正犯】　実際の裁判例では, 犯人蔵匿, 証拠隠滅, 偽証を除き, 教唆犯はほとんど見られない (⇨409, 412, 417頁参照. 前田322頁).
　母親が12歳の息子に強盗を命ずる行為も, 教唆ではなく共同正犯とされた (最決平13・10・25⇨128頁).

6-3-2 幇助犯（従犯）

62条1項 正犯を幇（ほう）助した者は，従犯とする．
**　2項** 従犯を教唆した者には，従犯の刑を科する．

幇助の意義　幇助とは，他人の犯罪に加功する意思をもって，有形，無形の方法により他人の犯罪を容易ならしむるものである（最決平25・4・15刑集67・4・437－危険運転致死傷罪の幇助）．幇助行為が直接的になされたか，間接的になされたかは必ずしも問われない．刑が必要的に減軽される（63条）．道具や場所を与えるなどの有形的な態様の他，犯罪に関する情報提供や精神的な犯意の強化のような無形的なものも含む．不作為による幇助も，不作為に対する幇助も，認められる（⇨144-145頁）．このように，幇助行為は広範に及ぶ可能性があるので，処罰に値する程度のものに限る必要がある（東京高判平2・2・21⇨139頁参照）．

　正犯の実行行為終了後については，従犯はあり得ない（盗品運搬罪や証拠隠滅罪等を事後従犯と呼ぶことがあるが（⇨308頁），厳密には従犯ではなく，独立の犯罪行為である）．過失による幇助は幇助犯の故意を欠き，過失犯に対する幇助も，その幇助者に注意義務違反がある場合に限り，過失の単独犯として処罰すれば足りるから，いずれも認める必要はない．

【片面的幇助】　幇助の場合，正犯者との間に意思の連絡は必ずしも必要でない．正犯者が暴行を加えている間，正犯者に気づかれずに被害者を押さえつける行為のように，幇助行為を正犯者が認識していない片面的幇助も，幇助犯となる場合がある．例えば，友人が賭博場を開くことを知って，これを手伝うつもりで友人には告げずに客を誘って賭博場に案内して賭博をさせた行為は，賭博場開張図利罪の幇助犯となる．日本へ家具を発送するよう依頼された者が，事前に家具の中に拳銃が隠されていることを未必的に認識したもののそのまま発送した行為は，密輸罪の幇助にあたる（東京地判昭63・7・27判時1300・153）．正犯者が幇助犯に気づかれたことを認識していなくとも，発送行為と結果との間に物理的因果性が認められるからである．もっとも，正犯が幇助行為を全く認識しない典型的な片面的幇助の例（東京高判平2・2・21⇨139頁参照）ではやや異なる．心理的にも，物理的にも因果性を欠けば，幇助犯は成立しない（Yが，Aを銃殺しようとしてい

るXを片面的に助けようとし，Xの弾が当たらなければ自分が撃とうとしたが，X
の弾丸が命中したのでYは撃たなかった場合等）．

【間接幇助と教唆の幇助】　間接教唆（61条2項）と異なり，間接幇助の規定
はない．ただ，間接的に正犯の実行を助けることはあり得るし，幇助犯と
いう犯罪行為を幇助したと考えることも可能で，間接幇助は可罰的である
（わいせつ図画陳列につき最決昭44・7・17刑集23・8・1061）．

　62条2項は，幇助犯の教唆を可罰的とする．逆の，教唆犯の幇助は事
実上考えにくいが，「間接的ではあるが正犯の実行を幇助した」という点
で間接幇助と同様に，可罰性を認めることができる．また，間接教唆の幇
助も可罰的である（大判昭12・3・10刑集16・299－職務強要罪の間接教唆犯に対し
資金を与える行為）．

幇助の因果性　　共犯処罰において，結果（ないしその危険性）との因果性を
過度に強調すると，幇助処罰の説明が困難になる．必ずし
も物理的に役に立たない幇助（見張りをしたが誰も通らなかった場合など）も，
当罰性を否定することはできないからである．そこで，幇助の因果性にお
いては，通常の条件関係ではなく，**結果を促進した（容易にした）か否か**とい
う基準を用い，結果を可能にしたりその実現を早めた場合の他に，結果発
生を導く行為を物理的・心理的に促進した場合も幇助だとする見解が有力
である．窃盗の見張り行為も，見張りの存在により正犯が安心して実行で
きたという関係があるからこそ「正犯行為を促進した」ということができ
る（林377-378頁参照）．

【危険犯としての幇助犯】　幇助行為は危険犯であるとし，行為と結果との
条件関係は問題にする必要はないとする主張もある（野村421頁）．しかし，
幇助行為自体を，結果と無関係に処罰することにつながり，妥当でない．
また，結果発生の態様等を微細に問題にして，幇助により1秒でも早く盗
めれば因果性があるとすることも妥当でない．当該犯罪にとって，重要な
意味を持つ相違が生じたことが必要である．

【判例－心理的因果性】　東京高判平2・2・21（判タ733・232）は，当初，正犯
の殺害予定場所と考えられた地下室に，防音のためXが目張りをしてお
いたところ，正犯が結局他の場所で殺害したという強盗殺人の事案につき，
幇助行為は正犯者を精神的に力づけ犯意を維持ないし強化することに役立

った場合にも認められるが，本件の目張り行為についてはそのような事情もないとして，幇助の成立を否定した．正犯が目張りの事実を認識していなかったとされた事案で，目張り行為は，物理的にはもちろん，心理的側面を考慮しても，正犯の犯意を維持・強化して実行行為を遂行させたとは認められない（林379頁参照）．仮に，目張りの事実を認識していたとすれば，正犯行為を心理的に促進したという余地がある．

幇助の故意　正犯行為を容易にすることの認識が必要である．最決平23・12・19（刑集65・9・1380）は，ファイル共有ソフト Winny を制作，公開，配布し，その利用者が当該ソフトを用いて，不特定多数の者に情報を自動公衆送信し得るようにし，著作物の公衆送信権を侵害した行為につき**幇助犯の故意**を欠くとした．ファイル共有ソフトのような有用性と著作権侵害の危険の両面を有する「価値中立のソフト」の場合，「**一般的可能性を超える具体的な侵害利用状況が必要であり，また，そのことを提供者においても認識，認容していることを要する**」とし，本件では，「**例外的とはいえない範囲の者がそれを著作権侵害に利用する蓋然性が高いことを認識，認容していたとまで**」は認められないとし，幇助犯の故意を欠くとした．

共同正犯と幇助の区別　共同正犯と幇助犯との区別は（1）実行行為の分担（客観面）と，（2）加担する意思に過ぎないか，自己の犯罪として実行する意思か（主観面）により判断される（共同正犯⇨127-128頁）．（1）の客観面の共同「実行」は，①関与者の犯罪行為全体における役割の実質的重要性，②利得の帰属，③犯行前後の関与態様などが総合考慮される．

　　【見張り行為】　賭博の見張りは幇助とされるが（大判大7・6・17刑録24・844），殺人や窃盗，強盗等の見張り行為は共同正犯とされることが多い（大判明44・12・21刑録17・2273，最判昭23・3・16刑集2・3・220）．ただ，殺人や強盗でも，その役割により，幇助と評価すべき場合はあり得る．窃盗団の運転手役として，正犯らを窃盗場所に運び，その場で待機する行為は，窃盗罪の共同正犯には当たらない（大阪地堺支判平11・4・22判時1687・157）．

　　【判例－共同正犯との区別】　大麻密輸入計画を持ちかけられ，身代わりの実行犯を立てたり，資金を提供した者は，その役割の重要性から共同正犯

となる（最決昭 57・7・16 刑集 36・6・695）．また，他人の旅券申請書の偽造に関
し，自己の名義を使用することを承諾し，申請に必要な印鑑，戸籍謄本等
を渡した場合には，名義人本人にも有印私文書偽造罪，同行使罪の共謀共
同正犯が成立する（東京地判平 10・8・19 判時 1653・154）．脅迫文を作成すると
いう態様で恐喝行為に加担した場合も，恐喝罪の共同正犯となる（東京高
判平 8・6・25 判時 1581・134）．

　他方，恐喝行為の実行行為の一部である，喝取金の受領行為を行った者
でも，金員交付の場所を提供する等の役割にとどまる場合には，共同正犯
ではなく幇助犯に過ぎない（大阪高判平 8・9・17 判タ 940・272）．また，他の共
犯者らが傷害を負わせた後，放置して死亡させた不作為の殺人罪につき，
放置する際に手伝ったに過ぎない者は，殺人罪の幇助にとどまる（名古屋
地判平 9・3・5 判時 1611・153）．被告人の関与が不可欠といえるか，分配利益
の有無，大小などの観点から，「自己の犯罪」といえる場合には，共同正
犯となる（共同正犯の基準⇒127-128 頁）．

6-4 共犯の諸問題

6-4-1 共犯と身分

65条1項　犯人の身分によって構成すべき犯罪行為に加功したときは，身
分のない者であっても，共犯とする．

　2項　身分によって特に刑の軽重があるときは，身分のない者には通
常の刑を科する．

身分の意義　　65 条にいう身分とは，「男女の性別，内外国人の別，親族
の関係など，公務員たるの資格のような関係のみに限らず，
総て一定の犯罪行為に関する犯人の人的関係である特殊の地位又は状態」
をいう（最判昭 27・9・19 刑集 6・8・1083）．常習賭博罪における常習性も身分
に当たる．判例は，犯人の一身的な継続的属性に限らず，麻薬密輸入罪の
営利の目的も身分であるとし（最判昭 42・3・7 刑集 21・2・417，東京高判平 10・3・
25 判タ 984・287），営利目的を不真正身分とすることにより，目的の有無に
応じた刑を科している．ただし，同じ結論は，営利目的輸入罪と単純輸入
罪の共同正犯を認めることにより導くことも可能である（行為共同説）．

142　6 共　犯

65条1項の「犯人の身分によって構成すべき犯罪」を真正（構成的）身分犯と呼ぶ．真正（構成的）身分の代表例は，虚偽公文書作成罪や収賄罪の「公務員」，偽証罪（169条）の「宣誓した証人」，横領罪の「占有者」等である．65条2項の「身分によって特に刑の軽重がある」犯罪を不真正（加減的）身分犯と呼ぶ．不真正（加減的）身分の代表例は，業務上横領罪（253条）の「業務上の占有者」，業務上堕胎罪（214条）の「医師」等である．

【事後強盗罪と共犯】　事後強盗罪は，窃盗犯人を主体とする真正身分犯であり，窃盗犯人と共謀して暴行・脅迫を行うXは事後強盗罪の共同正犯となる（大阪高判昭 62・7・17 判時 1253・141⇨131 頁参照）．財産犯であるから，窃盗は単なる加減的身分とすべきではない．また，身分犯ではなく窃盗と暴行・脅迫の結合犯とし，Xを事後強盗罪の承継的共同正犯とする見解もあるが，窃盗の着手時点で事後強盗罪の未遂となり不当である．

【消極的身分】　その身分があることにより，処罰が阻却される犯罪を消極的身分犯という（例えば，医師法違反の無資格医業は医師の身分があることにより処罰が阻却される）．特に，非身分者に関与した身分者の処罰につき問題となる．最決平 9・9・30（刑集 51・8・671）は，コンタクトレンズを処方するための検眼やレンズ着脱を無資格者に行わせた眼科医につき，無資格医業の共同正犯としたが，65条の身分とはせず，60条（共同正犯）のみを適用する．ただ，（消極的）身分者が単独では犯し得ない犯罪につき，正犯としての処罰を認める以上，実質的には 65 条の考え方を踏まえていると解さざるを得ない．また，名義人自身につき私文書偽造罪の成立を認めた東京地判平 10・8・19（⇨141 頁）も同様の問題を含む．

1 項と 2 項の関係　65条1項は，単独で行えば処罰されないのに共犯としては処罰されるという意味で**連帯的作用**を示し，2項はそれぞれの関与者の身分に応じた刑を科すという**個別的作用**を規定する．

判例・通説は，65条の文言に従い，1項は真正身分犯に関する規定で，2項は不真正身分犯に関するものであると解する．これに対し，1項は真正・不真正両身分犯の「成否」に関する規定であり，2項は不真正身分犯のみにつき「科刑」だけを定めたものであるとする見解が対立する（団藤418頁）．後説は，共犯の従属性を徹底する立場で，正犯と共犯は常に同一の罪が「成立」するとし（⇨123頁），しかも1項と2項を矛盾なく説明しようとしたものである．しか

し，①65条1項の文言は，真正身分についての規定として読むのが自然であり，②犯罪の成否と科刑を分離することは妥当でなく，しかも③正犯と共犯は常に同じ犯罪を共同するわけではない．

【違法身分と責任身分】 1項は「違法身分」，2項は「責任身分」を規定したものであるとする見解もある（西田402頁参照）．客観的違法性は共犯者間で連帯し，共犯者ごとの固有の問題である責任は個別的扱いをするはずだからである（制限従属性説⇨125頁）．しかし，例えば，業務上横領罪の「業務」は明らかに不真正身分（2項身分）であるが，違法性の違いを根拠に刑が加重されているとする理解も有力である．身分犯はほとんどの場合，違法性，責任，政策的事情が混在していると考えられる．

【業務上横領罪の身分】 判例は，業務上横領罪のように，真正身分と不真正身分の両面を持つ犯罪については65条1項，2項の両方を適用する．業務性を欠き占有もないYが，業務上占有する身分者Xの業務上横領罪に関与した場合，占有者の身分は横領罪を構成する身分であるため，YもXが犯した業務上横領罪が成立するとする．しかし，業務者の身分は加減的身分であるため，65条2項によりYには単純横領罪（252条）の刑が科されるとする（最判昭32・11・19刑集11・12・3073参照）．仮に，占有はあるが業務性を欠く者が関与した場合であっても，同様に252条の刑が科されることになる．特別背任罪に関与した非身分者についても，同様に，特別背任罪に該当するが背任罪の限度で刑を科すとする（例えば，東京地判平11・5・28刑集57・2・210参照）．

1項の「共犯」 かつて，構成的身分犯は「身分ある者のみが実行し得る犯罪類型」で，非身分者が共同「実行」することはあり得ないとし，**共同正犯は含まれない**とする見解もあったが，判例・多数説は，身分犯でも非身分者が事実上実行行為を分担することは可能であるとして，共同正犯も含むとする．たしかに，少なくとも実行行為の一部を行えば共同正犯は成立するのであり，それは身分がなくても可能である．

【非身分者の共同正犯・間接正犯】 最決昭40・3・30（刑集19・2・125）は，（平成29年改正前の）強姦罪の非身分者（女性）も，身分者（男性）の行為を利用することにより，同罪の保護法益を侵害することができることを根拠に，強姦罪に関与した女性を，65条1項により強姦罪の共同正犯とした．また法人の所得税法違反につき，従業員の身分のない者についても，65条1

項により所得税ほ脱罪の共同正犯が成立する（最決平9·7·9刑集51·6·453）.

また，非身分者が身分者を利用した間接正犯もあり得る．非身分者が，身分者の行為を利用して法益を侵害することは可能であり，自手犯（⇨32頁）の場合を除き，非身分者による身分犯の間接正犯は認め得る.

65条2項　2項を加減的身分に関する規定とする判例・多数説によれば，非身分者Xが身分者Y（例えば常習賭博者）を教唆した場合，65条2項により，Xには単純賭博罪が成立する．逆に，常習賭博者Y（身分者）が非常習者X（非身分者）に賭博を教唆した場合，Xは単純賭博罪となるが，Yは65条2項により常習賭博罪の教唆となる．これに対し，1項は犯罪の成否，2項は科刑の規定とする見解からは，YもXと同一の犯罪である単純賭博罪の教唆となり，刑も単純賭博罪の範囲で科されることになる．2項は「身分のない者には通常の刑を科す」としており，「身分のある者には身分犯の刑を科す」と規定しているわけではないため，Yに常習賭博罪の刑を認めることはできないとするのである（団藤424頁）.しかし，このような形式的な「従属性の徹底」は妥当でない．65条2項は，関与者それぞれの個別的事情に相応した犯罪を適用するための規定と解すべきである.

6-4-2 不作為と共犯

不作為による共犯　不作為と共犯の問題は，①親に対し，乳児に食糧を与えず殺害するよう教唆する**不作為犯に対する共犯**，②勤務する店舗への侵入窃盗犯を発見しながら，そのまま放置する警備員のような**不作為による共犯**，③両親が意思を通じ，溺れかけている子を，容易に救助できるのに放置して死亡させるような**不作為による共同正犯**に分かれる.

①と③は認められるが，問題は，②不作為による共犯，特に幇助の場合である（不作為による教唆は，一般に否定されている．不作為により，他者に精神的に働きかけ犯意を生じさせることは，不可能ではないにせよ，事実上考えにくいからである）.

不作為による幇助は，作為の幇助と同視し得るだけの実行行為性（作為義務違反）がある場合に認められる．そして，不作為においても，正犯と

幇助の区別，幇助処罰の限界は，行為者の主観面をも考慮し，行為者の役割の重要性の視点から実質的に判断されることになる．

【判例－不作為による幇助】 大阪高判昭 62・10・2（判タ 675・246）は，Y が X とともに被害者 A を車で連行し，山林内で Y が，自分がその場を離れればその隙に X が A を殺害するであろうことを十分予測しつつ，その場を離れた場合，Y には殺害行為を阻止すべき義務があったとして，不作為による殺人の幇助犯の成立を認めた（原審は殺人罪の共同正犯）．阻止義務は認められるが，正犯意思が欠けるとされたと理解できる（正犯と幇助の限界の問題）．

大阪高判平 2・1・23（高刑集 43・1・1）は，Y が X に飲食店の営業許可につきいわゆる名義貸しをしたところ，X がその後，同店で売春の場所提供を業とするようになり，Y がこれを知りつつ放置した行為につき，不作為による売春防止法 11 条 2 項の幇助犯に当たるとした原審を破棄し，名義の貸与は売春行為とは直接関係なく，貸与時に X の犯行意図を認識せず，将来の犯罪行為も予見していなかったとして，無罪とした．名義貸しという先行行為はあるものの，Y に対して想定される作為義務（当該官庁に対する営業許可取消請求義務）を処罰の根拠とすることは困難であるとされた（幇助処罰の下限の問題）．

【判例－作為義務の根拠】 共犯においても，作為義務の根拠は，法令，契約，先行行為等が挙げられる（⇨36 頁）．店舗の従業員が，強盗計画を知りつつ何の措置も講じなかった行為は，雇用契約に基づく義務から，一般には強盗罪の幇助犯に該当する．しかし，東京高判平 11・1・29（判時 1683・153）は，同一ビル内の他店舗の店長が，強盗計画を聞いてはいたものの，半信半疑だった場合には，通報する義務はなく，強盗の幇助犯は成立しないとした．

これに対し，札幌高判平 12・3・16（判時 1711・170）は，母親が，3 歳の実子を内縁の夫が暴行により死亡させた際に，制止しなかった行為につき，親権者であることと，作為による回避可能性を認め，傷害致死罪の幇助犯とした（原審の，回避可能性を否定し，無罪とした判断を破棄した）．

不作為の幇助における作為義務も，基本的には一般の作為義務と同様に，(1)結果回避可能性があり，(2)結果発生を防止すべき理由がある（法令，契約，先行行為等）ことが必要である（⇨35 頁）．

6-4-3 共犯と錯誤（共謀の射程）

共犯と錯誤の特殊性　共同正犯者のうちの1人が共謀と異なる行為を行ったり，正犯者が共犯者の教唆内容と異なる行為を行った場合のように，当初の主観的認識と異なる事象が発生する場合を，包括的に**共犯の錯誤**と呼ぶ．共犯の錯誤は，ズレが主観と客観の間だけでなく，客観的な教唆行為と正犯行為，共謀内容と実行行為といった，客観面相互にも生ずる点に特色がある（傷害の共謀をしたところ，共犯者の一部が殺意をもって殺害した場合等）．共犯者と正犯者の間でズレが生じ得るし（窃盗を教唆したところ，正犯に強盗の犯意が生じたような場合），正犯者に窃盗の犯意は生じたが，占有離脱物横領を犯してしまう場合も考えられる．そこで，単独犯以上に，錯誤の内容が複雑なものとなる．客観面のズレも，一般に「共犯の錯誤」と呼ばれるが，厳密には教唆内容，幇助内容の射程，あるいは**共謀の射程**と呼ぶ方が適切である（⇨147頁）．なお，正犯者が共同正犯者・共犯者の意思の内容以上の行為をした場合，ないしは共同意思以上の行為をした場合を，特に**共犯の過剰**（⇨147頁）という．

> **【具体的事実の錯誤】**　YがXに「Aの家に窃盗に入れ」と教唆したところ間違えて隣のB家で窃盗を実行した場合，Yにとっては方法の錯誤であり，具体的符合説からは，Aの家には侵入すらしていない以上，窃盗未遂の教唆にもならない．同様に，YがXに，Aの殺害を教唆したところ，XがAと取り違えてBを殺害した場合も，Yにとっては方法の錯誤で，具体的符合説では無罪とすることになるが，これらの結論は支持できない．法定的符合説を採用すべきである（⇨71頁）．

抽象的事実の錯誤　窃盗の教唆に対して，正犯者がより軽い占有離脱物横領の犯意を生じそれを実現した場合には，単独犯と同様に抽象的事実の錯誤論（法定的符合説）をあてはめ，両罪の重なる範囲で軽い占有離脱物横領罪の成立が認められる．これは，形式的に「窃盗と占有離脱物横領は構成要件的に重なり合う」だけでなく，「実際に行われた窃盗教唆が占有離脱物横領の教唆の主観・客観の要件をも満たすものと評価できる」からこそ教唆処罰が可能となる．「重なり合い」の実質的評

6-4 共犯の諸問題　147

価が必要である（⇨71頁）．

　逆に，窃盗（軽い罪）を教唆したところ，正犯者が強盗の犯意を生じ強取した場合も，軽い窃盗の教唆犯の成立が認められる．正犯者には重い強盗が成立するため，従属性を重視すると，強盗の教唆が成立し科刑のみ窃盗の範囲で処断するとすることも考えられるが，このような罪名の従属性の強調は，現在では支持が少ない（⇨126頁）．客観的に行われた重い罪の行為の中に，主観面・客観面を総合して「教唆された軽い罪」が含まれていると評価できる場合に，軽い罪が成立するのである．

> **【判例－抽象的事実の錯誤】**　最決昭54・4・13（⇨123頁）は，7名で傷害を共謀し，そのうちの1人が殺人罪を犯した場合につき，殺意のない者については傷害致死罪の共同正犯，殺意のある者については殺人罪の共同正犯を認めるとした．「重い罪」（殺人罪）の中に含まれる「軽い罪」（傷害罪）を共謀したといえるから，構成要件の重なり合いが認められ，共同正犯が成立する．
>
> 　そこで，形式的には構成要件の重なり合いが認められるように見える場合でも，重い罪の中に，軽い罪の共謀が含まれていないと考えられる場合には，共同正犯は成立しない．東京地判平7・10・9（判タ922・292）は，3名で昏酔強盗を共謀したところ，2名が暴行による強盗罪に着手し，傷害を負わせた場合，他の1名には暴行による強盗罪の共謀は認められず（昏酔強盗の共謀の射程外），強盗傷人の罪責は負わないとした（ただし，その後の財物奪取は共同して実行したので，強盗罪の限度で承継を認めた（⇨昏酔強盗罪275頁））．

共犯の過剰　関与者の一部が共謀の内容を超えて行為する場合（窃盗の共謀で強盗，傷害の共謀で殺人等），共謀の射程を超えた過剰結果の強盗・殺人については他の共同正犯者は責任を負わない（窃盗罪と傷害致死罪の範囲で帰責される．前掲・最決昭54・4・13）．仮に，強取した財物を他の共犯者が受け取ったとしても，強盗罪の共同正犯となるわけではない．

　ただ，判例は，**結果的加重犯の重い結果**については，共同正犯者（教唆者・幇助者）に帰責させる．強盗を共謀したところ1人が強盗殺人を犯した場

合は，他の共同正犯者は強盗致死罪の罪責を負う（最判昭26・3・27刑集5・4・686）．結果的加重犯の重い結果につき過失を要求する見解は，過失の共同正犯（さらには共犯）の成立が認定できることが必要となるが，結果的加重犯の基本犯につき，関与者が相互に犯意を生じさせている以上，それによって生じた相当因果関係の範囲内の加重結果を，教唆行為が惹起したと評価することは可能である（⇨135頁）．

【判例－正当防衛と共犯の過剰】　最判平6・12・6（刑集48・8・509⇨101頁）は，4名で正当防衛を行った際，うち1名が追撃し，量的過剰防衛を行った事案につき，追撃に加わらなかった者については，正当防衛行為と量的過剰防衛行為とを分離して考え，追撃行為についての新たな共謀が認められない以上，過剰防衛の罪責を負わないとした．もっとも，追撃行為を行った者については正当防衛状況が継続していると解して，過剰防衛を認めた．もともとの「共謀」が正当防衛行為を行うという，非犯罪的な内容だったので，このように分離できると解されたと考えられる．

本判決や，前掲・東京地判平7・10・9（⇨147頁）は，「共犯と離脱」の問題と評価することも可能であるが，近時の判例は，離脱につき非常に厳格な態度をとる（⇨150頁）．そこで，「共謀の射程」を厳密に解し，共謀の射程外の追撃行為については「新たな共謀」がないとして，事実上の離脱を認めたように思われる．

間接正犯と教唆の錯誤　Yが殺人の間接正犯を行おうとしたところ，被利用者Xが事態を認識し，殺意を生じて自ら殺人を実行した場合のように，間接正犯・被利用者間の錯誤も生じ得る．この問題に関し，**主観説**は，行為者の主観に従って殺人の間接正犯（Xは直接正犯）とする．これに対し**客観説**は，客観的に教唆犯に該当する以上Yを教唆犯（Xは正犯）とする（松山地判平24・2・9判タ1378・251－被利用の道具性がないとして窃盗の教唆犯とした）．

まず，YがXの行為を支配していた事情がない以上，Yに間接正犯を認めることはできない（⇨31頁）．一方，形式的には，間接「正犯」と修正された構成要件としての「教唆」は，およそ重ならないともいえるが，両者は，実質的にみて他人を利用した犯罪実現という意味での「重なり合

い」を認めることも可能である（大谷466頁）．そこで，軽い教唆犯の成立が認められる．逆に，教唆犯を犯すつもりで重い間接正犯を犯した場合も，軽い教唆犯の成立を認めることになる．もっとも，それぞれ「教唆」あるいは「間接正犯」としての実質が認められるような働きかけが存在することが必要である．

【被利用者の故意の変化】 殺人罪の被利用者Ｘが，自己の行為の途中から事態を認識したにもかかわらず，実行を継続した場合（被利用者が途中から正犯に変化した場合）は，Ｘが「実行行為者」であるが，しかし利用者Ｙも正犯としての着手があるとし，**因果関係の錯誤**の問題として処理する見解（相当因果関係の範囲内であれば故意は否定されないことになり，Ｙは199条の既遂）や，間接正犯の未遂と教唆に当たるが，全体として評価して間接正犯一罪が成立するとする見解が主張された．しかしそもそも間接正犯の着手時期の問題として，Ｙに着手を認めるのは困難な場合が多い（⇒41頁）．そこで，客観的にはＹは教唆犯に当たり，結局，主観的には間接正犯，客観的には教唆の類型に当たることになる．もっとも，Ｙから見れば，主観的には殺人の間接正犯であるし，客観的にもＸを利用した殺人が実行されている以上，間接正犯として処理することが可能である．

6-4-4 共犯の中止・離脱

離脱と中止 　Ｘと共犯関係にあったＹが，途中で関与を中断した場合，Ｙが関与中に生じた事象につき帰責されるのは当然であるが，Ｙの関与中断後にＸが惹起した事象については帰責を免れるのかが問題となる．かつては，中止未遂規定を適用することが可能かという形で論じられてきた（最判昭24・7・12刑集3・8・1237）．そして，㋐共同正犯者（共犯者）の一部が任意に中止し，かつ，㋑結果発生を防止した場合に，㋒中止の効果が（本人にのみ）認められるとされてきた（ただ，判例はさらに，共謀後（特に着手前）に他の共犯者の了承を得て関与を止めた者には，その後の結果を帰責しないという**共謀からの離脱**を認めてきた）．しかし，共犯関与の途中で関与を中断した行為者の刑責が問題となる類型は，必ずしも「未遂」の場合に限らない．他の共犯者の着手前に止めた者は未遂にもならない可能性があるからである．中止未遂の適用の問題だけに解消することはできな

い（さらに，最決平 1・6・26（⇨151頁）では，傷害致死罪における死の結果の帰責が争われた）．

共犯処罰を因果性の視点から考えれば，①関与を中断した共犯者（ないし共同正犯者）が，それ以降に生じた結果や他の共犯者の行為につき帰責されるのか（無罪か，未遂か，既遂か，さらに加重結果まで帰責の可能性があるか）という，共犯関係からの**離脱**（離脱までの共犯関与とそれ以降の事象との心理的・物理的因果性の存否）の問題が重要であり，それとは別個に，②関与を中断した者に，**中止未遂としての刑の減免効果**を認めるべきかについての検討が必要となる．

着手前の離脱　従来の判例は，特に着手前につき，他の共犯者の**離脱の了承**があれば離脱を認めるとしてきた（東京高判昭 25・9・14 高刑集 3・3・407—窃盗現場に行く途中で，仲間にやめる旨を伝え了承された）．たしかに，了承があれば，離脱者の関与と正犯等の実行の心理的因果性が切断されたと評価できる場合が多いであろうが，離脱者が犯罪行為のための情報や凶器を提供したような場合には，単なる離脱の了承だけでは，因果性が切断されたとはいいにくい．また，特に指導者的地位の者については，単なる了承の有無ではなく，**共謀関係の解消**がなければ離脱は認められない（松江地判昭 51・11・2 刑月 8・11=12・495—暴力団の若頭が中心となって殺人を共謀した場合）．最決平 21・6・30（刑集 63・5・475）は，共犯者数名と住居に侵入して強盗に及ぶことを共謀した X が，共犯者の一部である Y らが住居に侵入した後，外で待機していたが，Y らが強盗に着手する前に，見張り役の共犯者 Z が，Y らに対し電話で「犯行をやめた方がよい」，「先に帰る」などと一方的に伝えただけで，X も格別それ以降の犯行を防止する措置を講ずることなく，Z らと共に立ち去った行為につき，当初の共謀関係が解消したとはいえないとし，その後 Y らによって実行された強盗致傷罪についても共同正犯の責任を負うとした．

実行着手後の離脱　実行行為開始後に関与を中断した場合には，さらに**結果防止のための積極的行為**がなければ因果性は切断されず，離脱後に行われた犯行についても帰責される（最判昭 24・12・17 刑集 3・12・2028．強盗着手後，他の共犯者の犯行を阻止しなかった場合に中止犯を否定し

た）．例えば共同正犯を基礎づける共謀の効果が一旦消滅し，他の者が新た
に自己の意思で実行したと認められるような場合に限り，たとえ結果が発生
したとしても未遂の罪責にとどまり，致死等の加重結果も帰責されな
い．そして，このような場合の多くについて，中止犯も認めることができ
よう．

【判例―離脱】 最決平1・6・26（刑集43・6・567）は，X，Y が暴行の共謀に基
づき1時間にわたり A を殴打した後，X が「おれ帰る」と Y に告げて立
ち去ったが，残った Y がさらに殴打を続け A を死亡させた事案につき，
Y の暴行のおそれが消滅していなかったのに，「これを防止する措置を講
ずることなく，成り行きに任せて現場を去ったに過ぎない」から，当初の
共犯関係が解消したといえないとして，X も傷害致死の責を負うとした．
これに対し，名古屋高判平14・8・29（判時1831・158）は，Y らと A に制裁
を加えようと共謀した X が，Y の暴行が予想以上に激しかったので，A
に向かって「大丈夫か」などと問いかけたことから，これに立腹した Y
が X を殴りつけ失神させた場合，X は失神後に生じた傷害結果について
は責任を負わないとした（なお離脱前の X・Y の共同行為と，離脱後の Y らの
行為とのいずれが傷害結果の原因になったのか不明の部分が残るので，207条の適
用が問題となる⇨186頁）．
「共謀関係の解消」は，共犯と錯誤でも問題となる（⇨148頁）．

中止効果　　共謀関係が解消されず，離脱後の結果について帰責される場
合，それが未遂と評価されれば中止犯としての減免の可否が
問題となる．

単独犯の中止で任意性が認められる場合，着手未遂であれば自発的に犯
意を放棄してそれ以上の実行をやめることで足りるが，実行未遂の場合は
積極的な結果発生の防止が必要であるとされている（⇨46頁）．これに対
し，共犯の場合には，当該共犯者が任意に中止しても，正犯者ないし他の
共犯者によって既遂に達する可能性が大きいので，単に関与をやめたとい
うだけでは共犯者は中止犯にはならない．実行未遂の場合と類似して，他
の共犯者の実行を阻止するか，あるいは結果の発生を防止することが必要
となる．

152　6 共　犯

　正犯者の任意的中止の効果は，共犯者には及ばない（大判大 2・11・18 刑録 19・1212 参照）．同様に，共犯者の中止の効果は正犯者には及ばない．

　【結果発生と中止】　単独犯では，結果発生があれば中止未遂は問題となり得ないが（⇨47 頁），共犯については，結果が発生したとしても，真摯な努力によって結果との因果性を断ち切り，他の行為者によって「新たに（別個に）」結果が惹起されたと評価できる場合（例えば，共犯者の凶器を取り上げたが，その者が他の凶器を用いて結果を発生させた場合等）には，当該行為者についてのみ「刑事政策目的の褒賞」を与えるべきであろう（責任減少説，政策説⇨45 頁）．因果性の切断が肯定され，離脱（共謀関係の解消）が認められれば，たとえ他の共犯者が既遂となっても，離脱者には未遂責任しか問われないので，43 条の条文解釈としても中止犯の適用は可能である．

7
罪数論

7-1 罪数論の意義

罪数論 1人の行為者が数個の罪を犯したようにみえる場合に，㋐当該行為が一個の罪か複数の罪かと，㋑数個の罪の場合の刑の処断の方法に関する議論である．現行刑法は，㋑数罪が成立した場合の処断につき，45条以下に併合罪，54条に科刑上一罪の規定を設けている．

まず，㋐の犯罪の個数については，「完全な一罪」と「完全な数罪」の中間に様々な段階が存在する．一罪性の明確なものから順に，①**単純一罪**（認識上一罪），②**法条競合**（当然一罪），③**包括一罪**，④**科刑上一罪**，⑤**併合罪**，⑥**併合罪にならない数罪がある**（そして，例えば，①単純一罪と②法条競合を併せたものを**本位的一罪**，②法条競合と③包括一罪を併せたものを**評価上一罪**と呼ぶことがあるなど，複雑な状況にある）．①から③は一罪として刑が科される．それに対し，④科刑上一罪は数罪が成立するが，実質的には一個の犯罪に対する刑罰に近い扱いをし，⑤併合罪となると，数個の犯罪に対する刑罰に近い扱いとなる．

一罪の基準 当該犯罪行為が一個の罪か数個の罪かの基準については，**行為標準説**，**意思標準説**，**法益標準説**等が主張されてきたが，構成要件充足の回数による**構成要件標準説**が有力である（大谷476頁）．ただし，たしかに同説は前三説を総合したもので，合理的な結論を導きやすい

が，問題はその具体的適用にある．

7-2 単純一罪と評価上一罪

単純一罪と
評価上一罪
1人の人間の殺害（一個の殺人罪）のように，構成要件に該当する犯罪事実が1回発生することを，**単純一罪**（認識上一罪）という．

【結合犯】 数個の行為があれば単純一罪ではないが，**結合犯**のように，そもそもいくつかの構成要件に該当する行為が結合した構成要件がある（例えば強盗罪は暴行・脅迫行為と財物奪取行為から成り立つが，暴行罪・脅迫罪と窃盗罪ではなく，強盗罪の単純一罪である）．さらに**集合犯**も，構成要件自体が数個の同種類の行為を予定している．例えば常習賭博罪（186条1項）や無資格医業（医師法17条）は，構成要件該当行為を繰り返しても一罪である．

単純一罪が複数存在するにもかかわらず一罪と評価され，一罪の刑が科されるものを**評価上一罪**という．評価上一罪には，法条競合と包括一罪がある．評価上一罪の基準も，「構成要件に1回該当するか否か」であるが，例えば，銃で人を射殺した場合に服を毀損しても，殺人罪一罪しか成立しない．形式的には殺人罪と器物損壊罪の構成要件に該当するはずであるが，199条一個の構成要件で評価すれば足りると解される．評価上一罪の「一罪性」判断にとって最も重要なのは，主要な侵害法益の個数である．

法条競合
条文上数個の構成要件に該当するように見えるが，実は構成要件相互の関係で一個の構成要件にしか該当しない場合を**法条競合**という．

まず，一個の行為が該当するように見える2つ以上の構成要件が，一般法と特別法の関係に立つ場合を①**特別関係**といい，特別法のみが適用される（例えば，業務上横領罪（253条）は単純横領罪（252条）の特別法となる）．②**補充関係**とは，基本となる構成要件を補充する構成要件が定められている場合で，基本となる構成要件に該当しない場合にのみ，補充する構成要件に該当する（例えば，傷害罪（基本）と暴行罪（補充），殺人既遂罪（基本）と殺人未遂罪（補充））．③**択一関係**とは，1つの行為に適用可能な複数の構成

要件が存在し，それらが相互に両立し難い場合で，それらのうちの一個の
みが適用されるものをいう（横領罪と背任罪，未成年者拐取罪と営利目的拐取
罪等）．しかし，択一関係と特別関係・補充関係との限界は微妙で，択一
関係という独自の類型を設ける意義は小さい．

④**吸収関係**とは，ある構成要件該当行為が，他の構成要件該当行為を通
常随伴する場合で，前者のみにより評価すれば足りる場合をいう．ただ，
その具体例とされる「既遂と未遂」は補充関係として説明し得るし，「ピ
ストルによる殺人行為とその際の衣服破損行為」，さらには「窃盗と盗品
の処分（不可罰的事後行為⇨157頁）」等は，包括一罪として処すべきで，こ
のような類型を独立に認める意義は小さい．

7-3 包括一罪

包括一罪
　　包括一罪には種々の類型を含むが，敢えて定義すれば，「法
条競合ではないが，一罪と評価されるものの総称」といって
よい．そして，包括一罪と科刑上一罪との区別こそが，一罪と数罪の区別
の限界を画するもので，そこには規範的評価を含む．科刑上一罪では，数
罪すべての認定が必要となるのに対し，包括一罪の場合は適用される一個
の罪の認定で足りる．

	同一構成要件	異なる構成要件
一個の行為で一個の結果	単純一罪	法条競合
一個の行為で数個の結果	①	②
数　個　の　行　為	③	④

　　　　　：包括一罪

**一個の行為で
数個の結果**
　　①数個の結果が**同一の構成要件内にある場合**は，侵害法益の個
数が実質的に見て一個といえる場合，例えば，1つの行為
で複数人の所有物を盗んだ場合や，1つの放火行為で複数
の家を燃やした場合には，包括して一個の罪となる（放火罪の保護法益であ
る公共の安全の侵害は一個と評価される）．しかし，一個の行為で複数の人間
を殺害した場合は，複数の殺人罪が成立する（ただし観念的競合となる⇨158

頁）．生命という保護法益の重要性から，一罪一罪を別個に取り上げる必要があるからである（複数人に対する傷害も複数の傷害罪が成立するが，**同一人に対する複数の傷害は一罪で評価される**）．強盗目的で 2 人に包丁を向け「金を出せ」と脅迫し，両名から現金を奪った場合，二個の強盗罪が成立する（**観念的競合**）．

一方，②**一個の行為から生じた数個の結果が異なる構成要件に及ぶ場合**は，複数の法益を侵害したとみられ，原則として一罪ではない．包括一罪となる例外的事例が，ピストルによる殺人と衣服の損壊である（**付随犯とも呼ぶ**）．ここでは，**1 つの構成要件該当性評価が類型的に他方を評価し尽くしているか否か**が一罪性の基準となる．眼鏡を掛けた者の顔面を拳で殴打し，眼鏡を損壊し全治 1 週間の傷害を負わせた場合，包括して傷害罪一罪が成立する（東京地判平 1・7・31 判時 1559・152）．職務執行中の公務員に暴行を加え負傷させる行為は，公務執行妨害罪（3 年以下）が傷害罪（10 年以下）を評価し尽くしているとはいえず数罪が成立する（観念的競合）．

数個の同一構成要件行為 ③**同一構成要件内の数個の行為**が行われた場合を，**狭義の包括一罪**と呼ぶことが多い．⑦数個の行為が 1 つの犯罪の実現を目指すためになされた場合，例えば，弾丸を 5 発発射して 5 発目で殺したような場合は，四個の殺人未遂と一個の殺人既遂が成立するのではなく，包括して殺人既遂一罪が成立する（大判昭 13・12・23 刑集 17・980 は，約 5 か月間で 5 回失敗し，6 回目で殺害した事案を一個の殺人罪とした）．

【判例－限界例】 最小決平 26・3・17（刑集 68・3・368）は，同一被害者に対し約 4 か月間内に反復累行された一連の暴行によって種々の傷害を負わせた事実につき，被告人と被害者との一定の人間関係を背景として，共通の動機から繰り返し犯意を生じて行われたものであることなどを理由に全体を一体のものと評価し，包括して一罪の傷害罪とした．

また，①**同一の法益侵害に向けられ，かつ時間的，場所的に近接した数個の行為**が，それぞれ構成要件を満たす場合を**接続犯**という（例えば，一夜の間に財物を数回にわたり盗み出す行為，最判昭 24・7・23 刑集 3・8・1373）．さら

に，⑦数個の異なる行為を包括して一罪と評価する場合がある（例えば，日時・場所が異なる賄賂の要求・約束・収受は一個の収賄罪とされ，人を逮捕して引き続き監禁する行為も一個の逮捕監禁罪となる）．

【連続犯】 昭和22年に削除された55条は，時間的・場所的に接続犯より広く一罪性を認める連続犯を規定していた．現在でも判例上，連続犯的考え方が認められ，約4か月間にわたる38回の麻薬取締法違反行為につき包括して一罪を認めた（最判昭32・7・23刑集11・7・2018）．最決平22・3・17（刑集64・2・111）は，街頭募金詐欺について，①不特定多数の通行人に対し，同一内容の定型的な働き掛けを行って寄付を募るという態様で，②一個の意思に基づき継続して行われた活動で，③被害者の特定が困難で，現金は直ちに他の被害者のものと混和して特定性を失うなどから，これを一体のものと評価して包括一罪と解することができるとした（⇨288頁）．

数個の異なる構成要件行為 ④数個の行為が異なる構成要件にまたがる場合で包括一罪となるのが，**不可罰的（共罰的）事後行為**である．例えば，盗んだ財物を毀棄しても器物損壊罪としては処罰しない．財物窃取後の違法状態は，窃盗罪の処罰により評価し尽くされているからである．盗んだ財物を処分しても横領罪で処罰しないのも同様の理由である．しかし，毀棄罪や横領罪が全く成立しないわけではない．最大判平15・4・23（刑集57・4・467⇨300頁）は，他人の不動産を占有する者が，勝手に抵当権を設定・登記した後においても，その不動産は他人の物であり，受託者が，さらにその不動産につき売却等による所有権移転行為を行いその旨の登記をしたときは，横領罪に該当するとした．本件の抵当権設定行為が，横領罪の「領得行為」に該当することは異論のないところであるが，その後の被害物件も，なお「他人の物」であることに変わりはない（⇨300頁）．そして，成立する2つの横領罪の一部のみを起訴することも，起訴裁量の枠内として許される．

【暴行罪と脅迫罪】 暴行後，さらに生命に対する脅迫を加えた場合には，暴行罪と脅迫罪とは併合罪となる．ただし，東京高判平7・9・26（判時1560・145）は，**暴行を加えた後，同内容の危害を加える旨の脅迫的言辞を申し向けた行為**について，包括して暴行罪一罪が成立し，脅迫は別個の罪を構成しないとした．両行為が接着し，既に加えられたのと同内容の危害を加える

158　7　罪数論

という脅迫内容である場合は，暴行罪一罪で評価し得る．

【混合的包括一罪】 近時，数個の犯罪が成立し，異なる罪名にまたがり数個の法益侵害がある場合に，具体的妥当性の観点から一個の処罰でまかなうことが認められるようになり，混合的包括一罪と呼ばれている（詐欺または窃盗と利益強盗の包括一罪を認めた最決昭 61・11・18 刑集 40・7・523，傷害罪と事後強盗罪に関する名古屋高金沢支判平 3・7・18 判時 1403・125，詐欺罪と偽造私文書行使罪に関する東京高判平 7・3・14 判タ 883・284 参照）．

7-4　科刑上一罪

科刑上一
罪の意義

　数罪を犯した場合でも，「一個の行為が二個以上の罪名に触れ」た場合と，「犯罪の手段若しくは結果である行為が他の罪名に触れるとき」には，「その最も重い刑により」処断される（54 条 1 項）．前者を**観念的競合（一所為数法）**，後者を**牽連犯**と呼び，両者を合わせて**科刑上一罪**という．科刑上一罪は訴訟法上一罪として扱われる（すなわち，その一部についての既判力は他の部分にも及ぶ）．

　「最も重い刑」とは，法定刑の上限についても，下限についてもそれぞれ最も重いものを選択する趣旨である（最判昭 28・4・14 刑集 7・4・850）．懲役刑と罰金刑などの併科刑又は選択刑が定められている罪の比較は，重い刑種である懲役刑に着目して行う（**重点的対照主義**．最判昭 23・4・8 刑集 2・4・307）．ただ，判例は，軽い罪との関係における下限の定め方や併科刑の扱いについてまで態度が確定しているわけではなかった．そのような状況の中で，最決平 19・12・3（刑集 61・9・821−詐欺罪と組織犯罪処罰法の犯罪収益隠匿罪）は，「最も重い罪の懲役刑にその他の罪の罰金刑を併科することができる」ことを明確に示した．その根拠は，刑法 54 条 1 項は，「最も重い罪の刑」ではなく「最も重い刑」と規定しており，軽い罪だけを犯した場合であれば罰金刑も併科されるのに，重い罪をも犯したが故に罰金併科を免れるというのは不合理だからである．

観念的競合

　観念的競合は，「一個の行為」が複数の罪名に触れる場合であるが，一個の行為が異なる構成要件に該当するようにみえる場合（犯跡隠滅目的で放火し（放火罪），死体を損壊する（死体損壊罪）場

合）の他に，同一の構成要件に複数回該当するかにみえる場合も含む（例えば，一個の行為で複数の人間を殺害した場合）．

行為が一個か否かは，法的評価を離れた「自然的観察のもとで，行為者の動態が社会的見解上一個のものと評価を受ける」か否かによる（最大判昭 49・5・29 刑集 28・4・114）．

【判例――一個の行為】 ①酒酔い運転の罪と旧・業務上過失致死傷罪，②居眠り運転と旧・業務上過失致死傷罪とは一個の行為とはいえない（前掲・最大判昭 49・5・29 参照）．運転行為が連続的な行為であるのに対し，事故は時間的・場所的に一点で起こるからである．これに対し，③無免許運転と酒酔い運転は一個の行為であり（最判昭 49・5・29 刑集 28・4・151），④道交法上の救護義務違反と報告義務違反についても，両義務を無視して立ち去ったという動態は一個のものと評価し得る（最判昭 51・9・22 刑集 30・8・1640）．⑤脇見しながら自動車を運転したため，自車前方で信号待ちのため停車していた A 運転の自動車に自車を追突させ，同車の前方に停車中の B 運転の自動車に追突させ，A が死亡し B が傷害を負った場合，A に対する自動車運転過失致死罪と B に対する自動車運転過失傷害罪が成立し，両罪は観念的競合となる．⑥脇見運転により A を轢いて死亡させた上，慌ててその場から逃走しようとして，折から対向車線を走行してきた B 運転の自動車に衝突し B に傷害を負わせた場合は，自動車運転過失致死罪と自動車運転過失傷害罪が成立し，両罪は併合罪となる．⑦夜間車道にロープを張り車道を閉塞したところ，自動二輪車を運転して同所を通り掛かった A が同ロープに引っ掛かり転倒して負傷した場合，A の負傷につき故意があれば，往来妨害罪と傷害罪が成立し観念的競合となる．

さらに，⑧覚せい剤取締法の覚せい剤輸入罪と関税法上の無許可輸入罪は一個の行為であり（最判昭 58・9・29 刑集 37・7・1110），⑨不正な電気機器を電話機に取り付け信号の送出を妨げる行為と，電話料金算定の基礎となる度数計の作動を不能にした行為は，有線電気通信妨害罪と偽計業務妨害罪の観念的競合となる（最決昭 61・2・3 刑集 40・1・1）．

【幇助行為の一個性】 幇助罪の個数は，正犯の罪のそれに従って決定される．ただし，幇助罪が数個成立する場合，それらが刑法 54 条 1 項にいう一個の行為によるものであるか否かは，幇助行為それ自体についてみるべきである（最決昭 57・2・17 刑集 36・2・206）．強盗を計画している者に模造拳銃

1丁を貸し与えたところ，それを用いて2店で強盗が行われた場合，2人を殺そうとしている者に，凶器としてナイフ1本を手渡したところ，それで2人が殺害された場合，それぞれ二個の強盗ないし殺人幇助罪が成立するが，幇助行為としては一個であるから観念的競合となる．

牽連犯 牽連犯の手段と結果の関係は，犯人の主観により決定されるのではなく，客観的に，ある犯罪と手段若しくは結果となる犯罪との間に密接な因果関係がなければならない（最判昭24・7・12刑集3・8・1237）．もっとも，客観的な基準によるとしても，たまたま手段結果の関係にあっただけでは足りず（最判昭24・7・12―たまたま監禁して強姦した場合，両罪は牽連犯でなく併合罪となる），**類型的に手段結果の関係に立つ場合であること**が必要である．

【具体例】　**牽連犯**として，①住居侵入罪と窃盗罪，強盗罪，強制性交罪，傷害罪，殺人罪，放火罪，②文書偽造・有価証券偽造罪と偽造文書・偽造有価証券行使罪，③偽造文書・偽造有価証券行使罪と詐欺罪がある．なお，偽造通貨又は偽造有価証券を行使して相手から金品を騙し取った場合，詐欺罪は偽造通貨行使罪には吸収されるが，詐欺罪と偽造有価証券行使罪とは牽連犯となる．また，質権を設定すると騙して2000万円を自己の預金口座に振り込ませた後，質権設定承諾書1通を偽造して交付した場合，有印私文書偽造罪・同行使罪が成立するが，詐欺罪が先行するので，偽造罪・同行使罪とは牽連犯とはならない（ただし，逆の類型が牽連犯（科刑上一罪）として処理されることとのバランスから，包括一罪となる．東京高判平7・3・14高刑集48・1・15参照）．

併合罪との関係につき，①保険金目的の放火に関する，放火罪と保険金に対する詐欺罪，②殺人罪とその直後の死体遺棄罪，③堕胎とそれにより母体外に排出された「人」の殺害に関する，堕胎罪と殺人罪，④監禁行為の最中に生じた傷害についての監禁罪と傷害罪等が併合罪となる．なお，これまで，恐喝の手段として監禁が行われた場合の両罪の関係について牽連犯とされてきたが（大判大15・10・14刑集5・10・456），最高裁は「恐喝の手段として監禁が行われた場合であっても，両罪は，犯罪の通常の形態として手段又は結果の関係にあるものとは認められず，牽連犯の関係にはない」とし，併合罪とした（最判平17・4・14刑集59・3・283）．また，監禁するために逮捕し，引き続き監禁した場合には，逮捕監禁罪一罪に過ぎない（⇒201頁）．

【かすがい現象】 甲罪と乙罪とが併合罪の関係にあるとき，甲罪と丙罪が科刑上一罪，また乙罪と丙罪が科刑上一罪の関係にあれば，甲罪と乙罪も科刑上一罪となる．これを**かすがい現象**という（最決昭 29・5・27 刑集 8・5・741 参照）．例えば，A を殺害する目的で A 宅に侵入し，その場にいた A の親 B，A の子 C を順次殺害した場合，一個の住居侵入罪と三個の殺人罪が成立するが，住居侵入罪と各殺人罪は牽連犯となり，全体が科刑上一罪となる．また，わいせつ物販売目的所持罪と児童ポルノ提供目的所持罪，わいせつ物販売罪と児童ポルノ提供罪とは，それぞれ観念的競合となるが，児童ポルノ提供目的所持罪と児童ポルノ提供罪とは併合罪となるため，かすがいにより全体として一罪となる（最決平 21・7・7 刑集 63・6・507）．もっとも，新たな犯罪が加わることにより処断刑が軽くなることは不当であるとする見解もある（林 462 頁参照）．

7-5 併合罪

併合罪の意義　「確定裁判を経ていない二個以上の罪」（45 条前段）および，「ある罪について禁錮以上の刑に処する確定裁判があったときは，その罪とその裁判が確定する前に犯した罪」（同条後段）とが**併合罪**となる．科刑上一罪とならない「完全な数罪」につき，これらが同時に処断できる状況にあるときには，まとめて取扱い（前段），また，実際にはまとめて扱わなかったが，同時審判の可能性があった数罪についても，刑の執行の均衡を図るために併合罪としている（後段）．

【併合罪の例】 監禁した上で現金を恐喝しようと企て，現金を脅し取った場合，甲には監禁罪と恐喝罪が成立し，両罪は併合罪となる（⇨204 頁参照）．クレジットカードを窃取し，デパートの店員に対し，名義人に成り済まして同クレジットカードを呈示して商品の購入方を申し込んだが，盗難カードであることを見破られ，商品を手に入れることができなかった場合，窃盗罪及び詐欺未遂罪が成立し，両罪は併合罪となる．A 名義の預金通帳を窃取し，銀行の窓口で行員に対し，A に成り済まして，同預金通帳を使って預金を不正に払い戻して金銭を得た場合，窃盗罪と詐欺罪が成立し，これらは併合罪となる．

　身の代金を得る目的で X を拐取して監禁し，X の近親者に対して身の代金を要求した場合，身の代金目的拐取罪，拐取者身の代金要求罪及び監

禁罪が成立し，拐取罪と要求罪は牽連犯となり，これらの各罪と監禁罪は併合罪となる．日本刀を盗んでくれば高値で買ってやると申し向け，盗んできた日本刀を買い受けた場合，窃盗教唆罪及び盗品等有償譲り受け罪が成立し併合罪となる．

　児童福祉法の児童に淫行をさせる罪（34条1項6号違反）と，児童ポルノ法の児童ポルノ製造罪（7条3項）とは，社会的見解上別個のものであり併合罪となる（最決平21・10・21刑集63・8・1070）．強制わいせつ行為を行い，その際にこれらの姿態を撮影して児童ポルノを製造した場合，強制わいせつ罪と児童ポルノ製造罪とは併合罪である（東京高判平24・11・1高刑集65・2・18）．週単位の時間外労働の規制違反の罪（労働基準法32条1項）と，1日単位の時間外労働の規制違反の罪（同条2項）とは，規制の内容及び趣旨等が異なるので併合罪の関係に立つ（最決平22・12・20刑集64・8・1312）．

【併合罪の処理】　①併合罪中に死刑，無期懲役・禁錮が含まれていれば，それ以外の刑は科さない（ただし，没収（無期刑の場合は罰金，科料，没収）を併科することができる．46条）．②数個の有期懲役・禁錮に処すべき罪がある場合は，その最も重い罪につき定めた刑の長期の1.5倍を長期とする（47条）．ただし，各罪の長期の合算したものを超えてはならない（同条ただし書）．また，いかに加重しても30年を超えることはできない（14条）．短期についての定めはないが，最も重い罪より重い短期を定めた他の罪が併合罪中に含まれるときは，その重い短期が適用される．③罰金と他の刑（ただし，死刑は除く）は併科する（48条1項）．数個の罰金は，各罪につき定めた罰金を合算した額以下で処断する（48条2項）．④拘留・科料も他の刑（ただし，死刑・無期刑は除く）と併科する（53条1項）．数個の拘留・科料も併科する（53条2項）．⑤併合罪中に没収があれば，重い罪につき没収がなくとも併科することができる．数個の没収も併科する．⑥併合罪につき二個以上の裁判があるときは，その言い渡された刑を併せて執行する．ただし，死刑の場合は没収のみ，無期刑の場合は罰金・科料・没収のみを併せて執行する（51条1項）．数個の有期懲役・禁錮の執行は，その最も重い罪につき定めた刑の長期の1.5倍を超えてはならない（51条2項）．なお，47条の「最も重い罪について定めた刑」とは，法定刑を意味するものではなく，刑種の選択，再犯加重，法律上の減軽等を経た有期の懲役又は禁錮の刑を意味する．

【死刑】　併合罪関係にある複数の罪のうちの一個の罪のみでは死刑又は無期刑が相当とされない場合であっても，死刑又は無期刑を定めた罪を選択

した結果として，科されないこととなった刑に係る罪についても，これを含めて処罰する趣旨で考慮し，上記一個の罪について死刑又は無期刑を選択することができる（最決平19・3・22刑集61・2・81－住居侵入，窃盗，強盗，強姦致傷等の被告事件）。

【判例－併合罪加重】　最決平15・7・10（刑集57・7・903）は，小学生を略取した上，その後9年余りにわたって監禁し，傷害を負わせるとともに，被害者に着せるための下着を万引した事案に関し，逮捕監禁致傷罪（懲役3月以上10年以下．その後法定刑が引き上げられた⇨204頁参照）と略取罪（懲役3月以上5年以下）は観念的競合の関係にあり重い逮捕監禁致傷罪の刑により処断され，窃盗罪（懲役10年以下）とは併合罪の関係にあるため，本件処断刑の範囲は，懲役3月以上15年以下となるとして，懲役14年を言い渡した（原審は，刑法47条の趣旨からは併合罪中の最も重い罪につき定めた法定刑の長期を，その1.5倍の限度で超えることはできるが，併合罪を構成する個別の罪について，その法定刑を超えることは許されないとし，逮捕監禁致傷罪については最長でも懲役10年の限度で評価しなければならないとしていた）。

8
刑罰論

8-1-1 刑罰の種類

9条 死刑，懲役，禁錮（こ），罰金，拘留及び科料を主刑とし，没収を
付加刑とする．

現行の刑罰 　現行刑法は生命刑として**死刑**，自由刑（自由の剥奪）として
懲役（刑事施設に拘置し所定の作業を行わせる），**禁錮**（刑事施
設への拘置のみ），**拘留**，さらに財産刑として**罰金，科料，没収**を規定してい
る（**追徴**（⇨171頁）は刑罰ではない）．**没収のみが付加刑**（独立に科すことがで
きず，主刑が言い渡された場合に付加して言い渡されるもの）で，それ以外はす
べて**主刑**（独立に言い渡すことができる刑罰）である．

【資格の喪失等】 　刑罰の言渡し（特に，懲役・禁錮，例外的に罰金）に資格制
限を伴う場合がある．例えば，公職に就く資格の喪失（国家公務員法38条，
地方公務員法16条，学校教育法9条），選挙権，被選挙権などの喪失（公職選
挙法11,252条）等である．これらの資格制限は，行政上の処分で刑罰では
ない．また，法的制裁手段として民事罰や行政罰が存するが（代表的なも
のとして**過料**），これらも刑罰ではない．

【保安処分】 　行為者の危険性に着目し，国民の利益を守るために，責任能
力が欠け刑罰の対象とならない者を，強制的に拘禁する制度をいう．現行
刑法典は，保安処分を認めていない（精神保健福祉法29条の措置入院制度は，
患者の危険性を理由にした自由拘束であり，保安処分的色彩がないわけではない）．
平成15年に制定された**心神喪失者等医療観察法**（⇨113頁参照）は，殺人，強
盗，放火などの重大な他害行為を行った者が，心神喪失・心神耗弱のため
に懲役・禁錮の執行を受けなかった場合に，裁判所の決定により，医療
機関による治療を行わせるものである．病状の改善，再発の防止による
社会復帰の促進を目的とするものであり，保安処分とは異なる（斎藤198

頁参照）．

8-1-2 刑の適用

> **10条1項** 主刑の軽重は，前条に規定する順序による．ただし，無期の禁錮と有期の懲役とでは禁錮を重い刑とし，有期の禁錮の長期が有期の懲役の長期の2倍を超えるときも，禁錮を重い刑とする．
>
> **2項** 同種の刑は，長期の長いもの又は多額の多いものを重い刑とし，長期又は多額が同じであるときは，短期の長いもの又は寡額の多いものを重い刑とする．
>
> **3項** 二個以上の死刑又は長期若しくは多額及び短期若しくは寡額が同じである同種の刑は，犯情によってその軽重を定める．

法定刑と処断刑 　刑罰法規の各条文に規定されている刑を**法定刑**といい，法定刑を加重・減軽して得られる刑を**処断刑**という．刑の軽重が問題となる場合（併合罪加重47条，観念的競合54条等）は，主刑につき死刑が最も重く，懲役，禁錮，罰金，拘留，科料の順に軽くなる（10条）．ただし，有期懲役より無期禁錮が重く，有期禁錮の長期が有期懲役の長期の2倍を超えるときは前者が重い（10条1項）．同種の刑は長期の長いもの，多額の多いものが重く，長期・多額が同じ場合は，短期・寡額の大小による（10条2項）．二個以上の死刑や長期・短期，多額・寡額の等しい同種の刑罰の場合は，犯罪の性質や犯行の手口，被害の程度などの「犯情」により軽重を定める（10条3項）．

加重減軽事由 　加重・減軽事由には，**法律上の加重減軽事由**と**裁判上の減軽事由**とがある．**法律上の加重事由**には併合罪加重（47条⇨162頁）と累犯加重（懲役に処せられた者が，その執行を終わってから5年以内にさらに罪を犯したときその罪について定めた懲役の長期の2倍以下とする－57条）がある．

> **【具体例】** 例えば，殺人と傷害の併合罪を犯した者について，殺人につき有期懲役刑，傷害につき懲役刑をそれぞれ選択した場合，処断刑は5年以上30年以下の懲役となる（14条2項）．窃盗と傷害の併合罪の場合には，処断刑は1月以上22年6月以下の懲役となる（12条1項，14条2項）．

法律上の減軽事由には，必要的減軽事由（心神耗弱－39条2項，幇助犯－63

条，中止犯－43条ただし書等）と任意的減軽事由（未遂犯－43条，過剰防衛－36条2項，過剰避難－37条1項ただし書，法律の錯誤－38条3項，自首－42条等）がある．

殺人予備は情状により刑を減軽し得るが，強盗予備には減軽規定は存在しない．親告罪につき，告訴権者に自己の犯罪事実を告げその措置に委ねたときは，刑を減軽し得る（42条2項）．

　　【自首】42条1項は「罪を犯した者が捜査機関に発覚する前に自首したとき」に任意的減軽を認める．犯人が既に発覚し所在不明であったに過ぎない場合（最判昭24・5・14刑集3・6・721）や，容疑が濃厚で，ほぼ犯人と特定していた場合（大阪高判平9・9・25判時1630・154）は含まないが，取調べの際に犯罪を隠蔽する供述をし，その後犯罪事実が具体的に発覚する前に自ら進んで犯罪事実を申告した場合には自首に当たる（最判昭60・2・8刑集39・1・1）．出頭したが捜査員不在等の事情で申告できなかった場合でも自首が成立する（東京高判平7・12・4判時1556・148）．また，他の事件での逮捕拘留中に犯罪事実を告げた場合も，自首に当たる（東京地判平10・5・26判時1648・38－地下鉄サリン事件）．さらに，犯行に用いたのとは別のけん銃を持参して出頭しても自首が成立する（最決平13・2・9判時1742・155）．

法律上の減軽事由がある場合，①死刑を減軽するときは無期又は10年以上の懲役若しくは禁錮に，②無期の懲役・禁錮を減軽するときは，7年以上の懲役・禁錮に（刑種は変更できない），③有期の懲役・禁錮を減軽するときは長期・短期の1/2を減じ（有期懲役・禁錮を減軽する場合には1月未満に下げることができる．14条2項），④罰金は多額・寡額の1/2を減ずる．⑤拘留を減軽するときは長期の1/2，⑥科料は多額の1/2を減ずる（68条）．法律上の減軽事由が複数存在する場合でも，減軽は1回に限られる．

　　【具体例】例えば，窃盗を幇助した者について懲役刑を選択した場合，処断刑は15日以上5年以下の懲役であり，強盗致傷を犯した者に有期懲役刑を選択し酌量減軽すれば，処断刑は3年以上10年以下の懲役となる．

裁判上の減軽事由として酌量減軽が認められており，「犯罪の情状に酌量すべきものがあるときは，その刑を減軽することができる」（66条）．酌量減軽も法律上の減軽と同様の方法により減軽する．法律上の加重・減軽をする場合でも，それに加え酌量減軽をすることができる（67条）．

宣告刑　処断刑の範囲内で，裁判官が裁量により言い渡す刑を**宣告刑**という．この作業が刑の量定（**量刑**）である．現行刑法には量刑に関する包括的規定はなく，「情状」（執行猶予－25条1項，酌量減軽－66条等）という文言が用いられることが多い．実質的には，刑罰の目的・効果を考慮して判断せざるを得ない（大谷543-544頁）．

【**刑の執行猶予**】　刑の言渡しをした場合で，犯情により刑の現実の執行が必ずしも必要でない場合に，一定期間その執行を猶予し，猶予期間を無事経過したときは，刑罰権を消滅させる制度をいう．執行猶予は，刑の言渡しと同時に，判決又は略式命令で言い渡される．なお，拘留，科料には執行猶予は認められていない．

①⑦前に禁錮以上の刑に処せられたことのない者，または⑦その執行の免除を受けた日から5年以内に禁錮以上の刑に処せられたことのない者について，②3年以下の懲役・禁錮または50万円以下の罰金の言渡しを受けたときは，③情状により裁判確定の日から1年以上5年以下の期間内，その執行を猶予することができる（25条1項）．

【**再度の執行猶予**】　前に禁錮以上の刑に処せられたがその執行を猶予された者が，1年以下の懲役・禁錮の言渡しを受け，特に酌量すべき情状がある場合にも，刑の執行猶予が認められる（25条2項）．

【**必要的取消**】　執行猶予は，①執行猶予の期間内にさらに罪を犯して禁錮以上の刑に処せられ，その刑につき執行猶予の言渡しがない場合，②執行猶予の言渡し前に犯した他の罪につき禁錮以上の刑に処せられ，その刑につき執行猶予の言渡しがない場合，③執行猶予の言渡し前に他の罪につき禁錮以上の刑に処せられたことが発覚した場合には，必ず取り消される（26条）．

【**裁量的取消**】　①執行猶予期間内に，さらに罪を犯し罰金に処せられた場合，②25条の2第1項により保護観察に付された者が遵守事項を守らず，その情状が重い場合，③執行猶予言渡し前，他の罪につき禁錮以上の刑に処せられ，その執行を猶予されたことが発覚した場合には，刑の執行猶予を取り消すことができる（26条の2）．取消しは検察官の請求に基づいた裁判所の決定により行われる．

【**保護観察付執行猶予**】　一般の執行猶予では任意的に，再度の執行猶予では必要的に保護観察に付される．保護観察とは，犯罪者を指導監督，援助することにより改善・矯正の効果をより高める制度である（25条の2）．「健全な生活態度を保持すること」，「保護観察官及び保護司による指導監

168　8 刑罰論

督を誠実に受けること」などの遵守事項の遵守を条件として，社会での自由な生活を許可する（更生保護法50, 51条）．保護観察官が，民間の篤志家から選任された保護司の協力を得て担当する．

【一部執行猶予】　再犯防止の観点から施設内処遇に引き続いて十分な期間の社会内処遇を可能とする目的で，平成25年に，犯罪者が刑の一部の執行を受けた後，残りの刑の執行を一定期間猶予する判決を，刑の言い渡し時に宣告することができる制度が導入された（平成28年6月施行）．①前に禁錮以上の刑に処せられたことがなく，②前に禁錮以上の刑に処せられたことがあっても，その刑の全部の執行を猶予された者，③前に禁錮以上の刑に処せられたことがあっても，その刑の執行を受け終わった日又はその執行の免除を得た日から5年以内に禁錮以上の刑に処せられたことがない者については，④3年以下の懲役又は禁錮の言渡しを受けた場合において，犯情の軽重及び犯人の境遇その他の情状を考慮して，再犯防止に必要であり，かつ，相当と認められるときは，1年以上5年以下の期間，その刑の執行の一部を猶予することができる（27条の2）．

8-1-3 刑罰の執行

11条1項　死刑は，刑事施設内において，絞首して執行する．

2項　死刑の言渡しを受けた者は，その執行に至るまで刑事施設に拘置する．

死刑　　刑の言渡しの裁判が確定したときは，国家刑罰権が現実化される．これを，**刑の執行**という．刑の執行の内容は，刑罰の種類により異なる．死刑は，刑事施設内で絞首（法医学的にいえば「縊首」）により行われる（11条1項）．

現行刑法典上，絶対的法定刑として死刑を定めるのは81条（外患誘致）で，選択刑としての死刑は，77条1項1号，82条，108条，117条1項，119条，126条3項，127条，146条，199条，240条，241条に定められている．

12条1項　懲役は，無期及び有期とし，有期懲役は1月以上20年以下とする．

2項　懲役は，刑事施設に拘置して所定の作業を行わせる．

13条1項　禁錮は，無期及び有期とし，有期禁錮は1月以上20年以下と

する.

　　2項　禁錮は，刑事施設に拘置する.

　16条　拘留は，1日以上30日未満とし，刑事施設に拘置する.

懲役，禁錮，拘留　　**懲役**とは，自由刑のうち定役（刑務作業）に服すもので，定役に服さない**禁錮**と区別される（刑法12条2項，13条2項）. 非破廉恥反的な犯罪（政治犯，確信犯，過失犯など）に適用されるのが禁錮であるが，禁錮受刑者も，希望により刑務作業に就くことができ（刑事収容施設及び被収容者等の処遇に関する法律93条），現実には大部分が作業に就いている. 懲役・禁錮の区別に関しては自由刑として単一刑とすべきとする主張も有力である（斎藤46頁参照）. 懲役・禁錮には無期と有期があり，有期とは1月以上20年以下である（12条1項，13条1項. 加重するときは30年，減軽するときは1月未満にすることができる－14条2項）. **拘留**は，受刑者を刑事施設に拘置する刑罰で，その期間は1日以上30日未満である. 定役に服さない.

自由刑の執行　　自由刑は，矯正および社会復帰（特別予防）を目的とする. ただ，自由の剥奪及び施設収容に必然的に随伴する以上の苦痛は認められるべきではない（国連「被拘禁者処遇最低基準規則」（1955年）57条）.

　懲役・禁錮の執行，さらに拘留は刑事施設においてなされる（12条2項，13条2項，16条）（かつての監獄法の下では，懲役・禁錮は監獄，拘留は拘留場においてなされると定められていたが，平成17年の「刑事施設及び受刑者の処遇等に関する法律」（現在の「刑事収容施設及び被収容者等の処遇に関する法律（刑事収容施設法）」（平成19年））の制定により「刑事施設」と改められた）. 自由刑の執行については刑事収容施設法，「刑事施設及び被収容者の処遇に関する規則」（平成18年），並びに刑事訴訟法（471条以下）に詳細な規定があり，これらを**行刑法**と呼ぶ. 現在の行刑は，処遇の人道化，処遇の法律化，受刑者の分類と処遇の個別化をめざして展開され（所一彦・刑事政策の基礎理論179頁以下，大谷・新版刑事政策講義168-169頁），仮釈放，保護観察などの制度により**社会内処遇**が重視されている.

　刑罰については，刑務所内における受刑者死傷事件等を契機として監獄

170　8　刑罰論

法改正の動きが加速し，平成17年に受刑者の処遇に関する「刑事施設及び受刑者の処遇等に関する法律」が，さらに平成19年には未決拘禁者等の処遇もこれに統合し，前掲の刑事収容施設法が制定された．

　なお，刑の執行には，必要的執行停止（心神喪失にある場合，刑訴480，481条．病院等に入院させることになる－刑事収容施設法62条3項）及び，任意的執行停止（健康を害するおそれ，70歳以上，妊娠中・出産直後等の場合－刑訴482条）がある．

仮釈放　　矯正施設の収容者を，終了期間満了前に仮に釈放する制度で，①懲役・禁錮受刑者に対する**仮釈放**（狭義），②拘留または労役場留置者に対する**仮出場**等の総称を**仮釈放**（広義）という（①②の他，少年院収容者に対する仮退院，婦人補導院収容者に対する仮退院を含めて用いる場合もある）．それまでの執行状況から判断して，執行の継続を必要としないと認められるときに，受刑者を仮に釈放し刑期の残余期間を無事に経過した場合に刑の執行を免除する．①の**仮釈放**では，懲役・禁錮受刑者につき改悛の状があるとき，有期刑はその刑期の1/3，無期刑は10年を経過した後，地方更生保護委員会の処分で釈放を許す（刑28条）．**仮出場**では，拘留に処せられた者につき，情状により同委員会の処分で出場を許す（刑30条）．

15条　罰金は，1万円以上とする．ただし，これを減軽する場合においては，1万円未満に下げることができる．

17条　科料は，千円以上1万円未満とする．

罰金と科料　　罰金・科料は財産を剥奪する刑罰である．両者の相違は金額の多寡にある（その他，罰金にのみ執行猶予が認められることや，資格制限（⇨164頁）などにも差がある）．罰金等の執行については，原則として民事上の執行手続に関する法令が適用される（刑訴490条）．

　【没収】　犯罪に関連する一定の有体物の所有権を剥奪し，国庫に帰属させる裁量的処分で，付加刑（⇨164頁）である．①犯罪行為を組成した**組成物件**（例えば，偽造文書行使罪を犯した場合における「偽造文書」．組成物件が共犯者に属するときは没収できる），②犯罪行為に供しまたは供しようとした**供用物件**（殺人罪や傷害罪の手段として用いられた「凶器」），③犯罪行為から生じた**産出物件**（偽造罪により生じた偽造通貨），もしくはこれにより得た**取得物件**（賭博に勝って得た「金品」．窃盗によって取得した「盗品」は取得物件だが，第三者の所

有であるような場合は没収できない），又は犯罪行為の報酬として得た**報酬物件**（嘱託殺人に応じた謝礼），④③の物の対価として得た**対価物件**（盗品を売却して得た代金）に対して行われる（19条1項）．没収は，これらの物が現に存在している場合に限り，しかも，犯人以外の者に属していない場合にのみ認められる（ただし，犯罪の後に犯人以外の者が事情を知りつつその物を取得した場合には，没収することができる－19条2項ただし書）．刑法19条は，任意的な没収を定めるが，刑法上，必要的没収となるものに「収受した賄賂」がある．また，拘留・科料のみに当たる罪の場合には，没収はできない（20条）．

　主物を没収するときは，その従物も没収できる．没収を言渡すには，対象物が判決時に特定していれば，裁判所により押収されている必要はない．侵入窃盗事犯において，侵入道具として使用された鉄棒は，住居侵入罪について公訴提起されていなくても既判力が及び没収できる．

【追徴】　追徴は，没収が不能となった場合に認められる換刑処分である．①19条1項3号・4号に当たる物が，②判決の時点で，費消・紛失・善意の第三者への譲渡などにより法律上・事実上没収不能となった場合に認められる裁量的処分で，没収すべき物に代わるべき金額を国庫に納付するよう命ずる（19条の2）．没収することができない物（有体物でないものや犯人以外が所有する物）は追徴できない．追徴価額は行為時を基準とする（最大判昭43・9・25刑集22・9・871）．

　薬物犯罪の正犯がその犯罪行為により薬物犯罪収益等を得た場合，これを幇助した者については，当該薬物犯罪収益等を正犯と同様に没収・追徴することはできず，幇助行為により得た財産等に限り没収・追徴できる（最判平20・4・22刑集62・5・1528－覚せい剤密売の売り子として幇助した者からの没収・追徴）．

【没収・追徴の特別規定】　刑法典にも，没収・追徴に関する特別規定があるが（賄賂罪に関する197条の5⇨433頁），特別刑法の中にも多くの規定があり，19条の没収対象物件以外について没収を認めるもの（銃刀法36条），第三者没収をかなり広く認めるもの（酒税法54条等）もある．とりわけ，麻薬新条約に対応するために立法された麻薬特例法の没収・追徴規定は特色があり，薬物犯罪の取得財産，報酬財産，および資金等提供罪の資金を「薬物犯罪収益」，さらにその果実，対価等不法収益の保有又は処分に基づき得た財産を「薬物犯罪収益に由来する財産」とし，それらに対する没収・追徴を認める（麻薬特例法11条以下）．薬物犯罪により得られた金銭を，

いったん銀行等を経由させることにより「洗浄」するマネー・ロンダリングを防ぐための方策である．従来の没収・追徴は刑罰的側面（刑法19条1項3・4号）と，保安処分的側面（同1・2号）を併せ持つと解されてきたが，麻薬特例法では明確に「刑罰」として認められている．

第2編　犯罪各論

1 生命・身体に対する罪

三分説　刑法犯は，その保護法益により，国家に関する法益に対する罪，社会に関する法益に対する罪，個人に関する法益に対する罪に分類される（**三分説**）．現行刑法典の第2編「罪」は，国家法益に対する罪，社会法益，個人法益の順で規定されているが，現在では，個人法益に対する罪が，犯罪現象として最も重要であることはほぼ異論なく認められており，本書もこれに従う．

1-1　殺人の罪

1-1-1　人の意義

人と胎児　刑法典の生命・身体に対する罪は，客体が人および胎児に限られる．本章の罪は，人の生命を侵害する殺人罪，身体を侵害する傷害罪，さらにそれらの過失犯，身体に危険を及ぼす暴行罪，扶助を必要とする人の生命・身体に危険を生じさせる遺棄罪，それに胎児の生命・身体を侵害ないし危険にさらす堕胎罪からなる．

生命・身体に対する罪の客体は，**自然人**に限り，法人は含まない．「人」は他人に限られ，自殺は，未遂も含めて処罰されない．胎児は，殺人の罪の「人」には含まれず，堕胎罪の客体となる（⇨194頁．胎児傷害の問題につき⇨183頁）．

人の始期　胎児から「人」に変わる時点に関し，**分娩（陣痛）開始説**（刑の軽い嬰児殺の規定を持つドイツでの通説），胎児の身体の一部でも母体外に露出されれば人となるとする**一部露出説**，身体全部が母体外に出た時点を重視すべきだと考える**全部露出説**（民法における通説），自分で

176　1　生命・身体に対する罪

呼吸を開始した時点とする**独立呼吸説**が対立する.

　部分的であっても，母体外において独立かつ直接的に生命・身体が侵害され得る時点に至れば，人として保護すべきである（大判大8・12・13刑録25・1367）.

　【堕胎罪との関係】　母体保護法上，人工妊娠中絶（⇨194頁）として正当化される時期（現在は妊娠22週未満）に，中絶の結果，母体外に排出され，その後に生命が絶たれた場合は，適法な中絶行為の一部として評価し尽くされており，別に殺人罪や堕胎罪が成立することはない. ただし，この時期を超えて母体外に排出された場合に「人」として扱われることは当然である（最決昭63・1・19刑集42・1・1－26週の胎児について，業務上堕胎罪と保護責任者遺棄致死罪が成立するとした（併合罪））.

人の終期　　生と死（人間の全体死）の限界について，法的定義はない.その基準として，かつては，自発呼吸の停止，脈（心臓）の停止，瞳孔反射機能などの停止の三点により心臓の死を判定する**三徴候説**（心臓死説）が採用されてきた. しかし，人工生命維持装置の発達，人工心臓の開発，心臓や肝臓の移植の要請などから，脳（脳幹部分）の死を以て人の死とする**脳死説**も有力になった（団藤380頁，平野158頁，林23頁）.

　医学的な合理性とは別個に，脳死状態にある人を殺人・傷害の客体としての人から排除すべきかは，刑法解釈論からの考慮がなされるべきである.現時点で脳死体一般を死体として扱うことは，一般人の伝統的な「死」の概念を修正することにつながるものであり，慎重に論ずべきである. 裁判例でも，現段階では，傷害致死罪の既遂時期を，脳死後しばらく経過した後の心臓死の時点に認めている（大阪地判平5・7・9判時1473・156）.

　【脳死状態からの臓器摘出行為】　平成9年に臓器移植法が成立し，移植目的での脳死状態からの臓器摘出が認められることとなった. また，平成21年7月の臓器移植法改正により，本人の積極的な反対がなく，かつ親族の同意があれば，脳死状態からの臓器摘出を認めることとし，本人の同意を要件から外したため，15歳未満の脳死者からの臓器提供も可能となった.

1-1-2 **殺人罪**

199条 人を殺した者は，死刑又は無期若しくは5年以上の懲役に処する．
（予備処罰−201条，未遂処罰−203条）

実行行為 　殺人罪の実行行為である「殺す行為」とは自然の死期に先立ち他人の生命を絶つことである．手段・方法は問わず，有形的方法以外に，強度の精神的衝撃を与える等の無形的方法による場合も含む．事情を知らない第三者を使い被害者に毒を与えるような行為は，殺人の間接正犯となる（⇨31頁）．さらに，被害者を崖に追い詰めて飛び降りざるを得なくするような，被害者自身の行為を利用する殺人行為もあり得る．乳児に授乳せずに餓死させる親のように，不作為による殺人罪もある（⇨35頁）．ただ，その行為自体に殺人結果を生じさせるだけの危険性が欠ける場合は，不能犯となる（⇨42頁．なお，行為の一個性⇨30頁）．

> **【判例−不能犯との限界】** 硫黄を飲ませて殺そうとした行為は，死の危険性が全くないため殺人罪の不能犯とされた（大判大6・9・10刑録23・999）．しかし，小型の小刀で刺す行為（大判大11・2・24刑集1・76），紙バンドで首を絞める行為（最判昭23・9・18判例体系34・97），致死量に達しない黄燐を飲ませる行為（大判大8・10・28新聞1641・21），異臭がし異常な色の青酸入り米飯を食べさせようとする行為（最判昭24・1・20刑集3・1・47），苦みの強いストリキニーネ入りの味噌煮を食べさせようとする行為（最判昭26・7・17刑集5・8・1448），静脈へ致死量に満たない空気を注射する行為（最判昭37・3・23刑集16・3・305），一酸化炭素を含まず中毒死のおそれのない都市ガス（天然ガス）を室内に漏出させた行為（岐阜地判昭62・10・15判タ654・261）は，不能犯ではなく殺人罪の実行行為性があるとされた．

安楽死 　死期が迫り，かつ，苦痛の甚だしい患者の，苦痛を柔らげるため，薬物投与などにより積極的に死期を早める措置をとる行為を**安楽死**という．安楽死には，狭義の安楽死の他，広義では治療行為の中止を意味する**尊厳死**も含む．

　狭義の安楽死は，患者本人の同意に基づくことが前提であり，嘱託殺人罪（⇨179頁）の成否が問題となる．具体的には，①耐え難い肉体的苦痛

が存在し，②死が回避不能でかつ死期が差し迫っており，③患者の肉体的苦痛を除去・緩和するために方法を尽くし，他に代替手段がなく，④患者の明示の意思表示が存在するときには，積極的に死期を早める安楽死も，例外的に許容され得る（嘱託殺人罪の違法性が阻却される）．死期を早めないモルヒネの投与などの間接的（消極的）安楽死の場合は，③④の要件は緩和され得る（横浜地判平7・3・28判時1530・28参照—医師による積極的安楽死の事案）．

尊厳死は，末期患者から人工的な生命維持装置をはずす**治療行為の中止を**いう．通常，患者が植物状態に陥っており，延命措置打ち切りの意思表示がなされない場合が多く，刑法上は，同意殺でなく殺人罪の問題となる可能性が高い．最決平21・12・7（刑集63・11・1899）は，医師が，気管支ぜん息の重積発作により入院し，昏睡状態にあった被害者から気管内チューブを抜管する行為は，被害者の回復可能性や余命について的確に判断できない状況においては，たとえ適切な情報を伝えられずに回復をあきらめた家族からの抜管の要請があっても，法律上許容される治療中止には当たらないとし，殺人罪の成立を認めた．

1-1-3 殺人予備罪

201条 第199条の罪を犯す目的で，その予備をした者は，2年以下の懲役に処する．ただし，情状により，その刑を免除することができる．

予備 殺人予備とは，殺害の実行着手に至る以前の，準備行為一般をいう．殺害のための凶器を準備して，被害者宅の周辺をうろつく行為，不特定の人を殺害する目的で毒入り飲料を道端に置く行為などがこれに当たる．準備といっても，殺害のための一定程度以上の危険性がなければならず，原則として目的地付近に至ることが必要であるが，高度の危険性があり，しかも人を殺傷する以外の目的が考えにくい，銃器やサリンのような化学薬品については，製造しただけで予備罪に該当し得る（東京地判平8・3・22判時1568・35）．

殺人行為を遂行する意図が必要であるが（目的犯），未必的なものでもよい．他人に実行させる目的の場合（他人予備）であっても，自己の行為が

1-1 殺人の罪　179

他人の殺人の準備行為であることの認識があれば足りる（東京高判平 10・6・4 判時 1650・155）．また，他人の依頼に応じてこれに毒物を提供する行為は，**予備罪の共同正犯となる**（⇨122 頁．なお，本罪への中止犯規定の準用につき 280 頁（強盗罪の場合）参照）．

1-1-4 自殺関与・同意殺人罪

> **202 条**　人を教唆し若しくは幇助して自殺させ，又は人をその嘱託を受け若しくはその承諾を得てこれを殺した者は，6 月以上 7 年以下の懲役又は禁錮に処する．

処罰根拠　自殺は犯罪ではないが，自殺の教唆・幇助は**自殺関与罪**として処罰される．共犯従属性説（⇨121 頁参照）からは，自殺者（正犯者）を処罰しない以上，その教唆・幇助行為（共犯者）は処罰できないはずで，そもそも 202 条の処罰根拠が問題となる．自殺は本人の手でなされるから当罰性を欠くが，他人の死に原因を与える行為は違法であると考えられる．**同意殺人罪**の処罰根拠についても，他人の生命を否定する行為は許されず，いかに本人が放棄した法益であっても，他人はこれを法益として保護すべきであることによると解される．

自殺関与罪と同意殺人罪の区別は，行為者が直接手を下したといえるか否かによる（死を望む者に毒薬を買ってやる行為は自殺関与で，頼まれてその毒薬を飲ませる行為は同意殺人）．妻と共に練炭自殺を図ったが，妻のみが急性一酸化炭素中毒死した事案は，同意殺人ではなく，自殺幇助に当たる（東京高判平 25・11・6 判タ 1419・230）．

自殺関与・嘱託殺人罪　合意による心中は，相互に精神的幇助があると考えられるので 202 条に当たり（相互に殺害しあえば同意殺人で，ともに自殺すれば自殺関与となる），死亡しなければ処罰の対象となる．これに対し，いわゆる無理心中は単なる殺人行為である．

【**真意に基づく同意**】　202 条は死についての真摯な同意が必要である．幼児のように死の意味が理解できない者には同意はあり得ないから，殺人罪に当たる．真意に基づく同意がないとした事例として，やくざ社会で死ぬよう命じられそれに同意した場合（広島地判昭 34・4・7 下刑集 1・4・954），復縁

180　1 生命・身体に対する罪

を迫り，首筋に包丁を押しつけて無理やり首を縦に振らせた場合（大阪地判昭 56・3・19 判タ 453・172），家族に暴力を振るい「死んでやる」と言った者に，兄がシンナーをかけて焼死させた行為（東京高判昭 61・5・1 判時 1221・140）がある．

　心中につき被害者の「同意」が必ずしも明確でない例として，被害者が抵抗しなかったことを重視して 202 条の成立を認めた札幌地判昭 43・2・22（下刑集 10・2・189），相手に対する義理立てから承諾したとして，殺人の実行行為性が認められた東京高判昭 53・11・15（東高刑時報 29・11・188），抵抗した跡が見られるとして同意があったとは認められないとした名古屋地判平 7・6・6（判時 1541・144）がある．もっとも，最後の 2 例は，殺人の故意が認められず 38 条 2 項により 202 条の成立にとどまるとした．

瑕疵ある同意　自殺の決意や殺人への同意が錯誤や脅迫に基づく場合，自殺関与・同意殺人ではなく殺人罪が成立する場合がある．最判昭 33・11・21（刑集 12・15・3519）は，女性が心中を申し出たのに対し，追死するように装い青酸ソーダを同女に与え，女性がこれを飲んで死亡した事例につき，殺人罪に該当するとした．本判決については，自己の「死」自体につき錯誤がない以上法益関係的錯誤はなく（山口 15 頁），自殺関与にとどまるとする見解（平野 I 158-159 頁，斎藤 14 頁参照）がある．しかし，被害者が死を認識していさえすれば，いかに重大な動機の錯誤があろうとすべて 202 条に当たるとすることはできず，「自殺（同意）の意思決定が，適切な情報に基づいた，真の自己決定によりなされた」といえる場合に限るべきである．昭和 33 年判決の事案は，①被害者は自己の死については錯誤がなく，②被告人の行為としては被害者に毒薬を与えたものの，積極的に被害者に飲ませるなどの行為は行っていないといった事情はあるが，③被害者にとって極めて重要な被告人の追死に関して適切な情報がない．したがって，適切な情報に基づいた，真の自己決定によりなされた自殺であると評価することは困難である．錯誤の程度によるが，脅迫により自殺に追い込まれたのと同程度に，自由な意思決定ができない状況に追い込まれているといった事情があれば，殺人罪の成立を認める余地はあろう．

　【脅迫に基づく「同意」】　錯誤に基づく同意や自殺の決意と比べ，脅迫に基

づく場合には同意や自殺の決意が無効とされる場合が多い．一人暮らしの老女に対する自らの借金返済を免れるため，同女を自殺させようとし，「金を貸す行為は犯罪に当たり，刑務所に入れられる」などと偽り，同女を不安・恐怖に陥れ自殺するしかないと思い込ませ，農薬を飲ませて死亡させた行為は，殺人罪に当たる（福岡高宮崎支判平 1・3・24 高刑集 42・2・103）．手段の一部に欺罔が用いられてはいるものの，不安・恐怖に陥れる行為は脅迫手段に当たり，錯誤に陥れる場合以上に「真の自己決定に基づく自殺」と評価することは困難で，202 条には該当しない．妻に自殺するよう執拗に迫り，精神的に追い詰め，妻を自動車ごと海に転落するよう仕向けた行為も，自殺関与ではなく殺人罪に当たる（最決平 16・1・20 刑集 58・1・20⇨31 頁参照）．

着手時期 　同意殺は，殺害行為の開始時点に実行の着手が認められる．これに対し自殺関与罪については，自殺を教唆，幇助した時点とする見解と，自殺者が自殺行為を開始した時点とする見解が対立する．後説は，一般の共犯論と同様に，正犯者の実行をまって共犯が成立するとする．しかし，202 条は自殺自体は違法でないが，それに関与する行為を処罰する趣旨であるから（⇨179 頁），前説が妥当である．

【同意に関する錯誤】　単なる殺人の故意で殺害したところ，たまたま被害者に同意があった場合（主観的に殺人罪，客観的に同意殺），被害者に同意がある以上，「意思に反して殺害する」という殺人罪の実行行為性は認められず，未遂にも当たらない．逆に，行為者は同意殺であると認識していたが，現実には被害者の承諾がなかった場合については，38 条 2 項が適用され，202 条の既遂となる（名古屋地判平 7・6・6 判時 1541・144）．もっとも，行為者が同意殺・自殺関与であると思い込んでいた場合でも，①被害者を自殺するしかないという精神状態に陥れていること，及び②実際に死亡する危険性の高い行為を行わせていることの認識があれば，客観的な殺人罪の構成要件該当性の認識があり，殺意は否定されない（⇨前掲・最決平 16・1・20 参照）．

1-2 傷害の罪

1-2-1 傷害罪

204条 人の身体を傷害した者は，15年以下の懲役又は50万円以下の罰金に処する．

傷害 傷害罪は，人の身体に傷害結果を発生させることによって成立する（状態犯⇒26頁）．結果としての**傷害**とは，人の**生理機能に障害を与えること，または人の健康状態を不良に変更すること**をいう．下痢の症状を起こさせたり，チフスやエイズに感染させる行為等，外形上の完全性は害されなくとも，生理機能が侵害される場合は，傷害に当たる．逆に，外形的完全性を害するが，生理機能を害されない髪の毛を切る行為などは，暴行に過ぎない（大判明45・6・20刑録18・896）．

> **【軽微な傷害】** 傷害とは「あまねく健康状態を不良に変更する場合」（最判昭32・4・23刑集11・4・1393）であるが，頭髪を1本抜く行為や，かすり傷などは傷害に当たらない．処罰に値する「傷害」は一定程度以上のものに限る．

傷害は通常，暴行（⇒186頁）により生ずるが，被害者を欺罔して毒物を服用させたり，脅迫して精神病に追い込む場合のように，無形的な手段による場合もある（最判昭27・6・6刑集6・6・795－性病感染，東京地判昭54・8・10判時943・122－嫌がらせの電話による精神衰弱）．また，暴行・脅迫を加え「命が惜しければ指を歯でかんでつめろ」と命じ，被害者にその通りさせた場合（鹿児島地判昭59・5・31判タ531・251）や，怒号するなどして脅し，多量の酒を被害者に自ら飲ませ，急性アルコール中毒により死亡させた場合（東京高判平21・11・18東高刑時報60・1=12・190）のように「被害者の行為」を利用する傷害もある．

> **【判例－傷害】** 傷害を認めたものとして，湖につき落とし失神させる（大判昭8・9・6評論22・刑訴249），めまい・吐き気をおこさせる（大判昭8・6・5刑集12・736），メチルアルコールを飲ませ疲労・倦怠感を生じさせる（最判昭26・9・25裁判集刑53・313），毛を抜く（大阪高判昭29・5・31刑集7・5・752），睡眠

薬を飲ませて6時間または2時間にわたり昏睡させる（最決平24・1・30刑集66・1・36）行為がある．また，最決平17・3・29（刑集59・2・54）は，隣家に向けてラジオを大音量で鳴らし続け，隣人に慢性頭痛症等を生じさせた行為につき，暴行によらない傷害罪の成立を認めた．傷害が否定されたものとして，髪を根本から切る行為（大判明45・6・20刑録18・896），30分間人事不省に陥らせる行為（大判大15・7・20新聞2598・9），太鼓を耳元で打ち朦朧とさせる行為（最判昭29・8・20刑集8・8・1277）があり，これらは有形力の行使が認められる限り暴行罪となる．

医師や看護師の行為が傷害に当たる場合，正当業務行為と認められれば違法性が阻却される（福岡高判平22・9・16判タ1348・246－看護師が高齢患者の爪を深く切り過ぎた行為）．

【PTSD－心的外傷後ストレス症候群】 戦争，事件，事故，犯罪被害等の体験後に，外傷性の記憶がよみがえる，事件・事故に関連した場所を回避しようとする，常に緊張状態を強いられ睡眠障害等に陥る等の症状が1か月以上持続する場合，PTSDであると診断される．監禁行為やその手段として行われた暴行・脅迫により被害者がPTSDを発症した場合は，監禁致傷害が成立する（最決平24・7・24刑集66・8・709）．

胎児傷害　　胎児に傷害を加える行為は堕胎罪には該当せず（⇨194頁），また，胎児は「人」ではないので，傷害罪，過失傷害罪の直接の客体でもない．そこで，母体内での胎児に対する侵害が，出生後の人に傷害として残った場合（胎児性水俣病や，サリドマイド薬害事件等）につき，傷害罪として処罰すべきかが問題となる．胎児性水俣病に関する最決昭63・2・29（刑集42・2・314）は，胎児は母体の一部であるとして，「胎児に病変を発生させることは，人である母体の一部に対するものとして，人に病変を発生させること」に当たり，胎児が出生し人となってからこの病変により死亡した場合は，「人に病変を発生させて人に死亡の結果をもたらした」ことになるから，傷害罪が成立するとした．

故意　　暴行により傷害を負わせた場合，傷害の故意がなくとも傷害罪に該当する．傷害罪は暴行罪の結果的加重犯をも含むことになる．208条は「傷害するに至らなかった」場合を暴行と規定しており，傷害に至れば204条に該当するからである．

184　1 生命・身体に対する罪

【傷害の「未遂」】 傷害罪に未遂規定はない．傷害の故意で暴行を加えたところ，傷害結果が発生しなかった場合は，暴行罪が成立する（大判昭4・2・4刑集8・41，最判昭25・11・9刑集4・11・2239）．その範囲で，暴行は傷害未遂を含む．ただし，暴行としての「結果」すなわち，身体に対する具体的な危険が発生した場合に限るから，無形的方法により傷害が「未遂」に終わっても暴行罪は成立しない．

1-2-2 傷害致死罪

205条　身体を傷害し，よって人を死亡させた者は，3年以上の有期懲役に処する．

結果的加重犯　傷害致死罪は典型的な結果的加重犯であり，死の結果の予見がある場合は殺人罪となる．判例は死の結果の予見可能性は不要であるとし，顔面を殴打したところ，被害者がバランスを崩して転倒し死亡した場合でも傷害罪が成立する（最判昭26・9・20刑集5・10・1937－暴行により頭部の骨を骨折させ死亡させた事案）．もっとも，一定程度以上の暴行を加えた場合，死の結果の予見可能性がない場合は稀有である（例えば被害者の心臓疾患が死の直接の原因である場合でも，胸ぐらを掴んで倒し，布団の上から口を押さえつけた場合には，致死についての予見可能性はある．最判昭46・6・17⇒52頁）．暴行の故意しかない場合にも，死亡結果が発生すれば本罪が成立する（下図②）．Ａ車に幅寄せ（暴行に当たる）した結果，対向車

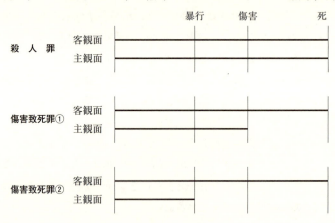

線に飛び出したA車と衝突したB車の搭乗者が死亡した場合，その死亡結果についても傷害致死罪（現行法では危険運転致死罪となり得る）が成立する（東京地判昭49・11・7判タ319・295）．

1-2-3 現場助勢罪

> **206条** 前2条の犯罪が行われるに当たり，現場において勢いを助けた者は，自ら人を傷害しなくても，1年以下の懲役又は10万円以下の罰金若しくは科料に処する．

助勢 喧嘩の現場で，やじを飛ばしたり，拍手をする等，言葉や動作で傷害現場の雰囲気を助長する行為を処罰する．「前2条」（傷害ないし傷害致死）の結果が生じなかった場合には適用されない．実際の適用例は極めて少ない．**一方を応援する行為**は，206条ではなく傷害罪の幇助となる（大判昭2・3・28刑集6・118―知人の側を応援した事案）．

1-2-4 同時傷害の特例

> **207条** 2人以上で暴行を加えて人を傷害した場合において，それぞれの暴行による傷害の軽重を知ることができず，又はその傷害を生じさせた者を知ることができないときは，共同して実行した者でなくても，共犯の例による．

同時犯 2人以上の者が同一機会に，意思の連絡なしに同一の客体に対し，同一の犯罪を実行する場合を**同時犯**という．同時犯は，一般の犯罪と同様，自己の行為と因果関係が認められる範囲で結果につき帰責される．しかし，207条は特例として，傷害罪の同時犯（暴行を加えて傷害結果が生じた場合に限る）に関し，因果関係の証明がなくとも，同時に暴行を行った者全員に対し傷害罪の共同正犯が成立すると規定する．

特例の要件 207条の成立には，①暴行行為が同一機会になされ，②行為者間に意思の連絡がなく（あれば本条を適用しなくとも共同正犯となる），③いずれの行為から傷害結果が生じたか，あるいはいずれの行為が重い傷害結果を惹き起こしたかが不明であることが必要である．③については，被告人の側で自己の行為からこれらの結果が生じていない

ことを証明すれば，207条の適用を免れ（挙証責任の転換），その者は暴行罪にとどまる．①の「同一の機会」には，2つの暴行が20分間，2～3キロメートル離れてなされた場合も含む（福岡高判昭49・5・20刑月6・5・561）．

死亡結果が生じた場合にも本条の適用がある（最決平28・3・24刑集70・3・1，最判昭26・9・20⇨184頁）．致死についてまで適用することに対しては批判もあるが，死の結果の予見可能性を不要とする判例の立場からは，当然の結論である．

また，207条を「重い結果を誰にも帰責できなくなるという不合理を回避する例外的規定」だとして，関与したうちの少なくとも1人について傷害との因果関係が認められれば，207条の適用は認められないとする見解もあったが（大阪高判昭62・7・10高刑集40・3・720など），現在の最高裁は，「自己の関与した暴行が死因となった傷害を生じさせていないことを立証しない限り，当該傷害について責任を負い，……いずれかの暴行と死亡との間の因果関係が肯定されるときであっても，別異に解すべき理由はな」いとして，207条の適用を認める（前掲・最決平28・3・24）．

【一方が共犯の場合】 XのAに対する暴行の途中から，Y，Zが共謀に加担し，結果的にAに傷害を負わせたが，傷害発生が共謀成立前か後かが不明であった事案につき，大阪地判平9・8・20（判タ995・286）は，Y，Zに傷害罪の承継的共犯は認められないとした上で，「Xの単独の暴行」と，「共謀成立後の3名による暴行」とは，同一機会に同一客体に対して行われたものであるとして，207条の適用を認め，X，Y，Zの傷害の共同正犯の成立を認めた（⇨132頁）．現在の判例（前掲・最決平28・3・24）も同じ結論である．

1-2-5 暴行罪

208条 暴行を加えた者が人を傷害するに至らなかったときは，2年以下の懲役若しくは30万円以下の罰金又は拘留若しくは科料に処する．

暴行 　本条の暴行とは，「人の身体に向けられた有形力の行使」をいう（狭義の暴行）．刑法上は208条の暴行の他，最広義の暴行（騒乱罪等の人ないし物に向けられた有形力の行使），広義の暴行（公務執行妨害罪等の人に向けられた有形力の行使），最狭義の暴行（強盗罪，強制性交罪等の人の反

抗を抑圧するに足りる程度の暴行）がある．有形力の行使は，人の身体に向けられていれば足り，投石が命中しなかった場合のように物理的接触を欠く場合も含む．

暴行の結果，傷害が生ずれば傷害罪が成立する（⇨183 頁）．

【判例－暴行】　髪を根元から切る（大判明 45·6·20 刑録 18·896），塩を振りかける（福岡高判昭 46·10·11 刑月 3·10·1311），走行中の車に投石する（東京高判昭 30·4·9 高刑集 8·4·495），人に向かって農薬を撒布する（東京高判昭 34·9·30 東高刑時報 10·9·372），四畳半の部屋で抜き身の日本刀を振り回す（最決昭 39·1·28 刑集 18·1·31），拡声器を使って耳元で大声を発する（大阪地判昭 42·5·13 下刑集 9·5·681），相手方と向かい合ったまま前進し相手を後ずさりさせる（大阪高判平 24·3·13 判タ 1387·37）行為等が，暴行に当たる．

1-2-6 凶器準備集合罪

208 条の 2　1 項　2 人以上の者が他人の生命，身体又は財産に対し共同して害を加える目的で集合した場合において，凶器を準備して又はその準備があることを知って集合した者は，2 年以下の懲役又は 30 万円以下の罰金に処する．

2 項　前項の場合において，凶器を準備して又はその準備があることを知って人を集合させた者は，3 年以下の懲役に処する．

立法経緯　本条は，暴力団犯罪対策として昭和 33 年に新設されたが，労働運動，学生運動における集団行動の規制手段としても用いられるようになった．個人法益としての傷害の罪の章に置かれてはいるが，騒乱罪の予備罪的性格を持ち，社会法益に対する罪の側面もある．

凶器　「凶器」には，銃，刀等，殺傷用に作られた**性質上の凶器**の他，用い方により殺傷に使用可能な**用法上の凶器**（バット，角材等）も含む．殺傷機能，殺傷に用いられる蓋然性を勘案して判断する以外にないが，ダンプカー（最判昭 47·3·14 刑集 26·2·187－消極），タオル，縄などは，殺傷に用いることが不可能ではないとしても，本条の凶器に含むべきではない．

要件　1 項の集合罪，2 項の結集罪に共通して，「共同して害を加える目的（共同加害目的）」が必要となる．相手が万一攻めてきたら反撃

188　1 生命・身体に対する罪

するという消極的な目的でもよい（最決昭 37・3・27 刑集 16・3・326）．「集合」とは新たに集まることの他，既に集まっている場で共同加害目的を生じ，後から凶器を入手した場合も含む．2 項の結集罪には，㋐自ら凶器を準備した上で集合させる行為と，㋑凶器が準備されていることを知って人を集合させる行為がある．凶器の「準備」とは，加害目的に使用できる状態を指し，付近に凶器を隠しておく場合も含む．

　2 項の結集罪は 1 項に比べ法定刑が重く，主導的役割を持った者を処罰するものと解されている．単なる扇動行為は，対象者たちに 1 項の集合罪が成立することを前提として，1 項の幇助罪が成立するにとどまる．

1-3　過失傷害の罪

1-3-1　過失致死傷罪

> **209 条 1 項**　過失により人を傷害した者は，30 万円以下の罰金又は科料に処する．（親告罪－2 項）
>
> **210 条**　過失により人を死亡させた者は，50 万円以下の罰金に処する．

注意義務　　刑法上，過失の犯罪類型は例外的で（⇨73 頁），法定刑も 211 条を除けば極めて軽く，過失致傷（209 条），過失致死（210 条）ともに罰金刑である．

　過失傷害罪，過失致死罪は，それぞれ傷害結果，死の結果につき認識のない場合に成立する．暴行の故意があれば，傷害罪，傷害致死罪が成立するため（⇨184 頁），暴行の故意がある場合も含まない．積極的には，**注意義務違反**としての過失（⇨73 頁参照）があることが必要である．

1-3-2　業務上過失致死傷罪，重過失致死傷罪

> **211 条**　業務上必要な注意を怠り，よって人を死傷させた者は，5 年以下の懲役若しくは禁錮又は 100 万円以下の罰金に処する．重大な過失により人を死傷させた者も，同様とする．

改正の経緯　　業務上過失致死傷罪（本条前段）及び重過失致死傷罪（本条後段）は，通常の過失致死傷罪と比べ極めて刑が重い．業

務上過失致死傷罪は，交通事犯の激増とともに，昭和43年に刑の上限が3年から5年に引き上げられ，懲役刑も選択できることとなった（加重の根拠⇒73-74頁参照）．さらに，悪質な自動車事故に対する厳しい批判を受けて，平成13年に危険運転致死傷罪（旧208条の2）が制定されたが，平成26年に成立した「自動車運転処罰法」（⇒190頁）により，自動車事故に関する刑事処罰はすべて本条の対象から外れた．電車，航空機，船舶による交通事故は本罪に当たるが，自動車事故以外の業務上過失致死傷罪の認知件数は451件（平成27年）にとどまる．

業務の意義　本罪の業務とは，各人が社会生活上の地位に基づき反復継続して行う行為で，かつ他人の生命身体に危害を加えるおそれのあるものをいう（最判昭33・4・18刑集12・6・1090－娯楽目的の狩猟が業務にあたるとした）．収入を得る目的は不要で，免許の有無も問わない．

　具体的には，①**社会生活上の地位**に基づくものでなければならず，反復される行為でも，家事や家庭内の育児のように，すべての者に共通の自然的日常的行動は業務でない．次に，②**反復継続性**が必要である．レジャーとしての狩猟なども，反復継続していれば業務となる．そして，③他人の**生命・身体への危険**を含むものでなければならないため，例えば自転車の運転等は含まない．ただ，直接危険行為を行わない場合でも，夜警や児童を引率する教員のように，危険を管理・監督する場合も業務性を持つ（託児所の保育を業務としたものとして，最決昭60・10・21刑集39・6・362）．

重過失の意義　重過失とは，注意義務違反の程度が著しい場合をいう．本罪は昭和22年に追加された．かつては，酒気帯び，スピード違反など安全運転上の基本的事項を無視した無謀な運転に伴う過失がその代表例とされてきたが，現在では，これらの行為は自動車運転処罰法上の罪に該当するので，重過失致死傷罪は不成立となる（仙台高判昭30・11・16高裁特2・23・1204－業務上過失致傷罪が成立すれば重過失致傷罪は成立しないとした）．炎天下の自動車内に幼児を放置し，死亡させる行為等は重過失に当たる（さらに74頁参照）．

【判例－重過失】　重過失致死罪が認められた例として，泥酔した同居の家

190 1 生命・身体に対する罪

族を水風呂に入れたまま放置し死亡させた行為（東京高判昭 60・12・10 判時 1201・148），路上でゴルフの素振りをして通行人を強打し死亡させた行為（大阪地判昭 61・10・3 判タ 630・228），日本刀で自宅の襖を突き刺し，背後にいた長男を死亡させた行為（神戸地判平 11・2・1 判時 1671・161）等がある．

1-4 自動車運転処罰法

自動車事故の重罰化　自動車事故に対する法定刑が軽すぎるとの世論の批判を受け，平成 25 年に「自動車の運転により人を死傷させる行為等の処罰に関する法律」（自動車運転処罰法）が成立し，自動車事故による死傷事件は刑法上の罪ではなく，すべて同法により処罰されることとなった（その結果，211 条の業務上過失致死傷罪は自動車事故を含まない）．自動車とは，道路交通法上の「自動車」（二輪を含む）のほか，原動機付自転車（いわゆる原付）も含む．自動車以外の航空機や鉄道に関する致死傷事故には，211 条の業務上過失致死傷罪が適用される．

1-4-1 危険運転致死傷罪（条文は自動車運転処罰法を指す）

2条　次に掲げる行為を行い，よって，人を負傷させた者は 15 年以下の懲役に処し，人を死亡させた者は 1 年以上の有期懲役に処する．

1号　アルコール又は薬物の影響により正常な運転が困難な状態で自動車を走行させる行為

2号　その進行を制御することが困難な高速度で自動車を走行させる行為

3号　その進行を制御する技能を有しないで自動車を走行させる行為

4号　人又は車の通行を妨害する目的で，走行中の自動車の直前に進入し，その他通行中の人又は車に著しく接近し，かつ，重大な交通の危険を生じさせる速度で自動車を運転する行為

5号　赤色信号又はこれに相当する信号を殊更に無視し，かつ，重大な交通の危険を生じさせる速度で自動車を運転する行為

6号　通行禁止道路（道路標識若しくは道路標示により，又はその他法令の規定により自動車の通行が禁止されている道路又はその部分であって，これを通行することが人又は車に交通の危険を生じさせるもの

として政令で定めるものをいう.）を進行し，かつ，重大な交通の危険を生じさせる速度で自動車を運転する行為

酩酊危険運転・高速度危険運転　1号の飲酒・薬物等による危険運転（酩酊危険運転）は，アルコール又は薬物の影響により正常な運転が困難な状態で自動車を走行させ，人を死傷させる罪である．「アルコール」には酒のほか，飲料用以外のアルコールも含む．薬物とは，ヘロイン，コカイン，合成麻薬，覚せい剤，あへん，危険ドラッグ等をいい，規制薬物に限らず，シンナー等も含む．

「正常な運転が困難な状態」とは，事故の態様，事故前の飲酒量・酩酊情状，事故前の運転状況（物損事故を起こしているなど），事故後の言動，飲酒検知結果等を総合的に考慮して判断され，アルコールの影響により前方を注視することができない状態も含む（最決平 23・10・31 刑集 65・7・1138）.

2号の制御不可能な高速度による危険運転（高速度危険運転）は，カーブの有無，路面の状況といった道路状況に応じて，進行することが困難な速度で自動車を走行させ，人を死傷させる罪である．

主観面として，1号では「アルコール等の影響で，的確な運転操作が困難であること」の認識（最決平 23・10・31 刑集 65・7・1138），2号では「車両を進行させることが困難な高速度で走行していること」の認識（函館地判平 14・9・17 判時 1818・176）が必要であるが，いずれも「進行を制御することが困難である」ことの認識までは必要でない．

運転者がアルコールの影響により正常な運転が困難な状態であることを認識しながら，これを黙認し，運転を制止せずに同乗する行為は，危険運転致死傷罪の幇助犯に当たる（最決平 25・4・15 刑集 67・4・437）.

その他の危険運転　3号の「進行を制御する技能を有しない」とは，運転技量が極めて未熟なことをいうが，無免許であってもこれに当たるとは限らない．

4号は，割込み，幅寄せ等行為等を行い，かつ危険速度で運転し，人を死傷させる罪をいう．

5号は，赤信号等を無視し，危険速度で運転した場合をいう．信号を単に見落とした場合は含まないが，赤信号であるとの「確定的認識」までは

192　1 生命・身体に対する罪

必要としない（信号の規制に従う意思がなく，信号を意に介さずに進行する場合
も含む．最決平 20・10・16 刑集 62・9・2797）．

　6 号は，一方通行の道路を逆走したり，高速道路で反対車線を走行する
などし，危険速度で運転した場合に適用される．

　これらの罪も故意犯であるから，それぞれの危険運転を行っていること
の認識は必要である．

　致傷結果の場合は 15 年以下の懲役で，罰金刑のある傷害罪よりも重く，
致死結果の場合は 1 年以上の有期懲役で，2 年以上の有期懲役である傷害
致死罪より軽い．

1-4-2　準危険運転致死傷罪（条文は自動車運転処罰法を指す）

　3 条 1 項　アルコール又は薬物の影響により，その走行中に正常な運転に
　　支障が生じるおそれがある状態で，自動車を運転し，よって，そのアル
　　コール又は薬物の影響により正常な運転が困難な状態に陥り，人を負傷
　　させた者は 12 年以下の懲役に処し，人を死亡させた者は 15 年以下の懲
　　役に処する．
　　2 項　自動車の運転に支障を及ぼすおそれがある病気として政令で定
　　めるものの影響により，その走行中に正常な運転に支障が生じるおそれ
　　がある状態で，自動車を運転し，よって，その病気の影響により正常な
　　運転が困難な状態に陥り，人を死傷させた者も，前項と同様とする．

　「正常な運転に支障が生ずるおそれがある状態」で運転し，その結果
「正常な運転が困難な状態に陥り」，人を死傷させる罪である（3 条）．2 条
に必要な「正常な運転が困難であること」の認識が認定できず，過失運転
致死傷罪とせざるを得ない場合が生ずるなどの問題を解決するため，「正
常な運転に支障が生ずるおそれがある状態で，自動車を運転」することの
認識で足りるとした．「正常な運転が困難な状態」であることの認識は不
要であるが，客観的に「正常な運転が困難な状態に陥って」人を死傷する
ことが必要である．

1-4-3 **過失運転致死傷アルコール等影響発覚免脱罪**
（条文は自動車運転処罰法を指す）

4条 アルコール又は薬物の影響によりその走行中に正常な運転に支障が
生じるおそれがある状態で自動車を運転した者が，運転上必要な注意を
怠り，よって人を死傷させた場合において，その運転の時のアルコール
又は薬物の影響の有無又は程度が発覚することを免れる目的で，更にア
ルコール又は薬物を摂取すること，その場を離れて身体に保有するアル
コール又は薬物の濃度を減少させることその他その影響の有無又は程度
が発覚することを免れるべき行為をしたときは，12年以下の懲役に処
する．

4条は，アルコール，薬物の影響により正常な運転ができない状態で運
転し，死傷結果を生じさせた者が，2条1項，3条1項の罪を免れるため
に，免脱行為（更にアルコール等を摂取したり，その場を離れてアルコール等の
濃度を薄める等の行為をいう）を行った者を12年以下の懲役に処する．

2条1項，3条1項の罪を補完するものであるから，これらの罪が成立
するときは，本罪は成立しない．

1-4-4 **過失運転致死傷罪** （条文は自動車運転処罰法を指す）

5条 自動車の運転上必要な注意を怠り，よって人を死傷させた者は，7
年以下の懲役若しくは禁錮又は100万円以下の罰金に処する．ただし，
その傷害が軽いときは，情状により，その刑を免除することができる．

5条は，かつて刑法211条の業務上過失致死傷罪で処罰されていた自動
車事故による致死傷罪を処罰する．211条が適用される他の事故（鉄道，
航空機等）による致死傷事案よりも，重く処罰されることになる．

「自動車の運転上必要な注意を怠」った場合には，停車後，降車のため
にドアを開けたところ，後方から走っていた自転車にドアを衝突させ，自
転車運転者に傷害を負わせた場合も含む（東京高判平25・6・11判時2214・127）．

なお，無免許運転により2条から5条までの罪を犯した場合は，これら
の罪と無免許運転罪（道交法）の併合罪よりも重く処罰される規定が設け

194　1　生命・身体に対する罪

られている（6条. ただし，2条3号を除き，かつ2条は負傷の場合に限る）.

1-5　堕胎の罪

1-5-1　堕胎

堕胎の意義　堕胎とは，㋐胎児を母体内で殺すこと及び，㋑自然の分娩期に先立って胎児を母体外に排出する行為をいう. 母体内にある分娩中の胎児に侵害を加え，母体外で死亡させるような行為も，堕胎に含まれる（一部露出説⇒175頁参照）.

> **【人工妊娠中絶】**　母体保護法は，「胎児が，母体外において，生命を保続することのできない時期に，人工的に，胎児及びその付属物を母体外に排出すること」を人工妊娠中絶（2条2項）と定める. 現在の厚労省通達は「生命を保続することのできない時期」を妊娠22週未満としている. 人工妊娠中絶は，身体的・経済的理由により，妊娠の継続又は分娩が母体の健康を著しく害する場合や，強制性交により妊娠した場合に正当化される（同法14条1項）.

堕胎罪は危険犯であり，母体・胎児に死傷の結果が生じる必要はない. そこで，母体外に生存して排出された胎児を殺害すれば，別に殺人罪が成立する. ただし，人工妊娠中絶により正当化された行為による場合には，殺人罪，遺棄致死罪についても正当化されると解すべきである（⇒176頁参照）.

1-5-2　自己堕胎罪

> **212条**　妊娠中の女子が薬物を用い，又はその他の方法により，堕胎したときは，1年以下の懲役に処する.

自己堕胎　妊婦の精神状態の特殊性を考慮し，同意堕胎よりも刑を軽減した不真正身分犯である. 妊婦自身が薬などにより堕胎する場合もあるが，医師に依頼して堕胎してもらう場合が典型であろう. 妊婦が医師に依頼する行為は（医師による）業務上堕胎罪（214条）の教唆に当たると解することも不可能ではないが，それでは212条による減軽の意味がなくなる. よって，医師に依頼する行為も，本罪の「その他の方法」に

含む（また，本罪の幇助につき，下記「実行行為」参照）．

1-5-3 同意堕胎罪

213条　女子の嘱託を受け，又はその承諾を得て堕胎させた者は2年以下の懲役に処する．よって女子を死傷させた者は，3月以上5年以下の懲役に処する．

実行行為　**堕胎させた**とは，自ら堕胎行為を行うことを意味する．妊婦に堕胎手術を行わせるよう医師を紹介したり，堕胎費用を工面するなどの行為は，自ら堕胎していないため213条ではなく，自己堕胎の幇助に過ぎない（大判昭10・2・7刑集14・76，大判昭15・10・14刑集19・685）．判例は，自己堕胎の幇助行為を212条の幇助犯として処断する．医師の緊急避難行為を利用した堕胎行為は，本罪の間接正犯となる（⇨34頁）．

本罪，業務上堕胎罪，不同意堕胎罪は，致死傷罪を重く処罰する（結果的加重犯）．なお，堕胎施術に必然的に付随する傷害は致傷とならない．

1-5-4 業務上堕胎罪

214条　医師，助産師，薬剤師又は医薬品販売業者が女子の嘱託を受け，又はその承諾を得て堕胎させたときは，3月以上5年以下の懲役に処する．よって女子を死傷させたときは，6月以上7年以下の懲役に処する．

業務者　同意堕胎罪につき，堕胎施術を行うことの多い職種を選び，重い法定刑を科したもので，典型的な加減的身分犯である．

【共犯関係】　妊婦を教唆して，医師による堕胎を行わせる行為は，212条の教唆となるが，65条2項により213条の教唆犯の刑を科される．さらに，妊婦と医師の双方を教唆して堕胎施術を行わせた場合（医師は214条，妊婦は212条の正犯）は，212条の教唆と214条の教唆に該当し，包括して重い214条の教唆の一罪が成立するが，刑は65条2項により，213条の教唆犯の限度で科される（大判大9・6・3刑録26・382）．

1-5-5 不同意堕胎罪

215条1項　女子の嘱託を受けないで，又はその承諾を得ないで堕胎させた者は，6月以上7年以下の懲役に処する．（未遂処罰－2項）

196   1 生命・身体に対する罪

不同意　「嘱託を受けないで，又はその承諾を得ないで」とあるのは，嘱託・承諾のいずれかがあれば本罪には当たらない趣旨である．本罪の結果的加重犯である 216 条は，傷害の罪と比較して重い刑により処断する（致傷罪は 6 月以上 15 年以下の懲役，致死罪は 3 年以上の有期懲役となる）．堕胎罪の中で未遂犯を処罰するのは本罪のみである．

1-6 遺棄の罪

1-6-1 遺棄罪の客体──扶助を必要とする者

217 条　老年，幼年，身体障害又は疾病のために扶助を必要とする者を遺
　　棄した者は，1 年以下の懲役に処する．

218 条　老年者，幼年者，身体障害者又は病者を保護する責任のある者が
　　これらの者を遺棄し，又はその生存に必要な保護をしなかったときは，
　　3 月以上 5 年以下の懲役に処する（2 項は削除）．

要扶助性　217 条の客体である「老年，幼年，身体障害又は疾病のために扶助を必要とする者」と，218 条の「老年者・幼年者・身体障害者又は病者」とは全く同じ意味である．「扶助を必要とする」とは，他者の助力がなければ日常生活を営むことができない者をいい，経済的困窮は含まない．事実上，他人の助力がなければ生命・身体に対する危険から身を守ることのできない場合を指すことになろう．

老年者，幼年者，身体障害者又は病者であることが必要で，かつ，扶助を必要とする者に限る．老年者であっても扶助を必要としない者は含まれず，扶助を要する者であっても，妊婦や手足を縛られて身動きできない者などは含まない．疾病のため扶助を必要とする者には，内科的，外科的疾病の他，精神病者，飢餓状態にある者，さらに泥酔者も含む場合がある．

> **【判例－要扶助者】**　①母親が 14 歳から 2 歳までの実子をマンションに置き去りにした事例（東京地判昭 63・10・26 判タ 690・245），②病気のため衰弱した 13 歳の子を置き去りにした事例（大分地判平 2・12・6 判時 1389・161），③泥酔した被害者を厳冬期の田地に放置した事例（最決昭 43・11・7 裁判集刑 169・355）等につき，要扶助者に当たるとされた．泥酔者が常に要扶助者に含

まれるとは限らないが，③は，泥酔者の衣服をはぎ取る等したことが重視
されたと解される．

1-6-2 遺棄の意義──実行行為

遺棄と不保護　遺棄罪の行為には217，218条の「遺棄」と，218条の
「必要な保護をしない」こと（不保護）の2つがある．「遺
棄」とは，**場所的離隔を伴って，被害者の生命・身体に危険な状態を作り出すこと**を
いい，「必要な保護をしない」とは，**場所的離隔を伴わないで生存に必要な保護
をしない**ことをいう（例えば乳児に食事を与えない行為）．不保護は，保護義務
のある者による不作為の態様でのみなされる真正不作為犯である．実質的
には，遺棄が被害者の生命・身体に対する危険性を発生・増大させること
であるのに対し，不保護はその危険性が既に存在している場合に限られる
点が異なる．

2つの遺棄概念　遺棄には，**移置**（安全な場所から危険な場所，危険な場所か
らさらに危険な場所に移す作為）と，**置き去り**（危険な場所に
放置する不作為）がある．判例は，217条の「遺棄」は作為である移置しか
含まず，218条の「遺棄」には移置と置き去りの両方を含むとする（最判
昭34・7・24刑集13・8・1163⇒37, 198頁）．217条は218条のような保護義務が
ない者につき成立するので，事実上，作為義務がないことが前提であり，
したがって不作為犯は成立し得ないと解されている．

【**不作為と単純遺棄**】　一般に不真正不作為犯は認められ，また保護義務と
作為義務とは同一ではないから，理論的には，217条にも不作為犯の成立
を認めることは可能である．しかし，保護責任者以外についてまで不作為
の遺棄を認めると，例えば単純な轢き逃げで，行為者に保護義務が生じな
い場合などについてまで単純遺棄罪の成立が認められることになり，処罰
範囲が拡大しすぎる（轢き逃げ⇒37, 199頁）．217条で作為義務が認められ
る者には，218条の保護義務そのものが認められると解すべきである（西
田30頁参照）．

【**判例－単純遺棄罪**】　217条が適用された裁判例は，作為・不作為ともに

198　1 生命・身体に対する罪

非常に少ない．解雇した病身の従業員を自宅から追い出した事例（大判明 45・7・16 刑録 18・1083），寝たきりの老人を荷車に乗せて路傍に放置した事例（大判大 4・5・21 刑録 21・670），泥酔者を厳寒期に屋外に連れ出し放置した事例（名古屋地判昭 36・5・29 裁時 332・5）等に限られるが，現在の基準からみれば，いずれも保護義務を認める余地のある事案である．

危険犯　遺棄罪は，条文上危険の発生が要求されておらず，形式的には抽象的危険犯である．しかし，例えば，病院の待合室に子どもを放置し，看護師が保護するのを見届けるような行為は，生命・身体に対する危険な状態を生じさせていないとして，「遺棄」に当たらない．

【危険発生の認識】　故意犯である遺棄罪は，生命・身体に危険が発生していることの認識を要する（広島高判平 24・4・10 高検速報平 24・221）．泥酔状態で水風呂に入っている内妻を放置して死亡させた事案につき，生命身体に危険が及ぶとの認識がなかったとして，保護責任者遺棄罪の故意を否定し，重過失致死罪とした例がある（東京高判昭 60・12・10 判時 1201・148）．

1-6-3 保護責任者遺棄罪

保護義務の根拠　218 条は，要扶助者を保護する責任のある者（保護責任者）のみが主体となる身分犯である．この身分は，遺棄（移置）の場合には 217 条の加重身分であるが，不作為の遺棄（置き去り）と不保護の場合には構成的身分となる（⇨197 頁参照）．保護責任の発生根拠は，不作為犯の作為義務と事実上重なり，①先行行為の有無，②引受行為等により排他的支配が及んでいたか，③行為者と被害者との関係等を基礎に実質的に判断される（⇨36 頁．例えば轢き逃げ⇨199 頁）．保護義務を基礎づける事実について錯誤がある場合は，事実の錯誤となる（⇨36 頁参照）．

【判例－保護責任者】　法令による例として①民法上の扶養義務（老年者を介護していた者－大判大 7・3・23 刑録 24・235），②道交法上の救護義務（自車で轢いた被害者を一度車に乗せながら，その後置き去りにした者－最判昭 34・7・24 刑集 13・8・1163）．契約による例として③養子契約により幼児を引き取った者（大判大 5・2・12 刑録 12・134），④同居の従業員に対する雇用主（大判大 8・8・30 刑

録 25·963）．**事務管理**による例として⑤義務なく病人を引き取り看護を開始
した者（大判大 15·9·28 刑集 5·387）．**慣習・条理・社会通念**の例として⑥喧嘩
して重傷を負った同僚を放置した者（岡山地判昭 43·10·8 判時 546·98），同棲
相手の女性の子（3 歳）を高速道路に置き去りにした者（東京地判昭 48·3·9
判タ 298·349）．条理の中でも特に**先行行為**が問題となった例として，⑦自車
を衝突させ傷害を負わせた被害者を，舗道上に放置した加害者（東京高判
昭 37·6·21 高刑集 15·6·422），⑧同乗させた者が降車を求めたのに応じず走
行し，路上に飛び降りさせた自動車運転者（東京高判昭 45·5·11 高刑集 23·2·
386），⑨業務上堕胎により排出した嬰児を放置した医師（最決昭 63·1·19 刑
集 42·1·1），⑩ホテルの一室で少女に覚せい剤を打ち，錯乱状態に陥らせ
たまま置き去りにした者（最決平 1·12·15 刑集 43·13·879）．否定したものと
して，⑪分娩後母親が病院に置き去りにした嬰児につき保護措置をとらな
かった医師（熊本地判昭 35·7·1 下刑集 2·7=8·1031），⑫内縁の妻の娘（9 歳）
に虐待を加え，衰弱したにもかかわらず治療を受けさせなかった者（大阪
地判平 22·8·2 裁判所 Web）の例がある．

【**轢き逃げ**】道路交通法 72 条の救護義務違反があれば，遺棄罪の保護責任
が存在するとする見解もあるが，救護義務は被害者が扶助を要する者に限
らず発生するものであるから，遺棄罪とは目的を異にする．したがって轢
き逃げにつき遺棄罪が成立するためには，より積極的な引受行為などがあ
る場合に限るべきである（⇨判例②，さらに 37 頁参照）．

1-6-4 遺棄致死傷罪

219条　前 2 条の罪を犯し，よって人を死傷させた者は，傷害の罪と比較
　　して，重い刑により処断する．

因果関係　　単純遺棄罪，保護責任者遺棄罪の結果的加重犯である．傷害
罪，傷害致死罪と比較して，上限・下限それぞれにつき，重
い刑により処断される．遺棄行為と死傷結果との間に，因果関係が必要で
ある．最決平 1·12·15（前掲判例⑩）は，「救急医療を要請していれば……
十中八九同女の救命が可能であった」場合につき，被告人の放置行為と死
亡結果との間の因果関係を認めた（⇨49頁）．これに対し，札幌地判平 15·
11·27（判タ 1159·292）は，「被告人が執るべき救命措置を講じたとしても，
（妻が）死亡した可能性は否定できない」として，因果関係を否定し，保

200　1 生命・身体に対する罪

護責任者遺棄罪にとどまるとした（⇨35頁）.

【不作為の殺人罪との関係】　本罪は結果的加重犯であるから，死傷につき故意があれば，殺人罪，傷害罪に当たる．ただ，殺意がある場合のすべてにつき殺人罪の成立が認められるわけではない（⇨37頁参照）.

2

自由に対する罪

2-1 逮捕及び監禁の罪

2-1-1 概説

220条 不法に人を逮捕し，又は監禁した者は，3月以上5年以下の懲役に処する．

保護法益 本罪は身体の自由を保護法益とする．逮捕罪と監禁罪とは，行為態様が異なるものの，同一条文に規定され，法定刑も同一である．逮捕行為に引き続き監禁行為が行われた場合は，逮捕監禁罪として220条一罪が成立する．監禁罪は典型的な継続犯であり，監禁の途中から加担した共犯者も，監禁行為全体について共犯が成立し，被害者の側からは監禁状態が続く限り，常に正当防衛が可能となる．

不法に 220条は，「不法」な逮捕・監禁行為のみを処罰する．ただ，これは適法な逮捕・監禁行為は本罪に当たらないことを注意的に規定したにすぎない（警察官による適法な逮捕行為は，正当行為として違法性が阻却される）．

　親権者や教師による逮捕・監禁行為は，適法な監護権の行使と認められれば正当行為として違法性が阻却される．親権は未成年者に対して行使できるが，逮捕・監禁罪においては民法とは別個の，被害者の行動の自由の観点から，実質的な法益侵害の有無が判断される．東京地判平8・1・17（判時1563・152－オウム真理教監禁事件）は，19歳の少女を母親が逮捕・監禁した行為につき本罪の成立を認めたが，被害者の年齢の他，従前の親子関係等の事情から監護権の行使といえないとされた．

> **【判例−違法性】** 集会に潜入した者を監禁する行為（最決昭39・12・3刑集18・10・698−舞鶴事件），教育矯正目的の監禁行為（名古屋高判平9・3・12判時1603・3−戸塚ヨットスクール事件，広島高判平9・7・15判時1624・145−風の子学園事件）は，いずれも違法性が阻却されないとされた（⇨86頁参照）．

2-1-2 「人」の意義──行為の客体

行動の意思（能力）の要否　逮捕・監禁罪は，身体の自由を有する自然人を客体とする．身体の自由は，意思活動の自由を前提とするので，意思に基づく活動能力のない乳児や意識喪失状態の者は除外される（大谷78頁）．ただし，1歳7か月の幼児は任意に行動し得る者である以上，民法上の意思能力を欠いていたとしても本罪の自由の侵害はある（京都地判昭45・10・12刑月2・10・1104）．逮捕・監禁の時点で現実の意思・行動能力がなくとも，**潜在的行動能力（あるいは可能的自由）**があれば足り，熟睡中の者や泥酔者に対する監禁罪も成立する．

被監禁者の認識・同意　被害者に逮捕・監禁されていることの認識は不要とされる．例えば強制性交の目的を隠して自動車に乗せる行為は，被害者に監禁されているという認識がなかったとしても監禁罪が成立する（広島高判昭51・9・21刑月8・9=10・380）．

被害者が監禁状態につき**同意**すれば，構成要件該当性が欠け（あるいは違法性が阻却され⇨90頁），逮捕・監禁罪は成立しない（もっとも，8歳の児童には真意に基づく同意は認められない−大阪高判平27・10・6判時2293・139）．しかし，強制性交目的を知らずに同乗する場合のように，同意が錯誤等の瑕疵に基づく場合は，監禁罪が成立する．これに対し，いかに同意の動機や原因に瑕疵があっても，乗車すること，つまり客観的にみれば監禁状態に入ることについて，本人の認識に錯誤はないとする批判がある（**法益関係的錯誤説**．監禁状態の有無という法益関係的錯誤はないとする）．

たしかに，「本当のことを知ったら同意しなかったであろう」場合のすべてにつき同意を否定すべきではないが，逆に法益関係的錯誤についてのみ同意を否定するとするのも狭すぎる．被害者にとって重要な事実につい

て，適切な情報を与えられた上で，自由な意思決定がなされたかにより判断されるべきであり，行為者に強制性交目的があることは重要な事項といえよう（⇨180頁）.

2-1-3 逮捕・監禁行為

逮捕　「逮捕」とは，**人の身体を直接拘束して，その身体活動の自由を奪うこと**で，有形的方法の他，脅迫などの無形的方法もある．ある程度の時間的継続性が必要で，単に手を縛る行為などは暴行罪にすぎない．それを超えて，手足を縛り5分間引きずり回すような場合が逮捕罪に当たる（大判昭7·2·29刑集11·141）．逮捕行為と認められれば，それに伴う暴行行為は別罪を構成しない.

監禁　「監禁」とは，**一定の区域からの脱出を，不可能もしくは著しく困難にする**ことをいう．一定の区域とは，必ずしも建物内であることや柵などで囲まれている場所である必要はなく，走行する自動車内やオートバイの荷台も含む（最決昭38·4·18刑集17·3·248）．**著しい脱出困難**には，部屋に閉じこめたり，暴行を加えて動けなくする等の有形的方法ばかりでなく，脅迫，羞恥心，恐怖心，偽計等を利用した無形的方法も含む．羞恥心を利用する例として，入浴中の者の衣類を持ち去る行為が監禁に当たるとする見解も多いが，単なる羞恥心を利用するだけではなく，厳寒時である等，脱出することが著しく困難な状況が認められる場合に限られよう.

【判例－有形的方法】　監禁行為を肯定したものとして，自動車やオートバイの荷台に乗せて疾走する行為（オートバイにつき前掲・最決昭38·4·18.自動車につき，逃げた売春婦を親元に連れていくと偽りタクシーに乗せ，気づいた女性の降車要求を無視して疾走させた行為に関する最決昭33·3·19刑集12·4·636），岸から離れた小舟に閉じこめる行為（最判昭24·12·20刑集3·12·2036）．否定例として，労働争議に際し，十数名で取り囲む行為（東京高判昭36·8·9高刑集14·6·392）がある.

【判例－無形的方法】　脅迫や恐怖心を利用する監禁行為として，施錠を外され脱出が不可能ではなかったが，仕返しを恐れ恐怖心から脱出できなかった場合（最決昭34·7·3刑集13·7·1088）があり，他に，建物外に出ると毒

ガスで死ぬと脅すような場合も考えられよう．また，被害者の瑕疵ある同
意に基づき乗車する事例は，行為者の側から見れば偽計を用いた監禁とな
る（前掲・最決昭 33・3・19）．

2-1-4 逮捕・監禁致死傷罪

221 条　前条の罪を犯し，よって人を死傷させた者は，傷害の罪と比較し
て，重い刑により処断する．

結果的加重犯　220 条の結果的加重犯である（致傷の場合は 3 月以上 15 年以
下の懲役，致死の場合は 3 年以上の有期懲役となる）．監禁手段
（監禁状態を維持するための手段も含む）から死傷の結果が生じた場合に限る．
監禁の際に殺意をもって殺害する行為や，恨みを晴らすために傷害する行
為は，それぞれ監禁罪と殺人罪，監禁罪と傷害罪の併合罪となる（最決昭
42・12・21 判時 506・59）．監禁が成立していることが必要で，監禁しようとし
て暴行を加え傷害を負わせたが，被害者が逃げた場合は，本罪ではなく傷
害罪に当たる．被害者が自ら監禁場所から逃走しようとして死傷の結果が
発生した場合にも，監禁手段から生じたものと評価し得る（大阪高判平 14・
11・26 判時 1807・155—手錠をかけて自動車内に監禁された被害者が，高速道路を走
行中の車から飛び降り，後続車に轢かれ，失血死した事案）．また，監禁状態に
置かれたことによる PTSD が発症した場合にも，監禁致傷が成立する（最
決平 24・7・24⇨183 頁）．

【判例—具体例】　監禁中に被害者が，恐怖のため 3 階の窓から飛び降りて
死亡した事案（東京高判昭 55・10・7 刑月 12・10・1101），オートバイの荷台に乗
せて疾走したところ，被害者が落ちて負傷した事案（最決昭 38・4・18⇨203
頁），監禁されていた走行中の自動車から飛び降りて死亡した場合（名古屋
高判昭 35・11・21 下刑集 2・11=12・1338），9 年余りの間，監禁状態に置かれ，両
下肢の筋力低下等の障害を負った事案（最決平 15・7・10⇨163 頁），被害者を
乗用車のトランク内に監禁し，路上に停車していたところ，前方不注意の
乗用車に追突されたためトランク内の被害者が死亡した事案（最決平 18・3・
27⇨53 頁）につき，致死傷罪の成立が認められている．

2-2 脅迫の罪

2-2-1 脅迫罪

> **222条1項** 生命，身体，自由，名誉又は財産に対し害を加える旨を告知
> して人を脅迫した者は，2年以下の懲役又は30万円以下の罰金に処す
> る．
> **2項** 親族の生命，身体，自由，名誉又は財産に対し害を加える旨
> を告知して人を脅迫した者も，前項と同様とする．

保護法益　「脅迫」とは，**生命・身体・自由・名誉又は財産に対し害を加える旨を告知すること**をいい，被害者に対し，これらの法益が侵害されるのではないかという恐怖心を生じさせることが脅迫罪の実体である．現実に相手が恐怖心から意思決定を侵害され，何らかの行為を強要されたり，財物を交付すれば，強要罪や恐喝罪が成立することになる（西田66頁参照）．恐怖心を生じさせる段階にとどまる脅迫罪は，**安心感・安全感に対する罪**，あるいは私生活の平穏に対する罪であると解する見解も有力である（大谷84頁，中森41頁）．

　ただ，脅迫罪にとって重要なのは，**意思の自由に影響を与えること**であり，単に恐怖の感情をもたらす行為一般（例えば天災や吉凶禍福を告知する場合⇨207頁参照）は脅迫罪ではない．

> **【判例－法人に対する脅迫罪】**　判例は法人に対して脅迫罪は成立しないとする．大阪高判昭61・12・16（高刑集39・4・592）は，暴力団員が土木工事に関連し，建設会社幹部らに，下請けをさせなければ工事を妨害すると申し向けた行為につき，「脅迫罪は自然人についてのみ成立する」として脅迫罪の成立を否定し，高松高判平8・1・25（判時1571・148）も，法人の代表者などの自然人に対する害悪の告知と考えられる限りで，脅迫罪の成立が認められるとする．

> **【未遂】**　脅迫罪に未遂処罰規定はない．一種の危険犯なので，現実に恐怖心が生じなくとも，害悪が相手に伝達されれば既遂となる．告知したが相手に聞こえなかった，あるいは脅迫文を送ったが相手が開封せず読まなかったなどの例外的な場合には，処罰されない．

加害の対象　害悪は，被害者**本人**（1項）か**親族**（2項）の法益に関するものに限る．親族とは，6親等内の血族，配偶者及び3親等内の姻族をいい，内縁の妻や友人等は含まない．害悪が加えられる法益として，個人法益の主要なものが列挙されている（生命，身体，自由，名誉，財産）．信用に対する加害は名誉・財産の加害とされる．

【**脅迫の意義**】　222条の脅迫は**狭義の脅迫**とされ，加害の対象である人や法益につき限定のない公務執行妨害罪，内乱罪，騒乱罪などの脅迫概念を**広義の脅迫**と呼ぶ．これに対し，相手の反抗を困難にする程度の，強盗罪・強制性交罪・強制わいせつ罪などの脅迫は**最狭義の脅迫**という．

害悪の告知　告知される害は，「殺してやる」というようにその内容が犯罪である場合はもちろん，それ自体は犯罪を構成しないものも含む．例えば「告訴する」と告知する行為も，相手を畏怖させる意図をもってなされれば脅迫罪となる．犯罪とならない程度の害悪であっても，相手に恐怖心を与え，意思決定に影響を及ぼすことは十分あり得るからである（林79頁）．

　害悪は，**人を畏怖させるに足りる程度のものでなりればならない**．村八分の通告をすることも，自由及び名誉を阻害することの害悪の告知に当たる場合がある（大阪高判昭32・9・13高刑集10・7・602）．町村合併をめぐる対立で，相手方に「出火お見舞い申し上げます．火の元に御用心」と書いた葉書を出す行為は，放火されるのではないかと畏怖させるに足りるから，脅迫に当たる（最決昭35・3・18刑集14・4・416）．

【**告知の方法**】　告知の方法には制限がない．口頭・文書によるものはもちろん，動作による場合，また他人を介して間接的に通告する場合も含む．さらに，暴力団員を伴う行為のように，黙示的な形態も含む．ただ，動作による脅迫のうち，刀を突きつけるような行為は暴行に当たる（⇨187頁）．

被害者の畏怖　客観的に一般人なら畏怖する程度の害悪を告知すれば，被害者が現実に畏怖しなかったとしても脅迫罪は成立する．脅迫罪は危険犯だからである．これに対し，一般人なら畏怖するに足りない程度であったのに，被害者が特に憶病だったり，迷信家である等の理由から畏怖してしまった場合は，脅迫罪の実行行為性は認められない．

【一般人を畏怖させる程度】 畏怖させるに足りる程度は，被害者の年齢，性別等により異なる．例えば「監獄の飯を食ってきた」と申し向けても，相手が元警察官であれば脅迫行為に当たらない（東京高判昭 33・6・28 東高刑時報 9・6・169）．また，ある宗教集団の信者にとって「地獄に堕ちる」という言葉が強い恐怖心を抱かせる性格のものであれば，脅迫に当たる余地がある．ただし判断に含める資料は一般人が認識できるものに限るべきで，行為者が特に認識していたか否かを考慮する必要はない．

警告　例えば，「天罰が下る」と申し向けるように，天災，吉凶禍福の予告など，告知者が支配できない害悪の告知は警告と呼ばれ，脅迫には当たらない．ただし，告知者以外の第三者が加える害悪であっても，告知者がこれに影響力を及ぼし得る，あるいは一般人からみて影響を及ぼし得ると考えられるものであれば，脅迫に当たる．

【判例－第三者が加える害悪】 最判昭 27・7・25（刑集 6・7・941）は，「ダイナマイトを仕掛けておまえを殺すと言っている者がある」との告知でも，第三者に影響を与え得る立場にあることを相手に知らせたと評価できるので脅迫に当たるとした．被告人に現実の影響力がなくとも，相手がそのように誤信すれば脅迫となり得るし（大判昭 10・11・22 刑集 14・1240－県庁に知人がおり，高校教諭である被害者の夫を首にできると脅した行為），また，「第三者」が虚無人でもよい（大判昭 7・11・11 刑集 11・1572－虚無人の氏名による新聞への投書に見せかけた文書を作成し，これを見せて脅した行為）．

2-2-2 強要罪

223 条 1 項　生命，身体，自由，名誉若しくは財産に対し害を加える旨を告知して脅迫し，又は暴行を用いて，人に義務のないことを行わせ，又は権利の行使を妨害した者は，3 年以下の懲役に処する．（未遂処罰－3 項）

2 項　親族の生命，身体，自由，名誉又は財産に対し害を加える旨を告知して脅迫し，人に義務のないことを行わせ，又は権利の行使を妨害した者も，前項と同様とする．（未遂処罰－3 項）

強要罪の特色　本罪の保護法益は，意思決定及び意思実現の自由である．法益侵害の発生を要する結果犯で，義務のないことを行わ

208 2 自由に対する罪

せる，または権利の行使を妨害することが必要である．脅迫・暴行があっても，これらの結果が発生しなければ，未遂となる．

「義務のないこと」の内容が「財物や利益の移転」であれば恐喝罪，強盗罪になり，性的自由に対する侵害を内容とする場合は強制わいせつ罪，強制性交罪となる．これらの罪に当たる場合には強要罪は成立しない（法条競合・特別関係）．公務員の職務に対する場合には，職務強要罪（95条2項）が強要罪の特別法に当たる．

【法人に対する強要】 脅迫罪と同様，強要罪も法人は客体に含まない．ただし，人質強要罪（「人質による強要行為等の処罰に関する法律」1条）は，人質をとり第三者に義務のない行為を行わせたり，権利を行使しないよう要求する行為等を処罰し（6月以上10年以下の懲役），同罪の「第三者」には，自然人の他，国家や政府機関，法人等も含む．

暴行・脅迫 強要罪は，生命・身体・自由・名誉・財産に害を加える旨を告知する脅迫，もしくは暴行を手段とし，相手方本人に対する場合（1項）には，暴行による場合も含まれる．暴行は人に向けられたものであればよく，人の身体に直接加えられる必要はない．また，暴行・脅迫の程度は被害者の反抗を抑圧する程度のものである必要はない．

義務のないこと・権利の行使 「義務のないことを行わせる」とは，集会を視察にきた警察官に詫び状を書かせたり，相手の行為が名誉毀損罪や侮辱罪に該当しないのに脅迫により謝罪文を書かせることをいう．また「権利の行使を妨害する」とは，告訴を思いとどまらせたり，選挙権の行使を妨げる行為をいう．

ここでいう「義務」は法的なものに限らない．「義務」を法的なものに限るとする見解もある（大谷91頁，林80頁）が，これによると，法的な謝罪義務はないが，謝罪することが社会的に相当な場合に，脅迫的言辞により謝罪文を書かせれば，「法的な義務」がないことを行わせたとして，強要罪に当たることになる．しかし，これでは処罰範囲が広すぎるであろう．逆に，法的義務があっても，そのような義務を暴行・脅迫手段を用いて強制する行為は，やはり強要罪に当たるとすべきである．

「権利」についても，法的に定められていなくとも当然行い得ることは

数多くあり（喫煙権など．平川164頁参照），それらを暴行・脅迫により妨害する行為が強要罪に当たらないとするのは不当である．権利についても法的権利に限らないと解すべきである．権利・義務が法的なものか否かは決定的な意味を持たない．

> **【判例－具体例】** 義務のないことを行わせる例として，13歳の少女を叱る手段として，水の入ったバケツを持たせて数時間立たせる行為（大判大8・6・30刑録25・820），名誉毀損罪や侮辱罪に該当しないのに，謝罪文を書かせる行為（大判大15・3・24刑集5・117），自己批判書を書かせる行為（大阪高判昭63・3・29判時1309・43），患者が病院長を脅して病院職員を配置転換させた行為（広島地判平21・3・4裁判所Web）がある．権利の行使を妨害する例として，告訴を思いとどまらせる行為（大判昭7・7・20刑集11・1104），犬のハンドラーに対し競技大会への出場を断念させる行為（岡山地判昭43・4・30下刑集10・4・416）がある．

未遂　暴行・脅迫はあったが，相手に義務のないことを行わせ，又は権利の行使を妨害するに至らなかった場合は未遂となる．暴行・脅迫自体が未遂の場合も含み，脅迫内容が相手に伝わらなくとも未遂となる（大判昭7・3・17刑集11・437－上司に郵送されてきた脅迫文を部下が開披し，上司に提出しなかった事案）．客観的には，強要の未遂としての脅迫・暴行と，脅迫罪・暴行罪との区別は困難であるが，強要の故意が認められれば強要罪の未遂となる．

　脅迫を加えたところ，被害者側が哀れみから義務のないことを行ったり，権利を行使しなかった場合も，強要罪の未遂である．恐怖心を生じなかった以上，脅迫行為と結果との因果関係が認められないからである（強盗罪の未遂参照⇒268頁）．

　【ストーカー規制法】「ストーカー行為等の規制等に関する法律」（平成12年）は，特定の被害者ないしその家族に対し，待ち伏せる，見張る，その住居に押し掛ける，面会を強要する，連続して電話をかける，名誉を害する事項を告げる等を「つきまとい等」として規制の対象とし，それが反復された場合を「ストーカー行為」と呼ぶ（2条）．当該行為が刑法上の脅迫罪，強要罪，暴行罪，名誉毀損罪，住居侵入罪などに該当する場合は，刑法犯として処罰されるが，例えば，ただ単に毎晩被害者宅の前で待ち伏せ

をするなど，脅迫罪，強要罪等に至らない行為についても，本法により処罰の対象となる．

2-3 略取・誘拐及び人身売買の罪

2-3-1 略取と誘拐

保護法益 略取・誘拐罪で保護される自由は，**本来的生活環境における安全と行動の自由**を意味し，身体の拘束の程度は逮捕・監禁罪よりも緩やかでよい．被拐取者の身体の安全が確保されている状態でも，法益侵害性はある．

被拐取者が成人である場合には被拐取者の行動の自由が保護法益であるが，未成年者の場合には，通説は，原則として被拐取者の自由が保護法益であるが，それに加えて監護権が侵された場合も本罪に当たるとする（大塚82頁）．行動の自由の認識のない嬰児には，監護権の侵害が認められることになる．ただし，監護権者自身も本罪の主体となり得る（下記【判例－親による実子の誘拐】参照）．

略取・誘拐行為 「略取」・「誘拐」は，ともに，**他人をその生活環境から不法に離脱させ，自己又は第三者の事実的支配下に置くこと**をいう．暴行・脅迫を手段とする場合を「略取」と呼び，欺罔・誘惑による場合を「誘拐」と呼ぶ（両者を併せて**拐取**と呼び，両手段が用いられた場合には略取誘拐罪一罪が成立する）．暴行・脅迫は事実的支配下に置くことのできる程度であれば足り，また暴行・脅迫の相手方は被害者だけでなくその監護者等も含む．誘惑とは，甘言を用い相手の判断の適正を誤らせることをいう．

事実的支配下に置くとは，行為者らの管理下からの離脱を困難にすることをいうが，手足を縛るなど，脱出困難な状態にすれば，別に監禁罪が成立する（併合罪）．

【判例－親による実子の誘拐】 共同親権者が主体となった例として，最決平15・3・18（刑集57・3・371）は，外国籍の者が，別居中（離婚調停中）の妻が監護養育していた2歳の長女を自国に連れ去る目的で，入院中の長女を連れ去り，海外渡航目的でフェリーに乗船させようとした行為につき，国

外移送略取罪（旧226条1項）の成立を認め，親権者であっても正当化されないとした．同じく実子の略取について，最決平17・12・6（刑集59・10・901）も，共同親権者である夫が，別居中の妻の下で養育されていた2歳の息子を，無理やり車に乗車させて連れ去った行為につき，家族間における行為として社会通念上許容され得る枠内にとどまるものと評することもできないとし，実質的に違法性が阻却される余地はないとした．

2-3-2 未成年者略取・誘拐罪

224条 未成年者を略取し，又は誘拐した者は，3月以上7年以下の懲役に処する．（未遂処罰－228条，親告罪－229条）

未成年者 　未成年者とは20歳未満の者を意味する．営利，わいせつ，身の代金等の目的は不要である．拐取罪の被害者の8割以上が未成年者である．営利，わいせつ，身の代金等の目的をもって未成年者を拐取する場合には，本罪ではなく，当該目的の略取・誘拐罪が成立する．

2-3-3 営利・わいせつ等目的略取・誘拐罪

225条 営利，わいせつ，結婚又は生命若しくは身体に対する加害の目的で，人を略取し，又は誘拐した者は，1年以上10年以下の懲役に処する．（未遂処罰－228条）

226条 所在国外に移送する目的で，人を略取し，又は誘拐した者は，2年以上の有期懲役に処する．（未遂処罰－228条）

226条の3 略取され，誘拐され，又は売買された者を所在国外に移送した者は，2年以上の有期懲役に処する．（未遂処罰－228条）

目的犯 　未成年と異なり，成人を客体とする場合は，営利・わいせつ・結婚目的（以上225条），所在国外移送目的（226条），身の代金目的（225条の2）がなければ略取・誘拐罪は成立しない．これらの罪は，略取・誘拐された者が行為者ないし第三者の事実的支配下に入れば既遂となり，その罪の目的が達成されたか否かは問わない．

「営利」目的とは，略取・誘拐行為により，自ら財産上の利益を得，又は第三者に得させる目的をいう．被拐取者を働かせて継続的に利益を得るばかりでなく1回的な利益を得る場合を含むし（大阪高判昭36・3・27下刑集

212　2　自由に対する罪

3・3=4・207)，直接労働させずに第三者に引き渡して報酬を得る目的でもよい（最決昭37・11・21刑集16・11・1570）．ただし，被害者の所持品を奪う目的の場合には，強盗罪に当たることになろう．

「わいせつ」目的とは，自らわいせつ行為をする目的のみならず，第三者のわいせつ行為の客体とする場合を含む．「結婚」目的とは，自己又は第三者と結婚させる目的で誘拐することをいい，事実上の結婚を含む．

「生命若しくは身体に対する加害の目的」とは，自己又は第三者が被害者を殺害したり，傷害したりする目的をいう（平成17年に追加）．国連の人身取引議定書（⇨216頁）は，「搾取の目的」による人身取引を処罰の対象とすべきであるとし，その中には臓器摘出目的も含まれる．225条の「営利目的」には，臓器摘出目的は含まれないことから，新たに「生命若しくは身体に対する加害の目的」が規定された．臓器摘出目的の他，例えば暴力団員が暴行を加える目的で拐取する行為も含まれる．

226条は，「所在国外に移送する目的」での略取・誘拐を処罰する．営利目的と競合した場合でも，より重い本罪が成立する．また，この目的で略取・誘拐すれば既遂に達し，移送に着手する必要はない．被害者が所在している国からの移送であるから，日本から外国へ，外国から日本への移送はもちろん，第三国から第三国への移送目的も含む．226条2項に規定されていた国外移送目的人身売買（前段）および，被拐取者および売買された者を国外に移送する罪（後段）は，人身売買罪（226条の2）の新設に伴い，削除され，前段は所在国外移送目的人身売買罪（226条の2第5項），後段は被略取者等所在国外移送罪（226条の3）として，新たに規定が設けられた．

親告罪　224条（未成年者略取誘拐罪），同罪の事後幇助罪（227条1項）及び同罪の未遂罪は親告罪である（229条．平成29年改正で，225条，227条3項は非親告罪化された）．告訴権者は被害者とその法定代理人である（刑事訴訟法230条，231条）．

2-3-4　身の代金目的略取・誘拐罪

225条の2 1項　近親者その他略取され又は誘拐された者の安否を憂慮す

2-3 略取・誘拐及び人身売買の罪　213

る者の憂慮に乗じてその財物を交付させる目的で，人を略取し，又は誘拐した者は，無期又は3年以上の懲役に処する．（予備処罰−228条の3，未遂処罰−228条）

2項　人を略取し又は誘拐した者が近親者その他略取され又は誘拐された者の安否を憂慮する者の憂慮に乗じて，その財物を交付させ，又はこれを要求する行為をしたときも，前項と同様とする．

227条4項　第225条の2第1項の目的で，略取され又は誘拐された者を収受した者は，2年以上の有期懲役に処する．略取され又は誘拐された者を収受した者が近親者その他略取され又は誘拐された者の安否を憂慮する者の憂慮に乗じて，その財物を交付させ，又はこれを要求する行為をしたときも，同様とする．（前段のみ未遂処罰−228条）

身の代金目的略取・誘拐罪　本条は昭和39年に新設された．拐取罪（1項）と要求罪（2項）から成る．**身の代金目的略取・誘拐罪**（225条の2第1項）は，財物を交付させる目的での略取・誘拐行為を処罰する．本罪は未遂（228条）だけでなく予備（228条の3）も処罰される．「財物」交付の目的が必要で，「財産上の利益」を得る目的は営利目的（225条）に当たる．さらに，財物，財産上の利益以外の要求を目的とする場合には，人質強要罪が成立する余地がある（女子高校生を人質にして別れた妻子を連れて来させることを目的に，女子高校生を拉致監禁し，殺害した上で，被害者の両親に身の代金を要求し，取得した行為は，身の代金取得罪の他，人質強要罪にも該当する．東京高判平16・10・29高検速報平16・105）．

なお，225条の2の新設に伴い227条4項が追加された．

要求罪　**略取・誘拐者身の代金要求罪**（225条の2第2項）は，拐取した犯人が財物を交付させ，または要求する行為を処罰する．224条，225条，226条，225条の2第1項の行為者がすべて主体となり得る．225条の2第1項の拐取罪と要求罪とは牽連犯となり，他の拐取罪と要求罪とは併合罪となる．

また，**被拐取者収受者の身の代金要求罪**（227条4項後段）は，被拐取者を収受した者が，財物を交付させ，または要求する行為を処罰する．

要求罪には未遂処罰規定がなく，財物を要求した時点で既遂となる（相手に到達する必要はない）．

214   2 自由に対する罪

憂慮に乗じて　本条の成立には，「近親者その他略取され又は誘拐された者の安否を憂慮する者の憂慮に乗じて」行為することが必要である．「乗じて」とは，憂慮している状態を利用することをいう．1項の拐取罪は「憂慮に乗じて財物を交付させる」目的があれば足り，現実に近親者らの憂慮に乗ずる必要はない．2項の要求罪は「憂慮に乗ずる」ことが客観的構成要件要素であるため，近親者らが現実に憂慮しなければ犯罪が成立しない．そこで拐取罪については，現実には安否を憂慮する近親者らが全く存在しなくともよいが，要求罪については憂慮する者が現に存在し，その者の憂慮と身の代金等の交付との間に因果関係が必要である．例えば，資産家Aの子どもだと思って誘拐し，身の代金を要求したところ，別人の子だったのでAが憂慮しなかった場合，拐取罪は成立するが，要求罪には当たらない．

憂慮する者　「安否を憂慮する者」には，近親者以外の者も含む．親子・夫婦などの近親者と同様に扱うことのできる者で，里子に対する里親，住み込み店員に対する店主などが具体例とされる．同情から安否を気遣うに過ぎない第三者は含まないが，企業に対する身の代金要求事犯が増加していることに鑑みると，家庭的情愛の感情が存在する場合以外の者も含み得る．

> **【判例−憂慮する者】**　最決昭62·3·24（刑集41·2·173）は，相互銀行の社長を誘拐し，会社幹部に身の代金を要求した事案に関し，「憂慮する者」とは，「被拐取者の生命，身体の危険をわがことのように心痛し，その無事帰還を心から希求するような立場にあればここに含まれる」とし，銀行幹部らはこれに当たるとした．銀行員を拐取し頭取に身の代金を要求した場合（東京地判平4·6·19判タ806·227），国立大学学長を誘拐し大学事務局長に身の代金を要求した場合（浦和地判平5·11·16判タ835·243）も憂慮する者の憂慮に乗じたとされた．

解放による減軽　228条の2は，身の代金拐取罪（225条の2第1項），拐取者身の代金要求罪（同条2項），身の代金拐取事後幇助罪（227条2項），身の代金目的収受罪（同条4項前段），被拐取者収受者の身代金要求罪（同項後段）の各罪を犯した者が，公訴の提起前に被拐取者を

2-3 略取・誘拐及び人身売買の罪　215

「安全な場所」に解放したときは，その刑が必要的に軽減される旨定める．
特にこれらの類型では，被拐取者を殺害するおそれがあるので，政策的見
地から必要的減軽を認めたものである．被拐取者（6歳男児）の自宅から
数キロメートル離れた，中学校庭傍の人通りの少ない脇道も，「安全な場
所」に当たる（最決昭54・6・26刑集33・4・364）．

　他の共犯者の起訴後であっても，解放すれば本罪の適用がある．

2-3-5 被略取・誘拐者引渡し等の罪

　227条1項　第224条，第225条又は前3条の罪を犯した者を幇助する目
　的で，略取され，誘拐され，又は売買された者を引き渡し，収受し，輸
　送し，蔵匿し，又は隠避させた者は，3月以上5年以下の懲役に処する．
　（未遂処罰－228条，224条幇助目的のみ親告罪－229条）

　　2項　第225条の2第1項の罪を犯した者を幇助する目的で，略取
　され又は誘拐された者を引き渡し，収受し，輸送し，蔵匿し，又は隠避
　させた者は，1年以上10年以下の懲役に処する．（未遂処罰－228条）

　　3項　営利，わいせつ又は生命若しくは身体に対する加害の目的で，
　略取され，誘拐され，又は売買された者を引き渡し，収受し，輸送し，
　又は蔵匿した者は，6月以上7年以下の懲役に処する．（未遂処罰－228
　条）

　　4項（前段）　第225条の2第1項の目的で，略取され又は誘拐され
　た者を収受した者は，2年以上の有期懲役に処する．（未遂処罰－228条，
　後段⇒213頁）

　　　　　　　　　227条1項は，身の代金目的以外の拐取罪の犯人の，拐取行
事後従犯　　　為を幇助する目的で行う引渡し，収受，輸送，蔵匿，隠避行
為を処罰し，2項は，身の代金目的拐取罪の犯人を幇助する目的で行われ
たこれらの行為を処罰する．総則の共犯の意味での幇助（拐取の実行行為自
体の幇助）とは異なり，拐取罪の犯罪結果を確保する**事後従犯**である．「引
渡し」とは**被害者の支配を他の者に移転する**ことをいい，「輸送」とは運搬（場
所的移動）をいう．引渡し及び輸送は，人身取引議定書（⇒216頁）を担保
するために，平成17年改正により追加された．「収受」とは，**被拐取者の身
柄を引き受け，事実的支配下に置く**ことであり，「蔵匿」とは，**発見を妨げるための**

216　2　自由に対する罪

場所の提供を意味する．「隠避」は，発見を妨げるその他の方法一般を指す．

　3項は被拐取者（すべての拐取罪の被害者）や売買された者を，営利，わいせつ，生命身体加害目的で収受等する罪である．平成17年改正により，生命身体加害目的が加わり，行為態様も収受のみだったものが，引渡し，輸送，蔵匿が追加された．

　4項前段は被拐取者（すべての拐取罪の被害者）を，身の代金目的で収受する罪である．

2-3-6　人身売買罪

> 226条の2　1項　人を買い受けた者は，3月以上5年以下の懲役に処する．（未遂処罰－228条）
>
> 　　2項　未成年者を買い受けた者は，3月以上7年以下の懲役に処する．（未遂処罰－228条）
>
> 　　3項　営利，わいせつ，結婚又は生命若しくは身体に対する加害の目的で，人を買い受けた者は，1年以上10年以下の懲役に処する．（未遂処罰－228条）
>
> 　　4項　人を売り渡した者も，前項と同様とする．（未遂処罰－228条）
>
> 　　5項　所在国外に移送する目的で，人を売買した者は，2年以上の有期懲役に処する．（未遂処罰－228条）

保護法益　226条の2は，人身売買を処罰する．国連の「国際的な組織犯罪の防止に関する国際連合条約を補足する人（特に女性及び児童）の取引を防止し，抑止し及び処罰するための議定書」（人身取引議定書）（2000年）に基づく国内法の整備として，平成17年に人身売買の罪（226条の2）が新設された．従来は，226条2項が日本国外に移送する目的での人身売買を処罰の対象としていたが，226条の2により，単純な買受け，売渡しも含めて処罰の対象となり，226条2項は削除された．本罪も，略取・誘拐と同様，人の行動の自由を保護法益とする．目的を問わずに人の買受け，売渡しを処罰する（営利目的等があれば刑が加重される）．

　人身に対する罪である以上，本人の同意があれば成立せず，例えば，海外の児童や女性を，金銭の授受を伴った養子縁組や婚姻によりわが国に連

れてくる行為は本罪に当たらない．もっとも，人の不法な支配が認められる場合には，事実上，真摯な同意が認められないことも多いであろう（保坂＝島戸・ジュリスト 1298 号 79 頁参照）．

5 つの類型　　1 項は，目的を問わず，人の買受け行為自体を処罰の対象とする（**単純買受け罪**）．「人を買い受けた」とは，**対価を支払って，現実に人身に対する不法な支配の引渡しを受けたことをいう**．「支配」とは，物理的・心理的な影響を及ぼし，その意思を左右できる状態に対象者を置き，自己の影響下から離脱することを困難にさせることをいう（東京高判平 22・7・13 東高刑時報 61・1=12・167－パスポートや携帯を取り上げる等の事情がなく，物理的・心理的圧力を加えたとはいえず，「支配」に当たらないとした）．「対価」は金員に限らず，債務の免除なども含む．

営利目的を必要としない理由は，売渡し罪（4 項）の必要的共犯に当たり，4 項は常に営利目的を有することになること，さらに自ら金員を支払って人の支配を得るという行為は，営利を目的としていなくとも，その被害者にさらに何らかの侵害が加えられる危険性が高いからであると説明される（前掲・ジュリスト 80 頁参照）．

売買の申込みがあれば実行の着手があり，人身の引渡しを受けた時点で既遂となる．

2 項は，未成年者の買受け行為について，1 項よりも重く処罰する（**未成年者買受け罪**）．営利等の目的があれば，2 項ではなく 3 項が成立する．

3 項は，営利，わいせつ，結婚又は生命若しくは身体に対する加害の目的（225 条の目的と同じ）による買受け罪を，1 項，2 項よりもさらに重く処罰する（**営利目的等買受け罪**）．

4 項は，人身を売渡す行為を 3 項と同様に 1 年以上 10 年以下の懲役に処する（**売渡し罪**）．「人を売り渡した」とは，**対価を得て，現実に心身に対する不法な支配を引き渡すことをいう**．常に対価を得る目的があり，営利目的が認められる．売買の申込みがあれば実行の着手があり，人身の引渡しにより既遂となる．

5 項は，所在国外移送目的の人身売買を規定する（**所在国外移送目的人身売買罪**）．旧 226 条 2 項（平成 17 年削除）は日本国外移送目的人身売買を処罰

していたが，これを所在国外に拡大したものである．所在国外に出される
と，国家からの庇護が得られなくなるため，特に重く処罰される．

売買の申込みがあれば実行の着手があり，人身の授受により既遂となる
（所在国外に移送される必要はない）．

2-4 性的自由に対する罪

2-4-1 強制わいせつ罪

176条 13歳以上の者に対し，暴行又は脅迫を用いてわいせつな行為をし
た者は，6月以上10年以下の懲役に処する．13歳未満の者に対し，わ
いせつな行為をした者も，同様とする．（未遂処罰－179条）

性的自由　刑法典では性倫理・性風俗に対する罪（社会法益）の中に位
置づけられている（22章）が，現在では，22章のうち，個
人に対する直接の被害がある強制わいせつ罪（176条），強制性交罪（177
条），準強制わいせつ・準強制性交罪（178条）については個人法益（性的
自由）に対する罪と位置づける（22章のその他の罪⇨378頁以下）．同意のな
いわいせつ行為を処罰することから，性的自由に対する罪と理解されてい
る．

暴行・脅迫　176条前段は13歳以上の者（男女を問わない）に対し，暴
行・脅迫を用いてわいせつな行為をした者，後段は13歳
未満の者（同）に対し同様の行為をした者を処罰する．被害者が13歳未
満の場合は，暴行・脅迫が要件ではなく，同意があっても成立する．暴行・
脅迫による場合は，その開始時点が着手となり，13歳未満の者に対し暴
行・脅迫手段によらない場合には，わいせつ行為の開始時点が着手となる．

「暴行・脅迫」は，**相手の反抗を抑圧する程度のものであること**を要する．
暴行・脅迫以外の，例えば詐欺行為による場合には176条前段の罪には当
たらないが，準強制わいせつ罪（178条）の成立の余地がある．また，す
れ違いざまに身体に触れるような行為は，「暴行を用いて」というよりも，
暴行自体がわいせつ行為であると評価できるが，これも本罪に該当する
（大判大14・12・1刑集4・743）．また，満員電車内での悪質な痴漢行為などは，

相手が事実上反抗できない状況を利用しているが，敢えて反抗抑圧状態を利用した「準強制わいせつ」とする必要はなく，176 条の中に含まれると解すべきである．

わいせつの意義　刑法上の「わいせつ」とは，徒に性欲を興奮または刺激せしめ，かつ普通人の性的羞恥心を害し，善良な性的道義観念に反すること（最判昭 26・5・10 刑集 5・6・1026）をいう．ただ，この定義は，わいせつ物頒布罪に関して用いられたものであり，強制わいせつ罪は個人の性的自由を侵害する罪である以上，これより広いわいせつ概念を用いざるを得ない．例えば，反抗を抑圧してキスする行為は強制わいせつ罪に当たるが，映画や小説におけるキスシーンはわいせつではない．わいせつ行為は，必ずしも被害者の身体に触れる必要はなく，脅迫して裸にならせ写真を撮影する行為も含む（最判昭 45・1・29 刑集 24・1・1 参照）．

【傾向犯】　従来の判例は，強制わいせつ罪には，わいせつ行為を行っていることの認識に加え，犯人の主観的傾向としてわいせつの目的（性欲を刺激，興奮させ，または満足させるという性的意図）が必要であるとしてきた（傾向犯という．前掲・最判昭 45・1・29（消極））．しかし，被害者に性的羞恥心を抱かせるに足りる客観的行為を行っている以上，法益侵害性は認められ，その認識があれば故意も認められる．性的自由は，行為者の動機の如何にかかわらず害されているからである．最決平 29・11・29（裁判所時報 1688・1）は，昭 45 年最高裁判例を変更し，「被害者の受けた性的な被害の有無やその内容，程度」により判断すべきであって，「性的意図」は成立要件とすべきでないとした（⇨23 頁参照）．

【故意】　被害者の同意を得た場合，相手が 13 歳未満であることの認識がなければ本罪は成立しない（強制性交等の場合も同様）．逆に 13 歳以上であるのに 13 歳未満であると誤認した場合には，客観的構成要件要素が欠け，本罪は成立しない．暴行・脅迫を用いた場合には年齢に関係なく成立するため，年齢の誤認は問題とならない．13 歳未満でも同意があれば成立しないと誤信した場合には，法律の解釈の誤りに過ぎず故意は阻却されない．

2-4-2 強制性交等罪

177 条　13 歳以上の者に対し，暴行又は脅迫を用いて性交，肛門性交又は口腔性交（以下「性交等という．」）をした者は，強制性交等の罪とし，

220　2 自由に対する罪

5 年以上の有期懲役に処する．13 歳未満の者に対し，性交等をした者も，
同様とする．（未遂処罰－180 条）

改正の経緯　　近年，強制わいせつ罪，旧・強姦罪の量刑が重罰化してい
たことから，平成 16 年改正により，強制わいせつ罪，
旧・強姦罪，強姦致死傷罪の法定刑が引き上げられ，さらに集団強姦罪が
新設され，女性に対する性暴力の重罰化の方向が図られた．

これに対し，国連の自由権規約委員会の最終意見（平成 20 年 10 月）にお
いて，男性に対する強姦が重大な犯罪とされるべきである等の意見が出さ
れ，また，国内の法改正の議論でも女性のみを被害者とすることは現代の
男女共同の観点とは相容れないとの意見が強く出されたことから，平成
29 年刑法改正により，女性のみを被害者とする強姦罪を廃止し，これま
で「強制わいせつ」として処罰されてきた行為の一部を「強制性交等」と
して重罰化することとなった．また，法定刑も下限が 3 年から 5 年へと引
き上げられ，これに伴い，集団強姦罪，集団強姦致死傷罪は削除された．
さらに，強制わいせつ罪，強制性交等罪ともに，非親告罪化された（旧
180 条削除）．

主体・客体　　13 歳以上と未満とで手段に差がある点，主体に制限はな
く，被害者も女性に限られない点で，強制わいせつ罪と同
様である．夫婦間の強制性交罪も成立する（広島高松江支判昭 62・6・18 高刑
集 40・1・71）．

暴行・脅迫　　被害者の反抗を著しく困難にする暴行・脅迫でなければな
らない（最判昭 24・5・10 刑集 3・6・711－抗拒不能に陥らせる必要
はないとする）．強盗罪のように反抗を抑圧する程度までは不要である．た
だ，その程度については，その場の状況や被害者の心理状態との関連も考
慮すべきことはもちろんである．

手段としての暴行・脅迫の開始時点が強制性交等罪の**着手**となる．直接
強制性交行為に向けられた暴行・脅迫に限らず，強制性交等に至る危険性
が高い行為が開始された時点で着手を認める判例も多い．

【判例－強制性交等の着手】　被告人ら 2 人が強制性交の目的で，女性をダ

ンプカーの運転席に引きずり込んだ時点（最決昭 45・7・28 刑集 24・7・585），強
制性交目的で自動車内に押し込もうとした時点（東京高判昭 47・12・18 判タ
298・441），他の場所で強制性交しようとして車で連行するため，車に監禁
した時点（札幌高判昭 53・6・29 判時 922・114）で着手が認められている．ただ
し，より遅い時点で着手を認めたものとして，白タク運転手が女性客の指
示に反し山間部に車を向け，空き地で止めて自動車後部のドアを開け女性
の身辺に迫ろうとした時点（高松高判昭 41・8・9 高刑集 19・5・520），少女を自
転車に乗せ，山道に入りかけたところで被害者が逃げたため，背後から抱
きつき，口を塞ぐなどの行為をした時点（東京高判昭 38・6・13 高刑集 16・4・
358）で着手としたものがある．性交等の行為に至らなくとも，着手後に
傷害を負わせれば強制性交致傷罪が成立する．

強制性交等の意義　　強制性交等とは，暴行又は脅迫を用いて「性交等」をす
ることをいう．性交等とは，性交，肛門性交又は口腔性
交をいう．改正前の強姦罪の実行行為である姦淫行為を含むが，これまで強
制わいせつ行為とされてきた肛門性交や口腔性交も「性交等」に含まれる．

2-4-3 準強制わいせつ・準強制性交等罪

> **178 条 1 項**　人の心神喪失若しくは抗拒不能に乗じ，又は心神を喪失させ，
> 若しくは抗拒不能にさせて，わいせつな行為をした者は，第 176 条の例
> による．（未遂処罰－180 条）
> 　　**2 項**　人の心神喪失若しくは抗拒不能に乗じ，又は心神を喪失させ，
> 若しくは抗拒不能にさせて，性交等をした者は，前条の例による．（未
> 遂処罰－180 条）

抗拒不能　　精神の障害によって性行為について正常な判断力を喪失して
いる状態（心神喪失．ただし，39 条 1 項とは必ずしも同義ではな
い），または心理的・物理的に抵抗することが不可能ないし極めて困難な
状態（抗拒不能）を利用し（1 項，2 項各前段），あるいは暴行・脅迫以外の
手段によりそのような状態に陥れ（1 項，2 項各後段），わいせつな行為ない
し性交等をする場合を，強制わいせつ罪，強制性交等罪と同様に処罰する．
13 歳未満の者に対しては，判断能力がないことに乗じてわいせつ行為等
を行っても，本罪ではなく，176 条，177 条が成立する．

222　2 自由に対する罪

　前段の抗拒不能状態の利用には，熟睡中の場合（仙台高判昭 32・4・18 高刑集 10・6・491，広島高判昭 33・12・24 高刑集 11・10・701．いずれも眠気等のため被害者が犯人を夫であると誤認した事案），恐怖等のため行動の自由を失っている場合の他，他人の暴行による抗拒不能状態の利用も含む．後段の例としては，麻酔薬を飲ませたり催眠術をかける行為がある．暴行・脅迫を加えた後にわいせつないし性交等の意図が生じた場合も，「抗拒不能にさせて」といえる（中森 60 頁）．本罪の着手は，わいせつないし性交等の行為の開始時点に認められる．

> **【判例－抗拒不能状態の利用】** 津地判平 4・12・14（判タ 822・281）は，自ら服用した睡眠薬のため抵抗困難な女性に対し，そのことを知らずに暴行を加えて姦淫する行為を，準強姦でなく強姦（致傷）罪に当たるとした．暴行と抗拒不能状態との因果性が欠けるようにも見えるが，頭部や手足を縛る等の手段を用いており，暴行により反抗困難な状態がより助長されたと評価でき，暴行と姦淫行為との因果関係が認められるからである．

【錯誤と準強制性交】 一般に，誤信させることも，抗拒不能状態に陥れる一態様とされる．そこで，いわゆる霊感治療と称し，性交することが治療行為であると騙して性交等する行為も準強制性交に当たる．ただし，騙す行為により，暴行・脅迫によるのと同程度に被害者の意思の自由が奪われたと解される事情が必要であろう．名古屋地判昭 55・7・28（刑集 12・7・709），東京地判昭 62・4・15（判タ 640・227）は，霊感治療と称して錯誤に陥れて姦淫した行為を準強姦罪とした．

2-4-4 監護者わいせつ及び監護者性交等罪

179 条 1 項　18 歳未満の者に対し，その者を現に監護する者であることによる影響力があることに乗じてわいせつな行為をした者は，第 176 条の例による．（未遂処罰－180 条）

　　2 項　18 歳未満の者に対し，その者を現に監護する者であることによる影響力があることに乗じて性交等をした者は，第 177 条の例による．（未遂処罰－180 条）

主体　親であること等を利用して，18 歳未満の者にわいせつ行為，性交等をする行為を，強制わいせつ，強制性交と同様に処罰する．

平成 29 年改正により新設された.

主体である「現に監護する者」とは，**法律上の監護権の有無にかかわらず，事実上，現に 18 歳未満の者を監督する者**をいう．具体的には，親子関係のほか，親子関係と同視し得る程度に，居住場所，生活費用，人格形成などの生活全般にわたって，依存・被依存ないし保護・被保護の関係が認められ，かつ，その関係に継続性が認められることが必要である．その判断に当たっては，同居の有無，居住場所の関係，18 歳未満の者に対する指導状況，身の回りの世話等の生活状況，生活費の支出などの経済的状況，未成年者に関する諸手続等を行う状況などが考慮される．学校教師，クラブ活動のコーチなども，18 歳未満の者に大きな影響力を持つ場合があるが，「現に監護する者」には含まない（曹時 69・11・260 参照）.

影響力に乗じて　客体は 18 歳未満の者に限る．児童福祉法，児童買春等処罰法の児童の保護と同じ年齢の者を対象としている．18 歳未満の者が精神的・経済的に監護者に依存しているため，監護者がその者に対する影響力を利用して性交等を行った場合，被害者には自由な意思決定が認められないことを理由に，暴行・脅迫を要件としない罪を設けたものである.

監護者としての「影響力に乗じて」とは，影響力が一般的に存在する状態で行為することをいい，必ずしも当該行為時に積極的・明示的行為を行うことを要しない.

2-4-5 強制わいせつ等致死傷罪

181 条 1 項　第 176 条，第 178 条第 1 項若しくは第 179 条第 1 項の罪又はこれらの罪の未遂罪を犯し，よって人を死傷させた者は，無期又は 3 年以上の懲役に処する.

　2 項　第 177 条，第 178 条第 2 項若しくは第 179 条第 2 項の罪又はこれらの罪の未遂罪を犯し，よって人を死傷させた者は，無期又は 6 年以上の懲役に処する.

因果関係　181 条 1 項，2 項には「よって」の文言があるが，死傷の結果は，わいせつ・性交等の行為自体及び暴行・脅迫から直接

224　2　自由に対する罪

生じたものに限らず，**強制性交等の機会に行われた密接関連行為から生じたものも**含む．ホテルに連行された被害者が，隙を見て窓から飛び降りた際に負傷した場合（京都地判昭 51・5・21 判時 823・110），屋外で強制性交されそうになった被害者が裸足で逃走したため負傷した場合（最決昭 46・9・22 刑集 25・6・769）などは，手段としての暴行と致傷結果の因果関係が認められ，強制性交致傷罪と評価すべきだからである．

> **【判例－強制性交等・強制わいせつに随伴する暴行】**　就寝中の被害者に準強制わいせつ行為をした者が，目覚めた被害者からTシャツをつかまれるなどしたためわいせつな行為を行う意思を喪失したが，逃走のために暴行を加えて傷害を負わせた場合（最決平 20・1・22 刑集 62・1・1），電車内でわいせつ行為をした者が，被害者から手をつかまれたため，車外に逃走して逮捕を免れる目的で被害者に暴行を加え，傷害を負わせた場合（東京高判平 12・2・21 判時 1740・107）は，（準）強制わいせつ行為に随伴する暴行であるから致傷罪が成立する．また，強制性交等が既遂に達した直後に，被害者から殴られたために，それから逃れるための暴行により傷害を加えた場合も，「姦淫目的の暴行脅迫と接着して行われ……逃走のための行為として通常随伴する行為」であれば，致傷罪が成立する（大阪高判昭 62・3・19 判時 1236・156）．

死傷結果に故意のある場合　181 条に，傷害ないし殺害の認識がある場合を含むかについて，**(a) 死傷の結果に故意がある場合を含むとする見解**は，㋐181 条のみが成立するとする見解の他，㋑181 条だけでは殺意のある場合に死刑を適用できず，通常の殺人罪との均衡がとれないとし（次頁表参照），**殺意のある場合にのみ 181 条と 199 条との観念的競合とする見解**がある（傷害については 181 条のみ適用する．団藤 495 頁）．

　これに対し **(b) 死傷の結果に故意がある場合は含まないとする見解**には，㋒**殺害の場合は 181 条と 199 条，傷害の場合は 181 条と 204 条との観念的競合が成立す**るとする見解と，㋓故意がある場合は 181 条の適用を一切排除し，177 条と 199 条ないし 204 条との観念的競合を認める見解（曽根 70 頁）とが対立する．

　実質的に，181 条の罪質や，結論の妥当性を考慮した判断が必要であり，強制性交致死傷の実態を考慮すると，死傷の結果に故意がある場合，とり

わけ殺意のある場合は，強盗殺人などと比べれば稀であろう．そこで，181条は，殺意や傷害の故意のある場合は含まないとし（(b)説），かつ，㋤刑の不均衡（下表アンダーライン）を回避する説として，(b)㋒説が妥当である（前田108頁）．よって，強制性交後に殺意をもって殺害する場合は，原則として，殺人罪のほかに強制性交致死罪が成立するが（観念的競合），同所で半日以上経過後に，犯行発覚を防ぐために殺害する行為は，強制性交行為に通常随伴するものといえないため，殺人罪と強制性交罪の併合罪となる（千葉地判平23・7・21裁判所Web参照）．

(1) 傷害の場合　（通常の強制性交致傷）　（故意ある場合）
(a)	㋐	6年〜無期	6年〜無期
	㋑	6年〜無期	6年〜無期
(b)	㋒	6年〜無期	6年〜無期
	㋓	6年〜無期	<u>5年〜20年</u>

(2) 殺人の場合　（通常の強制性交死）　（故意ある場合）　（通常の殺人）
(a)	㋐	6年〜無期	6年〜<u>無期</u>	5年〜死刑
	㋑	6年〜無期	6年〜死刑	5年〜死刑
(b)	㋒	6年〜無期	6年〜死刑	5年〜死刑
	㋓	6年〜無期	<u>5年〜死刑</u>	5年〜死刑

2-5　住居侵入罪

2-5-1　住居侵入罪

130条（前段）　正当な理由がないのに，人の住居若しくは人の看守する邸宅，建造物若しくは艦船に侵入し，又は要求を受けたにもかかわらずこれらの場所から退去しなかった者は，3年以下の懲役又は10万円以下の罰金に処する（未遂処罰−132条）．

侵入の意義　「侵入し」とは，**他人の看守する建造物等に管理権者の意思に反して立ち入ることをいう**（最判昭58・4・8刑集37・3・215）．保護法益に関し，戦前は（a)家父長権を基本とした法的住居権と考える旧住居権説が採られていたが，現在は住居などの客観的な平穏を重視する（b)**事実上の住居の平穏説**（最判昭49・5・31裁判集刑192・571，最決昭51・3・4刑集30・2・79，

斎藤 63 頁参照），さらにそれを批判して登場した（c）**新住居権説**（最判昭 58・4・8 刑集 37・3・215，西田 98 頁）が対立する．新旧の住居権説は，住居権者の許可を重視する点で類似するが，（c）は誰を立ち入らせるかを決定する「自己決定権」や「プライバシーの保護」を尊重する点に特徴がある（林 98 頁）．また（a）説では家父長にあるとされた決定権が，（c）説では居住者全員にあり，公的建造物については管理権者に決定権があることになる．

客体 　住居侵入罪の客体は，人の住居及び人の看守する邸宅・建造物・艦船である．「住居」とは，**人の起臥寝食に使用される場所**をいう．一定の構造・設備が必要とされ，テント等は含まれ得るであろうが，いかに起臥寝食に用いていても，地下道，ドラム缶，山の横穴等は含まない．住居の場合は「人の看守」しないものも含むが，これは私生活を守るために広く保護する趣旨であると解される（中森 69 頁）．これに対し，店舗・事務室・研究室などは私生活の根拠となる場所ではなく，住居とはいえないが，これらを人が看守していれば，建造物として保護の対象となる．

　1 つの建物の中の，区画された部屋もそれぞれ独立に住居となり，他人の家に許可を得て入った後に，無断でその他の部屋に入る行為は住居侵入罪に当たる．縁側やアパートの共用階段・通路・屋上（広島高判昭 51・4・1 高刑集 29・2・240），屋根の上（東京高判昭 54・5・21 高刑集 32・2・134）も住居である．

　庭などのように塀で囲まれた場所を**囲繞地**（いにょうち）という．住居に付随した囲繞地につき，かつての判例は「邸宅」に含むとしていたが（大判昭 7・4・21 刑集 11・407），現在は住居に含むと解されている（福岡高判昭 57・12・16 判タ 494・140．住職の住居に付随した寺の境内も住居の一部であるとした）．建造物に付随する囲繞地は建造物の一部となるから，工場や事務所の敷地内に入れば，建物に入らなくとも建造物侵入に当たる．

　「人の住居」は，**他人の住居**を意味し，所有権のいかんにかかわらず，居住者自身は主体から除かれる．また，家賃を滞納している賃借人の住居も「人の住居」であり，たとえ家主であっても第三者が無断で立ち入れば住居侵入に当たる．ただ，家族の一員など居住者に当たる者であっても，例外的に，共同生活の実態がないと解される場合には，「人の住居」に当たる．

【判例－人の住居】 5日前から家出中の子どもが，他の数人と共謀し，親の家に強盗目的で侵入する行為（最判昭23・11・25刑集2・12・1649），別居中の夫が自己名義の家屋に，妻の不貞を探るために侵入する行為（東京高判昭58・1・20判時1088・147）は，住居侵入罪に当たる．

「邸宅，建造物，艦船」は，「人の看守する」ものでなければならない．「看守する」とは，管理人，監視員がいる場合のほか，施錠してあるなど，**他人が事実上管理・支配していることをいう．「邸宅」は住居用に作られたが現に使用されていないものをいい**，空家や，シーズンオフの別荘等，およびその囲繞地がこれに当たる．ただし，廃屋は，住居・邸宅のいずれにも当たらない（なお，軽犯罪法には，看守していない邸宅・建造物にひそむ罪がある－1条1号）．

マンション等の集合住宅の廊下，エレベーター等の共用部分は，自衛隊宿舎のように宿舎管理者の管理に係るものは「邸宅」に当たる（最決平20・4・11⇨229頁）．ただし，分譲マンションのように，住民らにより構成される管理組合の管理下にあるものは，「住宅」に当たる余地がある（最判平21・11・30⇨229頁，西野・最高裁判解平成21年度541頁参照）．

「建造物」とは，**住居用以外の建物一般を指す**．官公庁の庁舎，学校，事務所，工場，駅舎，神社，寺院等を広く含むが，その一部が住居に用いられていれば（例えば住職が居住する寺），全体として「住居」となる．ただし，低層階が商業施設，高層階がマンションになっているような建物については，それぞれの部分に応じて建造物，住居に当たる．また，警察署庁舎建物及び中庭への外部からの交通を制限し，みだりに立ち入ることを禁止するために設置された高さ約2.4メートル，幅22センチメートルの塀は建造物の一部を構成し，中庭に駐車された警察車両を確認する目的で，この上に上がる行為も建造物侵入罪に当たる（最決平21・7・13刑集63・6・590）．

【判例－建造物】 大阪万国博覧会の「太陽の塔」（大阪高判昭49・9・10刑月6・9・945－万博粉砕を叫んで塔に160時間籠城した事案），駅舎と屋根でつながり柵がある駅ホーム（福岡高判昭41・4・9高刑集19・3・270），駅階段付近の通路（最判昭59・12・18刑集38・12・3026－駅構内の通路内にビラ配布及び演説目的で立ち入

228　2　自由に対する罪

った事案)，野球場のスコアボードの屋根（福岡高那覇支判平 7・10・26 判時 1555・140) などが建造物とされた．建造物性を否定されたものとして，原爆ドームがある（広島地判昭 51・12・1 判時 846・125－構造的に外部から区画されておらず，人の起居・出入りが予定されていないことを理由に否定された).

　　　また，建造物の囲繞地として，本罪の客体に含まれるものとして，大学敷地内にさらに金網で囲まれた研究所の敷地（最決昭 51・3・4 刑集 30・2・79－東大地震研事件)，小学校の校庭（東京高判平 5・7・7 判時 1484・140－小学校に隣接した家を偵察するため，夜間校庭に侵入した事案）などがある．

　艦船とは，軍艦及び船舶を指すが，人が侵入でき，その平穏を保護する必要がある程度の大きさが必要である．

侵入行為　　「侵入し」とは，他人の看守する建造物等に管理権者の意思に反して立ち入ることをいう（⇨225 頁).ただし，侵入に正当な理由があれば，構成要件該当性を欠く．「正当な理由がない」ことと同意がないこととは別個の判断である．例えば捜索令状のある正当な立入りでも，居住権者の同意があるとは限らない．同意は真意に基づくものでなければならず，強盗目的を隠して「こんばんは」と挨拶し，家人が「お入り」と答えたので立ち入った行為も「侵入」に当たる（最大判昭 24・7・22 刑集 3・8・1363).

　ただし，単に本当のことを知ったら管理権者が許可しないであろうという事情があるだけで，侵入に当たるとするのは行き過ぎである．判例は，住居権説を採ると理解されているが，必ずしも管理権者の意思に反することだけを根拠に，侵入を認めているわけではない．私的生活を営む者の私生活の平穏を侵害するか否かも，処罰の合憲性の判断においては重視している（最判平 20・4・11 刑集 62・5・1217，最判平 21・11・30 刑集 63・9・1765).

【判例－管理権者の意思】　最判昭 58・4・8（刑集 37・3・215－大槌郵便局事件）は，ビラ貼り目的で，宿直の職員に声をかけて郵便局庁舎に立ち入った行為につき，管理権者があらかじめ立入り拒否の意思を積極的に明示していなくとも，管理権者としての郵便局長が容認していないと判断されるとして建造物侵入罪の成立を認めた．東京高判平 5・2・1（判時 1476・163）は，偽名を用いて参議院に立ち入り，傍聴席から演壇に向かってスニーカーを投げた

行為につき，威力業務妨害の他，偽名での立入が建造物侵入罪に当たるとした．また前述の小学校の校庭への侵入に関する東京高判平5・7・7（⇨228頁）は，管理権者である教頭の意思に反することが明確であるとした．

しかし侵入を認めた判例も，具体的には「該建造物の性質，使用目的，管理状況，管理権者の態度，立入の目的」を総合的に判断したり（前掲・最判昭58・4・8），「侵入目的の他，侵入の態様，滞留場所及び滞留時間，その他の諸般の事情」を考慮するとしており（前掲・東京高判平5・7・7），平穏侵害説における平穏侵害の判断と，事実上ほぼ重なる．

最高裁は，政治的な意見を記載したビラを投かんする目的で，防衛庁（当時）の宿舎である集合住宅の金網フェンス等で囲まれるなどした敷地内，及び同宿舎の1階出入口から各室玄関前までの部分に立ち入った行為（最決平20・4・11刑集62・5・1217），分譲マンションの各住戸のドアポストに政党の活動報告等を記載したビラ等を投かんする目的で，同マンションの玄関ホールの奥にあるドアを開けて，7階から3階までの廊下等に立ち入った行為（最判平21・11・30刑集63・9・1765）につき，管理権のみならず平穏も害しているとして侵入罪の成立を認めた．

【判例−侵入の目的】 判例は，行為者の侵入の目的を重視する傾向にあるともされるが，客観的な事情と併せた総合判断をしている（前掲【判例−管理権者の意思】参照）．東京地判平7・10・12（判時1547・144）は，オウム真理教幹部が銃器部品を隠匿するため自動車への積替えを行う目的で，自らが契約しているビルに設けられた駐車場の，他人の駐車区画に立ち入る行為につき，「侵入の目的，態様に照らしても，社会通念上管理権者の承諾があったとは到底認めがたい」として，目的のみならず，侵入の時刻，時間も考慮して「侵入」を認めている．さらに最決平19・7・2（刑集61・5・379）は，現金自動預払機を利用する客のカードの暗証番号等を盗撮する目的で，営業中の銀行支店出張所へ立ち入った行為について建造物侵入罪が成立するとしたが，ビデオカメラを設置し，さらに隣の現金自動預払機を1時間30分間以上にわたって占拠し続けた行為があったと認定されている．不法目的だけでなく，客観的な平穏侵害も認められる場合であった．

230 2 自由に対する罪

2-5-2 不退去罪

130条（後段） 要求を受けたにもかかわらずこれらの場所（人の住居若し
くは人の看守する邸宅，建造物若しくは艦船）から退去しなかった者は，
3年以下の懲役又は10万円以下の罰金に処する．（未遂処罰−132条）

本罪の行為は**退去しないこと**であり，真正不作為犯である．退去要求があ
ってはじめて成立するが，不解散罪（107条）の解散命令とは異なり，3回
以上要求する等の条件はない．初めから不正に侵入している者に退去要求
する場合は住居侵入罪が継続しているので，本条前段の住居侵入罪一罪が
成立する（吸収関係）．

未遂処罰規定があるが，通説は，退去要求と同時（若しくは退去するのに
必要なごく僅かの時間経過後）に不退去罪は既遂となるため，事実上成立の
余地はほとんどない．

2-6 秘密を侵す罪

2-6-1 信書開封罪

133条 正当な理由がないのに，封をしてある信書を開けた者は，1年以
下の懲役又は20万円以下の罰金に処する．（親告罪−135条）

信書開封 　「正当な理由」とは犯罪捜査等を意味するが，監護権の範囲
とみなされる限度では，親が子の手紙を読む行為も許容され
る余地がある．

客体は「封をしてある信書」である．封筒に入れてのり付け等をするこ
とが必要であるため葉書は含まず，単にクリップで留めたり紐で簡単に結
んだものも除かれる．「信書」とは，**特定人から特定人に宛てた意思を伝達する
文書**である．特定人に法人や団体も含む．意思内容を表現した文書ファイ
ルを記録したDVD等が入った封筒を開封する行為は，本罪に当たる余地
がある（条解392頁）．

宛名が書かれている必要はないが，信書であるとの認識がなく封を開け
た場合は故意が欠ける．郵送に限らず，手渡しされた場合も含む．

2-6 秘密を侵す罪　231

　実行行為は「開ける」ことで，**封を開けることにより第三者がその内容を知り得る状態に置くことをいう**．実際に第三者が知る必要はない．また封を開ければ成立し，開けた者が内容を知る必要もない．逆に，光に透かす等何らかの方法で内容を読めたとしても，封を開けない限り本罪は成立しない．また，一度開けられた信書を後から読む行為も，開封行為がないので本罪には当たらない．

　【盗聴・不正アクセス】　秘密を探る行為として，現代では信書開封以上に，盗聴やコンピュータへの侵入等を手段とした情報の探知が問題となるが，これらの行為に対する処罰は刑法典ではなく特別法でなされている．盗聴に関しては，電気通信事業法 179 条 1 項が，「電気通信事業者の取扱に係る通信の秘密を侵した者は，2 年以下の懲役又は 100 万円以下の罰金に処する．」と規定し，電話の盗聴はこの罪に該当する（盛岡地判昭 63・3・23 判時 1269・159．なお，最決平 1・3・14 刑集 43・3・283 ⇨ 421 頁参照）．

　コンピュータへの侵入に関しては，平成 11 年に**不正アクセス禁止法**（「不正アクセス行為の禁止等に関する法律」）が成立し，他人の ID，パスワードを使用する等して他人になりすまし，特定のコンピュータにアクセスする行為（2 条 4 項 1 号），並びにコンピュータシステムのアクセス制御機能による制限を免れてアクセスする行為（セキュリティ・ホールを突いて侵入する行為．同 2 号，3 号）等につき，3 年以下の懲役又は 100 万円以下の罰金に処する．

2-6-2 秘密漏示罪

134 条 1 項　医師，薬剤師，医薬品販売業者，助産師，弁護士，弁護人，公証人又はこれらの職にあった者が，正当な理由がないのに，その業務上取り扱ったことについて知り得た人の秘密を漏らしたときは，6 月以下の懲役又は 10 万円以下の罰金に処する．（親告罪－135 条）
　　2 項　宗教，祈禱（とう）若しくは祭祀（し）の職にある者又はこれらの職にあった者が，正当な理由がないのに，その業務上取り扱ったことについて知り得た人の秘密を漏らしたときも，前項と同様とする．（親告罪－135 条）

　　　　　　　　本罪は，列挙された身分を有する者のみが主体となる**身分犯**で
身分犯　　　である．医療関係の者に加え，法律関係・宗教関係の者，および

過去にこれらの職にあった者も含む．本罪の客体は，これらの者が**業務上知り得た秘密に限り**，職務と無関係にたまたま知り得た事柄を漏示しても，本罪には当たらない．

秘密の漏示　「秘密」とは，**少数者にしか知られていない事実で，他人に知られることが本人の不利益となるもの**をいう．裁判手続等において後に公開される可能性がある供述調書等も含む（最決平 24・2・13 刑集 66・4・405―医師が鑑定資料として貸出しを受けていた捜査記録等をジャーナリストに閲覧させる行為）．本人が秘密にする意思を有するものをいうとする**主観説**もあるが，被害者の内心的な価値感情そのものを刑罰で保護する必要はなく，一般人からみて保護に値するものが秘密であるとする**客観説**が妥当である．もっとも，本人が秘密にする意思がないものは保護の対象とならないから，事実上，本人が秘密にする意思をもち，かつ保護に値するものということになる．

「漏らす」行為とは，**秘密をまだ知らない人に伝える行為**である．相手方に到達した時点で既遂となり，相手がその内容を正確に認識・了解する必要はない．また，公然性は要件でないから，相手は 1 人でもよい（名誉毀損罪の公然性⇨234 頁参照）．

【公務員法上の秘密・不正競争防止法上の営業秘密】　国家公務員法・地方公務員法・自衛隊法は，その職員が職務上知り得た秘密を漏らす行為を処罰している（国家公務員法 100 条 1 項・同 109 条，地方公務員法 34 条・同 60 条，自衛隊法 59 条・同 118 条参照．最決昭 53・5・31 刑集 32・3・457 ⇨88 頁）．

　また，不正競争防止法 2 条 6 項は，「秘密として管理されている生産方法，販売方法その他の事業活動に有用な技術上又は営業上の情報であって，公然と知られていないもの」を「営業秘密」とし，図利加害目的での営業秘密の不正取得，使用・開示等の行為につき 10 年以下の懲役若しくは 2 千万以下の罰金に処する（併科可）（同法 21 条 1 項）としている．

3

名誉・信用に対する罪

3-1 名誉に対する罪

3-1-1 名誉毀損罪

230条1項 公然と事実を摘示し，人の名誉を毀（き）損した者は，その事実の有無にかかわらず，3年以下の懲役若しくは禁錮又は50万円以下の罰金に処する．（親告罪−232条）
2項 死者の名誉を毀損した者は，虚偽の事実を摘示することによってした場合でなければ，罰しない．（親告罪−232条）

名誉 刑法上の名誉は，㋐人の評価とは独立の現に存在するその人の人格的価値そのもの（**内部的名誉**），㋑社会が内部的名誉に対して与える評価（**外部的名誉**），さらに㋒本人が自分自身に対して持つ主観的な価値意識（**名誉感情**）に分類される．内部的名誉は外部からの力によって影響を受けないことから，刑法の保護の対象とはならない．学説上は，名誉毀損罪が㋑を保護し，侮辱罪が㋒を保護するとする見解も有力であったが，侮辱罪にも公然性が要求されていることから，被害者本人だけに対してなされても害され得る名誉感情を保護法益とすることには批判が強い．そこで通説・判例は，名誉毀損罪，侮辱罪の両罪ともに，㋑外部的名誉を保護すると解している（大谷158頁，大判大15・7・5刑集5・303．この見解からは，事実の摘示の有無により両罪を区別することになる）．

ただ，名誉毀損罪の保護法益としての社会的評価を純粋に客観的に測ることは困難で，事実上，被害者の名誉感情と切り離して判断することはできないとして，**一般人から見た客観的名誉感情**（一般人を基準とした名誉感情）の

234　3 名誉・信用に対する罪

侵害があれば，社会的評価が低下したとする見解も有力である（前田 123
頁参照）．

【プライバシーの保護】　名誉毀損は事実の摘示により社会的評価を害する
行為であるが，社会的評価にかかわらず，それを公表することが人格権を
侵すプライバシーの領域も考えられ，諸外国では，プライバシー侵害を直
接処罰の対象とする考え方もある．刑法では，230 条の 2 が「公共の利害
に関する事実」についてのみ真実性の証明を許しているため，「公共の利
害に関する事実」に該当しないプライバシーに関する事実を，名誉毀損罪
が保護していることになる（平野 196 頁，さらに佐伯「プライバシーと名誉の保
護（4）」法協 101 巻 11 号 78 頁参照）．

公然の意義　　「公然」とは，**不特定又は多数人が知り得る状態をいう**．特定の
多数，不特定の少数も含む．また，知り得る状態にすれば
よく，現実に知る必要はない．数名の特定人に対する場合も，それらの者
を通じて不特定又は多数人に伝播する可能性がある限り公然性が認められ
る．ただし，両親にその子の名誉を害する虚偽の事実を伝えるなど，伝播
可能性が認められない場合には，公然といえない．近時，特に問題となる
インターネット上の名誉毀損行為については，公然性が認められることは
もちろんである．

【判例－公然性】　公然性を認めたものとして，被害者 A の家族ら数名に，
「A は放火犯である」と告げた事案（最判昭 34・5・7 刑集 13・5・641）．否定し
たものとして，検察官，検察事務官と被害者の面前で事実を摘示した事案
（最決昭 34・2・19 刑集 13・2・186），校長ら数名に虚偽の手紙を送った事案（東
京高判昭 58・4・27 高刑集 36・1・27）がある．

事実の摘示　　名誉毀損罪は，事実の摘示の有無により侮辱罪と区別され
る．「事実」は，**人の社会的評価を害するといえるものでなけれ**
ばならない．既に一般に知られている公知の事実でもよく，また将来につ
いての予想に関するものも含むが，ある程度具体的な内容を含むものでな
ければならず，価値判断や評価だけでは事実とはいえない．具体的には，
政治的・社会的能力，身分，職業に関する事実，さらに被害者の性格，身
体的・精神的な特徴や能力等，社会生活上評価の対象となり得るものを広
く含む．ただし，経済的能力に関する事実は信用毀損罪で保護されるので，

本罪の対象とはならない（⇨240頁）.

摘示した事実が真実か否かは問わない. 真実であっても, 公然と指摘すれば名誉毀損となる. ただし, 公共の利害に関する等, 一定の要件を充たす事実に関しては, 真実と証明されれば処罰されない（⇨230条の2）.

【摘示の具体性】 特定人の名誉が侵害されたとわかる程度の具体性が必要であるが, 例えば仮名のモデル小説の場合でも, 特定の実在の人物であることが一般人にわかれば摘示にあたる（最判昭28・12・15刑集7・12・2436参照－町議会議員の身体的障害を挙げて名誉を毀損した事案⇨237頁）. 噂として述べても摘示したことになり（最決昭43・1・18刑集22・1・7－風評の存否ではなく, 風評の内容が摘示事実に当たる）, 漫画や写真による場合や, 行為・動作による摘示もあり得る.

人の名誉の毀損 　本罪の「人」には, 自然人（幼児も含む）だけでなく, 法人, さらに法人格を持たない団体も含まれる. 団体の社会的評価は考えられるし, 団体を構成する人々の抱く感情も副次的ではあるが考慮されるべきである. ただ, 特定の団体と呼べるものでなければならず, 「東京都民」, 「九州人」などは本条の対象とならない（大判大15・3・24刑集5・117参照）. また, 死者は含まれない（230条2項の客体となる）. 告訴権者は被害者であるが（刑訴230～234条）, 法人の場合はその代表者が告訴権者となる. 社会的に不名誉な事実が公知周知で, もともと社会的評価が低い者（さらに, いわゆる「悪人」）についても, 僅かでも知らなかった人がいる可能性がある以上, その社会的評価がさらに低下するおそれがあるから, 本罪は成立する.

名誉の「毀損」とは, **社会的評価を害するおそれのある状態を発生させることで**, 名誉を侵害するに足りる事実の摘示がある以上, 現実に社会的評価が低下することは必要ない（大判昭13・2・28刑集17・141）. 社会的評価の低下を認定することは困難だからである. もっとも, 名誉概念を一般人から見た客観的名誉感情と解すことにより（⇨233頁）, それが害されたと評価できれば, 社会的評価の低下が認められると解すことも可能である.

インターネット上で発信された情報について, 信頼性が一般に低いとは限らず, 名誉毀損罪が成立する（最決平22・3・15刑集64・2・1⇨238頁. 民事判

236　3 名誉・信用に対する罪

決でも，インターネット上の表現は一般の表現と変わらないとされている．最判平24・3・23 判タ 1369・121 参照）．

死者の名誉　死者の名誉については，虚偽の事実を摘示した場合に限り処罰される（230 条 2 項）．死者に関する事実は，歴史的批判の対象としての意味も含むため，虚偽に限定されると説明される．過って虚偽の事実を摘示して名誉を侵害しても，故意が欠けるため本罪は成立しない．

本条の保護する死者の名誉の意義に関しては，(a)**遺族の名誉**とする説，(b)**死者に対する遺族の敬愛の情**と解する説（中森 84 頁，林 115 頁参照），(c)**死者自身の名誉**を保護する説が対立する．故人に関する事実であってもそれが遺族の名誉を侵害すれば，通常の名誉毀損罪（230 条 1 項）を構成するので (a) 説は採り得ない．また，生存している人々の心情と無関係に死者の社会的評価を保護する必要はないと考えるのが (b) 説である．しかし，社会的評価はその者の死後も客観的に存在するので，個人法益に対する罪という枠からはずれる側面があることは否めないが，死者の名誉そのものを保護する必要がある（大谷 174 頁，山口 148 頁参照）．

本罪の告訴権者は，死者の親族又は子孫である（刑訴 233 条 1 項）．

3-1-2 事実証明

230 条の 2 1 項　前条第 1 項の行為が公共の利害に関する事実に係り，かつ，その目的が専ら公益を図ることにあったと認める場合には，事実の真否を判断し，真実であることの証明があったときは，これを罰しない．

2 項　前項の規定の適用については，公訴の提起されるに至っていない人の犯罪行為に関する事実は，公共の利害に関する事実とみなす．

3 項　前条第 1 項の行為が公務員又は公選による公務員の候補者に関する事実に係る場合には，事実の真否を判断し，真実であることの証明があったときは，これを罰しない．

要件　1 項は，名誉を毀損する行為があったとしても，「公共の利害に関する事実（**事実の公共性**）」であって，「その目的が専ら公益を図ることにあった（**目的の公益性**）」場合（本項の「専ら」は「主として」の意）

に，「事実が真実であることの証明があったとき」は罰しないとする原則を規定する．2項は，逮捕された犯人に関する報道など，公訴提起前の犯罪行為に関する事実は，公共の利益に関する事実とみなす．そして3項は，行為が，公務員又は公務員の候補者に関する事実にかかるときは，事実の公共性と目的の公益性の要件の立証を不要とする．

事実の公共性に関し，最判昭56・4・16（刑集35・3・84－宗教団体の会長の行為に関する事案）は，私人の私生活上の行状であっても，そのたずさわる社会的活動の性質及びこれを通じて社会に及ぼす影響力の程度などにより，「公共の利害に関する事実」に当たる場合があると判示した．社会的に多大な影響力を持つ人物については，私行であっても公共の利益が及ぶと解すべきである．

【証明の対象と程度】 真実であることの証明があってはじめて不可罰とされるのであって，真否が不明の場合は230条の2は適用されない．摘示事実の子細にわたるすべてについて証明がなされる必要はなく，その主要部分又は重要な部分についてなされれば足りる（東京高判平22・12・24 東高刑時報61・11=2・344－銀行に対する街宣行為につき，真実性の証明なしとした）．真実性は被告人が立証しなければならず（挙証責任の転換），証拠の優越の程度で足りるとする見解もあるが（曽根93頁），真否を問わずに名誉毀損罪が成立するのが原則であることを考慮すれば，通常の有罪の立証に必要とされる合理的な疑いをいれない程度の証明が必要であるとすべきであろう．

【3項の解釈】 3項は，公務員に関する事実であれば，真実の摘示である以上処罰しないと規定するが，公務員としての活動に全く関連のない私的事項は除外される（公務員の職務と関係ない身体的障害の事実の摘示は許されないとしたものとして，最判昭28・12・15刑集7・12・2436）．

不処罰根拠 230条の2に関し，真実性の挙証責任を転換するものであり，立法者は「名誉毀損罪は成立し，処罰のみが阻却される」と考えていた（**処罰阻却事由説**．最判昭34・5・7⇨234頁）．一方，学説上は事実が真実であれば違法性が阻却されるという**違法阻却事由説**（ないし**構成要件阻却事由説**）が有力であった．憲法上の表現の自由に基づく正当な行為と評価されると考えたのである．

被告人が真実性の証明に失敗した場合，処罰阻却事由説によれば，真実

238　3　名誉・信用に対する罪

性の証明を果たせなかった以上，いかなる根拠に基づいた発言であろうと処罰は免れない．これに対し，違法阻却事由説によれば，真実だと思って摘示した場合は，違法阻却事由を構成する事実に錯誤があったこととなり，故意責任を問えないことになる．多数説は，違法阻却事由の錯誤を事実の錯誤としているからである（⇨108頁）．

相当な根拠　しかし，違法阻却事由説のように，真実であると軽信した者まで不可罰とする結論は，名誉の保護を軽視することとなり，他方，処罰阻却事由説のように，十分な取材に基づいて摘示したとしても，最終的に証明に失敗すれば必ず処罰されるとなると，表現の自由は過度に萎縮するおそれがある．そこで，「**相当な根拠**に基づいた摘示であれば，真実と証明し得なくとも不可罰とする」と解する見解が有力となり，最大判昭44・6・25（刑集23・7・975－夕刊和歌山時事事件）も，「誤信したことについて，確実な資料，根拠に照らし相当の理由があるときは，犯罪の**故意がな**」いとした．

実質的違法性判断　その後，故意の問題とされてきた「相当な根拠に基づいたか否か」という判断を違法論に移し，「一応真実と考えられる程度の相当の根拠を持って情報を流す行為は，憲法21条の表現の自由の行使として，正当化される」とする考え方が有力化する（平川235頁，藤木245頁，団藤527頁，林124頁）．ただし，230条の2は，挙証責任が転換していることからも処罰阻却事由を規定したものと理解するのが妥当である．そこで，相当な根拠に基づいた場合は一般の違法阻却事由（35条）として正当化され，相当な根拠に基づかなくとも，結果的に真実と証明された場合に230条の2の処罰阻却事由が認められると理解すべきである（二元的説明）．最決平22・3・15（刑集64・2・1）は，誤信が**確実な資料，根拠に照らして相当の理由がある**と認められるときは，「**名誉毀損罪は成立しない**」とし，錯誤論ではなく，客観的な根拠による違法性判断を採用し，さらに二元的説明を用いている．

　表現活動の正当性は，国民主権を支える公共的な情報の流通の利益と，名誉侵害から保護される利益とを衡量して判定される．そのためには，資料・根拠の確実性（情報の客観的価値の大小）に加え，事実の公共性の程度，

名誉侵害の重大性，表現活動を行う必要性の程度等が比較衡量されねばならない．

3-1-3 侮辱罪

> **231 条** 事実を摘示しなくても，公然と人を侮辱した者は，拘留又は科料に処する．（親告罪－232 条）

侮辱の意義 「侮辱」とは，事実を摘示せずに人の社会的評価を害し，名誉感情を害する表示を行うことである．もっぱら，侮辱を名誉感情の侵害とのみ捉える見解もあるが（団藤 530 頁），名誉毀損罪と保護法益は同一で，事実の摘示の有無で区別される（⇨233 頁）．

　侮辱の典型例は，人を動物に喩える等の表現を用いることである．口頭・文書による他，態度・動作による場合も含む．差別的な罵声を浴びせる行為も侮辱行為と解すべきである（大判大 15・7・5 刑集 5・303）．侮辱行為は**公然**となされなければならず，公然と表示したと同時に既遂に達する．なお，侮辱を教唆する行為は処罰されない（64 条⇨136 頁）．

　本罪の「人」には，法人も含む（最判昭 58・11・1 刑集 37・9・1341）．

3-2 信用・業務に対する罪

3-2-1 信用毀損罪

> **233 条** 虚偽の風説を流布し，又は偽計を用いて，人の信用を毀損し，又はその業務を妨害した者は，3 年以下の懲役又は 50 万円以下の罰金に処する．（前段＝信用毀損罪）

手段 信用毀損罪の手段は，「虚偽の風説の流布」と「偽計」である．虚偽の風説とは**事実と異なった噂**であるが，一部に真実が含まれている場合や，伝聞した事柄も含む．破産した者につき「破産した」との噂を流すなど，真実の場合は含まない．故意犯である以上，虚偽の認識が必要である．「流布」とは，**不特定または多数人に伝播**させることをいう．順次伝わった場合も含むため，特定の少数の者に話すことも含むが，その結果として流布すること，およびその認識が必要である．**偽計**とは，積極的に人

240　3 名誉・信用に対する罪

を騙したり勧誘したりすることの他，人の錯誤または不知の状態を利用する場合や，不当に相手を困惑させる手段も含む（⇨243頁）．

人の信用の毀損　本条の「人」には，自然人のほか，法人も含む．「信用」とは人の経済面における価値，つまり**支払能力，または支払意思等に対する社会的信頼**を意味するが，その中には，**販売する商品の品質に対する社会的信頼**も含み，コンビニエンスストアのジュースに異物が混入していた旨の虚偽の申告をし報道させた行為も本罪に該当する（最決平15·3·11刑集57·3·293）．ただし，経済的側面とは関係のない，人の社会的信頼は含まない．「毀損」とは，**他人の信用が低下するおそれのある状態を生じさせること**をいい，危険犯である．事実上，現実の低下の有無の認定が困難なためである．

> 【判例－信用の毀損】　商店の主人，従業員らが盗賊である等と新聞に掲載する行為（大判明42·11·15刑録15·1589），K市の特産品を扱う業者はみな法外の利益をむさぼっている等と業界新聞に掲載する行為（大判明45·7·23刑録18·1095），コンビニエンスストアの商品に異物が混入していたと虚偽の申告をする行為（前掲・最決平15·3·11）等が信用毀損罪に当たるとされた．平成15年決定は，信用を支払意思および能力に関する評価に限定するとした大審院判例を変更するとした．平成15年決定によれば，商品の品質について虚偽の風説を流布する行為は，信用毀損に当たると同時に業務妨害にも該当することとなる（233条の単純一罪）．

3-2-2 業務妨害罪

233条　虚偽の風説を流布し，又は偽計を用いて，人の信用を毀損し，又はその業務を妨害した者は，3年以下の懲役又は50万円以下の罰金に処する．（後段＝偽計業務妨害罪）

234条　威力を用いて人の業務を妨害した者も，前条の例による．

業務　業務妨害罪は，偽計業務妨害罪（233条後段）と威力業務妨害罪（234条）とからなる．「業務」とは，**職業その他社会生活上の地位に基づいて継続して行う事務又は事業**をいうが，営利を目的とする必要はない．ただし，業務上過失致死傷罪（211条）の業務（⇨189頁）のように，人の生

命・身体に対する危険を含むものである必要はない．また，本罪は，人の社会的活動の自由を保護するので，①家庭内の家事や学生の個人的な学習のような個人生活上の行為や，②娯楽のためのドライブなどは除かれ，さらに，③不適法な業務も原則として含まれないという特色がある．

> **【判例－違法な業務】** 判例は反社会性の明白なもの以外は保護し，行政刑罰法規に違反しても「業務」性を失わないとする．パチンコ店に対する嫌がらせとして，風俗営業法で禁止されているいわゆる「景品買い」を妨害する行為（横浜地判昭 61・2・18 判時 1200・161），道路交通法に反する違法な駐車車両の上でなされた政党演説を妨害する行為（東京地判昭 57・9・27 刑月 14・11=12・1150）を威力業務妨害罪で処罰している．

公務と業務　公務員の職務（公務）については，公務執行妨害罪（95 条 1 項）の保護の対象となる．ただ，同罪は，威力より狭い「暴行・脅迫」を手段とする場合に限られる（平成 18 年改正以前は，95 条 1 項には罰金刑が定められていなかったため法定刑も業務妨害罪に比べ重かった⇨ 392 頁参照）．そこで，公務を暴行・脅迫に至らない威力や偽計を用いて妨害した場合に，業務妨害罪が成立する余地があるかが問題となる．

かつては，業務には公務を含むとする**積極説**（小野 122 頁，大谷 143 頁）と，含まないとする**消極説**が対立してきた．積極説に対しては，国家法益に対する罪（公務執行妨害罪）と，個人法益に対する罪（業務妨害罪）とに，一般法・特別法の関係を認めることに対し批判がある．一方，消極説に対しては，旧国鉄のような公務を威力・偽計で妨害した場合，民間企業である私鉄に対する同様の妨害行為が業務妨害罪として処罰されるにもかかわらず，無罪となるのは不当であるとする批判がある．

そのため，中間的な見解として，公務を公務員が行うか非公務員が行うかで区別するとする見解（**身分振分説**）も主張されたが，現在の通説・判例は，公務をその内容により区別する**公務振分説**を採用する．すなわち，**強制力を行使する権力的公務**（警察官の職務質問，逮捕行為，国税調査官の税務調査等）と，旧国鉄の業務や旧国公立大学の事務などのように**非権力的・私企業的公務**と分け，後者のみを業務に含むとする見解である（後掲・最大判昭 41・

242　3　名誉・信用に対する罪

11・30）．議会の議事・採決，消防署の事務的職務のように，民間類似性の
ない権力的な公務であっても，強制力を行使するものでないものについて
は，業務性を認める（後掲・最決昭 62・3・12，最決平 4・11・27 等）．

【判例－公務振分説】　かつて判例は消極説を採用し，公立学校校長の失脚
を謀り教育勅語を学校内に隠す行為につき，公務は業務に含まないとして
業務妨害罪の成立を否定した（大判大 4・5・21 刑録 21・663）．その後，戦前は
法的に公務員とみなされなかった郵便集配人に対し暴行を加えた行為につ
き，業務妨害罪の成立を認め，身分振分説を採用した判例も登場した（大
判大 8・4・2 刑録 25・375）．戦後は，旧国鉄職員の業務を威力で妨害した行為
につき，非権力的・民間類似性のある現業業務であることを根拠に業務性
を認めた最大判昭 41・11・30（刑集 20・9・1076－摩周丸事件判決）が登場し，最
高裁も公務振分説を採用したと解されている．その後，いずれも威力によ
り，県議会委員会の採決（最決昭 62・3・12 刑集 41・2・140），消防署職員の署内
での職務（最決平 4・11・27 刑集 46・8・623），参議院の議事（東京高判平 5・2・1 判
時 1476・163），選挙長の立候補届出受理事務（最決平 12・2・17 刑集 54・2・38），
東京都職員が道路工事を行うために路上生活者の段ボール小屋を撤去する
職務（最決平 14・9・30 刑集 56・7・395）をそれぞれ妨害した行為につき，業務
妨害罪の成立が認められた．とりわけ，昭和 62 年決定が，**強制力を行使す
る権力的な公務**ではないことを理由に業務性を認めた点が重要である．
　　また，インターネット掲示板に，虚偽の殺人予告を書き込む行為は，本
来遂行されたはずの職務を妨害したことになるが，仮にその中に逮捕行為
等の強制力を行使する権力的なものが含まれていたとしても，その全体が
「業務」に当たり（東京高判平 21・3・12 高刑集 65・1・21），インターネット掲示
板に警察官を殺害する旨の虚偽の犯行予告を書き込む妨害行為は，警察官
の業務が「強制力を行使する権力的公務」であるか否かにかかわらず妨害
されることから，偽計業務妨害罪が成立する（東京高判平 25・4・12 東高刑時
報 64・1=12・103）．

【限定積極説－暴行・脅迫による場合】　暴行・脅迫により非権力的公務を妨
害した場合につき，前掲・最大判昭 41・11・30 は，暴行・脅迫により国鉄
業務を妨害すれば公務執行妨害罪も併せて成立する余地を認め，その後の
判例も非権力的公務の暴行・脅迫による妨害につき，公務執行妨害罪の成
立を認める（最決平 1・3・10 刑集 43・3・188 ⇒392 頁）．このような見解を**限定積**

極説と呼ぶ（西田 127 頁）．暴行・脅迫により非権力的公務を妨害した場合には，業務妨害罪と公務執行妨害罪とが法条競合の関係に立ち，公務執行妨害罪のみが成立する（安廣・刑法演習ノート（第 2 版）127 頁）．

【偽計・威力による権力的公務の妨害】　権力的公務につき業務性を否定すると，警察官の逮捕行為などを偽計や威力で妨害した場合に，処罰の間隙が生ずるという批判があるが，権力的公務に対し私人が偽計や威力の程度で抵抗する行為は往々にして起こり得るにもかかわらず，刑法典が公務執行妨害罪の手段として暴行・脅迫に限定したのは，まさにこのような場合を処罰しない趣旨だと解すべきであろう．もっとも，「強制力を行使する権力的公務」の妨害とはいえない，例えば，警察署や消防署に虚偽の通報をし，パトカーや消防車を出動させる行為などは，偽計業務妨害罪に該当する（横浜地判平 14・9・5 判タ 1140・280－海上保安庁に虚偽の通報をした行為，前掲・東京高判平 21・3・12－インターネット掲示板に虚偽の殺人予告を書き込み，閲覧した者からの通報を介して警察署職員らを出動させた行為）．

手段・態様　偽計業務妨害罪の手段は「虚偽の風説の流布」と「偽計」であり，威力業務妨害罪の手段は「威力」である．虚偽の風説の流布および偽計は，信用毀損罪におけるそれと同じで，「虚偽」とは客観的事実に反することである．

【判例－偽計】　偽計に当たるとされたものとして，3 か月間に 970 回の無言電話をかけ，相手を甚だしく困惑させた行為（東京高判昭 48・8・7 高刑集 26・3・322），デパートの売場の布団に針を混入させた行為（大阪地判昭 63・7・21 判時 1286・153），湖底の養殖シジミを密漁し，養殖業者の採取を断念させた行為（青森地弘前支判平 11・3・30 判時 1694・157），選挙届出書類に汚物が包み込まれているように装って選挙長の事務を妨害する行為（最決平 12・2・17 刑集 54・2・38），虚偽の通報により海上保安庁の巡視船艇等を出動させた行為（横浜地判平 14・9・5 判タ 1140・280）がある．偽計は直接，人に向けられている必要はなく，電話料金の課金システムを誤作動させて料金を免れる機器を，電話機に取り付ける行為も偽計業務妨害罪に当たる（最決昭 59・4・27 刑集 38・6・2584）．また，ATM が設置された銀行支店出張所（無人）の 1 台の ATM に，利用客のカードの暗証番号等を盗撮するためのビデオカメラを設置し，その隣の ATM を 1 時間 30 分以上占拠した行為は，他の客の利用を妨げたことにより銀行の業務を妨害したとして，偽計業務妨害罪

に当たるとされた（最決平 19・7・2 刑集 61・5・379）。

他方，「威力」とは，人の意思を制圧するに足りる勢力を用いることで，暴行・脅迫に限らず，騒音を出したり，発煙筒を焚くなどの行為も含む．直接，現に業務を行っている者に対するものでなくともよい（後掲・那覇地判平 5・3・23）。

【判例ー威力】　テレビの生放送に雑音を入れる行為（最判昭 51・5・6 刑集 30・4・519），食堂に蛇をばらまく行為（大判昭 7・10・10 刑集 11・1519），数人で食堂内で怒鳴り散らし騒然とさせる行為（大判昭 10・9・23 刑集 14・938），飲食店内で悪臭を発生させる行為（広島高岡山支判昭 30・12・22 高裁特 2・追録 1342），議場で発煙筒を焚く行為（東京地判昭 36・9・13 判時 280・12），外国貿易展覧会の会場で同国指導者の写真に鶏卵を投げつけ汚損する行為（大阪地判昭 40・2・25 下刑集 7・2・230），県議会委員会の採決に際し大声を上げる行為（前掲・最決昭 62・3・12），猫の死骸を上司の引き出しに隠し入れ，発見させる行為（前掲・最決平 4・11・27），参議院議場で演壇にスニーカーを投げつける行為（前掲・東京高判平 5・2・1），国体会場で掲揚されていた国旗を降ろして燃やす行為（那覇地判平 5・3・23 判時 1459・157），選挙届出の際に，大声で騒いだり選挙長の事務に従わない行為（前掲・最決平 12・2・17），高校卒業式での国歌斉唱の際，出席者らに着席するよう大声で呼びかける等して会場を喧噪状態に陥れた行為（最決平 23・7・7 刑集 65・5・619），震災がれきの焼却説明会開催を阻止するために扉を叩く等する行為（大阪地判平 26・7・4 判タ 1416・380）等がある．さらに，弁護士のカバンを公然と奪い，2 か月間隠す行為も威力に当たるとされている（最決昭 59・3・23 刑集 38・5・2030）。

偽計と威力の限界は微妙であるが，公然と相手方に妨害することを誇示する態様は威力とされやすい．例えば競馬場に釘を撒く行為は威力であるのに対し，漁場の水中に障害物を沈める行為（大判大 3・12・3 刑録 20・2322），水田にガラス片を撒く行為（長崎地判大 5・8・24 新聞 1180・29），布団に針を混入させる行為（前掲・大阪地判昭 63・7・21），さらに視界が利かない湖底のシジミを密漁する行為（前掲・青森地弘前支判平 11・3・30）は偽計とされる．前掲・最決平 4・11・27 の猫の死骸を引き出しに入れる行為も，隠してはいるが，相手に発見させ嫌悪感を抱かせるための行為であり，威力に当たる．

3-2 信用・業務に対する罪　245

妨害結果　判例は，業務妨害罪を危険犯と解し，現実に業務遂行が妨害される必要はなく，業務を妨害するに足る行為があれば成立するとする（最判昭 28・1・30 刑集 7・1・128）．本罪に未遂処罰規定はない．

3-2-3 電子計算機損壊等業務妨害罪

234 条の 2　1 項　人の業務に使用する電子計算機若しくはその用に供する電磁的記録を損壊し，若しくは人の業務に使用する電子計算機に虚偽の情報若しくは不正な指令を与え，又はその他の方法により，電子計算機に使用目的に沿うべき動作をさせず，又は使用目的に反する動作をさせて，人の業務を妨害した者は，5 年以下の懲役又は 100 万円以下の罰金に処する．（未遂処罰－232 条の 2 第 2 項）

電子計算機　偽計や威力は，人に向けられることが必要であるため，コンピュータで行われる業務に対する処罰の必要性が高まり，昭和 62 年に本罪が設けられた．コンピュータで大量処理される業務は，その妨害による被害が重大となる場合が多いことから，刑も加重されている．

客体は「電子計算機により遂行される人の業務」である．独立して情報処理を行うコンピュータに限り，自動販売機等に組み込まれているマイクロ・コンピュータは除かれる（パチンコ台の基盤に取り付けられたロムにつき電算機に当たらないとしたものとして，福岡高判平 12・9・21 判時 1731・131）．もっとも，マイクロ・コンピュータも高度化されれば本罪に当たる余地はあろう（条解 703 頁）．業務上用いられるコンピュータであることが必要であり，他人が趣味でデータを保存したコンピュータは含まない．「電磁的記録」とは，一定の記録媒体上に情報あるいはデータが記録・保存されている状態を示す概念で，データ・ファイルなどを指す（7 条の 2）．

手段は，「損壊」，「虚偽の情報・不正の指令を与える行為」，または「その他の方法」である．「損壊」とは，コンピュータまたは電磁的記録の損壊で，**物理的破壊の他**，データの消去も含む．「虚偽の情報・不正の指令を与える行為」とは，自ら虚偽の情報を入力することのほか，事情を知らない従業員を利用して入力させる間接正犯の態様もあり得る（大阪地判平 9・10・

246　3 名誉・信用に対する罪

3 判タ 980・285 は，放送局ホームページ内の天気予報画像をわいせつ画像に置き換えた行為につき，「虚偽の情報を与える」行為に当たり，わいせつ画像を閲覧させることが「使用目的に反する動作をさせた」ことに当たるとした）．**その他の方法**としては，電源の切断，温度・湿度などの環境の破壊，処理不能データの入力等が挙げられる．

【妨害結果と未遂】　本罪の成立には，コンピュータに対し「使用目的に沿うべき動作をさせず，又は反する動作をさせる」ことが必要であり，これがあれば，現実に妨害結果が生ずることは要しない．不正作出したカードを用いて銀行の ATM 機から現金を引き出す行為などは，虚偽の情報を与えてはいるが，銀行の出納業務コンピュータに対し，「使用目的に沿うべき動作をさせず，または反する動作をさせる」ものではないから，支払用カードに関する犯罪や財産犯の成立の余地はあるものの（⇨351，262 頁），本罪には当たらない．

　234 条の 2 第 2 項（平成 23 年新設）により，本条の**未遂罪**が規定された．コンピュータ・ウイルスの作成，提供，供用に関する罪（168 条の 2⇨375頁）の新設に伴い改正されたものである．

4 財産に対する罪

4-1 財産犯総論

4-1-1 領得罪と毀棄罪

財産に対する罪は，犯罪認知件数（全刑法犯）の約7割を占め，実務上の重要性も高い．

財産犯は，まず，領得罪と毀棄罪とに大別される．**領得罪**とは，財産的利益を不正に活用する罪であり，**毀棄罪**とは財産的価値を消滅させる罪である．財産犯の中心は領得罪である．価値の消滅という意味では毀棄罪の方が法益侵害性は大きいともいえるが，法定刑は領得罪の方が格段に重い（窃盗罪は10年以下の懲役又は50万円以下の罰金，器物損壊罪は3年以下の懲役又は30万円以下の罰金若しくは科料）．物を盗む行為は時代，地域を問わず普遍的な犯罪で，政策的に見て抑止の必要性が高いことから，重い処罰が認められている．

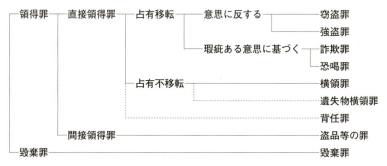

領得罪は，直接領得罪と間接領得罪に分かれる．**間接領得罪**とは，他者

248 4 財産に対する罪

が一度領得した物をさらに間接的に領得する行為で，盗品関与罪がこれに当たる．それ以外の**直接領得罪**は，被害者の占有奪取を伴う**奪取罪**と，伴わない**横領罪**に区分される．奪取罪には，被害者の意思に反して奪う窃盗罪，強盗罪と，被害者の瑕疵ある意思（錯誤や畏怖）に基づく詐欺罪，恐喝罪（交付罪）が含まれる．横領罪は，委託物横領罪と遺失物等横領罪からなる．さらに，占有奪取の有無という分類になじまない類型として，背任罪がある．背任とは，利益を得る若しくは相手に損害を加える目的で，任務違背行為を行う犯罪で，領得罪的性格と毀棄罪的性格を併せ持つ．

4-1-2 財産犯の客体

財物の意義　　財産犯の客体は，他人の**財物**と**財産上の利益**である．民法 85 条は「この法律において『物』とは，有体物をいう.」としており，日常用語例からも有体物（固体，液体，気体）と解することが自然であるとする**有体性説**（大谷 184 頁，山中 255 頁，山口 173 頁）も主張されているが，電気を無断使用した事案を窃盗とした大判明 36・5・21（刑録 9・874）以来，判例は，物とは管理可能なものであるとする**管理可能性説**を採用している．電気に関しては，現行刑法 245 条（電気を財物とみなす）により立法的解決が図られたが，管理可能性説は電気以外の管理可能なエネルギーを広く財物に含むとする．ただし，牛馬や人の労働力は一般に除くと考えられており（団藤 548 頁），さらに，自然界にある物質に限り，情報までは含まないとする**物理的管理可能性説**（川端 275 頁，佐久間 174 頁）が有力である．

　　【情報の保護】　情報は財物にも利益にも当たらない．電磁的記録に関する電子計算機使用詐欺罪（246 条の 2，昭和 62 年）も，電磁的記録という情報そのものの入手ではなく，記録の操作により不正な利益を得る行為を処罰する（⇨291 頁）．機密資料を社外に持ち出し情報を流出させる行為も，情報が化体された紙片（東京地判昭 55・2・14 判時 957・118，東京地判昭 59・6・28 判時 1126・6，東京地判平 9・12・5 判時 1634・155）や，同様のマイクロフィルム（札幌地判平 5・6・28 判タ 838・268）といった「財物」を奪取したことを捉えて，窃盗罪の成立を認めている（不法領得の意思⇨252 頁参照）．ただし，情報を犯人所有の USB メモリ等にコピーして持ち出す行為は，USB メモリが

「他人の財物」ではないので窃盗罪は成立せず，また，情報は財物ではないので器物損壊等にも当たらない．ただし，背任罪が成立する余地がある．

【判例−価値の大小】 所有権の対象となるものは財物に当たるが，あまりにも価値の軽微な物は，刑法上の財物とはいえない．メモ用紙1枚（大阪高判昭43・3・4下刑集10・3・225），ちり紙13枚（東京高判昭45・4・6東高刑時報21・4・152），はずれ馬券1枚（札幌簡判昭51・12・6刑月8・11=12・525），封筒入り広告用チラシ（東京高判昭54・3・29東高刑時報30・3・55）などは，窃盗罪の客体としての財物に当たらない．ただし，未遂は成立する（前掲・札幌簡判昭51・12・6．不能犯とはならない⇨42頁参照）．

【不動産】 詐欺，恐喝，横領の客体に不動産を含むことは争いない．土地の不法占拠は窃盗罪に当たるとする判例もあったが，昭和35年に不動産侵奪罪（235条の2）が設けられ，不動産は窃盗罪の客体に含まないことで立法的解決が図られた．強盗罪に関しては，暴行・脅迫により他人の土地を不法に利用する行為が利益強盗罪（236条2項）に該当する．

財物の他人性 何人の所有権にも属さない物（無主物）は財産犯の客体とはならない．野生動物を捕獲しても，狩猟法違反等になる余地はあっても窃盗罪には当たらず，所有者が放棄した物も財産犯の客体とならない．ただ，ゴルフ場のロストボールは，元の所有者が放棄しても無主物とはならず，ゴルフ場が無主物先占し（民法239条1項），所有権を取得する（最決昭62・4・10刑集41・3・221）．

【他人性】 自己が所有する財物は，特別の場合を除き（242条参照⇨250頁）財産犯の客体とならない．最高裁は，建造物の抵当権の有効性に争いがあり，所有権の帰属が明確ではなかった建物を損壊した事案につき，「刑法260条の『他人の』建造物というためには，他人の所有権が将来民事訴訟等において否定される可能性がないということまでは要しない」とし，民法から独立した刑法的観点から他人性を判断し得ると判示した（最決昭61・7・18刑集40・5・438，安廣・判解昭61年202頁以下）．

財産上の利益 財物以外の利益は，強盗罪，恐喝罪，詐欺罪それぞれの2項の客体となる（2項犯罪とも呼ばれる）．背任罪の客体に利益を含むことも争いないが，窃盗罪，横領罪，盗品関与罪の客体とはならない．**財産上の利益を得るとは，支払いを免れる，債務を負担させる，役務**

250　4 財産に対する罪

（サービス）の提供を受ける（タクシーや電車の無賃乗車等）ことなどをいう．ただし，無体財産権（著作権や特許権）については，特別法（著作権法，特許法）で保護されており，財産上の利益には含まない．

【財産犯の客体】

○は，その犯罪の客体となることを示す．

罪　名	動　産	不動産	利　益	電　気	自己の財物	親族相盗
窃盗罪	○	235 の 2	×	○	○	○
強盗罪	○	×	○	○	○	×
詐欺罪	○	○	○[1]	○	○	○
恐喝罪	○	○	○	○	○	○
横領罪	○	○	×	×	×	○
遺失物	○	×	×	×	×	○
背任罪	(×)[3]	(×)[3]	○	(○)[3]	(○)[3]	○
贓物罪	○	○	×	×	○	257
毀棄罪[2]	○	○	(背任)	×	(262)	×

1)　246 条 2 項 + 246 条の 2
2)　毀棄罪は 258 条から 263 条まで複雑な構成
3)　財物は保護法益ではないが，行為の客体となる

4-1-3 財産犯の保護法益

242 条　自己の財物であっても，他人が占有し，又は公務所の命令により他人が看守するものであるときは，この章の罪については，他人の財物とみなす．

本権説と所持説　242 条の「占有」の解釈をめぐり，242 条の「占有」を賃借権等の権原に基づくものに限るとする**本権説**に対し，**所持説（占有説）**はすべての所持を含むとする．本権説は，財産犯の保護法益を所有権とし，235 条等の客体は「他人の財物」であって「他人の所持する財物」と規定しているわけではない以上，242 条はあくまで例外規定であるとする（小野 235 頁，滝川 119 頁）．これに対し所持説は，242 条を文言通り読めば，他人の占有するもの一般を含むと解すべきであるとする（牧野 594 頁）．両説の実質的な相違は，窃盗犯人の盗品の所持や，禁制品の所持のように，法的根拠に基づかない例外的な場合について，その所持を保護するか否かにある．

　【平穏占有説】　戦前は本権説が圧倒的な多数説であったが，戦後，所持の

形態も多様となり，その結果本権を離れた所持もひとまず保護する必要があると考えられるようになった．ただ，あらゆる所持を保護するのではなく，**一応理由のある占有**（小野・警研33巻1号105，109頁）や，**平穏な占有**（平穏占有説，平野206頁）について保護すべきであるとする中間説が有力となる．もっとも，平穏な占有でないとして不処罰とされるのは，事実上，窃盗の直後に被害者が犯人から盗品を奪い返すような例外的な場合に限られ，結論は所持説に近い．

【判例―所持説】 大判大7・9・25（刑録24・1219）は，担保に供することが禁じられている恩給年金証書を債権者に担保として渡し，後にこれを債権者から騙取した事案に関し，占有者が適法に所有者に対抗し得ないことを理由に，詐欺罪の成立を否定した．しかし，戦後，最判昭34・8・28（刑集13・10・2906）は大正7年と類似した事案につき，権原の有無を問わず物の所持という事実上の状態それ自体が独立の法益として保護されるとした（さらに最判昭35・4・26刑集14・6・748）．最高裁は，その後も所持説を採用し，最決平1・7・7（刑集43・7・607）は，いわゆる自動車金融の事案に関し，買戻約款付自動車売買契約書に基づき，期日までに買戻金（実態は債務の返済金）を支払わなかった契約者（実態上の債務者）が所持する自動車を，金融業者が所有権に基づき引き揚げた行為について，車が「借主の事実上の支配内にあった」以上，「他人の占有に属する物の窃取」に当たるとして，窃盗罪の成立を認めた．

　民法上の財産権に争いのある所持の侵害を，刑法上の保護から排除することは妥当でない（前掲・最決昭61・7・18⇨249頁）．法的権原に基づかない占有の侵害行為についても，奪取罪の構成要件該当性が認められるという意味で，所持説が妥当である．ただし，242条の「他人の財物」に該当する場合であっても，盗品を被害者が取り戻す場合のような**権利行使**の場合は，自救行為（⇨89頁）として違法阻却が認められる（その場で取り戻す必要性および手段の相当性等が必要である⇨拙著・財産犯論の研究422頁参照）．これに対し，昭和34年最高裁判決の事案のように，担保に供した証書を騙取する場合は，権利行為といった正当化事情は認められず，違法阻却の余地はない．両者の相違は，占有が平穏か否かという被害者の所持の性質ではなく，行為者の側に占有奪取を正当化する事情があるか否かによる．

252　4 財産に対する罪

禁制品・盗品の保護　所持説からは，禁制品や盗品であっても，その所持を保護することになるが，これらは法的権原を欠く以上，本権説を徹底すれば奪取罪は成立しないはずである．ただし，本権説からは，B が A から盗んだ財物を，さらに C が奪えば，B の所持は A には対抗できないが，C には対抗できるとしたり（香川 492 頁），あるいは侵害されるのはあくまで A の所有権であり，C はそれを間接的に侵害する（内田 250 頁）と説明される．しかし，誰が奪取するかによって B の所持が保護されたりされなかったりするのは不自然であるし，一度侵害された所有権をさらに侵害する行為は，奪取罪ではなく盗品関与罪で処罰されるべきものである．B の所持を所有者 A が侵害する行為が窃盗罪に当たらないのは，A の行為が所有権者の権利行使として正当化されるからである．

> 【不法原因給付】　X が A に，「賄賂として B に渡してくれ」と依頼して預けた金員を，A が着服する行為や，A が X に偽札を作る資金とすると偽り，X から金員を騙取する行為は，X にとっては不法原因給付物（民法708 条）として返還請求できない金員であるから，刑法上保護に値せず横領罪は成立しないとする否定説（曽根 173 頁，山口 303 頁参照），所有権まで移転する意思がある「不法原因給付」と，一時的に預けるに過ぎない「不法原因寄託」とを分け，不法原因給付については成立しないとする見解もある（ただし，実際の事例の多くは不法原因寄託に過ぎないから，委託物横領罪が成立するとする（林 151-152 頁）），しかし，通説・判例は，これらの行為につき横領罪，詐欺罪等の成立を認める（最決昭 33・9・1 刑集 12・13・2833 － 前借金の騙取，最決昭 43・10・24 刑集 22・10・946 － 賭博の賭金の騙取，最決昭 61・11・18刑集 40・7・523 － 強盗殺人未遂による覚せい剤代金の免脱⇒273 頁）．不法原因給付の問題においても，民法上の法的権利とは独立に，財産犯の当罰性判断がなされる．

4-1-4 不法領得の意思

意義　毀棄罪を除く領得罪に関しては，故意として客観的な犯罪事実の認識に加え，**不法領得の意思**（主観的超過要素）が必要である．不法領得の意思とは，**権利者を排除し他人の物を自己の所有物としてその経済的用法に従**

って，これを利用または処分する意思をいう（大判大 4・5・21 刑録 21・663，最判昭 26・7・13 刑集 5・8・1437）．これには，①権利者を排除して自ら所有権者として振る舞う意思，および②物の経済的用法（ないし本来的用法）に従って利用・処分する意思の 2 つの内容が含まれ，通説・判例は①②ともに必要であるとする．これに対し，①のみが必要であるとする見解（小野 237 頁，団藤 563 頁，佐久間 189 頁），②のみが必要であるとする見解（平野 207 頁，中山 219 頁，岡野 107 頁），さらに，①②ともに不要であるとする見解（内田 255 頁，大塚 197 頁，曽根 122 頁）もある．

一時使用　　①の権利者排除意思が機能するとされる問題が**一時使用（使用窃盗）**である（例えば，返還する意思で，他人の自転車や自動車を無断で乗り回す行為）．①の意思必要説からは，いずれ返還する意図であれば，権利者を排除して所有権者として振る舞う意思がないとして不処罰とされる．これに対し不要説は，返還の意思があっても処罰する．もっとも，必要説でも，一時的にではあれ所有権者として振る舞う意思があるとしたり（小野 237 頁），長時間乗り回して価値の消費を伴う場合には当罰性があると説明して（団藤 563 頁），窃盗罪の成立を認める見解が多い．

【判例――一時使用】　最判昭 26・7・13（刑集 5・8・1437）は，強盗犯人が逃走のために海岸に係留してあった船を 50 メートルほど漕ぎ出した行為につき，乗り捨て意思があることを根拠に不法領得の意思を認めた．その後，盗品運搬のための自動車の一時使用行為につき，違法目的である点を強調して窃盗罪に当たるとした判例が登場し（東京高判昭 33・3・4 高刑集 11・2・67，最決昭 43・9・17 裁判集刑 168・691），さらに，単純な自動車の数時間の乗り回し行為についても窃盗罪の成立を認めるに至った（最判昭 55・10・30 刑集 34・5・357）．その後も返還意思を問わずに不法領得の意思を認めた裁判例が多く，会社の機密資料を約 2 時間社外に持ち出し，複写後に返還する行為（東京地判昭 55・2・14 判時 957・118），新薬製造承認申請に関する秘密資料を約 7 時間持ち出し複写して返却した行為（東京地判昭 59・6・28 判時 1126・6），さらに市役所内で閲覧用に借り出した住民台帳マイクロフィルムを，共犯者が庁外へ持ち出しコピーして返還した行為（札幌地判平 5・6・28 判タ 838・268）等がある．また，返品を装って金員を騙取する目的で，売場から商品を持ち出し，店内で密かに値札を外して払戻を受けた行為のように，極めて明確

な返還意思がある場合でも窃盗罪が成立する（大阪地判昭 63・12・22 判タ 707・267）．

一方，不法領得の意思を否定したものとして，刑務所に入る目的で窃取し，直後に交番に自首した行為（広島地判昭 50・6・24 刑月 7・6・692. なお，広島高松江支判平 21・4・17⇨255 頁参照），強姦の犯行現場に出向くために，近隣の他人の自転車を夜間無断借用し返還する行為（京都地判昭 51・12・17 判時 847・112）がある．

判例の一時使用の可罰性判断においては，財物の価値（高額な自動車，企業の機密資料），使用時間の長短（4 時間乗り回し，7 時間持ち出し），被害者の利用の実質的侵害（前掲・京都地裁昭 51 年判決では，被害者が持ち出しに気づかなかった点が考慮されている）が重要な機能を営んでいる．

毀棄罪との区別 ②の意味での，**物の経済的・本来的用法に従って利用する意思**としての不法領得の意思は，毀棄罪と領得罪を区別するものと説明される（本来的用法とは，必ずしも経済的利益に還元されない領得行為も含む趣旨で，例えば投票用紙を不正投票する意図で窃取する行為などが挙げられる．最判昭 33・4・17 刑集 12・6・1079）．壊す意図であれば，いかに占有を奪取しても窃盗罪にはならない．

これ対し不要説は，単に壊す目的で奪う場合も，占有奪取がある限り窃盗罪が成立するとする（佐久間 188 頁）．壊す目的で占有を奪い，結果的に壊さずに置いておく行為は，奪取時点では不法領得の意思がないので窃盗罪に当たらず，その後も毀棄罪の未遂（不処罰）となり，全く処罰し得なくなり不合理だと解するのである．しかし，壊さずにおく行為は占有離脱物横領罪に当たり（隠匿の結果が生ずるので毀棄罪に当たるとする見解として林 195 頁），全く不処罰ではない．

むしろ不要説では，占有を全く移動しないでその場で破壊するような行為しか毀棄罪に問えなくなる．例えば，食品売場で勝手に商品を食べてしまう行為や，他人の山小屋で無断で薪を燃やす行為は，物理的に「動かす」行為はほとんどなくとも，占有奪取が認められ，窃盗罪の成立を認めるべきである．

【判例－毀棄罪との区別】 判例は，小学校の教員が校長を失脚させようと
して，教育勅語を教室の天井裏に隠した行為につき，不法領得の意思が欠
けるとして窃盗罪の成立を否定した大判大 4・5・21（刑録 21・663）以来，②
の意思必要説を採用し，最高裁も投票用紙に関する前掲・最判昭 33・4・17
判決で，不法領得の意思として本来的用法で利用・処分する意思が必要で
あることを示した．さらに，最決平 16・11・30（刑集 58・8・1005）は，支払督
促制度を悪用して A の財産を不正に差し押さえて強制執行することなど
により金員を得ようと考え，内容虚偽の支払督促を申し立てた上，裁判所
から A に発送された支払督促正本等を，共犯者が A を装って，郵便配達
人から騙し取る行為は，その正本が受取人 A の手に渡らないように廃棄
するためだけの目的である場合には，不法領得の意思が欠けるとした．経
済的利得の手段であっても，「廃棄する」という目的では，領得とはいえ
ず，毀棄罪となろう．

下級審裁判例では，仕返しのために被害者の家からチェーンソーを持ち
出し数百メートル離れた海中に投棄した行為（仙台高判昭 46・6・21 高刑集 24・
2・418），酩酊して，いたずら半分に逃がす目的でインコを籠ごと持ち出し，
追跡されて 100 メートルほど離れた公園に投げ捨てた行為（東京高判昭 50・
11・28 東高刑時報 26・11・198）は領得ではない．

強姦犯人が犯行の発覚を恐れ，**強盗の仕業に見せかける意図**で投棄する目
的で金品を奪取する行為（大阪高判昭 61・7・17 判タ 624・234），覚せい剤を所
持している者から，それが警察官に発見されるのを防ぐために奪う行為
（福岡地小倉支判昭 62・8・26 判時 1251・143），殺害した被害者を埋める際に，犯
跡隠蔽目的で時計などを奪う行為（東京地判昭 62・10・6 判時 1259・137），強姦
犯人が通報を防ぐために被害者の携帯電話を奪う行為（大阪高判平 13・3・14
高刑集 54・1・1⇒316 頁）なども，不法領得の意思が否定されている．ただし，
被害者に対する報復が主目的であっても，金員や宝飾品を奪って持ち帰れ
ば，「単に物を廃棄したり隠匿したりする意思」ではなく，不法領得の意
思が認められ（東京高判平 12・5・15 判時 1741・157），服役目的で現金を強取す
る行為も，「単純な毀棄又は隠匿の意思ではない」から，不法領得の意思
が認められる（広島高松江支判平 21・4・17 高検速報平 21・205）．

判例は，その物の典型的な用法として用いる意図があるか，その物から
直接何らかの利得を得る意図があるかを総合的に衡量して，不法領得の意
思の有無を判断する（次頁表参照）．

用法＼動機	Ⅰ直接利得・享益	Ⅱ間接利得	Ⅲ無利得
A 典型的	消費する目的で金銭窃取	撮影のため自動車を無断で走行	投票する目的で投票用紙窃取
B 中間的	わいせつ目的で女性の下着窃取	ダビング目的でテープを窃取	脅迫用にその場でナイフを奪う
C 例外的	わいせつ目的で女性の定期券窃取	廃棄する目的で支払督促正本を騙取	復讐目的で電気機械を捨てる

4-2 窃盗罪

235条 他人の財物を窃取した者は，窃盗の罪とし，10年以下の懲役又は50万円以下の罰金に処する．（未遂処罰－243条）

窃盗罪の罪質 窃盗罪は発生件数の極めて多い犯罪で，財産犯の認知件数の8～9割を占める．なお，平成18年改正により窃盗罪に罰金刑が導入された．本来，財産犯に罰金刑を科すこと自体には異論もあり得るが，今回の改正は，近年，日常的な商品の万引き等の軽微な事案が増加しているにもかかわらず，懲役刑しか選択できないために起訴に至らない事例も多いことから，早い段階での相応の刑罰を科すことの必要性からなされた．

4-2-1 占有の意義

被害者の占有 窃盗罪は他人の占有する財物を奪取する犯罪であるから，他人に財物の占有があることが必要となる．自己の占有する物については委託物横領罪（252・253条），誰の占有にも属さない物については占有離脱物横領罪（254条）が問題となる．

刑法上の占有は，**事実上の支配**であり，民法における占有に比べ，現実的なものをいう（他人のための所持（民法180条参照），代理人による占有（民法181条）は含まない）．もっとも，現実の握持までは必要とされず，留守宅に置いた財物にも居住者の占有が及ぶ．具体的な事実上の支配の有無は，支配の事実と，（被害者の）支配の意思により判断される．**支配の事実**とは，客観的な時間的・空間的距離である．例えば，所持品を置き忘れてその場

を離れたとしても，それが短時間であったり，持主がその付近にいた場合
には占有が認められやすい．

【判例－支配の事実】 バス待ちの列でカメラを置き忘れた被害者が，5 分
後に 20 メートル離れた時点で気づいた場合（最判昭 32・11・8 刑集 11・12・
3061），自転車を自宅前に放置したところ夜中に奪われた場合（福岡高判昭
30・4・25 高刑集 8・3・418），駅の窓口に財布を置き忘れ，1～2 分後，15～16
メートル離れた時点で奪われた場合（東京高判昭 54・4・12 判時 938・133）には
支配の事実が認められた．最決平 16・8・25（刑集 58・6・515）は，公園のベン
チにポシェットを置き忘れ，2 分後に約 200 メートル離れた地点で気づい
て戻ったところ，既に奪われていた事案につき，窃盗罪の成立を認めた．
行為者は，もともとポシェットを狙っており，被害者が離れた直後（27 メ
ートルしか離れていない時点）で奪っており，短時間・短距離であることか
ら被害者の支配が及んでいたとされた．一方，大型スーパーの 6 階ベンチ
に札入れを置き忘れ，10 分後に地下 1 階で気づいたが既に奪われていた
事案では，支配の事実は認められない（東京高判平 3・4・1 判時 1400・128）．ま
た，空き地に無施錠の自転車を駐輪し，4 日間放置した場合，占有が失わ
れる（東京高判平 24・10・17 東高刑時報 63・1=12・211）．

【判例－動物】 春日大社の鹿がかなり離れた場所で盗まれたとしても，生
息場所に復帰する習性を失っておらず（大判大 5・5・1 刑録 22・672），自己の
家に入り込んだ他人の飼い犬も，夕方には飼主の下に戻る習性がある（最
判昭 32・7・16 刑集 11・7・1829）ので窃盗罪の成立が認められる．これに対し，
河川の砂利を無許可で採取した行為については，砂利は自然に移動し，特
段の支配の措置が取られていない限り地方自治体の占有は及ばない（最判
昭 32・10・15 刑集 11・10・2597）．

　置き忘れた物に比べ，所持者（被害者）が意識的に置いた物のように，
支配の意思がある場合には，占有が認められやすい．他人の支配が及んで
いる物につき，行為者が，支配が及んでいないと誤信した場合には，抽象
的事実の錯誤として占有離脱物横領罪となる（⇨70 頁）．

【判例－支配の意思】 占有が認められた客体として，関東大震災時に，逃
げるために路上に置いた家財道具（大判大 13・6・10 刑集 3・473），津波で漂流
したが，1 か月後に所有者が発見した自動車（仙台高判平 24・8・9 高検速報平

24・273 – 所有者の占有が回復される），事実上住民の自転車置き場となっていた橋の上に，鍵をかけずに 14 時間放置した自転車（福岡高判昭 58・2・28 判時 1083・156），長距離バスの待合室に，付近で食事をする間置いておいたカバン（名古屋高判昭 52・5・10 判時 852・124）がある．さらに，海中に落とした高価な時計についても，引揚げを依頼された潜水作業員がそれを奪う行為は窃盗罪に当たる（最決昭 32・1・24 刑集 11・1・270）．

第三者の占有　被害者の占有を離れた物であっても，直ちに占有離脱物になるわけではなく，**第三者の事実支配が認められる場合**がある．特に，他人が管理する建物内で紛失した物につき，建物管理者に占有が認められる場合が多い．

【判例－第三者の支配】　管理者の支配が認められた例として，旅館内での紛失物が旅館の主人の占有下にあるとしたもの（大判大 8・4・4 刑録 25・382，札幌高判昭 28・5・7 高判特 32・26），電話ボックス内の置き忘れ硬貨が電話局長の支配下にあるとしたもの（東京高判昭 33・3・10 高裁特 5・3・89），銀行事務室内で銀行員が机上から落とした金銭につき銀行の建物管理者の占有下にあるとしたもの（大判大 11・9・15 刑集 1・450），ゴルフ場のロストボールがゴルフ場の占有に属すとしたもの（最決昭 62・4・10 刑集 41・3・221）がある．
　これに対し，第三者の事実的支配が否定され占有離脱物横領罪の成立が認められた客体として，納税者が村役場内に置き忘れた紙幣（大判大 2・8・19 刑録 19・817），列車内の網棚に置き忘れた荷物（大判大 10・6・18 刑録 27・545，大判大 15・11・2 刑集 5・491），スーパー内で置き忘れた札入れ（前掲・東京高判平 3・4・1）などがある．支配の事実には，その場所が閉鎖的か否かが影響し，列車内や大型スーパー店舗内は人の出入りが激しいため，管理者（車掌，スーパー店長等）に支配が認められにくい．

【銀行預金の占有】　自己の預金口座に不正に入金された金員は，銀行に占有がある．自己の口座が振り込め詐欺に用いられたことを知って，不正に払い戻す行為は詐欺罪に当たり（東京高判平 25・9・4 判時 2218・134），自己の口座に口座振替により入金された振り込め詐欺の騙取金を，ATM で払い戻す行為は窃盗罪に当たる（名古屋高判平 24・7・5 高検速報平 24・207 頁）．また，銀行の事務処理ミス等により自己名義の口座に誤入金された金員を，預金者が不正に引き出す行為（東京高判平 6・9・12 判時 1545・113）は窃盗罪に，誤入金された金員の窓口での払戻行為は，詐欺罪となる（最決平 15・3・12 刑集

57・3・322. なお，誤振込があった口座の預金者の民事上の権利につき，最判平 8・4・26 民集 50・5・1267，最判平 20・10・10 民集 62・9・2361 参照）．他方，詐欺，恐喝手段により被害者から自己の預金口座に振り込ませた場合は，誤振込とは異なり，入金時点で既遂と評価できるだけの事実的支配があるから，金員の占有を取得したと解される（詐欺罪につき東京高判昭 36・11・14 高刑集 14・8・570，恐喝罪につき浦和地判平 4・4・24 判時 1437・151 参照．ただし，口座に出金禁止措置がとられた場合には，未遂にとどまる．宮崎地判平 13・2・26 研修 636・3 参照）．

死者の占有　死者には支配の事実も意思もなく，占有は認められない（ただし，当初より財物奪取の意思で殺害し，その後に財物を奪う行為は，典型的な強盗殺人である⇨277 頁）．しかし，**生前有していた財物の所持はその死亡直後においてもなお継続して保護すべき場合**があり，占有を離脱させた自己の行為を利用して財物を奪取したような場合は，窃盗罪を構成する（最判昭 41・4・8 刑集 20・4・207）．これに対し学説には，占有離脱物横領罪説（大谷 208 頁，西田 146 頁）も見られる．

たしかに，死者に広く占有を認める（小野 2455 頁）ことは妥当ではないが，死後何時間経過したかという点も含め，実質的に殺人行為と同一の機会になされた一連の行為であるといえる場合には，生前の占有はなお，死亡させた者に対して保護される（前田 170 頁．例えば，新潟地判昭 60・7・2 刑月 17・7=8・663 は，殺害の翌日に現金を奪い，その後死体を屋外に搬出し，5 日後および 10 日後に再び戻って金品を持ち去った行為につき，翌日の奪取は窃盗罪，その後の行為は占有離脱物横領罪とした）．

【判例—死亡直後の占有】　最判昭 41・4・8（刑集 20・4・207）は，強姦犯人が被害者を殺害し，死体を遺棄する際に被害者の腕時計を奪った行為につき，窃盗罪の成立を認めた．他に窃盗罪を認めたものとして，殺害した被害者を屋外に遺棄し，86 時間後に被害者の居室から財物を奪った行為（東京高判昭 39・6・8 高刑集 17・5・446），16 時間後および 49 時間後に被害者の居室から奪う行為（福岡高判昭 43・6・14 下刑集 10・6・592），屋外で殺害した 8 時間余り後に，死体のそばに埋めた被害者の衣服から現金等を奪う行為（福岡高判昭 50・2・26 刑月 7・2・84），4 日後に殺害現場とは別の被害者居室から金庫を運び出す行為（東京地判平 10・6・5 判タ 1008・277）がある．これに対し，殺害 9 時間後に犯行現場の被害者の居室に戻り，財物を奪う行為（東京地判

昭 37・12・3 判時 323・33)，殺害 4 時間後および 8 時間後に戻って財物を奪う行為（盛岡地判昭 44・4・16 刑月 1・4・434）は，占有離脱物横領罪とされた．

行為者の占有 共同保管者のように各占有者が横の関係に立つ場合は，一部の占有者による奪取は，他の占有者の占有を侵害したことになる（銀行の支配人心得が頭取らと共同占有していた有価証券を奪う行為－大判大 8・4・5 刑録 25・489，主任が係長と共同占有する石炭窒素を領得する行為－最判昭 25・6・6 刑集 4・6・928 は，いずれも窃盗罪に当たる）．これに対し，店主と店員のような縦の関係に立つ場合には，一般に下位者の支配が否定される．商品の占有は（その商品のより近くにいる）店員ではなく，店主にあるとされ，店員が商品を奪う行為は窃盗罪となる（大判大 7・2・6 刑録 24・32）．

【判例－占有の帰属】 倉庫内の商品の占有は，現場で倉庫の入出庫労務に従事する者ではなく，倉庫管理責任者にあり（大判大 12・11・9 刑集 2・778，大判昭 12・3・10 刑集 16・290），貨物列車内の貨物の占有は車掌ではなく旧国鉄にある（大判大 14・7・4 刑集 4・475，最判昭 23・7・27 刑集 2・9・1004）．また，旅館の客が丹前，浴衣などを着たまま逃走する行為は，旅館の主人の占有を侵害しており（最決昭 31・1・19 刑集 10・1・67），図書館の館内閲覧で借り出した図書を持ち逃げする行為も，図書館の占有を侵害した窃盗罪である（東京高判昭 48・9・3 東高刑時報 24・9・141）．

【封緘物】 封や鍵をかけたいわゆる封緘物につき，その中身のみを奪う行為は窃盗罪に当たる．最決昭 32・4・25（刑集 11・4・1427）は，縄をかけた行李を預かった者が中の衣類を奪った行為につき，また東京高判昭 59・10・30（判時 1147・160）は，集金した金銭が入ったカバンを同僚から預かった者が，中の金銭を奪った行為につき，窃盗罪の成立を認めた（⇨封金につき 297 頁参照）．

この結論に対しては，委託物全体を処分すれば委託物横領罪（5 年以下の懲役）であるのに対し，中身しか奪わない場合をより重い窃盗罪（10 年以下の懲役）とするのは不当であるとの批判があるが，鍵を開けることこそが，事実上の占有を侵害する行為として窃盗罪に値する．また，内容物を奪う意図でカバン全体を領得すれば，その時点で中身についての窃盗の着手が認められる．

4-2-2 窃 取

窃取行為　窃盗罪の実行行為である「窃取」とは，**財物の占有者の意思に反して，その占有を侵害し，自己または第三者の占有下に移す行為**をいう（大判大 4・3・18 刑録 21・309）．被害者の面前で，公然と奪う行為も含む．窃取の開始時点が窃盗の実行の着手時期であり，窃取の完成により窃盗罪は既遂に達する．被害者の同意があれば，窃盗罪は成立しない（横浜地判平 25・11・8 裁判所 Web－男女間のトラブルで不本意ながらも持ち去りを了承した事例）．

> **【判例－詐欺罪との区別】**　例えば，試着した者がトイレに行くと店員を欺いて逃走する行為（広島高判昭 30・9・6 高刑集 8・8・1021），自動販売機から偽コインを用いて商品を奪う行為，磁石を用いてパチンコ玉を誘導して出玉を取る行為（最決昭 31・8・22 刑集 10・8・1260），身体に装着した体感器と称する電子機器により，大当たりを続発させるボタンの押し順を知り，それによりパチスロ機からメダルを不正に入手する行為（最決平 19・4・13 刑集 61・3・340）は，騙す行為があるように見えても，「処分行為に向けられた欺く行為」が認められず，いずれも窃盗罪に当たる（⇒281 頁）．なお，パチスロ店内で，共犯者がパチスロ機から不正な方法によりメダルを窃取している間，その者の犯行を隠蔽する目的をもって，「壁役」となるためにその隣のパチスロ機において，自ら通常の方法により遊戯していた場合も，不正取得したメダルについての窃盗罪の共同正犯となる（最決平 21・6・29 刑集 63・5・461．ただし，被告人が自ら隣のパチスロ機で取得したメダルについては，被害店舗が容認している通常の遊戯方法により取得したものであるから，窃盗罪は成立しない）．これに対し，逃走意図を隠して借りた試乗車を乗り逃げする行為（東京地八王子支判平 3・8・28 判タ 768・249），商品を店外の知人に渡してすぐ戻るといって持ち出す行為（東京高判平 12・8・29 判時 1741・160）は詐欺罪に当たる．

着手時期　窃盗罪の実行の着手は，占有侵害の具体的危険性が高まるような占有侵害行為の開始時点であるが，窃盗行為の態様や客体により具体的な検討を要する．**侵入窃盗**でも，未遂に関する主観説が主張するように建物物に侵入した時点ではなく，財物の占有侵害の実質的危

険性が生じた時点ではじめて未遂と解すべきであり，少なくとも財物を物色する等の行為が必要である（⇨40頁）．

> **【判例－着手】** 侵入後に物色のため簞笥等に近づく行為（大判昭9・10・19刑集13・1473），電気店に侵入した後現金のありそうなタバコ売り場に近づこうとした行為（最決昭40・3・9刑集19・2・69），電線の窃取目的で，電柱に架線されている電話線を切り取ろうとする行為（最決昭31・10・2裁判集刑115・19），現金を引き出すために銀行ATM機に窃取したキャッシュカードを挿入する行為（名古屋高判平13・3・20研修463・25参照），釣銭を窃取しようとして，駅の券売機の硬貨返却口に接着糊を塗布する行為（東京高判平22・4・20判タ1371・251）があれば着手といえる．これに対し，鶏を窃取しようとして鶏小屋の入口に右足と右肩を入れたが内部が暗いので外に出ようとして捕まった場合には，着手が否定されている（最判昭23・4・17刑集2・4・399）．
>
> ただし，土蔵や倉庫のように，侵入しただけで財物に対する高度の危険性が生ずる場合には，侵入時点で未遂となる（名古屋高判昭25・11・14高刑集3・4・748．内倉につき大阪高判昭62・12・16判タ662・241）．同様に，自動車内の金品窃取目的で自動車のドアをこじ開ける「車上狙い」は，ドアを開けようとした時点で着手がある（山口簡判平2・10・1判時1373・144，東京地判平2・11・15判時1373・145）．スリが物色するために衣服の外側に触れるいわゆる「あたり行為」では，未だ故意が欠けるため未遂とならないとされているが，ポケット内に財布があることが分かっていて，それを狙って衣服の外側に触れる行為は着手に当たる．

既遂時期　窃盗は，**被害者が占有を喪失し，行為者（ないし第三者）が占有を取得した時点で既遂となる**．既遂時点の判断基準については，物に手を触れた時点とする**接触説**，自己の事実的支配下に移した時点とする**取得説**，他の場所に財物を移転させた時点とする**移転説**，財物を発見されないように隠匿した時点とする**隠匿説**が対立する．**取得説**が判例・通説であるが，何が事実的支配といえるかが問題である（占有の取得⇨263頁）．

被害者の占有喪失の有無については，万引きなどで問題となることが多い．一般的には商品を自分の服やカバンの中に隠せば，たとえ未だ店内に留まっていたとしても既遂に達する．

> **【判例－占有喪失】** 東京高判平4・10・28（判タ823・252）は，スーパーでの

万引き犯が，店内用のかごに商品を入れ，レジの脇からレジ外のカウンターに運び出した時点で，代金を払った買物客と区別がつかなくなり，最終的に商品を取得する蓋然性が飛躍的に増大したと評価し既遂とした．同様の理由から，大型テレビを売場から持ち出し，トイレ内に隠した時点（東京高判平 21・12・22 判タ 1333・282），複数のプラモデルをトイレの個室内でバッグに詰めた時点（東京高判平 24・2・10 東高刑時報 63・1=12・31）で既遂となる．また，東京地判平 3・9・17（判時 1417・141）は，パチスロ機のメダル投入口にセルロイド様器具を差し入れて，不正にメダルを排出させた時点で，パチンコ店の占有を排したと評価した．さらに，東京高判平 5・2・25（東高刑時報 44・1=12・13）も，工事現場フェンス内の自動販売機を壊し，硬貨の入ったホルダーを外した時点で既遂を認め，警備員が発見してフェンス外に行為者が出られないよう施錠をしていたという事情があっても結論に影響しないとした．これに対し，大阪高判昭 60・4・12（判時 1156・159）は，ショーウィンドウ内で一度手中にした指輪を，その場に落として逃走した事案を未遂とした．

行為者の占有の取得の有無は，例えば，列車から貨物を抜き取り，後に拾う意図で車外に突き落とすような行為につき問題となる．判例は既遂を認める（最判昭 24・12・22 刑集 3・12・2070）．共犯者らが落下地点で待ち構えている事情がある以上，落とした時点で既遂となる．また，財物を建物の柵の外に持ち出したところで発見され，置いたまま逃走した事案（最判昭 23・10・23 刑集 2・11・1396），道路沿いの駐車場で他人の車からタイヤを外し，持ち去ろうとした時点で発見され，タイヤを放置して逃走した事案（東京高判昭 63・4・21 判時 1280・161）も窃盗既遂罪とされている．

4-2-3 **不動産侵奪罪**

235 条の 2　他人の不動産を侵奪した者は，10 年以下の懲役に処する．（未遂処罰—243 条）

不動産　「不動産」とは，**土地およびその定着物**を指す（民法 86 条 1 項）．土地とは単に地面のみでなく，その上方の空間および地下も含む．建造物を無断使用する行為も本罪に当たる．立木は民法上の不動産であるが，その占有を侵害するためには事実上土地から分離せざるを得ず，分離

後は窃盗罪の客体となる（最判昭25・4・13刑集4・4・544－森林窃盗）．

「侵奪」とは，**他人の不動産につきその占有を排除し，自己または第三者の占有を設定することをいう**．本罪の占有は事実上の支配をいい，他人の土地の上に勝手に恒久的建造物を建てる行為，塀を設けて監視する行為，他人の土地を無断で売却し第三者に建造物を構築させる行為，他人の隣地を取り込む目的で境界の標識をずらす行為（ただし，境界標を壊し境界を判別できなくする行為は，境界損壊罪（262条の2）に過ぎない），さらに，敷地内に高さ13メートルに及ぶ廃棄物を堆積させる行為（最決平11・12・9刑集53・9・1117）も侵奪に当たる．建造物の侵奪は，空室を無断で使用して占有者の支配を排除してその立入りを不能にする行為等をいう．ただし，無断で登記名義を変更する行為は，法的支配を侵してはいるが（横領罪に当たる⇨295頁），事実上支配したとはいえず，侵奪には当たらない．

侵奪には，**他人の占有の排除と新たな占有の設定とが必要である**．借家人が賃貸期限終了後も居座る行為は，占有が継続しているため侵奪には当たらない．ただ，占有が継続しているように見えても，質的に変化した場合には侵奪となる（後掲・最決昭42・11・2）．

【判例－侵奪】 侵奪の有無は，不動産の種類，占有侵害の方法，態様，占有期間の長短，原状回復の難易，占有排除・設定の意思の強弱，相手方の損害の有無などを総合して判断する（最判平12・12・15刑集54・9・923－都立公園内に60平方メートル余の簡易建物を建てた行為は侵奪に当たる）．質的に変化させる行為が侵奪に当たるとした例として，最決昭42・11・2（刑集21・9・1179）は，他人の小屋を無断使用していた者が，板塀をトタン製とし，さらにコンクリートブロック塀へと作り変えた事案につき，ブロック塀にした時点で占有が質的に変化し侵奪に当たるとした．同様に福岡高判昭62・12・8（判時1265・157）は，隣接する他人の土地を造成した者が，造成地の外側にコンクリート壁を作り，自己所有地に取り込んだ時点で侵奪に当たるとした．さらに，土地の無断転借人が，同土地上の簡易施設をブロックやコンクリートパネル製の本格的店舗に改築した時点で侵奪となる（最決平12・12・15刑集54・9・1049）．また，競売妨害目的で暴力団員が玄関ドアの鍵を交換した後，共犯者が家財道具を運び込んだ時点で，侵奪が既遂に達する（東京高判平11・8・27判タ1049・326）．

4-2 窃盗罪　265

なお，暴行・脅迫手段を用いて不動産を侵奪した場合は，利益強盗罪に当たる．

4-2-4 親族相盗例

> **244条1項**　配偶者，直系血族又は同居の親族との間で第235条の罪，第235条の2の罪又はこれらの罪の未遂罪を犯した者は，その刑を免除する．
>
> **2項**　前項に規定する親族以外の親族との間で犯した同項に規定する罪は，告訴がなければ公訴を提起することができない．
>
> **3項**　前2項の規定は，親族でない共犯については，適用しない．

刑の免除の根拠　直系血族，配偶者および同居の親族の間において窃盗罪と不動産侵奪罪（およびその未遂罪）を犯した者はその刑を免除し，その他の親族に関するときは親告罪とする特例である．本条は他の財産犯にも準用される（251・255条）が，強盗罪および毀棄罪には準用がなく，盗品関与罪については親族間の犯罪につき独自の規定がある（257条）．

本条1項が刑の免除を認める理由として，一身的刑罰阻却事由説（通説）と犯罪不成立説が対立する．一身的刑罰阻却事由説は，犯罪の成立は否定できないが，法律が家庭内に立ち入らない方が好ましい場合であるとして，政策的に刑の免除を認めたと説明する．これに対し犯罪不成立説は，家庭内であれば共同利用関係があるため財産的侵害の程度が軽いので可罰的違法性を欠く（可罰的違法性阻却事由説）とか，家庭内では個人の特有財産の意識が薄く期待可能性が欠ける（期待不可能説）と説明する．

親族間では違法性ないし責任が減少する場合が多いであろうが，刑の免除は有罪判決の一種であること（さらに2項の親族については親告罪に過ぎない），また，3項が親族でない共犯者につき適用を排除していることを考慮すると，犯罪が成立しないと解することは困難である．

親族の意義　親族の概念は原則として民法（725条）による（6親等内の血族，配偶者，3親等内の姻族）．ただし，法律上の婚姻関係があっても，実際上の共同生活がなく，財物騙取の手段としての婚姻届に

266　4 財産に対する罪

過ぎないような場合は本条の適用はない（東京高判昭 49・6・27 高刑集 27・3・291）．内縁の配偶者については，本条は適用されない（最決平 18・8・30 刑集 60・6・479）．同居の親族とは事実上生活を共同にしている親族で，一時宿泊した者は含まれない．また，親族であっても，その者が被害者の後見人として業務上保管中の預金を着服する行為については，親族相盗例（横領については 255 条が 244 条を準用）の適用はない（最決平 20・2・18 刑集 62・2・37，最決平 24・10・9 刑集 66・10・981）．

　本条を適用するためには，身分関係が（a)**行為者と占有者との間**，(b)**行為者と所有者との間**，(c)**行為者と占有者・所有者双方との間**のいずれに必要かをめぐり争いがある．判例は，一時期，（a)説とも解し得る判断を示したが（最判昭 24・5・21 刑集 3・6・858），最決平 6・7・19（刑集 48・5・190）は，（c)説を採用することを明確に示した．244 条があくまで政策的・例外的に，法は家庭内の事件に限り許すとする規定であるとすれば，「家庭外」の者が含まれた場合にまで 244 条を適用することは困難だからである．

　　【親族の所有であるとの錯誤】　親族が所持する親族以外の者の所有物につき，親族の所有物だと誤信した場合には，客観的な親族関係は存在せず，処罰阻却事由の錯誤は故意を阻却しないため，244 条の適用は認められない．

　　【親告罪】　直系血族，配偶者，同居の親族は刑を免除され，その他の親族については親告罪となる．より近い親族の方が告訴を要しないことになるが，実務上は刑の免除を求めて訴追することはあり得ない（濱・大コンメ 12・445）．

4-3　強盗罪

4-3-1　強盗罪

236 条 1 項　暴行又は脅迫を用いて他人の財物を強取した者は，強盗の罪とし，5 年以上の有期懲役に処する．（予備処罰－237 条，未遂処罰－243 条）

客体　強盗罪の客体は，財物に加え財産上の利益を含む点で窃盗罪と異なる．不動産を暴行・脅迫により不法占拠する行為は，2 項の利

益強盗罪に当たる．自己の財物であっても，客体となる場合がある（242条）．

暴行・脅迫 「強取」とは，相手方の反抗を抑圧するに足りる暴行・脅迫を手段として，財物の事実上の占有を自己が取得し，または第三者に取得させることをいう．暴行・脅迫の相手方は強取の障害となり得る者であれば足り，財物の所持者に限らない．本罪の「暴行」「脅迫」は，相手の反抗を抑圧するに足りる程度のものでなければならず，暴行罪の暴行，脅迫罪の脅迫より狭い（最狭義の暴行・脅迫）．この程度に至らず，相手を畏怖させる程度にとどまれば，恐喝罪となる．なお，例えば「爆弾が仕掛けてある」と虚偽の事実を申し向け，被害者を畏怖させてその場から離れさせ，その隙に所持品を奪う行為は，反抗を抑圧して財物を奪取したとはいえず，窃盗罪に当たる（いわゆる「3億円事件」（1968年）はこれに当たる．交付に向けられた欺く行為も認められず，詐欺罪にも当たらない⇨281頁）．

「相手の反抗を抑圧するに足りる程度」の判断基準は，一般人から見て抑圧するに足りるか否かを基準とする（最判昭23・11・18刑集2・12・1614―3人で1人の被害者に草刈鎌，ナイフを突き付けた事案）．もっとも，被害者が臆病であることを認識してそれを利用した場合には，強盗手段とすべきであるとする見解も主張されている（大谷228頁）．行為者の認識内容により，客観的な強取行為の判断が左右されると解するのは妥当でないが，強取行為の有無は，暴行・脅迫自体の強度・態様に加え，被害者の人数・性別・年齢・性格，さらには犯行の時刻・場所等を考慮し，社会通念に従って具体的に判断される．例えば，銀行の窓口で女性行員に対し強い口調で「金を出せ」といって語気鋭く申し向け，怯えさせれば，凶器等を示さなくとも強盗罪の脅迫となる（東京高判昭62・9・14判時1266・149）．

【ひったくり】 いわゆるひったくり行為は，原則として強取とされる．自動車やオートバイを利用した場合などは，被害者が所持品を手放さない限り身体に重大な危険を伴うため，反抗を抑圧するに足りる暴行といえ，その結果被害者に傷害を負わせれば強盗致傷となる（最判昭45・12・22刑集24・13・1882）．ただ，スリが窃盗の手段としてぶつかる場合や，自動車等を利用しない単純なひったくりは，暴行罪と窃盗罪の併合罪で足りる場合もあ

268　4　財産に対する罪

ろう（札幌地判平4・10・30判タ817・215は，ひったくりで傷害を負わせた行為を，
恐喝罪と傷害罪の併合罪とした.）.

反抗の抑圧　　　　強取といえるためには，暴行・脅迫により反抗を抑圧して
財物・財産上の利益を得たという関係が必要である．反抗
を抑圧するに足りる暴行・脅迫を加えたが，当該被害者の反抗意思が抑圧
されず畏怖したに過ぎなかった場合でも，暴行・脅迫との因果関係は否定
されず，**強盗既遂罪となる**（最判昭24・2・8刑集3・2・75－匕首を示して脅迫した
事案）．タクシー会社の元従業員が，包丁を突きつけて元同僚から売上金
を強取しようとしたが，これを奪えず，そのうち，元同僚がこれ以上抵抗
すると危害を加えられるかもしれないと畏怖しているのに乗じて金員を持
ち去った行為は，強盗未遂罪と恐喝罪との観念的競合となる（大阪地判平
4・9・22判タ828・281）．もっとも，被害者が強盗手段に対して全く動じなか
ったが，憐憫の情から財物奪取を容認したような場合には，因果関係が欠
けるため未遂となろう（前田188頁）．

【反抗抑圧と財物奪取】　財物ないし財産上の利益の強取には，㋐意思に反
する奪取の他，㋑被害者が差し出した物を受領する場合も含む（反抗抑圧
の結果手交した場合には，恐喝罪の交付に当たらない）．さらに㋒被害者が気づ
かないうちに奪う行為も，被害者の反抗抑圧状態でなされれば，強盗行為
との因果関係が認められ，強取となる（ピストルを突きつけ反抗を抑圧し，被
害者が気づかぬうちに机上の時計を奪う行為につき最判昭23・12・24刑集2・14・1883，
さらに大阪高判昭47・8・4高刑集25・3・368）．また，被害者が逃げる際にその場
に置いていったバッグを拾う行為も強取に当たる．これに対し，被害者が
逃走する際に落とした物を拾う行為は，強盗未遂と窃盗罪との観念的競合
となる（名古屋高判昭30・5・4高裁特2・11・501）．反抗の抑圧が財物奪取の直接
の原因となっているか否かにより判断される．借金を申込み，20万円を
渡されたが，その時点で強取を決意し，さらに相手を殺害し80万円を奪
う行為は，全体として100万円についての1項強盗が成立する（仙台高判
平14・10・22判タ1140・277）．

強取の意思　　　　強盗罪の故意（強取の意思）は，暴行・脅迫の開始時点か
ら存在することが必要である．当初は強取の意思がなく，
被害者の反抗を抑圧した後に財物奪取の意思が生じた場合は，暴行罪と窃

盗罪との併合罪が成立する（**窃盗罪説**）．しかし，自ら反抗抑圧状態をつくり出し，それを積極的に利用する行為は，全体として強盗罪と評価すべきであるとする見解も有力である（**強盗罪説**）．判例も，当初の意思が単純な暴行・脅迫の場合には窃盗罪とするが，当初は強姦や強制わいせつの故意で暴行・脅迫を加えた事案については，強盗罪の成立を認めるものが多かった（強制わいせつの被害者が難を避けるために差し出した金品を奪取した事案につき，大阪高判昭 61・10・7 判時 1217・143 等）．平成 29 年改正で，強盗強姦罪が「強盗・強制性交等及び同致死罪」（241 条⇨277 頁）へと改正され，強盗犯人が強制性交等をする行為と，強制性交等の犯人が強盗をする行為とが同様に処罰されることとなった．よって，強制性交等の犯人が，被害者の反抗抑圧状態を利用して財物を奪取すれば，この罪に当たることになる．

　それに対し，当初は暴行や傷害の故意だった場合に窃盗罪の成立を認めたものとして，殺害に失敗し逃走する際に，その場にあった被害者の財物を奪った場合（東京高判昭 35・12・14 東高刑時報 11・12・357），傷害の意思で失神させた被害者から金品を奪取した場合（旭川地判昭 36・10・14 下刑集 3・9=10・936），暴行を加え相手が失神したと誤信して奪取した場合（高松高判昭 34・2・11 高刑集 12・1・18）等がある．もっとも，失神した相手から奪う行為や失神したと誤信して奪う行為は，強取の故意が欠ける（札幌高判平 7・6・29⇨270 頁）．

　ただし，窃盗罪説を採用しても，財物奪取の意思が生じた後に，**新たな暴行・脅迫**を加えた場合は，強盗罪が成立することはいうまでもない．そして，その場合の暴行・脅迫は，既に反抗困難な状態にある被害者に対するものである以上，それ自体で反抗を抑圧する程度の強度のものである必要はない（下記・東京高判昭 48・3・26 参照）．

　【判例－新たな暴行・脅迫】　東京高判昭 48・3・26（高刑集 26・1・85）は，財物奪取の意思が生じた後に，改めて被害者の犯行を抑圧する新たな暴行・脅迫が必要であるとした上で，既に反抗困難な状態にある被害者に対する場合は，被害者がさらに暴行・脅迫を加えられるかもしれないと考えやすい状況にあるから，通常の強盗よりも程度の弱い暴行・脅迫であっても，反

抗を抑圧するに足りる脅迫になり得るとし，暴行の故意で反抗抑圧後に
「金はないのか」などといって被害者の背広に手を入れて現金および腕時
計を奪った行為につき，この程度の言動でも，強盗罪の要件としての反抗
を抑圧するに足りる脅迫が認められるとした（大阪高判平1・3・3判タ712・248
も同旨）．さらに，東京高判平20・3・19（判タ1274・342）は，被害者を緊縛
して強制わいせつを行った犯人が，被害者を緊縛したままで財物を奪う行
為は，「新たな暴行・脅迫」には当たらないものの，「違法な自由侵害状態
に乗じた財物の取得」であるから強盗罪に当たるとした．

　反抗抑圧の結果被害者が失神した場合，あるいは被害者が失神したと行
為者が誤信した場合には，たとえ客観的には新たな強取行為が認められて
も，強取の意思が欠け，抽象的事実の錯誤となり窃盗罪の限度で処断され
る（強姦被害者が失神していると誤信し，その財物を奪った行為につき，札幌高判
平7・6・29判時1551・142参照）．

着手時期と既遂時期　強盗罪の実行の着手は，手段としての暴行・脅迫の開始時
点である．財物を奪取した後に強取目的で暴行・脅迫を加
える，いわゆる**居直り強盗**の場合でも，居直って暴行・脅
迫行為を開始した時点が着手である．**既遂時期**は，財物の占有を得た（ない
しは第三者に得させた）時点である（最判昭24・6・14刑集3・7・1066−被害者らを
縛り，強取した物の荷造りを終えれば，屋外に持ち出さなくとも既遂となる）．居
直り強盗が暴行・脅迫手段に出たが，財物を奪うに至らなかった場合は，
暴行・脅迫と財物奪取の間の因果関係が欠け，強盗未遂となる（大阪高判
昭33・11・18高刑集11・9・573，東京地判昭55・10・30判時1006・132．強盗着手前の
窃盗既遂の点は，強盗未遂罪に吸収される）．

4-3-2 **利益強盗罪**

236条2項　前項の方法により，財産上不法の利益を得，又は他人にこれ
　　を得させた者も，同項と同様とする．（予備処罰−237条，未遂処罰−
　　243条）

財産上の利益　財産上の利益（⇨249頁）には，積極的な財産の減少のみ
ならず，消極的財産の増加を含む．債権者に暴行・脅迫を
加え返済を免れる行為（最判昭32・9・13刑集11・9・2263），タクシー運賃（大

判昭 6・5・8 刑集 10・205，名古屋高判昭 35・12・26 高刑集 13・10・781）や，飲食代金の支払いを免れる行為（大阪地判昭 57・7・9 判時 1083・158）等がこれに当たる．また，キャッシュカードの窃取に着手した後，カード占有者を脅迫してその暗証番号を聞き出す行為は，利益強盗罪に当たる（東京高判平 21・11・16 判タ 1337・280）．一般に，暴行・脅迫による不動産の侵奪行為も利益強盗に当たるが，情報自体は含まない（⇨248 頁）．

「財産上不法の利益を得る」とは，「不法に」利益を得ることを意味するが，利益自体が不法であってもよい．民法上保護の対象とならず，相手方に請求権が認められない利益であってもよく，例えば，覚せい剤代金（最決昭 61・11・18 刑集 40・7・523），白タク運賃（名古屋高判昭 35・12・26 高刑集 13・10・781）を，暴行・脅迫により免れる行為は，本罪に当たる（⇨252 頁参照）．もっとも，売春代金のように違法性が極めて強く公序良俗に反する場合は，強盗罪の客体としても保護されないとする裁判例もある（広島地判昭 43・12・24 判タ 229・264）．

処分行為の要否　利益の場合は財物と比べ，その移転の有無が明確でない．そこで，移転の有無の判断基準として，かつては処分行為が必要だと説明されてきた．しかし，強盗罪は「意思に反して」奪う行為であるから，詐欺・恐喝罪のような瑕疵ある「意思に基づく」処分行為と同一の内容を要求することはできない．暴行・脅迫により飲食代金やタクシー料金を免れる場合，被害者が何の意思表示をしなくとも 2 項強盗既遂罪となる．

むしろ，利益強盗罪の処分行為とは，利益の移転が不明確である場合の判断基準の 1 つに過ぎない．そこで，被害者を殺害して事実上債務を免れる場合，利益の移転が明確に認められれば（例えば，被害者に身寄りがないなど，事実上殺害により利益を得たと評価できる場合），たとえ処分行為がなくとも利益強盗罪に該当する．

【判例－処分行為】　判例は，身寄りのない老人の債権者を殺害する行為（最判昭 32・9・13 刑集 11・9・2263）につき 2 項強盗罪の成立を認め，その後の下級審は，身寄りがないなどの事情がない事案についても本罪の成立を認

めている（大阪高判昭 59・11・28 高刑集 37・3・438，東京地判平 1・3・27 判時 1310・39）.

　また，東京高判平 1・2・27（高刑集 42・1・87）は，親を殺害して相続による利益を得ようとした行為につき，相続は法的手続であり「任意の処分」ではないことを根拠に，利益強盗殺人罪の成立を否定し，殺人罪に当たるとした．殺害により直接的に相続の利益を得たといえないからであろう（林 214 頁）.　また，類似の事案として，「経営上の権益」を得ようとして経営者を殺害し，その後経営者の地位についた行為について，2 項強盗殺人で立件されたものがある（神戸地判平 17・4・26 判タ 1238・343）が，判決は，「経営上の権益」は殺害行為から直接得られたものではないとして 2 項強盗殺人罪の成立を否定し，殺人罪にとどまるとした．因果関係が欠けるのではなく，殺害により直接移転しない利益は，財産上の利益に当たらないと理解することができる．営業を継続する意図で経営者を殺害した行為につき，店舗の什器備品や売上金を奪う認識があれば 1 項強盗殺人罪に当たる（名古屋高判平 21・3・9 高検速報平 21・178）.

4-3-3 事後強盗罪

238 条　窃盗が，財物を得てこれを取り返されることを防ぎ，逮捕を免れ，又は罪跡を隠滅するために，暴行又は脅迫をしたときは，強盗として論ずる．（予備処罰−237 条，未遂処罰−243 条）

目的犯　　窃盗犯人が，一定の目的をもって暴行・脅迫を加える行為を，強盗罪として取り扱う規定である．財産上の利益については成立しない．昏酔強盗（239 条）と併せて準強盗と呼ぶ．238 条の主体は**窃盗犯人に限る**（強盗犯人は含まない）．窃盗は未遂でもよく，窃盗罪が未遂の場合には事後強盗罪も未遂となる.

　暴行・脅迫は⑦**財物が取り返されることを防ぐ目的**，あるいは④**逮捕を免れ，罪跡を隠滅する目的**のいずれかを持ってなされることが必要である（万引きを発見した女性警備員に対し，立腹の余り加えた暴行は，本罪の暴行に当たらない．東京地判平 8・3・7 判時 1600・160）.　また，④の目的の場合も，相手の逮捕意思の有無は問わない．事後強盗罪の既遂・未遂は，財物奪取の有無によるから，⑦④の目的達成の有無は問わない.

4-3 強盗罪　273

　事後強盗罪に当たる場合は，すべての点で通常の強盗罪として扱われ，強盗致死傷罪（240条），強盗・強制性交等及び同致死罪（241条）の成立もあり得る．例えば，窃盗犯人が追跡され，現場から離れた場所で逮捕を免れるために暴行を加え，傷害を負わせた場合にも，強盗傷人罪（240条）が成立する．また，窃盗犯人が物色中，家人に見つかって逮捕を免れるために殺害すれば，強盗殺人罪（240条後段）となる（共犯⇨142頁）．

　【居直り強盗との相違】　事後強盗は，いわゆる居直り強盗（⇨270頁）と類似するが，居直り強盗はさらに財物を奪う目的で暴行を加えるのに対し，事後強盗は，前掲⑦ないし⑦の目的で暴行・脅迫を加える場合に限られる．さらに，事後強盗罪は暴行・脅迫以前の財物奪取の有無により既遂・未遂が区別されるが，居直り強盗は，居直り後の財物奪取の有無により既遂・未遂が分かれる．なお，侵入窃盗犯人が物色中に家人に発見され，逮捕を免れるために暴行を加え気絶させた後，さらに物色する行為は，全体として強盗致傷罪一罪となる（岐阜地判平25・9・12裁判所Web）．

窃盗の犯行の機会継続中　⑦ないし⑦の目的での暴行・脅迫は，窃取行為との時間的・場所的間隔や被害者からの追跡の有無等の観点から，窃取行為と密接な関連性を有すると認められる状況，すなわち窃盗の犯行の機会の継続中になされる必要がある．覚せい剤取引で，既に共犯者が覚せい剤の占有を確保して現場から離れた後に，他の共犯者が代金支払いを免れる目的で売主を殺害しようとした行為は，事後強盗罪ではなく，窃盗罪（ないし詐欺罪）と利益強盗罪（包括一罪）に当たる（最決昭61・11・18刑集40・7・523⇨158頁参照）．

　【判例－窃盗の機会】　窃盗の犯行から30分後，現場から1キロメートルの時点で追跡してきた被害者に暴行を加えた行為（広島高判昭28・5・27高判特31・15），酩酊した被害者から財物を奪い，11時間後にその場にいた被害者を罪跡隠滅のため殺害した行為（千葉地木更津支判昭53・3・16判時903・109）につき，事後強盗罪（事後強盗傷人，同殺人）が認められた．ただ，窃盗現場から200メートル離れた場所で，たまたま職務質問した警察官に対し，逮捕を免れようとして暴行した行為は，窃盗罪と公務執行妨害罪の併合罪とされた（東京高判昭27・6・26高判特34・86）．追跡者や，被害者自身への暴行は，窃盗の犯行の機会の継続中であるとされやすい．単純な時間的・場

所的な距離だけではなく，窃盗犯人と暴行・脅迫の相手方との人的関係も重要だからである．侵入窃盗犯人が，犯行後3時間余り被害者宅天井裏に潜んでいたところ，通報により駆けつけた警察官に対し，逮捕を免れるために傷害を加えた行為も，窃盗と暴行とが時間的・場所的・人的関係において密接に関連していることを根拠に，事後強盗罪（強盗傷人罪）に当たるとされた（最決平14・2・14刑集56・2・86）．それに対し，侵入窃盗犯人が，追跡されることなく一旦被害者宅から約1キロメートル離れたものの，再度窃取する目的で被害者宅に戻ったところ，帰宅した被害者に発見され，逮捕を免れるために脅迫した行為は，最初の侵入盗の窃盗の機会の継続中とはいえない（最判平16・12・10刑集58・9・1047）．

暴行・脅迫　本条の「暴行」・「脅迫」は相手の反抗を抑圧する程度のものであることが必要である．ただ，裁判例の中には，窃盗犯人が逃走時に，逮捕者を排除しようとして一定程度の暴行を加えることはしばしば起こり得るので，単なる排除行為より強度の暴行・脅迫が必要であるとするものが見られる．窃盗犯人が，逮捕しようとした店員を転倒させ3週間の傷害を負わせた場合（東京高判昭61・4・17高刑集39・1・30），窃盗犯人が追跡してきた2名に対し顔面を殴り，それぞれ3週間および1週間の傷害を負わせた場合（浦和地判平2・12・20判時1377・145），万引きを発見され，警備員に全治3日の打撲傷を負わせた場合（大阪高判平7・6・6判時1554・160），万引き犯が店の保安員に暴行を加え，7日間の傷害を負わせた場合（大分地判平25・1・18裁判所Web）は，いずれも事後強盗ではなく，窃盗罪と傷害罪の併合罪とされた．240条の法定刑の重さが考慮されたと理解する余地もあろうが，事後強盗罪の目的（前掲⑦④）に適する程度の暴行・脅迫といえるためには，その目的に適う程度の暴行・脅迫が要求されることが多いと理解することも可能である

【事後強盗の着手と傷害】　反抗を抑圧する程度の暴行・脅迫につき，名古屋高金沢支判平3・7・18（判時1403・125）は，財物の取り返しを防ぐ目的で被害者を転倒させたが（第1暴行），被害者がさらに追跡したため，これに車を衝突させた（第2暴行）事案につき，第2暴行の時点ではじめて事後強盗罪の実行行為性が認められるとした．本事案では，いずれの暴行から傷害が発生したかが不明であったため，より重い強盗致傷罪となる第2暴

行から傷害が発生したと認定することはできないとし，傷害罪（204条）と事後強盗罪との成立を認め，両罪を包括一罪とした．

4-3-4 昏酔強盗罪

239条 人を昏（こん）酔させてその財物を盗取した者は，強盗として論ずる．（予備処罰―237条，未遂処罰―243条）

昏酔 「昏酔」とは，一時的又は継続的に，相手方に意識喪失その他の意識又は運動機能の障害を生じさせることをいう．薬品や酒などを用いて被害者の意識作用に一時的または継続的に障害を生じさせ，財物を奪う行為を強盗罪と評価するものである．行為者が積極的に昏酔させる行為を行うことが必要で，単に寝ている者や，他人が昏酔させた者から奪う行為は，窃盗罪に過ぎない．昏酔させる方法には制限がなく，泥酔させたり（横浜地判昭60・2・8判タ553・251），麻酔剤を注射する行為（奈良地判昭46・2・4判時649・105）等があり，これらの行為の開始時に着手が認められる．飲酒させたが昏酔しなかった場合には，本罪の未遂となる．暴行により昏酔させる行為は，単純な強盗罪に当たる．薬物を用いた昏酔強盗行為で，薬効等により死亡させる行為は，強盗致死罪に当たる（水戸地判平11・7・8判時1689・155）．

> **【判例―昏酔強盗と共犯】** 泥酔による昏酔強盗を共謀したところ，被害者が昏酔しないため，共犯者の一部が暴行により傷害を加え被害者を気絶させた後に，共犯者全員で財物を奪った行為につき，暴行による強盗の共謀を否定し，暴行を加えなかった共犯者には強盗傷人罪ではなく強盗罪のみが成立するとした裁判例として，東京地判平7・10・9（判タ922・292）がある．他の共犯者による通常の強盗の着手は，昏酔強盗の共謀の射程の外にあると評価された（承継的共犯⇒131頁）．

4-3-5 強盗致死傷罪

240条 強盗が，人を負傷させたときは無期又は6年以上の懲役に処し，死亡させたときは死刑又は無期懲役に処する．（未遂処罰―243条）

276　4　財産に対する罪

主体　主体は「強盗」犯人であり，準強盗罪の犯人，**強盗未遂犯も含む**．強盗が未遂であっても，傷害や死の結果が発生すれば本罪は既遂となる．「負傷」の意義は，204条の傷害罪と同様である．

暴行・脅迫と致死傷との関係　死および傷害結果は，強盗手段としての暴行・脅迫から**直接生じたものに加え**，**強盗の機会に生じたものも含む**．具体的には，強盗の被害者に追跡され，現場から離れた場所で傷害を加える場合や，被害者が逃走する際に飛び降りて傷害を負う場合（福岡地判昭60・11・15判タ591・81）などが強盗の機会に当たる．事後強盗罪で，窃盗犯人が窃盗の犯行の機会の継続中に，一定の目的を持って暴行を加える行為が強盗罪となることとの権衡が考慮されたものと考えられる．

【判例－強盗の機会】　強盗の共犯者間に争いが生じ，死傷結果が発生した場合や，その場に居合わせた強盗の被害者以外の者を，強盗とは別の目的で殺傷する行為は，本罪に含まない．通常，強盗に付随して行われるような強盗犯人の行為に基づき，死傷の結果が発生したと評価できる場合に限るべきである．

判例も，事実上事後強盗罪と類似した，罪証隠滅や逮捕を免れるために死傷結果を発生させた事案につき，240条の適用を認める例が多い．強盗の被害者を自動車のトランクに入れ，2時間後，29キロメートル離れた場所で罪跡隠滅のために殺害する行為（福岡地小倉支判昭50・3・26刑月7・3・410），強盗行為から約6時間，50キロメートル離れた場所で罪証隠滅のために殺害する行為（東京高判平23・1・25高刑集64・1・1），強盗犯人が現場で逮捕を免れるために傷害した行為（東京高判昭47・2・17東高刑時報23・2・30），車に監禁して脅迫したところ，被害者が飛び降りて逃走し傷害を負った場合（福岡地判昭60・11・15判タ591・81）は，240条に当たるとされた．さらに，強盗犯人が店舗内に侵入し，店員を脅した際に，店舗奥にいて犯人の視界には入っていなかった同店の経営者が，逃走のために2階から飛び降りて傷害を負った場合についても，脅迫の威力が店舗内にいた全員に及んでいたといえるため，強盗致傷罪が成立する（東京地判平15・3・6判タ1152・296）．また，金品強取目的で父親を殺害した後，帰宅した母親を口封じの目的で殺害した行為も，強盗の機会におけるその発覚を防ぐための犯行といえるため，強盗殺人罪に当たる（岡山地判平8・4・15判時1587・155）．

なお，脅迫から傷害結果が生ずる場合もあり得る（被害者の腕をその乗っているオートバイのハンドルに手錠で固定した上で，倒れろと脅し，その結果被害者が傷害を負った事案につき，大阪高判昭60・2・6高刑集38・1・50）．

死傷に故意がある場合　240条は結果的加重犯であるが，死傷の結果につき認識がある場合も含む．傷害の故意については，暴行手段による強盗の場合，暴行の故意があれば傷害の故意が認められるため，本条から排除することはできない．

殺意のあった場合についても，240条は結果的加重犯として死の結果が発生した場合の他，強盗罪と殺人罪との結合犯の類型も併せて規定されていると解する．強盗犯人が意図的に殺害する例は，刑事学的に見て，しばしば発生する強盗の一類型である上，240条には，典型的な結果的加重犯の類型に見られる「よって」という文言がないこと，殺意のある場合を含まないと，強盗殺人未遂があり得なくなり243条の意味が失われること（下記参照）などが理由として挙げられる（最判昭32・8・1刑集11・8・2065－日本刀で切りかかり傷害を負わせた事案につき強盗殺人未遂とした）．

240条の未遂については，財物取得の有無で区別する見解もあるが，財物と比べ生命・身体がより重要であることは明らかで，殺害したが財物を奪わない限り，240条は未遂にとどまると解することは困難である（林221頁）．

4-3-6 強盗・強制性交等及び同致死罪

241条　1項　強盗の罪若しくはその未遂罪を犯した者が強制性交等の罪（第179条第2項の罪を除く．以下この項において同じ．）若しくはその未遂罪をも犯したとき，又は強制性交等の罪若しくはその未遂罪を犯した者が強盗の罪若しくはその未遂罪をも犯したときは，無期又は7年以上の懲役に処する．

　　2項　前項の場合のうち，その犯した罪がいずれも未遂罪であるときは，人を死傷させたときを除き，その刑を減軽することができる．ただし，自己の意思によりいずれかの犯罪を中止したときは，その刑を減軽し，又は免除する．

　　3項　第1項の罪に当たる行為により人を死亡させた者は，死刑

278　4 財産に対する罪

又は無期懲役に処する．（未遂処罰−243 条）

改正の経緯　旧 241 条前段（強盗強姦罪）は，強盗犯人が強姦を行った場合のみを無期又は 7 年以上の懲役としていたが，強姦犯人が強盗を行った場合は，両罪の併合罪として 5 年以上 30 年以下の懲役となっていた．しかし，同じ機会に両罪が行われることの悪質性・重大性からみて，行為の先後関係による差を設けるべきではないという趣旨から本罪が新設された．同一の機会に，強盗罪と強制性交等罪を行う行為を，同じ法定刑（無期又は 7 年以上の懲役）で処罰する．

同一の機会　1 項前段は，強盗罪，事後強盗罪，昏酔強盗罪若しくはこれらの未遂罪を行った者が，強制性交等罪，準強制性交等罪若しくはこれらの未遂罪を行う罪である．後段は，強制性交等罪，準強制性交等罪若しくはその未遂罪を行った者が，強盗罪，事後強盗罪，昏酔強盗罪若しくはこれらの未遂罪を行う罪である．前段について，監護者性交等罪（179 条 2 項）を行った場合は含まず，後段についても，同罪の犯人は含まない．

　両罪は，同一の機会に行われなければならない．**同一の機会**とは，旧 241 条が強盗の機会に強姦等を行う行為を処罰していた趣旨と同じである．例えば女性の乗った自動車を強取し，そのまま他所に連れ去り強制性交等を行う場合は，強盗の犯行現場から場所的，時間的に離れた場合でも本罪の成立が認められる．車を強取した約 2 時間後に，強取した車内で強姦した場合につき強盗強姦とした前橋地相生支判昭 56・3・31（判時 1012・137）等がある．時間的・場所的距離の大小に加え，強盗ないし強制性交等の際の反抗抑圧状況が継続しているか否かが重要である．

未遂と中止　両罪のいずれもが未遂である場合に限り，未遂罪となる（2 項）．いずれか一方が既遂である場合に未遂とすると，法定刑のバランスがとれないためである（一方が既遂の場合に未遂による刑の減軽を認めると，下限が懲役 3 年 6 月となり，強盗既遂罪あるいは強制性交等既遂罪の法定刑（いずれも下限が 5 年）よりも軽くなる）．また，死傷結果が生じた場合には，未遂の余地はない（2 項）．なお，いずれもが未遂であり，かつ，いずれかの犯罪を自己の意思により中止したときは，必要的減免が認

められる（2項ただし書）．一方が障害未遂でも中止犯の適用を認めることになるが，両方が障害未遂の場合と比較し，一方でも自らの意思で中止した事実を評価する趣旨である．

致死罪 　両罪のいずれかの行為から死の結果が発生した場合は，従来の強盗強姦致死罪（241条後段）と同様の法定刑で処罰する（3項）．殺意がある場合については，従来の強盗強姦致死罪とは扱いが異なる．旧241条後段では，殺意をもって死亡させた場合は旧241条後段には当たらず，強盗殺人罪（240条後段）と強盗強姦罪（旧241条前段）の観念的競合とされていた．しかし，本条3項には「よって」の文言はなく，強盗行為，あるいは強制性交等の行為のいずれか（あるいは両方）を殺意をもって行い，その結果被害者を死亡させた場合も含む（本条一罪が成立）．殺意をもって強盗ないし強制性交等を行ったが，殺害するに至らなかった場合には，3項の未遂となり43条により刑の減軽が認められる．

　致傷罪の規定はないが，1項の下限が7年で相当程度重いことから，致傷の場合には1項のみが成立し，強盗致傷罪等は成立しない．

4-3-7 強盗予備罪

237条　強盗の罪を犯す目的で，その予備をした者は，2年以下の懲役に処する．

予備 　「予備」とは，**実行の準備行為**をいい，本罪は，強盗の目的でその準備をする行為を処罰する．準備行為のすべてが含まれるのではなく，強盗罪の準備行為として一定程度以上の客観的危険性を有するものに限る．強盗の目的で凶器を持って目的地に向かう行為（最判昭24・9・24体系35・411），強盗を共謀して凶器のナイフなどを買い，徘徊する行為（最判昭24・12・24刑集3・12・2088）等がこれに当たる．

強盗の目的 　237条は，強盗の既遂結果を目的とした目的犯である．この目的は，確定的なものでなければならないが，条件付きであってもよい．事後強盗目的も含み，もし誰かに発見された場合には，必ず脅して逃走するという目的をもって，登山ナイフ，模造拳銃を携帯して徘徊する行為（**事後強盗目的での予備**）は本罪に当たる（最決昭54・11・19刑

集 33・7・710).

【予備と中止】 強盗の準備行為後，実行着手前に自らの意思で思いとどまった場合，中止犯規定（43 条ただし書）の準用が認められるとする説もあるが，判例は否定する．そもそも 43 条は実行着手後の規定であることに加え，減免を認める場合の基準とすべき刑は既遂の刑であり，強盗の場合 5 年以上の有期懲役であるから，法定減軽によっても下限は 2 年 6 月となり，予備罪の刑よりも重く，準用の実益に乏しいからである．

4-4 詐欺罪

4-4-1 欺く行為

246 条 1 項　人を欺いて財物を交付させた者は，10 年以下の懲役に処する．
　　　2 項　前項の方法により，財産上不法の利益を得，又は他人にこれを得させた者も，同項と同様とする．（未遂処罰—250 条）

詐く行為（欺罔行為）　詐欺罪は，人を「欺」く行為（欺罔行為，詐欺行為）により相手を錯誤に陥らせ，財物ないし財産上の利益を交付・処分させることにより，それらを行為者に移転させる罪である．これらの全体が実行行為である（騙取という）．「欺く行為」とは，客観的に見て，**一般人を財物・財産上の利益を処分させるような錯誤に陥れる行為**をいう．財産上の利益には，不法な利益も含む（覚せい剤代金や賭博の債務など⇨271 頁）．言語によるほか，挙動，不作為（⇨282 頁）も含み，過去・現在のみならず，将来の事実に関する場合も含む．騙す行為のすべてが欺く行為に当たるわけではなく，人を錯誤に陥れ，その処分を導くようなものに限る．親切盗のように，虚偽の事実を申し向け，相手が気を取られている隙に所持品を奪う行為は，処分を導くような錯誤に陥れたとはいえず，そもそも欺く行為が認められない（⇨261 頁）．

　本条の「人」は，必ずしも財物の所有者や占有者であることを要しないが，事実上または法律上，処分できる権限が必要である（処分行為者⇨285 頁）．また，自動販売機に偽造貨幣を挿入して商品を取得するような**機械に対する行為**は，「人」を騙していないので欺く行為とはいえず窃盗罪となる．機械を介して，財物ではなく「利益」を得る場合には，窃盗罪が成立せず

（利益が窃盗罪の客体でないため），不処罰となってきた．これが，電子計算機使用詐欺罪制定の主たる理由である（⇨291頁）．

【実行の着手】 欺く行為の開始時点が**実行の着手**である．例えば保険金騙取目的で，家屋に放火する**保険金詐欺**は，放火行為でなく保険料支払請求時点が着手であり，競輪選手が他の選手等と通謀して八百長レースを行い賞金を獲得する行為は，選手がスタートラインに立った時点に着手がある（最判昭29・10・22刑集8・10・1616）．

【判例－窃盗罪との区別】 欺く行為は，被害者の交付・処分に向けられたものでなければならない．商店で衣服を試着し，用足しに行くと偽り逃走する場合，店主は衣服を一時見せただけで交付していないので，詐欺罪ではない（広島高判昭30・9・6高刑集8・8・1021，窃盗罪）．これに対し，被告人の虚言を信じて現金を入れた風呂敷包を玄関に置く行為は，それが被告人の支配下に置いたと評価される場合には，錯誤に基づく交付（占有移転）が認められ，詐欺罪となる（最判昭26・12・14刑集5・13・2518）．また，試乗車を単独乗車して乗り逃げする行為（東京地八王子支判平3・8・28判タ768・249），商品を店外の知人に渡すと申し向けて持ち出し逃走する行為（東京高判平12・8・29判時1741・160）も詐欺罪である．試着と試乗とで結論が矛盾するようにも見えるが，自動車の機動性から見て，単独試乗を許容した時点で，すでに占有の移転があると解されるのに対し，衣類の試着を許容した時点では，未だ店主の占有は及んでおり，その後逃走することにより，店主の占有を（交付ではなく事実上）奪取したから窃盗罪に当たることになる（⇨261頁参照．なお，最決昭61・11・18刑集40・7・523⇨273頁）．

重要な事項 欺く行為といえるためには，処罰に値する程度のものでなければならない．社会的に許容される範囲での誇大広告や商取引上の誇張は当罰性がなく，また製品の産地や品質を偽る行為は不正競争防止法（2条1項13号，21条2項参照）により処罰され，詐欺罪には当たらない．

いわゆる悪徳商法，詐欺まがい商法と呼ばれるものであっても，被害が重大であれば，出資法等の特別法ではなく詐欺罪に該当する（豊田商事事件大阪地判平1・3・29判時1321・3，商品先物取引（客殺し商法）に関する最決平4・2・18刑集46・2・1など）．

282　4 財産に対する罪

　また，欺く行為は**重要な事項**に関して偽るものでなければならない．第三者を搭乗させる意図を秘して，自己に対して搭乗券を交付させる行為は，「請求する者自身が航空機に搭乗するかどうかは，……係員らにおいてその交付の判断の基礎となる重要な事項である」から，欺く行為に当たる（最決平22・7・29刑集64・5・829）．かつては，暴力団員であることを秘して，「暴力団員お断り」とする店で購入する行為は，偽った内容が「経済的に評価できるもの」ではないとして詐欺罪の成立を否定する見解が有力であった．しかし，暴力団との取引が厳しく制限されるようになった現在，必ずしも経済的に還元できないものであっても，当該取引にとって「重要な事項」であれば，欺く行為に当たる．

【判例－重要な事項】　第三者に通帳を売り渡す意図を秘して，預金口座開設を申込み，通帳等を交付させる行為（東京高判平24・12・13高刑集65・2・21），暴力団員であることを秘して預金口座開設を申込み，通帳等を交付させる行為（最判平26・3・28刑集68・3・582）は1項詐欺に，暴力団員であることを秘してゴルフ場の施設利用を申込み，プレイする行為（最決平26・3・28刑集68・3・646）は，2項詐欺に当たる．マネー・ロンダリング対策のための犯罪収益移転防止法により，預金口座開設時の本人確認の厳格化，通帳の第三者への譲渡の禁止等が規定されたことや，全国の暴力団排除条例により暴力団員にゴルフ場等を利用させないことが徹底されるようになったため，「通帳を第三者に売却しないこと」や「暴力団員でないこと」が重要な事項とされるようになった．もっとも，当該契約において，暴力団でないことの確認が厳格になされていなかった事例では，重要な事項について欺いたとはいえない（最判平26・3・28刑集68・3・582－ゴルフ場の利用）．

　さらに，最決平19・7・10（刑集61・5・405）は，自己名義の口座に，市から，工事代金として使途が定められて振り込まれた金員を，自己の管理する口座に不正に送金させた行為につき，1項詐欺罪の成立を認めた．被告人名義の口座の金員を，被告人自身が払い出す行為であっても，本件のような場合，銀行には定められた目的に従って払出しに応ずる義務があり，この目的を偽れば，銀行にとって「重要な事項」についての欺く行為がある．

不作為と挙動　**不作為**による欺く行為とは，既往症を隠した保険契約の締結（大判昭7・2・19刑集11・85），準禁治産者（現・被保佐人）

であることを隠した借金（大判大 7·7·17 刑録 24·939），抵当権の設定を秘匿した土地の売却（大判昭 4·3·7 刑集 8·107）などであり，作為義務を必要とする．釣銭が多いのに気づきながらそのまま受け取る行為（**釣銭詐欺**）も，典型的な不作為による欺く行為である．もっとも，受領した後に多いことに気づきながら返却しない行為は，欺く行為による移転がないため遺失物等横領罪に当たる（なお，誤振込や振り込め詐欺で振り込まれた口座からの払戻しは，その旨を銀行に告知すべき信義則上の義務があるから，正当な権限があるように装って払戻を請求する行為が欺く行為に当たる．⇨258 頁参照）．

　挙動による欺く行為の典型例は，無銭飲食・宿泊の意思で注文・逗留する行為（最決昭 30·7·7 刑集 9·9·1856）や，正規の運賃を支払わずに乗車するキセル乗車（⇨284 頁），支払意思・能力がないのにクレジットカードを利用する行為，第三者に譲り渡すことを秘して預金口座を申し込む行為，暴力団員であることを秘してゴルフ場施設の利用を申し込む行為などがある．無銭飲食・宿泊などは支払意思のないことを隠した不作為と評価することも不可能ではないが，客には支払意思を明示すべき義務はないので，作為義務が欠けることになろう．

欺く行為の相手方（被欺罔者）　欺く行為の相手方は，処分行為者と同一でなければならない．欺く行為により錯誤に陥り，その結果処分・交付するという因果関係が必要だからである．もっとも，損害を被る被害者は別人でもよい（三角詐欺という⇨285 頁）．被欺罔者は不特定多数の者である場合もあり得る（例えば，広告詐欺）．

錯誤　客観的な欺く行為があっても，被害者がそれを見抜いて錯誤に陥らなければ未遂となる．たとえ，見抜いた後に憐憫の情から財物を交付したとしても，因果関係が欠けるため未遂にとどまる．

　裁判所に虚偽の債権に基づく請求訴訟を提起し，勝訴判決を得て敗訴者から財物ないし財産上の利益を得る**訴訟詐欺**についても，詐欺罪が成立する．裁判官は証拠に基づき判断をするのであるから，錯誤に陥ることはあり得ないとする見解もあるが（団藤 614 頁），勝訴判決を出すことが処分に当たり，敗訴者を被害者とする詐欺罪に当たると解すべきである（大判明 44·5·5 刑録 17·768）．

284 4 財産に対する罪

4-4-2 処分行為

財産的処分行為 錯誤に基づき，被害者が財物・財産上の利益を移転させることをいう．被害者が財産的処分行為により財物の占有を行為者に取得させる（交付＝1項），あるいは財産上の利益を得させる（2項）ことにより既遂となる．瑕疵ある意思に基づき処分させる詐欺罪と，意思に反して奪取する窃盗罪とを区別する要件が財産的処分行為である．とりわけ利益に関しては，窃盗罪処罰がないため，処分の有無が処罰の限界を画す重要な役割を果たす．

処分行為は，財産を処分する事実（客観面）と，財産を処分する意思（処分意思＝主観面）から成る．客観的処分行為は，財物を相手に交付する行為（1項），あるいは財産上の利益を行為者に移転させる行為（2項）である．売買などの法律行為に限らず，事実上財産的損害を生じさせるものであれば足りる．また，クレジット決済として代金を支払わせる行為も1項詐欺に当たる．**処分意思**には，被害者に財物の移転，利益の喪失の認識があることを要する．酩酊した債権者に，「記念にサインしてくれ」と偽り，債務免除の書類に署名させても，処分意思が欠ける（大判大5・5・9刑録22・705参照）．

無意識の処分行為 かつての判例は，かなり厳格な処分行為・処分意思を要求してきた．例えば，キセル乗車や無銭飲食の場合，①挙動により乗車，注文し，運行のサービスないし食事を得る時点と，②最終的に運賃・料金の支払いを免れる時点との両方で，詐欺罪の成立が考えられるが，②の時点では，駅員あるいは店員に，料金請求放棄の明確な認識がなく，厳格な意味での処分意思を認めるのは困難であった（最決昭30・7・7刑集9・9・1856は，代金の支払意思があるかのように装い宿泊・飲食した後，知人を見送ると偽り逃走した行為につき，店先に出ることを許容しただけでは支払いにつき処分したとはいえないとした）．そこで，①の時点で詐欺罪の成立を認める傾向が強かった．

しかし，その後，特にキセル乗車をめぐり，処分意思の内容が稀薄なものでもよいと考えられるようになった．かつては，乗車駅で改札係員に対

する欺く行為があり，運転手による運行サービスを処分させたとする考え方もあったが（大阪高判昭44・8・7刑月1・8・795），欺かれる者（乗車駅改札係員）と処分行為者（運転手）が異なるという問題が生ずる（⇨下記・処分行為者参照）．

そこで，下車駅改札係員は，運賃を免れさせているという処分意思はなくとも，客観的に改札を通過させる行為を許しているから，少なくとも不足分の運賃を請求しなくてもよいという処分意思はあると解されるようになる（福井地判昭56・8・31判時1022・144－高速道路の出口インター）．ただし，処分意思は稀薄化しているが，不要とされたわけではない．

処分行為者 処分行為者には処分権限が必要で，例えば，登記官吏を騙して所有権移転登記を行っても，登記官吏には当該不動産に関する処分権限がないため詐欺罪は成立せず（大判大12・11・12刑集2・784），失効した債権の実行としての強制執行は無効であり，そのような場合は裁判所に処分権限がなく，訴訟詐欺は成立しない（最判昭45・3・26刑集24・3・55）．

錯誤と交付・処分行為との因果関係が必要であるから，処分行為者は欺かれた者と同一でなければならない．もっとも，処分行為者が欺かれた者に従わざるを得ない関係にある場合には，別人でもよいとする見解がある．訴訟詐欺のように，欺かれた者が裁判所，処分行為者が敗訴者であっても，敗訴者は裁判所に従わざるを得ないため，別人でも詐欺罪が成立するとする．しかし，従わざるを得ない関係であれば，詐欺罪に必要な「（瑕疵はあるが）任意の処分」とはいえない．訴訟詐欺の場合の処分とは，裁判所が敗訴者に不利益な判決を下すこと自体であり，欺かれた者，処分行為者ともに裁判所で，敗訴者は被害者となる（前掲・最判昭45・3・26，平野217頁，中森123頁参照）．

クレジットカード詐欺 訴訟詐欺のように，処分行為者（＝欺かれた者＝裁判所）と被害者（敗訴者）とが異なる場合を，**三角詐欺**と呼ぶ．これが問題となるのが**クレジットカード詐欺**である．支払意思・能力がないのに，自己名義のカードを提示して商品の交付を受ける行為は詐欺罪に当たるが，判例は一貫して，欺かれた者，処分行為者，被害者の

286　4 財産に対する罪

いずれも加盟店であるとし，商品を交付させる行為を捉えて1項詐欺罪の成立を認める．これに対し学説の有力説は，信販会社に対する2項詐欺の成立を認める．加盟店は欺かれた者・処分行為者ではあるが，信販会社から商品代金の立替払いを受領するため被害は被らず，信販会社が顧客口座からの代金回収が不可能となったことが損害に当たるとする（三角詐欺）．

　ただ，損害の発生時点を口座引き落とし時点まで待つとすると，商品交付から引き落としまでの間，未遂状態が続くことになり妥当でない．クレジットカードによる商品購入で，加盟店が商品を交付したことにより1項詐欺が既遂となると解せば足りる．なお，商品が交付されれば，後はほぼ自動的に信販会社から加盟店に立替払いがなされるシステムであるから，交付時点で信販会社の損害発生の高度の危険性が生じ，このような債務負担の危険性が商品という財物に化体されていると理解することにより，商品に対する1項詐欺が成立すると評価する見解もある（林（美）・平野古稀（上）473頁，拙著・詐欺罪の研究263頁以下参照）．

> 【判例－クレジットカード詐欺】　他人名義のカードの不正使用に関し1項詐欺を認めるものとして，福岡高判昭56・9・21刑月13・8=9・527，名古屋高判昭59・7・3判時1129・155，東京高判昭59・10・31判タ550・289，東京高判平3・12・26判タ787・272がある．いずれも加盟店に対し支払意思・能力があるかのように装ってカードを提示する行為が挙動による欺く行為であり，加盟店が錯誤に陥り，それにより商品を交付し，当該商品を行為者が取得した時点で既遂に達するとする．また，カードで飲食や宿泊のサービスを受ければ2項詐欺が成立する．
>
> 　他人名義のカードの不正使用の場合には，そもそも名義を偽ることが欺く行為に当たるが，裁判例の多くは，名義を偽ることのみならず，支払意思・能力があるように装うことも併せて挙動による欺く行為であるとしてきた．ところが，最決平16・2・9（刑集58・2・89）は，入手した他人名義のカードを，カード名義人が使用を承諾しているものと誤信して，ガソリンスタンドで使用した行為について，名義人本人に成りすまし，正当な利用権限がないのにあるように装うこと自体が欺く行為に当たるとし，名義人の承諾につき誤信があったとしても詐欺罪の成立には影響しないとした．商品の占有移転により既遂に達すると考えれば，名義人が事後的に支払う

4-4 詐欺罪　287

か否かは重要ではないこととなり，支払意思・能力については欺く行為の内容ではないとする理解もあり得る．もっとも，支払意思・能力がないのに自己名義のカードで商品を購入する行為は，支払意思・能力があるように装う行為が欺く行為に当たる．

4-4-3　財物・財産上の利益の移転

財物の交付　　本罪が既遂となるためには，処分行為の結果としての，財物の占有の移転，あるいは財産上の利益の移転が必要である．「財物を交付させ」るとは，相手方の錯誤に基づき，財物の占有を自己又は第三者が取得することをいう．直接の交付でなく，例えば当たり馬券を外れ馬券だと偽り捨てさせた上で，後から拾う場合も交付による移転といえ，振り込め詐欺では銀行口座に振り込ませた時点で既遂となる．無銭飲食や代金支払意思のないレンタカーの借用などは，それぞれ飲食を始めた時点，レンタカーの引渡しを受けた時点で占有の移転があり，既遂となる．もっとも，「そのカバンには爆弾が入っている」と偽って捨てさせ，それを拾う行為は，被害者が意思に基づいて交付したと評価できないから，窃盗罪（ないしは，捨てる行為と拾う行為とが時間的に離れていれば占有離脱物横領罪の余地もある）となる（騙取と窃取との限界⇒261，281頁参照）．

利益の移転　　利益の移転の有無は財物の移転に比べ判断が難しいが，財産的処分行為が認められるか否かが，利益の移転のメルクマールとなる．利益は不法なものも含み（覚せい剤代金など⇒不法原因給付252頁），一時的なものでもよい（履行の延期など）．債権の取得，債務免除の約束，電気メーターの針を逆に回して料金を免脱すること（大判昭9・3・29刑集13・335），無銭飲食，キセル乗車で支払いを免れることなどが利益詐欺に当たる．また，活動家が活動拠点として使用することを秘してアパートの賃借契約を結ぶ行為（大阪地判平17・3・29判タ1194・293），ローン審査を受ける前のプラスチックカードを所持する者が，借入れができるローンカードとして利用可能とさせる行為（東京高判平18・11・21東高刑時報57・1=12・69）も利益詐欺に当たる．なお，はじめから支払意思のない無銭宿泊

やタクシーの無賃乗車は，宿泊を始めた時点，車に乗り始めた時点でそれぞれのサービスという利益を得たといえるから，代金支払い時点を待たずに既遂となり得る．

【第三者に対する処分】 欺く行為により，財物・利益が行為者以外の者に移転する場合も含む．ただし，交付される者が行為者とは全く無関係の第三者では足りず（大阪高判平 12·8·24 判時 1736·130 参照－知人である第三者を道具として利用して受領させた場合），また，行為者に専ら欺かれた者を加害する意図しかない場合には，不法領得の意思が欠ける（例えば，通信販売で無関係の第三者を装い注文し，その者の住所に配達させる行為など．ただし，販売業者に対する偽計業務妨害者が成立し得る）．

【罪数】 ⑦盗んだ貯金通帳を使用し，窓口係員を欺罔して払戻しを受ければ，窃盗罪と詐欺罪が成立し併合罪となる（最判昭 25·2·24 刑集 4·2·255）．盗んだ銀行キャッシュカードを用いて自動預払機から現金を引き出す行為も，カードと現金とについて別個に窃盗罪が成立する（東京高判昭 55·3·3 判時 975·132．強取したカードにつき東京高判平 13·5·16 判時 1760·146，騙取したローンカードにつき最決平 14·2·8 刑集 56·2·71）．新たな法益侵害行為を伴うと解されるからである．それに対し，①盗んだ現金の使用は，財産犯を構成しない．その中間の⑨盗んだ小切手の現金化は，詐欺罪に当たる．

また，無銭飲食し，代金支払も欺く行為により免れれば，飲食についての 1 項詐欺と支払免脱の 2 項詐欺が成立し，全体として 246 条の包括一罪となる．同一内容の働きかけによる街頭募金詐欺で，不特定多数の者から募金を騙取する行為は，全体として包括一罪となる（最決平 22·3·17 刑集 64·2·111⇨157 頁）．

4-4-4 **財産上の損害**

損害の意義　246 条には明記されていないが，通説は，財産犯である以上損害の発生が必要であるとする．この損害は，**個別財産の喪失**で足りるとされ，1 万円の商品を「2 万円だが 5 割引で 1 万円にする」と偽って販売する行為のような，いわゆる**相当対価**の事案につき，**全体財産の減少がない**（1 万円の現金を失ったが 1 万円の物が手に入った）から詐欺罪に当たらないとするのではなく，個別財産の喪失（騙されなければ交付しなかった，その 1 万円が失われたこと）があるとする．

2項詐欺については，全体財産の減少が必要であるとする見解もあるが（条解759頁参照），騙されなければその利益を移転しなかったことが認められればよいから，1項詐欺と異なった理解をする必要はない．相当対価（料金）を支払ってゴルフ場を利用する行為，相当対価（家賃）を支払って賃借する行為も，利益詐欺に当たる．

たとえ相当対価を支払ったとしても，欺く行為によって財物・利益の移転が認められる以上，「損害」の発生が認められずに既遂とならないという事例は考えにくいから，損害を独立に論じる意義は小さい（⇨ただし，被害額の算定について290頁）．重要なのは，「その欺く行為により，その財物・利益が移転した」といえるかである（欺く行為は「重要な事項」に関するものでなければならない⇨「重要な事項」281頁）．

市販の電気あんま器を，中風等に特効がありしかも入手困難で特殊な機器であると偽り，ただし相当価格で販売する行為は，「事実を告知するときは相手が金員を交付しないであろう場合」であり，たとえ価格相当の商品でも詐欺罪が成立する（最決昭34・9・28刑集13・11・2993．「中風等に特効があり，入手困難な特殊な機器」であることが，当該取引にとって「重要な事項」であるから，それを偽ることが「欺く行為」に当たる）．

また，最決平16・7・7（刑集58・5・309）は，「住宅金融債権管理機構（住管機構）」に対する返済に充てるため，不動産を任意売却する際に，売却先を偽り，住管機構に根抵当権の登記を抹消させた行為が2項詐欺罪に問われた．真の売却先は被告人が支配するダミー会社であったものの，売却代金自体は当時の相場からみて相当であったという事情があっても，第三者への売却であるとの誤信がなければ根抵当権を抹消しなかったことを理由に詐欺罪の成立を認めた（第三者への売却か否かが重要な事項に当たる）．

国家法益と詐欺　配給物資等につき，受給資格を偽り水増しして不正に受給を受ける行為（**配給詐欺**）は，たとえ相当価格を支払っても詐欺罪となる．また，農業従事者に対してのみ国が売却する土地を，営農意思がないことを隠して購入する行為は，農業政策という国家的法益の侵害に向けられた側面を有するとしても，詐欺罪の保護法益である財産権を侵害するものである以上，当該行政刑罰法規が詐欺罪の適用を排除す

290 4 財産に対する罪

る趣旨でない限り，詐欺罪が成立する（最決昭 51・4・1 刑集 30・3・425）．欺く行為により国民健康保険証書の交付を受ける行為も，国家的・社会的法益の侵害と同時に，財産犯の保護法益である財産権を侵害するものである以上，詐欺罪に該当する（最決平 18・8・21 判タ 1227・184．福岡高判平 8・11・21 判タ 936・254）．いずれも，「営農意思があること」，「健康保険加盟者であること」が重要な事項であり，これを偽って交付を受けたことが詐欺罪に当たる．

　なお，詐欺手段による旅券の不正入手については，公正証書原本不実記載罪や旅券法により処罰規定があるから，詐欺罪の成立は否定される（最判昭 27・12・25⇨364 頁）．脱税についても税法違反の罪にとどまる．

　【損害額】　損害額は，実際の価格との差額ではなく，交付した全額である（良質の炭と偽り質の劣る炭を売却した行為につき，代金の全額につき詐欺罪の成立を認めたものとして，最判昭 28・4・2 刑集 7・4・750）．もっとも，自己の預金口座に誤振込された金員を払戻す場合は，もともとあった預金相当額については損害に当たらないとされる（宮崎英一・判解平成 15 年度 143 頁．最決平 15・3・12⇨258 頁）．また，補助金の不正受給（水増し請求）に関し，補助金等予算執行適正化法上の補助金等不正受交付罪は，不正手段と因果関係のある受交付額についてのみ成立するとする差額説が採られている（最決平 21・9・15 刑集 63・7・783）．なお，東京高判平 28・2・19（判タ 1426・41）は，旧・障害者自立支援法の訓練等給付費の水増し請求が詐欺罪に問われた事案につき，内容虚偽の請求と因果関係のある差額についてのみ成立するとした．

4-4-5 **準詐欺罪**

> **248 条**　未成年者の知慮浅薄又は人の心神耗弱に乗じて，その財物を交付させ，又は財産上不法の利益を得，若しくは他人にこれを得させた者は，10 年以下の懲役に処する．（未遂処罰－250 条）

乗ずる行為　　本罪は，未成年者又は心神耗弱者に対し，欺く行為に準ずる手段を用いて財物を交付させ，または財産上の利益を得る行為につき詐欺罪と同様の刑罰を科す．手段が欺く行為ではなく，未成年者の知慮浅薄または人の心神耗弱に乗ずる行為である点に特色がある（これらの者に対し欺く行為が用いられれば，246 条に当たる）．本罪の心神耗弱

は，39条の限定責任能力と異なり，心神喪失者も含む．「乗じて」とは，利用することをいう．詐欺罪である以上処分行為は必要で，全く処分能力が欠けるような場合には，窃盗罪となる（利益については無罪となる）．

4-4-6 電子計算機使用詐欺罪

246条の2 前条に規定するもののほか，人の事務処理に使用する電子計算機に虚偽の情報若しくは不正な指令を与えて財産権の得喪若しくは変更に係る不実の電磁的記録を作り，又は財産権の得喪若しくは変更に係る虚偽の電磁的記録を人の事務処理の用に供して，財産上不法の利益を得，又は他人にこれを得させた者は，10年以下の懲役に処する．（未遂処罰－250条）

行為態様　本罪は，機械に対する詐欺的行為の処罰の間隙を埋めるため，一連の電磁的記録関連犯罪とともに新設された（昭和62年）．コンピュータに虚偽の情報を入力する等の電磁記録情報の改変により，財産上の利益を得る罪で，利益詐欺罪の特別類型である（情報自体を利益と評価するものではない）．

「人の事務処理」とは，財産権の得喪，変更に係る事務に限るが，「人」には自然人のほか，法人も含む．

前段の，「虚偽の情報」とは，「入金等の入力処理の原因となる経済的・資金的実体を伴わないかあるいはそれに符合しないもの」をいい（東京高判平5・6・29高刑集46・2・189），例えば，銀行のオンラインシステムに実体のない入金データを入力する行為（大阪地判昭63・10・7判時1295・151，東京地八王子支判平2・4・23判時1351・158）などが本罪に当たる．「不正な指令」とは，本来与えるべきでない指令をいい，例えば，外国の電話交換システムに対して，課金すべき通話ではないとの不正な信号を送る行為（東京地判平7・2・13判時1529・158）などが本罪に当たる．これらの行為により「財産権の得喪若しくは変更に係る不実の電磁的記録を作る」ことが必要で，前者の例では預金元帳ファイルの残高を不実に増額する行為，後者の例では課金が不要であるとの不実の電磁的記録を作る行為がこれに当たる．

「虚偽の情報」の「虚偽」は，情報それ自体が虚偽である場合のほか，

窃取したクレジットカードの番号を冒用し，カード名義人本人が電子マネーの購入を申し込んだように装うことも「虚偽の情報」に含む（最決平18·2·14 刑集 60·2·165．カード名義人に成りすまし，電子マネーの利用権を取得）．また，本来の乗車駅ではない駅からの回数券を自動改札機に投入して，改札を出場するキセル行為も，「虚偽の情報」を与えたといえる（東京高判平24·10·30 高検速報平 24·146）．

後段は，財産権の得喪，変更にかかる虚偽の電磁的記録を人の事務処理の用に供する行為である．例えば，内容虚偽のプリペイドカードを機器に挿入し，サービスの提供を受ける行為などがこれに当たる．

財産上の利益を行為者，あるいは第三者が得ることが必要である．預金残高が増加するだけでは，「事実上利益を得る可能性のある状態」が生じたに過ぎないともいえるが，自己の管理する口座の預金額が増加すれば，既遂に達する（なお，銀行預金の占有につき⇒258 頁）．

他罪との関係　銀行の支店長が，事情を知らない支店係員を使って，自己の開設した口座に対して実体のない振込入金の電子計算機処理をさせた場合には，横領罪，背任罪ではなく，本罪が成立する（前掲·東京高判平 5·6·29）．これに対し，銀行員を騙して，その銀行員にコンピュータを操作させ，虚偽の入金，送金をさせる行為は，本罪ではなく 1 項詐欺罪となる．また，磁気テープ部分を改ざんしたキャッシュカードを使って ATM から現金を引き出す行為は，本罪ではなく窃盗罪に当たる．さらに，登記官に虚偽の申告をし，不動産登記に関する電磁的記録を書き換えさせる行為も，本罪ではなく電磁的公正証書原本不実記録罪（157 条 1 項⇒364 頁）となる．

4-5　恐喝罪

4-5-1　恐喝罪

249 条 1 項　人を恐喝して財物を交付させた者は，10 年以下の懲役に処する．

　2 項　前項の方法により，財産上不法の利益を得，又は他人にこれ

を得させた者も，同項と同様とする（未遂処罰－250条）．

恐喝行為　「恐喝」とは，相手の反抗を抑圧しない程度の脅迫・暴行で，財物・財産上の利益を得るために用いられるものをいう（最判昭24・2・8参照⇨268頁）．黙示でもよい．脅迫罪（222条）の脅迫とは異なり，相手またはその親族の生命・身体・名誉・自由・財産に関する害悪の告知に限らない．害悪の内容が犯罪を構成するものである必要はなく，相手の犯した犯罪事実を捜査機関に申告する旨告げる行為も，それにより口止め料を得れば本罪に当たる（最判昭29・4・6刑集8・4・407）．一般に，社会的に許容される手段を超えた場合が恐喝行為となり，たとえ祈禱料等の名目であっても，支払わなければ神罰で家族全員が殺されると申し向ければ恐喝行為に当たる（広島高判昭29・8・9高刑集7・7・1149）．

恐喝罪の手段としての脅迫は，詐欺罪における欺く行為と同じく，処分行為に向けられたものでなければならない（東京高判平7・9・21判時1561・138－脅したものの具体的な財産の要求がない場合（消極））．脅して注意をそらし，その隙に占有を奪う行為は窃盗罪に当たる．

未遂　脅迫する文書を送ったが，相手がこれを見なかった場合には未遂となる．また，恐喝行為と処分行為との間には，因果関係が必要であるから，被害者が畏怖することなく，しかし困惑等から交付するような場合は，未遂にとどまる（浦和地判平4・3・19判タ801・264参照－市役所への寄付金を返還せよと庁舎内で怒鳴る等した被告人に，困惑した市助役，市長らが，所定の手続きを経て返還した事案）．被害者の通報により警察官が張り込んだ状況で現金を交付した事案（東京地判昭59・8・6判時1132・176）や，警察からの依頼で銀行が払戻しを停止した口座へ振り込ませた行為（浦和地判平4・4・24判時1437・151．なお，銀行預金の占有につき258頁参照）については，財物の移転が認められず，未遂となる．

処分行為　詐欺罪と同様，被害者の瑕疵ある意思に基づく財産的処分行為が必要である．ただ，恐喝罪では被害者が自ら処分する場合のみならず，畏怖して行為者の奪取を黙認する場合（最判昭24・1・11刑集3・1・1）や，債権者が黙示的に利益を処分する場合もあり得，詐欺罪と比べ，処分行為が緩やかに認められる．この意味でも，罪質は強盗罪に近い

294　4 財産に対する罪

（強取⇒267頁参照）．子を脅して，子から依頼を受けたその父親から金員の
交付を受ける行為も含む（松山地判平22・12・1裁判所 Web）．

【権利行使と恐喝】　債権者が債務者を脅して債権を取り立てる行為と恐喝
罪の成否は，**権利行使と恐喝罪**の問題として論じられる．手段としての脅迫
は違法だが，債権者として法的に弁済を受ける権利のある金員を受領する
権利行使行為に過ぎないから，財産的侵害はなく，恐喝罪に当たらないと
する見解もあるが（西田228頁），いかに権利行使であっても，恐喝手段に
より財物・財産上の利益を処分させる行為をすべて無罪にするのは不合理
である．

　自己の財物の取戻し（⇒250頁）と同様，権利行使の場合も，被害者の
財物・財産上の利益が移転すれば構成要件該当性は否定できない．しかし，
やはり自己の財物の取戻しと同様，債権者による権利行使の場合は，当該
行為の目的の正当性，手段の相当性・必要性を考慮して，違法阻却が認め
られる場合がある．判例は，「権利の範囲内であり且つその方法が社会通
念上一般に受忍すべきものと認められる程度を超えない」場合には，権利
行使として違法性が阻却される余地を認める（最判昭30・10・14刑集9・11・
2173）．大阪地判平17・5・25（判タ1202・285）は，解雇通告を受けた者が，
不当解雇を糾弾し，解雇予告手当名下に金員を要求し，会社の担当者に対
して怒鳴る等して畏怖・困惑させ，銀行口座に金員を振り込ませた行為に
ついて，社会通念上一般に認容すべきものであるとして違法阻却を認めた．

4-6　横領罪

4-6-1　委託物横領罪

252条1項　自己の占有する他人の物を横領した者は，5年以下の懲役に
処する．
　　2項　自己の物であっても，公務所から保管を命ぜられた場合にお
いて，これを横領した者も，前項と同様とする．

自己の占有　委託物横領罪の客体は，「自己の占有する」他人の物であ
る（他人の物を占有する者のみが犯し得る**真正身分犯**）．「占有」
は事実的支配に限らず**法的支配**も含む点で，奪取罪における占有と異なる．
法的支配とは，預金者の銀行預金に対する占有や，登記名義人の不動産に

対する占有，さらに代表取締役の会社の所有物に対する占有などをいう．公金を自己が管理する口座に預金した者が，それを流用する行為（大判大1・10・8刑録18・1231），所有権者でない登記名義人が勝手に不動産を売却する行為（最判昭30・12・26刑集9・14・3053）は横領罪に当たる．商品に対する店員の占有，封緘物の中身に対する委託された者の占有のように，占有の帰属が争われる場合があるが，店主や委託者に占有があるとされれば，店員や委託された者の取得行為は窃盗罪となる（窃盗罪の占有⇨256, 260頁）．

　本罪が占有離脱物横領に比べ重く処罰される根拠は委託信頼関係を破ることにあるから，占有は委託に基づくものでなければならない．委託関係とは，賃貸借，委任，寄託，雇用などの契約の他，後見，事務管理なども含み，事実上かなり緩やかに認められる．もっとも，㋐偶然自己の支配下に入った遺失物，誤配達物や，㋑窃盗罪などの犯罪により占有を取得した物についてまで，委託関係があるとはいえない．ただし，窃盗犯人が盗品を他に委託した場合，委託された者が勝手に処分すれば横領罪となる（東京高判昭24・10・22高刑集2・2・203．不法原因給付と横領⇨297頁参照）．

他人の物　客体は原則として「他人の物」でなければならない（自己の物についての例外として252条2項）．**財物**に限り，利益は含まない（不動産を含む点で窃盗罪における「財物」とは異なる）．共有物であっても，他人の所有権を侵害する以上，横領罪の客体となる．また，従業員が業務上開発したコンピュータシステムの所有権は会社に属すため，自己の占有するシステムに関する資料を持ち出す行為は，業務上横領罪に当たる（東京地判昭60・2・13刑月17・1=2・22—新潟鉄工事件）．

> **【情報に対する横領】**　背任罪と異なり横領罪の客体には，財産上の利益を含まない（横領と背任の区別⇨306頁）．また245条が準用されないため電気も本罪の客体でない．情報そのものも財物ではない以上，自己の占有する情報の化体された用紙やフロッピーディスク等を持ち出す行為は，その用紙やフロッピーディスクという財物についての横領行為として処罰されることになる（東京高判昭60・12・4刑月17・12・1171，東京地判平10・7・7判時1683・160）．会社のコンピュータから情報のみを自己所有のフロッピーに入力し

て持ち出す行為は，自己の占有する自己の物（フロッピー）を持ち出した
に過ぎず，横領罪には当たらない．持ち出したことにより会社に損害が発
生することを要件として，背任罪が成立する（東京地判昭 60・3・6 判時 1147・
162－綜合コンピュータ事件）．

　財物の他人性は，原則として民法による．民法では契約時に所有権が移
転するため，契約後，引渡までの間，売主にとっては目的物が「自己の占
有する他人の物」に当たることになり，**売買契約の売主**が，契約成立後引
渡前（不動産については登記前であれば引渡後も含む）に第三者にさらに売却
するいわゆる**二重売買**は，一般に横領罪に当たる．もっとも，代金が全く
支払われていないような段階では，刑法上「他人の物」とはいえず横領罪
の成立を否定する見解もある（林 287 頁，佐久間 238 頁．債務不履行に過ぎな
いことになる）．

　割賦販売に関しては，代金完済までは所有権は売主に留保される（割賦販
売法 7 条）ため，その間に無断で質入れする行為等は横領罪に当たる．最
決昭 55・7・15（判時 972・129）は，24 回払いで自動車 3 台の引渡を受けた者
が，3 回分支払った時点で借入金の担保として提供した行為について，横
領罪の成立を認めた．

　譲渡担保についても，所有権は一応債権者に移り，債務者は賃貸借等の
形態で物を保管することになるが，この場合に勝手に処分すれば横領罪に
当たる（大判昭 8・11・9 刑集 12・1946 は，土地を譲渡担保に供し所有権を債権者に
譲渡した者が，弁済期経過後も弁済せず，第三者に売却した行為につき横領罪の成
立を認めた）．しかし，譲渡担保は所有権につき内部留保型（外部移転型）
の場合が多く，その場合には，債務者にとって自己の占有する自己の物に
当たり，横領罪は成立しないと解すべきである．逆に，内部留保型の譲渡
担保において，債権者が占有する担保物を勝手に処分すれば，横領罪が成
立する余地がある（大判昭 11・3・30 刑集 15・396－債権者が占有する山林を勝手
に売却した行為．なお，譲渡担保として所有権を信託的に譲渡され，所有権移転登
記を得た債権者が，自己の債務のためにその土地につき根抵当権設定契約等を行っ
た行為につき背任罪としたものとして，大阪高判昭 55・7・29 刑月 12・7・525）．

　【代替物】　代替物の典型である金銭につき，私法上の所有権は占有ととも

に移る（内田貴・民法 I（第 4 版）471 頁参照）が，これを形式的に刑法にあてはめると，およそ金銭についての横領罪の成立はあり得なくなる．そこで，**封金**については，特定物として扱われ，所有権は委託した者に残るので，「自己の占有する他人の物」に当たる（封緘物の窃盗につき⇨260 頁）．さらに，**使途を定めて委託された金員**も封金と同様に所有権は委託者に残り，目的外に使用すれば横領罪が成立する（製茶買い受け資金として寄託された金銭の消費につき最判昭 26・5・25 刑集 5・6・1186，補償金として顧客から預託を受けた有価証券の流用につき最決昭 41・9・6 刑集 20・7・759）．さらに，債権取立てを依頼された者が，回収した金員を着服する行為，集金人が依頼者のために集金した代金を着服する行為も，横領罪に当たる．

　しかし，いつでも自己の金銭により代替させるだけの意思・能力がある場合には，横領罪に当たらないとする有力説もある（西田 246 頁参照）．ただ，代替可能性があれば常に他人性が欠けるとすると，行為者の一般財産の有無により犯罪の成否が左右されかねず，妥当でない．また，後に補塡したとしても，横領罪の成否に影響しない．

【判例－不動産の二重売買】　山林を A に売り渡し代金を受け取った X が，登記名義が自己に残っていることを奇貨として，B に売却し所有権移転登記を行ったり，抵当権を設定し登記する行為は，登記名義が X にあることから「自己の占有する他人（A）の物」に当たり，横領罪が成立する（なお，二重抵当につき⇨304 頁）．B が，X の A への売却を知りながら，X と共謀して自らが先に登記を完了した場合は，B は X の横領罪の共同正犯となる（福岡高判昭 47・11・22 刑月 4・11・1803）．ただし，福岡高判昭和 47 年判決は，B が X に対し二重譲渡を執拗に迫ったことを共同正犯成立の理由としている．B に未必的な認識しかないような場合は，横領罪，背任罪共に成立しない．

不法原因給付　民法 708 条本文は「不法の原因のために給付をした者は，その給付したものの返還を請求することができない.」と規定する．例えば，A から，B に賄賂を渡すように依頼された X が，その金銭を B に渡さずに着服した場合，不法原因給付として A の X に対する返還請求権は否定されるが，なお X に横領罪を認めるべきかが問題となる（⇨252 頁参照）．**横領罪成立説**（最判昭 23・6・5 刑集 2・7・641）は，A には

返還請求権はないが，所有権はAに残り，Xにとっては他人の物に当たると解する．これに対し**不成立説**は，Aには返還請求権がない以上，横領罪で保護すべき財産的利益もないとする．昭和45年に民法判例が変更され，不法原因給付物については所有権も給付された側に移転すると解されるようになったため（最大判昭45・10・21民集24・11・1560），成立説の論拠は弱くなったかにみえる．

　ただ，一般に，金銭の所有権や売買契約の目的物の所有権などに関し，横領罪における「他人の物」が広く解釈されている事実を前提とすると，不法原因給付物であっても，なお「他人の物」と解する余地はある．その判断で重要なのは，Aの不法性が刑法上の保護に値しないほど高度のものといえるかである．売春代金のように不法性の極めて高いものは保護に値しないといえようが，賄賂としての金銭は，なお保護すべき財産と評価することが可能である．

　なお，不法原因「給付」（贈与や売買）の場合と，給付でなく「委託」（覚せい剤購入のための金銭委託等）の場合とを区別し，委託物については民法708条の適用はなく，所有権は委託者に残るから，横領罪の客体となり得るとする見解もある（林・152頁．なお，佐伯仁志＝道垣内弘人・刑法と民法の対話46頁以下参照）．しかし，もしこのように区別する見解が，「給付」を，所有権を移転させる意思のある場合を指すとするのであれば，そもそも横領の問題とはなり得ない（贈与した物について横領が問題となることはあり得ない）．さらに，「委託」と呼ぶ場合が横領罪の客体となり得るのは，708条の適用がないからではない．ここで「委託」として問題となる事例は，「使途を定めた委託」だからこそ，なお刑法的な観点からは「他人の物」といえる．民法上の708条の適用の可否が刑法にとって絶対的な意味を持つわけではない．

　　【委託された盗品の横領】　AがBから窃取した盗品を，Xに換金を依頼して預けたところ，Xが換金した金員を着服する行為は，横領罪に当たる（最決昭36・10・10刑集15・9・1580）．たとえ盗品の所有権がAになくとも，Xにとって「他人の物」だからである．X・B間に委託信頼関係がない以上，占有離脱物横領罪と解すべきだとする見解もあるが（林153頁），所持者で

あった A と X の間の委託信頼関係も保護の対象と解すべきで，A に対する委託物横領罪の成立が認められる．なお，質権者 Y が A（質物の所有者）から預かった質物を，Y から預かり保管していた X が，Y に無断で A に引き渡す行為は，所有権侵害が認められず，横領には当たらない．ただし，Y に対する背任罪となる余地がある．

横領行為　横領罪の実行行為である横領の意義に関しては，財産権の侵害を重視し，不法領得の意思の発現行為が横領行為であるとする**領得行為説**（通説・判例）と，委託に基づく信頼関係を破り委託された権限を越える行為であるとする**越権行為説**（内田 364 頁）とが対立する．横領罪は財物が委託された場合であるから，一般に占有者には，財物に対する一定の利用権限が認められる．会社内で金員を預かる者も，一定の権限内の利用は可能であり，その権限（委託の趣旨）を越えた場合に，はじめて横領の問題が生ずる．越権行為は横領罪にとって必須の要件であり，越権行為があったことを前提に，その越権行為が横領行為と評価できるかが問題となる．そこで，両説の相違は，越権行為さえあれば，不法領得の意思を欠く行為（占有物を毀棄する等）でも横領罪とするか（越権行為説），横領罪に当たらないとするか（領得行為説）に過ぎない．領得罪である以上不法領得の意思は必要であるから（⇨252 頁参照），毀棄行為まで横領行為に含めることはできず，領得行為説が妥当である．

　もっとも判例は，横領行為とは「他人の物の占有者が委託の趣旨に背いて，その物につき権限がないのに，所有者でなければできない処分をする意思が外部に現れること」（最判昭 24・3・8 刑集 3・3・276）であるとし，窃盗罪等の不法領得の意思とは異なり，経済的・本来的用法に従って利得する意思を要求しない．隠匿を横領行為とする判例もある（大判大 2・12・16 刑録 19・1440－市助役が公文書を隠匿，東京高判昭 56・12・24 高刑集 34・4・461－取締役が会社資金を隠匿）．しかし，横領とは**経済的見地から見た権限逸脱行為**であると解すべきであり，およそ経済的に評価できない毀棄行為まで含めることはできない．

　横領行為は，法的処分・事実的処分のいずれでもよい．**法的処分**としては，売買や贈与，入質，預金の引出しの他，抵当権を設定し登記を了する

行為（一時的なものも含み，不実で，かつ仮登記であってもよい．最決平 21·3·26 刑集 63·3·291―病院として使用されている不動産を，A 医療法人に譲渡した X らが，その登記名義が未だ X らにあることを奇貨として，電磁的公正証書である登記記録に，不実の抵当権設定仮登記をした行為につき横領罪成立）も横領に当たる．**事実的処分**としては，費消・着服はもちろん，隠匿も含み得る（前掲・大判大 2·12·16 等）．借りた物につき返還を求められ，欺いて返還しない行為も横領に当たる．

> 【判例―横領後の横領】 自己の占有する他人の不動産について，抵当権を設定し，その後さらに売却する行為についても，重ねて横領罪が成立する．最大判平 15·4·23（刑集 57·4·467）は，先の抵当権設定行為が時効により立件されなかった事案について，「抵当権を設定してその旨の登記を了した後においても，その不動産は他人の物であり，受託者がこれを占有していることに変わりはな」いことを理由に，その後その不動産を売却して所有権移転登記を完了した行為にも横領罪が成立するとした．ただし，「抵当権設定は『部分的な所有権侵害』なので，残余部分に対する横領罪が成立する」としたわけではない点に注意を要する．

不法領得の意思 　横領罪の不法領得の意思は「所有権者でなければできない処分をする意思」であり，窃盗罪のように「本来的・経済的用法」は必要ではない．市の助役が自己の保管する公文書を持ち出して隠匿する行為（前掲・大判大 2·12·16）や，会社の資金を取締役が隠匿する行為（前掲・東京高判昭 56·12·24）を横領罪とする判例があるが，毀棄行為まで横領罪とする判例はない．

　「所有者でなければできない処分」の意義について，最決平 13·11·5（刑集 55·6·546―国際航業事件）は，会社幹部が会社乗っ取りに対抗するため，仕手集団に工作資金として 11 億円余りの会社資金を渡した行為につき，被告人ら自身の保身のためでもあったとして，「専ら会社のためにする」意図が認められない以上，不法領得の意思があるとした．ただし，原判決が，本件の会社資金の支払が，委託者である会社自身でも行い得ない違法行為であることを理由に不法領得の意思を認めた理由付けについては，否定した．

未遂と既遂 　横領罪には未遂処罰規定がない．理論的には，横領の未遂状態を想定することも不可能ではないが，占有侵害を伴わないため物色等の行為がなく，犯意が外部に現れた時点で，事実上既遂となる．ただし，既遂には財産上の利益侵害が必要である（例えば不動産登記の完了）．

4-6-2 業務上横領罪

253条 　業務上自己の占有する他人の物を横領した者は，10年以下の懲役に処する．

業務 　業務という加減的身分のある者につき，刑を加重する．「業務」とは，社会生活上の地位に基づいて，反復継続して行われる事務をいうが，他人の物を占有・保管する業務に限る（⇨240頁参照）．倉庫業や運送業等が典型であるが，会社の資金を業務上保管する者はすべて本条の適用があるため，実際の検挙件数は252条よりも多い．

【共犯と身分】　横領罪の主体は，他人の物の占有者であるという意味で身分犯（真正身分犯）であるが，本条はさらに業務者としての身分（不真正身分）が要件であるため，両身分が結合した身分犯となる．非業務者が共犯として加功した場合，非占有者が加功した場合はともに，通常の委託物横領罪として処断される（最判昭32・11・19刑集11・12・3073，共犯と身分⇨143頁）．

4-6-3 遺失物等横領罪（占有離脱物横領罪）

254条 　遺失物，漂流物その他占有を離れた他人の物を横領した者は，1年以下の懲役又は10万円以下の罰金若しくは科料に処する．

遺失物 　「占有を離れた他人の物」とは，その他人の事実上の支配を離れた物を指す．具体的には，㋐誰の占有にも属さない物（いわゆる落とし物等），および㋑委託に基づかずに行為者の占有下にある物（誤配達された物等）をいう（被害者の事実的支配の有無⇨256頁）．その物が水中，水面にある場合，「標流物」という．

「他人の物」であることが必要であるから，無主物については成立しない．ただし，誰が所有者であるかは不明であってもよいから，養魚場から

302　4 財産に対する罪

逃げ出した錦鯉を外部の水路で捕獲し，他に売却する行為は，錦鯉が野生
でないことことを認識できる以上，本罪に当たる（最判昭56・2・20刑集35・
1・15，なお民法195条参照．古墳から出土した物についても本罪が成立する．大判
昭9・6・13刑集13・747）．

4-7 背任罪

4-7-1 背任罪

> **247条**　他人のためにその事務を処理する者が，自己若しくは第三者の利
> 益を図り又は本人に損害を加える目的で，その任務に背く行為をし，本
> 人に財産上の損害を加えたときは，5年以下の懲役又は50万円以下の
> 罰金に処する．（未遂処罰－250条）

任務違背行為　　背任罪は，①他人のためにその事務を処理する者（事務処
理者）が，②図利加害目的で，③背任行為（任務違背行為）
を行い，④本人（会社等）に財産上の損害を生じさせる罪である．図利目
的の他，加害目的も含むため，自己に利得がなく，専ら本人に損害を加え
る目的であってもよい（領得罪以外の側面を持つ）．もっとも，実際には加
害目的のみの場合はほとんどない．業務上の規定はないが，背任罪の加重
規定として，取締役等の身分者による特別背任罪が会社法に規定されてお
り（960〜962条，10年以下の懲役若しくは1,000万円以下の罰金，又はこれを併
科），実質的には業務上の加重類型として機能している．

　実行行為である「その任務に背く行為」（任務違背行為）の意義に関し，
背信説と権限濫用説が対立する．**背信説**は，本人との間の**信義誠実義務に反す
る行為**であるとするのに対し，**権限濫用説**は，本人から与えられた**法的代理権
限を濫用する行為**であると説明する．権限濫用説は「法的代理権」のある場
合に限定するため，背任罪の成立範囲が狭すぎるとして批判され，背信説
が通説・判例となった．しかし，背信行為一般を処罰するのであれば，財
産犯ではなく「信義誠実に対する罪」になってしまうため，現在の背信説
は，背信行為のうち行為者が有している（法的ないし事実的な）**権限を濫用す
る行為**を背任行為であるとして限定する（前田280頁）．

【不正融資】 任務違背行為の典型例は，商社における**冒険的取引**や，銀行員が十分な担保なしに行う**不正融資**である．冒険的取引や融資については，その担当者に一定の裁量権があることが通常であり，その裁量権の濫用が認められる場合に初めて，背任罪が問題となる．濫用か否かの判断は，当該事務処理者の職種，地位等により異なる．例えば，同様の投機的取引でも，商社や証券会社の担当者が行えば任務違背行為ではなくとも，後見人が行えば背任罪となる余地はある．もっとも，いかに裁量権が大きな金融機関の理事長のような職にある者であっても，回収の見込みがないまま，理事長の関連会社に200億円以上の迂回融資がなされたような場合には，任務違背行為が認められる（東京地判平9・3・27公刊物未登載，東京地判平11・10・5判タ1023・86－旧二信組乱脈融資事件）．また，実質倒産状態にある会社に対し，客観性を持った再建・整理計画がないまま赤字補填資金を実質無担保で追加融資する行為は，特別背任罪に当たる（最決平21・11・9刑集63・9・1117－北海道拓銀事件）．

事務処理者 背任罪の主体は，「他人のためにその（他人の）事務を処理する者」（**事務処理者**）に限る（**真正身分犯**）．**事務**とは，財産上の利害に関する仕事一般（法律行為のみならず事実的関係を含む）を意味する．後見人や破産管財人のように法令に基づく場合，委任や雇用のように契約に基づく場合の他，事務管理も含み，現実には**信任関係**がある場合を広く含む．公的事務も含まれ，国や地方公共団体の事務を処理する者も本罪の主体となる．不正融資の借り手が，貸し手である事務処理者と共謀した場合には，借り手も本罪の共同正犯となり得る（共犯と身分⇨141頁参照）．

【判例－不正融資の借り手側責任】 不正融資の借り手側について背任罪（特別背任罪）の共同正犯を認める判例は多い．しかし，そもそも，借り手は融資側と利害が対立するはずで，「共同正犯」という概念に馴染まないという考え方もあり得，最判昭40・3・16（裁判集刑155・67－千葉銀行事件）は，「身分を有しない借受人の立場は，銀行の立場とは全く異なる」ことを理由として，共同正犯の成立を否定した．これに対し，近年の判例は，①借り手の側が不正融資に関し積極的に働きかけた場合（最決平20・5・19刑集62・6・1623）のみならず，②共犯者が任務違背，損害発生並びに行為者（事務処理者）らの図利加害目的を認識し，行為者が融資を続けざるを得ない状況を利用して関与したような場合には共同正犯が成立する（最決平15・2・

18 刑集 57・2・161) としている.

「他人の」ための事務でなければならない. 売買契約における売主の引渡義務や買主の代金支払い義務は自己の事務であるから, これらの義務を怠っても債務不履行責任を負うにとどまる.

> **【判例－他人のための事務】** 二重抵当は, X が, 一番抵当権者 A の抵当権が未登記であることを奇貨として, B に抵当権を設定し, 一番抵当権者として登記する行為であるが, 判例は A に対する背任罪の成立を認める. X は抵当権設定登記が完了するまで, 抵当権者に協力する義務を負い, これが**主として A のための事務**に当たる (最判昭 31・12・7 刑集 10・12・1592). また, 株券に質権を設定し質権者に交付した者が, その後虚偽の申立てによる除権判決を得て質権を消滅させる行為も, 質権設定者は, 融資金を返済するまでは質権を消滅させてはならない義務があり, この義務は他人 (＝質権者) のための事務に当たるため, 背任罪に当たる (最決平 15・3・18 刑集 57・3・356).

包括的事務でなければならない. 背任の本質は与えられた権限の濫用にあるから, 事務処理者は本人 (会社等) の権利・義務をある程度左右できる権限のある者 (事実上, 一定程度以上の役職にある者) に限る. 権限がなく濫用の余地のない機械的事務処理者は, 主体となり得ない. もっとも, その者の担当する事務の範囲内にある以上は, たとえ上司の命令に従いやむを得ず行った違背行為であっても背任罪に当たる (融資事務の責任者が上司の命令により不正融資を行った行為につき, 最決昭 60・4・3 刑集 39・3・131).

また, **財産的な事務**に限るとする見解が有力である. 例えば医師が医療報酬を多く得るために敢えて不適切な治療をしたり, 患者に財産上の損害を加える目的で治療を長引かせる行為を, 患者に対する背任罪と評価するのは妥当でない (大谷 328 頁).

図利加害目的 背任罪の故意の内容として, 実行行為である「任務違背」と, 結果である「損害の発生」についての認識が必要である. さらに, 目的犯として, 故意に加え, ㋐「自己または第三者が利益を

図」る目的（図利目的），あるいは⑦「本人に損害を加える」目的（加害目的）を要する．本条の「利益」には，経済的利益のみならず，社会的地位や信用等も含むが，図利目的は故意の内容とは異なる主観的超過要素であるから，現実に利益を得る必要はない．

　これに対し加害目的は，故意である「損害発生の認識」との相違が問題となる．判例は，「意欲ないし積極的認容までは要しない」とする（最決昭 63・11・21 刑集 42・9・1251－東京相銀不正融資事件）．①損害発生の認識が確定的か未必的か（故意の問題）と，②図利加害の意欲の有無とは別個の問題である．図利・加害目的は，認識が未必的か確定的かとは独立の，動機が本人（会社等）の利益のためか否かの問題である．動機が本人のためであれば，たとえ損害発生の認識があっても，図利・加害目的が欠けることになる（前田 284 頁）．ただ，動機が本人のためか自己のためかが曖昧な場合は多い．銀行が資金状態の悪化した企業に対し，十分な担保を取らずに貸付する行為も，融資を継続して倒産を防ぎ，ひいては銀行の利益を図る意図による場合はあり得る．結局，主たる目的・動機は何かで判断せざるを得ない．主として自己又は第三者の利益を図る目的であれば，本人の利益を図る目的が併存していても図利加害目的は認められる．これに対し，主として本人図利目的であれば，反射的に自己・第三者に利益があるとしても，図利目的は肯定できない．

> **【判例－決定的な動機】**　最決平 10・11・25（刑集 52・8・570－平和相互銀行事件）は，銀行と密接な関係にある企業 T の倒産を回避する手段として，不良な貸付先である A らに T の保有する不動産を買い取らせるため，A への融資を行った銀行幹部の行為につき，銀行にとって A への融資の必要性・緊急性が認められないこと等を根拠に，第三者（T および A ら）図利目的を認めた．当該融資において銀行の利益を図ることが「決定的な動機」ではないことを挙げ，主として T および A らの利益を図る目的であるとした．

　　財産上の損害　背任罪は，任務違背行為に着手した時点が実行の着手で，本人に財産上の損害が発生した時点で既遂に達する．背任罪は全体財産に対する罪であり（⇨288 頁参照），**全体財産の減少が損害とな**

る．得られるべき利益を得られなかったこと（消極的損害）（後掲・最決昭58・5・24刑集37・4・437）や，本人の面目を失墜させることも含む．

全体財産の減少については，これを法的に評価する**法的損害概念**も主張されたが，現在では，事実的・経済的に評価する**経済的損害概念**が通説・判例である．前者は，不十分な担保で貸し付けた不正融資であっても，法的な債権は残るため，法的損害は発生しないとするが，不正融資の場合には回収不能となるおそれは高く，融資した時点で経済的損害は発生し，既遂となる（最決昭58・5・24刑集37・4・437，東京地判平6・3・30判タ865・268−佐川急便事件，最決平8・2・6刑集50・2・129−手形保証をめぐる不正融資事件）．

4-7-2 横領と背任の区別

**信義誠実
義務違反**　背任とは任務違背行為であり，信頼関係を破るという点で横領と共通する．ただし，⑦客体が財産上の利益である場合，および加害目的の場合には背任罪しか成立せず，他方で①背任罪の事務処理者に当たらない者（機械的事務に従事する者等）の領得行為は，横領罪にのみ該当する．そこで，これらを除いた，「他人のために事務を処理する者」が，「自己の占有する他人の物」を不法に処分した場合につき横領罪と背任罪の両罪に該当する可能性が生じ，両罪の関係が問題となる．

業務上横領罪の法定刑が10年以下の懲役であるのに対し，背任罪は刑法247条では5年以下，特別背任（会社法960条以下）でも懲役10年以下または罰金1,000万円以下であり，業務上横領罪の方が重い．したがって，両罪が競合する部分については，横領罪が成立すれば背任罪は成立しない（法条競合）．そこで，横領罪の成否，すなわち横領行為の有無が両罪の区別の限界を画することとなる．

自己の計算　判例は誰の利益を図ったかを重視し，本人の利益を図る場合であれば横領にも背任にも当たらないが，それ以外の場合は，誰の利益を図ったかを問題とし，具体的には誰の**名義・計算**で行ったかを基準とし，本人名義・計算であれば背任罪，被告人の名義・計算であれば横領罪となるとしてきた．もっとも，最判昭34・2・13（刑集13・2・101）は，

森林組合の組合長らが，組合員への造林資金として使途の特定された政府貸付金を，第三者である町役場に組合名義で貸し付けた事案につき，たとえ組合名義であっても，一切流用の許されない資金を第三者に貸し付ける行為は，**被告人らの計算で行ったもの**で不法領得の意思の発現行為であるとして横領罪が成立するとし，名義より計算を重視する．本判決の用いる**計算**とは，名義とも異なるし，自己の利益を図るという意味でもない．むしろ**委託の趣旨からいって絶対許されない行為か否かを判断する基準**である．組合名義であるため組合長らの一般的権限内の行為といえる場合であっても，委託の趣旨からいって許されない行為であれば組合長らの計算で行った領得行為となる．同様に，支店長が銀行名義で行う貸付であっても，定められた手続を全く履践せず，貸付限度額を著しく超えてなされれば，背任罪ではなく業務上横領罪に当たる（大阪地判昭 55・10・13 刑月 12・10・1129，東京地判昭 58・10・6 判時 1096・151）．

東京高判昭 56・12・24（高刑集 34・4・461）は，経営破綻した会社の代表取締役が，従前の粉飾決算の隠蔽等の資金に充てるため，会社の資金を隠匿した行為につき業務上横領罪を認めたが，会社の資金を個人所有の金員に混在させ，「占有者たる被告人の意思によって自由に処分することのできるような形態で」支配下に置いたことが権限の逸脱であり，領得行為であるとした．自己に利得する意図がなくても，「自由に処分できる状態に置くこと」は横領罪における不法領得の意思の発現行為であると評価できる．

学説上は，**権限濫用**行為であれば背任罪で，**権限逸脱**行為の場合には横領罪とする見解が有力である（前田 291 頁，佐久間 251 頁．ただし，これに対しては，一般的な区別として機能しないとの批判もある．西田 266 頁，山口 334 頁）．横領罪と背任罪とは，与えられた権限と行為者の処分行為との乖離の，「量的な差異」によって区別される（山口雅高・刑事事実認定重要判決 50 選（下）増補版 81 頁，林 300 頁参照）とするもので，判例もこの見解を採ると考えられる．

横領罪における不法領得の意思と背任罪における図利加害目的　不法領得の意思が欠けるとして横領罪の成立が否定された場合，必ず背任罪の成立が認められるとは限らない．前掲・最決平 13・11・5（国際航業事件・業務上横領罪⇨300

頁）と，前掲・最決平 10・11・25（平和相互銀行事件・特別背任罪⇨305 頁）は，いずれも，当該処分についての合理的理由が認められない限り，不法領得の意思あるいは図利加害目的を認めるという点で共通している．そうだとすれば，不法領得の意思と図利加害目的は事実上重なるようにもみえる．ただし，不法領得の意思が認められるためには，単に「当該処分に合理的理由がない」ことのみでは足りないであろう．国際航業事件は，3,000 万円の支出権限しか有しない経理部長が，経営者との内紛状態の中で，10 億円以上の金員を簿外資金から交付した点が重要である．平和相銀事件でも 100 億円以上の資金が不正に融資されているものの，これは共犯関係にある代表取締役社長の了承を得て行われたものであった．横領といえるためには，処分が事実上全くの無権限でなされたと評価できることが必要となる．与えられた権限と行為者の処分行為との乖離の，「量的な差異」が求められるのである．

4-8 盗品等に関する罪

4-8-1 盗品等に関する罪

256 条 1 項 盗品その他財産に対する罪に当たる行為によって領得された物を無償で譲り受けた者は，3 年以下の懲役に処する．

2 項 前項に規定する物を運搬し，保管し，若しくは有償で譲り受け，又はその有償の処分のあっせんをした者は，10 年以下の懲役及び 50 万円以下の罰金に処する．

保護法益　盗品等に関する罪（以下，盗品関与罪と呼ぶ）の罪質については，**追求権説**（通説・判例）と**違法状態維持説**との対立がある．前者は，本犯（本罪の前提となる財産犯）の被害者が，その物を追求し，回復しようとするのを困難にする罪であるとするのに対し，後者は，本犯の行為により生じた違法な財産状態を維持・存続させる罪であるとする．追求権説は，盗品関与罪の財産犯としての性格を重視し，特に民事上の所有権を侵害する側面を強調する．これに対し違法状態維持説は，事後従犯的側面を重視する．

もっとも，判例は，法的追求権のある場合に限らず，本犯につき財産犯が成立すれば，不法原因給付物についても本罪が成立するとし，被害者の下に盗品を運搬する行為も運搬罪に当たるとする（最決昭 27・7・10 刑集 6・7・876）から，追求権のみでは説明できない．追求権説と違法状態維持説の両側面を有する犯罪と理解できよう．

主体 **本犯の正犯者**（共同正犯も含む）は主体とならない．例えば窃盗犯人自身による盗品運搬等の処分行為は，不可罰的事後行為である．これに対し，窃盗犯人 X と事後的に共同して，運搬行為のみを行う Y は，本犯の正犯者ではないので運搬罪が成立する（最決昭 35・12・22 刑集 14・14・2198）．運搬行為は共同実行である以上，Y には X が運搬した物についても運搬罪が成立する（最判昭 30・7・12 刑集 9・9・1866）．

例えば，窃盗を命じ，盗ませた物を買い取るように，本犯の教唆犯や従犯がさらに盗品関与罪に加功する場合は，争いがある．窃盗を命じ，盗ませた物を買い取った場合，窃盗の教唆は窃盗の実行行為そのものではなく，盗品関与罪の違法性は教唆行為により評価し尽くされているとはいえないため，窃盗教唆罪と盗品関与罪が成立する（併合罪．最判昭 24・7・30 刑集 3・8・1418）．牽連犯とする見解もあるが（曽根 192 頁），一般的に手段と結果の関係にある行為であるとはいえない（河上＝渡辺・大コンメ 13・516）．

客体 本罪の客体は「財産に対する罪に当たる行為によって領得された物」（以下，盗品等と呼ぶ）であり，財産上の利益は含まない．不動産については，運搬・保管等の行為は困難であるが，詐欺罪，恐喝罪の重要な客体であり，有償・無償の譲受け等の行為は可能であるから，客体と解すべきである．ただし，X が自己の不動産に設定していた A の抵当権を，A を欺いて抹消させた後に，Y がそれを知って譲り受けたとしても，X は同不動産を騙取したわけではないので，Y には譲り受け罪は成立しない．わが国の財産犯規定が適用されない財産犯（外国人の国外犯）の場合に，その盗品がわが国に持ち込まれ，売買された場合につき本罪の適用があるかについては争いがあるが，違法状態を維持・助長するという観点からは，本条の盗品等に含まれ得る（大谷 341 頁，前田・ジュリスト 1003 号 90 頁，反対・河上＝渡辺・大コンメ 13・479，西田 272 頁）．

310　4 財産に対する罪

不法原因給付物や禁制品等も広く客体に含む．ただし，財産犯罪によって得られた物に限るため，偽造文書，偽造貨幣，賄賂，密輸品等は含まない．

> **【本犯の完成の有無】**　①本犯が親族相盗例（244条）により処罰を阻却されても，本罪の客体である盗品等には当たる（最判昭 25・12・12 刑集 4・12・2543）．さらに，②本犯者が刑事未成年等により責任を阻却されても，その盗品は本罪の客体となる．本犯の作り出した違法状態を維持・助長するからである．ただし，③本犯が既遂の場合に限るから，本犯が未遂等の場合は本罪は成立しない．例えば窃盗を計画している者に依頼され，将来窃取する物の売却をあっせんする行為は，窃盗自体の幇助であり，盗品関与罪ではない．④本犯に公訴時効が成立していても，本罪は成立する．

　原則として盗品性は当該財物に限り認められる（盗品等の**同一性**）．例えば，盗品の対価（盗品を売却した金銭等）は，盗品性を有しない．もっとも，金銭のように**代替性**のある場合は別で，盗品である金銭を両替した場合（大判大 2・3・25 刑録 19・374），小切手を現金化した場合（大判大 11・2・28 刑集 1・82）も盗品性は失われない．

　盗品等に**加工**を加えた場合の盗品の同一性の有無は，民法上の所有権の移転（民法 246 条 1 項，2 項参照．価格増大の有無等を重視する）とは別に，実質的に**その物の本質的な変更**があったか否かにより判断される．自転車のサドルとタイヤを外して他の自転車に取り付けた場合（最判昭 24・10・20 刑集 3・10・1660），盗伐した木材を製材した場合（大判大 13・1・30 刑集 3・38），アマルガムを熱して金銀塊とした場合（大判大 5・11・6 刑録 22・1664），貴金属類の原形を変えて金塊とした場合（大判大 4・6・2 刑録 21・721）は，いずれも同一性は失われず，盗品性が認められた．

　なお，資料やビデオテープ，CD-ROM などを一時持ち出し，コピー，ダビング後に返還する行為は，元の資料等に対する窃盗罪が成立する（⇨253 頁）．したがって，コピーにより作成された物は盗品とはいえない．

行為態様　256 条 1 項は，無償譲受け，2 項は運搬，保管，有償譲受け，有償処分のあっせんを処罰する．

　「無償で譲り受ける」とは，**無償で所有権を取得する行為**で，贈与の他，無

利息の消費貸借として盗品等の交付を受ける場合等を含む（大判大 6・4・27 刑録 23・451 参照）．現実に交付を受けることが必要である．2 項の行為態様と異なり，受動的・消極的・非営利的な罪質であるため，法定刑が軽い（3 年以下の懲役）．

　「運搬」とは，**盗品の所在を移動させることをいう**（有償・無償を問わない）．実質的に財産犯の違法状態を維持・助長したといえる程度に，離れた場所に移動させることが必要である（最判昭 33・10・24 刑集 12・14・3368 参照）．被害者に依頼され，犯人から買い戻して被害者宅に運搬する行為も，本犯のために運搬するのであれば運搬罪に当たる（最決昭 27・7・10 刑集 6・7・876）．

　「保管」は，**委託を受けて本犯のために盗品などの占有を得て管理すること**をいう（有償・無償を問わない）．委託者は，本犯でなくてもよい．質物として受領すること（大判明 45・4・18 刑録 18・443），賃貸借として受領することも含む．本罪は継続犯であり，預かった後に盗品だと知ったが，そのまま保管した場合は，法律上返還を拒否できる場合や返還が不可能な場合以外は，知情以降につき保管罪が成立する（最決昭 50・6・12 刑集 29・6・365）．これによれば，知情後に放置する行為も不作為の保管ということになる．消極的ではあるものの，本犯の違法状態の維持・助長という側面は認めざるを得ない．ただし，購入した場合には，その後，盗品と知った後も保持し続けていたとしても，「保管」ではないから，本罪には当たらない．

　「有償で譲り受け」るとは，**売買の他，交換，債務の弁済，利息付き消費貸借等，すべての有償取得をいう**．さらに，有償譲受けをした者からの転売も含む．契約締結だけでなく，財物の現実の引渡しが必要である（大判昭 14・12・22 刑集 18・572．なお最判昭 24・7・9 刑集 3・8・1193）．ただし，保管と異なり，本罪は即成犯であるから，財物の受領後に盗品であると認識した場合には成立しない．

　「有償処分のあっせん」とは，**有償の法律上の処分（売買，交換，質入れ等）をあっせんすること**をいう．「あっせん」自体は有償・無償を問わない．現実に法律上の処分がなされなくとも，あっせん行為があれば成立する（最判昭 26・1・30 刑集 5・1・117）．あっせん行為には本犯を助長する側面が強く，それ自体で当罰性が認められるからである（前田 301 頁．前掲・最判昭 26・1・30

は，本罪の処罰根拠につき，返還請求権を困難にするばかりでなく，強窃盗罪を助長・誘発する危険があるためとしている）．なお，有償処分あっせん罪の成立には，盗品が既に存在することが必要で，将来窃取する予定の物についてのあっせん行為は含まない（窃盗幇助は成立し得る．最決昭 35・12・13 刑集 14・13・1929 参照）．処分の相手方が窃盗罪の被害者である場合も，判例は，「被害者による正常な回復を困難にするばかりでなく，窃盗等の犯罪を助長し誘発するおそれのある行為である」ことを理由に，本罪の成立を認める（最決平 14・7・1 刑集 56・6・265）．

【盗品等の認識】　本罪も故意犯である以上，財産犯により得られた財物であることの認識（知情）は必要である．ただし，本犯がどのような財産犯であるかの認識は不要であるし，誰が，いつ行った犯罪か，被害者は誰か等まで認識する必要はない（最判昭 24・10・5 刑集 3・10・1646）．未必的な認識で足りる（最判昭 23・3・16 刑集 2・3・227）が，実務では立証の困難性が問題になる（最判昭 58・2・24 判時 1070・5 参照）．

4-8-2 親族間の特例

257 条 1 項　配偶者との間又は直系血族，同居の親族若しくはこれらの者の配偶者との間で前条の罪を犯した者は，その刑を免除する．

　　2 項　前項の規定は，親族でない共犯については，適用しない．

刑の免除の根拠　盗品関与罪には 244 条（親族相盗例）の適用はなく，本条が特別に設けられている．免除の根拠につき，追求権説を基礎とする立場は，財産犯的側面を重視するため，244 条と同様に「法は家庭内に入らず」という政策的規定であると解する．これに対し本罪の犯人庇護的，事後従犯的側面を重視する違法状態維持説の立場は，犯人蔵匿，証拠隠滅に関する親族の特例（105 条）と同様に，「身内の犯人を匿う行為は期待可能性が欠ける」ことが，本条の根拠であると解する．

親族関係の範囲　本条の親族関係は，盗品関与罪犯人と本犯者との間に必要とされる．法的追求権を重視する見解からは，被害者との間に親族関係が必要だと解するのが自然であろうが，実際に本犯の被害者と親族関係を有することは稀であるし，同じ財産犯でありながら 244 条を準用せず別個の規定を設けていることから，本犯者との間に親族関係

が必要だと理解されている.

身分関係は民法（725条以下）を基準とする. 外国人の場合は, 本罪の犯人の本国法での身分関係の規定が適用される（名古屋高金沢支判昭37・9・6高刑集15・7・527, 平川402頁）.

4-9 毀棄・隠匿の罪

4-9-1 文書毀棄罪

258条 公務所の用に供する文書又は電磁的記録を毀棄した者は, 3月以上7年以下の懲役に処する.

259条 権利又は義務に関する他人の文書又は電磁的記録を毀棄した者は, 5年以下の懲役に処する.（親告罪－264条）

客体 公用文書毀棄罪（258条）の客体は,「公務所の用に供する文書」（公用文書）または「電磁的記録」（7条の2）である.「公用文書」とは, **公務所において現に使用され, または使用の目的で保管されているものをいう.** 公務所・公務員が作成した文書に限らない（偽造の客体としての公文書とは異なる）. 例えば証拠物として検察庁に押収・保管中の文書は, 名義人のいかんにかかわらず公用文書であり, 逆に, 運転免許証などは公安委員会名義の公文書であるが, 私人に交付された後は私用文書に当たる.「文書」とは, 偽造罪の場合と同様に, **文字またはこれに代わるべき符号によって表示される思想, 意思または観念の記載をいう.** 旧国鉄の列車案内などを記載した急告板も含まれる（最判昭38・12・24刑集17・12・2485）.

公用文書には偽造文書や未完成の文書も含む. 現行犯逮捕された被疑者が警察署で署名のない弁解録取書を破る行為は, 公務員が職務権限に基づいて作成中のもので文書としての意味内容を備えるに至った以上, 公用文書であり（最判昭52・7・14刑集31・4・713）, 違法な取調べのもとに作成された供述録取書であっても, 公用文書に当たる（最判昭57・6・24刑集36・5・646）.

私用文書毀棄罪（259条）の客体は,「権利義務に関する他人の文書または電磁的記録」である.「他人の文書」とは, **他人の所有する文書を意味し,**

314　4 財産に対する罪

他人の名義である必要はない．事実上，広く公用文書以外の公文書，私文書を含む．「権利義務に関する文書」であるから，私文書偽造罪の客体である単なる「事実証明に関する文書」（⇨368頁）は含まない．**権利義務の存否，変更，消滅等を証明する重要な文書に限る**（例えば履歴書などは含まない）．**有価証券が本条の文書に含まれるかについては争いがある**．偽造罪の場合と異なり有価証券毀棄の規定がないことを考慮すると，本罪の客体として含むべきであろう（手形や小切手につき最判昭44・5・1刑集23・6・907）．

毀棄　「毀棄」とは，**本来の効用を害するすべての行為を指す**．破る，丸めて床に投げるなどの他，黒板の掲示を抹消・変更する行為（前掲・最判昭38・12・24），署名捺印を消す行為（大判大11・1・27刑集1・16），印紙を剥す行為（大判明44・8・15刑録17・1488）等を含む．電磁的記録の毀棄とは，テープやCD-ROM等の記憶媒体の物理的破壊の他，データを消去したり，読み取り不能の状態にすることをいう．

【隠匿】　文書や電磁的記録を隠匿し利用できなくする行為も本条に該当する．競売事件の記録を持ち出しこれを隠匿し，競売を一時不能にした行為は公用文書毀棄罪に該当し（最決昭44・5・1刑集23・6・907），提示された小切手の支払いを拒むために，その小切手を取り上げてポケットに入れ，返還しない行為は私用文書毀棄罪に当たる（最判昭44・5・1刑集23・6・907）．

4-9-2 建造物損壊罪

260条　他人の建造物又は艦船を損壊した者は，5年以下の懲役に処する．よって人を死傷させた者は，傷害の罪と比較して，重い刑により処断する．

客体　本条の客体は，他人の建造物と艦船である．「建造物」とは，**屋根を有し壁または柱によって支えられたもので，土地に定着し人の出入りが可能なものをいう**（大判大3・6・20刑録20・1300）．建造物の一部であっても，毀損せずに取り外せる物（障子，襖，雨戸，ガラス窓，畳等）は261条の客体である器物に当たる（大判大8・5・3刑録25・632）．これに対し店舗兼住宅のアルミ製玄関ドア（大阪高判平5・7・7高刑集46・2・220），市営住宅の金属製玄関ドア（最決平19・3・20刑集61・2・66），アルミサッシに「はめ殺し」にさ

4-9 毀棄・隠匿の罪　315

れた壁面硝子（東京高判昭 55・6・19 刑月 12・6・433），天井板，鴨居，屋根瓦は
建造物損壊罪の客体となる．「他人の」建造物でなければならないが，他
人性は刑法的観点から判断される（最決昭 61・7・18 ⇨249 頁）．

　本条における「艦船」とは，他人の所有権に属する，**現に自力ないし他力
による航行能力のある軍艦および船舶をいう**（海底に沈没し自力航行できない船舶
は本罪の客体に当たらない．広島高判昭 28・9・9 高刑集 6・12・1642）．建造物と艦
船以外の財物は 261 条の器物に当たる．

　　　　　本罪の「損壊」とは，**建造物，艦船の実質を毀損し，またそれにより使**
行為　　**用価値を減少させる行為**をいう．必ずしも使用不可能にする必要は
ないが，一定程度以上の使用価値の減少は必要である．区立公園内の公衆
便所の外壁に，ラッカースプレーでペンキを吹き付け「戦争反対」等と大
書した行為（最決平 18・1・17 刑集 60・1・29），壁，窓ガラス等に 400〜500 枚
ないし 2,500 枚のビラを 3 回にわたり糊づけした行為（最決昭 41・6・10 刑集
20・5・374）は本罪の損壊に当たるが，ビラ 34 枚を室内の壁や腰板に糊で貼
ったが，比較的容易に元の状態に戻すことができる場合は本罪に該当しな
い（最判昭 39・11・24 刑集 18・9・610）．「損壊」といえるか否かは採光等の効
用や美観の侵害程度の大小による．具体的には，ビラの枚数や貼り方，落
書きの態様，原状回復の可能性が考慮される．

　260 条後段（**致死傷罪**）は，建造物，艦船の損壊により死傷の結果が生じ
た場合の結果的加重犯を定める．損壊した建造物，艦船の内部にいた人が
死傷した場合の他，損壊行為と相当因果関係のある場合を広く含む．

4-9-3 **器物損壊罪**

> **261 条**　前 3 条に規定するもののほか，他人の物を損壊し，又は傷害した
> 者は，3 年以下の懲役又は 30 万円以下の罰金若しくは科料に処する．
> （親告罪−264 条）

　　　　　公用・私用の文書，建造物，艦船以外の他人の財物である．**不動**
客体　　**産も入る**．例えば，グラウンドに穴をあける行為も器物損壊罪に
該当する．**動物も本罪の客体となる**（動物傷害）．航空機や電車も含むが，
これらの損壊行為は，特別法（「航空の危険を生じさせる行為等の処罰に関する

法律」，「新幹線妨害特例法」等）の他，往来危険罪（125 条）が成立する余地
もある．本章の罪には 245 条が準用されず，電気は本条の客体ではない．
信書も 263 条の客体であるから，本条の客体には当たらない（⇨317 頁）．

　違法な物も客体となる（公職選挙法違反のポスターにシールを貼る行為につ
き最決昭 55・2・29 刑集 34・2・56）．自己の財物でも，差押え（仮差押えを含む）
を受け，物権を負担し，又は賃貸したものを損壊し，又は傷害したときは，
本罪が成立する（262 条）．

行為　　　「損壊」とは，**広く物本来の効用を失わせる行為**をいう．物の利用を妨
げることも損壊に当たる（携帯電話等を取り上げて利用できなくする
行為も，効用を失わせたといえる場合には損壊に当たる．大阪高判平 13・3・14 高刑
集 54・1・1 参照）．広義の損壊のうち，特に動物を毀棄する行為を「傷害」
という．

> **【判例−損壊】**　他人の土地を勝手に耕し畑にして耕作物を植える行為（大
> 判昭 4・10・14 刑集 8・477），ガソリン埋設箇所を掘り起こし，ドラム缶を露出
> させる行為（最判昭 25・4・21 刑集 4・4・655），校庭に杭を打ち込み板付をして
> 体育の授業などに支障を生じさせる行為（最決昭 35・12・27 刑集 14・14・2229），
> 鯛と海老を画いた掛軸に「不吉」と墨で書く行為（大判大 10・3・7 刑録 27・
> 158），水門を開けて，鯉を放流する行為（大判明 44・2・27 刑録 17・197），歌碑
> にペンキを塗り付ける行為（札幌高判昭 50・6・10 刑月 7・6・647），食器に放尿
> する行為（大判明 42・4・16 刑録 15・452）等が損壊に当たる．
>
> 　建造物でない戸や窓へのビラ貼りや落書きは本条に当たる．電車にラッ
> カーで 50 センチ四方の大きさの字を書く行為（東京地判昭 47・10・30 刑月 4・
> 10・1735）や，塀や扉に塗料等で多数の落書きをする行為（福岡高判昭 56・3・
> 26 刑月 13・3・164，東京地判平 21・10・2 裁判所 Web⇨前田 310 頁参照）も 261 条に
> 該当する．
>
> 　なお，不法領得の意思が欠ける財物の奪取行為のすべてが器物損壊罪に
> 当たるわけではなく，「損壊」に当たるだけの効用を失わせる結果の発生
> が必要である（前掲・大阪高判平 13・3・14 参照）．

4-9-4　境界損壊罪

262 条の 2　境界標を損壊し，移動し，若しくは除去し，又はその他の方

4-9 毀棄・隠匿の罪　317

法により，土地の境界を認識することができないようにした者は，5年
以下の懲役又は50万円以下の罰金に処する．

境界標　不動産侵奪罪とともに昭和35年に新設された，土地の境界を
不明確にする行為を処罰する規定である．「境界」とは，**権利者**
を異にする土地の境界線を意味し，「境界標」とは，**柱，杭等の境界を示す標識**で，
自然石や立木等の自然物も含む（東京高判昭61・3・31高刑集39・1・24）．

実行行為は，**境界標を損壊，除去，移動**などして，**境界を認識不能**にすることで
ある．事実上認識できなくすることが必要で，単に境界を示した図面を破
棄するような場合は含まず，また，境界標を壊してもなお境界が認識でき
れば本罪は成立しない（器物損壊罪となる．最判昭43・6・28刑集22・6・569−境
界標の丸太を切り倒したが，切株の位置から境界が認識できた事案）．境界標を
毀棄して本罪を犯した場合には，器物毀棄罪と本罪の観念的競合となる
（東京高判昭41・7・19高刑集19・4・463）．境界を損壊することにより不動産を
侵奪した場合は，本罪と不動産侵奪罪の観念的競合となる．

4-9-5 信書隠匿罪

263条　他人の信書を隠匿した者は，6月以下の懲役若しくは禁錮又は10
万円以下の罰金若しくは科料に処する．（親告罪−264条）

客体　本条の客体は「他人の信書」である．「信書」とは，**特定人から特**
定人に宛てた文書で，葉書なども含む（封緘は不要である）．「他人
の」とは，**他人が所有する信書**を意味する．発信人が他人である必要はない．

行為　行為は「隠匿」である．物理的に隠す行為に限らず，**発見を妨げる**
行為一般を指す．ただ，隠匿は毀棄の一態様とされていることか
ら（⇨314頁），信書を毀棄した場合に文書毀棄罪・器物損壊罪との関係が
問題となる．本罪の刑は文書毀棄罪や器物毀棄罪に比べ著しく軽いが，そ
の理由は，本罪が相対的に価値の小さな信書のみを客体とすることによる
（信書隠匿罪説．通説・判例）．これに対し，信書は重要な客体であるから，
効用を害しない程度の軽微な隠匿行為も特に本罪で処罰するとする見解も
ある（器物損壊罪説．大谷362頁）．しかし，信書以上に価値のある財物は多
く，器物損壊罪説は採用できない．信書については毀棄・隠匿のいずれの

行為も，本条に該当すると解すべきである．信書が文書毀棄罪の公用ない
し私用文書に当たる場合には，文書毀棄罪となる．

5
公共の安全に対する罪

5-1 騒乱罪

5-1-1 騒乱罪

106条 多衆で集合して暴行又は脅迫をした者は，騒乱の罪とし，次の区別に従って処断する.
　① 首謀者は，1年以上10年以下の懲役又は禁錮に処する.
　② 他人を指揮し，又は他人に率先して勢いを助けた者は，6月以上7年以下の懲役又は禁錮に処する.
　③ 付和随行した者は，10万円以下の罰金に処する.

多衆の集合　騒乱の罪は，狭義の騒乱罪（106条）と多衆不解散罪（107条）からなる．必要的共犯の集団犯（⇨121頁）の典型例で，内乱罪と罪質の共通性がある（⇨389頁）．「多衆」とは，多数の人間の集合状態のことである．多数とは，一地方の平穏を害するに足りる程度の暴行脅迫に適する人数とされる（最判昭35・12・8刑集14・13・1818）．一地方は，日常用語例とは若干異なり，例えば，新宿駅周辺も一地方とされる（最決昭59・12・21刑集38・12・3071−新宿騒乱事件）．「集合」とは，一定の時点に同一場所に集まることで，内乱罪より緩やかな集合体で足り（⇨390頁参照），競技場などで群衆が騒ぐ場合のような「烏合の衆」も含む.

暴行・脅迫　暴行とは有形力の行使であり，脅迫とは害悪の告知である．騒乱罪の暴行・脅迫は，それぞれ最広義のものをいい，暴行には人に対する有形力の行使のみならず物に対する有形力の行使も含み（最判昭35・12・8刑集14・13・1818），脅迫は，本人およびその親族に関する害

320 5 公共の安全に対する罪

悪に限らない．多衆が一地方の平穏を害する程度の暴行・脅迫を行えば既遂となる（**抽象的危険犯**）．

【共同暴行の意思】 本罪は共謀とは異なり，意思の連絡までは要しないが，共同暴行の意思（＝共同意思）は必要である．共同意思とは，集合した多衆が，⑦**多衆の合同力を背景に自ら暴行又は脅迫を為す意思ないし多衆にこれをさせる意思を有する者**と，⑦**暴行又は脅迫に同意してその合同力に加わる意思を有する者**とで構成されていることが必要となる（前掲・最判昭 35・12・8，東京高判昭 57・9・7 高刑集 35・2・126－新宿騒乱事件控訴審判決）．

主体　集団内の役割により主体を 4 つに分け，法定刑に差を設けている．「首謀者」は騒動の中心人物で，**騒乱を計画・画策してその中心となったり，多衆を組織する者**をいう．1 人とは限らず，騒乱の現場で指揮する必要もない．内乱罪と異なり，首謀者が欠けても成立する（最判昭 24・6・16 刑集 3・7・1070）．「他人を指揮した者」とは，集合した多衆が暴行・脅迫を行う際，その全部又は一部に対して指揮する者をいい，「他人に率先して勢いを助けた者」とは，騒動の決行を鼓舞・扇動する演説をしたり，率先して暴行を加えるなどして，集団の中で際だって騒乱の勢いを助長・増大させた者をいうが，自ら暴行・脅迫を行う必要はない．「付和随行者」とは，騒乱行為に関与したが，以上の三類型に該当せず，付和雷同的に参加した者をいう．

【罪数】 騒乱罪が成立すれば個々人の暴行・脅迫罪は，本罪に吸収されるが，殺人罪や放火罪等は評価し尽くされないため別個に成立し，本罪との観念的競合となる．判例は，住居侵入罪や公務執行妨害罪も観念的競合となると解する（松本＝前田・大コンメ 6・462）．

5-1-2 多衆不解散罪

107条　暴行又は脅迫をするため多衆が集合した場合において，権限のある公務員から解散の命令を 3 回以上受けたにもかかわらず，なお解散しなかったときは，首謀者は 3 年以下の懲役又は禁錮に処し，その他の者は 10 万円以下の罰金に処する．

真正不作為犯　騒乱罪の予備的段階を独立罪としたもので，集合した多衆が暴行・脅迫を開始すれば騒乱罪が成立し，本罪は吸収さ

れる．実行行為は「解散しなかった」ことで，典型的な**真正不作為犯**である．集合した多衆に暴行・脅迫の目的があることを要する（目的犯）．

　解散命令が3回なされれば既遂となるが，3回の間には解散できる程度の時間的間隔が必要であろう．「権限のある公務員」とは解散を命令できる公務員であり（通常は公共の安全・秩序維持を責務とする警察官），解散を命ずる法的根拠として，**警察官職務執行法5条**の「犯罪がまさに行われようとするのを認めたとき」は，一定の要件の下に「その行為を制止することができる」という規定が挙げられる（団藤186頁）．

5-2　放火及び失火の罪

5-2-1　放火と公共の危険

危険犯　　　放火罪は，代表的な公共危険罪であり，個別の家屋等（財産）の侵害ではなく，公共の危険の侵害を処罰する．「公共の危険」とは，**建造物への延焼のおそれに限らず，不特定又は多数の人の生命，身体又は（建造物等以外の）財産に対する危険も含む**（最決平15・4・14刑集57・4・445－他の駐車車両に燃え移るような状況で，駐車場内の車に放火する行為⇨328頁）．放火罪と失火罪の主要な類型（108条，109条1項，116条1項）は，条文上公共の危険の発生が要求されておらず，抽象的危険犯（⇨28頁）である．これに対し，建造物等以外放火罪（110条）のように「公共危険」の発生が要求されている具体的危険犯の場合には，公共の危険，すなわち一般人が他の建造物等に延焼するであろうと思う程度の危険の発生が必要である．具体的な公共の危険の内容は，火力の大小，可燃物との距離等を具体的に考慮して客観的に決定される．

> 　**【判例－公共の危険の有無】**　人家から離れた山腹で延焼しないよう注意しつつ炭焼き小屋を焼損した行為（109条2項，広島高岡山支判昭30・11・15高裁特2・22・1173），コンクリートに覆われた橋桁部分を焼く行為（110条1項，名古屋地判昭35・7・19下刑集2・7=8・1072），他の建造物から約200メートル離れた小屋を20分間にわたり2メートルの炎を上げて燃やした行為（110条1項，福岡地判昭41・12・26下刑集8・12・1621）につき，公共の危険の発生が否

定された．これに対し，最決昭 59・4・12（刑集 38・6・2107）は，小屋から 5.3
メートル離れた路上で乗用車を燃やす行為につき，110 条 1 項の成立を認
めた．

罪数の特色　放火罪は，目的物の財産的価値自体が保護法益ではないの
で，①一個の放火行為で二個の現住建造物を焼損した場合
でも，生じた公共の危険は一個であるから一個の放火罪が成立する．また，
②現住建造物と非現住建造物を焼損した場合は，後者は前者に吸収され
108 条一罪のみが成立する．

【所有者の承諾】　公共危険罪であるため，目的物の所有者が承諾しても放
火罪の構成要件該当性（ないし違法性）は否定されない．ただ，①現住建造
物の所有者の承諾があれば，現住建造物放火罪ではなく非現住建造物放火
罪となり，②自己所有物についての規定がある非現住建造物，建造物等以
外放火罪については，自己所有物として扱われる（他人の所有権侵害がない
ためである）．無主物についても自己所有物として扱われ（大谷 386 頁），ご
み箱上に置かれた紙を燃やす行為は，110 条 2 項に当たる（大阪地判昭 41・
9・19 判タ 200・180）．

5-2-2 放火行為

放火行為　放火罪の実行行為は放火行為であり，それに着手した時点で
未遂となる（112 条．未遂は 108 条と 109 条 1 項に限り処罰され
る）．焼損（⇨323 頁）に至れば既遂となる．「放火」とは，客体である**建造
物等の燃焼を生じさせる行為**をいい，直接客体に点火する場合はもちろん，**媒
介物に点火する場合**も含む．人の住居を燃やす目的で，それに隣接する物
置を焼損するにとどまった場合は，現住建造物放火罪の未遂が成立する
（物置放火の既遂は現住建造物放火の未遂に吸収される）．また，A の物置に放
火した後，続けて B の住居に放火し，これらを同時に焼損させれば，一
個の現住建造物放火罪となる．既に点火しているところに油を注ぐ行為も，
放火行為に当たる．

【不作為犯】　放火罪は，不作為でなされることも多く，父親を殺害後，燃
えさしの火が藁に燃え移ったのを，死体隠蔽のために放置した事案（大判
大 7・12・18 刑録 24・1558），神棚の灯明の火が紙に燃え移りそうなのに，保険

金を得る目的で放置した事案（大判昭 13・3・11 刑集 17・237）は，**既発の火力を利用する意思**が認められるとして放火罪の成立が認められた．もっとも，火鉢の火の不始末から出火させた社員が，自己の失策の発覚を恐れて逃走した事案につき，不作為の放火を認めた最判昭 33・9・9（刑集 12・13・2882）は，「既発の火力により建物が焼損することを容認する意思」があれば足りるとしており，既発の火力を「利用する意思」までは必要としていない．

【予備と未遂】 放火罪は予備行為も処罰する（113 条．108 条と 109 条 1 項を犯す目的に限る）．予備行為とは，放火の準備行為で，実行の着手と評価される以前のものをいう．放火材料の準備がその典型例であるが，目的物に**ガソリンをかける行為**は，点火前でも予備ではなく着手があるとされる可能性がある（横浜地判昭 58・7・20 判時 1108・138 は，ガソリンを撒いた後に，ライターで煙草に火を点けようとして，ガソリンの蒸気に引火，爆発させた行為について，予備罪ではなく現住建造物放火の既遂を認めた．揮発性に差があるので，灯油を撒いただけではガソリンのような危険性は発生しないが，灯油を撒いて火を近づける行為は未遂に当たる―福岡地判平 7・10・12 判タ 910・242）．また，30 分後に点火する時限発火装置をしかける行為も，予備ではなく未遂となる．

焼損 焼損により既遂となる．判例は，「焼損」とは，**火が媒介物を離れ独立に燃焼を継続する状態に達することをいう**（独立燃焼説）とし，天井板が 30 センチメートル四方燃えた時点で既遂とする（最判昭 23・11・2 刑集 2・12・1443）．最も早い時点に既遂を認める考え方で，公共の危険を重視し財産的な侵害が拡大する以前に放火罪の完成を認める．既遂時期が早すぎるとの批判もあるが，判例は，「ある程度の燃焼の継続」を要求しており（星・放火罪の研究 239 頁参照），建物全体に燃え移る危険のある程度に燃焼を継続した時点と理解し得る．

炎を上げない建材の場合には，客体の一部が高温となり酸化し，そこに可燃物が接触すれば延焼の危険が発生するような状態になった時点で焼損に至る．高温状態も含めた一定程度の燃焼の継続により，独立燃焼が認められる（前田 321 頁）．

これに対し，最も既遂時期が遅いのが**効用喪失説**で，目的物の重要部分が焼失しその効用を失ったことを要するとする（曽根 219 頁）．目的物の財産的価値を重視する見解であるが，公共の危険性を軽視している点で妥当

でない.

【中間説】 これらの見解に対し，物の重要部分が炎を上げ燃焼を始めた時点を焼損とする**燃え上がり説**（**重要部分燃焼開始説**. 福田 67 頁），火力により目的物が毀棄罪の損壊の程度に達する（効用喪失まで至らなくとも一部損壊で足りる）ことだとする**毀棄説**（川端 481 頁）などの**中間説**が有力化する．ただ，燃え上がり説では，炎を上げない燃焼の場合の説明に窮するし，毀棄説は，「公共の危険の発生の程度」を財産犯の基準で測ることとなり，妥当でない.

なお，ポリタンクから路上に流出させたガソリンに点火したところ，火災現場に駆けつけた消防士がポリタンクを蹴飛ばしたことから，一旦下火になっていた炎が再び高く上がったという事情があっても，放火行為と焼損との間の因果関係は肯定される（大阪高判平 9・10・16 判時 1634・152）.

【難燃性建造物】 難燃性建造物の場合にはなかなか独立燃焼に至らないが，それ以前の段階で有毒ガスの発生により人身に対する危害が及ぶことや，独立燃焼に至らなくとも媒介物の火力によってコンクリート壁の崩落等が発生するとして，効用喪失説を採用すべきとの主張がある（河上・捜査研究 26・3・43）．しかし，いかに有毒ガスが生じても，放火客体である建造物自体の燃焼（高温状態を含む）から発生したものでなければ，放火罪の焼損とはいえない．東京地判昭 59・6・22（刑月 16・5=6・467）は，ビル内の塵芥処理場に放火し，処理場のコンクリート内壁モルタルや天井表面の石綿を剥離，脱落，損傷させるなどしたが，建物そのものは燃焼しなかった事案に関し，焼損を認めず未遂とした.

【既遂時期】 既遂と未遂の区別は，一般に焼損の有無によりなされるとされてきた．しかし，110 条のような具体的危険犯では，目的物を焼損したが公共の危険が発生しなかった場合には既遂とならず，処罰できない．したがって，厳密な意味での既遂時期は，焼損し公共の危険を発生させた時点である（前田 324 頁）．理論的には抽象的危険犯の場合にも同様であるが，具体的危険犯以上に，危険性の発生を独立に検討するまでもなく，焼損の有無で処罰範囲が決められる.

5-2-3 現住建造物放火罪

108 条　放火して，現に人が住居に使用し又は現に人がいる建造物，汽車，電車，艦船又は鉱坑を焼損した者は，死刑又は無期若しくは 5 年以上の

5-2 放火及び失火の罪　325

懲役に処する．（予備処罰－113 条，未遂処罰－112 条）

現住建造物　本条の客体は，「現に人の住居に使用し又は人の現在する建造物」等である．「建造物」とは，家屋その他これに類する工作物で，土地に定着し，人の起居出入に適する構造を有するものをいう．「人」とは犯人以外の者を意味し，犯人の家族も含む（自分以外の家族が留守の間に放火しても「他人の住居」であるから本罪に当たる．東京高判昭 54・12・13 判タ 410・140．自分の家族全員を殺害した後に放火する行為は，非現住建造物放火罪となる⇨327 頁）．

　現に「住居に使用する」とは，生活の場として日常利用されていることをいう．夜だけ寝泊まりする場所でもよく，また居住者が旅行中等で不在であっても「住居」に当たるから，放火時に留守だと誤信していても，住居の認識があれば本罪に当たる．競売手続の妨害目的で放火直前まで従業員を交替で泊まり込ませ，放火時にはこれらの者を旅行に行かせて不在とした場合でも，現住建造物に当たる（最決平 9・10・21 刑集 51・9・755－住居としての使用形態に変更が生じたとはいえないとされた）．

　建造物の一部が生活の場として起臥寝食に用いられていれば，全体が現住建造物となる（仮眠休憩施設のある派出所－札幌地判平 6・2・7 判タ 873・288，宿直施設のある学校－大判大 2・12・24 刑録 19・1517）．また，住居に使用していなくても，放火時に人が現在していれば本罪の客体となる．

　【建造物の一体性】　複数の建造物が結合している等，一部が現住建造物である場合に，全体が一体として現住建造物となるかが争われる場合がある．①外観上・構造上の一体性が問題となる場合と，②外観上一個であることが明らかな建物に関して，内部の部分的独立性が問題となる場合がある．①の類型に関して，最決平 1・7・14（刑集 43・7・641）は，回廊でつながれた平安神宮の社殿につき，「物理的に見ても，機能的に見ても，その全体が一個の現住建造物であったと認めるのが相当である」と判示し，社務所に人が現在している以上，全体として現住建造物に当たるとした．「一部に放火されることにより全体に危険が及ぶ」という物理的な意味での一体性に「全体が一体として日夜人の起居に利用されていたもの」という機能的な一体性を加味して判断することになる．

　　一体性の判断は，構造上・機能上の連結の強弱（管理方法なども含む），

現住部分への延焼の蓋然性等を考慮してなされるが，あくまでも構造上の一体性が重要であり，隣接してはいるものの，渡り廊下でつながれているといった事情がない場合には，いかに機能的に一体（人が常に行き来しているなど）であっても建造物としての一体性は認められない（西田 300 頁参照）．ホテルの研修棟と宿泊棟とが渡り廊下でつながれているものの，両者の間に防火シャッター，防火扉が設置されていた場合，非現住である研修棟に放火する行為は，いかに巡回管理がなされ機能的連結性が認められても，独立した研修等への放火として非現住建造物放火罪にとどまる（福岡地判平 14・1・17 判タ 1097・305）．

②の外観上一個である建物の場合には，従来は一部への放火でも，当然に建造物全体に対する放火であるとされてきた（木造アパートの一室への放火等）．これに対し，各区画ごとの耐火性の高い難燃性大規模建造物の場合（マンション 1 階の医院専用室への放火）につき，構造上，効用上の独立性から，一体性を否定し，非現住建造物放火罪とした例もあるが（仙台地判昭 58・3・28 刑月 15・3・279），延焼可能性等を考慮すれば，一般のマンションについて一体性を否定することは困難であろう（東京高判昭 58・6・20 刑月 15・4=6・299，東京地判昭 59・6・22 刑月 16・5=6・467 参照）．

【判例－エレベーターの放火】 最決平 1・7・7（判時 1326・157）は，マンション内のエレベーターのかご内で放火し，側壁の化粧鋼板の表面約 0.3 平方メートルを燃焼させた事案につき，現住建造物放火罪（既遂）の成立を認めた．容易には取り外すことができないエレベーターは，物理的にみてマンション全体としての一個の現住建造物に含まれると理解できる．また，機能的にみてもいわば各居室玄関の延長のように居住部分と一体的に使用されている．住人らの生命・身体への危険性も居住部分と同様であると解され，現住建造物の一部であると理解できる．

建造物等　放火罪の客体としての「建造物」の意義は，建造物損壊罪の客体（⇨314 頁）と同一に解され，取り外せる雨戸，畳，ふすま，カーテン等の建具は建造物の一部とはいえない（布団・畳等に放火する行為は現住建造物放火の未遂にとどまる－最判昭 25・12・14 刑集 4・12・2548）．「汽車」とは，蒸気機関を動力とし軌道上を運行する交通機関，「電車」とは電力により軌道上を走る交通機関をいう．汽車，電車ともに停車中のも

のも含む．「艦船」とは，軍艦および船舶をいう（⇨315頁）．「鉱坑」とは，
地下の鉱物を採掘するために設けられた坑道その他の設備をいう．

【未必の故意】 放火罪の故意も，未必の故意で足りるので，より重大な客
体への延焼の予見があれば，その罪の故意が認められる（隣家への延焼を予
見しつつ材木置場に放火すれば，現住建造物放火の故意がある．大判昭8・9・27刑集
12・1661）．

【他罪との関係】 住人を殺害する目的で放火した場合には，現住建造物放
火罪と殺人罪の観念的競合となる．過って死亡させた場合は過失致死罪と
の観念的競合となる．保険金詐取目的で現住建造物に放火し，保険金を請
求する行為は，現住建造物放火罪と詐欺罪の併合罪となる（大判昭5・12・12
刑集9・893）．

5-2-4 非現住建造物放火罪

109条1項 放火して，現に人が住居に使用せず，かつ，現に人がいない
建造物，艦船又は鉱坑を焼損した者は，2年以上の有期懲役に処する．
（予備処罰−113条，未遂処罰−112条）
　　2項 前項の物が自己の所有に係るときは，6月以上7年以下の懲
役に処する．ただし，公共の危険を生じなかったときは，罰しない．

非現住　　客体は，住居に使用しておらず，しかも人が現在しない建造物
等である．「人」とは，犯人以外の者を意味する（居住者全員を
殺害した後，死体の置かれた家を燃やす行為は本罪に当たる．大判大6・4・13刑録
23・312）．宿泊棟と防火設備の完備された外廊下でつながっている研修棟
は，独立した非現住建造物に当たる（福岡地判平14・1・17⇨326頁）．

建造物等　　客体に，建造物，艦船，鉱坑は含むが，108条と異なり汽車，
電車は含まない．本罪の「建造物」は物置小屋などが典型例
であり，屋根と柱のみで壁や天井のないお堂も入る（大判昭2・5・30刑集6・
200）．しかし，類型的に人の出入りが予定されていない犬小屋等は除かれ
る．

2項は，建造物等が自己の所有物である場合には，目的物の財産侵害が
実質的に欠ける点を考慮して**公共の危険の発生**を要件とし，法定刑も軽い
（未遂不処罰，公共の危険の発生の認識⇨328頁）．客体が無主物の場合も財産

権侵害の欠如という意味で，2項の客体となる．所有者が焼損を承諾した場合や，共犯者が所有する場合も2項の客体となる（なお，115条は，「自己の所有に係るものであっても，差押えを受け，物権を負担し，賃貸し，又は保険に付したものである場合において，これを焼損したときは，他人の物を焼損した者の例による」と規定する）．

【錯誤】　現住建造物を非現住建造物と誤信した場合は，抽象的事実の錯誤の問題となり，108条と109条1項の重なり合う109条1項の範囲で故意既遂犯の成立が認められる．その結果人が死亡した場合の過失致死罪については，生命侵害がある以上109条1項に吸収されると解すべきではなく，109条1項と210条（ないし211条）との観念的競合と解すべきである．

5-2-5　建造物等以外放火罪

110条1項　放火して，前2条に規定する物以外の物を焼損し，よって公共の危険を生じさせた者は，1年以上10年以下の懲役に処する．
　　　2項　前項の物が自己の所有に係るときは，1年以下の懲役又は10万円以下の罰金に処する．

客体　108条，109条以外の物についての放火を罰する（具体的危険犯．未遂不処罰）．形式的にはあらゆる有体物を含むが，実質的には燃やすことにより公共の危険が発生するもので，財産的価値も一定程度以上あるものに限られよう．具体的には自動車，オートバイ，飛行機，人の現在しない汽車，電車の他，建造物に付属する門，塀，畳等が代表的なものである（**自己所有**の場合の他，被害者が同意している場合も2項の罪に当たる⇨322頁．115条（差押えられた自己の物等）に該当する物については，1項の客体となる）．

「公共の危険」の発生が必要である．屋外の駐車場に駐車中の自動車に放火する行為は，近くに駐車した自動車への延焼の危険がある以上，本罪の公共の危険の発生は認められる（最決平15・4・14⇨321頁）．

【判例―公共の危険発生の認識】　判例は，抽象的危険犯の場合はもとより（大判昭10・6・6刑集14・631），具体的危険犯の場合（109条2項，110条）についても公共の危険の発生の認識を**不要**とする（大判昭6・7・2刑集10・303）．最

判昭 60・3・28 刑集 39・2・75 は，対立する暴走族のオートバイを燃やせと命じられた者が，他人の家屋付近で燃やしたため，その家を延焼させたという 110 条 1 項の事案につき，命じた者に公共の危険発生の認識が欠けても，建造物等以外放火罪の共謀共同正犯が成立するとした.

5-2-6 延焼罪

111 条 1 項 第 109 条第 2 項又は前条第 2 項の罪を犯し，よって第 108 条又は第 109 条第 1 項に規定する物に延焼させたときは，3 月以上 10 年以下の懲役に処する.

2 項 前条第 2 項の罪を犯し，よって同条第 1 項に規定する物に延焼させたときは，3 年以下の懲役に処する.

結果的加重犯 延焼とは，燃え移り焼損する（独立燃焼に至る）ことをいうが，1 項，2 項の類型に限って処罰する．1 項は，**自己所有**の非現住建造物（109 条 2 項）と**自己所有**の建造物以外の物（110 条 2 項）を焼損した結果，現住建造物（108 条）ないし他人所有の非現住建造物（109 条 1 項）に延焼した場合を，2 項は**自己所有**の建造物以外の物（110 条 2 項）を焼損した結果，他人所有の現住建造物以外の物（110 条 1 項）に延焼した場合を，それぞれ重く処罰する（**他人所有**の非現住建造物や建造物以外の物から現住建造物に延焼した場合の定めはないので，意図した建造物等についての放火罪と，失火罪が成立する）．重い延焼結果につき認識のない場合に限る（予見・認識があれば重い罪が成立する）．ただし，放火行為と延焼結果の間の因果関係が必要である．なお，重い放火罪を犯し，軽い放火罪の客体に延焼した場合は重い罪一罪で評価される.

5-2-7 消火妨害罪

114 条 火災の際に，消火用の物を隠匿し，若しくは損壊し，又はその他の方法により，消火を妨害した者は，1 年以上 10 年以下の懲役に処する.

行為 火災の際に消火活動を妨害する罪である．「火災」とは，焼損と異なり，火力が簡単には消火し得ない程度に達した段階を意味す

る．「火災の際」に限るから，防火訓練の際や，放火に先だって消火栓を壊す行為等は含まない．実行行為は，消防車，放水ホース，消火栓，消火器など「消火用の物」の隠匿や損壊，その他の妨害行為である．作業中の消防士に暴行を加えるような行為も妨害行為に含まれる（公務執行妨害罪との観念的競合）．

放火罪の犯人が消火を妨害する行為は，放火行為に含まれると解され，別罪は成立しない（条解326頁）．

5-2-8 失火罪

116条1項 失火により，第108条に規定する物又は他人の所有に係る第109条に規定する物を焼損した者は，50万円以下の罰金に処する．

2項 失火により，第109条に規定する物であって自己の所有に係るもの又は第110条に規定する物を焼損し，よって公共の危険を生じさせた者も，前項と同様とする．

117条の2 第116条又は前条第1項の行為が業務上必要な注意を怠ったことによるとき，又は重大な過失によるときは，3年以下の禁錮又は150万円以下の罰金に処する．

失火罪 過失により出火させる罪で，重要な客体に関する1項とその他の客体に関する2項に分かれる．2項は具体的危険犯である．

【業務上失火罪】 117条の2の**業務者**は，特に職務として火気の安全に配慮すべき社会生活上の地位にある者に限る（易燃物であるウレタン加工工場の責任者は業務者に当たる—最決昭60・10・21刑集39・6・362）．ボイラー技士や調理師等の他，火災を生じる可能性のある商品を取扱い販売する者，防火を主たる仕事とする夜警等も含まれる．さらにホテルやデパートの防火責任者も本条の業務性を帯びる．いかに反復継続して火気を扱っても家事従事者は入らない．

【重失火罪】 117条の2は重大な注意義務違反の場合にも業務上の場合と同様の法定刑を規定する．例えばガソリンを給油中に50〜60センチメートル離れた所でライターを着火する行為は重過失に当たる（最判昭23・6・8裁判集刑2・329）．

5-2-9 激発物破裂罪

> **117条1項** 火薬，ボイラーその他の激発すべき物を破裂させて，第108条に規定する物又は他人の所有に係る第109条に規定する物を損壊した者は，放火の例による．第109条に規定する物であって自己の所有に係るもの又は第110条に規定する物を損壊し，よって公共の危険を生じさせた者も，同様とする．
>
> **2項** 前項の行為が過失によるときは，失火の例による．

激発物　火薬，ボイラー等の爆発力による損壊行為を放火罪と同様に処罰する．「激発すべき物」とは火薬，ボイラーの他，ガスボンベ，引火性・爆発性化学物質等をいう．密閉した室内に充満したガスも激発物に該当する（東京高判昭54・5・30判時940・125）．放火罪と同様，破壊の対象により法定刑や具体的な公共の危険発生の要否が異なる．過失犯も処罰し，失火罪と同様に扱う（2項）．また，失火の117条の2も適用されるため，業務上の過失，重過失の場合は重く処罰される（⇒330頁）．なお，「爆発物取締罰則」は治安を妨げ又は人の身体財産を害する目的で爆発物を使用した者および人にこれを使用させた者を，死刑又は無期若しくは7年以上の懲役又は禁錮に処する（1条）．

5-2-10 ガス等漏出罪

> **118条1項** ガス，電気又は蒸気を漏出させ，流出させ，又は遮断し，よって人の生命，身体又は財産に危険を生じさせた者は，3年以下の懲役又は10万円以下の罰金に処する．
>
> **2項** ガス，電気又は蒸気を漏出させ，流出させ，又は遮断し，よって人を死傷させた者は，傷害の罪と比較して，重い刑により処断する．

本罪の特色　ガス，電気，蒸気などを「漏出」・「流出」させ，または通電させ，ガス中毒・ガス爆発，感電，火傷等の危険を発生させる罪で，これらを「遮断」することにより公共の危険を発生させる場合も含む．具体的な危険の発生が必要である（「よって」の文言があるが結果的加重犯ではない）．漏出等により公共の危険を生じさせた結果，人を死傷させた場合は結果的加重犯となる（2項）．ガス等を漏出させ，爆発させれ

332　5 公共の安全に対する罪

ば，117 条 1 項が成立し，118 条 1 項はそれに吸収される．

　なお，「サリン等による人身被害の防止に関する法律」（平成 7 年）は，サリン等を発散させて公共の危険を生じさせた者を，無期又は 2 年以上の懲役に処する（5 条 1 項）．

5-3 出水・水利に関する罪

5-3-1 現住・非現住建造物等浸害罪（出水罪）

> **119 条**　出水させて，現に人が住居に使用し又は現に人がいる建造物，汽車，電車又は鉱坑を浸害した者は，死刑又は無期若しくは 3 年以上の懲役に処する．
>
> **120 条 1 項**　出水させて，前条に規定する物以外の物を浸害し，よって公共の危険を生じさせた者は，1 年以上 10 年以下の懲役に処する．
>
> 　　**2 項**　浸害した物が自己の所有に係るときは，その物が差押えを受け，物権を負担し，賃貸し，又は保険に付したものである場合に限り，前項の例による．
>
> **121 条**　水害の際に，水防用の物を隠匿し，若しくは損壊し，又はその他の方法により，水防を妨害した者は，1 年以上 10 年以下の懲役に処する．

浸害罪　　119 条（**現住建造物等浸害罪**）は，出水させて現住建造物放火罪（108 条）の客体（⇨325 頁）を浸害する罪である（抽象的危険犯）．「出水」とは，制御されている状態にある水の制御を解除し，氾濫させることをいう．池等に貯えられた水の他，流水も含む．「浸害」とは，水力により客体を流失・損壊し，又はその効用を害することである．本罪の成立には浸害が必要であり，出水させただけの場合には出水危険罪（123 条）が成立する．

　120 条（**非現住建造物等浸害罪**）は，出水させて，119 条の客体以外の物を浸害する罪である（自己の物につき 2 項）．「公共の危険」の発生が必要である．

水防妨害罪　　121 条は，水害の際に水防を妨害する罪で，消火妨害罪（114 条）に対応する．「水害の際」に限る．「水害」とは水が氾濫し公共の危険が生じている状態のことで，台風などの他，119 条などの出

水行為による場合も含む．実行行為は，防水用の物を隠匿・損壊等することにより水防を妨害することである．消火妨害罪と同様に，妨害行為がなされれば足り，現実に妨害されることは要しない．「その他の方法」には，一般的な水防への不協力という不作為は含まないが，水利管理の責任者が行えば成立の余地があろう．

【過失浸害罪】　119条，120条の罪を過失により犯した場合で（122条），失火罪（116条）に相当する．120条（現住建造物等以外の客体）の場合は，具体的な公共危険の発生を要する．

5-3-2 水利妨害・出水危険罪

123条　堤防を決壊させ，水門を破壊し，その他水利の妨害となるべき行為又は出水させるべき行為をした者は，2年以下の懲役若しくは禁錮又は20万円以下の罰金に処する．

水利妨害　　水利妨害罪は他の公共危険犯とはかなり罪質が異なるが，妨害行為が出水の危険を伴うことも多いので本章に規定されている．「水利」とは，灌漑用水，発電用水，工業用水等の水の利用一般をいう．交通手段としての水路は往来妨害罪（124条以下），水道用水は飲料水に関する罪（142条以下）で保護される．水利権がない場合，本罪は成立しないとされてきたが，事実上継続的な水の利用があるなど，慣習上認められるものであれば本罪の客体となる．

実行行為は，堤防決壊，水門破壊等の水利妨害行為である．水利と関係のない水門を破壊しても本罪に当たらないが，現に水利が妨害される必要はない．

【出水危険罪】　123条後段は，水利妨害罪と同様の行為態様により出水の危険を生じさせる行為を処罰する．出水に至る前段階を処罰するものであるが，出水状態を生じさせたが浸害がない場合も本条の対象となる．

5-4 往来を妨害する罪

5-4-1 往来妨害罪

124条1項　陸路，水路又は橋を損壊し，又は閉塞（そく）して往来の妨

334　5　公共の安全に対する罪

害を生じさせた者は，2年以下の懲役又は20万円以下の罰金に処する．
（未遂処罰−128条）
　　2項　前項の罪を犯し，よって人を死傷させた者は，傷害の罪と比
較して，重い刑により処断する．

交通の安全　　第11章は交通機関の安全を保護法益とし，基本類型とし
て，陸路・水路に関する往来妨害罪（124条），鉄道と艦船
に関する往来危険罪（125条），汽車・電車の転覆，艦船の転覆・沈没の罪
（126条）からなる．交通の安全に関しては，刑法典以外にも，道路交通法，
鉄道営業法，ハイジャック処罰法（航空機の強取等の処罰に関する法律）等が
あり，重要な役割を果たしている．

客体　　本罪の客体は，陸路，水路又は橋に限られる．「陸路」とは，**陸
上の通路**で，道路法にいう道路に限らず，事実上，人や自動車等
の通行に用いられるものであれば足りる（トンネルも含む．公有・私有を問
わない．鉄道は往来危険罪（125条）の客体となるので，除かれる）．「水路」と
は，**船舶の航行に用いられる河川・運河・港口等**をいう．「橋」とは河川，湖沼の橋，
および陸橋のことである（汽車・電車のためのものは除く）．

妨害行為　　「損壊」とは**物理的に破壊すること**をいい，「閉塞」は，**有形の障
害物を置くことにより，損壊と同程度に通行を困難にすること**をいう．
いずれも**往来の不能又は危険を生じさせる程度**のものに限る（路上で自動車を
燃やす行為も閉塞に当たる．最決昭59・4・12刑集38・6・2107）．道路標識を逆向
きにするなどの方法で通行に危険な状態を発生させても，本罪には当たら
ない（軽犯罪法1条33号に「標示物除去等の罪」がある）．

損壊・閉塞等の結果，「往来の妨害」（通行困難な状態）の発生が必要であ
る（名古屋高判昭35・4・25高刑集13・4・279参照）が，通行不能にする必要は
なく，現実に通行できなかった者がいなくともよい．幅約1.6メートルの
路上に，中古テレビ，茶ダンスなどを投棄する行為（東京高判昭54・7・24判
時956・135），幅6メートルの県道に普通乗用車を斜めに置き，ガソリンを
撒いて炎上させる行為（前掲・最決昭59・4・12）は，通行が全く不可能では
なくとも往来妨害に当たる．

5-4 往来を妨害する罪　335

往来妨害致死傷罪　往来妨害の結果，人を死傷させた場合，傷害罪と比較して重い刑によって処断される（⇨199頁）．妨害結果から生じた死傷に加え，手段としての損壊等から生じた死傷を含む（橋の損壊に際し，橋の墜落により通行人が死傷した場合も2項に該当する．最判昭36・1・10刑集15・1・1）．ロープを張って車道を閉塞し通行する自転車を転倒させた場合，傷害結果に故意があれば，本罪でなく傷害罪が成立し，殺意があれば殺人罪が成立する（本条1項の罪との観念的競合となる）．

5-4-2 **往来危険罪**

> **125条1項**　鉄道若しくはその標識を損壊し，又はその他の方法により，汽車又は電車の往来の危険を生じさせた者は，2年以上の有期懲役に処する．（未遂処罰－128条）
>
> 　**2項**　灯台若しくは浮標を損壊し，又はその他の方法により，艦船の往来の危険を生じさせた者も，前項と同様とする．（未遂処罰－128条）

客体　本条は汽車，電車，艦船の安全を害する行為につき，一般の往来妨害よりも重く処罰する規定である．1項の「鉄道」とはレールだけでなく，**汽車・電車の運行に直接必要な施設すべて**を指し，枕木，鉄橋，トンネルも鉄道に含まれる．「標識」とは，信号機その他，**運行のための目標**をいう．

　2項は，灯台又は浮標を損壊する等して，艦船の往来の危険を生じさせる罪である．「灯台」は，船の航行の利便のための**陸上の標識**，「浮標」は船の航行の安全のための**水上の標示物**（水深を示す標識等）である．

実行行為　「損壊」および「その他の方法」である．**その他の方法**には，レール上に障害物を置く行為（往来の危険が発生する程度の置き石など），地下鉄のホームから鉄製のごみ箱を軌道上に投げ込む行為（東京高判昭62・7・28判時1249・130）などがある．また，車両に工作して無人電車を暴走させる行為（最大判昭30・6・22刑集9・8・1189）や，業務命令に違反した電車運行（最判昭36・12・1刑集15・11・1807）も本罪に当たる．沿線沿いの土地を掘削する行為（最決平15・6・2刑集57・6・749）も本条の行為に該当

する．さらに，信号機等を見えなくする行為なども含む．

往来危険　「往来の危険」とは，**脱線・転覆・衝突等の危険な結果が生ずるおそれのある状態を発生させること**をいう（最判昭 35・2・18 刑集 14・2・138－鉄道職員が運行業務妨害目的で信号操作を放置した行為につき，危険発生のおそれなしとした）．現実に転覆等する必要はない．汽車にはガソリンカー，ディーゼルカーを含み，電車にはケーブルカーやモノレールも含む．

【危険の認識】　本罪の故意の成立には往来危険発生の認識が必要である（前掲・東京高判昭 62・7・28，なお放火罪につき⇒328 頁）．転覆等することまでの認識は不要であり，人の現在する汽車等について転覆等の認識があれば126 条に当たる．

5-4-3 汽車転覆等罪及び同致死罪

126 条1 項　現に人がいる汽車又は電車を転覆させ，又は破壊した者は，無期又は 3 年以上の懲役に処する．（未遂処罰－128 条）

2 項　現に人がいる艦船を転覆させ，沈没させ，又は破壊した者も，前項と同様とする．（未遂処罰－128 条）

3 項　前 2 項の罪を犯し，よって人を死亡させた者は，死刑又は無期懲役に処する．

客体　1 項は，人の現在する汽車，電車を転覆又は破壊する行為について，前条に比べ重く処罰する．「現に人がいる」とは，行為者以外の人が現に存在することで，必ずしも乗客である必要はない．後で人が乗り込むことが明らかな電車に時限爆弾を仕掛ける行為を排除すべきではないから，実行開始時点から転覆・破壊時点までのいずれかの時点で人が存在すれば足りる（人の現在の認識は必要である）．汽車，電車は停止しているものであってもよい（ただし，修理等で車庫に入っている場合は含まない）．2 項は，「現に人がいる」艦船の転覆・沈没・破壊を処罰する．

行為　汽車・電車の「転覆」とは，脱線させただけでは足りず，列車の少なくとも一両（たまたまその一両に人が現在しなくともよい）が横転・墜落することを要する．「破壊」は，**交通機関としての機能の全部または一部を失わせる程度のものに限る**（車両内で爆弾を爆発させ，天井の鉄板，座席・窓ガラス等を損壊し，安全な運行ができない状態にすることは破壊に当たる－最判昭

46・4・22 刑集 25・3・530）．車両の物理的破壊よりも，電車の運行能力を中心に考えられている（連結器のブレーキの一部を焼く行為も含む―大阪高判昭 50・7・1 刑月 7・7=8・767）．投石により列車の窓ガラスを割る行為などは，本罪に当たらない（器物損壊の他，鉄道営業法上の処罰がある．転覆・破壊に当たらない場合の乗客の死傷⇨338 頁）．

艦船の「転覆・沈没」とは，**艦船の主要部分が水中に没すること**をいい，必ずしも全体が水没する必要はない．「破壊」とは，**艦船の航行を少なくとも一部不能にする程度**のものをいう．座礁させることは，それにより自力で航行できなくなれば船体が壊れなくとも破壊に当たる（最決昭 55・12・9 刑集 34・7・513）．保険金目的で船舶を沈没させ，保険金を騙取する行為は，本罪と詐欺罪との併合罪となる（最決昭 58・10・26 刑集 37・8・1228）．

3 項の解釈　3 項は，人の現在する汽車・電車，艦船の転覆，破壊などの結果，人が死亡した場合を，死刑または無期懲役に処する（結果的加重犯）．傷害の規定はないが，傷害の故意がある場合は転覆・破壊罪と傷害罪との観念的競合，故意がない場合には過失傷害罪との観念的競合となる．汽車・電車，艦船内の者に限らず，転覆現場付近にいた者が死亡した場合も含む（前掲・最大判昭 30・6・22⇨335 頁）．

> **【殺意のある場合】**　乗客を殺害する目的で電車を転覆させ，現に死亡させる行為は，126 条 3 項に該当する．人の現在する電車を意図的に転覆する際には，乗客等の死を少なくとも未必的な形では認識している場合が多いと考えられ，126 条 3 項は 240 条のように重い結果に故意ある場合を含む類型と解すべきであろう．殺意をもって転覆したが人が死亡しなかった場合は，転覆罪（1 項）と殺人未遂罪の観念的競合となる．

5-4-4 往来危険による汽車転覆等の罪

127 条　第 125 条の罪を犯し，よって汽車若しくは電車を転覆させ，若しくは破壊し，又は艦船を転覆させ，沈没させ，若しくは破壊した者も，前条の例による．

意義　本条は，往来危険罪（125 条）を犯し，よって汽車を転覆させたり船を転覆・沈没させた場合に，126 条 1・2 項によるとする規定である．126 条は，転覆などに故意のある場合であるのに対し，125 条は

危険発生の認識はあるが転覆につき故意がない場合である．つまり 127 条は，往来危険の結果的加重犯につき，結果の重大性に鑑み，重い結果に故意がある場合と同様に処罰するという，極めて例外的な規定である．

客体　客体としての汽車・電車・艦船は無人の場合も含む（前掲・最大判昭 30·6·22⇨335 頁）．127 条の典型例は，レールに物を置いた結果，列車が横転するような場合であるが，列車そのものを暴走させる等して往来危険を発生させ，その電車自体が転覆した場合も含む（前掲・最大判昭 30·6·22）．

死の結果　電車の転覆等の結果，人が死亡した場合にも，126 条 3 項が適用される（前掲・最大判昭 30·6·22）．127 条は「前条の例による」と規定し，3 項を除外していないからである．ただ，125 条の危険を発生させ，しかし列車が転覆せずに，それでも人が死亡した場合や，126 条で転覆させようとしたが失敗し，しかし人は死亡した場合は，いずれも転覆していないので 126 条 3 項の適用はない（125 条ないし 126 条 1 項と過失致死の観念的競合となる）．これらと比べ，転覆の結果死亡した場合に死刑または無期しか選択できない 126 条 3 項を適用するのは不合理だとする批判もある．しかし，125 条は類型的に人の死を招く危険を含む以上，127 条が死の結果を考慮していないとするのは不自然である．たしかに，転覆の有無による刑の不均衡はあるように見えるが，127 条は，転覆の結果があればそれが意図的か否かに関わらず同様に処断すると規定し，転覆の意図・認識を重視していない以上，やむを得ない．

5-4-5 過失往来危険罪

129 条 1 項　過失により，汽車，電車若しくは艦船の往来の危険を生じさせ，又は汽車若しくは電車を転覆させ，若しくは破壊し，若しくは艦船を転覆させ，沈没させ，若しくは破壊した者は，30 万円以下の罰金に処する．

　2 項　その業務に従事する者が前項の罪を犯したときは，3 年以下の禁錮又は 50 万円以下の罰金に処する．

5-5 国民の健康に対する罪　339

過失往来危険等　1項前段は，過失により汽車，電車又は艦船の往来の危険を発生させる罪である．踏切内に進入して列車と衝突事故を起こす等，具体的な危険の発生が必要である．1項後段は，過失により汽車，電車を転覆・破壊し又は艦船を転覆・沈没・破壊する罪である．汽車等に人が現在する必要はないが，転覆などの結果人が死亡すれば，本罪と過失致死罪との観念的競合となる（大津地判平 12・3・24 判時 1717・25．業務上過失往来危険罪と業務上過失致死傷罪の観念的競合）．

業務上過失往来危険等　2項は，業務者についての加重規定である．本条の業務は交通の往来に関係したものに限る．運転手，船長の他，転轍手や保線工事に従事する者等も含む（東京高判昭 53・1・30 刑月 10・1=2・12）．

5-5 国民の健康に対する罪

5-5-1 あへん煙に関する罪

136条　あへん煙を輸入し，製造し，販売し，又は販売の目的で所持した者は，6月以上7年以下の懲役に処する．（未遂処罰−141条）

137条　あへん煙を吸食する器具を輸入し，製造し，販売し，又は販売の目的で所持した者は，3月以上5年以下の懲役に処する．（未遂処罰−141条）

138条　税関職員が，あへん煙又はあへん煙を吸食するための器具を輸入し，又はこれらの輸入を許したときは，1年以上10年以下の懲役に処する．（未遂処罰−141条）

あへん煙等輸入・販売罪　「あへん煙」とは，けしの液汁を吸食できる段階まで精製したいわゆるあへん煙膏で，原料である生あへんは含まない．「あへん煙を吸食する器具」とは，あへん煙を吸うための煙管等の器具である．「輸入」とは日本国内に搬入することで，領海・領空に入った時点ではなく，陸揚げされた場合に既遂とするのが判例である（覚せい剤密輸入につき，最決平 13・11・14 刑集 55・6・763）．製造，販売の他，販売目的の所持も，輸入と同様に重く処罰する．税関職員の輸入についての加重規定（不真正身分犯），および税関職員が輸入を許した場合の

340　5 公共の安全に対する罪

処罰（真正身分犯）がある（138 条）．

139 条 1 項　あへん煙を吸食した者は，3 年以下の懲役に処する．（未遂処罰－141 条）

　2 項　あへん煙の吸食のため建物又は室を提供して利益を図った者は，6 月以上 7 年以下の懲役に処する．（未遂処罰－141 条）

140 条　あへん煙又はあへん煙を吸食するための器具を所持した者は，1 年以下の懲役に処する．（未遂処罰－141 条）

あへん煙吸食罪・あへん煙等所持罪　139 条 1 項は，あへん煙を吸食した者を処罰する．あへんにより健康を害される「被害者」は行為者自身であるが，麻薬の持つ習慣性やその害毒の程度から，敢えて処罰する．2 項は，あへん煙を吸食するため，場所を提供して利益を得る行為，140 条は，あへん煙犯罪の重大性に鑑み，販売目的以外のあへん煙等の単純所持を処罰する．以上の罪の未遂罪も罰する（141 条）．

【薬物犯罪】　薬物犯罪の大部分は，刑法典以外の「麻薬及び向精神薬取締法」，「あへん法」，「大麻取締法」，「覚せい剤取締法」（いわゆる麻薬 4 法）で処理されている．

5-5-2 飲料水に関する罪

142 条　人の飲料に供する浄水を汚染し，よって使用することができないようにした者は，6 月以下の懲役又は 10 万円以下の罰金に処する．

144 条　人の飲料に供する浄水に毒物その他人の健康を害すべき物を混入した者は，3 年以下の懲役に処する．

浄水汚染・毒物混入　飲料水の安全・清潔の確保は，社会生活の安全の基盤であるが，刑法典は，飲料水を，「人の飲料に供する浄水」と「水道水」に分けて保護する．「人の飲料に供する浄水」とは，**不特定又は多数の人の飲用に供せられる飲用に適した水**をいい，個人用に汲み置いた水は含まない．ただし，公衆が利用するものである必要はなく，食堂等で水瓶に汲み置いた飲料水などは対象となる．

　142 条の行為である「汚染」とは，**物理的・心理的に飲めない程度に不潔な状態にすること**で，不純物を混入する等により飲用不能にすることをいう．条文上は「よって」の文言があるが結果的加重犯ではなく，飲用不能の結

果およびその認識が必要である．144 条は，「毒物その他人の健康を害すべき物」を混入する行為を処罰する．毒物以外には，例えば細菌，寄生虫等が考えられる．両罪を犯して，人の死傷結果を生じさせた者は，傷害の罪と比較し重い刑により処断する（145 条）．死の結果に故意のある場合は含まれないので，殺害目的で水瓶等に毒を混入する行為は，144 条と 199 条の観念的競合となる．

> **143 条** 水道により公衆に供給する飲料の浄水又はその水源を汚染し，よって使用することができないようにした者は，6 月以上 7 年以下の懲役に処する．
>
> **145 条** 前 3（142・143・144）条の罪を犯し，よって人を死傷させた者は，傷害の罪と比較して，重い刑により処断する．
>
> **146 条** 水道により公衆に供給する飲料の浄水又はその水源に毒物その他人の健康を害すべき物を混入した者は，2 年以上の有期懲役に処する．よって人を死亡させた者は，死刑又は無期若しくは 5 年以上の懲役に処する．
>
> **147 条** 公衆の飲料に供する浄水の水道を損壊し，又は閉塞した者は，1 年以上 10 年以下の懲役に処する．

水道汚染・毒物混入・損壊 「水道により公衆に供給する飲料水」につき重く処罰する．「水道」とは水を供給するための人工的な設備一般を指す．143 条は，水道により公衆に供給する飲料の浄水又はその水源を汚染し，使用不能にする行為を処罰する（水道管に汚水を流し込んだり，水道水を取水する河川や貯水池を汚す行為）．人を死傷させた者は傷害の罪と比較し重い刑により処断する（145 条）．

146 条前段は 143 条と同一の客体につき，「毒物その他人の健康を害すべき物」を混入する行為を処罰する．現実に人の健康が害される必要はない．人を死亡させた場合には，死刑又は無期もしくは 5 年以上の懲役となる（146 条後段）．法定刑が重く，また，水道に毒物を混入すれば殺意があることも多いと考えられるので，146 条後段は殺意のある場合も含むと解すべきである．

147 条の「損壊」や「閉塞」（有形の障害物による遮断）は，給水を不能ないし著しく困難にすることを要する．水道施設である送水弁の遮断は「閉塞」に当たらない（大阪高判昭 49・6・12 刑集 29・7・431．ただし，さらに送水管

342　5　公共の安全に対する罪

を掘り起こし撤去した行為が「損壊」に当たる).

　【公害と公害罪法】　公衆の健康を保護するため，公害に対する刑事規制がある．昭和 45 年の「人の健康に係る公害犯罪の処罰に関する法律（公害罪法）」の他，「廃棄物処理法」，「水質汚濁防止法」といった行政法規にも罰則規定が設けられ，多くの処罰がなされている（「おから」が産業廃棄物に当たり，無許可での処理が廃棄物処理法に違反するとした判例として，最決平 11・3・10 刑集 53・3・339）．また，廃棄物の処理を委託した者が，下請業者による不法投棄の可能性を強く認識していた場合には，未必の故意による共謀共同正犯が成立する（最決平 19・11・14 刑集 61・8・757）．

6
偽造の罪

6-1 通貨偽造の罪

6-1-1 通貨偽造罪

> **148条1項** 行使の目的で，通用する貨幣，紙幣又は銀行券を偽造し，又は変造した者は，無期又は3年以上の懲役に処する．（未遂処罰―151条）

客体 　通貨偽造罪の保護法益は，流通する貨幣の信用と，それによってもたらされる取引の安全である．本罪の客体は，通用の貨幣，紙幣又は銀行券である．「貨幣」とは**硬貨**（金属製のもの）のみを指す．「紙幣」は，**政府その他の発行権者により発行された貨幣に代用される証券**をいい（現在のわが国では通用していない），「銀行券」とは**政府により権限を与えられた特定の銀行が発行する貨幣に代用される証券**をいう（わが国では日本銀行のみが発行権を与えられており，1万円札等は紙幣でなく日本銀行券である）．通貨は通用する（わが国において強制通用力を有する）ものに限られ，現在通用していない古い貨幣等を偽造しても通貨偽造罪には当たらない．外国貨幣の偽造は149条に該当する．

行使の目的 　通貨偽造罪は典型的な目的犯で，**真貨（真正な貨幣）として流通に置く目的（＝行使**（⇨345頁）**の目的）**がなければ成立しない（ただし，後述の模造罪には当たる）．教材として用いるために作成する行為等は構成要件該当性を欠く．自分で行使する意図の他，他人に行使させる目的も入る（最判昭34・6・30刑集13・6・985）．

偽造 実行行為としての「偽造」とは，発行権を有しない者が，**一般人が真貨であると誤信するような外観のものを作り出すことをいう**．通貨に似せて鋳造・印刷する行為の他，銀行券をコピーしそれに加筆する行為等も含む（スキャナを使った例として，名古屋地判平 9・10・16 判タ 974・260）．相当する真貨が存在しなくても，通貨制度の信用は害され得るため，発行前の記念硬貨に似せる行為も含む．また，一般人が真貨と誤信する程度の外観が必要で，読みとり機械の識別機能をかいくぐっても，そのような外観がなければ偽造通貨・銀行券とはいえない．もっとも，真貨と誤信する「外観」の範囲は広く，「一般人が一見して真貨と誤認する外観形態を呈して」いれば足りる（東京高判昭 53・3・22 刑月 10・3・217―百円硬貨の偽造）．千円札の表裏を剝がして 2 片とし，片面に和紙を糊で貼り付けて自動販売機に行使した場合（東京地判平 8・3・27 判時 1600・158―変造の例）や，韓国の五百ウォン硬貨を複数箇所凹状に削り，重さを五百円硬貨に近づける場合も，真価と誤認する外観があるとされる．ただし，外国硬貨の周囲を削って日本の円硬貨と同じ大きさにするような場合は，通貨偽造罪とはならない．

【模造罪】 誤信させるに至らなくとも紛らわしい外観であれば，「通貨及証券模造取締法」（明治 28 年）の対象となる（行使の目的は不要）．真券の 90 パーセントの大きさで，両面に「見本」と印刷したもの（東京地判昭 62・10・22 判時 1258・143），百円札に類似した外観のサービス券（最決昭 62・7・16 刑集 41・5・237 ⇨67 頁参照）が模造に当たるとされた．

変造 真貨に加工して，**他の真貨と誤信させる外観を作り出すことをいう**．ただし，元の通貨と同一性を欠く程度に至れば偽造となる．額面価格が異なる場合（百円札を青インクで修正し五百円札に見せかける行為―東京高判昭 30・12・6 東高刑時報 6・12・440）の他，同種の通貨に見せかける場合（真正の千円札 2 枚の表裏を剝し，間に紙をはさみ四つ折ないし八つ折の千円札のように見せかける行為―最判昭 50・6・13 刑集 29・6・375，千円札の表裏を剝がして片面に和紙を貼り付ける行為―前掲・東京地判平 8・3・27 など．さらに通貨の一部を削り金属の量を減少させる行為も変造となる）もある．

同一機会に，多数の同種の通貨を偽変造した場合には，一罪となる（条解 390 頁）．

6-1 通貨偽造の罪　345

【判例―偽造と変造】　変造は，真貨を用いる点で偽造と異なる．ただ，広島高高松支判昭30・9・28（高刑集8・8・1056）は，8枚の千円札の一部ずつを集めて新たな1枚と見せかける行為を偽造としており，前掲・最判昭50・6・13（変造）との区別は微妙である．もっとも，偽造と変造は同一条文内で法定刑にも差がないので，峻別する実践的意義は小さい．

6-1-2 偽造通貨行使罪

148条2項　偽造又は変造の貨幣，紙幣又は銀行券を行使し，又は行使の目的で人に交付し，若しくは輸入した者も，前項と同様とする．（未遂処罰―151条）

行使
　　　　2項は，①偽造，変造の貨幣等を行使する行為，②行使の目的で人に交付する行為，③行使の目的で輸入する行為を，通貨偽造罪と同様に罰する．客体は偽造・変造の貨幣，紙幣，銀行券である．行使の目的で偽造・変造された物である必要はなく，また行使する者自身が偽造・変造した物でなくてよい．

　「行使」とは，**真正な貨幣として直接流通に置く**ことをいい，流通に置いた時点で既遂となる．代金支払い，両替，贈与等に加え，自動販売機で使う行為も含む（前掲・東京高判昭53・3・22―百円硬貨）．流通に置いたといえない場合（自己に資力があることを証明するための**見せ金**や保管のために預ける場合）は除く．行使の方法は適法である必要はなく，賭金として用いる場合等も含む．

　行使の相手は**情を知らない者**に限る．偽貨であると認識している場合は流通に置いたといえない．行使の意図で渡したところ相手が偽貨であると認識していた場合は行使の未遂となる（東京高判昭53・2・8高刑集31・1・1参照―約束手形を呈示された者が偽造されたものであることを見破っていたという偽造有価証券行使の例）．

　偽変造した者がその通貨を行使したときは，偽変造罪と行使罪との牽連犯となる（なお，詐欺罪との罪数関係⇒347頁）．

交付・輸入
　　　　「交付」とは，行使でない場合，つまり**偽貨であると認識している者**に手渡すことをいう（大判明43・3・10刑録16・402）．情を

346　6 偽造の罪

知らない者に偽札を持たせて物を買わせる行為は「行使」である．交付罪は，有価証券についても規定されているが（⇨351頁），文書に関しては処罰規定は存在しない．「輸入」とは，偽造・変造の通貨を日本国内に搬入することをいう（⇨あへん煙の「輸入」につき339頁参照）．交付・輸入ともに，行使の目的が必要であり，交付については他人に行使させる目的をいう（被交付者が現実に行使することは要しない）．

6-1-3 外国通貨偽造罪等

> **149条1項**　行使の目的で，日本国内に流通している外国の貨幣，紙幣又は銀行券を偽造し，又は変造した者は，2年以上の有期懲役に処する．
> （未遂処罰−151条）
> 　**2項**　偽造又は変造の外国の貨幣，紙幣又は銀行券を行使し，又は行使の目的で人に交付し，若しくは輸入した者も，前項と同様とする．
> （未遂処罰−151条）

外国通貨　　1項は，国内に流通する（国内で適法に流通が認められた）外国の貨幣の偽変造を処罰する．日本の経済秩序を維持するための規定で，外国の法益を保護するものではない．日本国内の一部で事実上使用されていれば足りる（高知地判昭55・12・26判時989・136−百ドル紙幣．さらに最決昭28・5・25刑集7・5・1128−米軍基地内のドル軍票）．2項は，偽変造の外国の通貨の行使，行使の目的での交付・輸入を罰する．偽造外国通貨を日本の通貨に両替する行為も行使に当たる（最決昭32・4・25刑集11・4・1480）．なお，外国通貨を日本の通貨として（例えば，韓国の五百ウォン硬貨をわが国の五百円硬貨として）行使する目的の場合は，本罪ではなく148条の偽変造罪に当たる．

6-1-4 偽造通貨収得罪

> **150条**　行使の目的で，偽造又は変造の貨幣，紙幣又は銀行券を収得した者は，3年以下の懲役に処する．（未遂処罰−151条）

収得　　客体は，偽変造された貨幣，紙幣又は銀行券で，必ずしも行使の目的で偽変造されたものに限らない．日本に流通する外国の通貨

も含む．「収得」とは自己の占有に移すことで，有償・無償を問わない（盗取する場合なども含む）．行使の目的が必要であるから，偽貨であることを認識して受け取ることが前提となり，偽造通貨を受け取った後，偽造通貨と気付いたが行使の目的でそのまま所持した場合は，含まない．

6-1-5 偽造通貨収得後知情行使罪

> **152条** 貨幣，紙幣又は銀行券を収得した後に，それが偽造又は変造のものであることを知って，これを行使し，又は行使の目的で人に交付した者は，その額面価格の3倍以下の罰金又は科料に処する．ただし，2千円以下にすることはできない．

知情後行使　収得後に偽貨（外国通貨も含む）であると認識し，それを行使，交付する行為を，通常の行使罪等より著しく軽く処罰する．収得後に初めて偽貨と気付いた場合，それを行使する行為は，適法行為の期待可能性が低いからである（有価証券には本条に相当する規定はない）．

【罪数】 偽造後その偽貨を行使して，財物を詐取した場合，通貨偽造罪と偽造通貨行使罪は**牽連犯**となるが（輸入した者が行使した場合も同様），偽造通貨行使罪と詐欺罪の関係については，詐欺罪は行使罪に**吸収**される．知情後の行使が詐欺罪（10年以下の懲役）で処罰されると，152条を敢えて軽い法定刑とした立法趣旨が没却されるからである．

6-1-6 通貨偽造準備罪

> **153条** 貨幣，紙幣又は銀行券の偽造又は変造の用に供する目的で，器械又は原料を準備した者は，3月以上5年以下の懲役に処する．

準備行為　通貨偽造予備と呼ばれることもあるが，通常の予備とは異なる（法定刑もかなり重い）．その特色として，まず，準備行為のうち**器械・原料の準備**に限る．「器械」とは，偽変造に用いる印刷機等の器械一般を意味するが，偽変造の作業に直接用いるものに限らない．「原料」とは，地金，用紙，フィルム，インク等をいう．さらに，準備には，通貨偽造罪の幇助としての（**他人のための**）器械・原料の準備をも含む（大判大5・12・21刑録22・1925）．ただし，その他人が偽変造の実行行為を行った場合に

は，当該偽変造罪の幇助犯となる（東京高判昭29・3・26高刑集7・7・965－偽造のための紙幣の写真撮影や原画の作成を行った後，偽造工程に全く関与しなかった場合）．また，準備した者が，自ら偽変造を行った場合には，準備罪は偽変造罪に吸収される．

本罪は，「偽造，変造の用に供する目的」を要する（目的犯）．他人の通貨偽造を幇助する態様を含むため，自己が偽造する目的の他，他人が偽造する目的の場合も含む．基本となる通貨偽造罪には行使の目的が必要である以上，その準備罪にも**行使の目的**（あるいは行使させる目的）が必要である．

6-2 有価証券偽造の罪

6-2-1 有価証券偽造罪

> **162条1項** 行使の目的で，公債証書，官庁の証券，会社の株券その他の有価証券を偽造し，又は変造した者は，3月以上10年以下の懲役に処する．

客体 通貨に準ずる機能を有する有価証券に対する一般的・社会的信用を保護する．

「公債証書」（国債，地方債），「官庁の証券」（財務省証券等），株式会社の「株券」（株券電子化後も，株券は本人名義回復のための証拠書類となるので，保護の客体に当たる），「その他の有価証券」が本罪の客体である．「有価証券」とは，財産権を表示した証券でその表示された**権利の行使または処分のために証券の占有を要するもの**をいい，商法上と異なり，**流通性は必要でない**（最決昭32・7・25刑集11・7・2037－通勤定期の偽造）．本罪で保護する有価証券は日本で発行されたものか，日本国内に流通するものに限られる（通貨偽造罪⇒343頁参照）．

「その他の有価証券」の典型例は手形，小切手や貨物引換証，倉荷証券等である．流通性を要しないため，クーポン券，商品券，鉄道乗車券，定期券，宝くじ，新株申込証拠金領収書等も含み，競輪・競馬の車券・馬券（東京高判昭34・11・28高刑集12・10・974）も刑法上の有価証券である．

これに対し，権利を化体していない手荷物預証，下足札や，郵便貯金通

6-2 有価証券偽造の罪　349

帳, 無記名定期預金証書（最決昭 31·12·27 刑集 10·12·1798）, ゴルフクラブ
の入会保証金預託書（最決昭 55·12·22 刑集 34·7·747）等は有価証券に当たら
ない（郵便切手, 印紙は刑法上の有価証券ではないが, 郵便法等により偽造行為
が処罰される）. テレホンカードやパチンコカード等のプリペイドカードも
有価証券とされたが, 現在では支払用カード（163 条の 2 以下⇨351 頁）と
して扱われる.

偽造行為　　文書偽造罪と同様に（⇨358 頁）, 偽造（広義）は㋐**狭義の偽造**
（有形偽造）と, ㋑**虚偽文書作成（無形偽造）**（有価証券では**虚偽記入**
と呼ぶ）に大別される. ㋐狭義の偽造とは, **作成権限のない者が他人名義の有価**
証券を作成する行為であり, ㋑虚偽文書作成とは, **作成権限を有する者が真実に**
反する内容の有価証券を作成する行為をいう（通貨偽造罪にはこれに相当する行為
は存在しない）. ㋐狭義の偽造はさらに, 最狭義の偽造と変造に分かれる
（㋐が 162 条 1 項の行為である）.

最狭義の偽造とは, 作成権限のない者が他人の名義を冒用して有価証券を作成する
行為である. 完全な有価証券を作成する必要はなく, 一般人が真正な有価
証券であると誤信するだけの外観を有するものであれば足りる（架空人名
義のものでもよく（最大判昭 30·5·25 刑集 9·6·1080）, 有価証券としての法的要件
を完全に備えている必要もない（東京高判昭 58·5·26 東高刑時報 34·4=6·18―受取
人欄及び振出日欄の記載が欠けたもの））.

【**権限濫用・逸脱**】　法的な代表権・代理権を有する者が, 与えられた一般
的権限内で不当に手形や小切手を作成しても, **権限の濫用であり名義の冒**
用ではないので, 有価証券偽造罪にはならない（背任罪の余地はある. なお,
広島高判昭 56·6·15 判時 1009·140―代表取締役より小切手振出しの一般的権限を委
譲されていた総務部長が, 遊興費に使う目的で小切手を振り出す行為は, 有価証券
偽造罪ではなく業務上横領罪に当たる）. これに対し, その**権限を逸脱**して有価
証券を作成した場合には, 名義の冒用であり偽造罪が成立する. 例えば,
約束手形振出の補佐として作成作業を行っていた漁業協同組合の参事であ
っても, 振出権限が専務理事のみに認められていた場合には作成権限はな
く, 有価証券偽造に当たる（最決昭 43·6·25 刑集 22·6·490. なお, 横領と背任
の区別⇨306 頁参照）.

変造 権限を有しない者が，真正に成立した他人名義の有価証券に，ほしいままに変更を加える行為である．日付や金額を書き変える行為などが典型であるが，変造の結果，本質的部分が改変されて同一性が失われれば偽造となる（例えば期限切れの定期券を有効であるように改ざんしたり，外れた宝くじの番号を当選番号に改ざんする行為は偽造となる．額面10万円の小切手の金額欄に「0」を加え額面100万円に改ざんする場合は変造にとどまる）．自己名義で他人所有の有価証券の改ざんは，私用文書毀棄罪の問題となる．

偽造・変造は**行使の目的**（真正の有価証券として使用する目的）でなされる必要がある．通貨偽造の場合と異なり，必ずしも流通させる目的は必要ない．

6-2-2 有価証券虚偽記入罪

162条2項 行使の目的で，有価証券に虚偽の記入をした者も，前項と同様とする．（3月以上10年以下の懲役に処する）

客体 客体の有価証券は，真正・不真正を問わず（他人が偽造したものも含む），法的に有効なものに限らない．一般人が真正の有価証券と誤信する程度の外観があれば足りる．

虚偽記入 作成権限を有する者が，有価証券に虚偽の記入をすることで，有価証券における無形偽造（⇨349頁）である．162条1項の有価証券偽造が有形偽造であるのに対応する．判例は，1項は発行や振出し等の**基本的証券行為**に関して他人名義を冒用した有形偽造に限り，その他の有形偽造・無形偽造はすべて2項に当たるとする．そこで，自己名義の有価証券の他，他人名義であっても，裏書や引受などの**付随的証券行為**に関する有形偽造は2項に当たることになる（最決昭32・1・17刑集11・1・23－振出人欄を白地とし，支払人欄・引受人欄の名義を冒用した場合）．

虚偽記入行為にも，行使の目的を必要とする．ただし，流通に置く目的は不要である．

6-2-3 偽造有価証券行使罪

163条1項 偽造若しくは変造の有価証券又は虚偽の記入がある有価証券

6-3 支払用カード電磁的記録に関する罪　351

を行使し，又は行使の目的で人に交付し，若しくは輸入した者は，3 月以上 10 年以下の懲役に処する．（未遂処罰－2 項）

行使　客体は，**偽変造，虚偽記入の有価証券**である．行為者自身が偽変造したものに限らず，行使の目的で偽造等したものである必要もない．本罪の「行使」は，**内容の真実な有価証券として使用する**ことを意味し，通貨の場合と異なり流通に置く必要はないので，見せ手形や，事務所などに備え付けておく場合も行使に当たる．他人が認識し得る状況下に置けば行使罪は既遂となり，人が現実に偽造有価証券を見る必要はないため，未遂（2 項）の適用の可能性は小さいが，相手が事前に偽造であることを知っていた場合は，未遂となり得る．

偽造手形を善意で取得した者がその事情を知るに至った後，これを真正なものと偽って行使した場合は，通貨偽造における152 条に当たる規定がない以上，行使罪とせざるを得ない．

交付　「交付」は行使に該当しない形で相手に手渡すことである．偽変造，虚偽記入の事実を告げたり，その旨を知った相手に渡せば，行使でなく交付である（通貨の場合⇨345 頁）．交付・輸入には行使の目的を要する．なお，文書偽造罪に関しては，交付罪はない．

> **【罪数】**　振出人欄に他人名義を冒用して約束手形を偽造し，かつその裏書人欄に他人名義を冒用して虚偽記入した場合は，162 条 1 項の偽造罪一罪が包括的に成立する（最決昭 38・5・30 刑集 17・4・492）．有価証券偽造罪と行使罪とは牽連犯となり，行使してそれにより財物を得る場合には，偽造有価証券行使罪と詐欺罪の牽連犯となる（通貨の場合と異なる⇨347 頁参照）．

6-3　支払用カード電磁的記録に関する罪

6-3-1　支払用カード電磁的記録不正作出等罪

163 条の 2 1 項　人の財産上の事務処理を誤らせる目的で，その事務処理の用に供する電磁的記録であって，クレジットカードその他の代金又は料金の支払用のカードを構成するものを不正に作った者は，10 年以下の懲役又は 100 万円以下の罰金に処する．預貯金の引出用のカードを構成する電磁的記録を不正に作った者も，同様とする．（未遂処罰－163

条の5)

2項　不正に作られた前項の電磁的記録を，同項の目的で，人の財産上の事務処理の用に供した者も，前項と同様とする．（未遂処罰－163条の5）

3項　不正に作られた第1項の電磁的記録をその構成部分とするカードを，同項の目的で，譲り渡し，貸し渡し，又は輸入した者も，同項と同様とする．（未遂処罰－163条の5）

支払用カードの電磁的記録　第18章の2（平成13年新設）は，支払用カードを構成する電磁的記録を対象とし，その真正性，さらにはカードシステムに対する公共の信頼を保護する．

163条の2は，支払用カードの電磁的記録の不正作出，供用とともに，不正作出された電磁的記録の譲渡，貸渡しおよび輸入を処罰する．「代金又は料金の支払用カード」とは，**代金や取引の対価を支払うために用いるカード**で，クレジットカード，プリペイドカード，カード型の電子マネー等がこれに当たる．「預貯金の引出用のカード」とは，郵便局，銀行等の金融機関が発行する**預貯金に関するキャッシュカード**のことをいい，その大半がデビットカードとして支払機能を有するため，支払用カードと同様に扱われる．いわゆるポイントカード（マイレージなど）や消費者金融のローンカード等は含まない．また，「カード」の形態であることを要するから，いわゆる「おサイフケータイ」等の電子マネー機能付き携帯電話は客体に含まれない．詐取したスマホ機に保存された電子マネーを使って残高を減少させても，不正作出罪は成立しない．

「カードを構成する電磁的記録」とは，**カード板と一体となった状態の電磁的記録**を指す．そこで，カードと一体となっていない情報のみを作出した段階では本罪の未遂または準備罪（163条の4）となる（西田347頁）．ただ，カード表面に何も印刷されていない等，一般人が真正なものと誤信しない外観であっても，機械による処理が可能な状態であれば本罪は成立する．

本罪には，「人の財産上の事務処理を誤らせる目的」が必要である（161条の2⇨372頁参照）．事務処理のうち非財産的なもののみを誤らせる目的である場合（例えば，身分確認等のための事務処理にのみ用いる場合）は除く．

6-3 支払用カード電磁的記録に関する罪　353

不正作出・供用　「不正に作る」とは，**権限なくカードを構成する電磁的記録をカード上に印磁することをいう**．担当者として会計帳簿ファイルにデータを入力する権限を持つ者が，虚偽のデータを入力する行為等もこれに当たる．記録を新しく作出する場合のほか，既存の記録を改変，抹消することによって新たな電磁的記録にする場合も含む．不正に作るのは電磁的記録部分であり，それ以外の部分についての改変等は本罪の対象ではなく，文書の偽変造罪の問題となる．

　支払用カードの外観にのみ改変を加えた場合は，文書偽造罪（テレホンカード等のプリペイドカードについては有価証券偽造罪（162条1項⇨349頁参照））が成立することになる．磁気部分の改変も同時に行えば，私文書偽造罪と本罪とがともに成立する（観念的競合）．カードの外観と電磁的記録部分の記録内容が一致している必要はない．

　「用に供する」（供用）とは，**不正に作出された電磁的記録を他人の財産上の事務処理のため，電子計算機において用いることのできる状態に置くことをいう**．例えば，クレジットカードをCAT（信用照会端末）に通させること，テレホンカードを電話機に挿入すること，キャッシュカードをATMに差し込むことなどがこれに当たる．

譲り渡し・貸し渡し等　「譲り渡す」とは，**不正に作出されたカードを人に引き渡す行為**であって，**相手方に対する処分権の付与を伴うものをいい**，「貸し渡す」とは**処分権の付与を伴わない**（使用のみを許可する）場合をいう．通貨，有価証券等の偽造罪において行使と交付を区別しているのとは異なり（⇨345，351頁），本罪では，引渡しを受ける相手方が，不正作出されたものであることを認識しているか否かを問わない．「輸入」は，国外から国内に搬入することで，通貨偽造（148条），有価証券偽造（163条）におけるのと同義である（⇨348，351頁）．

6-3-2 **不正電磁的記録カード所持罪**

　163条の3　前条第1項の目的で，同条第3項のカードを所持した者は，5年以下の懲役又は50万円以下の罰金に処する．

354　6　偽造の罪

所持罪　カード犯罪を未然に防止し，取締りの実効性を確保するため，所持自体を処罰する．

　客体は，前条の不正に作出された電磁的記録を構成部分とする支払用又は預貯金引出用カードである．「所持」とは，**事実上の支配を有すること**をいう．自ら不正作出したもの，譲り渡し，貸し渡しを受けたものの他，盗取したものについても成立する．所有権の有無は問わない．「人の財産上の事務処理を誤らせる目的」で所持することが必要である．自ら供用する目的に限らず，第三者に供用させる目的も含むが，友人に見せようと持ち歩いていた場合は含まない．所持者に不正作出カードであることの認識がなかった場合でも，事情を知った後は，本罪が成立する．なお，不正使用があった等の理由から，当該カードの使用停止措置が採られていた場合であっても，他人名義の正規のデータと同一のデータが書き込まれたカードを所持する行為は，本罪に当たる（広島高判平 18・10・31 高検速報平 18・279）．

　【罪数】　不正作出等（163 条の 2）した者が，そのカードを所持（163 条の 3）した場合，両罪はともに人の事務処理を誤らせる目的で行われる犯罪類型であるから，牽連犯の関係に立つ．

6-3-3　支払用カード電磁的記録不正作出準備罪

　163 条の 4 1 項　第 163 条の 2 第 1 項の犯罪行為の用に供する目的で，同項の電磁的記録の情報を取得した者は，3 年以下の懲役又は 50 万円以下の罰金に処する．情を知って，その情報を提供した者も，同様とする．（未遂処罰－163 条の 5）

　　　2 項　不正に取得された第 163 条の 2 第 1 項の電磁的記録の情報を，前項の目的で保管した者も，同項と同様とする．

　　　3 項　第 1 項の目的で，器械又は原料を準備した者も，同項と同様とする．

情報取得　1 項前段は，カードの電磁的記録をコピーして**一体としてのカード情報を盗み取る行為**（いわゆるスキミング）等を処罰する．本罪の「情報」とは，会員番号，氏名，有効期限等の断片的な，個々の情報を指すのではなく，支払用カードによる支払決済で用いられるひとまとまりの情報（支払用カードの磁気ストライプ部分に記録されている一体としての

情報）でなければならない．支払用カードを構成する電磁的記録を，供用するために不正に作出する**目的**が必要であるが，犯人自身が不正作出行為を行うものに限らない．

「取得」とは，支払用カードを構成する電磁的記録の情報を**自己の支配下に移す行為**をいう．方法や有償，無償の如何を問わない．スキミング用装置（スキマー）によりカードの磁気ストライプ部分をコピーしてカード情報を盗み取る行為の他，ハードディスク等の媒体に記録された情報を取得する行為等も含む．他人から提供を受けることも取得に当たる．取得者自身ないし第三者が，提供目的で不正作出することの目的が必要である．

未遂とは，例えば，スキマーを設置したが未だ情報を取得するに至らなかった場合をいう．

提供 1項後段の「提供」とは，カードを構成する電磁的記録の情報を，**相手方が利用できる状態に置くこと**である．例えば，カード情報が入った USB メモリ等の記録媒体を相手方に交付したり，情報通信により送信するなどの行為がこれに当たる．「情を知って」行われる必要があり，その情報が 163 条の 2 の不正作出罪に用いられることの認識が必要である．有償，無償は問わず，また，方法も電話回線等を用いる場合でもよい．なお，情報は電磁的記録の状態のものに限らず，紙面に符号等で記載したものでもよい．

保管 2項の「保管」とは，有体物でいう所持に相当し，不正取得された電磁的記録の情報を**自己の管理，支配内に置くこと**をいう．例えば，パソコンのハードディスクに保存する行為や，情報の入っているスキマーや USB メモリ等の記録媒体を所持する行為等がこれに当たる．有償，無償を問わない．

「情を知って」とは，**不正な取得であることを認識している**ことをいう．

客体は「不正に取得された情報」である．複数の情報が 1 つのスキマーに保管されている場合，情報の 1 件ごとに本罪が成立するのではなく，包括して一個の保管罪が成立する（東京高判平 16・6・17 東高刑時報 55・1=12・48）．

準備 不正作出の用に供するための器械，原料を買い入れたり，製作するなど，これらを利用してその目的を遂行することができる状態

356　6 偽造の罪

に置く行為で，不正作出行為の実行着手前の段階を処罰するものである（153 条⇨347 頁参照）．「器械」とは，支払用カードを構成する電磁的記録の不正作出に有用な一切の器械であり，スキマー，カードライター等が典型であるが，パソコン等，他の目的にも利用できるものであってもよい．「原料」とは，印磁前のいわゆる生カード，未完成カードや印刷用材料等をいう．

6-4 文書偽造の罪

6-4-1 保護法益

文書の信用性　法的な権利義務関係等，国民生活の重要な基盤となる文書の公共的信用性を保護しようとするのが文書偽造罪である．社会の電算化に対応して，昭和 62 年に電磁的記録についても保護の対象とする法改正がなされた（157 条，161 条の 2）．

　文書の公共的信用を保護する方策として，文書の形式的真実，すなわち文書作成名義の真正性を保護する**形式主義**と，文書の内容の真実性の保護を目指す**実質主義**が対立する．名義の冒用を偽造とするか，虚偽の文書作成を偽造とするかの対立である．偽造罪が個人の財産的利益を保護するものであるとすれば，内容が真実であれば文書の受け手・利用者にとって実害はない．しかし，文書の公共的信用の側面からみると，内容的に真実であっても，作成権者の意思に反した文書の流布は，文書制度全体に対する国民の信頼を失わせることになる．このため，わが国の文書偽造罪は，形式主義を基本としつつ，一定範囲で実質主義を加味している．

6-4-2 文書の意義

文書　偽造罪における「文書」とは，**文字またはこれに代わる符号**（点字，速記符号など）**を用い，ある程度持続的に存続することのできる状態で，意思または観念を表示した物体**をいう．文字には，外国文字や拡大して可読的なマイクロフィルムなども含む．文書のうち象形的符号を用いたものを「図画」という（地図，JASRAC を図案化したシール等）．限られた者の間のみで

理解し得る符号を用いたものは文書とはいえない．材料は，紙である必要はないが，ある程度持続性のあるものに限る（黒板にチョークで書かれたものは含む）．テープに記録された音声による意思表示は，可視的な文字・符号が用いられていないので文書ではない．161条の2（昭和62年新設）により，電磁的記録は文書に当たらないことが明確となった．

名義人と作成者　文書の意思・観念を表示した主体を**名義人**という．名義人が，公務員又は公務所（⇒7条）で，その職務上作成したものを**公文書**といい，私人が名義人である文書を**私文書**という．文書の内容から理解される，その文書の意思の主体である名義人と，現実に文書の内容を表示した作成者は通常は同一であるが，分離することがある．名義人と作成者が一致している文書を**真正文書**と呼び，一致していないものを**不真正文書（偽造文書）**と呼ぶ．

> 【名義人の実在】　架空人や死者には意思がないから名義人にも当たらないと解すことも可能であるが，文書偽造罪の保護法益が文書に対する公共の信用である以上，一般人が一見して実在しないとわかる場合を除き，偽造罪の対象とすべきである．判例は，虚無人名義の文書については私文書偽造罪は成立しないとしていたが（大判昭10・7・23新聞3902・8），現在は，死者名義（最判昭26・5・11刑集5・6・1102－死亡した者の名義を用いて郵便貯金払戻証書を偽造），架空人名義（最判昭28・11・13刑集7・11・2096－郵便局長が営業成績達成のため，架空人名義の簡易保険申込書を作成）についても偽造罪を認めている（さらに東京高判昭53・12・27東高刑時報29・12・216－無免許運転の取調べに際し，交通事件原票に架空人名義で署名）．

コピーの文書性　原本に改ざんを加えたコピーを，「真正な原本のコピー（写し）」として用いた場合は，偽造罪が成立する（コピーを「原本である」と偽って渡す行為が偽造（およびその行使）に当たることは，争いなく認められる）．偽造罪は，文書に対する公共的信用を保護法益とするものであるから，たとえ原本の写しであっても，**原本と同一の意識内容を保有し，証明文書としてこれと同様の社会的機能と信用性を有する**ものと認められる限り，原本作成名義人を作成名義とする文書に当たる（最判昭51・4・30刑集30・3・453，最決昭54・5・30刑集33・4・324，最決昭61・6・27刑集40・4・340）．原本に署名や印章の押捺があれば，有印の文書偽造となる（有印について⇒

358　6　偽造の罪

362-363 頁).

【認証文言】　原本と相違ない謄本である旨認証した文書が付されていれば，その認証者を名義人とする新たな文書となる．多くの謄本類（戸籍謄本など）には認証文言（コピーされたものに，新たに記された市長等の職氏名，公印等）が付されており，写しではなく市長等を名義人とする新たな文書に当たり，その内容を改ざんすれば文書の変造に当たる．

【判例－コピーの文書性】　前掲・最判昭 51・4・30 は，行政書士である被告人が，供託金の横領等の犯跡隠蔽のため，真正な供託金受領書の供託官の記名印・公印押捺部分と虚偽の供託事実を記入した供託書用紙とを貼り合わせてコピーした行為につき，有印公文書偽造罪の成立を認めた．なお，文書を貼り合わせてファクシミリにより送信した事案についても，文書性が認められる（広島高岡山支判平 8・5・22 高刑集 49・2・246－真正な文書を原形どおり正確に複写したかのような形式，外観を有し，かつ，原本同様の社会的機能と信用性を有するとした）．行使される文書は受信側で印字された文書であるから，これが偽造文書となる．なお，原本であれば変造に当たる程度の改ざんであっても，そのようなコピーを作成すれば，新たにコピーという文書を作成したとして偽造となる．

　学説では，文書でないものを文書偽造罪の客体に含めるのだとすれば罪刑法定主義に反するという批判も強く（大谷 442 頁），また，コピーのような便宜的処理を刑法で保護することに対する疑問もある（平川 444 頁，斎藤 247 頁，伊東 307 頁）．しかし，実生活におけるコピーの機能をみた場合，単に原本が他に存在することを証明することを超えて，原本の意思内容を証明する役割を期待されているといわざるを得ない．無権限に名義を冒用した内容のコピーを作成する行為は，コピーの文書としての公共的信用を侵害するもので，有形偽造であると解すべきである．

6-4-3 **偽造行為**

　　　　　　広義の偽造は，有形偽造（狭義の偽造）と，無形偽造（虚偽文

有形偽造　書作成）に大別される．**有形偽造**とは，名義人でない者が名義を冒用して文書を作成する行為であり，名義人と作成者の**人格の同一性**に齟

齬が存在する場合をいう（文書の成立の真正性の偽り）．**無形偽造**は，名義人が内容虚偽の文書を作成する行為である（文書の内容の真正性の偽り）．通説・判例は，154条以下の「偽造」の文言は有形偽造を意味すると理解する．条文上，文書の「偽造」と，虚偽文書の「作成」とが明確に書き分けられているからである．

　　【事実説と観念説】　作成者の意義につき，実際の作成行為を行った者が作成者であるとする**事実説**と，文書の内容を表示させた意思の主体を作成者とする**観念説**とが対立する．事実説を徹底すると，本人の承諾を得て秘書等が作成する場合でも，本人が自ら作成していないので有形偽造となりかねない．事実説も，実質的違法性を欠く等の説明によりこれらの事例を不処罰とするが，そもそも秘書を文書の作成者であるとする説明に無理があるとして，観念説が通説となっている（大谷 444 頁）．ただ，重要なのは，文書の実質的な意思表示の主体としての作成者と，当該文書に示された名義人の確定作業である．その上で，「作成者と名義人の人格の同一性に齬齬が存在するか」により，偽造の成否が判断される（⇨360, 369 頁）．

　　　　　　　　　　有形偽造は，さらに最狭義の偽造と変造に分かれる．「最
偽造と変造　　　狭義の偽造」は，**作成名義人でない者が名義を冒用して文書を作成する行為**をいう．ただし，作成権者がその権限内において作成したものであると一般人が誤認する程度のものでなければならず，有効な文書である外観が必要である．なお，作成名義人に他の文書と誤信させて署名・捺印させた場合にも，偽造となる（東京高判昭 50・9・25 東高刑時報 26・9・163－売買契約書を融資の契約書であると偽って署名させた有印私文書偽造の事案）．

　　【判例－真正な外観】　最決昭 52・4・25（刑集 31・3・169）は，有効期間を 3 か月過ぎた無効な運転免許証は，真正に作成されたものと誤信する外観があるとした．大阪地判平 8・7・8（判タ 960・293）は，自己の運転免許証に，他人の運転免許証の写しの氏名，生年月日欄等を切り取ったものを該当箇所に重ねて置くなどし，その上からメンディングテープを全体に貼り付けて固定し，金融機関の無人店舗に設置された自動契約受付機のイメージスキャナーを通してディスプレイに表示させ相手方に呈示した行為について，有印公文書偽造罪（同行使罪）の成立を認めた．さらに，東京高判平 20・7・18（判タ 1306・311）は，保険証のコピーをさらに改ざんして作成したコピ

ーにつき，真正な保険証のコピーであると誤認させる程度の形式・外観を
備えているとした．

　一方，文書の「変造」とは，**名義人でない者が，真正に成立した文書の内容に
改ざんを加えることである**．ただし，非本質的部分に不法な変更を加え，新
たな証明力を有する文書を作り出すことに限られ，本質的な部分を改変し
同一性を失った場合には偽造となる（免許証等の写真の貼替えや，完全に失効
した文書を加工して新たな文書を作出する行為，さらに外れくじの番号を当選番号
に書き換える行為等は，変造でなく偽造に当たる）．

　客体は**他人名義の文書に限る**（自己名義で他人所有の文書を改変しても，毀棄
罪の成立余地があるに過ぎない）．また，改ざんの結果新たな証明力のある文
書を作出していない場合は，変造ではなく毀棄となる（例えば，預金通帳の
年月日を改ざんする行為は変造だが，残高を「0」にする行為は毀棄罪に当たる）．

代理名義の冒用　　有形偽造とは，**名義人と作成者の間の人格の同一性を偽ること**
であるから，まず，当該文書の名義人が誰かを特定する
ことが重要となる．Xが無断で「A株式会社代表取締役X」とか「A代
理人X」という名義の文書を作成する行為は，名義人はA（作成者はX）
であり，有形偽造となる（最決昭45・9・4刑集24・10・1319．なお，かつては，こ
のような場合は肩書の偽りであって（「A株式会社代表取締役」を肩書とする），文
書の内容の偽りに過ぎないとする**無形偽造説**も主張された）．

　なお，**有形偽造説**には，「A代理人」という資格・肩書も大切で，「A代
理人X」が全体としてXとは別人格のいわば「Y」という名義人であり，
作成者Xとの同一性に齟齬があるとする見解（植松＝日高135頁，西田373
頁）もある．しかし，このように資格・肩書を重視すると，例えば，弁護
士でない者が弁護士の肩書を使用して弁護士業務と無関係の文書を作成し
た場合にも常に有形偽造となってしまう（⇨次頁【判例−人格の同一性の判
断】参照）．取引などの実際ではA会社を信用するのであり，X個人は重
要ではないのが通例である．

　代理名義の文書は，本人の意思に基づいて代理人が作成するものであり，
本人が文書作成の事実上の責任を負うこととなるから，名義人は，基本的

6-4 文書偽造の罪　361

に，本人（A）であると解すべきである（川端 538 頁，曽根 246 頁，林 359 頁）．ただ，文書の性質を考慮して，作成者との同一性を比較する対象となる「名義人」は実質的に判断されなければならない．

> 【判例－人格の同一性の判断】　X が法学博士でないにもかかわらず「法学博士 X」の名称を用いた文書を作成しても，通常は X と「法学博士 X」との人格の同一性に齟齬は生じない．しかし，最決平 5・10・5（刑集 47・8・7）は，弁護士資格を有しない者が，実在する弁護士と同姓同名であることを利用し，同弁護士であるかのように装い，調査報告や弁護士報酬請求書を作成し，弁護士の肩書を付した署名を記載した事案につき，「弁護士資格を有しない被告人とは別人格の者であることが明らかである」として，名義人である「弁護士 X」と作成者である弁護士資格のない X との，人格の同一性の齟齬を認めた．ただし，自己が弁護士資格を有することを吹聴するために，弁護士業務と無関係の文書に「弁護士」の肩書きを付した場合は無形偽造に過ぎない．それに対し，弁護士業務に関連する書面につき「弁護士資格」を冒用し，しかも同姓同名の弁護士が実在したという事情があれば，別個の人格が想定される確率が高く，人格の同一性に齟齬が生じる．
>
> 　同様に，最決平 15・10・6（刑集 57・9・987）は，国際運転免許証の発給権限のない「国際旅行連盟」と名乗る団体が，国際運転免許証に酷似した文書を「国際旅行連盟」の名称を用いて作成した行為につき，「本件文書の名義人は『ジュネーブ条約に基づく国際運転免許証の発給権限を有する団体である国際旅行連盟』である」から，本件文書を作成した「国際運転免許証の発給権限を有しない国際旅行連盟」とは別人格であり，名義人と作成者の間の人格の同一性を偽るものであるとした．
>
> 　当該文書の名義の特定は，単にどのような名称で表記されているかではなく，当該文書の性質（弁護士の資格に関連した文書か），文書の外観・機能（国際運転免許証に酷似しているか）などもあわせて判断されることになる（【判例－人格の同一性】⇨369-370 頁参照）．

代理権限の濫用　　一定の代理権限を有する者が，その権限を濫用する行為に関しては，文書作成権限を実質的に逸脱すれば有形偽造となるが，代表等の地位を濫用したに過ぎない場合は，偽造罪の成立を否定する（大谷 468 頁）．たしかに，与えられた作成権限の枠内での「濫

362　6　偽造の罪

用」にとどまる場合には，名義を冒用したとまではいえない．それに対し，権限を逸脱して作成する場合には，本人の意思に基づく作成とはいえず，まさに名義の冒用に当たる．

【権限の逸脱と横領・背任】　権限濫用・逸脱の基準は横領と背任の区別でも用いられ（⇨307頁），基本的には，濫用であれば，偽造罪は成立せず，横領でなく背任に止まる．もっとも，公共の信用に対する罪である偽造罪は客観的対外関係を重視し，財産犯としての背任罪では対内関係が重要となる傾向はある．そこで，一般的・抽象的権限内であっても絶対に許されない行為であれば，背任でなく横領となる（⇨307頁）．最判昭32・6・27（刑集11・6・1751）は，国営干拓事業に関与していた事業所長らが，工事業者と共謀し，水増し請求を行った事案につき，業務上横領罪と虚偽公文書作成罪の成立を認めたが，有形偽造の成立は認められていない．

6-4-4　公文書偽造罪

155条1項　行使の目的で，公務所若しくは公務員の印章若しくは署名を使用して公務所若しくは公務員の作成すべき文書若しくは図画を偽造し，又は偽造した公務所若しくは公務員の印章若しくは署名を使用して公務所若しくは公務員の作成すべき文書若しくは図画を偽造した者は，1年以上10年以下の懲役に処する．

　　2項　公務所又は公務員が押印し又は署名した文書又は図画を変造した者も，前項と同様とする．

　　3項　前2項に規定するもののほか，公務所若しくは公務員の作成すべき文書若しくは図画を偽造し，又は公務所若しくは公務員が作成した文書若しくは図画を変造した者は，3年以下の懲役又は20万円以下の罰金に処する．

公文書偽造罪　「公文書（図画）」とは，**公務員又は公務所が職務権限に基づき作成する文書（図画）をいう．**1項は有印公文書偽造，2項は有印公文書変造，3項は無印公文書偽造・変造を規定する．いずれも「行使の目的」を要する．**有印公文書偽造とは，公務所・公務員の印章や署名を使用し，または偽造した公務所・公務員の印章や署名を使用して公文書を偽造することであ**る．なお，「署名」には**記名**（印刷などによる氏名表記）を含む（⇨373頁．大判大4・10・20新聞1052・27）．**無印公文書偽造とは，印章・署名を使用せず，記名も**

ない場合である（したがって，実際にはほとんどない．物品税表示証紙につき，最決昭35・3・10刑集14・3・333）．「公務員の印章」は公印の他，私印も含む．印顆（⇨373頁）を偽造してそれを押捺することだけでなく，公務員のものと誤信させる印影を文書上に作出すれば足りる．公務員でも作成権限のない文書を作成すれば，有形偽造となる．

【詔書等偽造罪】 154条は，詔書などの天皇名義の文書の偽変造を無期又は3年以上の懲役とする．詔書とは，天皇が，国会召集や法律の公布，さらに大臣等の任命・認証などの国事に関する意思表示を公示するために用いる一定の形式の文書である．天皇の私文書は本条の客体に含まない．1項はこれらの文書を行使の目的をもって偽造する行為で，御璽（天皇の印章），国璽（日本国の印章），御名（天皇の署名）を使用することが必要である．2項は御璽，国璽，御名のある天皇の文書の変造行為を処罰する．

6-4-5 虚偽公文書作成罪

> **156条** 公務員が，その職務に関し，行使の目的で，虚偽の文書若しくは図画を作成し，又は文書若しくは図画を変造したときは，印章又は署名の有無により区別して，前2条の例による．

身分犯　156条は，作成権限のある公務員が，その職務に関し行使の目的をもって虚偽の公文書（図画）を「作成」し，又は文書（図画）を「変造」する無形偽造を処罰する．本罪の変造は，権限を有する公務員が公文書に変更を加えて虚偽の内容とすることをいい，前条2項のように権限のない者の変造とは異なる．作成権限を有する公務員を主体とする**身分犯**である．作成権限は，法令や内規の他，慣例などを基準に具体的に判断される．形式上の決裁権者ではない補助公務員であっても，実質的に作成権者と評価し得る者が，上司の決裁を経ずに（あるいは形式的な決裁を経て）内容虚偽の文書を作成すれば本条に当たる（最判昭51・5・6刑集30・4・591－慣行上，印鑑証明発行事務の権限を有する係長が，自己の印鑑証明書を，手数料を納付せずに自ら作成した）．内容虚偽の届出と知りつつ公務員がそのまま記載した場合，その公務員に実質的な審査権がある場合には本罪が成立する（大判昭7・4・3刑録23・699）．

6-4-6 公正証書原本不実記載罪・免状等不実記載罪

157条1項　公務員に対し虚偽の申立てをして，登記簿，戸籍簿その他の権利若しくは義務に関する公正証書の原本に不実の記載をさせ，又は権利若しくは義務に関する公正証書の原本として用いられる電磁的記録に不実の記録をさせた者は，5年以下の懲役又は50万円以下の罰金に処する．（未遂処罰－3項）

　　2項　公務員に対し虚偽の申立てをして，免状，鑑札又は旅券に不実の記載をさせた者は，1年以下の懲役又は20万円以下の罰金に処する．（未遂処罰－3項）

客体　　157条1項の公正証書原本不実記載罪，2項の免状等不実記載罪は，ともに虚偽の申立てをし，作成権限のある公務員を利用して重要な公文書に虚偽の内容を記載させる，いわば公文書偽造罪の間接正犯に当たる行為を処罰する．156条に比べ，刑が軽い．

　1項の客体の「権利・義務に関する公正証書」とは，**権利・義務に関する一定の事実を公的に証明する文書**で，その**原本のみが問題となる**（戸籍簿，土地登記簿，建物登記簿，自動車登録簿等の他，住民票（最決昭48・3・15刑集27・2・115），外国人登録原票（名古屋高判平10・12・14判時1669・152），小型船舶の船籍簿（最決平16・7・13刑集58・5・476）も含まれる）．同様の機能を果たす登録ファイル「電磁的記録」に不実の記録をさせる行為も含む．自動車登録ファイル，特許原簿ファイル，住民基本台帳ファイル等がある．

　2項の客体の「免状」の代表例は自動車運転免許証や医師免許証で，**一定の行為を行う権利を付与する証明書**である．「鑑札」は，質屋の鑑札のように，**公務所の許可や登録を証明するもの**で，その携帯を要求されるものである．「旅券」とは，外務大臣又は領事館が，**国外渡航者に対し旅行を認許したことを示す文書**である．

　なお，2項は旅券等について，不実の記載をさせるだけでなく交付させることも含むと考えられ，別に詐欺罪が成立することはない（最判昭27・12・25刑集6・12・1387－旅券の申請書に虚偽の記載をした行為）．ただし，旅券や自動車運転免許証については，特別法で不正手段による取得を処罰する規

6-4 文書偽造の罪　365

定があり（旅券法23条1項1号，道路交通法117条の3），これらの特別規定の方が刑が重いことから，実務上は特別法のみが適用される（荒木・波床大コンメ8・191⇨290頁参照）．

行為　公務員に対し虚偽の申立てをし，不実の記載・記録をさせることである．「虚偽」とは，登記が当該不動産に係る民事実体法上の物権変動の過程を忠実に反映しているか否かという観点から判断され，暴力団員に土地の所有権を取得させる旨の合意があっても，売買契約の締結に際し暴力団員のためにする旨の顕名が一切なく，民事実体法上の物権変動の過程を忠実に反映した登記であれば，「虚偽の申立て」ではない（最判平28・12・5刑集70・8・749）．

自動車運転免許の更新申請の際に自己の住所につき虚偽の申立てをする行為（東京高判平4・1・13判タ774・277）等も含む．公務員は情を知らないことが必要である（認識していれば公務員に156条が成立する）．内容虚偽の他，申立人の同一性を偽る場合も含む．重要部分において真実に反することを要する．**中間省略登記**は，登記自体として民事上有効であり，不実の記載に当たらない．

【判例－不実記載】　不動産登記法上の官公署が権利主体として行う登記の嘱託（同法30条，31条－当時）も，157条1項の「申立て」に当たる（最決平1・2・17刑集43・2・81－土地所有者と市土地開発公社事務局長が共謀し，公社から登記官に対し，虚偽の所有権移転登記の嘱託をした）．この他，執行妨害目的で，内容虚偽の条件付賃借権設定の仮登記の申請をし，登記簿原本にその旨の記載をさせる行為（鳥取地米子支判平4・7・3判タ792・232）が不実記載に当たり，実質的所有者とは別人の名義による自動車登録ファイルへの新規登録及び移転登録（東京地判平4・3・23判タ799・248），商業登記簿の原本である電磁的記録に，実質的な資産と評価できない増資の記録をさせた行為（最決平17・12・13刑集59・10・1938）が不実記録に該当する．また，他人所有の建物を同人のために預かり保管していた者が，金銭的利益を得るために電磁的記録である登記記録に不実の抵当権設定登記を了した場合，不実記録罪，同供用罪とともに，横領罪も成立する（最決平21・3・26刑集63・3・291）．

【156条の間接正犯】　本条は，156条の間接正犯的な行為を規定している．そこで，157条の客体に該当しない文書につき，作成権限のある公務員を

欺罔する等して，虚偽の内容の公文書を作成させる行為を，156 条の間接正犯として処罰することができるかが問題となる（情を知らない医師に虚偽内容の診断書を作成させる行為も同様の問題を含む⇨371 頁）．そもそも身分犯の間接正犯を否定する消極説も有力であったが，この点については一般的には積極説を採用すべきである（⇨144 頁）．しかし，157 条が限定された重要な公文書についての虚偽記入行為の間接正犯的態様を処罰するものであり，しかも 156 条より法定刑がかなり軽いことを考慮すると，156 条に関しては間接正犯を処罰すべきではない．

この問題に関し判例は，**私人**が虚偽の証明願を村役場係員に提出し村長名義の虚偽の証明書を作成させた行為につき 156 条の成立を否定した（最判昭 27・12・25 刑集 6・12・1387）．これに対し，建築申請審査等の文書を起案する**公務員**が，内容虚偽の審査報告書を作成し，情を知らない審査合格証の作成権者に，内容虚偽の審査合格証を作成させた行為に関しては，156 条の間接正犯の成立を認めた（最判昭 32・10・4 刑集 11・10・2464）．しかし，157 条との均衡を問題にする限り，公務員と私人を区別すべきではない．昭和 32 年判決の事案は，事実上，被告人が作成権限のある公務員の補助者に当たる場合で，実質的には作成権限を有していたと解され（前掲・最判昭 51・5・6⇨363 頁），156 条の直接正犯が認められる余地があることに注意すべきである．なお，公務員と共謀して，公正証書原本不実記載に当たる行為を行った私人は，虚偽公文書作成罪の共同正犯となる（65 条 1 項，156 条）．

6-4-7 偽造公文書・虚偽公文書行使罪

158 条 1 項 第 154 条から前条までの文書若しくは図画を行使し，又は前条第 1 項の電磁的記録を公正証書の原本としての用に供した者は，その文書若しくは図画を偽造し，若しくは変造し，虚偽の文書若しくは図画を作成し，又は不実の記載若しくは記録をさせた者と同一の刑に処する．（未遂処罰―2 項）

客体　有印・無印の偽変造の公文書や虚偽公文書を，情を知りつつ行使する行為を罰する．客体としての偽造・虚偽文書は**行使の目的**で作成されたものでなくてもよいし，行使する者自身が偽変造したものである必要もない．ただ，真正な文書であると誤信させるだけの外観が必要である（提示した時には免許証の有効期限が経過していても，本罪は成立し得る．期限切

6-4 文書偽造の罪　367

れの免許証等⇒359頁）．

行使　「行使」とは，**真正の文書として他人に交付・提示等して，その閲覧に供し，その内容を認識させ，又はこれを認識し得る状態に置くことである**（最大判昭44・6・18刑集23・7・950）．相手が真正でないことを知っていれば行使に当たらない．本来の用法に従った使用に限らず，何らかの意味で真正の文書として役立たせるために使用すればよい（例えば，身分証明として使う運転免許証）．偽造通貨の行使のように流通に置く必要はなく（⇒345頁参照），相手に見せる行為や単に備え付けておくことも行使に当たる（そのような文書を作成した旨を告げるだけでは足りず，また，偽造免許証を携帯して運転する行為は，未だ他人が認識し得る状態にないので行使罪には該当しない．最大判昭44・6・18刑集23・7・950）．

電磁的記録についての「用に供する」（**供用**）とは，例えば不正作出したキャッシュカードを銀行のATM機に挿入する行為や，コンピュータに不正な情報を記憶させ（作出），事務処理に用いることができる状態に置くことをいう．イメージスキャナを通じてディスプレイに表示させることも行使に当たる（大阪地判平8・7・8判タ960・293）．

> **【判例−本来の用途と異なる目的の使用】**　交際している女性に見せるために郵便貯金通帳を偽造し，同女に交付する行為（大判昭7・6・8刑集11・773）や，中退した生徒が公立学校長名義の卒業証書を偽造し，父親に見せる行為（最決昭42・3・30刑集21・2・447）も偽造公文書行使罪に該当する．社会生活上の取引関係のない者に見せた場合でも，将来，その偽造された意思内容が流布される可能性が一定程度以上存在するからである．

【罪数】　文書偽造の場合は，偽造罪とその行使罪とは牽連犯の関係に立ち，行使罪と詐欺罪も牽連犯の関係となる（有価証券偽造の場合と同様である⇒351頁参照）．

6-4-8　私文書偽造罪

159条1項　行使の目的で，他人の印章若しくは署名を使用して権利，義務若しくは事実証明に関する文書若しくは図画を偽造し，又は偽造した他人の印章若しくは署名を使用して権利，義務若しくは事実証明に関す

368　6 偽造の罪

る文書若しくは図画を偽造した者は，3月以上5年以下の懲役に処する．

2項　他人が押印し又は署名した権利，義務又は事実証明に関する文書又は図画を変造した者も，前項と同様とする．

3項　前2項に規定するもののほか，権利，義務又は事実証明に関する文書又は図画を偽造し，又は変造した者は，1年以下の懲役又は10万円以下の罰金に処する．

私文書偽造罪　　私文書については，159条が有形偽造，160条が診断書等の特殊な文書に限り無形偽造を処罰する．行使の目的が必要である．161条は偽造私文書等の行使罪である．

159条の客体は「権利義務または事実証明に関する文書・図画」に限られ，他人（さらに公務員・公務所以外）の作成名義の文書でなければならない．「権利義務に関する文書」とは，**権利義務の発生，変更，消滅の要件になる文書および，権利義務の存在を証明するものをいう**．「事実証明に関する文書」**は実社会生活に交渉を有する事項を証するに足りる文書であり**（最決昭33・9・16刑集12・13・3031），推薦状，**履歴書**，挨拶状等が考えられるが，判例では新聞に掲載された広告文（前掲・最決昭33・9・16），自動車登録事項等の証明書の交付請求書（東京高判平2・2・20高刑集43・1・11，大阪高判平3・11・6判タ796・264），給与振込依頼書（最決平11・12・20刑集53・9・1495）も含む．ただ，当罰性の観点から，社会生活において一定程度以上の重要性を有するものに限るべきである．本条1項は，印章・署名のある場合を重く処罰し，それらを欠く場合には3項に当たる．ただし，記名（⇨373，362頁）でも足りるので，事実上無印の文書はほとんどない．

【答案の文書性】　最決平6・11・29（刑集48・7・453）は，私大の入試に際し，いわゆる替え玉受験を行うため解答用紙の氏名欄に実際に受験していない者の氏名を記載し，試験監督者に提出して行使した事案に関し，入試答案は志願者の学力の証明に関するものであって，事実証明に関する文書に当たるとした．たしかに，答案の種類によっては，社会的事実を証明するとはいえない場合もあろうが（釧路地網走支判昭41・10・28判時468・73参照—大型自動車免許構造学科試験の答案につき，通常の採用試験の答案とは異なるとした），通常の入試答案は，合否判定という重要な事実の有無を判断する資料として重要であり，本罪の文書に当たる（神戸地判平3・9・19判タ797・269．拙稿・

6-4 文書偽造の罪　369

法学教室 175・78 参照）．

名義人の承諾　　私文書の場合，名義人の事前の承諾があれば，名義の冒用
には当たらず真正文書となるため，偽造罪は成立しない
（⇨359 頁）．

しかし判例は，交通事故の場合の**交通事件原票**（**反則切符**）の署名欄に，承
諾を得て他人の氏名を記す行為につき，その文書の公共信用性は損なわれ
るとし，「その性質上，違反者が他人の名義でこれを作成することは，た
とえ名義人の承諾があっても，法の許すところではない」とし，私文書偽
造罪の成立を認める（最決昭 56・4・8 刑集 35・3・57，最決昭 56・4・16 刑集 35・3・
107）．また判例は，他人から依頼され，同人名義の試験の答案を作成した
事案も 159 条に該当するとしている（東京高判平 5・4・5 高刑集 46・2・35（前
掲・最決平 6・11・29 の原審），前掲・釧路地網走支判昭 41・10・28）．これらの文書
については，その性質上，名義人自身の手によって作成されることを要す
るもの，すなわち，**自署性**が強く要求される．①交通事件原票の供述書は
その内容が違反者本人に専属し，公の手続きに用いられるという特殊な性
格を持った文書であり，②簡易迅速な処理を目指す反則制度においては名
義人と作成者の同一性が保証されることが重要だからである．

同一性の齟
齬の程度　　名義人の承諾があれば文書の作成主体の同一性についての
偽りはなく，文書内容についての偽り，すなわち無形偽造
に過ぎないとする批判もあるが，他人名義の文書作成者が
行う以上，いかに承諾を得ていても人格の齟齬は生ずる．そして，多くの
文書では，その両者の同一性を厳密に要求しないため，有形偽造とはなら
ない．しかし，自署性が要求される交通事件原票や答案では，同意を得た
としても本人以外の氏名を記載することが，文書偽造罪の保護法益である
公共の信頼を侵すことになる．なぜなら，当該文書の作成目的・性質から
いって，名義人は「交通違反を犯した X」や「答案を記述した Y」であ
り，名義の使用を承諾した「交通違反を犯していない X」や「答案を記
述していない Y」とは別人格となるからである．

【判例ー人格の同一性】　有形偽造と認めるだけの人格の同一性の齟齬の有

370　6　偽造の罪

無は，文書の性質・機能から導かれる「当該文書に期待されている公共的信用の実体」を考慮して判断される．例えば，架空人名義 A の履歴書を作成した X が，それに，X 自身の顔写真を貼付した場合，人格の同一性を誤らせるものとはいえないようにもみえる．しかし，指名手配されている X であることを秘匿して就職するために A という架空名を使用したような場合には，たとえ X の写真があったとしても人格の同一性は否定される（最決平 11・12・20 刑集 53・9・1495）．なお，自己の氏名で他人の写真を貼付した旅券発給申請書は，人格の同一性の偽りがある（東京高判平 12・2・8 東高刑時報 51・1=12・9）．

通称名の使用　広く知られた芸名，雅号，ペンネーム，通称名を使用して私文書を作成しても，作成者と名義人の人格的同一性が認められる限りは有形偽造ではない．ただし，限られた範囲において行為者を指称するものとして通用していた程度では，作成名義を偽ったことになる（最決昭 56・12・22 刑集 35・9・953）．さらに，文書の種類・性質によっては，いかに広く定着した通称名でも，その使用が人格の同一性を否定することになる場合がある．最判昭 59・2・17（刑集 38・3・336）は，日本に密入国した被告人が 20 年以上にわたり用いていた通称名を使用して再入国許可申請書を作成した行為に関し，有形偽造とした．再入国許可の申請書は，文書の性質上本名を用いて作成することが要求されていると解されるからである．有形偽造に当たるか否かは，長年使用された通称名か否かといった「名称の性質」だけではなく，当該文書の性質・機能もあわせて検討する必要がある（⇨361 頁）．

6-4-9　虚偽診断書等作成罪

160条　医師が公務所に提出すべき診断書，検案書又は死亡証書に虚偽の記載をしたときは，3 年以下の禁錮又は 30 万円以下の罰金に処する．

診断書等　私文書の無形偽造は原則として不処罰であるが，「公務所に提出する診断書，検案書又は死亡証書」に限り例外的に処罰する．「診断書」とは，医師が診察の結果に関する判断を表示し，人の健康上の状態を証明するために作成する文書である．「検案書」とは，死後

初めて死体を検案した医師が，死亡の事実（死因，死期，死所など）を医学的に確認した結果を記載した文書で，「死亡証書」は生前から診断に当たっていた医師が，患者の死亡時に死亡事実を確認して作成する診断書である．

行為　医師が，行使の目的（公務所への提出）をもって，虚偽の記入をする行為である．主体は医師に限る．公務員である医師による場合は，156条が成立する．替え玉を使う等により，情を知らない医師に虚偽の診断書を作成させる行為は，160条の間接正犯となるようにもみえるが，157条とのバランス上処罰されないと解すべきである（⇨365-366頁）．

6-4-10 偽造私文書・虚偽診断書等行使罪

161条1項　前2条の文書又は図画を行使した者は，その文書若しくは図画を偽造し，若しくは変造し，又は虚偽の記載をした者と同一の刑に処する．（未遂処罰－2項）

行使　偽変造された権利義務または事実証明に関する私文書・図画，又は医師が虚偽の記載をした公務所に提出すべき診断書・検案書・死亡証書を「行使した者」を処罰する．行使は公文書の場合と同義であるが（⇨367頁），診断書については，公務所への提出を指す．私文書を偽造し，さらに行使した場合，両罪は牽連犯の関係に立つ．

6-4-11 電磁的記録不正作出罪

161条の2 1項　人の事務処理を誤らせる目的で，その事務処理の用に供する権利，義務又は事実証明に関する電磁的記録を不正に作った者は，5年以下の懲役又は50万円以下の罰金に処する．

　　2項　前項の罪が公務所又は公務員により作られるべき電磁的記録に係るときは，10年以下の懲役又は100万円以下の罰金に処する．

　　3項　不正に作られた権利，義務又は事実証明に関する電磁的記録を，第1項の目的で，人の事務処理の用に供した者は，その電磁的記録を不正に作った者と同一の刑に処する．（未遂処罰－4項）

372　6　偽造の罪

電磁的記録不正作出罪　161条の2は，昭和62年改正により新設された規定である．ただし，電磁的記録のうち，支払用カードを構成するものについては，平成13年改正により新設された163条の2（⇨351頁）により処罰されることになった．

1項は2項以外の「電磁的記録」（私電磁的記録）の不正作出を処罰し，2項は公務所または公務員により作られる**公電磁的記録**につき刑を加重する．1項の私電磁的記録は「人の事務処理の用に供する権利，義務又は事実証明に関する電磁的記録」である．「人の事務処理」の「人」とは，**行為者以外の者を指す**（法人を含む）．「事務」とは**財産，身分等に関する，他人の生活に影響を及ぼし得るすべての仕事**をいう．私文書偽造罪と同様，権利，義務又は事実証明に関する電磁的記録に限定される（⇨368頁）．

実行行為の電磁的記録を「不正に作り出す」こととは，**事務処理を行う者の意思に反して，権限なく，あるいは権限があってもそれを濫用して電磁的記録を作出**することである．内容虚偽の記録を作出する行為も含む．記録の破壊や消去は電磁的記録毀棄罪（258・259条）の対象となる（⇨313頁）．不正作出行為には，「人の事務処理を誤らせる目的」が必要である．

> **【判例－不正作出】**　キャッシュカード大のプラスティック板にビデオテープを貼りそれに暗証番号や銀行番号を印磁した行為（東京地判平1・2・22判時1308・161）や，はずれた馬券の磁気ストライプ部分に的中券のデータを印磁した行為（甲府地判平1・3・31判時1311・160）が不正作出に当たるとされた．ただし，支払用カードに関する罪の新設により，これらの行為は163条の2で処断されることとなった．なお，不正アクセス行為を手段として私電磁的記録不正作出の行為がなされた場合，両罪は牽連犯ではなく併合罪の関係となる（最決平19・8・8刑集61・5・576）．

不正電磁的記録供用罪　3項は，不正に作られた権利，義務又は事実証明に関する電磁的記録を，「人の事務処理の用に供する」行為（供用）を処罰する（公電磁的記録の場合は2項と同様に加重）．供用とは，**不正作出された電磁的記録を，他人の事務処理のために使用される電子計算機で処理し得る状態に置くことをいう**．不正作出されたキャッシュカードを銀行のATMに挿入する行為等がこれに当たる．人の事務処理を誤らせる目的を

要する.

不正作出罪と供用罪とは牽連犯の関係となり，供用罪と詐欺罪とも牽連犯となる.

6-5 印章偽造の罪

6-5-1 公印等偽造・不正使用罪

165条1項 行使の目的で，公務所又は公務員の印章又は署名を偽造した者は，3月以上5年以下の懲役に処する.
　2項 公務所若しくは公務員の印章若しくは署名を不正に使用し，又は偽造した公務所若しくは公務員の印章若しくは署名を使用した者も，前項と同様とする.（未遂処罰－168条）

印章・署名　本罪の客体は，公務所又は公務員の印章・署名である．印章等は文書や有価証券の作成行為に際して用いられることが多いが，文書偽造罪や有価証券偽造罪が成立すれば，印章・署名の不正使用はそれらに吸収される．本章の罪は，主として文書や有価証券の偽造行為が未遂に終わった場合に問題となる．また，印章等が文書の一部としてではなく，独立に用いられることもある.

「印章」には印影（紙などの上に印形を押して得られた形象）の他に印形・印顆（印影を作り出すために必要な文字や符号を刻んだ物体，いわゆるハンコ）も含む.

「署名」とは，自己を表象する文字によって，氏名その他の呼称を表記したものである．判例は，氏または名のみでもよいし，略号，屋号等を記した場合も含むとする．署名は自署に限らず，代筆や印刷による記名も含むとするのが判例である（大判大2・9・5刑録19・853－私文書偽造に関する商号の記名）.

実行行為は印章等の「偽造」（1項），印章等の「不正使用」，偽造した印章等の「使用」（2項）である．「印章の偽造」とは，行使の目的をもって，権限なしに，紙などの物体の上に真正のものと誤信させるような印影を表示する行為で，偽造された印形を使用する場合の他，筆などで印影を描いたり，印影を細工しカラーコピー機を利用する場合等を含む.

374　6 偽造の罪

　「署名の偽造」は，**権限なしに他人の署名と誤信させるような記載をすること**をいう（有形偽造）．架空人名の署名でもよい．筆やペンで書く他，器械により転写する場合も含み得る．ただし，「行使の目的」が必要である．

　印章・署名の「不正使用」とは，**真正な印章（印影）を，権限なしにないしは権限を逸脱して他人に対して使用すること**である（使用は行使と同義）．印影を他人に閲覧させ，ないしは閲覧し得る状態に置かねばならない（印章・署名の偽造が文書・有価証券偽造の手段として行われた場合には，印章・署名の偽造の点は，文書・有価証券偽造罪に包括される．ただ，文書・有価証券偽造罪が未遂（不可罰）の場合，印章偽造罪が成立する）．

> **【御璽等偽造・不正使用罪】**　164条は，公印等偽造・不正使用罪の特別罪として，行使の目的を以て御璽・国璽・御名（⇨363頁）を偽造し，御璽・国璽・御名を不正に使用し又は偽造した御璽・国璽・御名を使用する行為を処罰する．

6-5-2 公記号等偽造・不正使用罪

> **166条1項**　行使の目的で，公務所の記号を偽造した者は，3年以下の懲役に処する．
>
> **2項**　公務所の記号を不正に使用し，又は偽造した公務所の記号を使用した者も，前項と同様とする．（未遂処罰－168条）

構成要件　公務所の記号を客体とし，これの偽造（1項），不正使用・偽造記号の使用（2項）を，印章・署名より軽く処罰する規定である．「記号」とは，**文字以外の符号**をいう．印章との区別につき，判例はその押捺する客体で区分し，文書に押すものが印章で，その他の産物や商品等に押すもの（米の合格等級を示す検査印，商品が納税済みであることを示す税務署印，物品税表示証の検印等）が記号だとする（最判昭30・1・11刑集9・1・25－選挙ポスターに押された全国選挙管理委員会の検印）．記号は印章と異なり，私的なものは刑法の保護の対象から除かれている．記号も印章の場合と同様，記号を顕出させる物体も含む．ただし，一般人から見て真正なものと誤信する程度の外観が必要である．

　「行使の目的」が必要であるが，自ら行使する目的である場合に限らず，

第三者に使用させる意図，さらには第三者が行使する目的を有していることを認識していれば足り，また，その認識は蓋然的なもので足りる（東京地判平 14・2・8 判時 1821・160－警察手帳を偽造し，インターネット・オークションに出品した行為が，166 条 1 項に該当するとした）．

6-5-3 私印等偽造・不正使用罪

> 167条1項　行使の目的で，他人の印章又は署名を偽造した者は，3 年以下の懲役に処する．
>
> 　　2項　他人の印章若しくは署名を不正に使用し，又は偽造した印章若しくは署名を使用した者も，前項と同様とする．（未遂処罰－168 条）

私印等「他人（公務所・公務員以外の者で，法人，外国人も含む）の印章・署名」を客体とする．行為は，行使の目的をもって偽造し（1項），または不正に使用したり，偽造の印章・署名を使用することである（2項）．具体的には，画家の許諾を得ないで，日本画の複製銅版画を多数作成した際，勝手に作成した著作権者の名を刻した印鑑を冒捺した行為（東京地判昭 63・4・19 判タ 680・240）や，無免許運転で事故を起こした者が，司法警察員作成の供述調書末尾の供述人欄に他人の氏名を署名し指印して提出した行為（京都地判昭 56・5・22 判タ 447・157．供述調書の被疑者署名箇所に架空人名義を署名した場合につき，東京高判平 13・7・16 東高刑時報 52・1=12・37），さらに，無免許運転で検挙された際，警察官作成の捜査報告書の被疑者署名印欄と飲酒検知保管袋に実弟の氏名を署名し指印した行為（福岡高判平 15・2・13 判時 1840・156．公文書である捜査報告書の被疑者署名印欄への署名についても，この部分を独立の私文書とすることはできないとして，私文書偽造ではなく私印偽造とした）等がこれに当たる．

6-6　不正電磁的記録に関する罪

6-6-1 不正指令電磁的記録作成等罪

> 168条の2 1項　正当な理由がないのに，人の電子計算機における実行の用に供する目的で，次に掲げる電磁的記録その他の記録を作成し，又は

提供した者は，3年以下の懲役又は50万円以下の罰金に処する．

①人が電子計算機を使用するに際してその意図に沿うべき動作をさせず，又はその意図に反する動作をさせるべき不正な指令を与える電磁的記録

②前号に掲げるもののほか，同号の不正な指令を記述した電磁的記録その他の記録

2項　正当な理由がないのに，前項第1号に掲げる電磁的記録を人の電子計算機における実行の用に供した者も，同項と同様とする．

（未遂処罰−本条3項）

ウイルス　平成23年に新設された，いわゆるコンピュータ・ウイルスに関する処罰規定である．コンピュータによる情報処理の安全性とそれに対する国民の信頼を保護する．

コンピュータ・ウイルスとは「人が電子計算機を使用するに際してその意図に沿うべき動作をさせず，又はその意図に反する動作をさせるべき不正な指令を与える電磁的記録」（1項1号）である．

作成・提供・供用　1項1号の実行行為である「作成」とは，コンピュータ・ウイルスを新たに記録媒体上に存在させることをいい，「提供」とは，コンピュータ・ウイルスであることを認識しつつこれを取得しようとする者に対し，その者の支配下に移して事実上利用できる状態に置くことをいう．

2項の「実行の用に供した」（供用）とは，コンピュータ・ウイルスを，コンピュータの使用者が実行する意思がないのに，実行させる状態に置くことをいう（例えば，コンピュータ・ウイルスを電子メールに添付して送付したり，ウイルス実行ファイルをウェブサイト上に置き，第三者にダウンロードさせる場合がこれに当たる）．供用罪には未遂処罰があり（3項），コンピュータ・ウイルスをメールに添付して送信したが，プロバイダのメールボックスに記録させるに留まり，相手方のコンピュータに届いていない状態や，届いたもののウイルス対策ソフトにより防御された場合等がこれに当たる．相手方コンピュータに保存されれば，実行される前であっても供用罪は既遂となる．

1項2号の「不正な指令を記述した電磁的記録」とは，コンピュータ・

ウイルスのプログラムを紙媒体に印刷したものなど，プログラムとして完成してはいるが，そのままの状態ではコンピュータ上で動かすことができない状態のものを指す（1号のみが供用罪（2項）の対象となる）.

目的犯　「人の電子計算機における実行の用に供する」目的が必要である．「人」は犯人以外をいうが，ウイルスソフトであることを認識している第三者も「人」には当たらない．本条1項，2項の罪はいずれも「正当な理由がない」ことが要件であるが，これは，ウイルス対策ソフトの開発等の理由による作成等を除く趣旨である．このような場合はそもそも「目的」がないと考えられるので，当然のことを規定したに過ぎない．

6-6-2 不正指令電磁的記録取得等罪

> **168条の3**　正当な理由がないのに，前条第1項の目的で，同項各号に掲げる電磁的記録その他の記録を取得し，又は保管した者は，2年以下の懲役又は30万円以下の罰金に処する．

取得・保管　「取得」とは，コンピュータ・ウイルスであることを認識して，自己の支配下に移す行為をいい，「保管」とは，コンピュータ・ウイルスを自己の実力支配内に置くことをいう．自己のコンピュータのハードディスクや，自己が自由にダウンロードできるサーバに保存することが「保管」に当たる．

罪数　作成罪と供用罪，保管罪と供用罪は，いずれも牽連犯となる．作成罪及び保管罪と提供罪も牽連犯となる．提供罪と取得罪とは対向犯であるから，共犯とはならない．

コンピュータ・ウイルスを送りつけて，他人のコンピュータで使用目的に反する動作をさせ，その者の業務を妨害する行為は，供用罪と電子計算機損壊等業務妨害罪（234条の2）が成立し，それぞれの保護法益が異なるから観念的競合となる．

7 風俗秩序に対する罪

7-1 わいせつの罪

7-1-1 わいせつ概念

定義 「わいせつ」とは，徒に性欲を興奮又は刺激せしめ，かつ普通人の正常な性的羞恥心を害し，善良な性的道義観念に反するものをいう（最判昭 26・5・10 刑集 5・6・1026－175 条のわいせつ文書販売行為に関する事案）．一般人を基準に判断されるが，実務におけるわいせつ概念は時代に応じて変化しており，最高裁も，現在のわが国の社会通念を反映した判断を示している（最判昭 58・3・8 刑集 37・2・15 伊藤補足意見参照－わいせつ図画販売の事案に関し，社会の実態が流動的であることを前提としても，現在の社会通念を前提としてわいせつの図画に当たるとした）．故意として，わいせつ性の意味の認識が必要である（⇨59 頁）．

> **【外国語等のわいせつ文書】** 外国語で書かれた書籍（最判昭 45・4・7 刑集 24・4・105－英文のわいせつ図書の販売目的所持），難解な和漢混淆文に現代口語による解説文が付された文書（東京高判昭 50・2・6 刑月 7・2・67）もわいせつ文書となる．
>
> **【科学・芸術的価値】** 科学的な説明の体裁をとっても性的羞恥心を害するものはあり，小説でも，芸術性が常にわいせつ性を否定するとは限らない．最高裁は，①部分的にでもわいせつであれば全体としてわいせつ物であるとしていた（**部分的・絶対的わいせつ概念**，最判昭 32・3・13 刑集 11・3・997－チャタレイ事件判決）が，その後②わいせつ性は部分的な性描写ではなく，作品全体の視点から評価すべきであるとするようになり（最判昭 44・10・15 刑集 23・10・1239－「悪徳の栄え」事件最高裁判決），そして最近は，③「性に関する

露骨で詳細な描写叙述の程度とその手法，右描写叙述の文書全体に占める比重，文書に表現された思想等と右描写叙述との関連性，文書の構成や展開，さらには芸術性・思想性などによる性的刺激の緩和の程度」の観点から，文書を全体としてみて，主として読者の好色的興味に訴えるものといえるのか否かを判断すべきであるとしている（最判昭55・11・28刑集34・6・433－「四畳半襖の下張」事件）．

7-1-2 公然わいせつ罪

174条 公然とわいせつな行為をした者は，6月以下の懲役若しくは30万円以下の罰金又は拘留若しくは科料に処する．

公然性 　実行行為は，公然とわいせつな行為をすることである．「公然」とは**不特定または多数人が認識し得る状態をいう**（最決昭32・5・22刑集11・5・1526－不特定多数の者を勧誘した結果，集まった者のみを対象としても成立する）．不特定の少数，特定の多数人でもよい．それらの者がわいせつ行為を認識する可能性があればよく，実際に誰かが認識する必要はない．

わいせつ行為 　「わいせつな行為」とは，その行為者又はその他の者の性欲を興奮刺激又は満足させる動作であって，普通人の正常な性的羞恥心を害し，善良な性的道義観念に反する行為である（東京高判昭27・12・18高刑集5・12・2314）．わいせつ行為を認識した者自身の性的羞恥心が現に侵害される必要はない．性器の露出行為や性交行為が典型で，それらを伴うショーを演じた者は本罪に該当する（最決昭32・5・22刑集11・5・1526）．言語によるわいせつ行為もあり得る（梶木・大コンメ9・12）．他人の同意を得て，その者にわいせつ行為を行わせた場合でも，社会法益に対する罪である本罪の成立は否定されない．また，多数人の前で他人の衣服をはぎ取る行為は，公然わいせつ罪のほか，強制わいせつ罪にも当たる（観念的競合）．

7-1-3 わいせつ物頒布等罪

175条1項 わいせつな文書，図画，電磁的記録に係る記録媒体その他の物を頒布し，又は公然と陳列した者は，2年以下の懲役若しくは250万円以下の罰金若しくは科料に処し，又は懲役及び罰金を併科する．電気通信の送信によりわいせつな電磁的記録その他の記録を頒布した者も，

380　7　風俗秩序に対する罪

同様とする．

　　2項　有償で頒布する目的で，前項の物を所持し，又は同項の電磁
的記録を保管した者も，同項と同様とする．

客体　わいせつな文書，図画，電磁的記録に係る記録媒体，その他の物を頒布し，又は公然と陳列する行為を処罰する．「文書」とは，文字により一定の意思内容を表示したものをいう（名義人は不要である）．「図画」は，象形的方法により表示されたもの一般を意味し，絵画，写真，映画の他，ビデオや CD・DVD，未現像の映画フィルム（「わいせつ図画」に当たるとしたものとして名古屋高判昭 41・3・10 高刑集 19・2・104，名古屋高判昭 55・3・4 刑月 12・3・74．なお，「図画ないしその他のもの」に当たるとしたものとして大阪高判昭 44・3・8 刑月 1・3・190）のように，現像・映写，再生の作業を要する物も「図画」に当たる．

　わいせつ性を除去するよう塗りつぶしたり，画像処理したものでも，それらの処理を容易に除去し得る場合（あるいは除去するための薬品・装置をあわせて販売した場合）には，わいせつな図画となる（東京高判昭 56・12・17 高刑集 34・4・444－マジックインクで塗りつぶしていたが，容易に復元可能な場合）．

　「電磁的記録に係る記録媒体」とは，コンピュータにより情報処理されたディスク等の記録媒体をいう．電磁的記録が平成 23 年改正により追加される以前は，画像データを蔵置したハードディスクが「わいせつ物（図画）」に当たるとしたが（最決平 13・7・16 刑集 55・5・317），改正後は，わいせつ画像等のデータをサーバコンピュータに蔵置する行為が，頒布目的保管（2 項）に該当する（⇨381 頁）．

　「その他の物」とは，彫刻，性器の模擬物等外観上わいせつ性の存在が認められるものの他，わいせつの音声を録音したレコード，録音テープ等も含まれる（東京高判昭 46・12・23 高刑集 24・4・789，東京高判昭 48・8・29 東高刑時報 24・8・137．いわゆる「ダイヤル Q²」の回線を利用したアダルト番組を流すための「電話と接続されたわいせつな音声の再生機」も刑法 175 条の客体に含む．大阪地判平 3・12・2 判時 1411・128）．

1項の行為　1 項前段の「頒布」とは不特定又は多数人に対して交付・譲渡することをいい（最判昭 34・3・5 刑集 13・3・275），販売のほか，

わいせつビデオをレンタルする行為等がこれに当たる（有償・無償を問わない）．現実に目的物が相手の手に渡ることが必要で，売買契約を締結しただけの場合や，郵送したが相手に到着しない場合は，頒布に当たらない．

1項後段の「電気通信の送信」とは，有線・無線その他の電磁的方法により，符号・映像等を送り，伝え，又は受けることをいう．電磁的記録等の「頒布」とは，**不特定又は多数の者の記録媒体上に電磁的記録その他の記録を存在するに至らしめることをいう**（最決平26・11・25刑集68・9・1053）．わいせつデータをサーバコンピュータにアップロードし，不特定の者にアクセスさせダウンロードさせる行為は，顧客のダウンロード行為を契機とするものであっても「頒布」に当たる（前掲・最決平26・11・25）．なお，データを再生するために特殊なソフトが必要であっても，それを用いれば容易に閲覧できるものであれば，わいせつ電磁的記録に当たる（東京高判平29・4・13裁判所Web）．

1人に頒布する場合は含まないが，反覆する意思があれば，顧客1名に売り渡した時点で，不特定の客に対する頒布に当たる（東京高判昭62・2・10判時1243・141）．頒布の相手方の処罰規定はない（必要的共犯）．

「公然の陳列」とは，**不特定又は多数人が観覧し得る状態に置くことをいう**．ビデオや映画フィルムの映写（最決昭33・9・5刑集12・13・2844），録音テープの再生（東京地判昭30・10・31判時69・27）等がある．平成23年改正前は，コンピュータに蔵置しインターネット上で閲覧できる状態にすること（最決平13・7・16⇒380頁）も公然陳列であるとされたが，現在は，閲覧できる状態にするより前に，サーバコンピュータ内に蔵置した段階で「保管」（2項）に当たる（条解496頁）．

所持・保管　2項の「所持」とは，**行為者の事実上の支配下に置くことをいい**，現に握持する必要はない．「保管」とは，**自己の実力支配内に置くことをいう**．遠隔地のサーバや，オンラインストレージ上に置くことも含む．

所持，保管には「有償で頒布する目的」が必要である（**目的犯**）．同目的には，その物に一切手を加えないで有償頒布する場合だけでなく，その物を完成させて有償頒布する目的も含まれる．ダビングしたテープを販売す

382　7　風俗秩序に対する罪

る意思でマスターテープを所持する行為も，所持罪に当たる（富山地判平2・4・13判時1343・160）．また，販売用CDの作成のための画像データを，バックアップのために光磁気ディスク（MO）に保存して所持する行為は，保存したデータが販売用に加工する前のものであっても，有償頒布目的所持に当たる（最決平18・5・16刑集60・5・413）．わいせつ物頒布と同有償頒布目的所持とは包括一罪となる（最決平21・7・7刑集63・6・507）．

175条の規定は，日本国内における国民の性的感情を保護するため，日本国内においてわいせつの文書，図画などの頒布を禁じたもので，「頒布の目的」も日本国内において頒布する目的をいう（3条の適用はない）．国外販売目的での所持は含まない（最判昭52・12・22刑集31・7・1176－アメリカでの販売を目的として写真原板を所持）．ただし，外国に配信サーバを設置していても，日本国内における顧客にダウンロードを介してデータファイルを頒布すれば，実行行為の一部が日本国内で行われているから，国内犯となる（前掲・最決平26・11・25）．

7-1-4　淫行勧誘罪

182条　営利の目的で，淫行の常習のない女子を勧誘して姦淫させた者は，3年以下の懲役又は30万円以下の罰金に処する．

実行行為　営利目的で淫行の常習のない女子を勧誘し姦淫させる行為を処罰する．「淫行の常習」とは，**不特定人を相手に性的交渉を持つ習慣**のことで，職業的な売春とは限らない．本条の客体は，そのような習慣のない女性に限る（年齢に関しての限定はない）．実行行為は，「姦淫の誘惑」であるが，営利目的で，女性に姦淫の決意を生じさせるすべての行為をいう．女性が姦淫行為を行った時点で，既遂となる．処罰されるのは勧誘者に限られ，姦淫を行った女性とその相手が本罪で処罰されることはない．

7-1-5　重婚罪

184条　配偶者のある者が重ねて婚姻をしたときは，2年以下の懲役に処する．その相手方となって婚姻をした者も，同様とする．

重ねて婚姻することを罰するが，婚姻とは法的なものに限
実践的意義　　られるので，現実にそのような事態が生じる可能性はほと
んどない．戸籍係と通謀したり，その錯誤を利用する場合などに限られよ
う（例外的に，虚偽の協議離婚届を偽造して婚姻関係を抹消した後に他の女性との
婚姻届を出した事例につき，名古屋高判昭 36・11・8 高刑集 14・8・563）．事実婚を
含まないため，配偶者を保護するというよりは，戸籍制度を保護するもの
であると解される（平川 276 頁）．

　　　　　　　　「配偶者のある者」は，法的な婚姻関係が存在することが必要で
主体　　　ある．「その相手方となった者」とは，相手に配偶者のあること
を知りながら，これと婚姻した者で，その者に配偶者があることを要しな
い．

7-2 賭博及び富くじに関する罪

7-2-1 賭博罪

> **185条**　賭（と）博をした者は，50 万円以下の罰金又は科料に処する．た
> だし，一時の娯楽に供する物を賭けたにとどまるときは，この限りでな
> い．

　　　　　　　　本罪の実行行為である「賭博」とは，**偶然の事情にかかって**
単純賭博罪　　**いる結果について財物を賭けること**である．偶然の事情は，当
事者にとって不確定なことで，客観的には既に確定していることでもよい．
また，将来のみならず，現在，さらには過去の事情について賭けることも
あり得る．当事者の能力が結果に影響を及ぼす場合でも，偶然性に依拠す
る部分が残されていれば本罪に当たり，囲碁，将棋，麻雀，さらには野球
や相撲等のスポーツも対象となる．なお，一方当事者にとって，勝敗の結
果が確定的である場合には，賭博とはいえず，これを秘し，情を知らない
相手に賭けさせて財物を得る行為は詐欺罪に該当する（最判昭 26・5・8 刑集
5・6・1004）．

　賭ける**財物**は，財産犯の財物概念とは異なり，有体物のみならず財産上
の利益も含む．ただ，「一時の娯楽に供する物」（一般に食物等の軽微な価値

の物・利益）は除く．賭けられたものの金銭的価値の大小の他，賭博の種類などを勘案して客観的に判断する．金銭については，金額の多寡にかかわらず本罪に該当する（最判昭 23・10・7 刑集 2・11・1289）．なお，本罪は国外犯を処罰していないから，海外での賭博ツアーは不可罰であり（大谷 530頁），それを企画する行為も教唆犯・幇助犯にはならない．

186条1項　常習として賭博をした者は，3 年以下の懲役に処する．
　　2項　賭博場を開張し，又は博徒を結合して利益を図った者は，3月以上 5 年以下の懲役に処する．

常習賭博罪　1 項は，賭博行為をした者が常習性を有する場合の加重類型である（加減的身分犯）．

【集合犯】　常習賭博罪は，集合犯の典型例であり賭博行為を数回繰り返しても一罪が成立する（⇨154 頁）．ただし，1 回の賭博行為でも，賭博の種類，設置場所等により常習性が認定されれば本罪に該当する．常習賭博の前科を有する者が，56 条（再犯）の要件を満たす形で，常習賭博行為を行った場合には，累犯加重を行い得る．

　賭博の常習者とは，反復して賭博行為を行う習癖のある者をいう（最判昭 23・7・29 刑集 2・9・1067）．常習として賭博したか否かは，当該賭博行為の種類，賭けた金額等を総合して客観的に判断される（最判昭 24・2・10 刑集 3・2・155 参照）．投下された資金等から，賭博行為を継続して行う高度の危険性が客観的にあれば，3 日間営業しただけでも常習性はある（最決昭 54・10・26 刑集 33・6・665）．多数の遊技機を設置した遊技場で，不特定多数の遊技客との賭博を反復継続した場合には，遊技場の営業継続期間全般にわたって，包括した一個の常習賭博罪となり，個々の賭博行為について個々の賭客ごとにその方法・内容を認定する必要はない（最決昭 61・10・28 刑集 40・6・509，東京高判昭 60・8・29 高刑集 38・2・125 参照）．

【共犯関係】　非常習者 X と常習者 Y が賭博を行った場合，単純賭博罪と常習賭博罪の共同正犯が成立する（共犯と身分⇨141 頁）．X が Y に賭博の教唆を行った場合は，身分のない X には 65 条 2 項により単純賭博罪の教唆が成立する（非常習者の幇助につき，東京地判平 2・10・12 判タ 757・239―店での料理提供，ゲーム機のセット等を担当した行為が幇助に当たる）．Y が X に教唆した場合も，65 条 2 項により身分者 Y には常習賭博罪が成立する（⇨144

頁）.

賭博場開張等図利　2項は「賭博場を開張し，又は博徒を結合して利益を図った者」を，常習賭博より重く処罰する．賭博罪の教唆や幇助行為に当たるが，他人の財産を危険にさらすという観点からは，実際の賭博行為以上に当罰価値が高い．賭博場の「開張」とは，**行為者自身が中心となり，その支配下に賭博をさせる場所を開設すること**をいう．その者が賭博常習者である必要はなく，一時的な開設でもよい．開設された時点で既遂となり，その場で実際に賭博が行われることや，賭博を行う者をその場に集めることは必要でない．賭場における寺銭や手数料等の財産的な「利益を図る目的」が必要である（**目的犯**）．自宅で賭博場を開張して利益を得ている者の役に立とうとし，その者に連絡することなく当該賭博場に客を誘引し，賭博をさせれば本罪の幇助犯となる．

博徒結合罪　2項後段の，「博徒の結合」とは，常習的ないし職業的に賭博を行う者を集合させ，それらの者と組織的な上下関係を結び，自己の支配の下に賭博を行う便宜を供与することをいう．「利益を図る目的」が必要である．

7-2-2 富くじ罪

187条1項　富くじを発売した者は，2年以下の懲役又は150万円以下の罰金に処する．
　2項　富くじ発売の取次ぎをした者は，1年以下の懲役又は100万円以下の罰金に処する．
　3項　前2項に規定するもののほか，富くじを授受した者は，20万円以下の罰金又は科料に処する．

富くじ罪　富くじ発売罪（1項），富くじ取次罪（2項），富くじ授受罪（3項）を処罰する．「富くじ」とは，予め番号札・券を発売した上で，抽選その他の偶然的方法により，その札・券の購入者の間に不平等な利益の配分を行うことをいう．賭博と類似するが，富くじの場合は札・券の購入者が財産上の危険を負うだけで，発売者側は危険を負担しない（大判大3・7・28刑録20・1548）．1項の「発売」とは，富くじを多数人に向

けて売り出すことをいうが，現実に多数人に売れることは要しない．2項の「取次ぎ」とは，発売者と購入者との中間で売買をあっせんする行為をいい，有償，無償を問わない．3項の「授受」とは，発売・取次を除く富くじの所有権を移転するすべての行為を指し，やはり有償である必要はない．

「くじ」は札などの有体物に限るかが問題となるが，インターネットを利用した富くじ行為もあり得，必ずしも有体物に限る必要はない．また，国外で合法的に発行された宝くじを日本国内で購入したり取次ぎをする行為は，富くじ罪に当たる（条解528頁参照）．

7-3 宗教感情に関する罪

7-3-1 礼拝所不敬・説教等妨害罪

> **188条1項** 神祠（し），仏堂，墓所その他の礼拝所に対し，公然と不敬な行為をした者は，6月以下の懲役若しくは禁錮又は10万円以下の罰金に処する．
>
> **2項** 説教，礼拝又は葬式を妨害した者は，1年以下の懲役若しくは禁錮又は10万円以下の罰金に処する．

礼拝所不敬　「礼拝所」とは，宗教的な崇敬の対象となっている場所である．1項は，神道の神を祀った「神祠」や，仏教の礼拝の場所である「仏堂」，そして人の遺体・骨を埋葬し死者を祭祀する「墓所」を例示しているが，キリスト教等の礼拝の場所も含む．

「公然」とは，不特定又は多数人が認識できる状態をいう．最決昭43・6・5（刑集22・6・427）は，深夜に共同墓地の墓碑を押し倒した行為につき，それが不特定・多数人に認識され得る状態に置かれていたとして，公然性を認めた．「不敬な行為」とは，礼拝所の尊厳を冒瀆する行為一般を意味する（墓碑を押し倒す行為－前掲・最決昭43・6・5，東京地判昭63・7・11判時1286・152，墓所に放尿する格好をする行為－東京高判昭27・8・5高刑集5・8・1364等がこれに当たる）．言語による冒瀆も含む．

7-3 宗教感情に関する罪　387

説教等妨害　「説教」とは，宗教上の教義を説く行為をいう．「礼拝」とは，神や仏などに対し宗教的崇敬の念を示す動作で，「葬式」は，死者の霊を弔う儀式である．その他の宗教的儀式（結婚式等）の妨害は本罪に当たらない．

「妨害」とは，説教，礼拝，葬式の平穏で円滑な挙行の障害となる一切の行為を指す．暴行・脅迫による場合をはじめ，偽計的手段を用いる場合も含む．妨害の結果を要するが，完全に中断される必要はない．

7-3-2 墳墓発掘罪

　189条　墳墓を発掘した者は，2年以下の懲役に処する．
　191条　第189条の罪を犯して，死体，遺骨，遺髪又は棺に納めてある物を損壊し，遺棄し，又は領得した者は，3月以上5年以下の懲役に処する．

墳墓発掘　「墳墓」とは，人の死体（死胎も含む），遺骨，遺髪等が埋葬された，死者を祭祀し，礼拝の対象となる場所である．墓標や墓石がなくともよい．

「発掘」とは，墳墓の覆土の全部又は一部を除去し，もしくは墓石等を破壊解体して，墳墓を破壊する行為をいう．必ずしも死体や遺骨等を外部に露出する必要はない（最決昭39・3・11刑集18・3・99－現実には遺骨の一部を取り出した事例）．墓石類の損壊だけでは足りず，納骨室の重要部分を破壊・解体することが必要である（福岡高判昭59・6・19刑月16・5=6・420）．

　【墳墓発掘死体等損壊罪】　墳墓を発掘した者が，190条に該当する死体損壊等を行った場合には，189，190条より重く処罰される（191条）．

7-3-3 死体等損壊罪

　190条　死体，遺骨，遺髪又は棺に納めてある物を損壊し，遺棄し，又は領得した者は，3年以下の懲役に処する．

客体　客体は死体，遺骨，遺髪と棺内に納めてある物である．「死体」とは，死亡した人間の身体の全部又は一部である．客体が死亡していたか否かは，基本的には医学的に判定されるが，「死」の時期につき

388　7 風俗秩序に対する罪

法的定義はない（⇨176頁）.「遺骨，遺髪」とは，死者の祭祀のために埋葬された死者の骨と毛髪を指す.「棺内に納めてある物」とは，埋葬の際に死体ないし遺骨とともに棺内に置かれた副葬品のことをいう.

行為　損壊，遺棄，領得である.「損壊」とは，**物理的な破壊**をいう. **死体解剖**や死体からの**臓器摘出**は形式的には損壊に該当するが，刑事訴訟法や死体解剖保存法，臓器移植法等で違法性が阻却される.「遺棄」とは，社会通念上埋葬と認められないような態様で放棄することである. 単に土に埋めただけでは埋葬とはいえず，死体を共同墓地に埋める行為も遺棄に該当する場合がある（大判昭20・5・1刑集24・1）. なお，殺人犯人が死体を現場に放置する不作為は，遺棄には当たらない. 不作為による死体遺棄罪が成立するのは，埋葬義務のある者に限られるからである.「領得」とは，不法領得の意思をもって占有を取得することである.

【**財産犯との関係**】　副葬品の盗取は，墳墓の管理者に対する窃盗罪，あるいは占有離脱物横領（⇨259，302頁）が成立し，本罪と観念的競合となろう.

7-3-4 変死者密葬罪

192条　検視を経ないで変死者を葬った者は，10万円以下の罰金又は科料に処する.

検視　「変死者」とは，①不自然な死亡を遂げその死因の不明なものに加え，②変死の疑いのある死体，および③犯罪による死亡の明らかな死体をいう.「検視」は司法検視（刑訴229条）と行政検視（昭和33年国家公安委員会規則第3号，戸籍法92条1項，刑事施設及び被収容者の処遇に関する規則93条等）に分かれ，前者は，その死亡が犯罪に起因するか否かを五官の作用により判断する捜査の端緒の1つで，後者は，伝染病死の疑い等の行政上の要請から行われるものをいう. 変死者を「葬る」とは，火葬，土葬などの方法で埋葬することである.

8 国家法益に対する罪

8-1 内乱・外患の罪

8-1-1 内乱の罪

77条1項 国の統治機構を破壊し、又はその領土において国権を排除して権力を行使し、その他憲法の定める統治の基本秩序を壊乱することを目的として暴動をした者は、内乱の罪とし、次の区別に従って処断する.
①首謀者は、死刑又は無期禁錮に処する.（未遂処罰－2項）
②謀議に参与し、又は群衆を指揮した者は無期又は3年以上の禁錮に処し、その他諸般の職務に従事した者は1年以上10年以下の禁錮に処する.（陰謀・予備処罰－78条、未遂処罰－77条2項）
③付和随行し、その他単に暴動に参加した者は、3年以下の禁錮に処する.
　2項 前項の罪の未遂は、罰する. ただし、同項第3号に規定する者については、この限りでない.
78条 内乱の予備又は陰謀をした者は、1年以上10年以下の禁錮に処する.
79条 兵器、資金若しくは食糧を供給し、又はその他の行為により、前2条の罪を幇助した者は、7年以下の禁錮に処する.
80条 前2条の罪を犯した者であっても、暴動に至る前に自首したときは、その刑を免除する.

内乱罪　国家法益に対する罪の中で、国家の存立に対する罪として内乱罪、外患罪等が規定されている（このほか、国家作用に対する罪として公務執行妨害罪・犯人隠避罪等、国際社会に対する罪として国交に関する罪がある）. 内乱罪は、憲法の定める統治の基本秩序を破壊し、混乱させる

ことを目的として暴動を行う**目的犯**である．77条はその具体例として，国の統治機構の破壊と，わが国の領土において国権を排除して権力を行使することを挙げている．「国の統治機構の破壊」とは，**議院内閣制度の破壊**を意味する．武力により国会を停止し実力で政権を樹立するような行為で，個々の政府の倒閣運動などは含まれない．「国権を排除して権力を行使」するとは，例えば，一部地域の独立運動を行う場合をいう．その他，国会制度，司法制度の廃止も，憲法の定める統治の基本秩序の壊乱に当たる．

実行行為は，暴動をすることである．「暴動」とは，**多数が結合して，暴行・脅迫を行い，その地方の平穏を害する程度に達する**ことをいう．暴行は，人に対するものの他，物に対するものも含み，脅迫は告知する害悪の内容に制限がない（**最広義の暴行・脅迫**）．

内乱罪に加担した者は，その役割に応じて処罰される．革命政権の首班や，革命軍司令官等の暴動の**首謀者**（必ずしも1人とは限らない），暴動の計画に参画した**謀議参与者**，実際の暴動に参加した者を指揮する**群衆指揮者**と，**その他諸般の職務従事者**（単なる付和随行以上の重要な役割を果たした者を指し，例えば武器の運搬や資金調達などを行う者）に分かれ，さらに**付和随行者その他の暴動関与者**が多数存在してはじめて内乱罪が成立する．付和随行者等は，群衆心理を考慮に入れ刑が軽く，未遂も罰しない．関与者のすべてがそろう必要はないが，首謀者の存在は不可欠である（騒乱罪との相違⇨319頁）．

予備・陰謀・幇助　78条の内乱の「予備」とは，**内乱の準備行為一般**を指す．人員を集めたり，資金，武器を調達する行為である．「陰謀」とは，**複数の者が内乱を計画して合意する**ことをいう．

79条は，幇助行為の一部を独立に処罰する．兵器，資金，食糧を与える等して内乱，内乱未遂，予備・陰謀を幇助した場合に限る．予備・陰謀の幇助も処罰する点に特色がある．通常の幇助犯ではなく幇助行為そのものが実行行為であり，正犯者が内乱の実行に着手する必要はない．暴動に至る前に自首した場合にはその刑を免除する（80条）．暴動を未然に防ぐための政策的な必要的免除規定である．暴動に至った後の自首に関しては，通常の規定（42条1項）により刑の減軽が可能となるに過ぎない．

8-1-2 外患の罪

81条 外国と通謀して日本国に対し武力を行使させた者は，死刑に処する．（未遂，予備・陰謀処罰－87，88条）

82条 日本国に対して外国から武力の行使があったときに，これに加担して，その軍務に服し，その他これに軍事上の利益を与えた者は，死刑又は無期若しくは2年以上の懲役に処する．（未遂，予備・陰謀処罰－87，88条）

外患誘致　　外国の政府と通謀して日本に武力を行使させる罪である．「通謀」とは**外国政府との間で，直接・間接に意思の連絡をすること**をいう．「武力の行使」とは，戦争に限らず，軍隊が侵入したり砲撃・爆撃などの**軍事的攻撃を加える**ことをいう．死刑のみが規定されている唯一の条文である．

外患援助　　外国から日本に武力行使があった場合に，これに加担する犯罪である．「軍務に服する」とは，**外国の軍隊の一員としてその指示の下に活動する**ことで，必ずしも戦闘に加わることではない．「その他の軍事上の利益を与える」とは，情報の提供，武器・食糧の供与等，武力行使に有利となることを行うことをいう．

8-2 公務の執行を妨害する罪

8-2-1 公務員

7条1項 この法律において「公務員」とは，国又は地方公共団体の職員その他法令により公務に従事する議員，委員，その他の職員をいう．

　2項 この法律において「公務所」とは，官公庁その他公務員が職務を行う所をいう．

公務員　　「国又は地方公共団体の職員」とは，**国家又は地方公共団体の機関として事務処理を行う者一般**をいう．日本国内にある外国の大使館職員等は含まれない．なお，特別法上，日本銀行の職員や各種金融公庫・金庫・営団の職員は公務員とみなされる（みなし公務員）．

「議員」とは，**国または地方公共団体の議会の構成員**のことで，「委員」は，

国および地方公共団体が任命，嘱託等により一定の事務を委任した者で非常勤の者をいう（審議会委員，教育委員など）．

「公務所」とは，**公務員が職務を行う所である**．執務する建物を指すのではなく，制度としての官公署の組織体，機関をいう．

公務 　**国または地方公共団体の事務である**．公法人も，その実質が公的性格の強いものの場合，その事務は，特に賄賂罪の関係で公務として保護に値する．

8-2-2 公務執行妨害罪

95条1項 　公務員が職務を執行するに当たり，これに対して暴行又は脅迫を加えた者は，3年以下の懲役若しくは禁錮又は50万円以下の罰金に処する．

公務員の職務 　本条に関しては，公務員の取り扱う事務一般が対象となる．自力執行力のある強制的・権力的公務に限らない．平成18年改正により，軽微な事案に対処するため罰金刑が新設された（⇨241頁参照）．

> **【判例−公務員の職務】** 　公務員の職務には広く公務員が取り扱う各種各様の事務のすべてが含まれる（大判明44・4・17刑録17・601−税務吏員の職務に対する公務執行妨害罪，最判昭53・6・29刑集32・4・816−長田電報局事件）．国鉄の小荷物係駅手の役務（最判昭24・4・26刑集3・5・637）や，中学校長の学力調査実施業務（最判昭51・5・21刑集30・5・615），専売公社の労使紛争における立入禁止命令・退去命令の執行行為（最決昭53・5・22刑集32・3・427），電電公社の電報局長の書類点検行為等（前掲・最判昭53・6・29），郵政事務官の庁舎警備行為（最決昭55・10・27刑集34・5・322）につき，いずれも公務とし，公務執行妨害罪の成立を認めた．

職務の執行 　95条1項は，職務の執行を妨害する行為を処罰する．職務の「執行」は，具体的・個別的に解されるが，現実に執行中のものに限らず，**職務開始直前の執務と密接な関連を有する待機状態を含む**．警察官の職務質問を免れようと，質問開始前に暴行を加え逃走する場合は公務執行妨害罪が成立する．執行の直前・直後でも公務員に暴行が加えら

れることにより，「公務」に影響が生じるからである．しかし，具体的な職務行為を終わって次の任務に就くための移動中の状態は含まれない．

【判例－職務執行】　最判昭45・12・22（刑集24・13・1812）は，駅の助役が，点呼終了後，助役室の執務につくための移動中の状態は含まれないとした．また，仮眠中，雑談中，引継のため休憩室に行く途中（大阪地判昭52・6・13刑月9・5=6・369）や，当直勤務の休憩中（大阪高判昭53・12・15高刑集31・3・333）も含まれない．

　　しかし，職務の**一体性・継続性**が認められれば「職務執行」に当たり得る．最判昭53・6・29（前掲・長田電報局事件）は，電報局長に抗議し，ガソリンの空き缶を耳元で連打するなどの暴行を加えた行為につき，局長の職務は局務全般に関わるもので，職務を一時中断していたとしても本罪は成立するとし，最決昭54・1・10（刑集33・1・1）は，前掲・最判昭45・12・22と同様の事案につき公務執行妨害罪の成立を認め，最決平1・3・10（刑集43・3・188）は，県議会の委員会で休息する旨の宣言をし退室しようとした委員長に対し抗議して暴行を加えた事案に関し，休息宣言後も委員会の秩序を保持し，右紛議に対処するための職務を現に執行していたとした．

職務の適法性・要保護性　95条の明文にはないが，本条の職務は適法でなければならない（大判大7・5・14刑録24・605）．公務員の違法な活動に対して抵抗する行為は公務執行妨害罪に該当しない．ただ，「違法」には職権濫用罪等の犯罪を構成するような重大な違法性から，行政法規の中にみられる訓示規定違反まで程度の差がある．そして本罪は，**暴行・脅迫から保護されるべき職務の適法性**が問題となる場面であり，当該職務の当罰性を判断しているわけではない．その意味で，適法性ではなく**要保護性**と呼ぶ方が適切である（前田437頁．反対・林431頁）．軽微な手続規定に違反した行為への暴行・脅迫が常に許容されるわけではなく，公務員による不当な人権侵害の回避と，公務の円滑な運用とのバランスから，要保護性を判断せざるを得ない．

要保護性の要件　一般に，公務の適法性には，まず職務執行が，①当該公務員の**一般的・抽象的職務権限**に属することが必要である（これを欠けばそもそも職務といえない）．次に，②**具体的職務権限**に属すること

394　8　国家法益に対する罪

を要する（例えば，執行官が適法に強制執行を行い得るのは自己に委託された事件に限る）．実質的に最も重要な要件が，③職務行為の有効要件である**法律上の重要な条件・方式の履践**である．重要部分か否かの判断に関し，任意規定か強行規定かで選別する見解（大塚 565 頁）もあるが，そのような形式的処理は困難であり，各法規ごとに具体的に類型化する必要がある．刑事司法機関に対する暴行・脅迫の場合，疑われている罪名の重大性と嫌疑の濃さ，職務執行の態様，執行することの必要性・緊急性が勘案されて，違法の重大性が判断される（前田 438 頁）．

【判例－要保護性】 例えば，逮捕状の緊急執行に際し，罪名と逮捕状が出されていることを告げただけで，被疑事実の要旨を告げなかった場合（東京高判昭 34・4・30 高刑集 12・5・486），緊急逮捕に際して被疑事実など理由の告知はおろか逮捕する旨さえ告知したと認められない場合（大阪地判平 3・3・7 判タ 771・278）は要保護性を欠く．また，警察官が酒気帯び運転の疑いで**職務質問**中，発進しようとした自動車の窓から手を入れエンジンキーを回してスイッチを切る行為（最決昭 53・9・22 刑集 32・6・1774），職務質問にともなう任意同行に引き続いての**所持品検査**の際，被告人が覚せい剤を口中に入れて隠匿しようとしたのを実力で制止した措置（東京高判昭 61・1・29 刑月 18・1=2・7）は適法とされている．この他，徴税職員が検査に際し検査章を携帯しなくとも不適法とはならない（最判昭 27・3・28 刑集 6・3・546）．さらに，県議会議長の，規則に違反した議事運営を，暴行脅迫により妨害した場合についても，要保護性を認めた（最判昭 42・5・24 刑集 21・4・505）．

**要保護性の
判断基準**

要保護性（適法性）は，裁判所が法令を解釈して客観的に判断する（**客観説・裁判所標準説**）．職務を行った公務員自身を基準に適法性を判断する**主観説**（**公務員標準説**）は，事実上すべてに要保護性が認められることになる危険があり，一般人の見解を基準に判断する折衷説（一般人標準説）も，何が一般人の見解か曖昧で，結果的には主観説に近くなると批判され，客観説が多数説となった．

客観説では，(a)要保護性を純粋に事後的・客観的に判断する見解（**純客観説，裁判時標準説**．曽根 289 頁）と，(b)**行為時の状況を基準に判断する見解**（**行為時標準説**．大谷 569 頁，西田 426 頁）の対立がある．例えば，逮捕時には

刑訴法上の現行犯の要件を満たしていたが，裁判時に現行犯人でないことが判明した場合，行為時に相当な嫌疑があった以上，結果的に誤認逮捕であったとしても，違法な職務執行とすることは妥当でない．公務執行妨害罪が，国民の利益を担った公務を保護する規定である以上，適正な手続を踏んだ，行為時に適法である職務は保護する必要があり，(b)説が妥当である．行為者が不当逮捕だと信じている場合は，要保護性に関する錯誤の問題として処理される．

要保護性に関する錯誤　要保護性のある職務行為につき，被告人が違法なものと誤信して妨害した場合，故意が欠けるとする**事実の錯誤説**と，要保護性の認識を欠いたことにより違法性の意識の可能性が欠ける場合に故意がない（制限故意説），あるいは責任がない（責任説）とする**法律の錯誤説**（藤木 26 頁）がある．事実の錯誤説は，いかに軽率に誤信した場合でも不可罰となり不合理であると批判される．一方，要保護性は構成要件要素である以上，その錯誤を法律の錯誤とすることは理論的に難しい．

　そこで，現在の有力説は，⑦**違法性を基礎づける事実の誤認は事実の錯誤**であり，④**法令等の解釈・評価の誤りは，法律の錯誤だとする折衷説**（二分説）を採る（曽根 289 頁，西田 427 頁）．例えば，⑦逮捕状の提示があったのに，提示がないと誤認した場合は事実の錯誤であり，④いかに軽微な違法でも法規違反があれば要保護性が欠ける，と誤信した場合は法律の錯誤に当たる．しかし，同じく規範的構成要件要素である窃盗罪の財物の他人性では，他人性を基礎づける事実の認識と他人性についての評価とを区別する見解はなく，他人の財物であるとの素人的認識があれば足りる．それと同様に，要保護性の素人的認識があれば公務執行妨害罪の故意はあり，事実の錯誤説が妥当である．例えば，自分には身に覚えがなく誤認逮捕だと思うが，適法な逮捕状が出ており，一般人は適法な逮捕だと思うであろうとの認識があれば，故意はある（平川 521 頁，前田 441 頁）．誤想防衛も事実の錯誤であるとする判例の考え方によれば，適法性を基礎づける事実についての錯誤は**事実の錯誤**である．実質的に重要なのは，公務執行妨害罪の故意が成立するためには，職務に関し，いかなる認識が必要なのかという点であ

る．

暴行・脅迫　「暴行」は公務員に向けられた有形力の行使であれば足り，公務員の身体に直接向けられる必要はない（⇒186頁）．公務員の補助者に対する暴行や物に対する暴行（**間接暴行**）も，間接的であっても公務員の身体に物理的に強い影響を与える場合（例えば，公務員の近辺で物を壊す行為）は含まれる．公務員の職務執行の妨害となる程度のものでなければならないが，公務に現実の支障が生ずる必要はない．

1回の，しかも命中しなかった投石（最判昭33・9・30刑集12・13・3151）や，抗議行動に際し，相手の座っているいすを持ち上げようとして揺さぶる等の行為（最判平1・3・9刑集43・3・95）も，本罪の暴行に当たる．

【判例―間接暴行】　旧専売公社職員が押収してトラックに積み込んだ煙草を路上に投棄する行為（最判昭26・3・20刑集5・4・794）や，税務署員が差押えて自動車に積み込んだ密造酒の瓶を割って酒を流失させる行為（最判昭33・10・14刑集12・14・3264），さらに，覚せい剤取締法違反の現行犯逮捕の現場で，押収された覚せい剤のアンプルを足で踏みつけて壊す行為（最決昭34・8・27刑集13・10・2769）は本罪の暴行に当たる．また，公務員の補助者である私人に加えた暴行・脅迫も，公務の阻害になり得る限り本罪が成立する（最判昭41・3・24刑集20・3・129―執行官の補助者として家財道具を搬出している者に対する暴行）．

本条の「脅迫」は，その害悪の内容，通知の方法を問わない．直接公務員に告知されなくてもよく，第三者に対する脅迫でも，公務の執行を妨害し得るものであればよい．窃盗の機会に現行犯逮捕されそうになり，逮捕を免れるため，警察官に反抗を抑圧するに足りる程度の暴行を加えて逃走した場合，事後強盗罪が成立するが，公務執行妨害罪も成立し観念的競合となる．

罪数　公務員の数ではなく，公務の数に応じて決まる．手段としての暴行・脅迫は別罪を構成せず，公務員に傷害が生じた場合には，本罪と傷害罪との観念的競合となる．

8-2-3 職務強要罪

95条2項 公務員に，ある処分をさせ，若しくはさせないため，又はその
職を辞させるために，暴行又は脅迫を加えた者も，前項と同様とする.
（3年以下の懲役若しくは禁錮又は50万円以下の罰金）

強要罪との関係 　　　公務員に一定のことを強要する目的で暴行・脅迫を加え
る罪で，公務員の将来の職務行為を保護する．強要罪の
特別規定であるが，強要罪は，義務のないことを行わせる等しなければ既
遂とならないのに対し（⇨209頁），本罪は暴行・脅迫を加えた時点で既遂
となる（未遂処罰はない）．本罪は公務員に処分・不処分，または辞職させ
る目的で暴行・脅迫を加える**目的犯**である．

「処分」とは**公務員がなし得ることすべて**を含む．判例は，本罪が公務員の
地位をも保護するものであることを理由に，職務権限外の処分も，職務に
関係のある限り本罪の対象となるとする（最判昭28・1・22刑集7・1・8―税務署
長に対し税法違反の要求事項を承認させた）．

【**処分の適法性**】 　違法な職務を止めさせる行為が職務強要罪に当たるかは
争いがあるが，公務執行妨害罪の公務にも要保護性を要求する以上，客観
的にみて要保護性が認められない違法な職務につき，これを暴行・脅迫に
より止めさせる行為は本罪に該当しない．当然なすべき適法な行為を強要
する行為も本罪に当たる（不当な課税を是正させるための強要行為につき，最判
昭25・3・28刑集4・3・425）．

8-2-4 封印破棄罪

96条 公務員が施した封印若しくは差押えの表示を損壊し，又はその他
の方法によりその封印若しくは差押えの表示に係る命令若しくは処分を
無効にした者は，3年以下の懲役若しくは250万円以下の罰金に処し，
又は懲役及び罰金を併科する.

平成23年改正 　　　旧96条は，封印や差押えの表示の損壊のみを罰してい
たが，平成23年改正により，封印・差押表示に係る命
令若しくは処分を実質的に無効にすることも処罰の対象に加え，法定刑も
引き上げられた．「命令」とは，**裁判所による命令**（民事執行法における執行裁

判所による執行官保管の保全処分命令－同法55条1項）を，「処分」とは，**執行官その他の公務員（徴税職員など）による差押えの処分などをいう**.

封印・差押えの表示　「封印」とは，**任意の処分を禁ずるため，開くことを禁止する旨の意思を表示して施された封緘等の物的設備で**，印章が押捺されている必要はない（国税徴収職員による封印，警察官が販売を禁止するために清酒の樽に施した紙片等の他，執行官が穀類差押えのため，積み上げた俵に縄張りをし，その縄に差押え物件や執行官の官氏名等を記した紙片（大判大6・2・6刑録23・35）等がこれに当たる）．「差押え」とは，**公務員がその職務上保全すべき物を自己の占有に移す強制処分をいう**（民事執行法上の差押え，民事保全法上の仮差押え・仮処分などがある）．「差押えの表示」とは，貼札や立札等の，差押えによる占有を明示するために施された表示で封印以外のものをいう．封印・差押えの表示の有効性（事実上の有効性）を保護する規定であるから，当事者間で示談が成立しても，勝手に仮差押物件を搬出すれば本罪に該当する.

本罪の封印・表示も，**要保護性のあるものでなければならない**．法律上の重要な要件・方式を欠く場合には封印破棄罪は成立しない.

【判例－封印・標示の要保護性とその錯誤】　最決昭42・12・19（刑集21・10・1407）は，執行の瑕疵が重大かつ明白で，執行行為そのものが当然無効あるいは不存在と認められる場合でない限り，本条の差押えの表示に当たるとした．なお，執行官により立てられたが，その後何者かにより紙で覆われ，そのままでは記載内容を知ることができない公示札であっても，有効な差押えの表示である（最決昭62・9・30刑集41・6・297）.

要保護性の錯誤に関しては，公務執行妨害罪と同様に解し得る（⇨395頁）．最判昭32・10・3（刑集11・10・2413）は，市収税吏が行った滞納処分による差押えの表示である封印を，地裁の執行吏が，差押調書中に重要事項の記載漏れがあったため，差押えが無効だと誤信して破棄した事案に関し，いわゆる法律の錯誤として故意を認めたが，事実上，表示の有効性につき未必的な認識が認められる事案であり，故意を認めた結論は妥当である（⇨66頁参照）.

8-2 公務の執行を妨害する罪　399

行為　「損壊」とは，物理的に毀損・破壊し，事実上（法律上ではない）の効用を失わせることをいう．破いたり剥がしたりする他，位置をずらすことも含む．「その他の方法」で無効にすることとは，封印された密造酒の瓶を割って流失させる行為（大判明 44・7・10 刑録 7・1409），立入禁止の立札を無視して立ち入り，耕作を行う行為（大判昭 7・2・18 刑集 11・42），仮処分により執行吏の保管下に入った旨の公示書を無視して，建物をパチンコ店からスタンドバーに改装する行為（最判昭 36・10・6 刑集 15・9・1567）等をいう．なお，行為時に封印が存在しなければならない（封印が剥がれているのを奇貨として，差し押えられている物を勝手に処分する行為は本罪に当たらない）．

8-2-5 強制執行妨害目的財産損壊等罪

96 条の 2　強制執行を妨害する目的で，次の各号のいずれかに該当する行為をした者は，3 年以下の懲役若しくは 250 万円以下の罰金に処し，又はこれを併科する．情を知って，第 3 号に規定する譲渡又は権利の設定の相手方となった者も，同様とする．
　①強制執行を受け，若しくは受けるべき財産を隠匿し，損壊し，若しくはその譲渡を仮装し，又は債務の負担を仮装する行為
　②強制執行を受け，又は受けるべき財産について，その現状を改変して，価格を減損し，又は強制執行の費用を増大させる行為
　③金銭執行を受けるべき財産について，無償その他の不利益な条件で，譲渡をし，又は権利の設定をする行為

平成 23 年改正　本罪の罪質は，債権者の債権保護をその主眼とすると考えられてきたが，平成 23 年に大きく改正され，条文の文言も「強制執行を免れる目的」から「強制執行を妨害する目的」に改められるなど，強制執行という国家司法制度を保護する側面が重視されるようになった．本条は，強制執行妨害のうち，主として物に向けられたものを処罰する（人に対する妨害行為⇨96 条の 3）．

「強制執行」とは，民事執行法による強制執行または同法を準用する強制執行に限らず，民事執行法 1 条の「担保権の実行としての競売」を含む（最決平 21・7・14 刑集 63・6・613．平成 23 年改正後の強制執行も同様に解される）．強制執行は，**要保護性**のあるものに限られる．また，客観的に強制執行を

400　8 国家法益に対する罪

受けるおそれがあることを要する（最判昭 35・6・24 刑集 14・8・1103）.

　「強制執行を妨害する目的」を必要とする（**目的犯**）. 強制執行手続の進行を阻害する意図があれば足り，強制執行の効果が上がらないようにする目的までは不要である.

行為類型　1号は，財産（強制執行の対象となり得る動産・不動産，債権）の隠匿，損壊及び仮装譲渡に加え，債務負担の仮装の行為類型を処罰する. これらの行為の主体は，必ずしも債務者に限らず，第三者が行う場合も含む.

　「隠匿」とは，**財産の発見を不可能ないしは困難にすること**で，被告人名義の預金口座から払戻しを受ける行為（東京高判平 17・12・28 判タ 1227・132），自己の所有物を第三者の所有物と偽る等してその所有関係を不明にすること（最決昭 39・3・31 刑集 18・3・115）も含む.「損壊」とは，**物理的に破壊する等して，その財産的価値を減少させる行為**を広く含む.「譲渡を仮装する」とは，真実は譲渡する意思がないのに，譲渡したと見せかけるために第三者と通謀して財産名義を移転する等，譲渡が行われたことを装う行為である（前掲・最決平 21・7・14）. 真に譲渡したのであれば，強制執行を免れるためにしたとしても本罪を構成しない（⇨3号参照）.「債務の負担を仮装する」とは，**債務がないのに負担しているように装うこと**をいう. 譲渡の仮装，債務負担の仮装は，第三者が債務者との通謀なしに行うこともあり得る（財産を譲り受けたとの虚偽の主張をする等）.

　2号は，対象財産について，「その**現状を改変して**，**価格を減損し**，又は強制執行の費用を増大させる行為」を処罰する. 目的となる土地の上に無用な建築物を建てること等がこれに当たる.

　3号は，金銭執行を受けるべき財産について，「無償その他の不利益な条件で譲渡をし，又は権利の設定をする行為」で，「情を知って」譲渡又は権利の設定の相手方となった者を処罰する. 強制執行の前に，債務者が自己の財産を第三者に無償又は著しく低廉な価格で譲渡して，十分な引当財産がなくなることを防ぐための規定である. 1号の譲渡の仮想と異なり，必ず相手方が存在するので，**強制執行妨害目的であることを知った相手方を処罰**することを明示した（96条の2本文）.

8-2-6 **強制執行行為妨害等罪**

96条の3 1項 偽計又は威力を用いて，立入り，占有者の確認その他の強
制執行の行為を妨害した者は，3年以下の懲役若しくは250万円以下の
罰金に処し，又はこれを併科する．
2項 強制執行の申立てをさせず又はその申立てを取り下げさせ
る目的で，申立権者又はその代理人に対して暴行又は脅迫を加えた者も，
前項と同様とする．

1項の罪 　96条の3は，96条の2と同様に強制執行の進行を阻害する
行為を罰するが，執行官や債権者等，人に対して向けられた行為
を罰する．執行官等の公務員に対する妨害行為については公務執行妨害罪
（95条1項）の適用が考えられるが，同罪は「暴行又は脅迫」が必要であ
り，威力や偽計による妨害を罰するため，本条1項が規定された（公務執
行妨害罪とは法条競合となり，重い本罪のみが成立する）．

　「強制執行の行為」とは，「立入り，占有者の確認その他の行為」で，強
制執行の実施現場における執行官による執行行為の円滑な進行を不可能ま
たは困難にする行為を処罰する（執行裁判所の裁判作用その他の行為につい
ては，本項の対象ではない）．

　実行行為である「妨害」の手段は，偽計又は威力で，「偽計」とは，人
を錯誤に陥れ正当な判断を誤らせる手段をいい，「威力」とは，人の意思を制圧する
に足る勢力を示すことをいう．明渡執行目的建物に悪臭を放つ液体を大量に
散布する行為，債務名義等に表示された強制執行の名宛人と建物の占有者
の同一性の確認を妨げ，明渡執行を実施できなくする行為などがある．

2項の罪 　「強制執行の申立てをさせ」ない，あるいは「申立てを取り
下げさせる」目的で，暴行・脅迫を加える犯罪である（**目的
犯**）．「申立権者」とは，強制執行の申立てをする権利を有する者をいい，
債権者に限らず，法人も含む（法人の従業員に対する暴行・脅迫は法人に対す
る脅迫に当たる．条解293頁）．強制執行の申立権の行使が阻止された等の結
果は必要でない．

8-2-7 強制執行関係売却妨害罪

96条の4　偽計又は威力を用いて，強制執行において行われ，又は行われ
　るべき売却の公正を害すべき行為をした者は，3年以下の懲役若しくは
　250万円以下の罰金に処し，又はこれを併科する．

強制執行の公正　　平成23年改正により新設された．旧96条の3第1項
　　　　　　　　　　（競売入札等妨害罪）のうち，**強制執行における売却の公正を**
保護する（公契約の妨害⇨96条の6）．「強制執行」は96条の2と同義であ
る（⇨399頁）．旧規定の対象は競売開始決定後の行為に限定されると解さ
れていたが，本条は「行われるべき売却」も含むとし，**競売開始決定前**にも
拡大した．

　手段は，「偽計又は威力」で（⇨401頁），賃貸借契約が存在しないのに
賃貸借契約が締結されていた旨の内容虚偽の契約書写しを提出する行為
（最決平10・7・14刑集52・5・343）等は偽計に当たる（強制執行における売却に関
して談合を行った場合も，「偽計」に含む）．威力には，職種・地位の利用も含
む．最高価買受申出人に対し，威力を用いて入札に基づく不動産の取得を
断念するよう要求する行為（最決平10・11・4刑集52・8・542）等がある．現実
に強制執行が妨害される必要はない．

　　【96条の5―加重封印等破棄等罪】　96条から96条の4の犯罪類型の加重規
　　定である．職業的な妨害勢力（反社会勢力など）による悪質な妨害事犯の多
　　くが報酬目的であることから，「報酬を得，又は得させる目的」（目的犯）
　　で，他人の強制執行に介入する行為を重く処罰する．

8-2-8 公契約関係競売等妨害罪

96条の6 1項　偽計又は威力を用いて，公の競売又は入札で契約を締結す
　るためのものの公正を害すべき行為をした者は，3年以下の懲役又は
　250万円以下の罰金に処し，又はこれを併科する．

　　　　2項　公正な価格を害し又は不正な利益を得る目的で，談合した
　者も，前項と同様とする．

公の競売・入札　　旧96条の3のうち，強制執行関係売却妨害（96条の4）
　　　　　　　　　以外の，国・公共団体の契約に関わる競売・入札の公正

を害すべき行為を処罰する．落札者との間で改めて契約手続が行われることから，「契約を締結するためのもの」という文言が付加されている（本罪には，加重処罰規定はない．96条の5参照）．

「競売」とは，国及び公共団体の実施する，**多数者に口頭で買い受けの申し出を募り，最高価額の申出人に売却する売買をいう**．「入札」とは，**最も有利な申出をする者を相手方として契約する競争契約で，契約内容を文書で表示させる場合をいう**．

手段としての「偽計」，「威力」は96条の3，4と同義である（⇨401頁）．入札予定額を入札予定者に内報し入札させる行為（最決昭37・2・9刑集16・2・54）は偽計に当たる．「公正を害すべき行為」とは，公の競売又は入札に不当な影響を及ぼすすべての行為をいう．

談合罪　「談合」とは競買人・入札人が相互に通謀して，**特定の者を契約者とするために，他の者は一定価格以下または以上の値をつけないことを協定する**ことをいう．協定する相手方が不可欠な必要的共犯である．競買人・入札人の一部により行われる場合も含む（最判昭32・12・13刑集11・13・3207）．適正な価格が害されることも，談合者が協定に応じた行動をとることも不要で（最決昭28・12・10刑集7・12・2418），談合成立の時点で既遂となる．談合も公正を害すべき行為の一類型であるが，自由意思に基づくことが前提であり，偽計・威力を伴って談合に参加させた場合には本条1項に当たる（最決昭58・5・9刑集37・4・401参照）．

「公正な価格を害し又は不正な利益を得る目的」が必要である（**目的犯**）．「公正な価格」とは，談合が行われず自由な入札が行われたならば形成されたであろう価格をいい（前掲・最決昭28・12・10．入札者の採算とは一応無関係に決定される−最判昭32・7・19刑集11・7・1966），「公正な価格を害する目的」とは，公正な自由競争により形成されるであろう価格を引き下げ（競売），あるいは引き上げ（入札）ようとする意図をいう．「不正の利益」とは，競落者，入札者の場合には公正な価格を害することにより得られた利益で，その他の者の場合はいわゆる談合金がこれに当たる．

404　8 国家法益に対する罪

8-3 逃走の罪

8-3-1 単純逃走罪

97条　裁判の執行により拘禁された既決又は未決の者が逃走したときは，
　　　1年以下の懲役に処する．（未遂処罰－102条）

被拘禁者　逃走の罪は，司法作用のうち拘禁作用を侵害する行為を処罰する．「裁判の執行により拘禁された」者とは，刑事収用施設法の刑事施設，警察の留置施設等に収容されている者をいう（移送や出廷のために護送中の者や拘禁後に入院中の者も含む）．

「既決の者」とは，刑事手続による有罪の確定裁判を受け自由刑の執行として拘禁され，または死刑の執行に至るまで拘置されている者（11条2項），罰金科料を完納できず**労役場**（刑事収容施設法287条）に留置されている者も含む．少年院（刑事施設ではない）に収容されている者は含まない．仮釈放中の者，刑の執行停止中の者は含まない．

「未決の者」とは，被疑者又は被告人として勾留状により刑事施設に勾留されている者をいう．98条との対比から勾引された者が含まれないことが明らかなので，逮捕状により逮捕された者等は含まない．

逃走　被拘禁者自身が，看守者の**実力的支配を脱する**ことをいう．拘禁作用を侵害し始めた時点で着手となり，拘禁状態から離脱した時点で既遂となる（一時的な離脱で足りる）．施設の外塀を乗り越えれば通常は既遂となるが，追跡が継続している場合には実力支配を脱したとはいえない．追跡者が，逃走者の所在を一時的に見失っても，実力支配から脱したといえない場合には未遂に止まる（福岡高判昭29・1・12高刑集7・1・1－約600メートル追跡し，その間1〜2度姿を見失った場合につき未遂とした）．

8-3-2 加重逃走罪

98条　前条に規定する者又は勾引状の執行を受けた者が拘禁場若しくは
　　　拘束のための器具を損壊し，暴行若しくは脅迫をし，又は2人以上通謀
　　　して，逃走したときは，3月以上5年以下の懲役に処する．（未遂処罰

8-3 逃走の罪　405

－102 条）

勾引状の執行を受けた者　主体は，前条の主体に加え，「勾引状の執行を受けた者」を含む．勾引された証人（民訴法 194 条，刑訴法 152 条）に加え，逮捕状により逮捕された被疑者も，これに準じて扱われる．逮捕状が執行されていない緊急逮捕や現行犯逮捕の場合は，該当しない．

加重逃走行為　本罪は拘禁場又は器具を損壊し，暴行・脅迫を行い，または 2 人以上通謀して逃走した場合に，刑を加重する．「拘禁場」とは刑事施設，留置施設などの**拘禁のための場所**で，「器具」とは手錠・捕縄などの**拘束具**をいう．拘禁場等を「損壊」しなければ本条に該当しないので，差し入れられた合い鍵・開錠用具を用いた場合や手錠をしたまま逃走した場合はもとより，捕縄を外して逃走しただけでは本罪には当たらない．実行の着手時点は損壊行為の開始時点である．逃走目的で，換気口の周辺のモルタルを削る行為は，穴の大きさが**脱出可能な程度に至らなくとも未遂**となる（最判昭 54・12・25 刑集 33・7・1105）．

　暴行・脅迫による逃走における「暴行」は，公務執行妨害罪の場合と同様に**間接暴行**（⇨396 頁）でも足りる．ただし，逃走目的以外の暴行・脅迫は含まず，看守者やその協力者に対するものに限る．**暴行・脅迫時点で着手**となる．

　通謀による逃走の「2 人以上通謀して」とは，**複数人が逃走の時期や方法等について意思を通じる**ことをいう．**通謀者がともに逃走する**ことを内容とした意思の連絡が必要である（必要的共犯．1 人の逃亡を助ける通謀は本罪ではなく，逃亡者は単純逃走罪となり，通謀の相手方には，総則の共犯規定の適用が可能である．条解 303-304，307 頁）．2 人以上の通謀者が同一機会に逃走行為を開始した時点で着手が認められ，それぞれが拘禁状態を離脱した時点で，各人ごとに既遂となる．2 人で通謀したが 1 人が逃走に着手しなかった場合，逃走した者は単純逃走罪となる．

8-3-3 被拘禁者奪取罪

99 条　法令により拘禁された者を奪取した者は，3 月以上 5 年以下の懲役

406　8 国家法益に対する罪

に処する．（未遂処罰－102条）

奪取罪　「法令により拘禁された者」とは，前2条の者に加え，現行犯逮捕者，緊急逮捕者，少年院に収容中の少年，入国管理法違反で収容された者を含む．ただし，精神保健福祉法の措置入院患者，児童自立支援施設に入所中の児童は含まない．「奪取」とは，**被拘禁者を看守者の実力支配から離脱させ，自己又は第三者の実力支配内に移すことをいう**．手段は問わず，暴行・脅迫による他，威力・偽計による場合も含む．被拘禁者を解放し，実力支配内に置かず，そのまま逃走させる行為は含まない（逃走援助罪に当たる）．なお，被拘禁者の意思は本罪の成否に影響しない．

8-3-4 逃走援助罪

100条1項　法令により拘禁された者を逃走させる目的で，器具を提供し，その他逃走を容易にすべき行為をした者は，3年以下の懲役に処する．（未遂処罰－102条）

　2項　前項の目的で，暴行又は脅迫をした者は，3月以上5年以下の懲役に処する．（未遂処罰－102条）

援助行為　「法令により拘禁された者」（99条参照）の逃走の幇助行為の主要なものを，逃走罪（期待可能性を考慮して刑が軽い）より重く処罰する規定である．1項は，器具を提供する等の手段により逃走を容易にする行為，2項は暴行・脅迫行為による場合を処罰する．ともに，被拘禁者を逃走させる目的が必要である（**目的犯**）．

1項の「逃走を容易にすべき行為」とは，逃走に役立つ金鋸や鑢(やすり)，ロープ等の**器具の提供**の他，逃走しやすい時期や逃走の経路を教えること等も含む．これらの行為があれば，**逃走に至らなくとも既遂**となる．2項の暴行・脅迫は，逃走を容易にするものであれば，直接看守者などに向けられたものでなくてもよい（拘禁場の損壊等，物に対する暴行も含む）．暴行・脅迫がなされれば既遂に達する．

8-3-5 看守者逃走援助罪

101条　法令により拘禁された者を看守し又は護送する者がその拘禁され

た者を逃走させたときは，1年以上10年以下の懲役に処する．（未遂処
罰－102条）

主体 客体は「法令により拘禁された者」（99条参照）である．主体は「看守し又は護送する者」に限られる（真正身分犯）．被拘禁者が看守を唆して逃走した場合，看守者には本罪が，被拘禁者には自己逃走罪が成立する．第三者が看守を教唆して被拘禁者を逃走させた場合，第三者には65条1項が適用され，本罪の教唆ないしは共同正犯となる．「逃走させた」とは，逃走を容易にする行為一般の他，解放するなど，積極的に逃走を惹起する行為を含む．逃走者が逃走するのを認識しつつ放置する不作為も含む．被拘禁者が拘禁状態を脱した時点で既遂となる．

8-4 犯人蔵匿及び証拠隠滅の罪

8-4-1 犯人蔵匿罪

103条 罰金以上の刑に当たる罪を犯した者又は拘禁中に逃走した者を蔵
匿し，又は隠避させた者は，3年以下の懲役又は30万円以下の罰金に
処する．

罪を犯した者 犯人蔵匿及び証拠隠滅の罪も，逃走の罪と同様，司法作用に対する罪である（平成28年改正で法定刑が引き上げられた．104条も同様）．「罰金以上の刑に当たる罪」とは，**法定刑に罰金以上の刑を含む罪**をいう（併せて拘留や科料が規定されていてもよい）．「罪を犯した者」とは，**真犯人に限らない**（最判昭24・8・9刑集3・9・1440）．蔵匿行為時に客観的に嫌疑が濃厚な者を匿う行為は，司法作用の妨害という本罪の法益侵害性を認めざるを得ない．

必ずしも捜査が開始されている必要はない（最判昭28・10・2刑集7・10・1879）．また，その時点で捜査は始まっていたものの，その者が犯罪に関与したことについて捜査当局が把握していなかった段階で，犯罪を犯して逃走中であると認識して隠避させれば隠避罪が成立する．逮捕・勾留中の者も含み（⇨408頁【真犯人逮捕後の隠避】），**保釈中の者**や，その後嫌疑が不十分であるという理由で**不起訴**となった者についても成立する．親告罪を

408　8 国家法益に対する罪

犯した者を告訴がない時点で匿っても蔵匿罪に当たる．その者が最終的に無罪となっても本罪の成否には影響せず，死者を隠避させる行為も含む（札幌高判平 17・8・18⇒409 頁）．ただし，匿った時点で既にその罪の**公訴時効**が完成していた場合は，犯人蔵匿罪は成立しない．

　「拘禁中に逃走した者」の「拘禁」は法令による拘禁（99 条）を指す．逃走罪に該当する者の他，奪取された者（99 条）も含む．

　　【故意】　真犯人であることの認識は不要で，「真犯人でない」と信じていても，指名手配されていると認識していれば故意は認められる．罰金以上の刑に当たらない犯罪である（刑法典上では侮辱罪のみ）と誤信して蔵匿した場合は，事実の錯誤として故意が否定される．しかし，各刑罰法規の法定刑を正確に認識している必要はなく，素人的な認識（法定刑に罰金以上の刑を含む犯罪類型を犯した者であるとの素人的認識⇒59 頁参照）があればよい（最決昭 29・9・30 刑集 8・9・1575 参照－密入国者の蔵匿につき，同罪の法定刑が罰金以上であることの認識は不要であるとした）．

蔵匿・隠避　　「蔵匿」するとは，**場所を提供して匿うことで，「隠避させる」とは，蔵匿以外の方法で捜査機関による発見逮捕を免れさせるすべての行為をいう**（大判昭 5・9・18 刑集 9・668－留守宅や家族の状況，捜査の形勢を知らせる行為）．**逃走資金の提供，捜査の動静の告知，さらに変装用具の供与等がこれに当たる．身代わり犯人を立てる行為**（最決昭 36・3・28 裁判集刑 137・493，最決平 1・5・1 刑集 43・5・405），犯人を告訴・告発しようとする者に圧力をかける行為も含まれる（ただ，逃げ隠れするのを直接的に容易にする行為に限定されると解すべきで，指名手配を受けて逃走中の者の内妻にその事業資金として 500 万円を供与する行為は，それにより逃走者が安心して逃走を継続できたとしても，隠避とはいえない－大阪高判昭 59・7・27 高刑集 37・2・377）．犯人の所在を警察官に尋ねられた際知っていたが答えなかっただけでは，隠避にあたらないし，犯人を知りながら通報しないという単なる不作為も，通常は隠避に当たらない．しかし，警察官に対して参考人として，犯人との間の口裏合わせに基づいた虚偽の供述をする行為は「隠避させた」に当たる（最決平 29・3・27 刑集 71・3・183）．

　　【真犯人逮捕後の隠避】　たとえ真犯人逮捕後であっても身柄の拘束を免れさせるような性質の行為は隠避に当たる（前掲・最決平 1・5・1）．真犯人の逮捕

勾留を解くに至らなくても，身代わり犯人に対する取調べ等により，捜査の円滑な遂行に支障を生じさせ，犯人隠避罪の保護法益が侵害されるからである．また，死者を隠避させるために身代わりとなる行為も含む（札幌高判平 17·8·18 判時 1923·160－飲酒運転した者が交通事故で死亡後に，同乗者が自己が犯人であるとの虚偽の申告をした行為）．

犯人による教唆　犯人自身が身を隠しても不可罰であるが，犯人が他人に命ずる等して自己を匿わせた場合，犯人蔵匿罪の**教唆犯**が成立する（⇨412，417 頁参照）．犯人自身の単なる隠避行為が罪とならないのは，これらの行為は刑事訴訟法における被告人の防御の自由の範囲内に属するからであり，他人を教唆してまでその目的を遂げようとすることは防御の濫用であり，**もはや法の放任する防御の範囲を逸脱**するからである（大判昭 8·10·18 刑集 12·1820．さらに，最決昭 40·2·26 刑集 19·1·59，最決昭 60·7·3 判時 1173·151）．

　不成立説は，期待可能性が欠ける，あるいは他人を介する教唆の方がより間接的である以上，正犯として処罰されない行為を共犯として処罰することは妥当でないと主張するが（大谷 603 頁，曽根 302 頁，西田 460 頁），犯人蔵匿・隠避行為の法益侵害性（司法作用を害する程度）は，他人を利用した場合の方が，犯人自身が行った場合に比べ，類型的に高まると考えられる．例えば，単に犯人自身が身を隠すことに比べ，他人を身代わり犯人に仕立てる行為は，刑事司法作用に対するより大きな侵害が認められる（前田 462 頁）．例えば，暴力団幹部が，自己の犯した犯罪について，配下の組員を身代わり犯人として出頭させた行為が，犯人隠避教唆罪に当たらないとするのは不合理である．

　【期待可能性】　従来の成立説は，他人を犯罪に巻き込むことについてまで期待可能性を欠くとはいえないと説明してきた（団藤 90 頁，さらに大塚 601 頁）．しかし，「自分で隠れることを思いとどまることは期待できないが，人に匿ってもらうことは容易に思いとどまることができる」とはいえないであろう．「他人を罪に陥れたから適法行為の期待可能性が生じる」とはいえない．

　【必要的共犯】　犯人蔵匿罪は，蔵匿し隠避させる者と蔵匿・隠避される犯人の両方の関与者を予定した規定であるから，必要的共犯とも考えられる．

犯人蔵匿罪は蔵匿者のみを処罰しているので，犯人が教唆した場合も，必要的共犯の観点から，犯人自身を処罰することはできないとする見解もある（最決昭 60・7・3（⇨409 頁）谷口反対意見参照）．しかし，犯人からの働きかけがある場合ばかりではないから，犯人が蔵匿を教唆する行為が，必要的共犯の要件である「当然予想され，欠くことのできない関与行為」とはいえない．必要的共犯の理論により，犯人自身による教唆が類型的に不可罰であるとはいえない．

【共犯者による犯人蔵匿行為】 暴力団幹部が配下の数名と共同実行した犯行に関し，配下のうちの 1 人が単独で実行したとして自首させた場合，共犯者（幹部）に対する犯人蔵匿，隠避が，行為者自身（配下の者）の刑事被告事件に関する証拠隠滅としての側面を併せ持つからといって，そのことから直ちにこれを不可罰とすることはできない．「もはや防禦として放任される範囲を逸脱するものというべきであって，自己の刑事被告事件の証拠隠滅としての側面をも併有することが，一般的に期待可能性を失わせる事由とはなり得ない」（旭川地判昭 57・9・29 刑月 14・9・713）．**【共犯者の刑事被告事件】**（⇨411 頁）参照．

8-4-2 証拠隠滅罪

104 条 他人の刑事事件に関する証拠を隠滅し，偽造し，若しくは変造し，又は偽造若しくは変造の証拠を使用した者は，3 年以下の懲役又は 30 万円以下の罰金に処する．

他人の刑事事件 「証拠」とは，**捜査・裁判機関において，刑事事件の処理に関係する一切の資料をいう**．犯罪の成否の他，情状に関する資料も含む．物的証拠の他，**人的証拠**（証人や参考人）も含むので，参考人（将来その可能性のある者も含む）を隠す行為は証拠隠滅罪に当たる．証拠は「他人の刑事事件」に関するものに限る（例えば，令状に基づく捜索を受けた際，覚せい剤を密かにトイレに流しても本罪は成立しない）．「他人の刑事事件」は，犯人蔵匿罪と異なり罰金以上の刑に当たる罪に限らない．

自己の事件に関する証拠隠滅行為が処罰されないのは，**期待可能性**が小さいからだと説明されてきた．しかし，犯人蔵匿罪と同様，被疑者は刑事司法における当事者である点が重要で，**防御の自由**の範囲内として処罰を排除したものと解される（前田 464 頁）．

「刑事事件に関する証拠」に限るので，民事事件・非訟事件等の証拠は含まない．**公訴提起後**（被告事件）はもちろん，捜査段階（逮捕・勾留されている場合に限らない），さらには，捜査開始前の，**将来被疑事件になる可能性のあるものも含む**．最終的に有罪となることは必要でなく，結果的に**無罪が確定**したり，**起訴が猶予**されても証拠隠滅罪の法益侵害性は認められる．

【共犯者の刑事被告事件】 共犯者の刑事被告事件に関する証拠を隠滅した場合，他人の刑事事件に当たり，本罪が成立する（大判大 7・5・7 刑録 24・555）．**専ら共犯者のためにする意思で隠滅した場合のみ他人の刑事事件に該当する**とする折衷説も有力であるが（大谷 604 頁，岡野 346 頁，曽根 302 頁），一般に共犯の場合には証拠が共通することが多く，共犯がいるというだけで処罰範囲が限定されかねない．他人の刑事事件に関する証拠といえない例外的事情を，具体的に認定し得た場合を除き，本罪が成立する（広島高判昭 30・6・4 高刑集 8・4・585 参照）．

隠滅・偽造 実行行為は，証拠の隠滅，偽造，変造と，偽造・変造した証拠の使用である．「隠滅」は，**物理的に滅失させることの他**，隠したり価値を減少させる行為，さらに**証人を蔵匿・隠避させる行為も含む**（最決昭 36・8・17 刑集 15・7・1293−捜査段階の参考人の隠避も含む）．証拠の「偽造」とは，**不真正な証拠を作成することをいい**，「変造」とは，**真正な証拠を加工して証拠価値の異なるものとすることをいう**．それが文書であっても，文書偽造罪の場合と異なり，作成権限の有無や内容の真否は問題とならない（作成名義人が内容虚偽の証拠を作出する場合も本罪の偽造となる．仙台地気仙沼支判平 3・7・25 判タ 789・275）．犯罪と無関係の物を利用して犯罪事実と関連するように見せかけることも偽造である．偽造・変造の証拠の「使用」とは，偽造・変造された証拠をそれと知りつつ，裁判所や捜査機関に対して真正の証拠として用いることである．

【参考人の虚偽供述】 証人が偽証する行為は，偽証罪となる（⇒415 頁）．偽証罪の主体に該当しない参考人等の虚偽供述行為は，証拠偽造罪で処罰されるのであろうか．まず，①証人・参考人の供述そのものは 104 条の証拠に含まれない（最決昭 28・10・19 刑集 7・10・954．単に，知っている重要な事実を供述しなかったり，虚偽内容の供述をしたに過ぎない場合は証拠偽造には当たらない）．しかし，②積極的に虚偽内容の上申書等の**供述書として文書化し提**

出した場合には，虚偽の証拠を作り出しているから，証拠偽造罪が成立する（東京高判昭 40・3・29 高刑集 18・2・126）．①と②の中間の③供述録取書を作成させた場合につき，千葉地判平 7・6・2（判時 1535・144）は，虚偽の供述内容が供述調書に録取され記録媒体上に記録されただけでは証拠偽造には当たらないとした（さらに，千葉地判平 8・1・29 判タ 919・256 参照）．ただし，最決平 28・3・31（刑集 70・3・58）は，虚偽の供述内容が供述調書に録取されるなどしたというだけでは証拠偽造に当たらないが，令状請求のための架空の事実に関する証拠を作り出す意図で，**複数人が相談しながら虚偽の供述内容を創作・具体化させて書面にした場合には証拠偽造に当たる**とした．供述録取書の中でも「供述書と同視し得るもの」は 104 条の客体となり得る．

【犯人による隠滅教唆】　犯人自身が自己の事件の証拠を隠滅した場合は不可罰である．しかし，他人を利用してまで証拠を隠す行為は，もはや法の放任する被疑者・被告人の防御の範囲を逸脱し，証拠隠滅教唆罪が成立する（最決昭 40・9・16 刑集 19・6・679 ⇨409 頁参照）．犯人自身の証拠隠滅行為が「真実発見」という意味での刑事司法作用を侵害しているにもかかわらず処罰されないのは，黙秘権などの被疑者・被告人の権利を考慮したからである．そうだとすれば，他人に働きかけてまで証拠を隠す行為は，「被疑者・被告人として許される範囲」を超えた行為として処罰に値する（不成立説は，処罰しない「犯人自身の証拠隠滅行為」より，他人を介する教唆の方が間接的で犯情は軽微だとするが，類型的に犯情が軽微だとはいえない）．

　なお，X が自己の刑事事件に関する証拠の偽造を Y に依頼したが，これに先立ち Y においてその具体的な方法を考案して X に積極的に提案をしていたとしても，X は証拠偽造の教唆罪に当たる（最決平 18・11・21 刑集 60・9・770―脱税額を少なく見せるため架空経費を作出する行為）．

【犯人隠避罪と証拠偽造罪の罪数関係】　両罪は国家の刑事司法作用を保護するものであるが，前者は犯人の確保の観点から，後者は適正な証拠の収集の観点から，妨害行為を処罰するものであって，保護法益が異なる．よって，「被疑者にはアリバイがある」との内容虚偽の上申書を作成し，これを捜査機関に提出する行為は，犯人隠避及び証拠偽造の両罪が成立し，観念的競合となる．

8-4-3 親族についての特例

105条 前2条の罪については，犯人又は逃走した者の親族がこれらの者の利益のために犯したときは，その刑を免除することができる．

任意的免除　　親族の犯罪者を匿ったり，身内の犯罪の証拠を隠す行為は**期待可能性**が少なく責任が軽くなるとして，親族間における犯人蔵匿，証拠隠滅罪に関して任意的な刑の免除が認められる．

「親族」の範囲は民法による（民法725条）．非親族を親族と誤認した場合には，期待可能性（に関する事実）の錯誤となり105条の免除の余地がある（⇨119頁参照）．犯人・逃走者の「利益のため」でなければならず，犯人や逃走者の不利益のために行った場合や，第三者の利益を図った場合（親族である犯人に非親族の共犯者がいて，その共犯者の利益のみを図った場合等）は本条の適用はない（⇨411頁参照）．両者の利益を図る場合には適用されない（大判昭7・12・10刑集11・1817）．

【**親族の他人への教唆**】　犯人（X）の親族（Y）が，第三者（Z）に証拠を隠滅させた場合に（Zは104条の正犯，Yは104条の教唆犯），Yが105条により免除されるか否かに関し，(a) **105条適用否定説**（大塚601頁．大判昭8・10・18刑集12・1820）と (b) **105条適用肯定説**（大谷608頁，曽根304頁）が対立する．(a) 説は，105条が親族自身の行為についてのみ刑の免除を認める趣旨であるとする（Zという第三者を巻き込んだ以上もはや105条の適用はないとする）．しかし，Zを介していても，Yが親族Xのために行う以上，期待可能性は減少する．さらにY自身が犯人蔵匿行為（証拠隠滅行為）を行った場合には，免除が可能なのに，犯罪性の軽い場合も多い共犯の場合には免除の余地がないとするのは不均衡であり，適用説が妥当である．第三者Zが親族Yに証拠を隠滅させた場合は，Yは104条に該当し105条により刑の免除の余地が認められるが，105条は親族関係を有する者についての一身的な事情であり，共犯者Zにその効果は及ばない．

【**犯人の親族への教唆**】　犯人自身（X）が，親族（Y）に証拠を隠滅させた場合，実行行為を行うYについては104条が成立し，105条で刑の免除が可能となる．Xについては，犯人自身の証拠隠滅教唆に関する**教唆犯成立説**（多数説・判例⇨515頁）からは，教唆犯の成立を認めることになるが，Xにも105条による刑の免除を認めるべきかが問題となる．105条の刑の

414　8 国家法益に対する罪

免除が「親族関係に起因する期待可能性の減少」によるものであれば，親族に教唆した犯人自身にも同じように期待可能性の減少が認められる．しかし，犯人自身の隠滅行為不処罰を防御権という政策的な理由によるものであるとすれば（⇨409，412頁），防御の範囲を超えたYへの教唆につき免除を認める根拠は薄れる．Xへの105条の準用は困難であろう（東京高判昭33·6·2高検速報735，仲家・大コンメ6·384）．

8-4-4　証人等威迫罪

105条の2　自己若しくは他人の刑事事件の捜査若しくは審判に必要な知識を有すると認められる者又はその親族に対し，当該事件に関して，正当な理由がないのに面会を強請し，又は強談威迫の行為をした者は，2年以下の懲役又は30万円以下の罰金に処する．

客体　本罪はいわゆる「お礼参り」に対処するために昭和33年に設けられた規定で，刑事事件の捜査・審判に必要な知識を有すると認められる者に対し，当該事件に関して，正当な理由なく面会を強請する等の行為を罰する（平成28年改正で，法定刑が引き上げられた）．直接的には証人・参考人等の一般私人の私生活の平穏・安全感といった個人法益も保護するが，ひいてはこれらの者の協力を確保することにより，国家の刑事司法作用も保護法益とする．

　本罪の客体は，「刑事事件の捜査もしくは審判に必要な知識を有するとみられる者」と「その親族」である．他人の事件のみならず，**自己の刑事事件を含む点**で証拠隠滅罪と異なる．刑事事件に，捜査段階の被疑事件や（福岡高判昭51·9·22判時837·108），将来被疑事件となり得るものをも含む点は，証拠隠滅罪と同じである．「捜査もしくは審判に必要な知識」とは，犯罪の成否に関する知識の他，量刑事情に関するものや犯人または証拠の発見に役立つ知識，さらには鑑定に必要な知識も含む．「知識を有すると認められる者」とは，現に事件に知識を有する者ばかりでなく，**状況からみて知識を有するとみられる者**でもよい（例えば，犯行を目撃できる位置にいた人間は実際に目撃していなくとも本条の客体となる．なお，事件に関し知識を有する捜査官，裁判官も客体に含み得る（犯行を現認した警察官につき，東京高判昭39·7·6高刑集17·4·422））．

実行行為は，正当な理由なく面会を強請し又は強談威迫の行為を
行為　　行うことである．「正当な理由なく面会を強請」するとは，**面会の
意図のないことの明らかな相手方**に対して面会を強要することである．強要は相手
の私生活の平穏・安全感を害するような態様でなされることが必要で，手
紙による場合は含まない（福岡高判昭 38・7・15 下刑集 5・7=8・653）．「強談」と
は，**言葉を用いて自己の要求に従うよう強要**することで，「威迫」とは，**勢力を示す
言葉・動作を用いて相手を困惑させ不安感を生じさせる**ことである．不安，困惑の
念を生じさせる文言を記載した**文書を送付**して，相手にその内容を了知さ
せる方法による場合も含む（最決平 19・11・13 刑集 61・8・743）．

　これらの行為を行えば既遂に達し，現実に裁判に支障が生じたり，証人
が生活の平穏を害されるに至る必要はない（福岡高判昭 51・9・22 判時 837・
108）．またこれらの行為を行う認識があれば足り，裁判を有利に導くなど
の積極的目的は不要である．これらの行為態様が併存してなされれば，包
括して証人威迫罪一罪が成立する．

8-5　偽証の罪

8-5-1　偽証罪

> **169 条**　法律により宣誓した証人が虚偽の陳述をしたときは，3 月以上 10
> 　年以下の懲役に処する．
> **170 条**　前条の罪を犯した者が，その証言をした事件について，その裁判
> 　が確定する前又は懲戒処分が行われる前に自白したときは，その刑を減
> 　軽し，又は免除することができる．

　　　　　偽証の罪（169〜171 条）は，国家の審判作用の公正及び円滑な運
主体　　用を保護法益とする．狭義の偽証罪（169 条）は，「法律により宣
誓した証人」に限り，その「虚偽の陳述」を処罰する**身分犯**である．証人
には原則として宣誓義務があることから，事実上，証人のほとんどが主体
となり得る．宣誓拒否権を有する証人（民訴法 201 条 4 項），証言拒否権を
有する者（民訴法 196 条以下，刑訴法 146 条以下）が，拒まずに宣誓した上で，
虚偽の陳述を行えば，本罪に該当する（最決昭 28・10・19 刑集 7・10・1945−刑

訴法 146 条により証言拒否権のある者が，被告人に偽証を教唆された事案）．

　刑事訴訟法は被告人自らが自己の刑事事件の証人となることを認めていないので，被告人自身が偽証罪に問われる余地はない．しかし，**共犯者や共同被告人**が，手続を分離した上で，証人として宣誓の上虚偽の陳述をする場合には本罪の主体となる（最決昭 29・6・3 刑集 8・6・802−分離している共犯者の被告事件につき，証人となり得る）．証言内容が，証人である共犯者や共同被告人の犯罪事実に関する場合でも同様である．

　　【法律による宣誓】　宣誓は，民刑事の訴訟事件において行われることが多いが（民訴法 201 条以下，刑訴法 154 条以下），少年事件，海難審判等でも行われる（少年法 14 条，海難審判法 36 条）．さらに，170 条が「懲戒処分」につき規定しているため，懲戒事件や行政事件においても行われる．

　　「宣誓」は，各法律の定める手続によりなされることを要する．例えば宣誓無能力者に誤って宣誓させるような，手続の重要部分に瑕疵がある場合には，その宣誓は無効である（最判昭 27・11・5 刑集 6・10・1159）．ただ，軽微な瑕疵の場合にまですべて宣誓が無効となるわけではない．証言後に宣誓することは刑事裁判では許されないが（刑訴規則 117 条），民訴法はこれを認めており（民訴規則 112 条 1 項ただし書），宣誓は証言後でもよい（大判明 45・7・23 刑録 18・1100）．

偽証　　本罪の実行行為は，「虚偽の陳述」である．「虚偽」とは，**証人の記憶に反することである**（**主観説**．大判大 3・4・29 刑録 20・654）．陳述の内容である事実が客観的事実に反することであるとする**客観説**とは，記憶が客観的事実と一致しない場合に結論に差が生ずる（ただ，客観的に虚偽でも，記憶に反しない場合には，偽証罪の故意がなく，客観説からも処罰されない）．

　問題となるのは，記憶に反し，虚偽であると信じつつ陳述したが，たまたま客観的には真実であった場合である．主観説は，記憶に反する陳述である以上，裁判を誤らせる抽象的危険があるから処罰すべきであるとするのに対し，客観説は，陳述が真実に合致している限り，実体的真実という観点からは，国家の審判作用は害されないとする．ただ，偽証罪が保護するのは実体的な真実の発見そのものではなく，適正手続による司法作用の公正である．そして，証人尋問は，証人が実際に経験した事実を，記憶に従って述べることにより真実を発見することを目的とした手続であるとす

れば，その記憶に反する陳述は，司法作用を侵害する危険が全くないとはいえない．

もっとも，「客観的真実内容を，虚偽であると誤信しつつ陳述する行為」が司法作用に及ぼす影響は小さなもので，偽証罪により処罰する必要性はないとする見解も有力である（平野・判時1557・5以下，曽根308頁参照）．しかし，そもそも裁判上の真実は裁判を通じて変化するもので，事実が虚偽か否かは事後的な裁判の場で判明することである（前田472頁参照）．記憶に反する証言は，事実認定に誤認を生じさせるおそれは小さいものとはいえず，当罰性を認めることができよう（伊東397頁）．

共犯関係　自身は偽証罪の主体とならない被告人が，自己の事件につき他人に虚偽の陳述をさせた場合，**教唆犯が成立する**（最決昭28・10・19刑集7・10・1945）．偽証を教唆することは被告人の防御の範囲を超えるものだからである（⇨409頁参照）．これに対し教唆不成立説は，期待可能性は本人自身が自分の手で行う場合と異ならず，さらに，正犯として処罰されないのに，それより犯罪性の低い教唆犯として処罰するのは妥当ではないとする．しかし，裁判官は被告人本人の陳述より宣誓した証人の証言を信用しやすく，被告人が教唆して偽証させる方が，審判作用の公正についての法益侵害性は大きいことから，教唆犯の成立を認めるべきである．

　　【証拠隠滅罪などとの比較】　犯人蔵匿・証拠隠滅罪の場合は教唆不成立説を採用する見解も，偽証の場合には教唆成立説を妥当とする見解が多い．その理由として，証拠隠滅罪は条文上「他人の事件」に限定されるのに対し，偽証罪にはそのような限定がないこと，また刑訴法上，刑事被告人が自己の刑事被告事件において宣誓して証言することは，事実上認められていないに過ぎず，また，憲法38条も積極的に虚偽の陳述をすることまで権利として認めているわけではないことが挙げられよう．
　　【自白についての特例】　偽証罪を犯した者が，証言した事件の裁判確定前，または懲戒処分前に自白した場合，裁量により刑を減免できる（170条）．偽証に基づく審判の誤りを事前に防止するための政策的規定である．「自白」とは，自己が虚偽の陳述をしたことを告白することをいう．尋問・追及の結果，虚偽の陳述であることを自認した場合も含む．

8-5-2 虚偽鑑定・通訳罪

171条 法律により宣誓した鑑定人，通訳人又は翻訳人が虚偽の鑑定，通訳又は翻訳をしたときは，前2条の例による．

鑑定・通訳　本罪の主体は，法律により宣誓した鑑定人，通訳人，翻訳人に限る（**身分犯**）．民事訴訟法は訊問前に鑑定人に「宣誓」をさせることを命じ（民訴法216条，201条），刑訴法も鑑定人には宣誓させなければならないとする（刑訴法166条）．通訳人・翻訳人も，鑑定人同様宣誓をして証言する（民訴法154条，刑訴法178条）．

行為は，虚偽の鑑定，通訳，翻訳をすることである．「虚偽」とは，**主観的に虚偽であると認識しつつ鑑定等を行うこと**（自己の判断に反した鑑定等）をいう．本罪にも，自白による特例（170条）が適用される．

8-6 虚偽告訴の罪

8-6-1 虚偽告訴罪

172条 人に刑事又は懲戒の処分を受けさせる目的で，虚偽の告訴，告発その他の申告をした者は，3年以上10年以下の懲役に処する．

173条 前条の罪を犯した者が，その申告をした事件について，その裁判が確定する前又は懲戒処分が行われる前に自白したときは，その刑を減軽し，又は免除することができる．

処分を受け させる目的　本罪は，事実を虚構して，特定の人を罪に陥れる犯罪である．偽証罪と比べ，審判に至る前段階の捜査・調査を侵害する犯罪である．単に司法作用の侵害のみならず，罪に陥れられる危険にさらされた個人の利益侵害の側面もある．

「人に刑事又は懲戒処分を受けさせる目的」が必要である（**目的犯**）．「人」とは**他人を意味する**．**自己に対する虚偽告訴**（例えば，身代わりとなって自己申告する場合）は，目的を欠き，本罪には当たらない（軽犯罪法1条16号に当たる）．法人も含むが，実在の者に限る．

【**被虚偽告訴の同意**】　相手の同意を得て虚偽告訴をした場合，個人法益に

対する罪という側面を徹底すると無罪となる（平川189頁）．しかし，被虚偽告訴者と通謀して国家の司法作用を侵害することは可能で，自己虚偽告訴とは異なる．国家法益に対する罪でもある以上，同意のある場合も本罪に該当する（大判大1・12・20刑録18・1563）．

【虚無人に対する虚偽告訴】 架空人の犯罪行為を申告した場合は，個人法益の侵害は考えられないが，無用な捜査活動を行わせるという国家法益の侵害がないわけではない．ただ，実質的にも，実在の者に関しての犯罪事実の申告があった場合に比較して，捜査機関等が無用な捜査を行わされる危険性は相対的に低く，虚偽告訴罪に該当しない（大谷623頁）．

【責任無能力者に対する虚偽告訴】 責任無能力であることが明確であれば処罰されるおそれはないが，捜査の対象とされ，裁判に巻き込まれるという意味では，被害者個人の法益侵害も大きく，可罰的である．

刑事・懲戒の処分　「刑事の処分」とは刑罰の他，少年の保護処分や売春婦に対する補導処分を含む（逮捕・勾留などの強制処分や起訴猶予処分も含まれる）．

「懲戒の処分」とは，公法上の監督関係に基づいて職務規律維持のために科される制裁のことで，例えば公務員に対する懲戒，弁護士や医師に対する懲戒がある．このような処分を受けさせる目的が必要だが，その目的が唯一ないし主たる動機であることは要しない．また，刑罰等が科されることについての意欲はもちろん，確定的な認識も不要で，未必的な認識で足りる（大判大6・2・8刑録23・41）．

虚偽の申告　「虚偽」とは客観的に真実に反することをいう（最決昭33・7・31刑集12・12・2805）．主観的に虚偽だと思って申告したが，客観的に真実であった場合には，個人・国家両法益のいずれも侵害されず，当罰性はない．

「告訴」とは，犯罪の被害者等が犯罪事実を申告することをいい（刑訴230条），「告発」とは，告訴権者以外の者が犯罪事実を申告することをいう（刑訴239条）．「申告」は，刑事・懲戒処分の原因になり得る程度の，具体的内容が必要である．また，申告は担当官署に対してなされることが必要である．刑事処分の場合には，検察官，検察事務官，司法警察職員，懲戒処分の場合には懲戒権者（ないし懲戒権の発動を促し得る者）に対してなされなければならない．告訴・告発の形式によらなくてもよく，口頭による

420　8 国家法益に対する罪

場合も含む. 匿名でも, また他人の名前で行うことも本罪の申告に該当す
るが, 自発的になされた場合に限り, 捜査機関の取調べを受けて虚偽の陳
述をしても虚偽告訴ではない. 申告が担当官署に**到達した時点**で既遂となる
（捜査が開始されたことはもとより, 担当者が閲覧したことも要しない. 本罪の未
遂処罰はない）.

> **【罪数】** 被告訴者の数を基準とする. 1通の書面で複数の者を虚偽告訴し
> た場合は複数の罪の観念的競合となる. 同一人に対し同一の内容を, ただ
> し時期と名義を異にして捜査機関に提出したときは二個の虚偽告訴罪の併
> 合罪となる（最決昭 36·3·2 刑集 15·3·451）.

> **【自白についての特例】** 偽証罪同様, 当該事件の裁判確定前又は懲戒処分
> 前に自白したときに, 刑の任意的減免を認める（173条）.

8-7 職権濫用の罪

8-7-1 公務員職権濫用罪

193条　公務員がその職権を濫用して, 人に義務のないことを行わせ, 又
　　　　は権利の行使を妨害したときは, 2年以下の懲役又は禁錮に処する.

職権　　職権濫用罪は, 公務の公正さへの国民の信頼（国家法益）と, 職
　　　　権濫用行為の被害者の個人法益を保護する.

「職権を濫用」する場合に限るから, 公務員が行う権利侵害行為でも,
職権と無関係であれば本罪の対象とはならない. ただ, 個別・具体的に厳
密な法的根拠は必要でなく（最決昭 38·5·13 刑集 17·4·279－和解調書に記載が
ないのに, 執行吏が和解調書の執行として占有保管する旨の公示札を立てる行為）,
職務権限は必ずしも法律上の強制力を有するものであることを要しない.
それが濫用された場合, 職権行使の相手方に対し, 事実上義務のないこと
を行わせ又は権利行使を妨害するに足りる権限であればよい.

> **【判例－職権】**　裁判官が, 刑務所長に対し, 正当な目的による調査行為で
> あるかのように仮装して身分帳簿の閲覧, その写しの交付を求める行為
> （最決昭 57·1·28 刑集 36·1·1）, 裁判官が女性被告人に対し, 被害弁償のこと
> で会いたいなどといって喫茶店に呼び出し同席させる行為（最決昭 60·7·16

刑集 39·5·245）も，一般的職務権限に属する職務行為であり，本罪に当たる.

濫用行為　　職務に関する行為でも，正当な執行はもとより，単なる地位利用や，不当行為の場合は職権濫用罪に当たらない．職権の行使に関する「濫用」，すなわち職権の行使に仮託して実質的に違法・不法な行為を行うことが必要である．不作為もあり得る．なお，暴行・脅迫を手段とする場合は，強要罪（223 条）との観念的競合となるとする見解が有力である．

【判例－職権行使の外観】　最決平 1·3·14（刑集 43·3·283－共産党幹部宅盗聴事件）は，警察官の盗聴行為に関し職権濫用罪の成立を否定したものの，「濫用行為は相手方が職権の行使であることを認識できる外観を備えたもの」であることや，「相手方の意思に働きかけ，影響を与えるもの」であることまでは要しないとした．被害者に職権の行使と認識させずに，密かに行った場合にも，「義務のないことを行わせ，権利行使を妨害すること」は可能で，本罪の成立を認める余地はある（林 486 頁参照）．

権利侵害等　　濫用行為により，義務のないことを行わせ，権利行使を妨害するという結果が生じた時点で既遂となる．ただ，被害者に具体的な作為・不作為を強要しないで，事実上の不利益を甘受させる行為も権利行使の妨害に当たる場合がある（最決昭 38·5·13⇨420 頁）．

8-7-2 特別公務員職権濫用罪

194 条　裁判，検察若しくは警察の職務を行う者又はこれらの職務を補助する者がその職権を濫用して，人を逮捕し，又は監禁したときは，6 月以上 10 年以下の懲役又は禁錮に処する．

196 条　前 2 条の罪を犯し，よって人を死傷させた者は，傷害の罪と比較して，重い刑により処断する．

特別公務員　　「裁判，検察若しくは警察の職務を行う者」の典型は，裁判官，検察官，警察官であるが，裁判所書記官，検察事務官，司法巡査等も含む（条解 546 頁）．「補助する者」とは，職務上補助者の地位にある者をいう（裁判官等を事実上補助する私人は含まない．後掲・最

422 8 国家法益に対する罪

決平6・3・29)．これらの特別公務員が，職権を濫用して逮捕・監禁行為を
行う場合につき，通常の逮捕監禁罪（220条）より重く処罰する（**不真正身
分犯**）．逮捕監禁行為によって死傷の結果を発生させた場合には，傷害罪
に比較して重い刑により処断する（196条⇨199頁参照）．

8-7-3 特別公務員暴行陵虐罪

> **195条1項** 裁判，検察若しくは警察の職務を行う者又はこれらの職務を
> 補助する者が，その職務を行うに当たり，被告人，被疑者その他の者に
> 対して暴行又は陵辱若しくは加虐の行為をしたときは，7年以下の懲役
> 又は禁錮に処する．
>
> **2項** 法令により拘禁された者を看守し又は護送する者がその拘禁
> された者に対して暴行又は陵辱若しくは加虐の行為をしたときも，前項
> と同様とする．
>
> **196条** 前2条の罪を犯し，よって人を死傷させた者は，傷害の罪と比較
> して，重い刑により処断する．

暴行陵虐罪　　　1項の**主体**は，裁判，検察，警察の職務を行う者とこれを
補助する者であり，2項は法令により拘禁された者を看守
又は護送する者（⇨407頁）である．「補助する者」は必ずしも公務員であ
ることを要しないが，法定刑の重さからして，補助者も警察官等に準じる
だけの公正さを厳しく要求される主体で，その濫用が国民に重大な侵害を
及ぼす場合でなければならないであろう（最決平6・3・29刑集48・3・1－警察署
長から委嘱を受けた少年補導員は「補助する者」に当たらない）．

1項の客体は，被告人，被疑者その他の者である．「その他の者」には，
証人・参考人・鑑定人など，刑事手続きに関係する者がすべて含まれる．
2項の客体は，法令により拘禁された者（⇨406頁）であるが，逃走罪と異
なり保護の対象としての身分なので，児童自立支援施設入所者等も含む
（平川67頁）．

実行行為は，職務を行うに当たり暴行・陵虐することである．「職務を
行うに当たり」とは，193条の職権濫用とは異なり，**職務を行う機会**であれ
ばよい（職務遂行の一環である必要はない）．「暴行」には，殴打等の直接暴
行はもちろん（大阪高判平6・8・31判タ864・274），着衣を破るなどの**間接暴行**

（⇨396 頁）も含む．「陵虐・加虐」とは，**精神的・肉体的に辱め，苦痛を与える**ことで，**暴行以外のものを意味する**．少年院専門官が少年の頸部にシーツを巻き付け自分で頸部を絞め付けて死ぬように迫り，遺書を書かせる等した行為（広島高判平 23・6・30 裁判所 Web），裸にしたり，わいせつな行為を加えたり性交等をすること，さらに食事を与えなかったり睡眠を妨害すること等がこれに当たる．なお，暴行行為は本罪に吸収されるが，わいせつ・性交行為が行われた場合には，本罪と強制わいせつ・強制性交罪の観念的競合となる（大阪地判平 5・3・25 判タ 831・246−所持品検査を装い，パトカー内で強制わいせつ行為を行った事案）．

195 条の行為によって死傷の結果を生ぜしめた場合には，傷害の罪に比較し重い刑で処断する（196 条⇨199 頁参照）．

8-8 賄賂の罪

8-8-1 収賄罪

197 条 1 項　公務員が，その職務に関し，賄賂（ろ）を収受し，又はその要求若しくは約束をしたときは，5 年以下の懲役に処する．この場合において，請託を受けたときは，7 年以下の懲役に処する．

職務の公正　賄賂罪は，国家法益に対する罪である（大判昭 6・8・6 刑集 10・412）．我が国の刑法は，不可買収性（公務を利益の対価とすることの禁止）を基礎に賄賂行為一般を処罰し，不正な職務が行われた場合には加重するという形で，職務の公正さの観点も加味している．不可買収性の実質は，公正性侵害の危険であり，さらにいえば，公務の公正さへの国民の信頼が重要で，「公正であるとの外観」が重視される．なお，昭和 55 年にロッキード事件を契機として法定刑が引き上げられた．また，主体に含まれていた仲裁人は，平成 15 年に仲裁法が成立し，削除された．

職務権限　197 条 1 項の主体は，「公務員」である．公務員には，**公務員とみなされる者も含む**（⇨391 頁）．

公務員が，「職務に関し」賄賂を収受した場合に限る．「職務」とは，**公務員がその地位に伴い公務として取り扱う一切の執務をいう**（最判昭 28・10・27 刑集

424　8 国家法益に対する罪

7・10・1971). ①不正・違法な行為（例えば検査・査察の日時を事前に知らせる行為—最決昭 32・11・21 刑集 11・12・3101, 明らかに嫌疑のある事件を送検しない行為など）であっても, これにつき金員を収受すれば賄賂罪に当たる. また, ②具体的に事務分配を受けていなくても, **一般的職務権限**の範囲内であればよい. 各人の事務分担には相互に融通性があり, また将来その事務を担当する可能性もあるので, 一般的職務権限内の行為であれば職務に対する国民の信頼を損なうおそれがあるからである. 原則として同一「課」内を一般的職務権限に属する職務であるとしてきたが, その範囲は拡大する傾向にある（最判昭 27・4・17 刑集 6・4・665, 最決昭 32・11・21 刑集 11・12・3101, 最判昭 37・5・29 刑集 16・5・528). 所掌事務の性質, 公務員の地位, 相互に影響を及ぼす程度, 担当変更の可能性などを考慮して具体的に職務権限を判断すべきである. 例えば, 警視庁 A 署地域課勤務の警察官が, 同庁 B 署刑事課で捜査中の事件に関して告発状を提出していた者から, 捜査情報の提供などについて便宜を図ってもらいたいとの趣旨で現金の供与を受けたときは, 同警察官が同事件の捜査に関与していなかったとしても, 一般的職務権限は認められる（最決平 17・3・11 刑集 59・2・1).

> **【判例—職務権限】** 北海道開発庁（当時）長官は, 北海道東北開発公庫の個々の融資事務に関し適宜の指導および助言をする職務権限があり（最決平 12・3・22 刑集 54・3・119), 国会議員は, 自己が所属しない委員会の議事案件についても職務権限がある（最決昭 63・4・11 刑集 42・4・419 ⇨職務密接関連行為, 426 頁). さらに, 最大判平 7・2・22（刑集 49・2・1）は, 内閣総理大臣の職務権限として, 運輸大臣（当時）を指揮監督して特定の航空機を購入するよう働きかける行為も含まれるとした（ロッキード事件丸紅ルート). 総理大臣には, 憲法, 内閣法に規定されている地位および権限から, 内閣の明示の意思に反しない限り, 行政各部に随時一定の方向で事務を処理するよう指導, 助言等の指示を与える権限があると説明する. また, 国会議員が所属会派を代表して本会議で代表質問する行為や, 他の国会議員に対し勧誘説得する行為も, たとえ政策支援にとどまり, 具体的な法案審議の対象となっていなくとも職務に当たる（最決平 20・3・27 刑集 62・3・250—KSD 事件). 通常職務として行っているか否かではなく, 事実上の影響力を及ぼし得る範囲の職務（さらにはそのような外観を伴うもの）であれば, 賄賂罪の「職務に

8-8 賄賂の罪　425

関し」に当たる.

【行政指導】　行政指導とは, 行政官庁がその所轄する事項に関して, 行政
目的が円滑に達成されるように, 主として民間の活動に対して, 一定の作
為・不作為を指導・勧告助言することであり, **行政手続法**（平成6年施行）
により職務権限が及ぶと規定された（2条6号）. 最大判平7・2・22（⇒424
頁）も, 内閣総理大臣の行政指導を職務行為そのものとした（さらに, **リク
ルート事件**関係の最決平11・10・20刑集53・7・641−官房長官, 最決平14・10・22刑集
56・8・690−文部省初等中等教育局長）.

転職前の職務　一般的職務権限に属する事項である以上, 具体的な権限の
行使が将来の一定の条件に依拠していたり, 将来行う可能
性があるに過ぎない職務行為であるとしても, 職務に関するといえる（市
長再選後に担当すべき職務に関し任期満了前に謝礼として現金を受領した行為につ
き, 収賄罪の成立を認めたものとして, 最決昭61・6・27刑集40・4・369）.

転職（日常用語での異動の意. 公務員の身分を失わない場合）し, 現にその
時点で権限を有しない過去の職務でも,「職務に関し」に当たる場合があ
る（たとえば市役所建築課長が人事異動により同市の一般的職務権限の異なる保健
課長に転任した後, 建築課長当時の職務に関し謝礼として現金を収受した場合は収
賄罪が成立する）. 過去に当該職務を行っていた以上, 収賄行為は公務に対
する社会の信頼を害するからである.「職務に関し」といえないとする否
定説もあるが, 退職直前に請託を受けて不正行為を行った対価として, 退
職後に賄賂を得た場合は事後収賄罪（⇒431頁）に当たるのと比較し, 異
動の際にこれと全く同一の行為を行っても不可罰となるとする否定説は,
均衡を失する.

【判例−転職】　他の税務署に転職後, 前任地での職務の報酬として利益を
収受した場合にも収賄罪が成立する（最判昭28・4・25刑集7・4・881）. 公務員
が一般的職務権限を異にする他の職務に転じた後に前の職務に関して賄賂
を収受した場合でも, 公務員の身分がある以上, 賄賂罪は成立する（最決
昭58・3・25刑集37・2・170−県建設部係長から県住宅供給公社（みなし公務員）に出
向した場合）. ただ判例も, 単に一般的職務権限そのものを拡大し, 例えば
全く在職したことのない他の部署の職務につき収受した場合まで含むとす

426　8　国家法益に対する罪

るわけではなく，その者が過去に行った職務行為の報酬である場合に限る．なお，転職後の賄賂収受を，事後収賄罪に当たるとする見解もあるが（曽根321頁），197条の3第3項は「公務員であった者」に限るので，公務員の身分を失っていない者に適用することは困難である．

職務密接関連行為

　　一般的職務権限と並び，判例が職務権限の拡大のために用いてきた概念が**職務密接関連行為**である．形式的には一般的職務権限に属さず職務権限そのものの行使とはいえないが，実質上職務権限の行使に匹敵する場合をいう（大判大2・12・9刑録19・1393）．**準職務行為**ないし**事実上所管する行為**とも呼ぶ（最決昭31・7・12刑集10・7・1058－村長の補助として外国人登録に関する事務を扱っていた者が，外国人登録原票等を偽造した謝礼を収受した事案）．具体的には，公務員が他の公務員へ働きかける行為を職務密接関連行為とする例が多い（大判大5・12・13刑録22・1826－村会議員が同僚議員に対し，村長選挙に際してある者を当選させるようあっせんを行った事案）．

【判例－職務密接関連行為】　密接関連行為とされた判例は，議員に関する事例が多く，市議会内会派に所属する議員が，市議会議長選挙において投票すべき者を選出する行為（最決昭60・6・11刑集39・5・219），国会議員が，他の委員会所属議員に対し勧誘説得する行為（最決昭63・4・11刑集42・4・419－大阪タクシー事件），国会議員の国政調査権に基づく質問に関し，行刑官庁および他の委員に働きかける行為（東京高判平8・12・11判時1594・3－撚糸工連事件）などがある．その他，大学設置審議会委員が教員予定者の適否を正式通知前に知らせる行為（最決昭59・5・30刑集38・7・2682），音楽大学の教授が，学生にバイオリンの購入方の勧告あっせんを行う行為（東京地判昭60・4・8判時1171・16），大学教授が製薬会社との新薬共同開発に当たり，製薬会社社員を研究員として受け入れ指導・助言する行為（名古屋地判平11・3・31判時1676・155），県立医科大学の教授兼同大学附属病院診療科部長が，教育指導している医師を他の病院へ派遣する行為（最決平18・1・23刑集60・1・67），北海道開発庁（当時）長官が北海道開発局港湾部長に対し，特定業者に便宜を図るように働き掛ける行為（最決平22・9・7刑集64・6・865）がある．なお，行政指導につき，従来は職務密接関連行為とする判例が多かったが（東京高判昭62・7・29高刑集40・2・77等），近時は職務権限そのものに当たるとする

（前掲・最大判平 7・2・22，前掲・最決平 20・3・27 ⇨424 頁）．

　これに対し，密接関連行為でないとされたものに，農林大臣が復興金融金庫から融資を受けようとする者に，食糧事務署長，復興金融公庫融資部長を紹介する行為（最判昭 32・3・28 刑集 11・3・1136），電報電話局施設課の線路係長が，電話の売買をあっせんする行為（最判昭 34・5・26 刑集 13・5・817），市の造成地への工場誘致事業を行っていた市の職員が，造成地以外の知人の土地を企業にあっせんする行為（最判昭 51・2・19 刑集 30・1・47）がある．もっとも，最後の例を除き，現在の基準からは職務行為に当たると解することが可能であろう．

賄賂　　「賄賂」とは，**公務員の職務と対価関係にある利益**をいうが，当該利益と個別具体的な職務行為との対価性ではなく，一定の職務に対するものであればよい（最決昭 33・9・30 刑集 12・13・3180）．職務行為は正当なものであってもよい．

　賄賂は，財産犯の客体である財物・財産上の利益に限らない．金銭の他，債務の弁済，担保の提供，無利子の貸与，さらに飲食物の饗応，芸妓の演芸，異性間の情交，就職のあっせん等も含む．値上がり確実な未公開株式の譲渡も賄賂となる（最決昭 63・7・18 刑集 42・6・861－殖産住宅事件，東京地判平 4・3・24 判タ 798・79－リクルート事件労働省ルート）．売買代金が時価相当額であったとしても，土地の売買による換金の利益が賄賂に当たる（最決平 24・10・15 刑集 66・10・990）．

　社交儀礼，寄付，政治献金などは賄賂に当たらないが，これらと賄賂との限界は必ずしも明確ではない．具体的には，①贈賄側に影響を与え得る職務上の地位の有無（職務権限），②職務に関する贈賄側からの依頼とそれに対する便宜供与の有無，③授受の時期・態様，④金銭・価格の多寡，⑤贈賄側との私的関係の有無などを総合評価し，職務行為との対価性が認められれば賄賂罪となる．

【判例－社交儀礼】　一般に，中元，歳暮等の社交儀礼の範囲内であれば賄賂に当たらないが，中元等の形式であっても，職務との対価関係が認められる限り，賄賂性を生じる．もっとも，職務との対価性の有無の判断は必ずしも明確ではなく，公立中学の担任教員に対し父兄が 5 千円ないし 1 万

428 8 国家法益に対する罪

円のギフト券を贈った行為に関し，私的な学習・生活の指導に対する感謝と，敬慕の念に発する儀礼の趣旨に出たものとして，賄賂罪の成立を否定した判例（最判昭 50・4・24 判時 774・119）がある．なお，公務員の職務外のアルバイトに対する報酬に，職務行為に対する謝礼が含まれているような場合には，報酬全額について賄賂性が認められる（最判昭 23・10・23 刑集 2・11・1386）．また，実費分（交通費など）が特定できる場合には，実費を除いた部分が賄賂に当たる（自己所有の土地を時価を上回る金額で業者に売却した事案につき福岡高判平 5・6・22 高刑集 46・3・235）．

【寄付・政治献金】 各種の寄付についても，予算に編入されれば一応賄賂性は否定される（地方自治法 210 条など）．しかし，特定の公務員の職務行為と対価関係にある場合には賄賂となる．政治献金も，政治活動全般に対する支援の趣旨でなく何らかの具体的利益を期待する趣旨であれば賄賂性を帯びる（大阪高判昭 58・2・10 刑月 15・1=2・1―大阪タクシー事件控訴審判決）．

【国家公務員倫理法】 国家公務員倫理法（平成 12 年施行）は，本省課長補佐級以上の職員が事業者等から五千円を超える贈与等を受けたとき省庁の長に報告する義務を課し，同法施行規則は利害関係者と飲食のもてなしを受けたり，ゴルフ，旅行などをすることを禁止している．

単純収賄 　197 条 1 項前段の実行行為は，賄賂を収受，要求，約束することである．「収受」とは，**賄賂を受け取ること**（財物の場合には占有を取得すること，利益の場合には享受すること）をいう．収受の時期は対価性のある職務の執行の前後を問わない．「要求」は，一方的なもので足り，贈賄側が応ずる必要はなく，**要求を行った時点で既遂**となる．「約束」とは，**賄賂の授受についての意思の合致**であり，一旦約束がなされれば，後にそれを解除する意思表示をしても賄賂罪の成否には影響しない．賄賂を要求・約束して収受した場合は包括して単純収賄罪一罪が成立する．

故意犯であるから，正当な報酬であり賄賂でないと信じて行為すれば処罰されない．ただ，賄賂性の認識も素人的な意味の認識（⇨59 頁）で足りる．

【賄賂罪と恐喝罪】 公務員が職務に関し賄賂を喝取した場合，対価として職務行為を行う意思で利益を得れば収賄罪が成立し，恐喝罪との観念的競合となる（福岡高判昭 44・12・18 判月 1・12・1110．斎藤 304 頁，前田 489 頁）．公

務員に賄賂を喝取された者が，贈賄罪に該当するのは不合理なようにもみえるが，恐喝の場合は強盗と異なり，意思の自由が完全に失われたわけではないから，贈賄罪としての当罰性が認められる（最決昭 39・12・8 刑集 18・10・952）．

受託収賄罪　197 条 1 項後段は，請託を受けて単純収賄罪を行った行為につき刑を加重する．「請託を受け」るとは，**職務に関し一定の行為を行うことの依頼を承諾することである**．実際に請託の内容を行わなくとも成立する（なお，請託にしたがい違法な行為を行えば，加重収賄罪が成立する）．正当な職務についての依頼でもよい．請託は賄賂を渡す前に明示的になされる必要はない．黙示的でも，賄賂供与行為により依頼の趣旨が明確となるような場合には請託が認められる（前掲・最決平 20・3・27（⇨424 頁）は，参議院議員が，本会議における代表質問の内容等につき請託を受け，金員を収受したことが，受託収賄罪に当たるとした）．

8-8-2　事前収賄罪

197 条 2 項　公務員になろうとする者が，その担当すべき職務に関し，請託を受けて，賄賂を収受し，又はその要求若しくは約束をしたときは，公務員となった場合において，5 年以下の懲役に処する．

事前の意義　公務員になろうとする者が請託を受けて賄賂を収受する罪である．主体は，公選の首長・議員の立候補者（宇都宮地判平 5・10・6 判タ 843・258）等，「公務員になろうとする者」で，現に公務員である者は含まない．実行行為は，その公務員になった際に「担当すべき職務」に関し，「請託を受けて」賄賂を収受，要求，約束することである．

【処罰条件】　本罪は，「公務員となった場合」にのみ処罰される．この点は構成要件には属さない処罰条件であるため，公務員になることは故意の対象ではなく，予見可能性も不要である．

8-8-3　第三者供賄罪

197 条の 2　公務員が，その職務に関し，請託を受けて，第三者に賄賂を供与させ，又はその供与の要求若しくは約束をしたときは，5 年以下の懲役に処する．

供賄　職務に関し第三者に賄賂を供与させ，またはこれを要求もしくは約束する罪である．主体は「公務員」であるが，それらの者が自己に代わって第三者に賄賂を受領させるという，脱法的態様を処罰の対象とする．「請託」を受けることを要する．第三者に供与させた利益は，公務員の職務行為との間に対価性が必要である．「第三者」とは，当該公務員以外の者（法人も含む）を指し，本罪を教唆・幇助した者も含まれる．第三者が賄賂性の認識を欠いていてもよい．

実行行為は，供与させることと供与を要求，約束することである．「供与させる」とは，利益を受け取らせることである．第三者が受け取らなくとも，あるいは賄賂の認識なく受け取っても成立する．職務上不正な行為をし，または相当の行為をしなかったことは要件ではない．

8-8-4 加重収賄罪

> **197条の3 1項**　公務員が前2条の罪を犯し，よって不正な行為をし，又は相当の行為をしなかったときは，1年以上の有期懲役に処する．
>
> 　　　　**2項**　公務員が，その職務上不正な行為をしたこと又は相当の行為をしなかったことに関し，賄賂を収受し，若しくはその要求若しくは約束をし，又は第三者にこれを供与させ，若しくはその供与の要求若しくは約束をしたときも，前項と同様とする．

不正行為　本罪は，枉法収賄罪とも呼ばれる．**請託**を受けて行うことは要件ではない．1項は単純収賄，受託収賄，事前収賄，第三者供賄を犯し，その後に職務上不正の行為をし，又は相当の行為をしなかった場合で，2項とともに賄賂罪の中で最も重く処罰する（事前加重収賄罪とも呼ぶ）．2項は，職務上不正の行為をしたこと又は相当の行為をしなかったことに関し，その後に単純収賄，受託収賄，第三者供賄を行った場合につき同様に処罰する（事後加重収賄罪とも呼ぶ）．主体は公務員であるが，事前収賄罪の主体は1項についてのみ主体となり得る（事前収賄罪は賄賂授受時点で公務員の身分がないため，不正行為が先行する2項に該当することはない）．

「不正な行為をし」たとは，入札担当者が特定の業者に他の業者の入札

価格を教える行為（大判大 3・12・14 刑録 20・2414），税務署の係員が，不当に減額をした所得税の確定申告書を提出させて受理し上司に進達する行為（東京高判昭 34・12・17 下刑集 1・12・2555）等をいう．「相当の行為をしなかった」場合として，警察署長が被疑事件を検察庁に送致しない場合（最判昭 29・8・20 刑集 8・8・1256），巡査が被疑者の要望に従って証拠品の押収を行わない場合（最決昭 29・9・24 刑集 8・9・1519）等がある．

8-8-5 事後収賄罪

> **197 条の 3 3 項**　公務員であった者が，その在職中に請託を受けて職務上不正な行為をしたこと又は相当の行為をしなかったことに関し，賄賂を収受し，又はその要求若しくは約束をしたときは，5 年以下の懲役に処する．

公務員であった者　公務員が，退職後に**在職中の職務違反行為**に関して賄賂を得，又は要求，約束する犯罪である．主体は公務員の身分を失った者に限る．在職中に賄賂を要求・約束し，退職後に受領する行為は，約束した時点で既に単純収賄罪が成立し，受領する行為はそれに吸収される．ただし，請託を受け，在職中に行った場合は加重収賄と事後収賄が成立し，前者の刑が科される（大谷 645 頁）．

> **【判例−対価性】**　旧防衛庁調達実施本部副本部長等の職にあった者が，在職中に私企業の幹部から請託を受けて職務上不正な行為をし，その後間もなく防衛庁を退職して上記私企業の関連会社の非常勤の顧問となり顧問料として金員の供与を受けた場合には，顧問としての実態が全くなかったとはいえないとしても，供与を受けた金員は不正な行為と対価関係があり，事後収賄罪が成立する（最決平 21・3・16 刑集 63・3・81）．

8-8-6 あっせん収賄罪

> **197 条の 4**　公務員が請託を受け，他の公務員にその職務上不正な行為をさせるように，又は相当の行為をさせないようにあっせんをすること又はしたことの報酬として，賄賂を収受し，又はその要求若しくは約束をしたときは，5 年以下の懲役に処する．

432　8　国家法益に対する罪

あっせん　　公務員がその地位を利用し，対価を得て他の公務員に働きか
ける行為を処罰する（昭和 33 年新設）．①公務員が，②請託
を受け，③他の公務員にその職務上不正の行為をさせ，または相当の行為
をさせないようにあっせんをすることが必要である．①の主体に私人は含
まないため，公務員が私人としてあっせんした場合は含まない．しかし，
公務員の地位を積極的に利用した場合に限らず，**公務員としての立場**であっ
せんすれば，本罪に当たる（最決昭 43・10・15 刑集 22・10・901－税務署員が他の
税務署員に過少申告是認の扱い等をあっせん）．また，②請託が要件であるこ
とに加え，③あっせんの内容も不正行為に限定される（最決平 15・1・14 判タ
1113・132）．なお，公務員のあっせん行為は，事実上，職務密接関連行為に
当たるとして，単純収賄罪として処罰されることも多い（⇨426 頁）．

「あっせん」とは，一定の事項について**贈賄者と他の公務員との間に立って仲
介すること**をいう．あっせんがなされれば，不正な行為が現になされる必
要はない．客体の「賄賂」は，職務に対する利益ではなく，**あっせんするこ
との対価**である．将来のあっせん行為に関して賄賂を収受，要求，約束す
る場合を含む．

> **【あっせん利得処罰法】**　いわゆる「口利き政治」を封ずる目的で平成 12 年
> にあっせん利得処罰法が制定された．本法は，議員・首長が，行政機関の行
> う契約や処分に関し，請託を受けて，公務員にあっせんし，報酬として財
> 産上の利益を収受する行為を処罰する（同法 1 条，3 年以下の懲役）．不正行
> 為についてのあっせんに限らないが，権限に基づく影響力を行使すること，
> 現実に当該議員自身に利益が収受されることが必要である（国会法上の議員
> 秘書によるあっせん利得も処罰）．

8-8-7　贈賄罪

> **198 条**　第 197 条から第 197 条の 4 までに規定する賄賂を供与し，又はそ
> の申込み若しくは約束をした者は，3 年以下の懲役又は 250 万円以下の
> 罰金に処する．

贈賄の意義　　昭和 55 年，法定刑の軽かったあっせん贈賄罪（198 条 2
項）が廃止され，198 条の贈賄罪にまとめられた．単純・
受託収賄罪，事前収賄罪，第三者供賄罪，加重収賄罪，事後収賄罪，あっ

せん収賄罪の賄賂を供与，申込み，約束する罪である．収賄罪と異なり，**主体に制限はない**．贈賄の態様はさまざまであるが，賄賂の供与，申込み，約束が公務員の職務に関して行われる必要がある（単純収賄罪に対応する以外の贈賄罪は請託が必要である）．

　賄賂の「供与」とは，**相手に利益を収受させる**ことをいう．相手が収受しなくとも，申込みには当たる．供与罪と収受罪は**必要的共犯**（対向犯）である（賄賂を喝取された場合の贈賄罪の成立につき⇒428頁）．「申込み」とは，**利益の提供を申し出て収受を促す行為**で，口頭による場合も含む．利益は相手に即刻供与し得る状態になくてもよく，また一方的な申し出でもよい．例えば公務員の家族等に金品を渡そうとすることも申込みに該当する．「約束」とは，**賄賂の供与に関し収賄者との間で意思が合致する**ことをいう．約束罪も必要的共犯である．

【没収・追徴】　197条の5は，「犯人又は情を知った第三者が収受した賄賂は，没収する．その全部又は一部を没収することができないときは，その価額を追徴する」と定める．総則の没収（19条）・追徴（19条の2）が任意的であるのに対し，本条は必要的な没収と，没収できない場合の追徴を定める（**必要的没収・追徴**，最決昭33・2・27刑集12・2・342－貸与を受けた金員相当額についての追徴）．本条の対象となる賄賂は，犯人（共同正犯，狭義の共犯を含む）又は情を知った第三者の収受したものに限られる．「情を知った第三者」とは，賄賂であることを認識している犯人以外の者をいう．「収受した賄賂」とは，賄賂の収受罪を犯して受け取った賄賂に限らず，要求罪や約束罪の成立後，犯罪を構成する事実としてではなく収受したもの（例えば約束罪成立後，退職した後に受領した金品）も含む．ただ，要求・約束されただけの利益は含まれず，犯人などが現実に収受しなければならない．贈賄犯人が提供したが相手が収受しなかった賄賂は，本条の客体ではなく，通常の犯罪組成物件として，19条の任意的没収の対象となる（最判昭24・12・6刑集3・12・1884）．収賄者が賄賂を贈賄者に返還した場合は，贈賄者から没収する（大連判大11・4・22刑集1・296）．謝礼と賄賂が混在しているような場合には，全体について賄賂性が認められ（⇒428頁），全体が没収の対象となる．関係業者から借金をした場合でも，実は金銭の贈与を受ける趣旨であれば没収の対象となるが，本当に借金したにすぎない場合には，197条の5の規定によって当該金銭を没収することはできない．

「追徴」は**賄賂を没収できない場合**に認められるが、具体的には、①饗応や芸妓の演芸のように本来的に没収に馴染まない場合、②収受された後に費消されたり、滅失した場合、さらに③他の物と混同し、又は情を知らない第三者の所有に移って没収が不能となった場合等である。判例は、収賄した金銭を金融機関に預金した場合には、もはや没収できないとし（最判昭32・12・20刑集11・14・3331）、ゴルフの会員権も没収に馴染まないとする（最決昭55・12・22刑集34・7・747）。追徴すべき価額の算定は、賄賂が収受された時期を基準に行われる（最大判昭43・9・25刑集22・9・871）。

収賄の共同正犯者が共同して収受した賄賂については、共犯者各自に対し、公務員の身分の有無にかかわらず、それぞれその価額全部の追徴を命じることができるし、また、収賄犯人等に不正な利益の保有を許さないという要請が満たされる限り、裁量により、各自にそれぞれ一部の額の追徴を命じ、あるいは一部の者にのみ追徴を科することも許される。さらに、その総額を均分した金額を各自から追徴することもできる（最決平16・11・8刑集58・8・905）。

【賄賂の犯罪類型】

1 収賄罪：単純収賄罪，受託収賄罪

2 事前収賄罪：公務員になろうとする者が請託を受けて賄賂を収受する罪

3 第三者供賄罪：職務に関し第三者に賄賂を供与させる罪

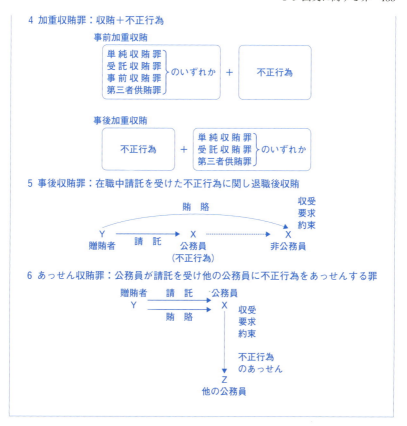

8-9 国交に関する罪

8-9-1 外国国章損壊罪

> **92条1項** 外国に対して侮辱を加える目的で，その国の国旗その他の国章を損壊し，除去し，又は汚損した者は，2年以下の懲役又は20万円以下の罰金に処する．
> **2項** 前項の罪は，外国政府の請求がなければ公訴を提起することができない．

保護法益 　国交に関する罪は，日本の外交作用を保護する．外交作用の保護に関しては，外国の法律が同一犯罪を処罰する規定を有

する場合に限って自国法を適用する**相互主義**と，外国の処罰規定がなくても自国法を適用する**単独主義**があるが，日本は単独主義を採用する．

外国国章　外国の国旗その他の国章を損壊・除去等する犯罪である（外交関係を結んでいない国も含むが，国連などの国際団体は含まない）．「国章」とは国旗などの国家を象徴する物件である（私人が私的に掲揚した国旗を損壊することは，当罰性がない）．外国に対し侮辱を加える目的が必要である（**目的犯**）．「損壊」とは，**国旗などの国章を物理的に破壊し，外国の威信・尊厳を侵害する程度に外観に変更を加えることをいう**（大阪高判昭38・11・27高刑集16・8・708参照）．「除去」とは，国章を場所的に移転・遮蔽したりすることにより，現に果たしている**威信・尊厳を象徴する効用を減失又は減少させる行為**である．掲揚されている国旗を降ろす行為，幕で見えないようにする行為，大使館正面の国章の額の上に，侮辱的なベニヤ板看板を固定させる行為（最決昭40・4・16刑集19・3・143）等をいう．「汚損」とは，嫌悪感を催させる物を国章に付着させ**国章としての効用を侵害する**ことで，国章に赤ペンキを浴びせかけたり，国旗を泥靴で踏む行為などである．損壊，汚損行為は器物損壊罪にも該当し，観念的競合となる．

本罪は「外国政府の請求」を待って論じられる（2項）．「請求」は，**捜査機関に対して処罰を求める意思表示**で，外国政府に手続上の困難を感じさせないために，告訴等より簡便な要件となっている．

8-9-2 私戦予備・陰謀罪

93条　外国に対して私的に戦闘行為をする目的で，その予備又は陰謀をした者は，3月以上5年以下の禁錮に処する．ただし，自首した者は，その刑を免除する．

私戦　外国に対し私的に戦闘を行う目的で，その「予備又は陰謀」をする罪である．「外国」とは，**国家としての外国**を指す（外国人の海賊・略奪行為などに対する行為は本罪に当たらない）．「私的に戦闘行為をする」とは国の命令を経ずに組織的な武力攻撃を行うことをいうが，必ずしも私兵による必要はない．「予備」とは，兵器の調達や兵士の訓練等，外国との**戦闘の準備行為一般**を指す．「陰謀」とは，**私戦の実行をめざして複数の者が犯罪意思を持**

って謀議することをいう（本条ただし書は，自首した者に刑の必要的免除を定める．通常の自首（42条1項）の特別規定である）．

8-9-3 局外中立命令違背罪

94条 外国が交戦している際に，局外中立に関する命令に違反した者は，3年以下の禁錮又は50万円以下の罰金に処する．

白地刑罰法規 外国交戦の際，すなわち複数の国家間で現に戦争が行われている場合に，戦争に参加しない第三国は国際法上中立国となる義務がある．この義務を果たすために，国民に交戦当事国のいずれにも加担しない旨の指示をする命令が「局外中立に関する命令」であり，これに反する行為を処罰するのが本罪である．本罪の命令の具体的内容は，個々の中立命令により与えられることになり（現行刑法下で出されたものとして，伊土戦争の際の明治44・10・3の詔勅がある），典型的な白地刑罰法規である．

439

論点目次

* 主要論点につき，本書の該当頁と，それについて論じた『演習刑法（第2版）』各講
（❶＝第1講を指す）の対応関係を以下に示す．

1 犯罪総論

3-2 実行行為と結果

実行行為の一個性　30, 58頁　（❶❷）
実行行為と故意の関係　22頁　（❶）　　間接正犯　31頁　（⓫⓮）

3-3 不作為犯

不作為の実行行為性　35頁　（❹）　　不作為の因果関係　49頁　（❹）
不作為による幇助　145頁　（❾）　　不作為による殺人罪　37頁　（❹❽）
不作為による遺棄罪　197頁　（⓲）　　不作為と詐欺罪　285頁　（⓱）
不作為による放火罪　322頁　（㉑）

3-4 未　遂

実行行為の開始・終了　38, 47頁　（❶❷）　　実行の着手　40頁　（❶❷）
実行未遂と着手未遂　38頁　（❷）　　中止犯の任意性　45頁　（❷）
中止犯の結果防止努力　46頁　（❷）
殺人罪の実行の着手　177頁　（❹❽）
窃盗罪の実行の着手　261頁　（⓫⓬⓭⓰）
放火罪の実行の着手　322頁　（㉑）

3-5 因果関係

条件関係　48頁　（❶）　　相当因果関係論　50頁　（❶❸）
客観的帰責　48頁　（❸）　　不作為の因果関係　49頁　（❹）
「相まって」の判断　51頁　（❶❸）　　行為者の行為の介在　55頁　（❶）

440　論点目次

　　　　被害者の行為の介在　53 頁　（**❸**）
　　　　第三者の行為の介在　52 頁　（**❸❹㉑**）　　因果関係の認識　69 頁　（**❸**）

4-1 故　意

　　　　故意の意義　56 頁　（**❶**）　　客観的構成要件の認識　58 頁　（**❶❷**）
　　　　未必の故意　57 頁　（**❷❻**）　　具体的事実の錯誤　67 頁　（**❸**）
　　　　抽象的事実の錯誤　70 頁　（**⓲**）　　法定的符合説　68 頁　（**❷⓬**）
　　　　故意の個数　68 頁　（**❸**）　　因果関係の錯誤　69 頁　（**❸**）
　　　　法律の錯誤　63 頁　（**⓮**）　　第三者に生じた防衛結果　109 頁　（**❻❿**）
　　　　誤想防衛　109 頁　（**❻❿㉑**）　　誤想過剰防衛　109 頁　（**❼❿㉑**）
　　　　誤想避難　106 頁　（**❻**）

4-2 過　失

　　　　重過失　74, 189 頁　（**❽**）　　過失行為に対する防衛　96 頁　（**❼**）

5-1 違法阻却事由

　　　　被害者の承諾　90 頁　（**❺**）

5-2 正当防衛

　　　　防衛行為の連続性（量的過剰）　100 頁　（**❼**）
　　　　自招防衛，挑発行為　93 頁　（**❻**）
　　　　積極的加害意思と急迫性　93 頁　（**❻❼❿⓬**）
　　　　積極的加害意思と防衛の意思　97 頁　（**❻❿**）
　　　　第三者に生じた防衛結果　109 頁　（**❻❿**）
　　　　量的過剰　100 頁　（**⓬**）　　過剰防衛と共同正犯　126, 148 頁　（**❿**）

5-3 緊急避難

　　　　緊急避難の要件　104 頁　（**❻❿㉑**）　　現在の危難　104 頁　（**㉑**）
　　　　補充性の過剰　106 頁　（**㉑**）　　過剰避難　106 頁　（**㉑**）

5-4 責任能力と責任阻却事由

　　　　原因において自由な行為　114 頁　（**❽**）

6-1 共犯と正犯

　　　　行為共同説・犯罪共同説　123 頁　（**❹❾**）　　要素従属性　125 頁　（**⓬**）
　　　　間接正犯における行為支配　31 頁　（**⓫⓬**）

論点目次　441

6-2　共同正犯

間接正犯と共謀共同正犯　32, 129頁　（⑫⑬）
正犯と共犯の区別　137, 140頁　（⑪㉓）
共謀の射程　146頁　（⑤⑦⑨⑪⑬⑭⑰⑱㉑㉓）
共犯と錯誤　146頁　（⑬）　　過剰防衛と共同正犯　148頁　（⑩）
共同正犯と幇助の限界　140頁　（⑰）

6-3　狭義の共犯

間接正犯と教唆犯の限界　148頁　（⑫）
幇助の因果性　139頁　（⑪⑰⑱）　　不作為の幇助　144頁　（⑨）
教唆の共謀　137頁　（⑨）

6-4　共犯の諸問題

共犯と身分　141頁　（⑯⑳㉓）　　65条1項と2項の関係　142頁　（⑳㉓）
共犯の離脱・解消　149頁　（⑬）　　承継的共犯　131頁　（⑦⑭⑯㉓）
傷害罪と承継的共犯　131頁　（⑭）
事後強盗罪と承継的共犯　142頁　（⑯）

7　罪数論

包括一罪　155頁　（⑭㉑）　　科刑上一罪　158頁　（⑭）
かすがい現象　161頁　（⑯⑱㉑）　　寄付金詐欺と罪数　157頁　（⑭）

2　犯罪各論

1-1　殺人罪

不作為の殺人　37頁　（⑬）
殺人罪と傷害罪の共同正犯　123, 147頁　（⑨）

1-2　傷害罪

同意傷害　90頁　（⑤）　　同時傷害の特例　185頁　（⑦⑬⑭㉑）
傷害罪と承継的共犯　131頁　（⑭）

1-3　過失傷害罪

業務上過失致死傷罪　188頁　（④）

442　論点目次

1-4 危険運転致死傷罪

危険運転致死傷罪　190 頁　（**❺**）

1-6 遺棄罪

保護責任者遺棄罪　198 頁　（**❹❾**）　　保護責任者の地位　198 頁　（**❾⓭**）
不作為による遺棄罪　197 頁　（**❹❾⓭**）

2-1 逮捕・監禁罪

監禁致死傷罪　204 頁　（**❺**）

2-2 脅迫罪

強要罪の意思決定の自由　208 頁　（**⓱**）

2-4 性的自由に対する罪

強制性交等罪の故意（抗拒不能状態の利用）　222 頁　（**⓲**）

2-5 住居侵入罪

囲繞地　226 頁　（**⓫**）　　侵入の意義　228 頁　（**❾⓬⓭**）

3-2 信用・業務に対する罪

信用の意義　240 頁　（**⓯**）　　信用毀損と業務妨害との関係　240 頁　（**⓯**）
公務と業務の関係　241 頁　（**⓮⓯**）
虚偽の風説の流布・偽計の意義　243 頁　（**⓯**）
威力の意義　244 頁　（**⓯**）　　妨害結果の意義　246 頁　（**⓯**）

4-1 財産犯総論

財物と情報　248 頁　（**㉓**）　　不法領得の意思　252 頁　（**⓰**）
不法領得の意思と損壊の意思　254 頁　（**⓭⓲**）
不法原因給付と詐欺・横領罪　252, 297 頁　（**❾⓲⓳**）
財産上の利益　249 頁　（**⓫⓳⓴**）

4-2 窃盗罪

窃取の意義　261 頁　（**⓱**）　　銀行預金の占有　258 頁　（**㉓**）
窃盗罪の既遂時期　262 頁　（**⓰**）
窃盗罪の詐欺罪の限界　261, 281 頁　（**⓱**）
親族相盗例と親族の範囲　265 頁　（**⓴**）

論点目次　443

4-3　強盗罪

強盗罪の故意　268 頁　（⓲）　　反抗抑圧後の財物奪取意思　269 頁　（⓲）
事後強盗罪における暴行・脅迫の意義　274 頁　（⓫⓭⓰⓲）
事後強盗罪における窃盗の犯行の機会　273 頁　（⓰）
事後強盗罪の身分犯性　142 頁　（⓰）
事後強盗罪と承継的共犯　142 頁　（⓰）
強盗致死傷罪と強盗の機会　276 頁　（⓫⓰）

4-4　詐欺罪

実行の着手　281 頁　（❺）　　欺く行為と「重要な事項」　281 頁　（⓳㉒）
処分行為の意義　284 頁　（⓳）　　詐欺罪における損害　288 頁　（⓳⓴）
クレジットカード詐欺　285 頁　（⓫⓳）　　無銭飲食　287 頁　（⓳）
詐欺罪と窃盗罪の限界　261, 281 頁　（⓱）

4-5　恐喝罪

恐喝罪と賄賂罪　428 頁　（㉓）

4-6　横領罪

横領罪における占有　294 頁　（⓴㉓）
横領罪の不法領得の意思　299 頁　（㉓）
横領行為の意義　299 頁　（⓴）　　横領後の横領　300 頁　（⓴）
業務上横領罪の身分犯性　301 頁　（⓴）
不法原因給付と横領罪　297 頁　（⓳）
横領罪と背任罪の限界　306 頁　（⓴）

4-7　背任罪

事務処理者　303 頁　（⓳⓴）　　任務違背行為　302 頁　（⓳⓴）
図利加害目的　304 頁　（⓴）　　背任罪における損害　305 頁　（⓴）
横領罪と背任罪の限界　306 頁　（⓴）

4-8　盗品関与罪

盗品と本犯　309 頁　（㉓）

4-9　毀棄・隠匿罪

毀棄・隠匿の意義　314, 316-317 頁　（❸❺⓬）
器物損壊罪の故意　254 頁　（⓭）
窃盗罪と隠匿罪の共犯関係　146 頁　（⓭⓲）

444　論点目次

5-2　放火罪

現住建造物の意義　325頁　（㉑）　　建造物の一体性　325頁　（㉑）
放火罪の着手時期　322頁　（㉑）　　難燃性建造物と焼損　324頁　（㉑）
消火妨害罪　329頁　（㉑）

6-4　文書偽造罪

人格の同一性の齟齬　358, 361頁　（⑰㉒㉒）
コピー・ファクシミリの文書性　358頁　（⑰㉒㉓）
名義人の承諾と偽造　369頁　（⑲㉒）　　自署性　369頁　（㉒）
通称名の使用と偽造　370頁　（㉒）　　虚偽公文書作成罪　363頁　（⑨）
有印・無印の意義　362頁　（⑰㉒）　　行使・供用の意義　367頁　（㉒）

8-2　公務執行妨害罪

職務の要保護性　393頁　（⑭）　　要保護性に関する錯誤　395頁　（⑭）
公務と業務の関係　241, 392頁　（⑭⑮⑯）

8-4　犯人蔵匿・証拠隠滅

隠避の意義　408頁　（⑰）　　犯人による犯人隠避の教唆　409頁　（⑰）

8-8　賄賂罪

職務権限　423頁　（㉓）　　恐喝罪と賄賂罪　428頁　（㉓）

事項索引

あ

相まって …………………………51
明石砂浜陥没事故 ………………81
悪徳商法 …………………………281
欺く行為 ……………………280, 281
　重要な事項に関する―― ………282
あっせん収賄罪 …………………431
あっせん利得処罰法 ……………432
あてはめの錯誤…………………62
あへん煙に関する罪 ……………339
新たな暴行・脅迫 ………………269
安楽死 ……………………………177

い

委員 ………………………………391
遺棄 ………………………………197
遺棄罪 ……………………………196
遺棄致死傷罪 ……………………199
意思説 ……………………………57
遺失物等横領罪 …………………301
意思の連絡 ………………………127
委託物横領罪 ……………………294
移置 ………………………………197
一故意説…………………………68
一時使用 …………………………253
一時の娯楽に供する物 …………383
一部行為（実行）の全部責任の原則 …127
一部執行猶予 ……………………168
一部露出説 ………………………175
一厘事件…………………………27
一連の行為の認識………………58
一所為数法 ………………………158
一身の刑罰阻却事由説 …………265
一般刑法…………………………4
一般人（平均人）標準説…………78, 118, 394
一般的職務権限 …………………424
一般的正当化事由………………85
一般予防論 ………………………6
居直り強盗 ……………………270, 273

う

囲繞地 ……………………………226
威迫 ………………………………415
違法一元論 ………………………24
違法減少説 ……………………45, 101
違法状態維持説 …………………308
違法性 ……………………………16
　――の意識 ……………63, 64, 66
　――の意識の可能性 ……………64
　――の錯誤 ………………………62
違法性阻却事由に関する錯誤 ……63, 65
違法性阻却事由の認識 ………23, 108
違法阻却事由説 …………………103
違法多元論 ………………………25
威力 ………………………243, 244, 401
印影 ………………………………373
印顆 ………………………………373
因果関係 …………………………48
　――の錯誤 ………………………67, 69
　――の認識 ………………………58
　――の予見可能性 ………………80
因果関係論 ………………………30
因果的共犯論 ……………………123
印形 ………………………………373
淫行勧誘罪 ………………………382
印章 ………………………………373
印章偽造 …………………………373
隠匿 ………………………314, 317, 406
隠避 ………………………………216, 408
インフォームド・コンセント…………88
陰謀 ………………………………39, 390
隠滅 ………………………………411
飲料水に関する罪 ………………340

う

ヴェーバーの概括的故意…………55
売渡し罪 …………………………217
運搬 ………………………………311

え

営業秘密 …………………………232

446 事項索引

営利目的等買受け罪 ……………………217
営利・わいせつ等目的略取・誘拐罪 ……211
越権行為説 …………………………………299
延焼罪 ………………………………………329

お

応報刑論 ………………………………………5
往来危険罪 …………………………………335
往来危険による汽車転覆等の罪 …………337
往来妨害罪 …………………………………333
往来妨害致死傷罪 …………………………335
横領行為 ……………………………………299
横領後の横領 ………………………………300
横領罪 …………………………………248, 294
　　　──と背任の区別 ………………306
大槌郵便局事件 ……………………………228
置き去り ……………………………………197
汚染 …………………………………………340
汚損 …………………………………………436

か

害悪の告知 …………………………………206
概括的故意 …………………………………57
外患援助 ……………………………………391
外患誘致 ……………………………………391
外国国章損壊罪 ……………………………435
外国通貨偽造罪 ……………………………346
外国判決の効力 ……………………………15
解散命令 ……………………………………321
拐取 …………………………………………210
改善・教育刑 ………………………………6
蓋然性説 ……………………………………57
外部的名誉 …………………………………233
解放による減軽 ……………………………214
加害目的 ……………………………………305
架空人名義 …………………………………357
確信犯 ………………………………………64
拡張解釈 ……………………………………14
確定的故意 …………………………………57
科刑上一罪 …………………………………158
加工 …………………………………………310
瑕疵ある同意 ………………………………180
過失 …………………………………………73
　　　──の共同正犯 …………………133
　　　──の種類 ………………………73

過失運転致死傷罪 …………………………193
過失往来危険罪 ……………………………338
過失段階説 …………………………………76
過失致死傷罪 ………………………………188
過失犯 …………………………………………
　　　──と「同意」 …………………78
　　　──の因果関係 …………………77
　　　──の実行行為 …………………76
加重減軽事由 ………………………………165
加重収賄罪 …………………………………430
加重逃走罪 …………………………………404
過剰避難 ……………………………………106
過剰防衛 ……………………………………100
過剰防衛説 …………………………………110
貸し渡し ……………………………………353
かすがい現象 ………………………………161
ガス等漏出罪 ………………………………331
割賦販売 ……………………………………296
仮定的因果経過 ……………………………48
可能的自由 …………………………………202
可罰的違法性 …………………………25, 27
　　　──, 狭義の ……………………25
可罰的違法性阻却事由説 …………………265
株券 …………………………………………348
貨幣 …………………………………………343
仮釈放 ………………………………………170
仮出場 ………………………………………170
科料 …………………………………164, 170
監禁 …………………………………………203
監禁罪 ………………………………………201
監禁状態への同意 …………………………202
監護者わいせつ及び監護者性交等罪 ……222
鑑札 …………………………………………364
看守者逃走援助罪 …………………………406
間接教唆 ……………………………………136
間接正犯 ………………………………31, 32
　　　──と教唆の錯誤 ………………148
　　　──の着手時期 …………………41
　　　──, 156条の ……………………366
間接正犯類似説 ……………………………115
間接暴行 ……………………………396, 405, 422
間接幇助 ……………………………………139
間接領得罪 …………………………………247
艦船 …………………………226, 228, 315, 327
官庁の証券 …………………………………348

事項索引　447

カント ……………………………………5
監督過失…………………………………82
観念説 ……………………………………359
観念的競合 ……………………………158
管理過失…………………………………82
管理可能性説 …………………………248
管理権者の意思 ………………………228

き

議員 ……………………………………391
毀棄 ……………………………………314
毀棄・隠匿の罪 ………………………313
毀棄罪 …………………………247, 254
毀棄説 …………………………………324
危惧感説…………………………………75
偽計 …………………………239, 243, 401
既決の者 ………………………………404
危険運転致死傷罪 ……………………190
危険の引受け……………………………78
危険犯 …………………………25, 28, 321
記号 ……………………………………374
旗国主義…………………………………14
汽車 ……………………………………326
汽車転覆等罪 …………………………336
偽証罪 …………………………………415
キセル乗車 ……………………………284
偽造 …………………………………344, 411
　――，狭義の ………………349, 358
　――，最狭義の ……………349, 359
偽造行為 ………………………349, 358
偽造公文書・虚偽公文書行使罪 ………366
偽造私文書・虚偽診断書等行使罪 ……371
偽造通貨行使罪 ………………………345
偽造通貨収得後知情行使罪 …………347
偽造通貨収得罪 ………………………346
偽造文書 ………………………………357
偽造有価証券行使罪 …………………350
毀損 …………………………………235, 240
毀損罪 …………………………………247
期待可能性………………………18, 118, 409
　――に関する錯誤 …………………119
規範の構成要件要素 …………………20, 59
規範の主観説（限定主観説）…………45
規範の障害 ………………………………32
規範的責任論……………………………18, 118

寄付 ……………………………………428
器物損壊罪 ……………………………315
義務のないこと ………………………208
記名 …………………………………362, 373
欺罔行為 ………………………………280
客体…………………………………………27
　――の錯誤 ……………………………67
　――の不能 ……………………………42, 43
客観主義…………………………………………8
客観説…………………19, 40, 45, 50, 73, 120, 416
客観的違法論……………………………16
客観的危険説……………………………42
客観的帰責………………………………48
客観的処罰条件…………………………28
客観的注意義務…………………………74
　――違反行為……………………………76
旧過失論…………………………………74
旧刑法……………………………………3
吸収関係 ………………………………155
旧住居権説 ……………………………225
急迫性……………………………………92
旧派刑法学…………………………………5
教育刑論……………………………………6
境界損壊罪 ……………………………316
境界標 …………………………………317
恐喝罪 …………………………………292
凶器準備集合罪 ………………………187
教唆 ……………………………………136
　――と共同正犯 ……………………137
　――の幇助 …………………………139
　――の未遂 …………………122, 137
　――，親族の他人への ……………413
　――，犯人による …………………409
　――，犯人の親族への ……………413
教唆犯 …………………………………136
行政刑罰法規……………………………59, 73
強制執行関係売却妨害罪 ……………402
強制執行行為妨害等罪 ………………401
強制執行妨害目的財産損壊等罪 ………399
行政指導 ………………………………425
強制性交等 ……………………………219
強制性交等罪 …………………………219
行政手続法 ……………………………425
強制わいせつ罪 ………………………218
強制わいせつ等致死傷罪 ……………223

448　事項索引

共同意思主体説 ……………………129
共同実行 ……………………127
共同正犯 ……………………120, 127
　――と幇助の区別 ……………………140
共同暴行の意思 ……………………320
共同保管者 ……………………260
脅迫 ……………………205, 274, 396
　――に基づく「同意」 ……………………180
　――，最狭義の ……………………267
　――，最広義の ……………………390
脅迫罪 ……………………205
　――，法人に対する ……………………205
共犯 ……………………120
　――と錯誤 ……………………146
　――と身分 ……………………141, 303, 384
　――の過剰 ……………………147
　――の従属性 ……………………121
　――の中止・離脱 ……………………149
　――，狭義の ……………………120
共犯関係からの離脱 ……………………150
共犯者の刑事被告事件 ……………………411
共犯従属性説 ……………………121
共犯独立性説 ……………………121
共謀からの離脱 ……………………149
共謀共同正犯 ……………………129
共謀の射程 ……………………146
業務 ……………………74, 87, 189, 240, 301
業務行為 ……………………87
業務上横領罪 ……………………301
業務上過失致死傷罪 ……………………188
業務上失火罪 ……………………330
業務上堕胎罪 ……………………195
業務妨害罪 ……………………240
共有物 ……………………295
供与 ……………………433
供用 ……………………353, 354, 367, 372, 376
強要罪 ……………………207, 208
　――，法人に対する ……………………208
供用物件 ……………………170
虚偽 ……………………416
　――の情報 ……………………245, 291
　――の申告 ……………………419
　――の陳述 ……………………416
　――の風説 ……………………239, 243
虚偽鑑定・通訳罪 ……………………418

虚偽記入 ……………………350
虚偽公文書作成罪 ……………………363
虚偽告訴罪 ……………………418
虚偽診断書等作成罪 ……………………370
局外中立命令違背罪 ……………………437
極端従属性説 ……………………125
御璽等偽造・不正使用罪 ……………………374
挙動 ……………………283
挙動犯 ……………………25
緊急避難 ……………………102
禁錮 ……………………169
銀行券 ……………………343
銀行預金 ……………………258
禁止規範違反 ……………………35
禁止の錯誤 ……………………63
禁制品 ……………………252
近鉄生駒トンネル火災事故 ……………………80

く

偶然防衛 ……………………98
具体的の危険説 ……………………42
具体的の危険犯 ……………………28
具体的事実の錯誤 ……………………67
具体的符合説 ……………………68
具体的予見可能性説 ……………………79
クレジットカード ……………………352
クレジットカード詐欺 ……………………286
クロロホルム ……………………30, 40, 58
群衆指揮者 ……………………390
軍務 ……………………391

け

刑
　――の執行 ……………………168
　――の執行猶予 ……………………167
　――の廃止 ……………………12
　――の変更 ……………………12
傾向犯 ……………………23, 219
警告 ……………………207
経済的損害概念 ……………………306
警察官職務執行法 ……………………321
形式主義 ……………………356
形式犯 ……………………25
刑事の処分 ……………………419
刑事未成年 ……………………114

事項索引 449

継続犯………………………26
競売………………………403
刑罰………………………164
刑罰感受能力………………26
刑罰謙抑主義…………………4
刑罰論………………………4
軽微犯………………………27
刑法…………………………3
刑法改正……………………3
刑法的違法性………………24
激発物破裂罪………………331
結果………………………27
結果回避可能性………36, 49, 77
結果回避義務……………73, 74
結果説………………………40
結果的加重犯…………28, 184
　　──の共同正犯…………135
結果犯………………………25
結果防止努力………………46
結果無価値論………………17
結果予見義務………………73
結合犯………………………154
検案書………………………370
原因説………………………50
原因において自由な行為の理論…114
厳格故意説…………………64
厳格責任説…………………65
喧嘩両成敗…………………95
権限濫用説…………………302
現行犯逮捕…………………86
現在の危難…………………104
検視………………………388
限時法………………………12
現住建造物…………………325
現住建造物放火罪…………324
建造物……………227, 314, 326
　　──の一体性……………325
建造物損壊罪………………314
建造物等以外放火罪………328
限定責任能力…………113, 117
現場助勢罪…………………185
権利・義務に関する公正証書…364
権利義務に関する文書……314, 368
権利行使…………89, 208, 251, 421
　　──と恐喝…………………294

権利侵害説……………………5
権力的公務…………………241
牽連犯………………………160

こ

故意………………………56
　　──ある道具………………33
　　──ある幇助的道具………33
　　──の種類…………………57
　　──の成立に必要な事実の認識…58
故意処罰の原則……………56
故意説………………………64
行為………………………29
　　──と責任の同時存在の原則…115
行為規範……………………17
行為共同説…………………123
行為支配説……………31, 121
行為時標準説………………394
行為者主義…………………7
行為者の行為の介在…………55
行為者標準説………………118
行為主義……………………7
行為無価値論………………17
勾引状………………………405
公印等偽造・不正使用罪……373
公害罪法……………………342
公記号等偽造・不正使用罪…374
公共危険罪…………………321
公共の危険………………321, 327
　　──発生の認識……………328
拘禁された者………………406
　　──, 法令により…………406
　　──, 裁判の執行により……404
拘禁場………………………405
公契約関係競売等妨害罪……402
合憲的限定解釈………………13
鉱坑………………………327
公債証書……………………348
行使……………345, 351, 367
　　──の目的…………343, 350
口実防衛……………………97
強取の意思…………………268
公正証書原本不実記載罪……364
公正な価格…………………403
構成要件…………………19, 24

450 事項索引

――の重なり合い……………71
――の罪刑法定主義機能………21
――の錯誤……………63
公然……………234, 379
――の陳列……………381
公然わいせつ罪……………379
強談……………415
交通事件原票……………369
公電磁的記録……………372
強盗・強制性交等及び同致死罪……277
強盗罪……………266
強盗致死傷罪……………275
強盗の機会……………276
強盗予備罪……………279
交付……………284, 287, 345, 351
公文書……………357, 362
公文書偽造罪……………362
公務……………392
――と業務……………241
公務員……………391, 423
公務員職権濫用罪……………420
公務員標準説……………394
公務員法上の秘密……………232
公務執行妨害罪……………392
公務所……………392
公務振分説……………242
効用喪失説……………323
公用文書毀棄罪……………313
拘留……………169
国外犯……………14
国内犯……………14
告発……………419
誤想過剰防衛……………109
誤想防衛……………108
誤想防衛説……………110
国家公務員倫理法……………428
国家標準説……………119
国家法益と詐欺……………289
コピーの文書性……………357
誤振込……………259
個別財産の喪失……………288
混合的方法……………112
昏酔強盗罪……………275
コントロールド・デリバリー……34
コンピュータ……………245

コンピュータ・ウイルス……………376

さ

再間接教唆……………136
罪刑法定主義……………10
財産……………400
財産上の損害……………288, 302, 305
財産上の利益……………248, 249, 270
最小限従属性説……………125
罪数……………153
裁判規範……………17
裁判上の減軽事由……………165
裁判所標準説……………394
財物……………248
債務負担の仮装……………400
罪名従属性……………126
罪名と科刑……………70
詐欺罪……………280
――と窃盗罪との区別……………281
先物取引……………281
作為義務……………35
――の根拠となる事実の錯誤……36
――の発生根拠……………36
錯誤……………62, 283
作成……………376
作成者……………357
差押え……………398
殺意のある場合……………337
殺人罪……………177
殺人予備罪……………178
サリン等による人身被害の防止に関する法律
……………332
三角詐欺……………285
参考人の虚偽供述……………411
産出物件……………170
三徴候説……………176
三罰規定……………26
三分説……………19, 175

し

私印等偽造・不正使用罪……………375
JR 福知山線脱線事故……………77
自救行為……………89
死刑……………168
事後強盗罪……………272

事項索引　451

事後強盗罪と共犯 ……………………142
事後収賄罪 …………………………431
自己堕胎罪 …………………………194
自己の刑事事件 ……………………414
自己の占有 …………………………294
事後法の禁止…………………………11
自己予備 ……………………………39
自殺関与罪 …………………………179
事実上の支配 ………………………256
事実証明 ……………………………236
　　──に関する文書 ……………368
事実説 ………………………………359
事実の公共性 ………………………237
事実の錯誤……………………………62
　　──と法律の錯誤の区別…………62
事実の摘示 …………………………234
死者の占有 …………………………259
死者の名誉 …………………………236
自首 …………………………………166
　　──による免除 ………………390
自手犯…………………………………32
自招危難 ……………………………106
死傷結果に故意のある場合 ………224, 277
自招防衛………………………………93
自署性 ………………………………369
事前収賄罪 …………………………429
自然犯 …………………………………4
私戦予備・陰謀罪 …………………436
死体等損壊罪 ………………………387
失火罪 ………………………………330
実行行為 ………………………27, 29, 30
　　──の一個性……………………30
　　──の開始時期…………………40
　　──の終了時期…………………47
実行従属性 …………………………122
実行の着手 ………………………29, 40
実行（終了）未遂……………………38
実質主義 ……………………………356
実質的違法論…………………………84
実質的客観説…………………………40
実質犯…………………………………25
質的過剰 ……………………………100
私電磁的記録 ………………………372
児童虐待防止法………………………86
自動車運転処罰法 …………………190

児童ポルノ提供目的所持罪 ………161
使途を定めて委託された金員 ………297
自白についての特例 ………………417
支払用カード ………………………352
支払用カード電磁的記録不正作出準備罪
　　……………………………………354
支払用カード電磁的記録不正作出等罪 …351
私文書 ……………………………357, 368
私文書偽造罪 ………………………367
紙幣 …………………………………343
死亡証書 ……………………………371
事務処理者 …………………………303
社会的相当性説………………………84
社会防衛論 ……………………………6
酌量減軽 ……………………………166
社交儀礼 ……………………………427
惹起説 ………………………………123
重過失……………………………74, 189
重過失致死傷罪 ……………………188
住居 …………………………………226
宗教感情に関する罪 ………………386
住居侵入罪 …………………………225
住居の平穏説 ………………………225
自由刑 ………………………………169
集合犯 ………………………………384
重婚罪 ………………………………382
重失火罪 ……………………………330
収受 ………………………………215, 428
従属性説 ……………………………122
集団犯 ……………………………121, 384
自由に対する罪 ……………………201
重要な事項に関する欺く行為 ………282
収賄罪 ………………………………423
主観主義 ………………………………8
主観説…………19, 40, 45, 50, 73, 120, 416
主観的違法要素………………………21
主観的違法論…………………………17
主観的構成要件要素…………………21
主観的超過要素………………………20
主刑 …………………………………164
取材・報道活動………………………88
主体 …………………………………26
主体の不能………………………42, 44
受託収賄罪 …………………………429
出水危険罪 …………………………333

452 事項索引

出水罪 ……………………………………332
取得 …………………………………355, 377
取得説 ……………………………………262
取得物件 …………………………………170
首謀者 ………………………………320, 390
準危険運転致死傷罪 ……………………192
準強制わいせつ・準強制性交等罪 ……221
準詐欺罪 …………………………………290
純粋客観説 …………………………………43
純粋主観説 …………………………………42
準備
　——, 不正作出の ……………………355
使用 ………………………………………374
傷害 ………………………………………182
　——, 軽微な …………………………182
傷害罪 ……………………………………182
傷害致死罪 ………………………………184
障害未遂 …………………………………39
消火妨害罪 ………………………………329
消極的身分 ………………………………142
承継的共同正犯 …………………………131
承継的幇助 ………………………………131
条件関係 ……………………………………48
条件説 ………………………………………49
条件付故意 …………………………………57
証拠 ………………………………………410
証拠隠滅罪 ………………………………410
常習賭博罪 ………………………………384
常習犯人 ……………………………………64
詔書等偽造罪 ……………………………363
浄水汚染・毒物混入 ……………………340
使用窃盗 …………………………………253
焼損 ………………………………………323
状態犯 ………………………………………26
譲渡担保 …………………………………296
譲渡の仮装 ………………………………400
証人 ………………………………………415
証人等威迫罪 ……………………………414
少年法 ……………………………………114
私用文書毀棄罪 …………………………313
情報 ………………………………………248
　——に対する横領 …………………295
情報取得 …………………………………354
条例 …………………………………………10
職員 ………………………………………391

職務 ………………………………………423
　——に関し ……………………………423
　——の執行 ……………………………392
　——の適法性・要保護性 ……………393
職務強要罪 ………………………………397
職務権限 …………………………………423
職務質問 …………………………………394
職務密接関連行為 ………………………426
所在国外移送目的 ………………………212
所在国外移送目的人身売買罪 ……212, 217
所在国外移送目的売買罪 ………………217
所持 …………………………………354, 381
所持罪 ……………………………………354
所持説 ……………………………………250
所持品検査 ………………………………394
処断刑 ……………………………………165
職権濫用 …………………………………420
処罰条件 …………………………………429
処罰阻却事由 ………………………………28
処罰阻却事由説 …………………………237
処分
　——の適法性 …………………………397
　——, 第三者に対する ………………288
処分意思 …………………………………284
処分行為 ……………………………271, 284, 293
　——, 無意識の ………………………284
処分行為者 ………………………………285
署名 …………………………………362, 373
所有者の承諾 ……………………………322
白地刑罰法規 ……………………………11, 437
素人的意味の認識 …………………………60
侵害 …………………………………………96
浸害罪 ……………………………………332
侵害犯 ………………………………………25
人格の同一性 ………………………358, 361, 369
新過失論 ……………………………………74
進言義務 ……………………………………82
人工妊娠中絶 …………………………86, 194
申告 ………………………………………419
親告罪 ……………………………………266
真実性の証明 ……………………………237
新住居権説 ………………………………226
信書 …………………………………230, 317
信書隠匿罪 ………………………………317
信書開封罪 ………………………………230

新新過失論	75	制限責任説	65
心神喪失	113	性交等	221
心神喪失者等医療観察法	113	政策説	45
心神耗弱	113	政治献金	428
人身売買罪	216	精神保健福祉法	86, 113, 164
真正な外観	359	請託	429
真正不作為犯	34	性的意図	219
真正文書	357	性的自由に対する罪	218
真正（構成的）身分	142	正当化事由	84
真正身分犯	26	正当業務行為	85
心臓死説	176	正当防衛	91
親族	265	——の社会化	92
親族関係の範囲	312	——と共犯	126
親族間の特例	312	——と緊急避難の限界	107
親族相盗例	265	正犯	120
親族による犯罪に関する特例	413	生物学的方法	112
侵奪	264	世界主義	15
診断書	370	責任	18
人的違法論	21	責任共犯論	123
心的外傷後ストレス症候群	183	責任減少説	45, 101
侵入行為	228	責任主義	18
侵入の目的	229	責任説	64, 65
新派（近代派）刑法学	6	責任阻却事由説	103
信用	240	責任能力	111
信用毀損罪	239	説教等妨害	386
信頼の原則	75	積極的加害意思（意図）	93, 97
心理学的方法	112	窃取	261
心理強制説	5	絶対的応報刑論	5, 7
心理的因果性	139	絶対的軽微	25, 27
心理的責任論	18	絶対不能・相対不能	43
		折衷説	50
す		窃盗罪	256
		窃盗罪と詐欺罪の区別	261, 281
推定的同意	91	窃盗の犯行の機会の継続中	273
水道汚染・毒物混入	341	先行行為	36
水防妨害罪	332	宣告刑	167
水利妨害罪	333	潜在的行動能力	202
水路	334	宣誓	416
スキミング	355	全体財産の減少	288, 305
ストーカー規制法	209	全部露出説	175
スポーツ行為	88	占有	256
		——の帰属	260
せ		——の取得	263
		占有説	250
性格責任論	7	占有離脱物横領罪	301
制限故意説	64		
制限従属性説	125		

454　事項索引

そ

造意者 …………………………………129
臓器移植法 ………………………………176
臓器摘出 …………………………………388
相互主義 …………………………………436
相対的応報刑論 ……………………………7
相対的軽微 ……………………………25, 27
相当因果関係説……………………………50
相当性…………………………………………98
相当対価 …………………………………288
相当な根拠 ………………………………238
蔵匿 ………………………………215, 408
騒乱罪 ……………………………………319
贈賄罪 ……………………………………432
属人主義 ……………………………………14
即成犯………………………………………25
属地主義 ……………………………………14
訴訟詐欺 …………………………………283
組成物件 …………………………………170
措置入院…………………………86, 113, 164
損壊 ………245, 315, 316, 334, 335, 399, 400
尊厳死 ……………………………………177

た

ダートトライアル事故…………………………78
対価物件 …………………………………171
対向犯 ……………………………………121
第三者
　――に対する防衛結果 …………107, 109
　――の行為の介在……………………………52
　――の事実支配 …………………………258
第三者供賄罪 ……………………………429
胎児 ………………………………175, 194
胎児傷害 …………………………………183
代替性 ……………………………………310
代替物 ……………………………………296
対物防衛……………………………………96
逮捕 ………………………………………203
逮捕・監禁致死傷罪 ……………………204
逮捕・勾留 ………………………………419
逮捕罪 ……………………………………201
代理権限の濫用 …………………………361
代理名義の冒用 …………………………360
択一関係 …………………………………154

択一的競合

択一的競合…………………………………48
択一的故意…………………………………57
他行為可能性………………………………18
多衆 ………………………………………319
堕胎 ………………………………………194
奪取 ………………………………………406
奪取罪 ……………………………………248
他人
　――に率先して勢いを助けた者 ………320
　――の刑事事件 …………………………410
　――のための事務 ………………………304
　――の物 …………………………………295
　――予備……………………………39, 178
　――を指揮した者 ………………………320
他人性
　――，財物の ……………………………249
たぬき・むじな ……………………………60
ダビング …………………………………381
談合罪 ……………………………………403
単純一罪 …………………………………154
単純買受け罪 ……………………………217
単純収賄罪 ………………………………428
単純逃走罪 ………………………………404
単純賭博罪 ………………………………383
単純酩酊 …………………………………114
単独主義 …………………………………436

ち

知情後行使 ………………………………347
着手 ………………………………………262
　――後の離脱 ……………………………150
　――前の離脱 ……………………………150
着手（未終了）未遂…………………………38
注意義務違反………………………………73
中間項の理論………………………………80
中間省略登記 ……………………………365
中止未遂（中止犯）…………………………38
抽象的危険説………………………………42
抽象的危険犯………………………………28
抽象的事実の錯誤 ……………………67, 70
抽象的符合説………………………………70
中断論………………………………………50
懲役 ………………………………………169
懲戒行為……………………………………86
懲戒の処分 ………………………………419

事項索引　455

挑発行為‥‥‥‥‥‥‥‥‥‥‥‥‥‥93
超法規的（実質的）違法阻却事由‥‥‥‥84
超法規的責任阻却‥‥‥‥‥‥‥‥‥‥66
直接領得罪‥‥‥‥‥‥‥‥‥‥‥‥248
治療（医療）行為‥‥‥‥‥‥‥‥‥‥87
沈没‥‥‥‥‥‥‥‥‥‥‥‥‥‥‥337

つ

追求権説‥‥‥‥‥‥‥‥‥‥‥‥‥308
追徴‥‥‥‥‥‥‥‥‥‥‥‥171, 433
通貨偽造罪‥‥‥‥‥‥‥‥‥‥‥‥343
通貨偽造準備罪‥‥‥‥‥‥‥‥‥‥347
通称名の使用‥‥‥‥‥‥‥‥‥‥‥370
通謀‥‥‥‥‥‥‥‥‥‥‥‥391, 405
通訳‥‥‥‥‥‥‥‥‥‥‥‥‥‥‥418
釣銭詐欺‥‥‥‥‥‥‥‥‥‥‥‥‥283

て

提供‥‥‥‥‥‥‥‥‥‥‥‥355, 376
邸宅‥‥‥‥‥‥‥‥‥‥‥‥‥‥‥226
鉄道‥‥‥‥‥‥‥‥‥‥‥‥‥‥‥335
電子計算機‥‥‥‥‥‥‥‥‥‥‥‥245
電子計算機使用詐欺罪‥‥‥‥‥‥‥291
電子計算機損壊等業務妨害罪‥‥‥‥245
電磁的記録‥‥‥‥‥‥245, 351, 357, 364
電磁的記録不正作出罪‥‥‥‥‥‥‥371
電車‥‥‥‥‥‥‥‥‥‥‥‥‥‥‥326
転職‥‥‥‥‥‥‥‥‥‥‥‥‥‥‥425
伝播可能性‥‥‥‥‥‥‥‥‥‥‥‥234
転覆‥‥‥‥‥‥‥‥‥‥‥‥‥‥‥336

と

答案の文書性‥‥‥‥‥‥‥‥‥‥‥368
同意‥‥‥‥‥‥‥‥‥‥‥87, 88, 418
　──，錯誤に基づく‥‥‥‥‥‥‥90
同意殺人罪‥‥‥‥‥‥‥‥‥‥‥‥179
同意傷害‥‥‥‥‥‥‥‥‥‥‥‥‥90
同意堕胎罪‥‥‥‥‥‥‥‥‥‥‥‥195
同一の機会‥‥‥‥‥‥‥‥‥‥‥‥278
同害報復‥‥‥‥‥‥‥‥‥‥‥‥‥5
動機説‥‥‥‥‥‥‥‥‥‥‥‥‥‥57
道義的責任‥‥‥‥‥‥‥7, 18, 64, 118
道具理論‥‥‥‥‥‥‥‥‥‥‥‥‥115
同時傷害
　──の特例‥‥‥‥‥‥‥‥‥‥185

　──，傷害の承継と‥‥‥‥‥‥131
同時存在の原則‥‥‥‥‥‥‥‥‥‥114
同時犯‥‥‥‥‥‥‥‥‥‥‥‥‥‥185
同姓同名の利用‥‥‥‥‥‥‥‥‥‥361
逃走‥‥‥‥‥‥‥‥‥‥‥‥‥‥‥404
逃走援助罪‥‥‥‥‥‥‥‥‥‥‥‥406
灯台‥‥‥‥‥‥‥‥‥‥‥‥‥‥‥335
統治機構‥‥‥‥‥‥‥‥‥‥‥‥‥390
盗聴‥‥‥‥‥‥‥‥‥‥‥‥‥‥‥231
盗犯等防止法‥‥‥‥‥‥‥‥‥‥‥102
盗品等に関する罪‥‥‥‥‥‥‥‥‥308
盗品等の同一性‥‥‥‥‥‥‥‥‥‥310
盗品の横領‥‥‥‥‥‥‥‥‥‥‥‥298
動物‥‥‥‥‥‥‥‥‥‥‥‥257, 315
図画‥‥‥‥‥‥‥‥‥‥‥‥356, 380
毒物‥‥‥‥‥‥‥‥‥‥‥‥‥‥‥341
特別関係‥‥‥‥‥‥‥‥‥‥‥‥‥154
特別刑法‥‥‥‥‥‥‥‥‥‥‥‥‥4
特別公務員職権濫用罪‥‥‥‥‥‥‥421
特別公務員暴行陵虐罪‥‥‥‥‥‥‥422
特別予防論‥‥‥‥‥‥‥‥‥‥‥‥6
独立呼吸説‥‥‥‥‥‥‥‥‥‥‥‥176
独立性説‥‥‥‥‥‥‥‥‥‥‥‥‥122
独立燃焼説‥‥‥‥‥‥‥‥‥‥‥‥323
賭博罪‥‥‥‥‥‥‥‥‥‥‥‥‥‥383
賭博場開張‥‥‥‥‥‥‥‥‥‥‥‥385
富くじ罪‥‥‥‥‥‥‥‥‥‥‥‥‥385
豊田商事事件‥‥‥‥‥‥‥‥‥‥‥281
図利加害目的‥‥‥‥‥‥‥‥302, 304

な

内部的名誉‥‥‥‥‥‥‥‥‥‥‥‥233
内乱罪‥‥‥‥‥‥‥‥‥‥‥‥‥‥389
難燃性建造物‥‥‥‥‥‥‥‥‥‥‥324

に

2 項犯罪‥‥‥‥‥‥‥‥‥‥‥‥‥249
二重抵当‥‥‥‥‥‥‥‥‥‥‥‥‥304
二重の故意‥‥‥‥‥‥‥‥‥‥‥‥117
二重売買‥‥‥‥‥‥‥‥‥‥‥‥‥296
　──，不動産の‥‥‥‥‥‥‥‥297
二分説‥‥‥‥‥‥‥‥‥‥‥‥‥‥104
入札‥‥‥‥‥‥‥‥‥‥‥‥‥‥‥403
任意性‥‥‥‥‥‥‥‥‥‥‥‥‥‥45
任意的共犯‥‥‥‥‥‥‥‥‥‥‥‥121

認識ある過失 …………………………73
認識説 ……………………………………56
認識なき過失 ……………………………73
認容説 ……………………………………57
任務違背行為 …………………………302

ね

練馬事件判決 …………………………129

の

脳死説 …………………………………176

は

配給詐欺 ………………………………289
背信説 …………………………………302
背任罪 …………………………………302
破壊 ……………………………………336
博徒結合罪 ……………………………385
爆発物取締罰則 ………………………331
橋 ………………………………………334
罰金 ……………………………………170
発売 ……………………………………385
反抗の抑圧 ……………………………268
犯罪共同説 ……………………………123
犯罪個別化機能 …………………………21
犯罪地 ……………………………………14
犯罪論 ……………………………………4
犯人蔵匿 ………………………………407
　　——，共犯者による ……………410
犯人蔵匿罪 ……………………………407
犯人による隠滅教唆 …………………412
頒布 ……………………………………380
　　——目的 …………………………381

ひ

PTSD …………………………………183
被害者
　　——の行為の介在 …………………53
　　——の同意 …………………………90
引受行為 …………………………………36
轢き逃げ …………………………37, 197, 199
被欺罔者 ………………………………283
非現住建造物放火罪 …………………327
被告人の防御 …………………………409
被拘禁者奪取罪 ………………………405

ひったくり ……………………………267
必要最小限度の行為 ……………………99
必要性 ……………………………………99
必要的共犯 ………………121, 409, 433
人 ………………………………………175
　　——の現在 …………………325, 336
　　——の始期 ………………………175
　　——の終期 ………………………176
人質強要罪 ……………………………208
非難可能性 ………………………………18
避難の意思 ……………………………105
秘密漏示罪 ……………………………231
非身分者
　　——の間接正犯 …………………143
　　——の共同正犯 …………………143
評価上一罪 ……………………………154
表現犯 ……………………………………23
標識 ……………………………………335
表象説 ……………………………………56
病的酩酊 ………………………………114
ビラの投かん …………………………229
被略取・誘拐者引渡し等の罪 ………215

ふ

ファクシミリ …………………………358
不安感説 …………………………75, 79
封印・差押えの表示 …………………398
封印破棄罪 ……………………………397
封緘物 …………………………………260
フォイエルバッハ ………………………5
不解散罪 ………………………………320
不確定的故意 ……………………………57
付加刑 …………………………………164
不可罰的事後行為 ……………………157
複雑酩酊 ………………………………114
不作為
　　——と共犯 ………………………144
　　——による欺く行為 ……………282
　　——による共犯 …………………144
　　——による幇助 …………………145
　　——の因果関係 ……………………49
　　——の殺人 …………………………37
　　——の放火 ………………………322
不作為犯 …………………………………34
不実記載 ………………………………365

事項索引　457

侮辱罪 ……………………………239
不真正不作為犯 ………………………35
不真正文書 ………………………357
不真正（加減的）身分 ………………142
不真正身分犯 ……………………26
不正アクセス禁止法 ……………231
不正競争防止法 …………………281
不正行為 …………………………430
不正作出 ……………………353, 372
不正受給 …………………………289
不正指令電磁的記録作成等罪 …………375
不正指令電磁的記録取得等罪 …………377
不正電磁的記録カード所持罪 ………353
不正電磁的記録供用罪 …………372
不正の指令 …………………245, 291
不正の侵害 ………………………96
不正の利益 ………………………403
不正融資 …………………………303
不遡及変更 ………………………12
不退去罪 …………………………230
物理的管理可能性説 ……………248
不同意堕胎罪 ……………………195
不動産 ………………………249, 263
不動産侵奪罪 ……………………263
不能犯（不能未遂） ……………42, 177
浮標 ………………………………335
部分的犯罪共同説 ………………124
不法原因給付 ………………252, 297
不法領得の意思 …………………252
　　──，横領罪における …………300
不保護 ……………………………197
プライバシー ……………………234
フランクの公式説 …………………45
振り込め詐欺 ………………133, 258
プリペイドカード ……………349, 352
　　──の有価証券性 ……………349
武力の行使 ………………………391
付和随行者 …………………320, 390
文書 …………………………356, 380
文書毀棄罪 ………………………313
分娩（陣痛）開始説 ……………175
墳墓発掘罪 ………………………387

へ

平穏侵害説 ………………………229

平穏占有説 ………………………250
併合罪 ……………………………161
閉塞 ………………………………334
ベーリング …………………………19
弁護活動 …………………………89
偏在説 ………………………………14
変死者密葬罪 ……………………388
変造 …………………344, 350, 359, 360, 411
片面的教唆 ………………………136
片面的幇助 ………………………138

ほ

保安処分 …………………………164
防衛の意思 ………………………97
防衛の認識 ………………………97
防衛の目的（意図） ………………97
法益関係的錯誤説 …………180, 202
法益衡量説 ………………………84
法益侵害説 ………………………16
放火行為 …………………………322
妨害 ………………………………245
法確証の原理 ……………………92
包括一罪 …………………………155
謀議参与者 ………………………390
法規範違反説 ……………………16
暴行 …………………186, 274, 396, 422
　　──，広義の ……………………186
　　──，最広義の ……………320, 390
　　──，最狭義の …………………267
暴行罪 ……………………………186
　　──の結果的加重犯 ……………183
暴行陵虐罪 ………………………422
報酬物件 …………………………171
幇助 ………………………………138
　　──の因果性 …………………139
幇助犯 ……………………………138
法条競合 …………………………154
法人処罰 …………………………26
法定刑 ……………………………165
法定的符合説 ………………68, 71
法定犯 ………………………………4
法的支配 …………………………294
法的処分 …………………………299
法的損害概念 ……………………306
暴動関与者 ………………………390

458　事項索引

法の不知は恕せず……………62
方法の錯誤……………67
方法の不能……………42, 44
法律主義……………10
法律上の加重減軽事由……………165
法律説……………45
法律の錯誤……………62, 63
法令行為……………85
法令の認識……………66
保管……………311, 355, 377, 381
　　——，電磁的記録の情報の……………355
北大電気メス事件……………79
保険金詐欺……………281
保護観察付執行猶予……………167
保護義務……………198
保護主義……………15
保護責任者遺棄罪……………198
補充関係……………154
補充性……………105
母体保護法……………194
牧会活動……………89
没収……………171, 433
本権説……………250

ま

マネー・ロンダリング……………172

み

身代り犯人……………409
未決の者……………404
未遂……………38
　　——の教唆……………137
未成年者買受け罪……………217
未成年者略取・誘拐罪……………211
身の代金目的略取・誘拐罪……………212
見張り行為……………140
未必の故意……………57
身分……………141
　　——なき故意ある道具……………33
身分犯……………26
身分振分説……………241

む

無印公文書偽造……………362
無形偽造……………359

無償譲受け……………310
無銭飲食……………283

め

明確性の理論……………13
名義・計算……………306
名義人……………357
　　——の承諾……………369
名誉……………233
名誉感情……………233, 235
名誉毀損罪……………233
　　——，インターネット上の……………235
命令規範違反……………34
面会の強請……………415
免除……………312
免状等不実記載罪……………364

も

申込み……………433
燃え上がり説……………324
目的刑論……………5
目的説……………84
目的的行為論……………29
目的なき故意ある道具……………33
目的の公益性……………236
目的犯……………20, 22
模造罪……………344
「漏らす」行為……………232
森永ヒ素ミルク事件……………79

や

薬害エイズ事件……………83
約束……………428, 433
薬物犯罪……………72, 340
やむを得ずにした行為……………98, 105

ゆ

有印公文書偽造……………362
優越的利益説……………84
誘拐……………210
有価証券……………348, 349
有価証券偽造罪……………348
有価証券虚偽記入罪……………350
有形偽造……………358
有償処分のあっせん……………311

事項索引　459

有償譲受け ……………………………311
有体性説 …………………………………248
憂慮に乗じて …………………………214
譲り渡し …………………………………353
輸入 …………………………………345, 353
許された危険 …………………………74, 91

よ

要求 …………………………………………428
要素従属性 ……………………………125
用に供する …………………………353, 367
要扶助性 …………………………………196
要保護性 …………………393, 397, 398, 399
　——に関する錯誤 ………………395, 398
　——の判断基準 ……………………394
　——の要件 …………………………393
預金通帳 …………………………………161
予見可能性 ………………………………78
　——の対象 ……………………………79
　——の程度 ……………………………81
預貯金の引出用のカード ………………352
予備 …………………………………39, 279, 390
　——と中止 ……………………………47, 280
　——の共犯 …………………………122

ら

濫用行為 …………………………………421

り

利益 ………………………………………249
利益欠缺の原理 …………………………90
利益強盗罪 ………………………………270
利益詐欺 …………………………287, 289, 291
利益の移転 ………………………………287

離隔犯 ………………………………………41
リクルート事件 …………………………425, 427
陸路 ………………………………………334
離脱 ………………………………………149
略取 ………………………………………210
流通性 ……………………………………348
流通に置く ………………………………345
陵虐 ………………………………………423
量刑 ………………………………………167
量的過剰 …………………………………100
領得行為説 ………………………………299
領得罪 ……………………………………247
両罰規定 …………………………………26
旅券 ………………………………………364

る

類推解釈 …………………………………14

れ

霊感治療 …………………………………222
礼拝所不敬 ………………………………386
連続犯 ……………………………………157

ろ

労働争議行為 ……………………………87

わ

わいせつ …………………………………219, 378
　——な行為 ……………………………379
　——の目的 ……………………………219
わいせつ物頒布等罪 ……………………379
賄賂 ………………………………………427
　——と恐喝罪 …………………………428

判例索引

明治

大判明 36・5・21 刑録 9・874 ……………248
大判明 42・4・16 刑録 15・452 ……………316
大判明 42・11・15 刑録 15・1589 …………240
大判明 43・3・10 刑録 16・402 ……………345
大判明 43・10・11 刑録 16・1620 …………27
大判明 44・2・27 刑録 17・197 ……………316
大判明 44・4・17 刑録 17・601 ……………392
大判明 44・5・5 刑録 17・768 ……………283
大判明 44・7・10 刑録 17・1409 …………399
大判明 44・8・15 刑録 17・1488 …………314
大判明 44・12・21 刑録 17・2273 …………140
大判明 45・4・18 刑録 18・443 ……………311
大判明 45・6・20 刑録 18・896 …182, 183, 187
大判明 45・7・16 刑録 18・1083 …………198
大判明 45・7・23 刑録 18・1095 …………240
大判明 45・7・23 刑録 18・1100 …………416

大正

大判大 1・10・8 刑録 18・1231 ……………295
大判大 1・12・20 刑録 18・1563 …………419
大判大 2・3・25 刑録 19・374 ……………310
大判大 2・8・19 刑録 19・817 ……………258
大判大 2・9・5 刑録 19・853 ………………373
大判大 2・11・18 刑録 19・1212 …………152
大判大 2・12・9 刑録 19・1393 ……………426
大判大 2・12・16 刑録 19・1440 ……299, 300
大判大 2・12・23 刑録 19・1502 …………89
大判大 2・12・24 刑録 19・1517 …………325
大判大 3・4・29 刑録 20・654 ……………416
大判大 3・6・20 刑録 20・1300 …………314
大判大 3・7・28 刑録 20・1548 …………385
大判大 3・12・3 刑録 20・2322 …………244
大判大 3・12・14 刑録 20・2414 …………431
大判大 4・3・18 刑録 21・309 ……………261
大判大 4・5・21 刑録 21・663 …242, 253, 255
大判大 4・5・21 刑録 21・670 ……………198
大判大 4・6・2 刑録 21・721 ………………310

大判大 4・10・20 新聞 1052・27 …………362
大判大 5・2・12 刑録 12・134 ……………198
大判大 5・5・1 刑録 22・672 ……………257
大判大 5・5・9 刑録 22・705 ……………284
長崎地判大 5・8・24 新聞 1180・29 ………244
大判大 5・11・6 刑録 22・1664 …………310
大判大 5・12・13 刑録 22・1826 …………426
大判大 5・12・21 刑録 22・1925 …………347
大判大 6・2・6 刑録 23・35 ………………398
大判大 6・2・8 刑録 23・41 ………………419
大判大 6・4・13 刑録 23・312 ……………327
大判大 6・4・27 刑録 23・451 ……………311
大判大 6・9・10 刑録 23・999 ………44, 177
大判大 7・2・6 刑録 24・32 ………………260
大判大 7・3・23 刑録 24・235 ……………198
大判大 7・5・7 刑録 24・555 ……………411
大判大 7・5・14 刑録 24・605 ……………393
大判大 7・6・17 刑録 24・844 ……………140
大判大 7・7・17 刑録 24・939 ……………283
大判大 7・9・25 刑録 24・1219 …………251
大判大 7・11・16 刑録 24・1352 …………41
大判大 7・12・18 刑録 24・1558 …………322
大判大 8・4・2 刑録 25・375 ……………242
大判大 8・4・4 刑録 25・382 ……………258
大判大 8・4・5 刑録 25・489 ……………260
大判大 8・5・3 刑録 25・632 ……………314
大判大 8・6・30 刑録 25・820 ……………209
大判大 8・8・30 刑録 25・963 ……………198
大判大 8・10・28 新聞 1641・21 …………177
大判大 8・12・13 刑録 25・1367 …………176
大判大 9・6・3 刑録 26・382 ……………195
大判大 9・6・26 刑録 26・405 ……………100
大判大 10・3・7 刑録 27・158 ……………316
大判大 10・6・18 刑録 27・545 …………258
大判大 11・1・27 刑集 1・16 ……………314
大判大 11・2・24 刑集 1・76 ……………177
大判大 11・2・28 刑集 1・82 ……………310
大判大 11・3・1 刑集 1・99 ………………136
大連判大 11・4・22 刑集 1・296 …………433
大判大 11・9・15 刑集 1・450 ……………258

判例索引　461

大判大 12・3・23 刑集 2・254 ……………………55
大判大 12・4・30 刑集 2・378 ……………………55
大判大 12・7・14 刑集 2・658 ……………………53
大判大 12・11・9 刑集 2・778 …………………260
大判大 12・11・12 刑集 2・784 ………………285
大判大 13・1・30 刑集 3・38 …………………310
大判大 13・4・25 刑集 3・364 …………………60
大判大 13・6・10 刑集 3・473 …………………257
大判大 13・8・5 刑集 3・611 …………………66
大判大 13・12・12 刑集 3・867 ………………106
大判大 14・6・9 刑集 4・378 …………………60
大判大 14・7・4 刑集 4・475 …………………260
大判大 14・12・1 刑集 4・743 …………………218
大判大 15・3・24 刑集 5・117 …………………209
大判大 15・7・5 刑集 5・303 ……………233, 239
大判大 15・7・20 新聞 2598・9 ………………183
大判大 15・9・28 刑集 5・387 …………………199
大判大 15・10・14 刑集 5・10・456 ……………160
大判大 15・11・2 刑集 5・491 …………………258

昭和 1 年〜20 年

大判昭 2・3・28 刑集 6・118 …………………185
大判昭 2・5・30 刑集 6・200 …………………327
大判昭 2・9・9 刑集 6・343 ……………………53
大判昭 4・2・4 刑集 8・41 ……………………184
大判昭 4・3・7 刑集 8・107 …………………283
大判昭 4・4・11 新聞 3006・15 ………………77
大判昭 4・10・14 刑集 8・477 …………………316
大判昭 5・9・18 刑集 9・668 …………………408
大判昭 5・10・25 刑集 9・761 …………………52
大判昭 5・12・12 刑集 9・893 …………………327
大判昭 6・5・8 刑集 10・205 …………………270
大判昭 6・7・2 刑集 10・303 …………………328
大判昭 6・8・6 刑集 10・412 …………………423
大判昭 7・2・18 刑集 11・42 …………………399
大判昭 7・2・19 刑集 11・85 …………………282
大判昭 7・2・29 刑集 11・141 …………………203
大判昭 7・3・17 刑集 11・437 …………………209
大判昭 7・4・3 刑録 23・699 …………………363
大判昭 7・4・21 刑集 11・407 …………………226
大判昭 7・6・8 刑集 11・773 …………………367
大判昭 7・7・20 刑集 11・1104 ………………209
大判昭 7・10・10 刑集 11・1519 ………………244
大判昭 7・11・11 刑集 11・1572 ………………207

大判昭 7・12・10 刑集 11・1817 ……………413
大判昭 8・6・5 刑集 12・736 …………………182
大判昭 8・6・21 刑集 12・834 ………………100
大判昭 8・9・6 評論 22 刑訴 249 ……………182
大判昭 8・9・27 刑集 12・1661 ………………327
大判昭 8・10・18 刑集 12・1820 ……409, 413
大判昭 8・11・9 刑集 12・1946 ………………296
大判昭 9・3・29 刑集 13・335 …………………287
大判昭 9・6・13 刑集 13・747 …………………302
大判昭 9・10・19 刑集 13・1473 ………………262
大判昭 10・2・7 刑集 14・76 …………………195
大判昭 10・7・23 新聞 3902・8 ………………357
大判昭 10・9・23 刑集 14・938 ………………244
大判昭 10・11・22 刑集 14・1240 ……………207
大判昭 11・3・30 刑集 15・396 ………………296
大判昭 12・3・10 刑集 16・290 ………………260
大判昭 12・3・10 刑集 16・299 ………………139
大判昭 13・2・28 刑集 17・141 ………………235
大判昭 13・3・11 刑集 17・237 ………………323
大判昭 13・11・18 刑集 17・839 ………………132
大判昭 13・12・23 刑集 17・980 ………………156
大判昭 14・12・22 刑集 18・572 ………………311
大判昭 15・10・14・刑集 19・685 ……………195

昭和 21 年〜30 年

大判昭 20・5・1 刑集 24・1 …………………388
最判昭 23・3・16 刑集 2・3・220 ……………140
最判昭 23・3・16 刑集 2・3・227 ……………312
最判昭 23・4・8 刑集 2・4・307 ………………158
最判昭 23・4・17・刑集 2・4・399 ……………262
最判昭 23・6・5 刑集 2・7・641 ………………297
最判昭 23・6・8 裁判集刑 2・329 ……………330
最大判昭 23・7・14 刑集 2・8・889 ……60, 66
最判昭 23・7・27・刑集 2・9・1004 …………260
最判昭 23・7・29 刑集 2・9・1067 ……………384
最判昭 23・9・18 判例体系 34・97 ……………177
最判昭 23・10・7 刑集 2・11・1289 …………384
最判昭 23・10・23 刑集 2・11・1386
………………………………72, 128, 428
最判昭 23・10・23 刑集 2・11・1396 …………263
最判昭 23・11・2 刑集 2・12・1443 …………323
最判昭 23・11・18 刑集 2・12・1614 …………267
最判昭 23・11・25 刑集 2・12・1649 …………227
最判昭 23・12・24 刑集 2・14・1883 …………268

462 判例索引

最判昭 24・1・11 刑集 3・1・1 ……………293
最判昭 24・1・20 刑集 3・1・47 ……………177
最判昭 24・2・8 刑集 3・2・75 …………268, 293
最判昭 24・2・10 刑集 3・2・155 ……………384
最判昭 24・2・22 刑集 3・2・206 ……………60
最判昭 24・3・8 刑集 3・3・276 ……………299
最判昭 24・4・5 刑集 3・4・421 ……………111
最判昭 24・4・26 刑集 3・5・637 ……………392
最判昭 24・5・10 刑集 3・6・711 ……………220
最判昭 24・5・14 刑集 3・6・721 ……………166
最判昭 24・5・21 刑集 3・6・858 ……………266
最判昭 24・6・14 刑集 3・7・1066 ……………270
最判昭 24・6・16 刑集 3・7・1070 ……………320
最判昭 24・7・9 刑集 3・8・1174 ……………45
最判昭 24・7・9 刑集 3・8・1193 ……………311
最判昭 24・7・12 刑集 3・8・1237 …………149, 160
最大判昭 24・7・22 刑集 3・8・1363 ……………228
最判昭 24・7・23 刑集 3・8・1373 ……………156
最判昭 24・7・30 刑集 3・8・1418 ……………309
最判昭 24・8・9 刑集 3・9・1440 ……………407
最判昭 24・8・18 刑集 3・9・1465 ……………92
最判昭 24・9・24 体系 35・411 ……………279
最判昭 24・10・5 刑集 3・10・1646 ……………312
最判昭 24・10・20 刑集 3・10・1660 ……………310
東京高判昭 24・10・22 高刑集 2・2・203 ……295
最判昭 24・12・6 刑集 3・12・1884 ……………433
最判昭 24・12・17 刑集 3・12・2028 ……………150
最判昭 24・12・20 刑集 3・12・2036 ……………203
最判昭 24・12・22 刑集 3・12・2070 ……………263
最判昭 24・12・24 刑集 3・12・2088 ……………279
最判昭 25・2・24 刑集 4・2・255 ……………288
最判昭 25・3・28 刑集 4・3・425 ……………397
最判昭 25・3・31 刑集 4・3・469 …………50, 51, 52
最判昭 25・4・13 刑集 4・4・544 ……………264
最判昭 25・4・21 刑集 4・4・655 ……………316
最判昭 25・6・6 刑集 4・6・928 ……………260
最判昭 25・7・6 刑集 4・7・1178 ……………33
札幌高函館支昭 25・9・8 判タ 13・53 ……66
東京高判昭 25・9・14 高刑集 3・3・407 ……150
名古屋高判昭 25・11・14 高刑集 3・4・748 …262
最判昭 25・11・9 刑集 4・11・2239 ………53, 184
最判昭 25・12・12 刑集 4・12・2543 ……………310
最判昭 25・12・14 刑集 4・12・2548 ……………326
最判昭 26・1・30 刑集 5・1・117 ……………311
最判昭 26・1・30 刑集 5・2・374 ……………66

最判昭 26・3・15 刑集 5・4・512 ……………27
最判昭 26・3・20 刑集 5・4・794 ……………396
最判昭 26・3・27 刑集 5・4・686 ………136, 148
最判昭 26・5・8 刑集 5・6・1004 ……………383
最判昭 26・5・10 刑集 5・6・1026 ………219, 378
最判昭 26・5・11 刑集 5・6・1102 ……………357
最判昭 26・5・25 刑集 5・6・1186 ……………297
最判昭 26・7・13 刑集 5・8・1437 ……………253
最判昭 26・7・17 刑集 5・8・1448 ………44, 177
最判昭 26・9・20 刑集 5・10・1937 ………184, 186
最判昭 26・9・25 裁判集刑 53・313 ……………182
最判昭 26・12・14 刑集 5・13・2518 ……………281
最判昭 27・3・28 刑集 6・3・546 ……………394
最判昭 27・4・17 刑集 6・4・665 ……………424
最判昭 27・6・6 刑集 6・6・795 ……………182
最判昭 27・6・24 裁判集刑 65・321 ……………73
東京高判昭 27・6・26 高判特 34・86 ……………273
最決昭 27・7・10 刑集 6・7・876 ………309, 311
最判昭 27・7・25 刑集 6・7・941 ……………207
東京高判昭 27・8・5 高刑集 5・8・1364 ……386
最判昭 27・9・19 刑集 6・8・1083 ……………141
最判昭 27・11・5 刑集 6・10・1159 ……………416
東京高判昭 27・12・18 高刑集 5・12・2314…379
最判昭 27・12・25 刑集 6・12・1387
…………………………………290, 364, 366
最判昭 28・1・22 刑集 7・1・8 ……………397
最判昭 28・1・23 刑集 7・1・30 ……………134
最判昭 28・1・30 刑集 7・1・128 ……………245
最判昭 28・4・2 刑集 7・4・750 ……………290
最判昭 28・4・14 刑集 7・4・850 ……………158
最判昭 28・4・25 刑集 7・4・881 ……………425
札幌高判昭 28・5・7 高判特 32・26 ……………258
最決昭 28・5・25 刑集 7・5・1128 ……………346
広島高判昭 28・5・27 高判特 31・15 ……………273
札幌高判昭 28・6・30 高刑集 6・7・859 ……133
広島高判昭 28・9・9 高刑集 6・12・1642 ……315
最判昭 28・10・2 刑集 7・10・1879 ……………407
最決昭 28・10・19 刑集 7・10・1945 ……415, 417
最決昭 28・10・19 刑集 7・10・954 ……………411
最決昭 28・10・27 刑集 7・10・1971 ……………423
福岡高判昭 28・11・10 高判特 26・58 ……44
最判昭 28・11・13 刑集 7・11・2096 ……………357
最決昭 28・12・10 刑集 7・12・2418 ……………403
最判昭 28・12・15 刑集 7・12・2436 ……235, 237
最判昭 28・12・22 刑集 7・13・2608 ……………52

福岡高判昭 29・1・12 高刑集 7・1・1 ………404
東京高判昭 29・3・26 高刑集 7・7・965 ……348
最判昭 29・4・6 刑集 8・4・407 ……………293
最決昭 29・5・27 刑集 8・5・741 …………161
大阪高判昭 29・5・31 高刑集 7・5・752 …182
最決昭 29・6・3 刑集 8・6・802 …………416
広島高判昭 29・8・9 高刑集 7・7・1149 …293
最判昭 29・8・20 刑集 8・8・1256 …………431
最判昭 29・8・20 刑集 8・8・1277 …………183
最決昭 29・9・24 刑集 8・9・1519 …………431
最決昭 29・9・30 刑集 8・9・1575 …………408
最判昭 29・10・22 刑集 8・10・1616 ………281
最判昭 30・1・11 刑集 9・1・25 ……………374
東京高判昭 30・4・9 高刑集 8・4・495 ………187
東京高判昭 30・4・18 高刑集 8・3・325 ……59
福岡高判昭 30・4・25 高刑集 8・3・418 ……257
名古屋高判昭 30・5・4 高裁特 2・11・501 …268
最大判昭 30・5・25 刑集 9・6・1080 ………349
広島高判昭 30・6・4 高刑集 8・4・585 ………411
最大判昭 30・6・22 刑集 9・8・1189
　………………………………335, 337, 338
最決昭 30・7・7 刑集 9・9・1856 ……283, 284
最判昭 30・7・12 刑集 9・9・1866 …………309
広島高判昭 30・9・6 高刑集 8・8・1021
　………………………………………261, 281
広島高高松支判昭 30・9・28 高刑集 8・8・1056
　………………………………………………345
最判昭 30・10・14 刑集 9・11・2173 …………294
東京地判昭 30・10・31 判時 69・27 …………381
広島高岡山支判昭 30・11・15 高裁特 2・22・
　1173 …………………………………………321
仙台高判昭 30・11・16 高裁特 2・23・1204 …189
東京高判昭 30・12・6 東高刑時報 6・12・440
　………………………………………………344
広島高岡山支判昭 30・12・22 高裁特 2・追録
　1342 ………………………………………244
最判昭 30・12・26 刑集 9・14・3053 …………295

昭和 31 年～40 年

最決昭 31・1・19 刑集 10・1・67 ……………260
名古屋高判昭 31・4・19 高刑集 9・5・411 …116
最判昭 31・7・12 刑集 10・7・1058 …………426
最決昭 31・8・22 刑集 10・8・1260 …………261
最決昭 31・10・2 裁判集刑 115・19 …………262

最判昭 31・12・7 刑集 10・12・1592 …………304
最決昭 31・12・27 刑集 10・12・1798 ………349
最判昭 32・1・17 刑集 11・1・23 …………350
最決昭 32・1・22 刑集 11・1・31 …………95
最決昭 32・1・24 刑集 11・1・270 …………258
最大判昭 32・3・13 刑集 11・3・997 …………378
最判昭 32・3・28 刑集 11・3・1136 …………427
仙台高判昭 32・4・18 高刑集 10・6・491 ……222
最判昭 32・4・23 刑集 11・4・1393 …………182
最判昭 32・4・25 刑集 11・4・1427 …………260
最判昭 32・4・25 刑集 11・4・1480 …………346
最判昭 32・5・22 刑集 11・5・1526 …………379
最判昭 32・6・27 刑集 11・6・1751 …………362
最判昭 32・7・16 刑集 11・7・1829 …………257
最判昭 32・7・19 刑集 11・7・1966 …………403
最判昭 32・7・23 刑集 11・7・2018 …………157
最判昭 32・7・25 刑集 11・7・2037 …………348
最判昭 32・8・1 刑集 11・8・2065 …………277
最決昭 32・9・10 刑集 11・9・2202 …………46
大阪高判昭 32・9・13 高刑集 10・7・602 ……206
最判昭 32・9・13 刑集 11・9・2263 ……270, 271
最判昭 32・10・3 刑集 11・10・2413 …………398
最判昭 32・10・4 刑集 11・10・2464 …………366
最大判昭 32・10・9 刑集 11・10・2497 ………12
最判昭 32・10・15 刑集 11・10・2597 ………257
最判昭 32・11・8 刑集 11・12・3061 …………257
最判昭 32・11・19 刑集 11・12・3073 …143, 301
最決昭 32・11・21 刑集 11・12・3101 ………424
最判昭 32・12・13 刑集 11・13・3207 ………403
最判昭 32・12・20 刑集 11・14・3331 ………434
最決昭 33・1・11 刑集 12・2・168 …………112
最決昭 33・2・27 刑集 12・2・342 …………433
東京高判昭 33・3・4 高刑集 11・2・67 ……253
東京高判昭 33・3・10 高裁特 5・3・89 ……258
最決昭 33・3・19 刑集 12・4・636 ………203, 204
最判昭 33・4・17 刑集 12・6・1079 ……254, 255
最判昭 33・4・18 刑集 12・6・1090 …………189
最判昭 33・5・28 刑集 12・8・1718 …………129
東京高判昭 33・6・2 高検速報 735 …………414
東京高判昭 33・6・28 東高刑時報 9・6・169
　………………………………………………207
最判昭 33・7・10 刑集 12・11・2471 …………118
最決昭 33・7・31 刑集 12・12・2805 ………419
最決昭 33・9・1 刑集 12・13・2833 …………252
最決昭 33・9・5 刑集 12・13・2844 …………381

464 判例索引

最判昭 33・9・9 刑集 12・13・2882 …………323
最決昭 33・9・16 刑集 12・13・3031 …………368
最判昭 33・9・30 刑集 12・13・3151 …………396
最決昭 33・9・30 刑集 12・13・3180 …………427
最判昭 33・10・14 刑集 12・14・3264 …………396
最判昭 33・10・24 刑集 12・14・3368 …………311
大阪高判昭 33・11・18 高刑集 11・9・573 …………270
最判昭 33・11・21 刑集 12・15・3519 ……31, 180
広島高判昭 33・12・24 高刑集 11・10・701 …………222
最判昭 34・2・5 刑集 13・1・1 ……………100
高松高判昭 34・2・11 高刑集 12・1・18 ……269
最判昭 34・2・13 刑集 13・2・101 …………306
最決昭 34・2・19 刑集 13・2・186 …………234
最判昭 34・3・5 刑集 13・3・275 …………380
広島地判昭 34・4・7 下刑集 1・4・954 …………179
東京高判昭 34・4・30 高刑集 12・5・486 …………394
最判昭 34・5・7 刑集 13・5・641 ………234, 237
最判昭 34・5・26 刑集 13・5・817 …………427
最判昭 34・6・30 刑集 13・6・985 …………343
最決昭 34・7・3 刑集 13・7・1088 …………203
最判昭 34・7・24 刑集 13・8・1163 …37, 197, 198
最決昭 34・8・27 刑集 13・10・2769 …………396
最判昭 34・8・28 刑集 13・10・2906 …………251
最決昭 34・9・28 刑集 13・11・2993 …………289
東京高判昭 34・9・30 東高刑時報 10・9・372
　……………………………………………187
東京高判昭 34・11・28 高刑集 12・10・974 …………348
東京高判昭 34・12・17 下刑集 1・12・2555 …………431
最大判昭 35・1・27 刑集 14・1・33 …………13
最判昭 35・2・18 刑集 14・2・138 …………336
最決昭 35・3・10 刑集 14・3・333 …………363
最判昭 35・3・18 刑集 14・4・416 …………206
最決昭 35・4・15 刑集 14・5・591 …………52
名古屋高判昭 35・4・25 高刑集 13・4・279 …………334
最判昭 35・4・26 刑集 14・6・748 …………251
東京高判昭 35・5・24 高刑集 13・4・335 ……59
最判昭 35・6・24 刑集 14・8・1103 …………400
熊本地判昭 35・7・1 下刑集 2・7=8・1031 …………199
名古屋地判昭 35・7・19 下刑集 2・7=8・1072
　……………………………………………321
名古屋高判昭 35・11・21 下刑集 2・11=12・1338
　……………………………………………204
最判昭 35・12・8 刑集 14・13・1818 ……319, 320
最決昭 35・12・13 刑集 14・13・1929 …………312
東京高判昭 35・12・14 東高刑時報 11・12・357

　……………………………………………269
最決昭 35・12・22 刑集 14・14・2198 …………309
名古屋高判昭 35・12・26 高刑集 13・10・781
　……………………………………………271
最決昭 35・12・27 刑集 14・14・2229 …………316
最判昭 36・1・10 刑集 15・1・1 …………335
最決昭 36・3・2 刑集 15・3・451 …………420
大阪高判昭 36・3・27 下刑集 3・3=4・207 …211
最決昭 36・3・28 裁判集刑 137・493 …………408
名古屋地判昭 36・5・29 裁時 332・5 …………198
広島高判昭 36・7・10 高刑集 14・5・310 …………44
東京高判昭 36・8・9 高刑集 14・6・392 …………203
最決昭 36・8・17 刑集 15・7・1293 …………411
東京地判昭 36・9・13 判時 280・12 …………244
最判昭 36・10・6 刑集 15・9・1567 …………399
最判昭 36・10・10 刑集 15・9・1580 …………298
旭川地判昭 36・10・14 下刑集 3・9=10・936
　……………………………………………269
名古屋高判昭 36・11・8 高刑集 14・8・563 …383
東京高判昭 36・11・14 高刑集 14・8・570 …259
最決昭 36・11・21 刑集 15・10・1731 …………52
最決昭 36・12・1 刑集 15・11・1807 …………335
最決昭 37・2・9 刑集 16・2・54 …………403
最決昭 37・3・23 刑集 16・3・305 ………44, 177
最決昭 37・3・27 刑集 16・3・326 …………188
最大判昭 37・4・4 刑集 16・4・345 …………12
最判昭 37・5・4 刑集 16・5・510 …………73
最判昭 37・5・29 刑集 16・5・528 …………424
最大判昭 37・5・30 刑集 16・5・577 …………11
東京高判昭 37・6・21 高刑集 15・6・422 …………199
名古屋高金沢支判昭 37・9・6 高刑集 15・7・527
　……………………………………………313
最決昭 37・11・8 刑集 16・11・1522 …………122
最決昭 37・11・21・刑集 16・11・1570 …………212
東京地判昭 37・12・3 判時 323・33 …………259
最決昭 38・4・18 刑集 17・3・248 ……203, 204
最決昭 38・5・13 刑集 17・4・279 ……420, 421
最決昭 38・5・30 刑集 17・4・492 …………351
東京高判昭 38・6・13 高刑集 16・4・358 …………221
福岡高判昭 38・7・5 下刑集 5・7=8・647 …………104
福岡高判昭 38・7・15 下刑集 5・7=8・653 …415
最判昭 38・11・12 刑集 17・11・2399 …………76
大阪高判昭 38・11・27 高刑集 16・8・708 …436
最判昭 38・12・24 刑集 17・12・2485 ……313, 314
最決昭 39・1・28 刑集 18・1・31 …………187

最決昭 39・3・11 刑集 18・3・99 …………387
最決昭 39・3・31 刑集 18・3・115 …………400
東京高判昭 39・6・8 高刑集 17・5・446 ……259
東京高判昭 39・7・6 高刑集 17・4・422 ……414
最判昭 39・11・24 刑集 18・9・610 …………315
最決昭 39・12・3 刑集 18・10・698 …………202
最決昭 39・12・8 刑集 18・10・952 …………429
大阪地判昭 40・2・25 下刑集 7・2・230 ……244
最決昭 40・2・26 刑集 19・1・59 …………409
最決昭 40・3・9 刑集 19・2・69 …………262
最判昭 40・3・16 裁判集刑 155・67 …………303
最決昭 40・3・26 刑集 19・2・83 ……………26
東京高判昭 40・3・29 高刑集 18・2・126 ……412
最決昭 40・3・30 刑集 19・2・125 …………143
最決昭 40・4・16 刑集 19・3・143 …………436
最決昭 40・9・16 刑集 19・6・679 …………412
東京地判昭 40・9・30 下刑集 7・9・1828 ……37

昭和 41 年～50 年

名古屋高判昭 41・3・10 高刑集 19・2・104 …380
最判昭 41・3・24 刑集 20・3・129 …………396
高松高判昭 41・3・31 高刑集 19・2・136 ……79
最決昭 41・4・8 刑集 20・4・207 …………259
福岡高判昭 41・4・9 高刑集 19・3・270 ……227
最決昭 41・6・10 刑集 20・5・374 …………315
最決昭 41・7・7 刑集 20・6・554 …………110
東京高判昭 41・7・19 高刑集 19・4・463 ……317
高松高判昭 41・8・9 高刑集 19・5・520 ……221
最決昭 41・9・6 刑集 20・7・759 …………297
大阪地判昭 41・9・19 判タ 200・180 ………322
最大判昭 41・10・26 刑集 20・8・901 …………25
釧路地網走支判昭 41・10・28 判時 468・73
　　　　　　　　　　　　　………………368, 369
最大判昭 41・11・30 刑集 20・9・1076 …241, 242
最大判昭 41・12・20 刑集 20・10・1212 …………75
福岡地判昭 41・12・26 下刑集 8・12・1621 …321
最決昭 42・3・7 刑集 21・2・417 …………141
最決昭 42・3・30 刑集 21・2・447 …………367
大阪地判昭 42・5・13 下刑集 9・5・681 ……187
最決昭 42・5・24 刑集 21・4・505 …………394
最決昭 42・5・26 刑集 21・4・710 …………102
最決昭 42・10・13 刑集 21・8・1097 …………75
最決昭 42・10・24 刑集 21・8・1116 ………51, 53
最決昭 42・11・2 刑集 21・9・1179 …………264

最決昭 42・12・19 刑集 21・10・1407 ………398
最決昭 42・12・21 判時 506・59 …………204
最決昭 43・1・18 刑集 22・1・7 …………235
札幌地判昭 43・2・22 下刑集 10・2・189 ……180
最決昭 43・2・27 刑集 22・2・67 …………117
大阪高判昭 43・3・4 下刑集 10・3・225 …27, 249
岡山地判昭 43・4・30 下刑集 10・4・416 ……209
最決昭 43・6・5 刑集 22・6・427 …………386
福岡高判昭 43・6・14 下刑集 10・6・592 ……259
最決昭 43・6・25 刑集 22・6・490 …………349
最判昭 43・6・28 刑集 22・6・569 …………317
最決昭 43・9・17 裁判集刑 168・691 ………253
最大判昭 43・9・25 刑集 22・9・871 ……171, 434
岡山地判昭 43・10・8 判時 546・98 …………199
最決昭 43・10・15 刑集 22・10・901 …………432
最決昭 43・10・24 刑集 22・10・946 …………252
最判昭 43・12・24 刑集 22・13・1625 ………121
広島地判昭 43・12・24 判タ 229・264 ………271
大阪高判昭 44・3・8 刑月 1・3・190 …………380
盛岡地判昭 44・4・16 刑月 1・4・434 ………260
最決昭 44・5・1 刑集 23・6・907 …………314
最大判昭 44・6・18 刑集 23・7・950 …………367
最大判昭 44・6・25 刑集 23・7・975 …………238
最決昭 44・7・17 刑集 23・8・1061 …………139
大阪高判昭 44・8・7 刑月 1・8・795 …………285
東京高判昭 44・9・17 高刑集 22・4・595 ……66
最大判昭 44・10・15 刑集 23・10・1239 ………378
大阪高判昭 44・10・17 判タ 244・290 ………46
最判昭 44・12・4 刑集 23・12・1573 ……98, 99
福岡高判昭 44・12・18 刑月 1・12・1110 ……428
最判昭 45・1・29 刑集 24・1・1 …………219
福岡高判昭 45・2・14 高刑集 23・1・156 ……89
最判昭 45・3・26 刑集 24・3・55 …………285
東京高判昭 45・4・6 東高刑時報 21・4・152 …27
最判昭 45・4・7 刑集 24・4・105 …………378
大阪高判昭 45・5・1 高刑集 23・2・367 ……105
東京高判昭 45・5・11 高刑集 23・2・386 ……199
最決昭 45・7・28 刑集 24・7・585 …………221
最決昭 45・9・4 刑集 24・10・1319 …………360
京都地判昭 45・10・12 刑月 2・10・1104 ……202
岐阜地判昭 45・10・15 判タ 255・299 ………52
最大判昭 45・10・21 民集 24・11・1560 ………298
最判昭 45・12・22 刑集 24・13・1812 ………393
最判昭 45・12・22 刑集 24・13・1882 ………267
奈良地判昭 46・2・4 判時 649・105 …………275

最判昭46・4・22 刑集25・3・530 ……………336
最判昭46・6・17 刑集25・4・567 ………52, 184
仙台高判昭46・6・21 高刑集24・2・418 …255
最決昭46・9・22 刑集25・6・769 ……………224
福岡高判昭46・10・11 刑月3・10・1311 …187
最判昭46・11・16 刑集25・8・996 ……92, 93, 97
東京高判昭46・12・23 高刑集24・4・789 …380
東京高判昭47・2・17 東高刑時報23・2・30
……………………276
最判昭47・3・14 刑集26・2・187 ……………187
大阪高判昭47・8・4 高刑集25・3・368 …268
東京地判昭47・10・30 刑月4・10・1735 …316
福岡高判昭47・11・22 刑月4・11・1803 …297
東京高判昭47・11・30 刑月4・11・1807 …106
東京高判昭47・12・18 判タ298・441 ………221
東京地判昭48・3・9 判タ298・349 …………199
最決昭48・3・15 刑集27・2・115 ……………364
東京高判昭48・3・26 高刑集26・1・85 …269
最大判昭48・4・25 刑集27・3・418 …………87
東京高判昭48・8・7 高刑集26・3・322 …243
東京高判昭48・8・29 東高刑時報24・8・137
……………………380
東京高判昭48・9・3 東高刑時報24・9・141
……………………260
福岡高判昭49・5・20 刑集6・5・561 ………186
最大判昭49・5・29 刑集28・4・114 …………159
最判昭49・5・29 刑集28・4・151 ……………159
最判昭49・5・31 裁判集刑192・571 ………225
大阪高判昭49・6・12 刑集29・7・431 ………341
東京高判昭49・6・27 高刑集27・3・291 …266
最決昭49・7・5 刑集28・5・194 ……………52
大阪高判昭49・9・10 刑月6・9・945 ………227
最大判昭49・11・6 刑集28・9・393 …………11
東京地判昭49・11・7 判タ319・295 ………185
東京地判昭50・2・6 刑月7・2・67 …………378
福岡高判昭50・2・26 刑月7・2・84 ………259
福岡地小倉支判昭50・3・26 刑月7・3・410
……………………276
最判昭50・4・24 判時774・119 ……………428
札幌高判昭50・6・10 刑月7・6・647 ………316
最決昭50・6・12 刑集29・6・365 ……………311
最判昭50・6・13 刑集29・6・375 …344, 345
広島地判昭50・6・24 刑月7・6・692 ………254
大阪高判昭50・7・1 刑月7・7=8・767 ………337
最判昭50・8・27 刑集29・7・442 ……………84

最大判昭50・9・10 刑集29・8・489 …………13
東京高判昭50・9・25 東高刑時報26・9・163
……………………359
最判昭50・11・28 刑集29・10・983 …………97
東京高判昭50・11・28 東高刑時報26・11・198
……………………255

昭和51年～60年

最判昭51・2・19 刑集30・1・47 ……………427
最決昭51・3・4 刑集30・2・79 …………225, 228
大阪地判昭51・3・4 判時822・109 …………116
札幌高判昭51・3・18 高刑集29・1・78 ………79
最決昭51・3・23 刑集30・2・229 ……………89
広島高判昭51・4・1 高刑集29・2・240 …226
最決昭51・4・1 刑集30・3・425 ……………290
最判昭51・4・30 刑集30・3・453 …357, 358
最判昭51・5・6 刑集30・4・519 …363, 366
最判昭51・5・6 刑集30・4・591 ……………244
最大判昭51・5・21 刑集30・5・615 …………392
京都地判昭51・5・21 判時823・110 …………224
大阪高判昭51・5・25 刑月8・4=5・253 ………81
東京高判昭51・6・1 高刑集29・2・301 ………66
広島高判昭51・9・21 刑月8・9=10・380 …202
福岡高判昭51・9・22 判時837・108 …414, 415
最判昭51・9・22 刑集30・8・1640 …………159
松江地判昭51・11・2 刑月8・11=12・495 …150
横浜地判昭51・11・25 判時842・127 ………33
広島地判昭51・12・1 判時846・125 ………228
札幌簡判昭51・12・6 刑月8・11=12・525
……………………27, 249
京都地判昭51・12・17 判時847・112 ………254
東京高判昭51・12・23 高刑集29・4・676 …114
最決昭52・4・25 刑集31・3・169 ……………359
名古屋高判昭52・5・10 判時852・124 ……258
大阪地判昭52・6・13 刑月9・5=6・369 …393
最判昭52・7・14 刑集31・4・713 ……………313
最決昭52・7・21 刑集31・4・747 …93, 94, 98
大阪高判昭52・11・22 刑月9・11=12・806 …52
最判昭52・12・22 刑集31・7・1176 …………382
東京高判昭53・1・30 刑月10・1=2・12 ………339
東京高判昭53・2・8 高刑集31・1・1 ………345
千葉地木更津支判昭53・3・16 判時903・109
……………………273
東京高判昭53・3・22 刑月10・3・217 ………344

判例索引　467

最決昭 53·3·22 刑集 32·2·381 ······48, 55, 345
最決昭 53·5·22 刑集 32·3·427 ·············392
最決昭 53·5·31 刑集 32·3·457 ···88, 232
札幌高判昭 53·6·29 判時 922·114 ·········221
最判昭 53·6·29 刑集 32·4·816 ········392, 393
最決昭 53·7·28 刑集 32·5·1068 ············68
最決昭 53·9·22 刑集 32·6·1774 ·········394
東京高判昭 53·11·15 東高刑時報 29·11·188
　　　　　　　　　　　　　　　　　　　180
大阪高判昭 53·12·15 高刑集 31·3·333 ···393
東京高判昭 53·12·27 東高刑時報 29·12·216
　　　　　　　　　　　　　　　　　　　357
最決昭 54·1·10 刑集 33·1·1 ·············393
最決昭 54·3·27 刑集 33·2·140 ········61, 72
東京高判昭 54·3·29 東高刑時報 30·3·55
　　　　　　　　　　　　　　　　　　　249
東京高判昭 54·4·12 判時 938·133 ·······257
最決昭 54·4·13 刑集 33·3·179 ········123, 147
東京高判昭 54·5·21 高刑集 32·2·134 ······226
東京高判昭 54·5·30 判時 940·125 ········331
最決昭 54·5·30 刑集 33·4·324 ·········357
東京地判昭 54·6·25 判時 941·6 ···········81
最決昭 54·6·26 刑集 33·4·364 ·········215
東京高判昭 54·7·24 判時 956·135 ········334
最決昭 54·10·26 刑集 33·6·665 ·········384
最決昭 54·11·19 刑集 33·7·710 ·········279
東京高判昭 54·12·13 判タ 410·140 ·······325
最判昭 54·12·25 刑集 33·7·1105 ···········405
東京地判昭 55·2·14 判時 957·118 ···248, 253
最決昭 55·2·29 刑集 34·2·56 ·············316
東京高判昭 55·3·3 判時 975·132 ·········288
名古屋高判昭 55·3·4 刑月 12·3·74 ·······380
東京高判昭 55·6·19 刑月 12·6·433 ·······315
最決昭 55·7·15 判時 972·129 ·············296
名古屋地判昭 55·7·28 刑月 12·7·709 ······222
大阪高判昭 55·7·29 刑月 12·7·525 ·······296
東京高判昭 55·10·7 刑月 12·10·1101
　　　　　　　　　　　　　　　　　53, 204
大阪地判昭 55·10·13 刑月 12·10·1129 ···307
最決昭 55·10·27 刑集 34·5·322 ·······253, 392
東京地判昭 55·10·30 判時 1006·132 ······270
最決昭 55·11·13 刑集 34·6·396 ···········90
最判昭 55·11·28 刑集 34·6·433 ·········379
最決昭 55·12·9 刑集 34·7·513 ·········337
最決昭 55·12·22 刑集 34·7·747 ······349, 434

高知地判昭 55·12·26 判時 989·136 ·········346
最決昭 56·2·20 刑集 35·1·15 ·············302
大阪地判昭 56·3·19 判タ 453·172 ·········180
福岡高判昭 56·3·26 刑月 13·3·164 ·········316
前橋地相生支判昭 56·3·31 判時 1012·137
　　　　　　　　　　　　　　　　　　　278
東京高判昭 56·4·1 刑月 13·4=5·341 ·······86
最決昭 56·4·8 刑集 35·3·57 ·············369
最判昭 56·4·16 刑集 35·3·84 ·············237
最決昭 56·4·16 刑集 35·3·107 ·············369
京都地判昭 56·5·22 判タ 447·157 ·········375
広島高判昭 56·6·15 判時 1009·140 ·········349
横浜地判昭 56·7·17 判時 1011·142 ·········133
福井地判昭 56·8·31 判時 1022·144 ·········285
福岡高判昭 56·9·21 刑月 13·8=9·527 ·······286
大阪高判昭 56·9·30 高刑集 34·3·385 ·······117
東京高判昭 56·12·17 高刑集 34·4·444 ···380
最決昭 56·12·21 刑集 35·9·911 ·············58
最決昭 56·12·22 刑集 35·9·953 ·········370
東京高判昭 56·12·24 高刑集 34·4·461
　　　　　　　　　　　　　　299, 300, 307
最決昭 57·1·28 刑集 36·1·1 ·············420
最決昭 57·2·17 刑集 36·2·206 ·········159
最決昭 57·5·26 刑集 36·5·609 ···········96
最判昭 57·6·24 刑集 36·5·646 ·········313
東京高判昭 57·6·28 刑月 14·5=6·324 ·······89
大阪高判昭 57·6·29 判時 1051·159 ·········44
大阪地判昭 57·7·9 判時 1083·158 ·········271
最決昭 57·7·16 刑集 36·6·695 ·······129, 141
福岡高判昭 57·9·6 高刑集 35·2·85 ·········80
東京高判昭 57·9·7 高刑集 35·2·126 ···320
東京地判昭 57·9·27 刑月 14·11=12·1150
　　　　　　　　　　　　　　　　　　　241
旭川地判昭 57·9·29 刑月 14·9·713 ·········410
福岡高判昭 57·12·16 判タ 494·140 ·········226
東京地八王子支判昭 57·12·22 判タ 494·142
　　　　　　　　　　　　　　　　　　　　37
名古屋高判昭 58·1·13 判時 1084·144 ···133
東京高判昭 58·1·20 判時 1088·147 ·········227
大阪高判昭 58·2·10 刑月 15·1=2·1 ·········428
最判昭 58·2·24 判時 1070·5 ·············312
福岡高判昭 58·2·28 判時 1083·156 ·········258
最判昭 58·3·8 刑集 37·2·15 ·············378
最決昭 58·3·25 刑集 37·2·170 ·············425
仙台地判昭 58·3·28 刑月 15·3·279 ·········326

468　判例索引

最判昭 58・4・8 刑集 37・3・215
　　　　　　　　………………225, 226, 228, 229
東京高判昭 58・4・27 高刑集 36・1・27　……234
最決昭 58・5・9 刑集 37・4・401　…………403
最決昭 58・5・24 刑集 37・4・437 …………306
東京高判昭 58・5・26 東高刑時報 34・4=6・18
　　　　　　　　……………………………349
東京高判昭 58・6・20 刑月 15・4=6・299 ……326
横浜地判昭 58・7・20 判時 1108・138 ………323
最決昭 58・9・13 判時 1100・156 …………112
最決昭 58・9・21 刑集 37・7・1070 ……32, 125
最判昭 58・9・29 刑集 37・7・1110 …………159
東京地判昭 58・10・6 判時 1096・151 ………307
最決昭 58・10・26 刑集 37・8・1228 ………337
最決昭 58・11・1 刑集 37・9・1341　………239
東京高判昭 59・1・25 判時 1125・166 ………114
最判昭 59・2・17 刑集 38・3・336 …………370
最判昭 59・3・6 刑集 38・5・1961 ……………58
最決昭 59・3・23 刑集 38・5・2030　………244
最決昭 59・4・12 刑集 38・6・2107
　　　　　　　　………………322, 334, 334
最決昭 59・4・27 刑集 38・6・2584 …………243
最決昭 59・5・30 刑集 38・7・2682　………426
鹿児島地判昭 59・5・31 判タ 531・251　……182
福岡高判昭 59・6・19 刑月 16・5=6・420 ……387
東京地判昭 59・6・22 刑月 16・5=6・467
　　　　　　　　………………………324, 325
東京地判昭 59・6・28 判時 1126・6 ……248, 253
名古屋高判昭 59・7・3 判時 1129・155 ……286
最決昭 59・7・3 刑集 38・8・2783 …………112
最決昭 59・7・6 刑集 38・8・2793 ……………53
大阪高判昭 59・7・27 高刑集 37・2・377 ……408
東京地判昭 59・8・6 判時 1132・176 ………293
東京高判昭 59・10・30 判時 1147・160 ………260
東京高判昭 59・10・31 判タ 550・289 ………286
大阪高判昭 59・11・28 高刑集 37・3・438 …272
最判昭 59・12・18 刑集 38・12・3026 ………227
最決昭 59・12・21 刑集 38・12・3071 ………319
大阪高判昭 60・2・6 高刑集 38・1・50 ………277
横浜地判昭 60・2・8 判タ 553・251 ………275
最判昭 60・2・8 刑集 39・1・1 ……………166
東京地判昭 60・2・13 刑月 17・1=2・22 ……295
東京地判昭 60・3・6 判時 1147・162 ………296
最判昭 60・3・28 刑集 39・2・75 …………329
最決昭 60・4・3 刑集 39・3・131 …………304

東京地判昭 60・4・8 判時 1171・16 …………426
大阪高判昭 60・4・12 判時 1156・159 ………263
最判昭 60・6・11 刑集 39・5・219 …………426
最決昭 60・7・3 判時 1173・151 ………409, 410
最判昭 60・7・16 刑集 39・5・245 …………420
東京高判昭 60・8・29 高刑集 38・2・125 ……384
最判昭 60・9・12 刑集 39・6・275 ……………98
最決昭 60・10・21 刑集 39・6・362　……189, 330
最判昭 60・10・23 刑集 39・6・413 ………11, 13
福岡地判昭 60・11・15 判タ 591・81 …276, 276
東京高判昭 60・12・4 刑月 17・12・1171 ……295
東京高判昭 60・12・10 判時 1201・148
　　　　　　　　……………………………190, 198

昭和 61 年～63 年

東京高判昭 61・1・29 刑月 18・1=2・7 ………394
最決昭 61・2・3 刑集 40・1・1 ……………159
横浜地判昭 61・2・18 判時 1200・161 ………241
福岡高判昭 61・3・6 高刑集 39・1・1 ………46
東京高判昭 61・3・31 高刑集 39・1・24 ……317
東京高判昭 61・4・17 高刑集 39・1・30 ……274
東京高判昭 61・5・1 判時 1221・140　………180
最決昭 61・6・9 刑集 40・4・269 ……………72
最決昭 61・6・27 刑集 40・4・340 …………357
最決昭 61・6・27 刑集 40・4・369 …………425
大阪高判昭 61・7・17 判タ 624・234　………255
最決昭 61・7・18 刑集 40・5・438 …249, 251, 315
名古屋高判昭 61・9・30 高刑集 39・4・371 …134
大阪地判昭 61・10・3 判タ 630・228 ………190
大阪高判昭 61・10・7 判時 1217・143 ………269
最決昭 61・10・28 刑集 40・6・509 …………384
最決昭 61・11・18 刑集 40・7・523
　　　　　　　　………158, 252, 271, 273, 281
大阪高判昭 61・12・16 高刑集 39・4・592 …205
東京高判昭 62・2・10 判時 1243・141 ………381
仙台地石巻支判昭 62・2・18 判タ 632・254 …90
最決昭 62・3・12 刑集 41・2・140 ………242, 244
大阪高判昭 62・3・19 判時 1236・156 ………224
最決昭 62・3・24 刑集 41・2・173 …………214
最決昭 62・3・26 刑集 41・2・182 …………110
最決昭 62・4・10 刑集 41・3・221 ………249, 258
東京地判昭 62・4・15 判タ 640・227 ………222
広島高松江支判昭 62・6・18 高刑集 40・1・71
　　　　　　　　……………………………220

大阪高判昭 62・7・10 高刑集 40・3・720
　………………………………131, 186
東京高判昭 62・7・16 判時 1247・140 ……46, 47
最判昭 62・7・16 刑集 41・5・237 ……66, 67, 344
大阪高判昭 62・7・17 判時 1253・141 ………142
東京高判昭 62・7・28 判時 1249・130 …335, 336
東京高判昭 62・7・29 高刑集 40・2・77 ……426
福岡地小倉支判昭 62・8・26 判時 1251・143
　………………………………………255
東京高判昭 62・9・14 判時 1266・149 ……267
最判昭 62・9・30 刑集 41・6・297 …………398
大阪高判昭 62・10・2 判タ 675・246 …145
東京地判昭 62・10・6 判時 1259・137 ……255
岐阜地判昭 62・10・15 判タ 654・261 …44, 177
東京地判昭 62・10・22 判時 1258・143 ……344
福岡高判昭 62・12・8 判時 1265・157 ……264
大阪高判昭 62・12・16 判タ 662・241 ……262
最判昭 63・1・19 刑集 42・1・1 ………176, 199
最判昭 63・2・29 刑集 42・2・314 …………183
盛岡地判昭 63・3・23 判時 1269・159 ……231
大阪高判昭 63・3・29 判時 1309・43 ……209
最判昭 63・4・11 刑集 42・4・419 ………424, 426
東京地判昭 63・4・19 判タ 680・240 ……375
東京高判昭 63・4・21 判時 1280・161 ……263
最判昭 63・5・11 刑集 42・5・807 ……53
東京地判昭 63・7・11 判時 1286・152 ………386
最判昭 63・7・18 刑集 42・6・861 …………427
大阪地判昭 63・7・21 判時 1286・153 …243, 244
東京地判昭 63・7・27 判時 1300・153 ……138
大阪地判昭 63・10・7 判時 1295・151 ……291
東京地判昭 63・10・26 判タ 690・245 ……196
最判昭 63・11・21 刑集 42・9・1251 ……305
大阪地判昭 63・12・22 判タ 707・267 ……254

平成 1 年～10 年

最決平 1・2・17 刑集 43・2・81 ……………365
東京地判平 1・2・22 判時 1308・161 ………372
東京高判平 1・2・27 高刑集 42・1・87 ……272
大阪高判平 1・3・3 判タ 712・248 …………270
最判平 1・3・9 刑集 43・3・95 …………396
最決平 1・3・10 刑集 43・3・188 ………242, 393
最決平 1・3・14 刑集 43・3・262 ……………79
最決平 1・3・14 刑集 43・3・283 …231, 421
福岡高宮崎支判平 1・3・24 高刑集 42・2・103

　………………………………………181
東京地判平 1・3・27 判時 1310・39 …………272
大阪地判平 1・3・29 判時 1321・3 …………281
甲府地判平 1・3・31 判時 1311・160 ………372
最決平 1・5・1 刑集 43・5・405 ……………408
最決平 1・6・26 刑集 43・6・567 ………150, 151
最決平 1・7・7 刑集 43・7・607 ……………251
最決平 1・7・7 判時 1326・157 ……………326
最決平 1・7・14 刑集 43・7・641 ……………325
最判平 1・7・18 刑集 43・7・752 ………63, 66
東京地判平 1・7・31 判時 1559・152 ………156
東京高判平 1・9・18 高刑集 42・3・151 ……99
最判平 1・11・13 刑集 43・10・823 …………99
最決平 1・12・15 刑集 43・13・879 …35, 49, 199
大阪高判平 2・1・23 高刑集 43・1・1 ………145
名古屋高判平 2・1・25 判タ 739・243 ………46
最決平 2・2・9 判時 1341・157 ……………61
東京高判平 2・2・20 高刑集 43・1・11 ………368
東京高判平 2・2・21 判タ 733・232 ……138, 139
富山地判平 2・4・13 判時 1343・160 ………382
東京地八王子支判平 2・4・23 判時 1351・158

　………………………………………291
名古屋高判平 2・7・17 判タ 739・245 ………46
山口簡判平 2・10・1 判時 1373・144 ………262
東京地判平 2・10・12 判タ 757・239 ………384
東京地判平 2・11・15 判時 1373・145 ………262
最決平 2・11・20 刑集 44・8・837 …………52, 54
大分地判平 2・12・6 判時 1389・161 ………196
浦和地判平 2・12・20 判時 1377・145 ………274
大阪地判平 3・3・7 判タ 771・278 …………394
東京高判平 3・4・1 判時 1400・128 ……257, 258
名古屋高金沢支判平 3・7・18 判時 1403・125

　………………………………………158, 274
仙台高気仙沼支判平 3・7・25 判タ 789・275

　………………………………………411
東京地八王子支判平 3・8・28 判タ 768・249

　………………………………………281
東京地判平 3・9・17 判時 1417・141 ………263
神戸地判平 3・9・19 判タ 797・269 ………368
大阪高判平 3・11・6 判タ 796・264 ………368
最判平 3・11・14 刑集 45・8・221 ………82, 83
大阪地判平 3・12・2 判時 1411・128 ………380
東京地判平 3・12・19 判タ 795・269 …………61
東京高判平 3・12・26 判タ 787・272 ………286
東京高判平 4・1・13 判タ 774・277 …………365

長崎地判平 4・1・14 判時 1415・142 ………116
東京地判平 4・1・23 判時 1419・133 …134, 135
最決平 4・2・18 刑集 46・2・1 …………281
浦和地判平 4・2・27 判タ 795・263 …………46
浦和地判平 4・3・19 判タ 801・264 ………293
東京地判平 4・3・23 判タ 799・248 ………365
東京地判平 4・3・24 判タ 798・79 ………427
浦和地判平 4・4・24 判時 1437・151 …259, 293
最決平 4・6・5 刑集 46・4・245 ………122, 126
東京地判平 4・6・19 判タ 806・227 ………214
鳥取地米子支判平 4・7・3 判タ 792・232 …365
最判平 4・7・10 判時 1430・145 …………77
大阪地判平 4・9・22 判タ 828・281 ………268
東京高判平 4・10・28 判タ 823・252 ………262
札幌地判平 4・10・30 判タ 817・215 ………268
最決平 4・11・27 刑集 46・8・623 ………242, 244
津地判平 4・12・14 判タ 822・281 ………222
最決平 4・12・17 刑集 46・9・683 …………53
東京地判平 5・1・11 判時 1462・159 ………110
東京高判平 5・2・1 判時 1476・163
　　　　　………………………228, 242, 244
東京高判平 5・2・25 東高刑時報 44・1=12・13
　　　　　………………………………………263
那覇地判平 5・3・23 判時 1459・157 ………244
大阪地判平 5・3・25 判タ 831・246 …………423
東京高判平 5・4・5 高刑集 46・2・35 ………369
津地判平 5・4・28 判タ 819・201 …………100
福岡高判平 5・6・22 高刑集 46・3・235 ………428
札幌地判平 5・6・28 判タ 838・268 ……248, 253
東京高判平 5・6・29 高刑集 46・2・189
　　　　　………………………………291, 292
東京高判平 5・7・7 判時 1484・140 ……228, 229
大阪高判平 5・7・7 高刑集 46・2・220 ………314
大阪地判平 5・7・9 判時 1473・156 ………176
最決平 5・10・5 刑集 47・8・7 …………361
宇都宮地判平 5・10・6 判タ 843・258 ………429
浦和地判平 5・11・16 判タ 835・243 ………214
最決平 5・11・25 刑集 47・9・242 …………82
札幌地判平 6・2・7 判タ 873・288 ………325
最決平 6・3・29 刑集 48・3・1 …………422
東京地判平 6・3・30 判タ 865・268 ………306
東京高判平 6・5・31 東高刑時報 45・1=12・36
　　　　　………………………………………100
最決平 6・6・30 刑集 48・4・21 …………102
東京高判平 6・7・12 判時 1518・148 ………117

最決平 6・7・19 刑集 48・5・190 …………266
東京高判平 6・9・12 判時 1545・113 ………258
最判平 6・11・29 刑集 48・7・453 ………368, 369
最判平 6・12・6 刑集 48・8・509 ………101, 148
最判平 6・12・9 刑集 48・8・576 …………14
東京地判平 7・2・13 判時 1529・158 ………291
最大判平 7・2・22 刑集 49・2・1 …424, 425, 427
東京高判平 7・3・14 判タ 883・284 …………158
東京高判平 7・3・14 高刑集 48・1・15 ………160
横浜地判平 7・3・28 判時 1530・28 ………178
千葉地判平 7・6・2 判時 1535・144 ………412
大阪地判平 7・6・6 判時 1554・160 ………274
名古屋地判平 7・6・6 判時 1541・144 …180, 181
札幌地判平 7・6・29 判時 1551・142 …269, 270
東京地判平 7・9・21 判時 1561・138 ………293
東京地判平 7・9・26 判時 1560・145 ………157
東京地判平 7・10・9 判タ 922・292
　　　　　…………………133, 147, 148, 275
東京地判平 7・10・12 判時 1547・144 ………229
福岡地判平 7・10・12 判タ 910・242 ………323
東京地判平 7・10・24 判時 1596・125 …………46
福岡高那覇支判平 7・10・26 判時 1555・140
　　　　　………………………………………228
大阪高判平 7・11・9 高刑集 48・3・177 …32, 125
東京高判平 7・12・4 判時 1556・148 ………166
千葉地判平 7・12・13 判時 1565・144 …………88
大阪地判平 7・12・22 判タ 926・256 …105, 106
東京地判平 8・1・17 判時 1563・152 ……86, 201
高松高判平 8・1・25 判時 1571・148 ………205
千葉地判平 8・1・29 判タ 919・256 …………412
最決平 8・2・6 刑集 50・2・129 …………306
東京地判平 8・2・7 判時 1568・145 …………94
東京地判平 8・3・7 判時 1600・160 ………272
東京地判平 8・3・22 判時 1568・35 ………178
東京地判平 8・3・27 判時 1600・158 ………344
東京地判平 8・3・28 判時 1596・125 …………46
岡山地判平 8・4・15 判時 1587・155 ………276
最判平 8・4・26 民集 50・5・1267 …………259
広島高岡山支判平 8・5・22 高刑集 49・2・246
　　　　　………………………………………358
東京高判平 8・6・25 判時 1581・134 ………141
東京地判平 8・6・26 判時 1578・39
　　　　　……………105, 106, 118, 119
大阪地判平 8・7・8 判タ 960・293 ……359, 367
大阪高判平 8・9・17 判タ 940・272 …………141

判例索引　471

大阪地判平 8・10・11 判タ 979・248 ……………52
最判平 8・11・18 刑集 50・10・745 ……………12
福岡高判平 8・11・21 判タ 936・254 ………290
最決平 8・11・28 刑集 50・10・828 ……………12
東京高判平 8・12・4 判タ 950・241 …………99
東京高判平 8・12・11 判時 1594・3 …………426
名古屋地判平 9・3・5 判時 1611・153 ………141
名古屋高判平 9・3・12 判時 1603・3 ……86, 202
東京地判平 9・3・27 公刊物未登載…………303
最判平 9・6・16 刑集 51・5・435 ……96, 100
大阪地判平 9・6・18 判時 1610・155 …………46
最決平 9・7・9 刑集 51・6・453 ……………144
広島高判平 9・7・15 判時 1624・145 ……86, 202
東京地判平 9・7・15 判時 1641・156 …………116
東京高判平 9・8・4 高刑集 50・2・130 ………90
大阪地判平 9・8・20 判タ 995・286 ……132, 186
大阪地判平 9・8・29 判タ 1627・155 …………102
東京地判平 9・9・5 判タ 982・298 …………100
大阪地判平 9・9・25 判時 1630・154 …………166
最決平 9・9・30 刑集 51・8・671 …………13, 142
大阪地判平 9・10・3 判タ 980・285 …………245
大阪高判平 9・10・16 判時 1634・152 …53, 324
名古屋地判平 9・10・16 判タ 974・260 ………344
最決平 9・10・21 刑集 51・9・755 …………325
最決平 9・10・30 刑集 51・9・816 ……………34
千葉地判平 9・12・2 判時 1636・160 …………99
東京地判平 9・12・5 判時 1634・155 …………248
東京地判平 9・12・12 判時 1632・152 …104, 106
東京地判平 10・3・2 判タ 984・284 …………110
東京高判平 10・3・11 判時 1660・155 …………86
東京高判平 10・3・25 判タ 984・287 …………141
横浜地判平 10・3・30 判時 1649・176 …………46
東京地判平 10・5・26 判時 1648・38 …………166
東京高判平 10・6・4 判時 1650・155 …………179
東京高判平 10・6・5 判タ 1008・277 …………259
大阪高判平 10・6・24 高刑集 51・2・116 ……106
東京地判平 10・7・7 判時 1683・160 …………295
最決平 10・7・14 刑集 52・5・343 ……………402
松江地判平 10・7・22 判時 1653・156 ………106
東京地判平 10・8・19 判時 1653・154
　………………………………………34, 141, 142
東京地判平 10・10・27 判タ 1019・297 ………97
最決平 10・11・4 刑集 52・8・542 ……………402
最決平 10・11・25 刑集 52・8・570 ……305, 308
名古屋高判平 10・12・14 判時 1669・152 …364

平成 11 年〜20 年

東京高判平 11・1・29 判時 1683・153 ………145
神戸地判平 11・2・1 判時 1671・161 ………190
最決平 11・3・10 刑集 53・3・339 ……………342
青森地弘前支判平 11・3・30 判時 1694・157
　………………………………………243, 244
名古屋地判平 11・3・31 判時 1676・155 ……426
大阪地堺支判平 11・4・22 判時 1687・157 …140
東京地判平 11・5・28 刑集 57・2・210 ………143
水戸地判平 11・7・8 判時 1689・155 …………275
東京高判平 11・8・27 判タ 1049・326 ………264
福岡高判平 11・9・7 判時 1691・156 …………47
東京地判平 11・9・30 判タ 1029・138 …………57
東京地判平 11・10・5 判タ 1023・86 …………303
最決平 11・10・20 刑集 53・7・641 …………425
富山地判平 11・11・25 判タ 1050・278 ………100
最決平 11・12・9 刑集 53・9・1117 ……………264
最決平 11・12・20 刑集 53・9・1495 ……368, 370
東京高判平 12・2・8 東高刑時報 51・1=12・9
　………………………………………………370
最決平 12・2・17 刑集 54・2・38 ………242-244
東京高判平 12・2・21 判時 1740・107 ………224
最判平 12・2・29 民集 54・2・582 ……………88
札幌高判平 12・3・16 判時 1711・170 ………145
最決平 12・3・22 刑集 54・3・119 ……………424
大津地判平 12・3・24 判時 1717・25 …………339
東京高判平 12・5・15 判時 1741・157 ………255
大阪高判平 12・8・24 判時 1736・130 ………288
東京高判平 12・8・29 判時 1741・160 …261, 281
福岡高判平 12・9・21 判時 1731・131 ………245
最判平 12・12・15 刑集 54・9・923 ……………264
最決平 12・12・15 刑集 54・9・1049 …………264
最決平 12・12・20 刑集 54・9・1095 …………80
最決平 13・2・9 判時 1742・155 ……………166
宮崎地判平 13・2・26 研修 636・3 …………259
大阪高判平 13・3・14 高刑集 54・1・1 …255, 316
名古屋高判平 13・3・20 研修 463・25 ………262
東京高判平 13・5・16 判時 1760・146 ………288
東京高判平 13・7・16 東高刑時報 52・1=12・37
　………………………………………………375
最決平 13・7・16 刑集 55・5・317 ………380, 381
広島高松江支判平 13・10・17 判時 1766・152
　………………………………………104, 106
最決平 13・10・25 刑集 55・6・519

··32, 122, 125, 128, 137
最決平 13・11・5 刑集 55・6・546 ········300, 307
最決平 13・11・14 刑集 55・6・763 ············339
福岡地判平 14・1・17 判タ 1097・305 ···326, 327
最決平 14・2・8 刑集 56・2・71 ···················288
東京地判平 14・2・8 判時 1821・160 ·········375
最決平 14・2・14 刑集 56・2・86 ···············274
最決平 14・7・1 刑集 56・6・265 ···············312
名古屋高判平 14・8・29 判時 1831・158 ···151
横浜地判平 14・9・5 判タ 1140・280 ·········243
函館地判平 14・9・17 判時 1818・176 ·········191
最決平 14・9・30 刑集 56・7・395 ···············242
仙台高判平 14・10・22 判タ 1140・277 ······268
最決平 14・10・22 刑集 56・8・690 ···········425
東京地判平 14・10・30 判時 1816・164 ·········67
大阪高判平 14・11・26 判時 1807・155 ······204
東京地判平 14・12・16 判時 1841・158 ·········61
最決平 15・1・14 判タ 1113・132 ···············432
福岡高判平 15・2・13 判時 1840・156 ·········375
最決平 15・2・18 刑集 57・2・161 ···············303
東京地判平 15・3・6 判タ 1152・296 ·········276
最決平 15・3・11 刑集 57・3・293 ···············240
最決平 15・3・12 刑集 57・3・322 ·········258, 290
最決平 15・3・18 刑集 57・3・356 ···············304
最決平 15・3・18 刑集 57・3・371 ···············210
最決平 15・4・14 刑集 57・4・445 ·········321, 328
最大判平 15・4・23 刑集 57・4・467 ······157, 300
最決平 15・5・1 刑集 57・5・5072 ···············130
最決平 15・6・2 刑集 57・6・749 ···············335
最決平 15・7・10 刑集 57・7・903 ·········163, 204
最決平 15・7・16 刑集 57・7・950 ···············54
最決平 15・10・6 刑集 57・9・987 ···············361
最判平 15・11・21 刑集 17・10・1043 ·············60
札幌地判平 15・11・27 判タ 1159・292
·································35, 49, 199
最決平 16・1・20 刑集 58・1・20 ···············181
最決平 16・2・9 刑集 58・2・89 ···················286
最決平 16・2・17 刑集 58・2・169 ···············54
最決平 16・3・22 刑集 58・3・187 ······30, 40, 58
東京高判平 16・6・17 東高刑時報 55・1=12・48
···355
最決平 16・7・7 刑集 58・5・309 ···············289
最決平 16・7・13 刑集 58・5・476 ·········75, 364
最決平 16・8・25 刑集 58・6・515 ···············257
最決平 16・10・19 刑集 58・7・645 ···············54

東京高判平 16・10・29 高検速報平 16・105
···213
最決平 16・11・8 刑集 58・8・905 ···············434
最決平 16・11・30 刑集 58・8・1005 ·············255
最判平 16・12・10 刑集 58・9・1047 ·············274
最決平 17・3・11 刑集 59・2・1 ···················424
最決平 17・3・29 刑集 59・2・54 ···············183
大阪高判平 17・3・29 判タ 1194・293 ·········287
最判平 17・4・14 刑集 59・3・283 ···············160
神戸地判平 17・4・26 判タ 1238・343 ·········272
大阪地判平 17・5・25 判タ 1202・285 ···89, 294
最決平 17・7・4 刑集 59・6・403 ·········37, 124
千葉地判平 17・7・19 判タ 1206・280 ·········57
札幌高判平 17・8・18 判時 1923・160 ···408, 409
最決平 17・12・13 刑集 59・10・1938 ···········365
東京高判平 17・12・28 判タ 1227・132 ·······400
最決平 18・1・17 刑集 60・1・29 ···············315
最決平 18・1・23 刑集 60・1・67 ···············426
最決平 18・2・14 刑集 60・2・165 ···············292
最決平 18・2・27 刑集 60・2・253 ···············60
最決平 18・3・27 刑集 60・3・382 ·········53, 204
最決平 18・5・16 刑集 60・5・413 ···············382
最決平 18・8・21 判タ 1227・184 ···············290
最決平 18・8・30 刑集 60・6・479 ···············266
広島高判平 18・10・31 高検速報平 18・279
···354
最決平 18・11・21 刑集 60・9・770 ······136, 412
東京高判平 18・11・21 東高刑時報 57・1=12・
69 ···287
名古屋高判平 19・2・16 判タ 1247・342 ······41
最決平 19・3・20 刑集 61・2・66 ···············314
最決平 19・3・22 刑集 61・2・81 ···············163
最決平 19・3・26 刑集 61・2・131 ···············75
最決平 19・4・13 刑集 61・3・340 ···············261
最決平 19・7・2 刑集 61・5・379 ·········229, 244
最決平 19・7・10 刑集 61・5・405 ···············282
最決平 19・8・8 刑集 61・5・576 ···············372
最決平 19・9・18 刑集 61・6・601 ···············13
最決平 19・11・13 刑集 61・8・743 ···············415
最決平 19・11・14 刑集 61・8・757 ······130, 342
最決平 19・12・3 刑集 61・9・821 ···············158
最決平 20・1・22 刑集 62・1・1 ···············224
最決平 20・2・18 刑集 62・2・37 ···············266
最決平 20・3・3 刑集 62・4・567 ···············83
東京高判平 20・3・19 判タ 1274・342 ·········270

判例索引　473

最決平 20・3・27 刑集 62・3・250 …424, 427, 429
最決平 20・4・11 刑集 62・5・1217 ……228, 229
最判平 20・4・22 刑集 62・5・1528 …………171
最決平 20・5・19 刑集 62・6・1623 …………303
最決平 20・5・20 刑集 62・5・1786 ……………95
仙台地判平 20・6・3 裁判所 Web……………51
最決平 20・6・25 刑集 62・6・1859 …………101
東京高判平 20・7・18 判タ 1306・311 ………359
最判平 20・10・10 民集 62・9・2361 …………259
最決平 20・10・16 刑集 62・9・2797 …………192

平成 21 年〜

広島地判平 21・3・4 裁判所 Web …………209
名古屋高判平 21・3・9 高検速報平 21・178
　　…………………………………………272
東京高判平 21・3・12 高刑集 65・2・21
　　……………………………………242, 243
最決平 21・3・16 刑集 63・3・81 …………431
最決平 21・3・26 刑集 63・3・291 ……300, 365
最決平 21・3・26 判時 2042・143 ……………89
広島高松江支判平 21・4・17 高検速報平 21・
　　205……………………………………254, 255
最決平 21・6・29 刑集 63・5・461 …………261
最決平 21・6・30 刑集 63・5・475 …………150
最決平 21・7・7 刑集 63・6・507 ……161, 382
最決平 21・7・13 刑集 63・6・590 …………227
最決平 21・7・14 刑集 63・6・613 ……399, 400
最決平 21・7・16 裁判所時報 1487・23
　　……………………………………92, 100,
最決平 21・9・15 刑集 63・7・783 …………290
東京地判平 21・10・2 裁判所 Web…………316
東京高判平 21・10・8 判タ 1388・370 ………94
最決平 21・10・19 判タ 1311・82 …………130
最決平 21・10・21 刑集 63・8・1070 …………162
最決平 21・11・9 刑集 63・9・1117 …………303
東京高判平 21・11・16 判タ 1337・280 …………271
東京高判平 21・11・18 東高刑時報 60・1=12・
　　190………………………………………182
最判平 21・11・30 刑集 63・9・1765
　　……………………………………227, 228, 229
最決平 21・12・7 刑集 63・11・2641 …………81
最決平 21・12・7 刑集 63・11・1899 …………178
東京高判平 21・12・22 判タ 1333・282 ……263
最決平 22・3・15 刑集 64・2・1 ……235, 238

最決平 22・3・17 刑集 64・2・111 ………157, 288
東京高判平 22・4・20 判タ 1371・251 …………262
最決平 22・5・31 刑集 64・4・447 …………81
最決平 22・5・31 判タ 1385・126 …………131
東京高判平 22・7・13 東高刑時報 61・1=12・167
　　…………………………………………217
最決平 22・7・29 刑集 64・5・829 …………282
大阪地判平 22・8・2 裁判所 Web …………199
最決平 22・9・7 刑集 64・6・865 …………426
福岡高判平 22・9・16 判タ 1348・246 …………183
最決平 22・10・26 刑集 64・7・1019 …………77
松山地判平 22・12・1 裁判所 Web…………294
最決平 22・12・20 刑集 64・8・1291 …………13
最決平 22・12・20 刑集 64・8・1312 …………162
東京高判平 22・12・24 東高刑時報 61・11=2・
　　344………………………………………237
東京高判平 23・1・25 高刑集 64・1・1 …………276
広島高判平 23・6・30 裁判所 Web …………423
最決平 23・7・7 刑集 65・5・619 …………244
千葉地判平 23・7・21 裁判所 Web …………225
大阪地判平 23・7・22 判タ 1359・251 …………109
最決平 23・10・31 刑集 65・7・1138 …………191
最決平 23・12・19 刑集 65・9・1380 …………140
最決平 24・1・30 刑集 66・1・36 …………183
最決平 24・2・8 刑集 66・4・200 …………81
松山地判平 24・2・9 判タ 1378・251 …………148
東京高判平 24・2・10 東高刑時報 63・1=12・31
　　…………………………………………263
最決平 24・2・13 刑集 66・4・405 …………232
大阪高判平 24・3・13 判タ 1387・37 …………187
最判平 24・3・23 判タ 1369・121 …………236
広島高判平 24・4・10 高検速報平 24・221 …198
奈良地判平 24・6・22 判タ 1406・363 …………134
名古屋高判平 24・7・5 高検速報平 24・207
　　…………………………………………258
最決平 24・7・24 刑集 66・8・709 ………183, 204
仙台高判平 24・8・9 高検速報平 24・273 …257
最決平 24・10・9 刑集 66・10・981 …………266
最決平 24・10・15 刑集 66・10・990 …………427
東京高判平 24・10・17 東高刑時報 63・1=12・
　　211………………………………………257
東京高判平 24・10・30 高検速報平 24・146
　　…………………………………………292
東京高判平 24・11・1 高刑集 65・2・18 …………162
最決平 24・11・6 刑集 66・11・1281 ……131, 132

474 判例索引

東京高判平 24・12・13 高刑集 65・2・21 ……282
東京高判平 24・12・18 判時 2212・123 ……105
大分地判平 25・1・18 裁判所 Web …………274
東京高判平 25・2・19 東京高刑時報 64・55 …94
東京高判平 25・4・12 東高刑時報 64・1=12・
　103………………………………………242
最決平 25・4・15 刑集 67・4・437 ………138, 191
東京高判平 25・6・11 判時 2214・127 ………193
東京高判平 25・8・28 高刑集 66・3・13 ……72
東京高判平 25・9・4 判時 2218・134 ………258
岐阜地判平 25・9・12 裁判所 Web …………273
東京高判平 25・11・6 判タ 1419・230 ………179
横浜地判平 25・11・8 裁判所 Web …………261
最小決平 26・3・17 刑集 68・3・368 …………156
最判平 26・3・28 刑集 68・3・582 ……………282
最決平 26・3・28 刑集 68・3・646 ……………282
大阪地判平 26・7・4 判タ 1416・380 ………244
最決平 26・7・22 刑集 68・6・775 ……………81
最判平 26・11・7 刑集 68・9・963 ……………29

最決平 26・11・25 刑集 68・9・1053
　…………………………………14, 381, 382
東京高判平 27・6・5 判時 2297・137 …………94
東京高判平 27・7・15 判時 2301・137 ………101
大阪高判平 27・10・6 判時 2293・139 ………202
東京高判平 28・2・19 判タ 1426・41 ………290
最決平 28・3・24 刑集 70・3・1 …………132, 186
最決平 28・3・31 刑集 70・3・58 ……………412
最決平 28・5・25 刑集 70・5・117 ……………76
最決平 28・7・12 刑集 70・6・411 ………134, 135
最決平 28・7・27 刑集 70・6・571 ……………12
最判平 28・12・5 刑集 70・8・749 ……………365
最決平 29・3・27 刑集 71・3・183 ……………408
東京高判平 29・4・13 裁判所 Web …………381
最決平 29・4・26 刑集 71・4・275 …………93, 94
最決平 29・6・12 刑集 71・5・315 ……………76
最決平 29・11・29 裁判所時報 1688・1 ……219
最決平 29・12・11 裁判所 Web ……………133

著者略歴
1955 年　東京に生れる
1979 年　東京都立大学法学部卒業
現　在　首都大学東京 法科大学院教授，法学博士

主要著書
『財産犯論の研究』1988 年，日本評論社
『主観的犯罪要素の研究』1992 年，東京大学出版会
『詐欺罪の研究』2000 年，東京都立大学出版会
『刑事法入門　第 2 版』2001 年，東京大学出版会
『演習刑法　第 2 版』2016 年，東京大学出版会

刑　法　第 4 版

1997 年 11 月 18 日　初　版第 1 刷
2002 年 3 月 20 日　第 2 版第 1 刷
2010 年 3 月 29 日　第 3 版第 1 刷
2018 年 3 月 16 日　第 4 版第 1 刷

［検印廃止］

著　者　木村光江

発行所　一般財団法人　東京大学出版会

代表者　吉見俊哉
153-0041 東京都目黒区駒場 4-5-29
電話 03-6407-1069　Fax 03-6407-1991
振替 00160-6-59964

印刷所　大日本法令印刷株式会社
製本所　牧製本印刷株式会社

© 2018 Mitsue Kimura
ISBN 978-4-13-032380-2　Printed in Japan

JCOPY〈(社)出版者著作権管理機構 委託出版物〉
本書の無断複写は著作権法上での例外を除き禁じられています．複写される場合は，そのつど事前に，(社)出版者著作権管理機構（電話 03-3513-6969，FAX 03-3513-6979，e-mail: info@jcopy.or.jp）の許諾を得てください．

演習刑法 第2版
木村光江 著 　　　　　　　　　　　　　　　A5　3800 円

刑事法入門 第2版 ［オンデマンド版］
木村光江 著 　　　　　　　　　　　　　　　A5　2500 円

刑法総論講義 第6版
前田雅英 著 　　　　　　　　　　　　　　　A5　3600 円

刑法各論講義 第6版
前田雅英 著 　　　　　　　　　　　　　　　A5　3600 円

刑法総論 第2版
林 幹人 著 　　　　　　　　　　　　　　　A5　3800 円

刑法各論 第2版
林 幹人 著 　　　　　　　　　　　　　　　A5　3800 円

刑事訴訟法講義 第6版
池田 修＝前田雅英 著 　　　　　　　　　　A5　3800 円

判例教材 刑事訴訟法 第5版
三井 誠 編 　　　　　　　　　　　　　　　A5　4800 円

ここに表示された価格は本体価格です．御購入の
際には消費税が加算されますので御了承下さい．